DROIT CIVIL

FRANÇAIS.

LE DROIT CIVIL FRANÇAIS,

SUIVANT L'ORDRE DU CODE,

OUVRAGE DANS LEQUEL ON A TACHÉ DE RÉUNIR LA THÉORIE A LA PRATIQUE.

PAR Mr. C. B. M. TOULLIER,

BATONNIER DE L'ORDRE DES AVOCATS DE RENNES.

QUATRIÈME ÉDITION, REVUE ET CORRIGÉE.

On y a joint DEUX TABLES : l'*une*, générale et alphabétique des matières contenues dans les onze volumes ; l'*autre*, des articles des cinq Codes qui y sont traités ou cités.

TOME SIXIÈME.

A PARIS,

CHEZ WARÉE, ONCLE, LIBRAIRE DE LA COUR ROYALE, COUR DE LA SAINTE-CHAPELLE, N°. 13.
WARÉE, FILS AÎNÉ, LIBRAIRE, AU PALAIS DE JUSTICE.

M. DCCC. XXIV.

IMPRIMERIE DE MIGNERET, RUE DU DRAGON, N°. 20.

LE DROIT CIVIL

FRANÇAIS,

SUIVANT L'ORDRE DU CODE CIVIL.

SUITE DU LIVRE TROISIÈME.

Des différentes Manières dont on acquiert la propriété.

TITRE III.

Des Contrats et Obligations conventionnelles.

CHAPITRE PREMIER.

Notions et Dispositions préliminaires.

SOMMAIRE.

1. *Transition.*
2. *Définition de l'obligation.*
3. *Toute obligation vient de la loi immédiatement ou médiatement.*
4. *Les conventions n'obligent qu'en vertu de la loi.*
5. *Des obligations que produisent les testamens.*
6. *Obligation et engagement sont synonymes.*
7. *Définition de la convention.*
8. *Quelles conventions produisent une obligation, et des obligations imparfaites.*

9. *Comment on peut les distinguer. Exemple d'obligation imparfaite.*
10. *Définition du contrat.*
11. *Deux choses à distinguer dans un engagement, l'obligation et le droit.*
12. *Ce qu'on appelle* créancier *et* débiteur.
13. *Division des conventions chez les Romains en pactes nus et en contrats.*
14. *Ce qu'était la stipulation.*
15. *Des contrats innommés.*
16. *Si la doctrine des Romains sur les pactes nus est étrangère au droit français.*
17. *Divisions des contrats chez les Romains; si elles sont utiles en droit français.*
18. *Divisions des contrats suivant le Code.*
19. *Si la théorie des contrats unilatéraux et bilatéraux, ou synallagmatiques, est exacte.*
20. *Des autres divisions des contrats.*
21. *Division de la matière des obligations.*

1. Après avoir traité dans les deux titres précédens des moyens d'acquérir à titre universel, le Code passe aux moyens d'acquérir à titre particulier, entre lesquels les contrats ou obligations conventionnelles (1), c'est-à-dire les obligations produites par les conventions, sont les plus fréquens et les plus importans. Le nombre en est très-grand, les espèces très-variées, et les règles qui les concernent très-étendues et très-différentes. Cependant il y a des règles qui sont communes à tous les contrats, soit qu'ils aient une dénomination propre, soit qu'ils n'en aient pas (1107); d'autres qui sont particulières à cer-

(1) Nous avons expliqué, tom. 1, pag. 84, n°s. 98 et suivans, comment la loi produit l'obligation, comment elle lie ou contraint la volonté de l'homme, et en quoi consiste la nécessité ou contrainte morale qui forme la substance de l'obligation.

taines espèces de contrats. Avant de tracer ces règles particulières, le Code commence par établir, dans ce troisième titre, les règles communes à tous les contrats, que l'on considère ici d'une manière abstraite : c'est de-là principalement que vient la difficulté de la matière.

2. Les jurisconsultes romains définissent l'obligation dans un sens métaphorique, un lien de droit ou d'équité, qui nous impose la nécessité de donner ou de faire une chose (1) suivant les lois de notre pays. *Vinculum juris, quo necessitate adstringimur alicujus rei solvendæ secundùm nostræ civitatis jura.* Instit., *de oblig.*

3. Toute obligation vient donc de la loi, *vinculum juris* ; c'est la loi qui la produit, en nous imposant la nécessité ou la contrainte morale de faire les actions qu'elle commande, d'éviter celles qu'elle défend, et de souffrir celles qui sont permises. Ainsi, toute obligation suppose une loi antérieure (2) ; toute obligation vient de la loi, soit immédiatement par un simple acte de la volonté du législateur, soit par le moyen de la volonté ou du fait de l'homme (3).

4. Les conventions elles-mêmes n'obligent qu'en vertu de la loi qui commande de tenir la

(1) *Obligationum substantia consistit, ut alium, nobis obstringat ad dandum aliquid, vel faciendum, vel præstandum. Loi* 5, *ff de oblig.*, *et act.* 44, 7.

(2) Quand la loi se tait, l'homme demeure libre. « Tout ce qui » n'est pas défendu par la loi ne peut être empêché, et nul ne » peut être contraint à faire ce qu'elle n'ordonne pas. » Art. 5 de la Déclaration des droits, de 1791.

(3) Ceci manque d'exactitude ; rectifiez ce qui est dit dans ce n°. et le suivant, par ce que nous avons dit *tome* XI, n°s. 3, 4 et 5.

parole qu'on a donnée. Le législateur leur confère l'autorité de la loi, comme le dit énergiquement l'article 1134. « Les conventions légalement » formées tiennent lieu de loi à ceux qui les ont » faites. »

Il y a donc des obligations imposées par la loi immédiatement, sans le concours de la volonté (1370), ou même contre la volonté des personnes obligées ; il y en a d'autres que la loi n'impose que par le moyen ou par la suite de leur volonté, comme un effet de cette volonté qu'elle sanctionne. Ce sont les obligations conventionnelles, produites immédiatement par les contrats.

5. Les testamens sont encore une source abondante d'obligations, qu'on peut en bien des points comparer aux obligations conventionnelles. La loi sanctionne les dernières volontés d'un citoyen légalement exprimées, comme elle sanctionne les conventions légalement faites. Elle ne les sanctionne à la vérité que conditionnellement : l'héritier ou le légataire peut se dispenser de les exécuter, en renonçant à la succession ou au legs auquel elles sont attachées ; mais s'il accepte, son acceptation contient de sa part le consentement tacite et nécessaire de remplir les obligations que le testateur lui a imposées ; car il n'a pu ignorer qu'elles étaient une condition de son acceptation. Il engage donc sa personne, ou tout au moins les biens qu'il reçoit, de la même manière que l'héritier *ab intestat* s'oblige envers les créanciers de celui auquel il succède. Il y a dans l'un et l'autre cas une convention

réelle, quoique non écrite, un consentement véritable, quoique non verbalement exprimé; en un mot un contrat (1); et par conséquent les obligations de l'héritier, ainsi que celles du légataire, deviennent des obligations conventionnelles, auxquelles on doit appliquer en bien des points les règles tracées dans ce titre, qui néanmoins s'occupe spécialement des obligations conventionnelles proprement dites, c'est-à-dire des obligations ou engagemens formés par une convention écrite ou verbale.

6. Car ces termes d'obligation et d'engagement sont synonymes; ils ont, en jurisprudence, la même signification. Le titre suivant s'occupe des obligations ou engagemens qui se forment sans convention.

7. La convention que les Romains appelaient aussi *pacte*, est en général le consentement ou le concours des volontés de deux ou plusieurs personnes sur le même objet. *Duorum pluriumve in idem placitum consensus.* Loi 1, § 2, ff *de pactis*, 2, 14.

8. Il y a des conventions qui ne produisent pas d'obligation (2), comme lorsque deux personnes, ayant des affaires à Paris, conviennent de faire le voyage ensemble. Il n'y a d'obligatoires que les conventions qui contiennent une promesse faite avec intention de s'engager (1),

---

(1) *Is qui miscuit se (hæreditati), contrahere videtur.* Loi 5, *ff quibus ex causis, in poss. eatur*, 42, 4.

(2) Wolff, *Jus. nat.*, 3e. *part.*, § 701.

(3) Wolff, *ibid.*, § 702.

animo contrahendæ obligationis; il y a même des promesses qui, quoique faites de bonne foi, avec la volonté de les accomplir, ne produisent pas une obligation parfaite; par exemple, lorsque celle des parties qui fait une promesse n'a pas l'intention de conférer à l'autre le droit d'en exiger l'accomplissement en justice. On en donne pour exemple la promesse d'un père, celle d'un oncle, de donner à son fils ou à son neveu une somme pour faire un voyage de récréation. Il en est de même de la promesse de doter une fille de la somme de..., si elle se marie convenablement et au gré de sa famille. De pareilles promesses, même consignées par écrit, dans une lettre par exemple, ne produisent qu'une obligation imparfaite, et ne donnent pas à celui qui l'a reçue le droit de traduire devant les tribunaux celui qui a fait la promesse (1).

Cependant celui qui promet avec réflexion, quoique sans vouloir conférer le droit d'exiger l'accomplissement de sa promesse, parce qu'il veut qu'on s'en repose sur sa parole, n'en doit pas moins être fidèle à ses engagemens, à moins qu'il n'ait de justes motifs de changer de volonté. En frustrant sans raison l'espérance qu'il avait donnée, il trompe la personne qui a compté et

(1) « *Croyez* que, *si je puis* réunir 4,000 fr., ils seront pour vous. » J'ai pensé que cette phrase d'une lettre écrite par un frère au créancier de son frère, ne contenait qu'une obligation imparfaite. *Croyez*, c'est-à-dire, contentez-vous de ma parole. *Croyez* n'est pas synonyme de *je m'oblige*, *je promets de vous donner*. D'ailleurs *si je puis*, emporte condition.

dû compter sur sa parole, et si les lois n'arment pas la justice contre lui, elles l'abandonnent au tribunal sévère de l'opinion, et le notent d'improbité par cette sentence accablante : *grave est fidem fallere.* Loi 1, ff *de constitutâ pecuniâ*, 13, 5.

Il y a donc réellement un *devoir* de sa part : mais comme personne n'a le *droit* de le citer devant les tribunaux pour lui demander compte de son manque de foi, l'obligation demeure imparfaite.

9. C'est par les circonstances, par la manière dont les parties se sont expliquées, quelquefois par la qualité des parties (comme dans l'exemple du père et du fils), que l'on peut juger si celui qui a promis n'a entendu contracter qu'une obligation imparfaite. Le Code nous offre un exemple remarquable de ces obligations imparfaites, dans les donations des biens que le donateur laissera à son décès, faites par contrat de mariage au profit des époux et des enfans à naître. Le donateur conserve la faculté de révoquer la donation, en aliénant à titre onéreux les biens donnés (1083). Quoiqu'il ne doive rendre compte à personne des raisons qui le portent à les aliéner, il n'en est pas moins vrai qu'en les aliénant sans de justes motifs, il trompe l'espérance du donataire, et fait une action contraire à la probité.

Les obligations imparfaites ne pouvant produire aucun effet en justice, ne sont pas du ressort de la jurisprudence, mais du ressort de la morale. Nous ne nous occuperons donc que des obligations parfaites, c'est-à-dire de celles dont les parties intéressées ont le droit d'exiger en justice l'accomplissement.

10. C'est l'espèce de convention qui donne ce droit que l'on appelle un contrat. Le Code le définit « une convention par laquelle une ou plusieurs personnes s'obligent envers une ou plusieurs autres, à donner, à faire ou à ne pas faire quelque chose. »

11. On doit distinguer, dans l'engagement qui naît du contrat, deux choses très-différentes :

1°. L'obligation de celui qui fait la promesse et qui remplit un *devoir* en l'exécutant.

2°. Le droit de celui qui accepte la promesse. Ce droit consiste dans la faculté d'en exiger l'accomplissement en justice réglée. Le devoir et le droit sont deux corrélatifs (1) qui ne peuvent exister l'un sans l'autre. On n'est point obligé, si personne ne peut nous contraindre à remplir une obligation ; la nécessité ou la contrainte morale qui forme la substance de l'obligation, n'existe pas.

12. Celui au profit duquel l'obligation est contractée, s'appelle *créancier*, celui qui l'a contractée s'appelle *débiteur*.

13. Après la définition des contrats, le Code en donne les principales divisions, dont il est utile de reprendre l'explication de plus haut.

Les Romains divisaient les conventions en deux

---

(1) *Voy.* tom. 1, pag. 84, n°. 97.

espèces, les *pactes* et les *contrats*. Les pactes étaient les conventions formées par le seul consentement des parties, et dans lesquelles on n'avait pas observé les formalités ou les conditions sans lesquelles la loi n'accordait point d'action. Elle n'avait dispensé de ces formalités que les contrats les plus ordinaires et les plus nécessaires dans la vie civile, la vente, le louage, la société et le mandat, etc., *et cœteri similes*, dit Ulpien, loi 7, § 1, ff *de pactis*, 2, 14, qui, par cette raison, étaient appelés contrats *consensuels*, c'est-à-dire contrats pour la perfection desquels la loi n'exigeait rien autre chose que le consentement des parties.

Ces conditions, sans lesquelles la loi n'accordait point d'action, consistaient dans la tradition de la chose, ou dans l'accomplissement du fait qui était l'objet de la convention. *Datio vel factum, quibus ab unâ parte conventio impleri cœperit.* C'est cette délivrance de la chose, ou cet accomplissement du fait promis qu'ils appelaient la *cause* du contrat (1).

Si la convention n'avait pas été exécutée par l'une des parties, on n'accordait à aucune d'elles l'action nécessaire pour contraindre l'autre; il fallait commencer par remplir ses engagemens, pour être admis à poursuivre devant les tribunaux celui qui n'avait pas rempli les siens.

---

(1) Loi 7, § 2, ff *de pactis*; Vinnius, *de pactis*, *cap.* 8, n°. 8. Sur cette cause et sur le pacte nu, qui, chez les Anglais comme chez les Romains, n'a point de force obligatoire, voyez *infrà*, chap. 2, sect. 3.

La convention non encore exécutée par l'une des parties était ce qu'on appelait un *pacte nu, pactum nudum;* c'est-à-dire pacte qui n'était pas revêtu de la cause ou du nom exigé par la loi pour produire une action (1). Ce pacte n'en produisait point, à moins qu'on n'y eût ajouté la formalité de la stipulation, regardée comme le lien commun de toutes les conventions, et qu'il était utile d'employer dans tous les contrats, parce qu'elle produisait une action de plus (2).

14. La stipulation n'était pas autre chose que la formule de l'interrogation et de la réponse : Promettez-vous? je promets. Me donnerez-vous telle chose? je vous la donnerai. Ferez-vous telle chose? oui, je la ferai. C'est de là que sont venues jusqu'à nous les formalités conservées dans les cérémonies religieuses du baptême et du mariage. Les Romains croyaient cette formalité nécessaire pour s'assurer que la promesse était faite avec réflexion, *serio et deliberato animo.* Si cette formalité n'était pas employée, les lois regardaient la convention comme frivole, et refusaient une action pour contraindre à l'exécuter.

Si, par exemple, je vous avais consenti un acte dans lequel je promettais de vous prêter pour un an une somme ou une chose mobilière, vous ne pouviez réclamer en justice l'exécution

---

(1) *Nudum, id est, non vestitum causâ vel nomine, ad procreandam actionem efficaci.* Thomasius, *Dissertationum,* tom. II, *pag.* 141, *dissert.* 36, *Thes.*, I.

(2) Heinecc., *Antiq. roman.*, *tom.* II, *lib.* 3, *tit.* 16, *n.*° 14.

de cette promesse; mais si la formule de la stipulation avait été observée, s'il était dit que vous m'aviez demandé, si je promettais de vous prêter, et que j'eusse répondu que je le promettais, vous aviez une action pour me contraindre à remplir ma promesse. Sans cette formule, le contrat de prêt n'était formé que par la remise de la chose prêtée entre les mains de l'emprunteur, et par cette raison, le contrat était appelé un contrat réel, *qui re perficiebatur*, c'est-à-dire qui ne se formait, qui n'était parfait que par la délivrance de la chose.

15. Quant aux contrats qui se formaient par l'accomplissement du fait promis par l'une des parties, on les appelait contrats innommés. Par exemple, si Xeuxis et Praxitèle étaient convenus de faire, celui-ci le buste du premier, celui-là le portrait du second, la convention n'était pas obligatoire; aucun d'eux ne pouvait contraindre l'autre à l'exécuter; mais aussitôt que l'un ou l'autre avait fait ce qu'il avait promis, l'autre était obligé à son tour d'accomplir sa promesse.

L'échange par lequel les parties conviennent de se donner respectivement une chose pour une autre, était aussi un contrat innommé, qui ne devenait obligatoire que par la délivrance de l'une des choses à l'autre partie, à moins qu'on n'eût employé dans la convention la formule de la stipulation, ou qu'il ne fût dit qu'elle l'avait été.

On rangeait les contrats innommés en quatre

classes (1), qui comprenaient tous les contrats onéreux, *do ut des*, *do ut facias*, *facio ut des*, *facio ut facias*.

16. On a beaucoup critiqué ce point de la jurisprudence des Romains, qui paraît en effet fondé sur des subtilités contraires au droit naturel, suivant lequel toute convention réfléchie, de quelque manière qu'elle soit conçue, produit une obligation parfaite, lorsque l'intention des parties a été de contracter un engagement.

On a dit que notre Droit français n'admet point la distinction des pactes simples et des contrats. Il est cependant vrai qu'on trouve dans notre jurisprudence plusieurs exemples de pactes simples dans le sens du droit romain, c'est-à-dire des pactes ou des conventions destituées d'action, faute d'avoir suivi la formule sans laquelle la loi n'en accorde point. Telle est une donation faite au donataire présent, dont il a, comme le donateur, signé l'acte, dans lequel le notaire a négligé de référer l'acceptation en paroles expresses, comme la loi l'exige (932).

Faute de cette relation, le donataire est privé d'une action contre le donateur, précisément comme le créancier l'était à Rome, faute d'avoir employé la formule de la stipulation.

Nous avons vu, au titre des donations, tom. v, n°. 188, que la donation destituée d'action, faute d'avoir référé dans l'acte l'acceptation du donataire en termes exprès, est valide, si le do-

(1) D'autres disent trois. *Voy.* Wolff., *Institut. Jur. nat.*, § 667; Maleville, tom. III, pag. 10; Pothier, des oblig., n.° 13.

nataire l'a volontairement exécutée ; précisément encore, comme dans le droit romain, le pacte nu était valide, si l'une des parties en avait exécuté les obligations.

Cette nécessité de l'acceptation expresse des donations, puisée dans l'ancienne jurisprudence, où elle s'était introduite par l'aversion marquée des coutumes pour les donations, s'est glissée dans le Code sans raisons solides, et uniquement parce qu'on la trouvait établie dans l'ancienne législation.

Nous avons vu au même endroit, n°. 189, que l'on trouve encore l'exemple d'un pacte simple, destitué d'action, dans une convention synallagmatique sous seings privés, lorsqu'on a négligé d'exprimer qu'elle a été faite en double; cette convention n'est obligatoire que lorsqu'une des parties a exécuté sa promesse (1325) ; précisément comme chez les Romains les simples pactes ne devenaient obligatoires que lorsqu'une des parties avait commencé d'exécuter la convention, *datione, vel facto, quibus ab unâ parte conventio impleri cœpta erat* (1).

(1) Voilà bien le pacte nu des jurisconsultes romains ; la seule différence consiste en ce qu'ils exigeaient la mention de la formalité de la stipulation, et que nous exigeons la mention que l'acte a été fait double. Notre doctrine sur la nécessité de cette relation n'est pas plus raisonnable que celle des Romains ; elle n'est propre qu'à nourrir la mauvaise foi ; elle entraîne des difficultés et même des contradictions. *Voyez* ce que nous disons sur cela, tome VIII.

La vente faite *per epistolam* est valide (*voyez* Pothier, Traité du contrat de vente, n.° 32, et cependant elle n'est pas faite en double. Cette doctrine des doubles, puisée uniquement dans les arrêts des anciens parlemens, n'a rien de solide ; elle est contraire à la raison, elle est fausse. On l'a portée jusqu'à juger que l'acte est nul, quoi-

17. D'après les principes que nous venons d'exposer, les obligations conventionnelles ou les contrats étaient divisés dans le droit romain en trois classes : 1°. contrats *verbaux*, *verborum obli-*

---

que les deux doubles de l'acte soient représentés, parce que, dit-on, l'une des parties pourrait en supprimer un. Donc, conclut-on, il n'y a pas de lien. Il faut donc conclure aussi qu'il n'y a pas de lien dans une vente verbale ; car une des parties peut la nier. Le défaut de lien et le défaut de preuves sont deux choses bien différentes ; il est bon de comparer les institutions des différens peuples sur les points fondamentaux des conventions.

En Angleterre, le pacte nu n'a, comme chez les Romains, aucune force obligatoire : les lois anglaises ont adopté la maxime : *ex nudo pacto, actio non nascitur*. (*V.* Blackstone, *book*. 2, *chap*. 30, tom. II, pag. 445, édit de Londres, 1783.) Elles lui donnent même plus d'étendue que le droit romain, car elles l'appliquent aux ventes de meubles au-dessus de dix livres sterling. Lorsque le marché est conclu, et la vente arrêtée pour un prix convenu, aucune des deux parties ne peut s'en dédire, pourvu que l'autre offre immédiatement de livrer la chose ou d'en payer le prix ; mais s'il n'y a ni prix payé, ni chose livrée, ni offres faites, ni aucune autre convention ultérieure ajoutée, il n'y a point de contrat : le vendeur peut disposer de la chose vendue comme bon lui semble.

Mais si la moindre partie du prix, ne fût-ce qu'un sou (*penny*), a été payée, si la moindre partie des choses vendues a été livrée, le contrat a eu un commencement d'exécution, et les contractans sont irrévocablement liés : l'acquéreur a une action pour se faire livrer les choses, le vendeur pour s'en faire payer le prix.

C'est cette portion du prix, ou cette partie des choses vendues, que les lois appelaient *arrha*, et qu'elles regardaient comme le signe d'une convention arrêtée et conclue, *emptionis, venditionis contractæ argumentum. Instit. lib.* 3, *tit.* 24, *in princ. Vid.* Thomasius, *Dissert.* 58, *de arrhis emptionum*, § 25, *tom.* II, *pag.* 395. *Dubitari enim non poterat quin de pretio convenisset, adeòque deberetur reliquum, si arrha esset data*, ou, comme l'appelle Varron, ARRHABO, *sic dicta ut reliquum reddatur*. Ce mot vient du grec ἀῤῥαβὼν (arrhabôn). *Reliquum ex eo quod debitum reliquit.* Heinec., *Antiq. lib.* 3, *tit.* 23, § 2.

En Angleterre, le Statut 29, Car. II, chap. 3, veut qu'une vente de meubles de 10 liv. sterl. ou au-dessus, formant 220 ou 240 fr. argent de France, ne soit pas valide, à moins que la livraison

gationes ; c'est-à-dire contrats formés par les paroles ou par la formule de la stipulation, qui n'est plus d'aucun usage;

2°. Contrats consensuels, tels que la vente, le louage, la société et le mandat, qui, pour être parfaits, n'exigeaient, comme aujourd'hui, que le seul consentement des parties;

3°. Contrats réels, qui ne recevaient leur perfection que par la délivrance de la chose, *qui re perficiebantur ;* tels que le prêt à usage, le commodat, le dépôt et le gage. La simple promesse de prêter n'était pas obligatoire,

Il en est autrement sous l'empire du Code: toutes les conventions légalement formées, soit qu'elles aient une dénomination particulière,

---

d'une portion des meubles n'ait été faite, ou une partie quelconque du prix payée, si ce n'est que le contrat aît été rédigé par écrit et signé.

Quant aux meubles d'une valeur au-dessous de 10 livres sterling, la vente est nulle si la tradition n'a pas été faite dans l'an, à moins que le contrat ne soit écrit et signé.

En ce dernier point, les lois anglaises s'écartent du droit romain, suivant lequel le pacte, quoiqu'écrit, n'en restait pas moins pacte *nu*, s'il n'y avait aucun commencement d'exécution, à moins qu'il ne fût revêtu de la formule de la stipulation. La rédaction du contrat par écrit a donc, en Angleterre, la même force que la stipulation à Rome.

La maxime adoptée par les lois anglaises n'ayant pour objet que de prévenir les difficultés que faisaient naître les promesses purement verbales, soit sur leur existence, soit sur leur motif, la maxime est sans application, lorsque la promesse est prouvée par écrit ; car si un homme donne volontairement un billet, il ne peut plus prétendre ni que l'obligation est sans cause, ni qu'elle n'existe pas : sa signature prouverait le contraire. Le billet a donc toute sa force contre lui, mais non au préjudice de ses créanciers ou des personnes étrangères au contrat.

soit qu'elles n'en aient pas, ne peuvent être révoquées que d'un consentement mutuel, et pour les causes que la loi autorise. Elles doivent être exécutées de bonne foi (1134).

La dénomination de contrats réels n'est donc presque d'aucun usage dans notre jurisprudence; la convention même par laquelle l'une des parties s'obligerait à recevoir une chose en dépôt serait obligatoire, si le déposant avait à la faire exécuter un intérêt appréciable en deniers; ainsi, le Code a passé sous silence la division des contrats en consensuels et réels, parce qu'elle n'est d'aucune utilité dans la pratique;

4°. Enfin, en contrats nommés et innommés. Les contrats nommés étaient ceux qui produisaient une action du même nom; *actio empti, venditi, actio locati, mandati*, etc.

Les contrats innommés, ceux qui ne produisaient point d'action d'une dénomination particulière, tels que les contrats *do ut des*, etc. L'action qui en dérivait portait bien le nom d'action *præscriptis verbis*, et quelquefois *actio in factum;* mais le nom de cette action n'était point celui du contrat.

Cette division des contrats nommés et innommés n'existe plus aujourd'hui que toutes les conventions sont obligatoires, avant même que l'une des parties ait accompli sa promesse: les actions n'ont point de dénominations particulières.

18. Le Code divise les contrats, 1°. en unilatéraux et bilatéraux, ou synallagmatiques; 2°. en commutatifs et aléatoires; 3°. en contrats de bien-

faisance et contrats à titre onéreux, ou intéressés de part et d'autre.

Le contrat est synallagmatique ou bilatéral lorsque les contractans s'obligent réciproquement les uns envers les autres (1102), comme dans les contrats de vente, de louage, de société.

Le contrat est unilatéral lorsqu'une ou plusieurs personnes sont obligées envers une ou plusieurs autres, sans que, de la part de ces dernières, il y ait d'engagement (1103), comme dans le prêt à usage, le commodat, le dépôt.

19. Ces définitions paraissent d'abord manquer d'exactitude. Les deux parties contractent réellement des engagemens de part et d'autre dans les contrats qu'on appelle unilatéraux; il suffit, pour le prouver, d'ouvrir le Code aux titres du prêt et du dépôt. On y trouve expliquées les obligations du *prêteur* et de *l'emprunteur*, du *dépositaire* et du *déposant* : il est donc certain qu'il y a des obligations réciproques, des obligations de part et d'autre dans les contrats qu'on appelle unilatéraux.

Mais dans les contrats de vente, de louage, de société, chacune des parties contracte également une obligation principale qui dérive immédiatement du contrat; par exemple, dans le contrat de vente, l'obligation de livrer la chose et celle d'en payer le prix sont deux obligations principales qui dérivent immédiatement du contrat, indépendamment de ce qui peut arriver depuis.

Au contraire, dans les contrats de commodat, de dépôt, on ne voit d'obligation principale et qui naisse immédiatement du contrat, que celle de rendre la chose prêtée ou déposée. L'obligation que contracte le prêteur ou le déposant d'indemniser l'emprunteur ou le dépositaire des dépenses faites pour la conservation de la chose, et des pertes qu'elle lui a occasionnées, n'est pas une obligation principale qui naît immédiatement du contrat; ce n'est qu'une obligation éventuelle ou accidentelle, qui le plus souvent n'existe pas, et qui, lorsqu'elle existe, naît d'un fait postérieur au contrat. Le prêteur ou le déposant n'en est tenu que par les dispositions générales de la loi, qui veut que les conventions obligent non-seulement à ce qui s'y trouve exprimé, mais encore à toutes les suites que l'équité, l'usage ou la loi donnent à l'obligation d'après sa nature (1135).

Pour rendre exactes les définitions données par le Code, il faut donc dire : Le contrat est bilatéral lorsque les contractans s'obligent réciproquement et principalement les uns envers les autres; le contrat est unilatéral lorsqu'une ou plusieurs personnes sont obligées envers une ou plusieurs autres, sans que, de la part de ces dernières, il y ait d'engagement principal (1).

Mais avec cette modification même, ces définitions font naître des difficultés, quand on veut les appliquer aux contrats qui sont considérés

(1) *Voyez* Pothier, Traité des obligations, n.° 9.

comme unilatéraux, tels que le prêt à usage et le commodat; car il est certain que l'obligation du prêteur, de ne redemander la chose prêtée qu'après le terme convenu (1888, 1899), est une obligation principale qui naît immédiatement du contrat, par lequel l'un s'oblige à rendre la chose au terme convenu, l'autre à ne pas la reprendre auparavant. Les contrats de prêt et de commodat sont donc des contrats bilatéraux, auxquels cependant on ne peut faire l'application de la seule disposition peut-être qui soit fondée sur la division des contrats en synallagmatiques et unilatéraux, de l'article 1325, qui porte que « les actes sous-seing privé qui contiennent des » conventions synallagmatiques, ne sont valables » qu'autant qu'ils ont été faits en autant d'origi- » naux qu'il y a de parties ayant un intérêt dis- » tinct. » Car il est certain qu'il n'est pas nécessaire que l'acte de prêt soit fait en double.

Cette théorie des contrats synallagmatiques ou unilatéraux est donc une théorie imparfaite, qui pourrait égarer, si l'application n'en était pas faite avec discernement.

Il n'y a d'exacte que la division prise dans la nature des choses, en promesses unilatérales et bilatérales.

La promesse est unilatérale lorsqu'elle n'est pas encore acceptée; elle devient bilatérale par l'acceptation (1).

---

(1) Heineccii *prælectiones in Grotium, lib.* 2, *cap.* 11, §§ 3 et 4.

20. Le Code divise encore les contrats en commutatifs et aléatoires.

Le contrat est commutatif, lorsque chacune des parties s'engage à donner ou à faire une chose qui est regardée comme l'équivalent de ce qu'on lui donne ou de ce qu'on fait pour elle (1104). La vente, l'échange, sont des contrats commutatifs.

Il est aléatoire lorsque l'équivalent consiste dans la chance du gain ou de la perte pour chacune des parties, d'après un évènement incertain (1104). Le contrat de rente viagère, celui d'assurance, sont des contrats aléatoires.

Il ne faut pas chercher une exactitude rigoureuse dans ces définitions, qui sont de fort peu d'utilité dans la pratique. A parler exactement, les contrats commutatifs sont ceux dans lesquels chaque partie est obligée à donner ou à faire quelque chose, dans lesquels on échange des choses contre d'autres choses, des choses contre des faits, des faits contre d'autres faits (1). Dans ce sens les contrats aléatoires sont commutatifs; les parties y échangent des choses ou des faits contre de l'espérance, ou de l'espérance contre de l'espérance. Enfin le Code divise les conventions en contrats de bienfaisance et en contrats à titre onéreux.

Le contrat de bienfaisance est celui dans lequel l'une des parties procure à l'autre un avan-

---

(1) Wolff, *Instit. Jur. nat.*, § 467.

tage purement gratuit (1105); tels sont le prêt, le commodat, le dépôt, le mandat, le cautionnement et la donation.

Le contrat à titre onéreux est celui qui assujettit chacune des parties à donner ou à faire quelque chose (1106). La vente, le louage, la société, le prêt à intérêts, etc., sont des contrats à titre onéreux.

Il y a aussi des contrats mixtes qui tiennent de la nature de ces deux espèces de contrats; telles sont les donations faites sous une charge imposée au donataire. Nous avons vu au titre des donations combien cette division des contrats est importante, puisque chaque père de famille peut disposer de tous ses biens à titre onéreux, et qu'il ne le peut pas à titre gratuit, s'il a des descendans ou des ascendans.

21. Après le premier chapitre, qui contient les notions préliminaires sur les obligations, la définition et la division des contrats, tout ce qui reste à dire sur les obligations conventionnelles en général se réduit aux points suivans : Comment elles se forment, ou quelles sont les conditions essentielles pour la validité des conventions; quel est l'effet des obligations conventionnelles; quelles en sont les différentes espèces; comment elles s'éteignent; comment elles se prouvent. Ces points sont traités dans les quatre chapitres suivans. Les lois de la méthode semblent d'abord exiger que le chapitre qui traite de la preuve des obligations précède celui qui traite de leur extinction; mais les manières de prouver

leur existence et leur extinction étant les mêmes, il est naturel d'expliquer d'abord comment elles s'éteignent.

CHAPITRE II.

Des Conditions essentielles pour la validité des conventions.

SOMMAIRE.

22. *Il y a quatre conditions essentielles pour la validité des contrats.*

23. *Pourquoi le Code ne met point leur forme au nombre de ces conditions. Différence du contrat ou convention, et de l'acte ou écrit destiné à lui servir de preuve.*

22. Après les notions générales contenues dans le chapitre précédent, le Code passe à la manière dont se forment les obligations, ou dont elles sont produites par les contrats, et aux conditions essentielles pour la validité d'une convention. Le Code en distingue quatre :

1°. Le consentement de la partie qui s'oblige, auquel il faut ajouter l'acceptation de la personne envers qui elle s'oblige;

2°. Sa capacité de contracter;

3°. Une chose qui forme la matière de l'engagement;

4°. Une cause licite de l'obligation.

23. Quoiqu'il y ait des règles générales sur les formes communes à tous les contrats, le Code ne met point la forme des contrats au nombre des conditions essentielles pour la validité des

conventions, quoique, suivant les docteurs, la forme donne l'existence à la chose, *forma dat esse rei;* ce qui est vrai, dans ce sens que rien ne peut exister sans une forme quelconque. Mais ici les conventions sont considérées par abstraction; on en cherche la substance, et la forme n'en est, pour ainsi parler, que l'écorce. La forme des contrats appartient à la manière de prouver leur existence, et non pas à l'essence des conventions considérées en elles-mêmes.

Il faut donc bien se garder de confondre le contrat ou la convention avec l'acte ou l'écrit destiné à lui servir de preuve, que les Latins appelaient *instrumentum*, parce qu'il sert à instruire de ce qui s'est passé, de ce qui a été fait ou convenu.

L'acte et la convention ou le contrat sont des choses tellement distinctes, qu'on peut, sans critiquer l'acte, attaquer la convention qu'il renferme par voie de nullité ou de rescision, pour cause de dol, violence ou autres vices intrinsèques; car l'acte ou l'écrit peut être valide, vrai et même authentique, quoique la convention ou le contrat qu'il renferme soit nul ou sujet à rescision.

Pour être valide et authentique, l'écrit ou l'acte n'a besoin que d'être revêtu des formalités exigées par les lois, et auxquelles elles ont attaché le caractère de l'authenticité.

Pour être valable et légitime, il ne doit manquer au contrat aucune des conditions essentielles pour la validité d'une convention (1108). *Vice versâ*; l'acte peut être nul comme authentique, si l'on y a omis quelque formalité requise, sous peine de nullité, pour l'authenticité, quoique le contrat consigné par écrit dans l'acte soit valide et legitime. La validité de la convention est indépendante de la validité de l'acte, de son authenticité, et même de l'existence de tout acte (1).

Ainsi l'acte authentique, nul comme tel, pour incompétence du notaire, ou pour vice de forme, vaut comme écriture privée s'il est signé de toutes les parties (2).

Ainsi, quand l'acte nul ne serait pas signé de toutes les parties, le contrat qu'il renfermait, et auquel il devait servir de preuve, n'en serait pas moins valide; et pour en faire la preuve, on pourrait recourir au serment, de même que s'il n'avait pas existé d'écrit; on ne saurait trop répéter qu'il ne faut jamais confondre le contrat ou la convention, avec *l'acte* destiné à lui servir de preuve.

---

(1) *Fiunt scripturæ, ut quod actum est, per eas faciliùs probari poterit : et sine his autem valet quod actum est, si habeat probationem. Loi 4, ff de pign.* 20, 1; Marculfe, lib. 2, *form.* 19. *Junge, loi* 17, *Cod. de pactis*, 2, 3; *et loi* 12, *Cod. de probat.*, 4, 19.

(2) Art. 1318 du Code, art. 68 de la loi sur le notariat, du 25 ventôse an XI.

SECTION PREMIÈRE.

Du Consentement.

---

§ Ier.

Comment il rend la Convention parfaite, et comment il doit être manifesté.

SOMMAIRE.

24. *Ce que c'est que la promesse ou les offres. Elles peuvent être rétractées jusqu'à l'acceptation, qui rend la convention parfaite.*
25. *Elle est irrévocable après l'acceptation.*
26. *Les offres et l'acceptation peuvent être faites à des intervalles séparés.*
27. *L'acceptation doit être en tout conforme aux offres.* Quid, *si les sommes sont différentes ?*
28. *Application aux ventes par lettres de la maxime que le moins est renfermé dans le plus.*
29. *La convention n'est point parfaite avant que l'acceptation soit connue.*
30. *Cas où la promesse ne peut être révoquée pendant un temps fixe.*
31. *L'acceptation ne peut être faite après la mort de celui qui a fait les offres, ni après la mort de celui à qui elles ont été faites.*
32. *Comment le consentement peut être manifesté.*
33. *Il est exprès ou tacite. Comment se manifeste le consentement tacite.*
34. *Des signes équivoques de consentement; des présomptions.*

24. Consentir, c'est vouloir ce qu'un autre veut et nous propose de vouloir également (1).

---

(1) Wolff, *Jus nat.*, 5e. *part.*, § 1054.

On distingue donc deux choses dans une convention, la proposition ou les offres de l'une des parties, et l'acceptation de l'autre : *duorum in idem placitum consensus.* La convention commence par les offres ou par la proposition ; elle s'achève par l'acceptation.

Les offres, ainsi que l'acceptation, doivent contenir la volonté de conférer à l'autre partie le droit d'exiger en justice l'accomplissement du contrat. Cette volonté est toujours implicitement comprise ou sous-entendue dans les contrats, à moins que le contraire ne soit exprimé ou ne résulte des circonstances.

Mais comme, en vertu de sa liberté naturelle, l'homme peut toujours changer de volonté, quand ce changement n'est point fait au préjudice du droit d'autrui, il peut révoquer sa promesse ou ses offres, jusqu'à ce qu'un autre ait acquis le droit de l'en empêcher, et ce droit ne peut s'acquérir que par l'acceptation.

Car si la volonté du propriétaire suffit pour le dépouiller de son droit, elle ne suffit pas pour le transférer à une autre personne. Il peut donc toujours s'en ressaisir et changer de volonté, jusqu'à ce que la translation du droit soit opérée : or, elle ne peut s'opérer que par la volonté de celui en faveur de qui la promesse est faite, à qui les offres sont adressées. *Invito beneficium non datur*, *Loi* 69, *ff de R. J. Quod cuique pro eo præstatur, invito non tribuitur.* Loi 156, § 4, *eod.*

La promesse ne devient donc irrévocable et vraiment obligatoire que par l'acceptation, qui achève et rend parfaite, par le concours des deux volontés, la convention commencée par les offres. L'autre partie peut les retirer avant qu'elles soient acceptées, sans qu'on puisse lui demander compte de son changement de volonté (1).

25. Mais il ne le peut plus après l'acceptation (2) : sa volonté, libre dans l'origine, est irrévocablement liée au joug de la nécessité. *Contractus sunt ab initio voluntatis, ex post facto necessitatis.* Loi 25, *in fine, Cod.* 4. 9; Wolff, *Instit. jur. nat.*, §§ 88 *et* 667.

26. Il n'est pas nécessaire que l'acceptation soit faite au moment des offres ou de la promesse, ni par le même acte; elle peut précéder les offres ou les suivre, et même en être séparée par un intervalle assez long; car la volonté

(1) Si les offres ont été faites à plusieurs personnes, peut-on les rétracter, lorsque les unes ont accepté, les autres non? Il faut distinguer. On peut les rétracter s'il paraît, soit par la manière dont elles sont conçues, soit par la nature des offres, de leur objet, de la fin que se proposait celui qui les a faites, que son intention était qu'elles ne fussent valables qu'autant qu'elles seraient acceptées par tous ceux à qui elles étaient faites. *Voy.* un arrêt de la Cour de cassation, du 4 juillet 1810, Sirey, 1810, 1.re part., page 376. *Voy.* aussi tome VIII, nos. 134 et suiv.

(2) A moins qu'il ne se soit expressément réservé la faculté de changer de volonté; car, en thèse générale, comme les contrats dépendent, dans le principe, uniquement de la volonté des parties, chacune d'elles peut mettre à son engagement telle restriction, telle réserve, telle condition ou tel mode que bon lui semble, pourvu qu'il ne détruise pas l'essence de l'obligation. (*Vid.* Wolff, *Instit. jur. nat.*, § 314.) Mais il y a des contrats, tels que la donation (944), dans lesquels la loi ne permet pas de réserver le droit de révoquer par la seule volonté du donateur, ainsi que nous l'avons vu au titre des donations.

de celui qui promet ou qui offre est censée durer tant qu'il ne paraît pas qu'il ait changé de sentiment (1). Le moment où l'acceptation a été convenablement déclarée, détermine l'époque de la conclusion du contrat.

Lorsque l'une des parties accorde ce que l'autre demande ou désire, il n'est pas besoin, de la part de celle-ci, d'une acceptation particulière.

27. Mais en est-il besoin, lorsqu'une des parties accorde plus ou moins que l'autre ne demande? Si je vous demande 20 francs, et que vous m'en promettiez 10, ou si je vous en demande 10, et que vous m'en promettiez 20, l'engagement est-il parfait sans une nouvelle acceptation?

C'était un point controversé entre les jurisconsultes romains.

Ulpien et Paul pensaient que, dans les deux cas proposés, l'engagement était formé sans une nouvelle acceptation, *quia semper in summis, quod minus est sponderi videtur*. Loi 83, § 3, ff de *V. O. Manifestissimum est viginti decem inesse*. Loi 1, § 4, *eod.*, 45., 1.

Caïus était d'une opinion contraire. *Si creditor decem solidos debitorem interroget, et debitor quinque promittat, hoc ordine, totum debitum vacillare cognoscitur. Fragm., lib.* 2, *tit.* 9, § 10.

C'est l'opinion de Caïus que Justinien érigea

---

(1) Grotius, Droit de la guerre et de la paix, liv. 2, chap. 6, § 1, n.° 5, *in fine*, traduction de Barbeyrac, tom. 1, pag. 366.

en loi. *Inutilis est stipulatio, si quis ad ea quæ interrogatus fuerit, non respondeat; veluti si quis decem aureos à te dari stipuletur, tu quinque promittas, vel contrà. Instit. de inutil. stipul.* § 5.

La plupart des interprètes (1) ont suivi l'opinion de Paul et d'Ulpien ; mais elle est rejetée par les auteurs qui ont écrit sur le droit naturel (2), et sur-tout par Thomasius, qui, par des raisons ce nous semble décisives, a combattu l'application aux cas ci-dessus proposés, de la maxime que le moins est contenu dans le plus. Je demande que vous me prêtiez 10,000 fr. ; vous offrez de m'en prêter 20,000 : point de consentement, ni par conséquent de convention, si je ne manifeste la volonté d'accepter les 20,000, parce que vous pouvez avoir des raisons pour ne pas séparer vos fonds ; ce qui est vrai.

De même, je demande que vous me prêtiez 20,000 francs ; vous offrez de m'en prêter 10 : point encore de consentement, parce que vous pouvez avoir intérêt à ne pas emprunter par petites sommes, afin de n'avoir pas plusieurs créanciers.

---

(1) *Voy.* Vinnius, *in* § 5. *Instit. de inutil. stip.*; Doneau, *in leg.* 1, § 4, *ff de V. O.*, 45, 1 ; Voët, *in tit. de V. O.*, n°. 7; Brunnemann, *in Dict. leg.*; Hotman, *in Instit.*, *col.* 613 *et* 614, *tom.* II, *opp.* Il approfondit la question plus que Voët. *Voy.* aussi Cujas, *in tit. de V. O.*, *col.* 1182, *tom.* I, *opp.*, édit. de Fabrot.

(2) *Voy.* Heineccius, *prælect. in Grotium, de jure pacis et belli*, *lib.* 2, *cap.* 11, § 14, *et cap.* 16, § 32; Thomasius, *Dissertatio de obligatione ex promissione rei incertæ*, § 65, *tom.* III, *Dissert.*, *pag.* 123.

Ces raisonnemens deviennent plus sensibles par les comparaisons d'un autre cas décidé par les jurisconsultes romains. Je vous demande à emprunter, pour trois ans, 12 *ou* 1500 fr.; vous m'en promettez 12 : il y a consentement parfait ; car, au moyen de la disjonctive 12 *ou* 1500 fr., il y a deux demandes distinctes, dont l'une est agréée (1).

Mais quand la demande ni les offres ne sont point ainsi divisées par une disjonctive, et que l'une est différente des autres, il faut une nouvelle acceptation pour les accorder et former la convention.

Car, en général, l'acceptation doit être en tout conforme aux offres. Si les unes sont conditionnelles ou à terme, l'autre pur et simple ou sans terme, il n'y a point de convention. Instit., *de inut. stipul.*, § 5. En un mot, si l'acceptation est faite sous condition, ou avec limitation, celui qui a promis peut retirer ses offres.

28. Il y a cependant des cas où le moins est tellement renfermé dans le plus, que la convention est parfaite, quoique les offres et l'acceptation ne s'accordent pas ; par exemple, si j'ai offert de vous louer ma maison 500 fr., et que, sans connaître mes offres, vous ayez vous-même offert de la louer pour 600, le contrat

---

(1) Si je vous demande 12 ou 1500 fr., et que vous répondiez que vous me les promettez, sans spécifier laquelle des deux sommes, vous ne devez que la moindre, parce-que, dit Pomponius, Lois 12 et 109, ff de V. O., 45, 1, *in stipulationibus, id servatur ut quod minus esset, videretur in obligationem deductum.*

est parfait et le prix fixé à 500 fr., suivant la maxime *quod minus est in obligationem videtur deductum* (1).

Ceci est applicable au cas où la convention se forme entre absens. Le commerce en présente des exemples fréquens dans les ventes qui se font par lettres; lors, par exemple, qu'un marchand de Bordeaux écrit à un marchand de Rennes, pour lui proposer cent tonneaux de vin de telle qualité, à 800 francs le tonneau, et que le marchand répond qu'il accepte et mande d'expédier le vin.

Supposons que les lettres se croisent: M. A. écrit à M. B., pour lui offrir cent tonneaux de vin à 600 francs le tonneau. M. B. avait, par le même courrier, écrit à M. A., pour lui demander cent tonneaux du même vin à 650 fr. La vente est parfaite par le concours des deux volontés sur la chose et sur le prix; car, en offrant de payer 650 fr. le tonneau, M. B. a consenti à plus forte raison de le payer 600 fr.

Mais M. A. peut-il prétendre que la vente est faite à raison de 650 francs le tonneau? Non, suivant la règle du droit commun *quod minus est in obligationem videtur deductum. Lois* 12 *et* 109, *ff V. Obl.* Ce qui est conforme à la raison; car au moment même où M. A., qui avait offert ses vins à 600 fr., a reçu la lettre par laquelle M. B. consentait de les acheter ce prix,

(1) *Voy.* la note précédente et la loi 52 *ff Locati* 19, 2. *Si decem tibi locem fundum, tu autem existimas quinque te conducere, nihil agitur; sed, et si ego minoris me locare sensero, tu pluris te conducere, utiquè non pluris erit conductio quàm ego putavi.*

et même au-delà, la convention s'est trouvée parfaite; et si M. A. prétend y ajouter 50 francs, que M. B. consentait de mettre au-dessus de 600 francs, cette prétention est postérieure à la lettre reçue, et la convention se trouvait formée au moment même de sa réception. M. A. se trouve dans le cas d'un vendeur auquel l'acheteur, après la vente conclue, avoue qu'il avait l'intention de porter le prix plus haut (1).

29. L'acceptation pouvant être faite entre absens, et par un acte séparé de la promesse, on a demandé si l'engagement est parfait au moment même de l'acceptation, et avant qu'elle soit connue de l'autre partie. Le Code a résolu cette question au titre des Donations; il veut que la donation n'ait d'effet à l'égard du donateur que du jour où l'acte qui constate l'acceptation lui est connu. L'art. 932 exige même que l'acceptation soit notifiée au donateur pour produire son effet. Mais la nécessité de cette notification est particulière aux donations, et ne paraît pas devoir être étendue aux autres contrats. Il suffit que l'acceptation soit connue de celui qui a fait la promesse, pour que l'engagement soit parfait et irrévocable : jusque-là il demeure libre de révoquer ses offres. C'est au moment où il acquiert la connaissance de leur acceptation, que les deux volontés concourent. Elles n'auraient pu concourir, s'il avait révoqué avant cette connaissance : une vo-

(1) Sur les ventes par lettres, *voy.* Pothier, Traité du contrat de vente, n°. 32.

lonté qui n'est pas connue est, en jurisprudence, comme si elle n'existait pas (1).

30. Il y a cependant un cas où la promesse n'est pas révocable avant l'acceptation ; c'est lorsque celui qui a fait les offres a fixé un temps déterminé pour l'acceptation, ou s'est engagé expressément ou tacitement (2) à ne pas les révoquer avant la

---

(1) Heineccius, *prælect. in Grotium*, *lib.* 2, *cap.* 1, § 15. *Voy.* la dissertation subtile que fait à cet égard Wolff, *pars* 3ª., n°. 715. Il en est autrement d'un fait auquel la volonté est attachée. *Voyez-en* des exemples dans les art. 1974, 2056, 2057 *in fine*, et 1181.

Le principe que l'acceptation, lorsqu'elle n'est pas connue, n'empêche pas la révocation des offres, sert à résoudre la question suivante. J'écris le 1er. janvier à un négociant, pour lui demander une partie de marchandises à tel prix. Le 5, il me répond qu'il accepte ma proposition, et qu'il m'expédiera les marchandises. Sa réponse arrive à Rennes le 8 ; mais le 7 j'avais écrit pour révoquer ma demande. L'acceptation m'étant alors inconnue, la révocation est-elle valide ? Elle l'est sans doute dans la rigueur des principes. Cependant, ne peut-on pas dire qu'en faisant une offre par lettre, on s'oblige tacitement de ne pas la révoquer avant le retour du courrier, ou avant le temps nécessaire pour recevoir la réponse ? Cette décision est plus conforme à l'équité, et c'est aussi celle qu'adopte le Code prussien, Ire. partie, tit. 5, n°. 96. *Voy.* la note suivante.

(2) Par exemple, en consentant à contracter avec titres par l'entremise d'un tiers, qui n'avait point de mandat, je me suis tacitement obligé d'attendre le temps convenable ou suffisant pour la ratification, et je ne puis révoquer mon consentement à mes offres avant le temps. Je suis engagé conditionnellement. Le contrat n'aura point existé, si Titius ne ratifie pas. S'il ratifie, la ratification remontera au jour du contrat, de même que la condition accomplie a un effet rétroactif au jour auquel l'engagement a été contracté. 1179. C'est pourquoi les lois disent que les ratifications ont un effet rétroactif : *ratihabitiones negotiorum gestorum ad illa reduci tempora oportet, in quibus contracta sunt. Loi* 25, *Cod. de donat. inter vir. et ux.* 5, 16; *Loi ult. Cod. ad Senat. Macedon.* 4, 28.

Mais dans quel temps Titius doit-il ratifier pour empêcher une révocation ? Aussitôt qu'il aura connaissance du contrat : *quam*

réponse de l'autre partie. Habitué à commercer avec vous, je vous écris pour vous offrir cent tonneaux de vin à 600 francs, et j'ajoute que j'attendrai votre réponse avant de les vendre à un autre. Je ne puis révoquer mes offres avant le temps nécessaire pour recevoir votre réponse; mais si elle tarde, je recouvre ma liberté, que je n'avais engagée que pour un temps limité.

31. Celui qui a fait les offres étant censé y persévérer jusqu'à leur acceptation, lorsqu'il n'a point manifesté de changement de volonté, on peut demander si elles peuvent être acceptées après sa mort, et après la mort de celui à qui elles ont été faites.

La raison de douter est que l'héritier représente la personne du défunt, et que l'on est toujours censé stipuler ou promettre pour soi et ses héritiers : d'où il paraîtrait résulter que les offres sont également faites pour soi et pour ses héritiers, à celui à qui elles sont faites et à ses héritiers, et par conséquent qu'elles peuvent être acceptées, après la mort de celui qui les a faites, comme après la mort de celui à qui elles l'ont été.

Néanmoins, il faut dire que les offres ne peuvent être acceptées après la mort de l'un ni de l'autre.

Sans doute on est censé stipuler ou promettre pour soi et pour ses héritiers, dans le sens que le

---

primum certior factus est, dit le jurisconsulte Julien; *Loi* 13, *ff de solut.* 46, ; 3 *Loi* 105, § 2, *ff Rem ratam haberi*. Ce qui cependant, ajoute-t-il, doit être entendu avec une certaine indulgence. *Sed hoc cum laxamento et amplitudine, et cum quodam spatio temporis accipi debet, nec minimo, nec maximo.*

droit acquis ou conféré par la stipulation ou par la promesse est transmis aux héritiers respectifs du créancier et du débiteur : l'intérêt de la société exige impérieusement cette transmission; mais la volonté ou le consentement réciproque qui doit former le contrat n'est pas transmissible de sa nature; c'est une chose tellement inhérente à la personne, qu'elle s'éteint avec elle, sans pouvoir passer à ses héritiers. Je puis persévérer dans la même volonté jusqu'à ma mort; mais cette volonté ne peut me survivre, elle meurt nécessairement avec moi. Mes offres sont donc par la nature même attachées à ma personne.

La faculté de les accepter est également personnelle à celui à qui je les ai faites; elle ne peut passer à ses héritiers, ni faire partie de sa succession, puisqu'il n'avait aucun droit acquis avant sa mort. Si je consentais à contracter avec ses héritiers aux mêmes conditions que je lui avais offertes, ce serait un autre contrat que celui dont sa mort a rompu le projet, un contrat qui ne conférerait de droits qu'à ceux avec qui il serait passé, et du moment où il serait passé. En un mot, le décès de celui qui a fait les offres, ou le décès de celui à qui elles ont été faites, rompt nécessairement le projet du contrat commencé, parce que le concours des deux volontés ne peut plus exister. Mais le contrat est parfait, par l'acceptation faite avant le décès, quoiqu'elle n'ait pas encore été connue de l'autre partie (1).

Ces principes élémentaires trouvent leur appli-

(1) Wolff, *Jus. nat.*, *pars* 3ª., § 716.

cation dans la pratique. J'ai dessein de vendre ma maison à Titius; son ami se présente sans procuration, et passe le contrat, comme faisant et stipulant pour Titius, mais sans se *porter fort pour lui* (1120). Puis-je révoquer mon consentement (1) avant la ratification du contrat par Titius? Oui, sans doute, puisqu'il n'a aucun droit acquis, et que le contrat ne peut être considéré que comme une offre de ma part. Titius meurt; ses héritiers peuvent-ils ratifier la vente malgré moi? Puis-je la révoquer malgré eux? Je puis révoquer; c'est une conséquence du principe que nous avons développé, et qui est fondé sur la raison. Il n'existe point de contrat avant la ratification de Titius, parce que les deux volontés n'ont pas concouru. S'il meurt, elles ne peuvent plus concourir. Si les héritiers de Titius ratifient, et que j'accepte leur ratification, ce sera un nouveau contrat, un contrat passé entre d'autres personnes, et qui n'aura point les effets qu'aurait eu le projet rompu par la mort de Titius. Si Titius était marié, la maison ne sera point un acquêt de communauté, il n'y aura point de droit de mutation ouvert par la mort de Titius.

Voici une espèce qui s'est présentée : Lescaudry, adjudicataire d'une maison nationale à Coutances, avait rétrocédé son adjudication au profit de Pierre, de François, de Joachim et de Françoise

---

(1) Bien entendu après le temps convenable pour la ratification. *Vid. suprà* la note du n°. 30.

Potigny, frères et sœur acceptans; mais François et Joachim n'avaient pas signé; ils étaient absens. Les trois frères moururent, et leurs héritiers demandèrent le partage de leur succession, dans laquelle ils comprenaient la maison rétrocédée par Leseaudry.

Françoise Potigny prétendit que la maison n'appartenait qu'à elle seule, parce qu'elle seule avait payé. On offrit de la rembourser, et on soutint qu'elle n'avait qu'un quart de son chef, et que les trois autres quarts étaient à partager dans les successions des trois frères morts. Nulle difficulté sur le quart de Pierre, qui avait accepté la rétrocession; mais le droit des deux autres frères, qui n'avaient point accepté la rétrocession, et qui auraient pu la refuser, avait-il passé à leurs héritiers?

Le substitut du procureur du Roi soutint l'affirmative, parce qu'il n'est pas nécessaire que la proposition d'un contrat soit acceptée de suite; elle peut l'être par un acte subséquent (932): donc, la rétrocession avait pu être *régularisée* par l'acceptation postérieure des frères absens, et par conséquent, disait-il, par l'acceptation de leurs héritiers; car l'héritier représente le défunt, à moins qu'il ne s'agisse d'un droit purement inhérent à la personne, et qui périsse avec elle.

Par arrêt du 27 avril 1812, la Cour royale de Caen jugea que les frères absens ayant pu réclamer leurs parts du contrat, leurs héritiers avaient le même droit.

Ces considérans sont contraires aux principes et dénués de raisons solides; mais l'arrêt n'en est pas moins bien rendu au fond : Lescaudry rétrocédant, n'avait point révoqué sa rétrocession; il ne s'agissait donc point du droit du rétrocédant, mais de celui de la demoiselle Potigny, à qui Lescaudry n'avait rétrocédé qu'un quart de la maison; elle argumentait donc du droit d'autrui, en disant que les héritiers des frères absens n'avaient pu accepter; que le contrat était nul à leur égard, parce qu'on ne peut stipuler pour autrui. On pouvait lui demander comment elle était devenue propriétaire de la moitié cédée à ses frères, et que leurs héritiers prétendaient recueillir, en la remboursant du prix qu'elle avait avancé. Le rétrocédant ne leur disputait pas cette moitié, quoiqu'il eût pu le faire, faute d'acceptation du vivant de leur auteur, parce que la chose était divisible. Ainsi l'arrêt est bien rendu au fond. Il est rapporté par Sirey, an 1812, 2ᵉ. partie, page 294.

32. Ce n'est pas seulement par des paroles ou par des écrits qu'on peut faire connaître son consentement ou sa volonté; on peut encore la manifester par des signes, par des faits, quelquefois même par le silence (1) ou l'inaction, par la tolé-

---

(1) Le silence pur et simple n'est regardé comme un consentement, ou comme un aveu, que dans le cas où celui qui se tait pouvait et devait s'expliquer; ainsi quand une personne légalement sommée de s'expliquer, refuse de répondre à une chose qu'on a le droit de lui demander, son silence ou son refus injuste de répondre peut être interprété dans le sens de la sommation, et considéré, soit comme un aveu tacite, soit comme un commencement de preuve. Par exemple, le refus de s'expliquer au bureau de paix peut être considéré comme un commencement de preuve écrite suffisant pour faire admettre la preuve testimoniale. *Voy.* l'arrêt de la Cour de

rance d'un fait que l'on pouvait et que l'on avait intérêt d'empêcher.

33. Le consentement est donc exprès ou tacite : exprès, lorsqu'il est manifesté de vive voix ou par écrit; tacite, lorsqu'il est manifesté par des signes, des actions ou des faits, par une inaction ou par un silence qui supposent l'acceptation (1).

Il y a des signes qui, dans tous les temps, chez tous les peuples, ont été regardés comme un témoignage certain d'assentiment ou de dissentiment, d'affirmation ou de négation. Tel est le mouvement de la tête *nutus* (2).

Tel est encore le signe de la main droite de l'une des parties jointe à la main droite de l'autre. C'est un signe que l'on a toujours regardé comme un gage de fidélité (3) dans l'accomplissement des promesses; et, chez nos bons paysans, il est encore considéré comme le témoignage le plus

---

cassation, du 9 février 1808. Sirey, tom. VIII, pag. 412. On peut en dire autant du refus de répondre à un interrogatoire sur faits et articles ordonné par la justice.

Consultez le Code prussien, Ire. partie, liv. 4, nos. 57 et suiv.

(1) Il ne faut donc pas toujours un acte pour exprimer ou constater le consentement réciproque des parties. Si, au lieu de le manifester par un écrit ou par des paroles, les parties l'énoncent par des faits positifs, il doit avoir entre elles la même force que s'il était consigné sur le papier. Il est certain qu'en matière de contrats, des faits positifs ont la même force que des stipulations.

(2) *Nutus, significatio est volontatis. Loi* 52, § 10, *ff de oblig. et act.* 44. 7. *Idque certissimum est apud omnes, nisi si qui sunt agrestes, aut barbari, qui hoc nesciunt*, dit Cujas, *in tit. de V. obl.*, *col.* 1181, *opp. prior.*, *edit. Fabroti.*

(3) Heinecc., *Antiq.*, *lib.* 3, *tit.* 23, *n°.* 19.

certain qu'une parole est donnée avec réflexion, et que le marché est conclu (1).

Les signes, les faits, le silence et l'inaction peuvent surtout devenir des témoignages assurés d'un véritable consentement, d'un consentement réfléchi, lorsqu'ils sont la suite d'une demande ou d'une interrogation. Je vous demande si vous voulez me donner 100 francs; sans me répondre, vous les prenez dans votre bourse et vous me les livrez. J'entre dans une hôtellerie, et je demande à l'hôte s'il veut me garder ma malle; sans me répondre, il la prend et la fait porter dans sa chambre. Il n'est pas douteux qu'il s'impose par cette action toutes les obligations d'un dépositaire.

A l'expiration des baux à ferme ou à loyer, si le preneur reste, et est laissé en possession, il s'opère par ce fait seul un nouveau bail pour le temps fixé par l'usage des lieux (1738, 1759, 1776). La convention se forme, de la part du preneur, par le fait de la continuation de sa jouissance, qui suppose nécessairement son consentement, et, de la part du bailleur, par son inaction et son silence,

(1) Chez toutes les nations du nord, ce signe expressif était anciennement regardé comme nécessaire pour la conclusion d'un contrat : coutume conservée en Angleterre à l'égard de plusieurs conventions verbales. On l'appelle *handsale*, ou *venditio per mutuam manuum complexionem*. *Voy*. Blackstone, tom. II, pag. 448, *bok*. 2, *chap*. 30; Heineccius, *de Antiquo jure germanico*, *lib*. 2, § 335.

On appelait ces contrats *manu firmationes*, *manu firmâ*. *Voy*. le Glossaire abrégé de Ducange, Main ferme, et le Glossaire de Ragueau et de Laurière.

qui supposent également qu'il consent. Dans ces cas et dans beaucoup d'autres, le consentement, pour être tacite, n'est pas moins réel.

34. Au contraire, il y a des signes qui, de leur nature, sont équivoques; des faits, des actions et des inactions dont les conséquences ne sont pas assez directes pour en induire un consentement nécessaire. Quelquefois la loi fixe ces conséquences par une disposition positive (1350), comme dans les faits qu'on appelle des *quasi* contrats; plus souvent elle laisse au magistrat le soin de les fixer, en lui recommandant de ne le faire qu'avec prudence et circonspection; c'est ce qu'on appelle des présomptions (1353).

---

§. II.

Des vices du consentement, et d'abord de l'erreur en général.

SOMMAIRE.

35. *L'erreur, la violence et le dol peuvent rendre le consentement nul.*

36. *L'erreur, l'anéantit dans son principe. Distinction des différentes erreurs.*

35. Il ne suffit pas, pour la validité des conventions, que le consentement soit manifesté, qu'il soit réciproque et donné sur la même chose, *in idem placitum;* il faut encore qu'il soit donné avec réflexion et en connaissance de cause, librement, sans contrainte et sans surprise. Ainsi l'er-

reur, la violence ou la contrainte, et le dol, peuvent rendre nul le consentement.

36. L'erreur surtout est un vice radical qui anéantit le consentement dans son principe même. « Il n'y a point de consentement valable, s'il n'a été donné *que par erreur*, dit l'art. 1109. » *Non videntur qui errant consentire.* Loi 116, § 2, ff *de R. J.*; loi 57, ff *de oblig. et act.*, 44, 7.

En effet, lorsque l'erreur a été le motif ou la cause unique qui a déterminé ma volonté, ou, comme dit le Code, lorsque le consentement n'a été donné *que par erreur*, j'ai fait ce que je ne voulais pas, et je n'ai pas fait ce que je voulais.

Ce principe est évident; mais le développement et l'application en ont toujours paru difficiles (1). On distingue ordinairement l'erreur sur le motif, l'erreur sur la personne avec laquelle on contracte, sur la chose qui est la matière de la convention, enfin l'erreur sur le fait ou sur le droit.

Il faut encore distinguer si les deux parties ont été dans l'erreur, ou seulement l'une d'elles; si celle qui n'y était pas, a connu ou n'a pas connu l'erreur de l'autre.

---

(1) Grotius l'a observé, *lib.* 1, *cap.* 11, § 6, et Wolff, *Jus. nat pars.* 3ª., § 569, à la note.

ARTICLE I.er

De l'erreur sur le motif.

SOMMAIRE.

37. *L'erreur sur le motif, ou la fausseté du motif déterminant, anéantit le consentement.*
38. *La réalité de la cause déterminante est une condition inhérente au contrat.*
39. *Les causes ou motifs accessoires n'annullent pas la convention.*
40. *Celui qui veut faire dépendre son obligation d'un motif inconnu de l'autre partie, doit en faire une condition. Exemple.*
41. *Si l'une des parties a connu ou dû connaître le motif déterminant de l'autre partie, il devient une condition tacite, inhérente au contrat. Exemple.*
42. *Comment on peut connaître le motif déterminant.*
43. *Dispositions du Code fondées sur le principe que l'erreur dans le motif déterminant annulle les contrats. Transaction sur pièces fausses.*
44. *Transaction sur un procès jugé par un arrêt qui n'était pas connu.*
45. *Sur un objet auquel il est ensuite prouvé que l'une des parties n'avait aucun droit.*
46. *Nullité de la rente viagère créée sur la tête d'une personne morte ou qui meurt dans les vingt jours.*
47. *Quand même la maladie eût été connue.*
48. *Renvoi à la section* IV, *qui traite de la cause des contrats.*

37. L'obligation conventionnelle est l'effet immédiat de ma volonté. C'est ma volonté qui la produit, au moyen du consentement que je donne; mais ma volonté elle-même est l'effet du motif qui m'a déterminé : on ne s'oblige point, on ne veut point sans une cause qui détermine la volonté à consentir, c'est-à-dire à vouloir ce qu'un

autre veut également. Si cette cause, si ce motif, que je croyais exister, n'existe point, ou s'il est faux, il n'y a point de volonté ou de consentement, et par conséquent point d'obligation. L'erreur sur le motif, ou la fausseté du motif déterminant, anéantit donc l'obligation. C'est un principe démontré, enseigné par tous les jurisconsultes, lorsqu'ils disent que l'erreur ou le dol, qui a été la *cause* ou le motif déterminant de la volonté ou du consentement, annule le contrat. *Error, sive dolus, dans causam contractui.* Le Code a consacré ce principe dans l'art. 1131, qui porte: « L'obligation sans cause ou sur une cause fausse » ne peut avoir aucun effet. »

38. La réalité de la cause ou du motif déterminant est comme une condition inhérente au contrat, sans laquelle le consentement n'aurait point été donné, ni l'obligation contractée. Wolff, *Jus nat.*, *pars* 3ª., § 505, *in fine*, *et* § 807.

39. Mais on ne se détermine pas toujours par un motif unique. Au motif principal, il se joint ordinairement des motifs accessoires qui aident et concourent à déterminer la volonté. La fausseté ou la non existence de ces motifs accessoires, qui n'ont pas été la cause principale de la convention ou du consentement, n'anéantit pas l'obligation, parce qu'il n'est pas certain que sans eux le contrat n'eût pas été passé. On ne saurait présumer que la volonté ait été subordonnée à la réalité de ces motifs accessoires comme à une condition irritante, ou *sine quâ non*, à moins que les parties ne s'en soient expliquées.

40. D'ailleurs, les motifs qui déterminent la volonté des hommes sont tellement différens, et souvent tellement cachés, qu'il n'est pas toujours facile de les connaître. Les parties contractantes n'ont pas coutume de se les demander. C'est à celui qui veut faire dépendre la convention de la réalité d'un motif inconnu de s'en expliquer, et d'en faire une condition de son obligation; c'est à celui qui fait une promesse d'examiner et de prévoir, avant de la faire, les suites qu'elle peut avoir et tout ce qui peut en résulter contre ses intérêts, Wolff, *Jus nat.*, *pars* 3ª., § 422; s'il voulait rompre ses engagemens sous le prétexte de la fausseté d'un motif que l'autre partie ne connaissait pas, ou ne pouvait regarder comme une condition de la promesse qu'elle avait acceptée, il l'aurait induite en une erreur dont il devrait réparer les suites : il était obligé de faire connaître une pensée qu'elle ne pouvait pénétrer. Wolff, *ibid.*, § 426.

Quand je traite avec vous, je demande votre consentement et non pas quel est le motif de votre consentement; car ce motif m'est parfaitement indifférent. Wolff, *ibid.*, *not. du* § 570. J'apprends que Titius m'a fait en mourant son légataire universel, et qu'il me laisse une succession opulente; ce motif me détermine à doter une nièce pauvre et vertueuse. Je m'oblige, par son contrat de mariage, à lui donner 50,000 francs, que je ne lui donnerais pas, et que je ne pourrais lui donner sans me gêner beaucoup, si je n'avais recueilli le legs de Titius. Après le contrat signé et le mariage célébré, il se découvre un second testament qui révoque le premier : je n'en reste pas moins obligé de payer la dot de 50,000 francs que j'ai promise, faute d'avoir fait connaître que je mettais à ma promesse la condition d'être réellement l'héritier de Titius ; car ce n'est pas le seul motif de ma promesse : l'amour que je portais à ma nièce, son peu de fortune, l'alliance qu'elle faisait, et qu'elle n'eût point faite sans la dot, sont les seuls motifs qu'elle et son mari aient connus et dû supposer à ma promesse, faute à moi d'avoir indiqué mon motif déterminant. Je ne puis imputer qu'à moi seul d'avoir promis trop légèrement et sans condition ce que je n'aurais pas promis, si j'avais connu la fausseté du motif qui m'a déterminé.

41. Mais il n'est pas nécessaire de faire une condition expresse de ce motif ; il suffit que l'autre partie l'ait connu ou dû connaître, et qu'elle ait dû le regarder comme une condition de la promesse qu'elle a acceptée ; car il y a des conditions (1) tacites qui sont inhérentes au contrat, *quæ insunt*, qui en font nécessairement partie, quoiqu'elles n'y soient qu'implicitement comprises ; et ces conditions implicites n'ont pas moins de force que les conditions expresses. Ces conditions sont toutes celles sans lesquelles on ne peut concevoir l'exécution de la promesse qui a

(1) Le mot condition est pris ici dans son acception la plus étendue, pour un fait présent ou passé, et non pas seulement pour un événement futur. Wolff, *Jus. nat.*, *pars* 3ª., not. § 465, et not. § 569. *Voy.* ci-après, chap. 4, sect. 1.

été faite, ou la prestation de la chose promise, de la chose qui fait l'objet de la convention. *Conditio per se inesse dicitur, promisioni vel pacto, si, sine eâ, prestatio ejus quod promissum, vel de quo conventum est, concipi nequit.* Wolff, *pars* 3ª., § 806; voyez aussi Hutcheson, Système de philosophie morale, tom. II, pag. 23.

Dans l'espèce ci-dessus proposée, j'ai promis à ma nièce, en faveur de son mariage, une dot de 50,000 francs *à prendre* sur la succession de Titius. Il se trouve que je ne suis point son héritier : mon obligation est anéantie et sans effet, parce qu'elle est subordonnée à la condition implicite que je recueillerai la succession de Titius; car, quoique je n'aie pas dit : Je donnerai 50,000 francs à ma nièce, si je recueille la succession de Titius, il est évident, par la manière dont je me suis exprimé, que je n'ai promis que sous cette condition. Quelques auteurs ont appelé cette condition tacite, assignat limitatif, comme nous le verrons ci-après, chap. 4, art. 2, *des obligations réelles et personnelles.*

Je promets de vous donner les sommes nécessaires pour parvenir au grade de docteur. Il est évident que je ne suis tenu à rien, si vous ne vous faites pas recevoir docteur; car alors les sommes que j'ai promis de payer n'étant pas dues, l'exécution de ma promesse ne saurait être conçue. Votre promotion au grade de docteur est donc une condition implicite de ma promesse, une condition qui est inhérente au contrat. Wolff, §§ 806 et 807.

C'est par la même raison que toutes les donations, toutes les conventions contenues dans un contrat de mariage, sont implicitement, par les circonstances et par la nature du contrat, subordonnées à la condition de la célébration du mariage (1088).

42. C'est par la manière dont l'acte est conçu, par la nature du contrat, par l'objet de la promesse, enfin par les circonstances, qu'on peut juger quel a été le motif déterminant de celui qui consent, et si son consentement était subordonné à la réalité de ce motif comme à une condition implicite (1).

43. On trouve dans le Code plusieurs dispositions fondées sur le principe que l'erreur sur le motif déterminant annule les conventions, celles même auxquelles la loi donne d'ailleurs le plus de force.

Ainsi la transaction faite sur pièces qui depuis ont été reconnues fausses, est entièrement nulle (2055), parce qu'il est censé que la sincérité de ces pièces était le motif principal et déterminant de la convention.

44. Ainsi « la transaction sur un procès terminé par un jugement passé en force de chose jugée, dont les parties ou l'une d'elles n'avait point connaissance, est nulle » (2056), parce qu'il est à présumer que cette ignorance a été le motif déterminant de la transaction, et qu'elle n'eût point été passée, si l'on avait su que le procès était irrévocablement terminé.

45. Ainsi encore, la transaction qui n'aurait qu'un objet sur lequel il serait constaté par des titres nou-

(1) Wolff, *ubi suprà*, § 505, à la note, et § 571.

vellement découverts, que l'une des parties n'avait aucun droit, serait nulle (2057), quand même ces titres n'auraient pas été retenus par le fait de l'autre partie, parce qu'il est à présumer que l'ignorance de ces titres a été le motif déterminant de la convention; par exemple, la transaction sur un testament qui se trouve annulé par un second que l'on ne connaissait pas.

Mais si les parties « ont transigé généralement » *sur toutes les affaires* qu'elles pouvaient avoir » ensemble, les titres qui leur étaient alors inconnus, et qui auraient été postérieurement » découverts, ne sont point une cause de rescision (2057), » parce qu'en ce cas, à la différence de la transaction faite sur *un objet particulier*, il est possible que la transaction n'en eût pas moins été passée, quoique les parties eussent su que l'un des points, l'une des affaires n'étaient pas douteux. Il n'est alors ni prouvé ni présumé que la découverte de l'erreur eût empêché la transaction, et, dans le doute, l'erreur ne nuit qu'à celui qui était dans l'ignorance.

Mais si les titres découverts postérieurement à la transaction étaient retenus par le fait d'une des parties, le dol alors se joignant à l'erreur, la transaction doit être annulée (2057), sans que la partie par le fait de laquelle les pièces étaient retenues, fût reçue à prouver qu'elle ignorait les avoir en sa possession. *Arg.* (1352).

46. Le contrat de rente viagère nous offre encore des exemples d'erreur dans le motif déterminant de la convention. La rente créée sur la

tête d'une personne qui était morte au jour du contrat, ne produit aucun effet (1974) (1).

Ce contrat est nul, parce qu'il est évident qu'il n'eût pas eu lieu si cette mort avait été connue. Non seulement il y a erreur sur le motif de la convention, mais de plus elle se trouve sans cause ou sans motif.

Ce contrat est encore nul si l'une des parties, ou même toutes les deux, ont ignoré que la personne sur la tête de laquelle la rente a été créée, était atteinte d'une maladie dont elle est morte peu de temps après le contrat. L'erreur ou l'ignorance sur l'état de la personne, est en cette matière un fait déterminant et décisif; il entraîne la nullité de la convention.

Telle était sur ce point la doctrine de tous les auteurs avant la promulgation du Code (2); mais les maladies qui nous apportent la mort sont souvent très-longues, et l'ancienne jurisprudence n'avait point déterminé le temps que la personne malade pouvait vivre après le contrat, pour faire présumer qu'elle était morte de la maladie dont elle était atteinte lors du contrat, et pour en faire en conséquence prononcer la nullité. De-là des difficultés, lorsqu'il s'était écoulé un certain temps entre le contrat et la mort de la personne malade. On distinguait entre les maladies qui ont ou qui n'ont pas un trait

---

(1) Ainsi, l'argent donné pour prix de la rente, doit être rendu.

(2) Pothier, du Contrat de rente viagère, n°. 225; Duparc-Poullain, Principes du droit, tom. III, pag. 97, n°. 79.

prochain à la mort (1); mais cette distinction même occasionnait des incertitudes et de l'arbitraire. Le Code les a prévenus, en décidant que la nullité n'a lieu que dans le cas où la personne atteinte d'une maladie mortelle décède dans les vingt jours de la date du contrat (1975).

47. Si la maladie avait été connue de celui seulement qui s'oblige à payer la rente, ce serait un motif de plus pour annuler le contrat; sa réticence serait un dol qui se réunirait à l'ignorance de l'autre partie pour opérer la nullité de la convention.

Mais si la maladie était connue des deux parties, le contrat serait-il nul? Les auteurs qui ont écrit avant le Code le croyaient valide, parce qu'en ce cas, il n'y a pas d'erreur, puisque la partie n'a pas été dans l'ignorance, et que d'ailleurs le contrat ne pêche pas dans son essence, qui consiste dans le risque et dans l'incertitude de l'évènement; car il existait un risque connu des deux parties: la personne malade pouvait guérir, ou du moins on pouvait le croire

Cependant l'article 1975 n'excepte point de la nullité qu'il prononce, le cas où la maladie de la personne sur la tête de laquelle la rente a été créée, était connue des parties contractantes (2). Il dit en général que le contrat ne produit aucun

---

(1) *Voy.* le Journal du parlement de Bretagne, tom. III, p. 527.

(2) Le projet du Code, rédigé par la commission, ajoutait, art. II: « Encore que le fait de la maladie fût ignoré des deux parties. » Cette addition a été retranchée, sans qu'on trouve dans les conférences le motif de ce retranchement.

effet, si la personne atteinte de la maladie en meurt dans les vingt jours de la date du contrat. Or, on ne peut suppléer une exception qui n'est pas dans la loi. Si les parties ont connu la maladie, il est à présumer qu'elles ont ignoré combien elle était dangereuse. Il est moralement certain que si les contractans avaient su que la maladie de la personne sur la tête de laquelle on se proposait d'acquérir la rente, était de nature à lui causer la mort dans les vingt jours, l'acquisition n'eût point été faite, puisqu'une rente viagère sur la tête d'une personne mourante n'est d'aucune valeur. Or, il n'y a *point de consentement valable quand il y a erreur* (1110). Portalis, *Exposé des motifs*, tom. VI, pag. 260, édition de Didot. *Voy.* aussi Maleville, sur l'art. 1975.

Si l'erreur sur la nature et le danger de la maladie ne suffisait pas pour annuler le contrat de rente viagère, il s'ensuivrait qu'il serait toujours valide lorsqu'elle aurait été créée sur la tête et au profit de la personne contractante qui en a fourni le prix; car il n'est guère possible qu'elle ignorât la maladie dont elle était atteinte. Cependant il ne paraît pas douteux (1) que, si elle décède dans les vingt jours, le contrat est nul, comme dans le cas où la rente a été créée sur la tête d'une tierce personne. Si celui qui achète une rente viagère sur sa tête n'ignorait pas la maladie dont il était atteint, il

(1) *Voy.* Sirey, an 1808, 2.e part., pag. 72, un arrêt de la Cour de Rouen, qui l'a ainsi jugé.

est moralement certain qu'il en ignorait le danger, à moins qu'on ne veuille dire qu'il a voulu faire un don à l'autre partie ; mais une donation ne se présume pas dans un contrat à titre onéreux.

48. Nous reviendrons à l'erreur sur le motif dans la section IV, qui traite de la cause des contrats. Nous observerons seulement ici que si l'erreur sur la personne avec laquelle on contracte, ou sur la chose qui est l'objet du contrat, annule l'obligation, ce n'est que dans les cas où cette erreur est la cause principale ou le motif déterminant de la volonté.

ARTICLE II.

De l'erreur sur la personne.

SOMMAIRE.

49. *L'erreur sur la personne annulle la convention, quand la considération de la personne en est la cause principale.*
50. *La qualité de la personne peut être la cause principale du contrat dans le mariage. Exemple.*
51. *Et dans les contrats de bienfaisance.*
52. *Plus rarement dans les contrats à titre onéreux.*
53. Quid, *si la célébrité ou l'industrie de la personne est la cause du contrat ?*
54. *L'erreur dans la personne peut faire rescinder les transactions.*

49. L'ERREUR sur la personne avec laquelle on a l'intention de contracter ne suffit point pour annuler le contrat, à moins que la considération de cette personne ne soit *la cause principale de* la convention (1110).

Pothier, n°. 19, dit que toutes les fois que la considération de la personne entre pour *quelque chose* dans le contrat, l'erreur sur la personne détruit le consentement et rend la convention nulle. Le Code rectifie cette doctrine trop générale, en exigeant que la considération de la personne soit *la cause principale* de la convention, pour que l'erreur sur cette personne opère la nullité du contrat.

Dans le mariage, par exemple, la considération de la personne est toujours réputée la cause principale du contrat. Ainsi l'erreur sur la personne annule le mariage, comme nous l'avons vu, tom 1, pag. 432 et suiv.

50. Nous y avons examiné la distinction faite par les docteurs, entre l'erreur sur l'individu et l'erreur sur ses qualités : distinction que nos législateurs n'ont point voulu consacrer par une disposition formelle de la loi ; ils se sont bornés à dire qu'il n'y a point de mariage lorsqu'il n'y a point de consentement (146). Il ont laissé aux tribunaux à décider, suivant les faits et les circonstances, les cas où il n'y a point de consentement valable. En cela ils ont agi avec beaucoup de raison ; car il y a des cas où l'erreur sur la qualité de la personne doit opérer la nullité du mariage, lorsqu'il est prouvé que la qualité était le motif déterminant ou la cause finale du contrat : *si aliàs contracturus non fuisset.* Nous en avons cité des exemples, et nous en trouvons un nouveau dans un arrêt rendu solennellement le 6 décembre 1811, par la Cour de Colmar. Il

a jugé que l'erreur d'une femme catholique, qui a épousé un ci-devant moine profès, annule le mariage, lorsque la femme a ignoré la qualité du futur époux avant le mariage, et qu'elle ne l'a point rectifié par un consentement tacite, depuis la découverte de l'erreur. L'arrêt est rapporté par Sirey, an 1812, pag. 89.

Cette décision est une juste conséquence des principes du Code (1). Il est moralement certain qu'une femme vraiment pénétrée des dogmes du culte catholique ne peut vouloir épouser qu'un homme libre et non pas un homme avec lequel elle ne peut vivre sans être dans une révolte habituelle contre les préceptes de la religion qu'elle professe. On doit donc regarder comme certain qu'elle n'eût pas consenti au mariage si elle avait su que le futur était engagé par des vœux solennels, qui ne lui permettent plus de se marier sans renoncer à sa religion. La loi civile deviendrait odieuse et tyrannique, si elle contraignait une femme trompée à vivre dans une union contraire à sa religion et à sa conscience. On peut ajouter que, dans l'espèce proposée, il y avait

---

(1) Nous ne devons pas dissimuler qu'un jurisconsulte très-recommandable, M. Loiseau, dans son Dictionnaire des arrêts modernes, v°. Mariage, n°. 49, pense que l'arrêt de la Cour de Colmar est mal rendu; il ajoute que pareille cause est pendante à la Cour royale de Paris. Nous ne connaissons point encore l'arrêt qui a été rendu; mais aujourd'hui sur-tout, que le retour d'un Roi légitime a rétabli la religion et les mœurs dans tous leurs droits, nous ne pensons pas qu'un moine apostat puisse profiter de son propre dol pour retenir dans les liens d'un mariage réprouvé par l'église, la femme qu'il a trompée en lui taisant sa qualité.

un dol personnel de la part du mari, qui avait tû sa qualité.

51. Dans les contrats de bienfaisance, la considération de la personne qui reçoit est souvent *la cause principale* du contrat. J'ai un neveu auquel je me propose de donner la terre que j'habite, en considération du nom qu'il porte et de la parenté; mais il demeure dans une ville éloignée, et je ne l'ai jamais vu. Un jeune homme de la même ville, et qui porte le même nom, arrive à Rennes, se dit mon neveu, et je passe avec lui le contrat de donation, sous le nom de tel, *mon neveu.* Cette erreur entraîne la nullité du contrat; car je n'ai pas voulu donner à l'individu qui s'est présenté, qui a signé et accepté la donation, mais seulement à mon neveu. Il n'y a cependant pas d'erreur sur la personne physique avec laquelle j'ai contracté, mais sur la qualité de fils de mon frère que je lui supposais, et qui seule me déterminait à donner. Cette erreur, qui a été *la cause principale* du contrat, *error dans causam contractui*, doit donc annuller la donation, quand même elle ne serait pas jointe au dol personnel du donataire.

Ces principes sont applicables au prêt gratuit et au commodat. Si l'on n'a prêté qu'en considération de l emprunteur, et à lui personnellement, alors, dit l'art. 1879, ses héritiers ne peuvent continuer de jouir de la chose prêtée. Par la même raison, si la considération de la personne de l'emprunteur a été la cause principale du prêt, et que l'erreur sur la personne soit prouvée, le prêt est résolu, et l'emprunteur ne peut, après l'erreur découverte, continuer de jouir de la chose prêtée. *Voyez* Pothier, Traité des obligations, n°. 19.

52. Dans les contrats à titre onéreux, la considération de la personne n'est presque jamais la cause principale de la convention.

Je veux vendre ou acheter une terre, une partie de marchandises, etc.; peu importe quelle soit la personne du vendeur ou de l'acheteur; c'est la chose ou le prix qui est la cause principale de la convention.

Je veux louer ou affermer une maison, quoique la personne du bailleur ou du preneur ne soit pas indifférente, et qu'il m'importe beaucoup, par exemple, d'avoir un locataire à l'aise et exact dans ses paiemens, néanmoins la personne n'est point en ce cas considérée comme la cause principale de la convention. Il faudrait, pour le faire décider autrement, des circonstances tellement fortes, qu'il en résultât nécessairement que le contrat n'eût pas eu lieu si l'erreur sur la personne avait été découverte.

53. Néanmoins, il y a des contrats à titre onéreux dans lesquels, par leur nature, la considération de la personne est regardée comme la cause principale du contrat. Par exemple, lorsque la célébrité ou l'industrie de la personne est le motif de la convention. Croyant parler à David ou à Girodet, je conviens d'une somme pour prix d'un tableau que je recommande; mais il se trouve que je parlais à un barbouilleur ignorant

qui portait le même nom. Le marché est nul faute de consentement; je puis le rompre en prouvant mon erreur. Je ne dois même aucune indemnité, si le tableau n'est pas encore commencé; mais s'il est commencé ou achevé, je dois une indemnité à dire d'experts, pourvu que celui avec lequel j'avais traité n'eût point connu mon erreur : *je n'en dois aucune s'il l'a connue.* Pothier, n°. 19.

54. La personne est encore regardée comme la cause principale du contrat dans les transactions. Ainsi « une transaction peut être *rescindée* » lorsqu'il y a erreur dans la personne. » (2053).

Si la personne qui a un procès transige avec celui qu'elle croit être sa partie, et qui ne l'est pas, cette transaction sera inutile (1) et sans effet. C'est une conséquence du principe qu'on ne peut stipuler pour autrui.

Mais doit-on appliquer la disposition de l'art. 2053 à une transaction faite par un débiteur ou par un créancier, avec celui qu'il croyait être l'héritier d'une succession et qui ne l'était pas? Il faut distinguer : si celui qui a transigé a suivi trop facilement la foi de celui qui se disait héritier, *qui se jactabat heredem*, la transaction est nulle et sans effet; elle ne peut être utile ni à celui qui a transigé, ni au véritable héritier; car ce dernier n'a pu être obligé par le fait d'un autre, et celui qui a transigé n'a pas été obligé envers cet héritier, avec qui il n'a point traité, et pour

(1) Domat, Lois civiles, liv. 1, tit. 13, sect. 1, n.° 5.

qui il pouvait avoir moins de considération que pour celui qu'il avait cru être l'héritier (1).

Mais si le débiteur ou le créancier a eu des motifs suffisans pour croire que celui avec qui il a transigé était vraiment héritier, s'il était *en possession* de la succession, alors la transaction subsiste et produit tout son effet, tant pour que contre le véritable héritier, dont la négligence ne peut préjudicier à autrui. Il doit se reprocher de n'avoir pas plutôt réclamé ses droits, et d'avoir trompé le public en laissant un autre s'en emparer. C'est ainsi qu'il faut concilier (2) l'art. 2053 avec l'article 1240, qui porte « que le paiement » fait de bonne foi à celui qui est en possession de » la créance, est valable, encore que le possesseur » en soit par la suite évincé; » aussi faut-il bien remarquer que l'article 2053 ne dit pas que la transaction est *nulle*, lorsqu'il y a eu erreur dans la personne, mais seulement qu'elle *pourra être rescindée*, ce qui est bien différent. La rescision dépend des circonstances, que les juges pèsent dans leur sagesse.

---

(1) Domat, *ubi suprà*, *liv.* 5, § 2; *ff de transact.* 2, 15. *Voy* ce que je dis, tom. VII, n°s. 28 et 29.

(2) C'est la conciliation donnée par Struve-*Immo*, pag. 38, *lib.* 2, *tit.* 15, et par Pothier, dans ses Pandectes, *in tit. de transactionibus*, n°. 14, note 4, pour accorder la loi citée avec la loi 25, *de petit hered.*

ARTICLE III.

De l'erreur sur la chose.

SOMMAIRE.

55. *L'erreur sur la substance de la chose annulle la convention.*
56. *L'erreur sur les qualités de la chose n'annulle pas la convention, à moins qu'elles ne soient une condition expresse ou tacite du contrat.*
57. *Impossibilité d'établir des règles sûres en cette matière. Dans le doute, l'erreur nuit à celui qui se trompe.*

55. L'erreur sur la chose (1) n'est une cause de nullité de la convention que lorsqu'elle tombe sur la *substance même de la chose* qui en est l'objet (1110). Il en est donc autrement si l'erreur ne tombe que sur les qualités de la chose : on ne présume pas que ces qualités aient été le motif déterminant de la convention, à moins que les parties ne s'en soient expliquées, et n'en aient fait une condition.

Cependant, il y a des qualités qui sont considérées comme formant la substance de la chose. J'achète une montre la croyant d'or; elle n'est que de cuivre doré : la convention est nulle, quand même le vendeur n'aurait pas eu le dessein de me tromper, quand il eût été dans la

(1) *Voy.* Voet, *in lib.* 18, *tit.* 1, *ff de contrah. empt.* n°. 5 et suiv.

même erreur que moi. Mon erreur détruit mon consentement, parce qu'on ne peut pas dire qu'une montre de cuivre doré soit la chose que j'ai voulu acheter. (Pothier, n°. 18.)

Il y a au contraire des qualités qui paraissent former la substance de la chose, et dont cependant le défaut n'annulerait pas la convention pour cause d'erreur. J'achète une maison que je croyais bâtie en pierres; il se trouve que les murs ne sont qu'en terre ou en bois : le vente ne peut être annulée. J'ai vu ou dû voir la maison; elle m'a convenu dans l'état où je l'ai vue; c'est donc la maison telle qu'elle est que j'ai voulu acheter; mon erreur n'était ni invincible ni occasionnée par le dol du vendeur.

56. Quant à l'erreur sur les qualités accidentelles de la chose, elle n'annule pas la convention, à moins que les parties n'aient fait de la qualité dont il s'agit une condition du contrat. J'ai acheté un cheval le croyant de race arabe; ce n'est qu'un cheval normand : la convention est valide.

Cependant il y a des qualités accidentelles dont l'ignorance annule la convention; tels sont les défauts cachés qui rendent la chose impropre à l'usage auquel on la destine, ou qui diminuent tellement cet usage, que l'acheteur ne l'aurait pas acquise, ou n'en aurait donné qu'un moindre prix, s'il les avait connus (1641 et suiv.). La non existence de ces défauts est une condition tacite et légale du contrat.

57. Il paraît donc impossible de poser en cette

matière des principes d'une exactitude parfaite, les espèces auxquelles ils peuvent s'appliquer diversifient de tant de manières, que cette application dépend nécessairement des circonstances. Domat, liv. 1, tit. 2, sect. 8, n°. 12.

Les règles ne sont ici établies que pour éclairer les juges et les guider. De quelque manière qu'ils les appliquent, leur décision ne peut guère donner ouverture à la cassation.

Dans le doute, l'erreur ne doit nuire qu'à celui qui était ou qui dit avoir été dans l'ignorance; c'est une maxime qu'il ne faut pas perdre de vue: *in dubio, semper error nocet erranti.* Heinec. *in Grotium, lib.* 2, *cap.* 11, §. 6, *et in* Puffendorff. *De offic. hom., et in lib.* 1, *cap.* 8, § 12.

ARTICLE IV.

De l'erreur de droit.

SOMMAIRE.

58. *Importance de la question.*

59. *En déclarant qu'il n'y a point de consentement s'il n'a été donné que par erreur, le Code ne distingue point entre l'erreur de droit et l'erreur de fait.*

60. *La raison rejette cette distinction.*

61. *L'admission d'un parent qui n'est point appelé au partage d'une succession, est une erreur de droit qui annule la convention.*

58. Les principes que nous avons posés s'appliquent aux cas où l'erreur ne tombe que sur des faits dont l'ignorance a donné lieu au contrat; mais l'erreur qui ne tombe que sur un point de droit dont l'ignorance a seule déterminé le consentement de l'une des parties, annule-t-elle également la convention?

C'est une question importante qui mérite d'être soumise à un examen réfléchi, abstraction faite de ce qu'ont écrit les docteurs et les interprètes, qui se sont moins occupés à chercher la vérité de bonne foi, qu'à concilier des textes. Nous chercherons donc la solution dans la nature des choses, et dans les dispositions du Code, qui nous paraissent sur ce point entièrement conformes à la raison.

59. Il commence par établir cette maxime d'éternelle vérité, qu'*il n'y a point de consentement valable s'il n'a été donné que par erreur* (1109). Il l'établit d'une manière générale, sans distinguer entre l'erreur de fait et l'erreur de droit. Or, on ne peut admettre ni une distinction ni une exception qui ne sont pas dans la loi, surtout quand il ne s'agit pas d'une disposition arbitraire, mais d'un principe fondé sur la raison et sur la nature des choses; principe d'ailleurs sur lequel il existait de grandes controverses, que les législateurs ne pouvaient ignorer. En établissant pour règle générale, sans distinction ni exception, qu'il n'y a point de consentement s'il n'est donné que par erreur, ils ont donc entendu et voulu que l'erreur de droit annulât le consentement aussi bien que l'erreur de fait.

60. Cette disposition est dictée par la raison. Quelle que soit en effet l'erreur qui détermine ma volonté, que ce soit l'ignorance d'une loi ou celle d'un fait, si cette ignorance est la cause déterminante, la cause principale de mon consentement, il est évidemment nul; il n'y a point de consentement, parce qu'en me déterminant par un motif qui n'existe pas, ou, ce qui est à-peu-près la même chose, qui est autre que je ne le supposais, je n'ai pas fait ce que je voulais; j'ai fait autre chose que

ce que je voulais : il n'y a donc point de volonté. En voici un exemple.

61. J'ai cru que mon neveu (1), qui se présentait, avait droit comme moi à la succession de son cousin-germain. Nous avons partagé par moitié les biens de la succession : ma volonté n'a pas été de lui donner des biens qui étaient à moi, mais de lui abandonner ceux qui lui appartenaient. Le partage n'a donc pu lui transférer la propriété des biens partagés; je me suis trompé en les lui laissant prendre; je puis les réclamer ou les revendiquer, lorsque j'ai découvert mon erreur. Quel serait son titre pour les garder ? Ma volonté? Jamais elle n'a été de lui donner ce qui m'appartenait. Le partage que j'ai fait avec lui ? Ce n'est point un titre translatif de propriété, mais seulement un acte qui détermine la portion appartenant à chacun des copropriétaires, dans des biens indivis : il suppose nécessairement une propriété préexistante. Prétendrait-on qu'en partageant avec une personne qui n'avait point de droits dans les biens dépendant de la succession, j'ai renoncé en sa faveur à une partie des miens, et que j'ai voulu lui faire une donation ? Une pareille libéralité ne se présume point, et l'acte de partage repousse cette prétention; ce serait à celui qui l'allègue à la prouver.

62. Enfin, objecterait-on que l'ignorance des dispositions de la loi, qui borne la représentation

(1) *Vid. loi* 36, *ff famil. erciscund.* 10, 2, *et ibi Mornac ; et infrà*, nos 65 et 66.

aux frères et sœurs et aux descendans des frères ou sœurs du défunt, a opéré la déchéance d'une partie de mon droit, pour la transférer à mon neveu, par la raison qu'il n'est permis à personne d'ignorer la loi, *nemini jus ignorare decet?* Mais où est celle qui prononce cette déchéance et cette translation? La déchéance est une peine que les tribunaux ne peuvent, sans excès de pouvoir, prononcer qu'en vertu d'une loi expresse. *Id quod nostrum est, sine facto nostro, ad alium transferri non potest.* Loi 11, *ff de R. J.*

On trouve dans le droit romain, *Instit.*, *lib.* 4, *tit.* 2, § 1, que celui qui avait employé la violence au lieu des voies juridiques, pour se ressaisir d'une chose qui lui appartenait, en perdait la propriété; il en était déchu. *Rei suæ dominio cadebat.* Mais loin de trouver une pareille déchéance prononcée contre ceux qui ont abandonné ou cédé par erreur une chose, qui leur appartenait, le plus grand des jurisconsultes romains, Papinien, pose en principe, dans les lois 7 et 8, ff *de juris et facti ignorantiâ*, 22, 6, que l'erreur de droit n'est pour personne un moyen d'acquérir ni de perdre sa propriété: *juris ignorantia non prodest acquirere volentibus, suum verò petentibus non nocet; omnibus juris error in damnis amittendæ rei suæ non nocet.* Ainsi, dans l'espèce proposée, le partage que j'ai consenti par erreur de droit, n'a pu être pour mon neveu un titre et un moyen d'acquérir, ni pour moi un moyen de perdre ma propriété; je n'ai point mérité d'être déchu de ce qui m'appartenait, ni lui d'être revêtu de ce qui ne lui appartenait pas. Il est impossible de soutenir que mon erreur soit par elle-même, et destituée de toute autre cause, un titre légitime pour un autre, et une juste voie pour acquérir.

63. Autrement il faut soutenir, contre la raison et contre le texte précis de l'art. 1131, qu'une obligation sans cause, ou sur une cause fausse, peut être valable et produire son effet. Il faudrait rejeter le remède favorable, fondé sur l'équité, établi par les lois sous le nom de *condictio sine causâ, condictio indebiti;* convertir ainsi toutes les obligations sans cause en *donations forcées*, et faire passer tous les contractans qui errent dans le droit pour de *véritables donateurs*. Ce sont les termes de l'illustre chancelier d'Aguesseau, dans une dissertation expresse sur l'erreur de droit, où il établit avec force et clarté les principes que nous venons d'exposer, et qui sont aussi ceux de Domat et de Pothier.

64. Pothier, dans ses Pandectes, tom. 1, pag. 645, n°. 2, après avoir défini l'erreur de droit et l'erreur de fait, et expliqué les différens effets de l'une et de l'autre, lorsqu'il s'agit d'acquérir, ajoute qu'elles ont cela de commun, que tout ce qu'un homme a fait, soit par ignorance de droit, soit par ignorance de fait, ne peut l'empêcher de répéter ce qu'il a donné par erreur ou de le retenir. *In eo autem conveniunt quod quidquid aliquis, sive per ignorantiam juris, sive per ignorantiam facti gesserit, non ei obsit quominùs rem suam reposcere, aut retinere possit.* Il

prouve cette maxime par les deux lois de Papinien que nous avons citées plus haut.

65. Le sage Domat enseigne également que si l'ignorance ou l'erreur de droit est telle qu'elle soit la cause unique d'une convention où l'on s'oblige à une chose qu'on ne devait pas, la cause se trouvant fausse, l'obligation est nulle. Liv. 1, tit. 18, n°. 14.

Il ajoute, n°. 15, que cette règle n'a pas seulement lieu pour garantir celui qui erre de souffrir une perte; mais aussi pour empêcher qu'il ne soit privé d'un droit qu'il *ignore* avoir. Il en donne pour exemple l'erreur de celui qui ne savait pas avoir droit à une succession, par représentation de son père, et qui peut, dans la suite, étant averti de son droit, demander sa part de la succession, quoiqu'il eût, par erreur de droit, restitué à son oncle tout ce qu'il avait reçu de cette succession. *Vid. sup.*, n°. 61.

66. Enfin, on trouve des arrêts qui ont consacré cette doctrine sous l'ancienne jurisprudence. Augeard (1) en rapporte un rendu au parlement

(1) Tome 1, page 134. Voici l'espèce de cet arrêt : Charles le Duchat, héritier des enfans de Benjamin le Duchat, avait reconnu les trois enfans de René le Duchat, ses neveux, pour ses cohéritiers, chacun pour un quart. Dans plusieurs actes, il avait agi de concert avec eux. Il leur avait demandé leur procuration; il s'en était servi pour les affaires de la succession. Il était intervenu, sur sa poursuite, des sentences où ses neveux étaient parties avec lui, en qualité de ses cohéritiers, et qui contenaient le partage de la succession. Il découvrit son erreur, et soutint que c'était par une ignorance bien excusable de son droit qu'il avait reconnu ses neveux pour ses cohéritiers, et qu'ils avaient été compris dans plusieurs sentences.

Les neveux soutinrent qu'après tant d'actes, sa restitution n'était

de Metz, le 27 juillet 1691, précisément dans l'espèce que nous avons proposée. Il jugea qu'un majeur auquel la coutume déférait une succession, et qui, dans l'ignorance de cette disposition, avait par plusieurs actes privés et publics reconnu ses trois neveux pour ses cohéritiers, n'en était pas moins recevable à revenir contre tous ces actes.

67. Concluons donc que l'erreur de droit, comme l'erreur de fait, annule la convention, lorsqu'elle en a été la cause principale, ou le *seul fondement*.

68. Mais s'il n'était pas prouvé que l'erreur de droit était la cause principale du contrat; par exemple, s'il pouvait avoir pour motif de satisfaire une obligation imparfaite (1) ou un devoir naturel, il ne pourrait être annulé, parce

---

pas recevable, parce qu'elle n'était fondée que sur l'erreur de droit, qui ne pouvait être alléguée que par les femmes, les mineurs et les habitans de la campagne.

Le procureur-général Corberon établit, d'après les lois 7 et 8, ff *de jur. et fact. ignor.*, que l'erreur de droit ne nuit à personne pour lui faire perdre son bien; il ajouta plusieurs considérations d'équité; l'une, qu'il est raisonnable d'excuser un homme qui s'est trompé dans un article de coutume; l'autre, tirée de l'énorme lésion qu'eût soufferte Duchat, si, sur une simple erreur, il eût perdu les trois-quarts d'une succession qui n'appartenait qu'à lui seul; la troisième, l'avantage immense dont les neveux eussent profité, contre la disposition du droit naturel qui ne permet à personne de s'enrichir aux dépens d'autrui. Loi 206, *ff* de R. J. Il conclut en faveur de la restitution, et ses conclusions furent suivies.

Les raisonnemens du procureur-général Corberon sont précisément les mêmes que ceux que d'Aguesseau, dans sa dissertation sur l'erreur de droit, a développés avec cette raison supérieure qui caractérise ses écrits.

(1) *Voy.* Vinnius, *Quæst. jur.*, *lib.* 1, *cap.* 67.

qu'alors il deviendrait impossible de prouver qu'il n'a d'autre fondement que l'erreur de droit, comme on le voit par l'espèce suivante.

69. Mon père vous avait légué la moitié de ses biens par un testament passé devant un seul notaire, accompagné de deux témoins au lieu de quatre. Persuadé, par ignorance de droit, que le testament était valide, je partage la succession, et je vous en délivre la moitié. Après avoir découvert mon erreur, je ne puis revenir contre ce partage, en alléguant que je me suis trompé dans la délivrance que je vous ai faite (1), qu'elle n'a eu pour cause que l'erreur où j'étais sur la validité du testament. Cette allégation ne peut être admise, parce qu'il est impossible de la prouver; car j'ai pu avoir la volonté d'exécuter le testament de mon père, quoique nul, par respect pour sa mémoire. Il y avait en cela une obligation naturelle quoiqu'imparfaite. La délivrance du legs ou le partage des biens peut donc avoir eu deux causes ou deux motifs; l'un, l'erreur où j'étais sur la validité du testament, l'autre, l'intention de remplir un devoir de piété, en exécutant les dernières volontés du défunt. Dans le doute, je suis présumé m'être déterminé par ce dernier motif: *in dubio error nocet erranti.*

C'est sur ce principe qu'est fondé l'article 1340, qui porte que « la confirmation, ou ratification, » ou exécution volontaire d'une donation par les

---

(1) Ainsi l'a pensé la Cour de cassation, dans un arrêt du 25 mars 1807. Sirey, an 1807, pag. 199 et suiv. Cet arrêt se trouve aussi dans le nouveau Répertoire, v°. *Transaction*, § 5, n°. 4, pag. 64.

» héritiers ou ayant-cause du donateur, après » son décès, emporte leur renonciation à oppo» ser, soit *les vices de forme*, soit toute autre ex» ception (1). »

70. Posons donc en principe, que l'erreur de droit annule la convention lorsqu'elle a été le motif déterminant du consentement. Ce principe devient encore plus évident par les exceptions mêmes que le Code y a faites, et qui sont en petit nombre, mais fondées sur la raison et sur la nature des choses.

71. La première est relative aux transactions (2052). La transaction est une convention qui a pour objet de prévenir ou de terminer un procès douteux de la manière convenue entre les parties, et que chacune d'elles préfère à la chance de gagner, jointe au péril de perdre. *Qui transigit, quasi de re dubiâ, et lite incertâ neque finitâ transigit*. Loi 1, ff *de transact.*, 2, 15. Le doute peut venir de l'ignorance sur l'existence, sur le sens ou sur la manière d'appliquer la loi. On ne peut donc pas dire que cette ignorance annule le consentement donné à la transaction, puisque c'est précisément cette ignorance qui en a été le motif :

(1) L'article 2054, qui permet de demander la rescision d'une transaction faite en exécution d'un titre nul, lorsque les parties n'ont pas expressément traité sur la nullité, ne s'applique point au cas où la transaction a été suivie d'exécution : dans ce cas, l'exécution donnée à la transaction écarte l'application de l'art. 2054, et rend applicable l'art. 1340, d'après lequel aucune action en rescision n'est admise contre un acte exécuté volontairement. Arrêt de la Cour de cassation, du 29 juin 1813. Sirey, an 1813, 1re. part., pag. 378 et suivantes.

les parties ont mieux aimé transiger aux conditions convenues, que d'approfondir leurs doutes, et courir la chance de gagner ou de perdre. Il y a toujours quelque chose d'aléatoire dans une pareille convention. Il est donc de l'essence des transactions de ne pouvoir être attaquées pour cause d'erreur de droit, sans quoi il n'y aurait point de transaction; on pourrait toujours attaquer le lendemain la transaction faite la veille. Le Code n'a donc fait que consacrer un axiome fondé sur la raison et sur la nature des choses, lorsqu'au principe général, « qu'il n'y a point de » consentement valable s'il n'a été donné que par » erreur (1191), » il ajoute par exception, dans l'article 2052, que les transactions *ne peuvent être attaquées pour cause d'erreur de droit*. Cette disposition serait fort inutile, si elle était commune à tous les contrats.

72. Du reste, les transactions suivent la loi commune relativement à l'erreur de fait, qui les annule ainsi que les autres conventions, lorsqu'elle a été la cause principale du contrat. Les articles 2055 et 2056 en offrent des exemples. Il faut y ajouter l'art. 2054, qui doit être modifié ou expliqué par l'art. 2052. Il porte : « Il y a lieu » à l'action en rescision contre une transaction, » lorsqu'elle a été faite en exécution d'un titre » nul, à moins que les parties n'aient expressé- » ment traité sur la nullité. »

Le véritable sens de cet article (1) est qu'il y a lieu

(1) *Voy.* les conclusions de M. Daniels, sur lesquelles fut rendu l'arrêt de la Cour de cassation, du 25 mars 1807. Sirey, an 1807, pag. 199 et suivantes.

à l'action en rescision contre une transaction, lorsque, *par suite d'une erreur de fait*, elle a été conclue en exécution d'un titre nul, lorsque la nullité provenait d'un fait ignoré des parties, et non lorsqu'elle provenait d'une loi qu'elles ignoraient. Pris dans un autre sens, l'article 2054 serait en opposition avec l'article 2052; il établirait une jurisprudence inconciliable avec les notions les plus élémentaires; il renverserait tous les principes : il faut donc, pour appliquer l'article 2054, que les parties n'aient ignoré la nullité que par erreur ou ignorance de fait, et qu'elles n'aient pas transigé sur la nullité.

Par exemple, lorsque l'héritier *ab intestat* transige sur la succession avec l'héritier testamentaire, ignorant que par un acte postérieur le testateur a révoqué son testament, ou lorsqu'un débiteur transige sur le montant de sa dette avec l'héritier du créancier, dans l'ignorance que le défunt lui a fait remise de la dette, il y a alors *nullité* ou révocation du titre, en exécution duquel on a transigé, et l'héritier testamentaire ou le débiteur ignore cette nullité par ignorance ou erreur de fait.

73. Pour mieux faire sentir la différence qui existe entre les transactions et les autres conventions, relativement à l'erreur de droit, revenons au partage d'une succession *ab intestat*, fait entre l'oncle et le neveu, dans l'ignorance que celui-ci en était exclu, en vertu du principe que la représentation n'est admise qu'en faveur des frères et sœurs et des descendans d'eux. Nous avons prouvé

que ce partage pouvait être annulé pour cause d'erreur de droit.

Supposons, au contraire, qu'il s'est élevé entre l'oncle et le neveu une contestation au sujet de cette succession, à laquelle l'oncle refusait d'admettre le neveu. Ils transigent sur cette contestation; et, dans l'ignorance des dispositions du Code sur la représentation, l'oncle consent par cette transaction à partager avec le neveu. Cette transaction sera irrévocable, et ne pourra être attaquée pour cause d'erreur de droit.

La raison de différence est que, dans le premier cas, le partage fait par erreur est absolument sans cause; car, en le faisant, l'oncle n'a pas eu la volonté d'abandonner la moitié d'une succession qui lui appartenait en entier, et de la donner à son neveu.

Dans le second cas, au contraire, la transaction a une cause réelle et légitime : l'oncle a voulu terminer une contestation existante entre lui et son neveu; et il a préféré céder la moitié de la succession, plutôt que de courir la chance d'un jugement dont le succès lui paraissait douteux; car enfin, tout ce qui est abandonné au jugement des hommes est incertain.

Appliquons encore ceci aux transactions conclues par erreur de fait.

Deux personnes transigent à Nantes, le 1.er juin, sur un procès pendant à la Cour royale de Rennes. Elles ignoraient que le 30 mai le procès avait été terminé par un arrêt définitif. La transaction est nulle faute de cause, parce que les parties ont eu la volonté de transiger sur un procès existant et douteux, et non pas sur un procès qui n'existait plus. Il est moralement certain que celle des parties qui a gagné son procès n'eût pas transigé si elle avait connu l'arrêt : il n'y a donc pas de consentement valable de sa part, parce que son consentement n'a été donné que par erreur (1109); son consentement n'est fondé que sur une erreur.

Au contraire, si, prévoyant que l'arrêt pouvait être rendu au moment où elles transigeaient *de bonne foi*, les parties avaient stipulé que le traité conserverait toute sa force indépendamment de l'arrêt qui pourrait avoir été rendu avant la signature de l'acte, la transaction ne pourrait être attaquée pour cause d'erreur, parce qu'on ne peut pas dire qu'elle soit sans cause, ni que le consentement ait été donné par erreur.

74. La seconde exception faite par le Code au principe que l'erreur de droit annule le consentement, est relative à l'aveu judiciaire, qui, comme les transactions, peut être révoqué s'il a été la suite d'une erreur de fait, mais qui ne peut l'être sous prétexte d'une erreur de droit (1356).

Cette exception est fondée sur ce qu'il est impossible de prouver que l'erreur de droit a été le motif principal et déterminant de l'aveu judiciaire.

Cet aveu peut avoir pour objet ou un fait ou une dette dont la preuve n'existait pas ou était douteuse. Il est évident que l'aveu d'un fait ne peut être rétracté qu'en prouvant qu'il est faux, et par conséquent que l'aveu est fondé sur une erreur de fait; car l'erreur de droit ne peut avoir aucune influence sur la réalité d'un fait.

Il en est autrement de l'aveu d'une dette fait par le débiteur; cet aveu peut avoir eu pour motif une erreur de fait ou une erreur de droit.

Vous me demandez une somme de mille francs, que votre père a prêtée au mien, et vous produisez en preuve la lettre par laquelle mon père priait le vôtre de lui prêter cette somme. Je reconnais l'écriture et j'avoue la dette. Mon aveu imprudent fait contre moi une preuve complète qui n'existait pas auparavant. Je retrouve la réponse de votre père, contenant qu'il ne peut prêter au mien la somme demandée par ce dernier. Cette réponse détruit mon aveu, en prouvant qu'il n'a été que la suite d'une erreur de fait. Un aveu fondé sur l'erreur n'est pas un véritable aveu : *non fatetur qui errat*. Loi 2, ff *de confessis*, 42, 2.

Je suis héritier de Caïus, et vous réclamez une somme qu'il vous a léguée par son testament. Je reconnais vous devoir cette somme; mais, depuis ma reconnaissance, je découvre un second testament portant révocation du premier. Je puis révoquer ma reconnaissance ou mon aveu, qui n'était que la suite de l'ignorance d'un fait.

Si, au lieu d'une révocation qui m'était inconnue, je prétends rétracter ma reconnaissance, en alléguant que j'ignorais que le testament fût nul, soit par l'incapacité du testateur, soit par un vice de forme essentiel, je ne dois pas être écouté ; car il est possible que ma reconnaissance et mon aveu aient eu pour cause l'intention d'honorer la mémoire de mon parent, en exécutant ses dernières volontés, qui me sont bien connues, quoique consignées dans un acte nul. C'est une action louable et souvent prescrite par la délicatesse. *Quid*, si je découvre que le fait est faux.

J'ai reconnu une dette qui était prescrite ; je prétends révoquer mon aveu, en alléguant qu'il est la suite d'une erreur (1). Je ne dois pas être

---

(1) Les auteurs examinent la question de savoir si l'on peut répéter, *condictione indebiti*, une dette prescrite que l'on a payée par erreur. *Voyez* Vasquius, *Controversiæ illustres*, *lib.* 2, *cap.* 3, nos. 10 et 12 ; Vinnius, *Quæst. select.*, *lib.* 1, *cap.* 47 ; d'Argentré, *ad art.* 273, *glos.* 2, *de hypothec. præscr.*, n°. 29 ; notre savant Hevin, sur l'art. 285 de la Coutume de Bretagne, n°. 4 ; Gonzalez et les Canonistes, *in cap. ult.* ; Pirrhing, *in lib.* 3, *tit.* 23, § 5, X *de solutionibus* ; Duparc-Poullain, Principes du Droit, tom. VI, pag. 397 ; Dunod, des Prescriptions, 1re. partie, chap. 14, pag. 109. Presque tous pensent que la répétition doit être admise, et Dunod assure que c'est l'opinion la plus régulière et la plus commune.

Ce n'est pas ici le lieu de traiter cette question avec l'étendue qu'elle comporte ; observons seulement que l'erreur de celui qui paie une dette prescrite peut n'être pas, et n'est pas ordinairement une erreur de droit. Peu de personnes ignorent qu'une dette est prescrite par le laps de trente années ; mais on peut ignorer l'époque précise de la dette et la payer, dans l'ignorance qu'elle remonte au-delà de trente ans : c'est alors une erreur de fait. Si le créancier dont la créance est éteinte abuse sciemment de cette erreur, et à plus forte raison si c'est lui qui l'a fait naître, on ne peut douter que le débiteur ne puisse répéter la somme *condictione indebiti*. On convient, suivant Dunod, pag. 110, que si le débiteur a été engagé à payer par surprise ou dol, s'il ne savait pas que la prescription était acquise, il peut répéter ; au contraire, s'il le savait, s'il n'a point été engagé à payer par surprise, on présume qu'il a voulu décharger sa conscience, et qu'il avait des raisons qui l'obligeaient à payer, et comme il pouvait renoncer à une prescription

écouté, si je savais que le temps de la prescription était écoulé, parce que je pouvais renoncer à la prescription acquise, et qu'il est possible que j'aie reconnu la dette par la conviction où j'étais qu'elle n'avait pas été payée, et qu'il était injuste d'user de prescription.

Dans ces cas et autres semblables, il est impossible de prouver que mon aveu n'était fondé que sur une erreur de droit, et par conséquent il ne peut être révoqué. C'est sur l'impossibilité de faire cette preuve qu'est fondée la maxime que l'aveu judiciaire ne peut être révoqué sous prétexte d'une erreur de droit; maxime qui doit, par identité de raison, être étendue aux aveux

---

acquise (2220), la bonne foi ne lui permet pas de répéter ce qu'il a payé volontairement.

On peut en dire autant de la reconnaissance d'une dette prescrite.

La grande difficulté consiste dans la preuve.

Il est difficile, pour ne rien dire de plus, lorsqu'il n'y a ni dol ni surprise, de prouver que l'on n'a payé une dette que par erreur de droit. Au contraire, l'erreur de fait peut être plus facilement prouvée. Par exemple, je reconnais, le 1.er janvier 1814, avoir reçu de vous une somme de tant, que votre père devait au mien en vertu de billet du 1.er janvier 1790, ou en vertu de billet qui se trouve égaré. Le billet se retrouve et porte la date du 1.er janvier 1780: l'erreur étant alors prouvée, vous pouvez répéter, *condictione indebiti*, la somme que vous m'avez payée.

En serait-il de même, si la quittance portait seulement en vertu de billet qui se trouve égaré, et dont la date ne serait point exprimée, mais que le créancier s'oblige de représenter? Si le billet était du fait du débiteur, il serait censé n'en pas ignorer la date et avoir eu des raisons de payer; si, au contraire, le billet est du fait de son père ou autre dont il a hérité, le débiteur pourrait répéter la somme, après la représentation du billet qui prouve que la dette est prescrite.

A qui est-ce de prouver que la chose n'est pas due? *Voy.* Loi 25 ff *de probat.* 22, 3, cap. ult. X, *de solut.*, lib. 3, tit. 23.

extrajudiciaires et à toutes les conventions, lorsqu'il n'est pas possible de prouver que l'erreur de droit a été la cause principale et déterminante du consentement. *In dubio, error nocet erranti.* Un aveu fondé sur une erreur de droit impossible à prouver, doit donc avoir toute la force d'un aveu réfléchi. *Non fatetur qui errat, nisi jus ignoravit.* Loi 2. ff *de confessis*, 42, 2.

75. Le Code n'a pas fait d'autres exceptions que celles dont nous venons de parler. Il est surtout à remarquer qu'il n'en a point fait relativement à la répétition de ce qu'on a payé par erreur en croyant le devoir, *condictio indebiti;* car il existait, entre les interprètes du droit romain, une grande controverse sur le point de savoir si la répétition est admise lorsque le paiement n'a été fait que par une erreur de droit. Toute l'ancienne école pensoit que l'erreur de droit ne s'opposait point à la répétition de ce qu'on avait payé sans le devoir.

Cujas, chef de la nouvelle école, et ses sectateurs, au nombre desquelles on compte Voët, *lib.* 12, *tit.* 6, *n°.* 7, et Pothier, Traité de l'action *condictio indebiti*, sect. 2, art. 3, n°. 160, embrassèrent une opinion contraire.

Mais Vinnius, *Quæst. select.*, *lib.* 1, *cap.* 47. Ulric Huberus, *in Instit.*, *lib.* 3, *tit.* 28, *n°.* 7, *et in Pandectas*, *lib.* 12, *tit.* 6, *n°.* 1, et le célèbre chancelier d'Aguesseau, ont soutenu fortement la première opinion, et combattu la seconde avec tout le poids des armes de la raison.

C'est leur doctrine qu'ont suivi les rédacteurs

du Code. Ils n'ignoraient pas cette controverse ; cependant ils ont établi en règle générale que » lorsqu'une personne qui, *par erreur*, se croyait » débitrice, a acquitté une dette, elle a le droit » de répétition contre le créancier. » (1377). Ils n'ont point ajouté ici la même exception qu'à l'égard de l'aveu judiciaire et des transactions, et cependant ils posaient en principe « qu'il n'est » pas permis de distinguer lorsque la loi ne dis- » tingue pas, et que les exceptions qui ne sont » pas dans la loi ne doivent point être suppléées. » (*Livre préliminaire du projet de Code*, tit. 5, n°. 7).

Il faut donc s'en tenir à la règle générale. La répétition a lieu sans distinction, soit que le paiement ait eu lieu par erreur de fait ou par erreur de droit (1). Le Code a fait triompher la doctrine du chancelier d'Aguesseau. Les deux seules exceptions ajoutées par des raisons prépondérantes au principe général, que les conventions sont nulles lorsqu'elles sont fondées sur l'erreur, ne font donc que confirmer ce principe ; car, en faisant des exceptions à une règle générale, la loi refuse par cela même aux juges le pouvoir d'en faire de nouvelles. *Exceptio firmat regulam in casibus non exceptis.*

---

(1) Par exemple, je suis saisi d'une somme de 10,000 francs, que j'ai trouvée à la mort de mon neveu ; son cousin-germain en réclame la moitié comme héritier ; je la lui donne ; je pourrai la répéter, *condictione indebiti*, par les raisons exposées ci-dessus.

§ IV.

De la violence et de la crainte.

SOMMAIRE.

76. *La contrainte physique ou morale est une cause de nullité des contrats.*
77. *Même lorsque l'autre contractant n'en a point été complice.*
78. *Ou lorsque la violence est exercée sur l'époux, les ascendans ou les descendans de l'un des contractans.*
79. *Quand il y a violence suffisante pour annuler le contrat.*
80. *La crainte révérencielle ne suffit pas.*
81. *Ni la contrainte exercée en vertu de la loi. Validité sans distinction des obligations du débiteur emprisonné.*
82. *A moins que l'emprisonnement n'ait été fait sans cause légale.*
83. *De la contrainte qui résulte des abus d'autorité.*
84. *Quand les contrats extorqués par violence ne peuvent être attaqués.*
85. *On ne peut attaquer ni modérer les promesses faites pour sauver ou garantir d'un danger.*

76. La violence et la crainte (1) annulent le consentement aussi bien que l'erreur. Il est d'abord bien évident qu'il n'y a point de consen-

(1) Il faut consulter sur cette matière le titre du Digeste. *Quod metûs causâ*, etc., 4, 2; et Voët, *ibid.*

Le droit romain ne parlait que de la crainte : *Ait Prætor quod metûs causâ gestum erit, ratum non habebo.*

Olim ita edicebatur, quod vi, metûsve causâ : vis enim fiebat mentio, propter necessitatem impositam contrariam voluntati ; metûs, instantis, vel futuri periculi causâ mentis trepidatione. Sed posteà detracta est vis mentio, ideò quia quodcumque vi atroci fit, id quoque metu fieri videatur. Loi 1, ff *quod metûs causâ*, 4, 2. *Continet igitur hæc clausula et vim, et metum*, L. 3, *ibid.*

Le Code, au contraire, ne parle que de la violence qui produit la crainte.

tement lorsqu'on exerce une violence réelle et physique sur une personne, pour la contraindre à une action. Par exemple, si l'on me conduit la main de force pour signer un acte.

Mais la contrainte n'est ordinairement que morale; elle agit sur la volonté, qu'elle détermine à consentir à un mal moindre pour en éviter un plus grand. Un brigand robuste me présente un pistolet au coin d'un bois, et me demande la bourse ou la vie. Je donne ma bourse pour éviter la mort. Il est évident que j'ai fait ce que je ne voulais pas faire : entre deux maux présens, j'ai choisi le moindre. On peut néanmoins dire qu'il y a eu volonté de ma part; car il n'y a point de choix sans volonté; mais cette volonté n'a pas été libre. J'étais libre cependant de refuser ma bourse en m'exposant à la mort; mais ma liberté n'était que relative à deux choses contraires l'une et l'autre à ma volonté. La contrainte était donc absolue, et le consentement nul; car, dans la réalité, je ne voulais ni l'une ni l'autre des deux choses : donc on me laissait l'alternative.

77. C'est en vertu de ces principes que le Code veut que la violence exercée contre celui qui a contracté l'obligation, soit une cause de nullité, encore qu'elle ait été exercée par un tiers autre que celui au profit duquel la convention a été faite (1111).

78. La violence est une cause de nullité du contrat, non-seulement lorsqu'elle a été exercée sur la partie contractante, mais encore lorsqu'elle

l'a été sur son époux ou sur son épouse, sur ses descendans ou ascendans (1113).

79. Il y a violence lorsque la menace est de nature à faire impression sur une personne raisonnable (1), et qu'elle peut lui inspirer la crainte d'exposer sa fortune ou sa personne à un mal considérable et *présent*, *metum præsentem*, *non suspicionem inferendi ejus.* Loi 9, ff *de metûs causâ*. 4, 2. On a égard, en cette matière, à l'âge, au sexe et à la condition des personnes (1112). Telle violence qui ne serait pas suffisante pour intimider un homme dans la force de l'âge, un militaire, etc., pourrait être jugée suffisante à l'égard d'une femme ou d'un vieillard. *Voyez* Brunnemann *ad leg.* 6, ff *quòd metûs causâ*, 4, 2.

80. La seule crainte révérencielle, envers le le père, la mère, ou autre ascendant, sans qu'il y ait eu de violence exercée, ne suffit point pour annuler le contrat (1114); mais si le père ou la mère avait détenu son enfant en chartre-privée; s'il avait employé les mauvais traitemens ou les menaces pour le faire consentir à un contrat, il y aurait lieu à faire prononcer la nullité (2).

---

(1) Le droit romain exigeait que la crainte pût faire impression sur une personne très-courageuse, *in hominem constantissimum*. Loi 5, *ibid.* Notre Code est plus indulgent. *Voy.* Pothier, n°. 25, *in fine*.

(2) La Cour de Bruxelles, par un arrêt du 22 août 1808, déclara nul un contrat de cession consenti par une fille enceinte que sa mère avait fait enfermer dans une chambre, en la menaçant de l'abandonner dans les douleurs de l'enfantement, si elle ne signait pas le contrat. Sirey, tom. x, pag. 559 et suiv., suppl.

81. Pour faire annuler un contrat, il faut que la violence soit injuste, contre les bonnes mœurs, dit la loi 3, § 1, Dict. tit. Les voies de droit, les contraintes légalement exercées par les ministres de la loi, ne peuvent opérer la nullité des conventions faites pour les éviter. Ainsi les contrats, billets ou transactions consentis par un débiteur emprisonné pour dettes, sont valides, et ne peuvent être annulés comme extorqués par violence (1).

Un conseiller de l'ancien parlement de Paris, de l'Épine de Grainville, avait proposé de faire une distinction à l'égard des actes passés par une personne emprisonnée légalement. Si ces actes lui causent une lésion véritable, et si l'on peut présumer qu'elle ne les eût pas faits étant en liberté, ils devaient, suivant la doctrine de cet auteur, être rescindés dès que la personne lésée réclamait contre les engagemens qu'elle avait pris en prison : au contraire, ces engagemens devaient être maintenus si la personne emprisonnée n'avait fait que ce qu'elle aurait dû faire étant hors de prison. *Voyez* le Recueil d'arrêts rendus en la 4.me chambre des enquêtes, Paris, 1750, pag. 365.

Il serait difficile d'accorder cette distinction avec les dispositions et l'esprit du Code, qui n'admet la rescision pour simple lésion qu'à l'é-

---

(1) *Voy.* Merlin, Questions de droit, v° *Crainte*, § 2 ; un arrêt du mois de prairial an XII, rapporté par Sirey, an XII, pag. 174 du supplément.

gard des mineurs (1118-1305), et à l'égard du majeur, dans les contrats de vente seulement, et pour lésion des sept douzièmes (1674).

Supposons qu'une personne emprisonnée pour dette ait, afin de recouvrer sa liberté et demeurer quitte envers son créancier d'une somme de 5,000 fr., cédé à ce créancier une propriété valant 5,500 fr. : elle ne peut faire rescinder l'acte pour cause de violence, quoiqu'elle fût justement et légalement détenue, ni pour cause de lésion, puisque la loi exige la lésion des sept douzièmes. Décider qu'une lésion moindre, jointe à la circonstance d'emprisonnement légal, forme un moyen de rescision, ne serait-ce pas s'ériger en législateur et excéder les pouvoirs d'un juge ? L'arrêtiste cité ne donne point l'espèce de l'arrêt sur lequel il fonde sa distinction ; il dit seulement qu'il était question de juger si l'acquiescement donné par un prisonnier à des offres nulles, était valable. L'arrêt est du 13 août 1722, temps assez rapproché de l'époque des billets de banque du fameux Law. Si les offres avaient été faites en papier-monnaie, il est possible qu'en considération de l'injustice qu'entraînait la validité de ces offres, les juges se soient écartés de la rigueur du droit, en annulant l'acquiescement fait par le débiteur prisonnier. Ce qui porte à le croire, c'est que le même jour il fut rendu un autre arrêt qui maintenait une transaction passée entre le créancier et son débiteur prisonnier.

Quoi qu'il en soit, cet arrêt de circonstance doit faire d'autant moins d'impression aujourd'hui, que, dans le temps où il a été rendu, les principes sur cette matière n'étaient pas fixés, comme on le voit, par la manière dont l'arrêtiste traite cette question. Il établit comme principe constant que la captivité et l'emprisonnement, quoiqu'exécutés légalement, sont compris dans le nombre des espèces de violence et de crainte capables de détruire les actes. De sorte, ajoute-t-il, qu'*il est d'usage de déclarer nuls ceux passés dans la prison, au profit de celui qui est constitué prisonnier;* usage qu'il croit fondé sur l'équité et sur une loi du Digeste.

Nous avons cru devoir examiner l'opinion de M. de l'Épine de Grainville, parce que M. Merlin, dont l'autorité est d'un grand poids en jurisprudence, rapporte cette opinion sans l'improuver dans ses Questions de droit, v°. *Crainte*, § 2.

82. Si l'emprisonnement était sans cause légale, quoique fait suivant les formes de la loi, il en résulterait une violence injuste, qui donnerait lieu à la rescision des actes faits pendant la détention; c'est à ce cas qu'il faut appliquer la loi 22, ff *quod metûs causâ*, 4, 2, que M. de Grainville applique mal à propos à un emprisonnement fait légalement et pour une cause légitime. *Voyez* Pothier, n°. 26, *et* Voët, *in tit. quod metûs causâ*, n°. 10.

83. De même, quoique les contraintes légalement exercées par les ministres de la loi ne puissent faire prononcer, pour défaut de liberté, la nullité des actes qui en ont été la suite, les contraintes faites par un abus d'autorité seraient une

juste cause de rescision contre les actes ainsi extorqués (1).

84. Un contrat ne peut plus être attaqué pour cause de violence, si, depuis que la violence a cessé, ce contrat a été approuvé, soit expressément, soit tacitement, soit en laissant passer le temps de la restitution fixé par la loi (1115).

C'est-à-dire le temps de dix ans, qui ne courent que du jour où la violence a cessé (1304); car la crainte est présumée avoir duré autant de temps que sa cause a subsisté : *Quamdiù durat causa metûs, semper præsumitur metus.* Decius, cons. 219.

85. Au reste, la crainte, quoiqu'inspirée par une violence injuste, ou par une force majeure, n'est pas un motif pour faire annuler, par défaut de liberté, les promesses qui ont pour objet de secourir ou de sauver la personne en danger, sa fortune ou ses proches, de les garantir d'un mal dont ils étaient menacés. Pothier, n°. 24; Puffendorff, Devoir de l'homme et du citoyen, liv. 1, chap. 9, n°. 15. Par exemple, si j'ai promis une somme à celui qui me tirerait des mains d'un brigand, qui sauverait mon navire du naufrage, mon fils tombé dans la rivière, etc., la promesse est alors la juste récompense du service qui m'est rendu. Loi 9, § 1, ff *quod metûs causâ*, 4, 2.

---

(1) *Si, per injuriam quid fecit populi romani magistratus, vel provinciæ præses, Pomponius scribit, hoc edictum locum habere : si fortè inquit mortis, aut verborum terrore pecuniam alicui extorserit.* Loi 3. § 1, ff *quod metûs causâ*, 4, 2.

Néanmoins Pothier, n°. 24, pense que si la somme promise était excessive, je pourrais la faire réduire à la juste récompense du service qui m'a été rendu. Une pareille demande en réduction serait contraire aux principes du Code, qui ne permet plus aux juges de modifier ainsi les conventions des parties; par exemple, de modérer la peine promise faute d'exécution d'une obligation (1152); à plus forte raison de réduire une obligation contractée pour encourager ou reconnaître un service éminent. Le juge qui se permettrait de la modérer, violerait ouvertement la loi du contrat; il exposerait son jugement à la censure de la Cour de cassation.

---

§ V.

Du dol (1).

SOMMAIRE.

86. *Pourquoi et comment le dol annule la convention.*
87. *Définition du dol.*
88. *Il est positif ou négatif.*
89. *Caractère du dol; du dol appelé réel.*
90. *Différence du dol incident et du dol qui a determiné le contrat.*
91. *Le dol accidentel ne résout pas le contrat; il soumet à des dommages et intérêts.*
92. *Le dol déterminant opère la nullité radicale du contrat, et non la nullité de plein droit. Différence entre ces nullités. Renvoi.*
93. *Distinction entre le dol commis par l'une des parties, ou dont elle est complice, et le dol commis par un tiers.*

---

(1) *Voy.* ci-après ce que je dis, tom. IX, sur la preuve testimoniale du dol.

94. *Pourquoi le Code n'a point fait une règle du principe que le dol d'un tiers n'annule pas la convention entre les contractans.*
95. *Le dol peut dégénérer en escroquerie.*

86. Le dol est une cause de nullité des conventions qui a beaucoup d'analogie avec les précédentes, et surtout avec l'erreur. La violence produit la crainte, qui annule le consentement par défaut de liberté; le dol produit ou entretient l'erreur, qui détruit le consentement dans son principe : il n'y a point de consentement valable, s'il n'a été donné que par erreur ou surpris par dol (1109). Si l'erreur déterminante annule les conventions lors même que personne n'a contribué à la faire naître ou à l'entretenir dans l'esprit de celui qui s'est trompé, à plus forte raison lorsque cette erreur a été causée par le dol ou par la mauvaise foi d'une autre personne, surtout si c'est par le dol ou la mauvaise foi de l'autre partie. Il existe alors un double motif pour annuler la convention.

1°. L'erreur déterminante, qui détruit le consentement, ou plutôt qui fait qu'il n'a jamais existé;

2°. Le principe de justice, qui oblige toute personne à réparer le dommage causé à autrui par son fait (1382), et qui lui ôte le droit d'accepter une promesse extorquée par ses artifices.

87. On appelle dol toute espèce de finesse ou d'artifice employée pour induire ou entretenir une personne dans l'erreur, qui la détermine à une convention préjudiciable à ses intérêts, ou qui la détourne de faire une chose utile.

Le jurisconsulte Labéon définit le dol, *omnem calliditatem, fallaciam, machinationem ad circumveniendum, fallendum, decipiendum alterum adhibitam.* Loi 1, § 2, ff *de dolo malo*, 4, 3.

88. On peut commettre un dol par une simple dissimulation ou par une réticence, *siculi faciunt qui per ejus modi dissimulationem desserviunt et tuentur vel sua vel aliena. Ibid. Non solum qui obscurè loquitur, verum etiam qui insidiosè dissimulat.* Loi 43, § 2, *de contrah. empt.*, 18, 1.

On distingue donc un dol *positif* (1), qui consiste à faire soi-même, ou à faire faire par autrui des choses qui donnent lieu de croire ce qui n'est pas, *cùm aliud agitur, aliud simulatur;* un dol *négatif*, qui consiste à faire ou à dissimuler certaines choses, pour faire naître ou pour entretenir l'erreur de l'autre partie (2).

89. Ce qui caractérise le dol, c'est l'intention (3) de tromper. Il n'y a point de dol proprement dit, lorsqu'une partie a été trompée sans que l'erreur puisse être attribuée à personne, comme dans le cas où le vendeur ignorait les

---

(1) *Voy.* Barbeyrac sur Puffendorff, Devoirs de l'homme et du citoyen, liv. 1, chap. 9, § 13, note 1.

(2) Ainsi, par exemple, celui qui, par les qualités qu'il prend dans un procès, par le mode de défense qu'il adopte, entretient à dessein son adversaire dans une erreur, qui finit par être funeste, en opérant une prescription, se rend coupable d'un véritable dol, et doit répondre des dommages et intérêts résultant de l'erreur qu'il a entretenue, et dont il a profité. *Voy.* l'arrêt de la Cour de cassation, du 5 février 1812. Sirey, an 1812, pag. 153. *Voyez* l'art. 348 du Code de commerce.

(3) C'est ce qui le distingue de la faute. *Dolus, cùm adest lædendi animus, culpa, factum inconsultum quo alteri nocetur.*

vices de la chose vendue, ou dans le cas de la lésion énorme. On est alors trompé par la chose plutôt que par la personne. *Et si nullus dolus intervenit stipulantis, sed res ipsa in se dolum habet.* Loi 36, ff *de V. O.*, 45, 1. C'est ce que quelques auteurs ont appelé dol *réel*, dénomination impropre qu'Ulpien, auteur de la loi citée, justifie, en disant que celui qui s'obstine à demander une chose aussi injuste commet un dol, *cùm enim quis petat ex eâ stipulatione, hoc ipso facit dolo quod petit. Vid.* Wolff., *Instit. juris nat.* § 25.

Cette raison subtile était imaginée pour procurer au défendeur l'exception *de dolo*, sans laquelle il n'eût pu repousser la demande; mais, dans notre jurisprudence, toutes les actions sont de bonne foi, et nous n'avons pas besoin de cette subtilité.

90. Les auteurs ont établi une autre division du dol, fondée sur la nature des choses, en distinguant le dol qui a déterminé le contrat (1), *dolus dans causam contractui*, et le dol qu'ils appellent incident ou accidentel, *dolus incidens.*

Le premier est celui qui a été la cause ou le motif déterminant du contrat, celui sans lequel la partie trompée n'aurait pas contracté, lorsque, comme dit l'art. 1116, les manœuvres pratiquées par l'une des parties sont telles, qu'il est évident que, sans ces manœuvres, l'autre partie n'aurait pas contracté.

Le dol incident ou accidentel est celui par le-

(1) *Voy.* Huberus, *in Digest. de dolo malo*, n°. 4, et Voët, *eod.*, § 3.

quel une personne, déterminée d'ailleurs à contracter, est trompée sur quelques accessoires ou accidens du contrat; par exemple, sur la qualité de la chose, sur le prix plus ou moins fort, en sorte qu'elle a contracté d'une manière désavantageuse.

91. Le dol accidentel, celui qui n'est pas tel qu'on puisse dire qu'il eût empêché la convention s'il avait été connu, ne donne pas lieu à la résolution du contrat, mais simplement à des dommages et intérêts.

92. Il en est autrement du dol qui a été la cause déterminante du contrat, *qui causam dedit contractui;* il est certain qu'alors la résolution en doit être prononcée; le contrat est radicalement nul, quoiqu'il ne soit pas nul de plein droit. Nous verrons, dans le chap. 5, sect. 7, la différence qui existe entre la nullité radicale et la rescision, entre la nullité radicale et la nullité de plein droit. *Voy.* aussi *infrà*, n°. 106.

Nous observerons seulement ici qu'il ne faut pas confondre la nullité radicale avec la nullité de plein droit : cette dernière est celle qu'il n'est pas nécessaire de faire prononcer en justice, et que, par cette raison, l'on peut proposer en tout temps et contre toutes les personnes qui voudraient invoquer l'acte nul. Telle est, par exemple, la nullité du mariage d'un homme frappé de mort civile : cette nullité n'a pas besoin d'être jugée; il suffit de prouver que l'individu avait été condamné à une peine emportant la mort civile. Dans les autres cas, il est nécessaire non-seulement de faire juger la nullité, mais encore de la proposer dans le délai prescrit par la loi; car, quoiqu'un acte soit nul, il existe un titre qu'il faut détruire, une question à décider par le juge, qui doit appliquer le droit au fait. La prétendue cause de nullité peut être fausse, la nullité peut être couverte : il faut donc, pour la prononcer, un jugement rendu en connaissance de cause.

C'est pourquoi le Code établit en principe général que les conventions contractées par erreur, violence ou dol, ne sont point nulles de plein droit, qu'elles donnent seulement lieu à une action en nullité ou en rescision (1) (1117).

Les nullités radicales sont tellement différentes des nullités de plein droit, qu'il y a des résolutions de contrats qui se font de plein droit, quoiqu'elles n'aient pas pour cause une nullité radicale. Nous en avons un exemple dans la résolution des donations par survenance d'enfans : cette résolution s'opère de plein droit, sans qu'il soit besoin de la faire prononcer, sans que les donations ainsi résolues puissent revivre, si ce n'est par un nouvel acte, par une nouvelle disposition faite dans les formes légales (969), quoique la donation fût valide dans son principe.

---

(1) Sous l'ancienne jurisprudence, on disait dans un autre sens, que « les voies de nullité n'ont point de lieu. » Loisel, liv. 5, tit. II, règle 5, et *ibi* de Laurière, tom. II, pag. 206. Maxime qui signifiait que l'on ne pouvait s'adresser à la justice pour faire prononcer la nullité, sans avoir auparavant obtenu des lettres du prince, qui étaient délivrées, moyennant une finance déterminée, par les chancelleries établies auprès des tribunaux supérieurs. C'était une loi bursale.

93. Quoique partout où il y a dol d'une part, il y ait erreur de l'autre, on fonde ordinairement, et de préférence, la nullité de la convention sur le dol et la mauvaise foi de l'un des contractans, parce que cette raison seule suffit pour annuler l'engagement (1), et aussi parce qu'il n'est pas facile de prouver que l'erreur a été le motif déterminant du contrat, et qu'il est souvent facile de prouver le dol et les manœuvres qui ont occasionné ou entretenu l'erreur.

C'est ce qui a fait introduire la distinction qu'on trouve dans tous les auteurs, et qu'ils ont puisée dans le droit romain, entre le dol commis par l'une des parties contractantes et le dol commis par une tierce personne.

Si c'est par le dol de l'une des parties que l'autre s'est déterminée à contracter, la convention est radicalement nulle, mais non pas nulle de droit.

Si le dol vient d'un tiers, sans collusion, sans complicité de l'autre partie contractante, ce qui est extrêmement rare, le contrat subsiste, il ne peut être annulé, sauf à la partie trompée à poursuivre l'auteur du dol et à l'obliger à payer l'indemnité. Puffendorff, *ubi suprà*, tom. II, pag. 108.

Cette distinction est indiquée et consacrée dans l'art. 1116, qui porte que le dol est une cause de nullité de la convention, lorsque les manœuvres pratiquées *par l'une des parties* sont telles

(1) *Voyez* Barbeyrac sur Puffendorff, liv. 3, chap. 6, § 8, note 1, tom. II, pag. 107.

qu'il est évident que, sans ses manœuvres, l'autre partie n'aurait pas contracté.

94. On peut en conclure, *à contrario*, que si les manœuvres n'ont pas été pratiquées par l'une des parties, mais par un tiers, sans que la personne trompée y ait participé, la convention n'est pas nulle.

Mais le Code n'a point érigé en règle ce principe, vrai en général, que le contrat subsiste si le dol vient de la part d'un tiers, parce que ce même principe n'est point applicable toutes les fois que l'erreur produite par le dol est de nature à opérer seule la nullité du contrat; car alors la convention est radicalement nulle, quoique l'une des parties n'ait coopéré en rien au dol qui a induit en erreur la partie trompée (1).

95. Les manœuvres qui constituent le dol peuvent quelquefois être telles qu'elles dégénèrent en un véritable délit désigné sous le nom d'escroquerie. Le dol est alors punissable et doit être poursuivi devant les tribunaux correctionnels (*Code pénal*, art. 405). On a souvent voulu abuser de cette disposition pour se procurer la preuve testimoniale contre un contrat : il est

---

(1) On peut en donner pour exemple le mariage d'un prince qui avait demandé la fille aînée d'un autre prince qu'il ne connaissait pas, et auquel on envoie la fille cadette, sans que celle-ci ait connaissance du dol. *Voy.* tom. 1, pag. 438.

Il ne faut pas donner en exemple le mariage de Jacob trompé par Laban, qui substitua Lia à Rachel, parce qu'il est impossible que Lia ignorât que c'était sa sœur, qui était recherchée depuis si longtemps par Jacob, et que par conséquent Lia connivait à la fraude. *Voyez* la Genèse, chap. 29, vers. 22 et 23.

donc fort important de distinguer le dol simple de l'escroquerie. Il n'y a point d'escroquerie sans dol, mais il peut y avoir dol ou abus de confiance sans escroquerie.

Sur cette question, qui sort du plan que nous nous sommes proposé, voyez le nouveau Répertoire, aux mots *Dol* et *Escroquerie*. *Voy.* aussi ce que nous disons, tom. IX, sur la preuve du dol et de l'escroquerie.

---

§ VI.

De la lésion.

SOMMAIRE.

96. *Ce qu'on entend par lésion, quand elle donne lieu à la résolution du contrat. Renvoi.*

96. La lésion est le préjudice qu'éprouve l'une des parties, lorsque le prix du contrat ou les charges sont au-dessus ou au-dessous de la valeur commune et ordinaire de la chose. La lésion ne rend pas les conventions nulles dans leur principe (1), parce qu'elle ne détruit pas le consentement, mais elle donne lieu quelquefois à la résolution du contrat, à l'égard de certaines personnes ou à l'égard de cer-

---

(1) *Pomponius ait in pretio emptionis et venditionis naturaliter licere contrahentibus se circumvenire.* Loi 16, § 4, ff *de minoribus*, *lib.* 4, *tit.* 4.

Quemadmodùm in emendo et vendendo naturaliter concessum est, quod pluris sit, minoris emere, quod minoris sit, pluris vendere, et ita invicem se circumscribere, ita in locationibus quoque et conductionibus juris est, Loi 22, § 3, ff *de locat.*, 19, 2; *adde* loi 8, *Cod. de rescind. vendit.*, 4, 44.

tains contrats, comme nous le verrons *infrà*, chap. 5, sect. 7.

SECTION II.

De la capacité des parties contractantes.

SOMMAIRE.

97. *Quelles personnes sont incapables.*
98. *Des mineurs. Minorité divisée en deux époques chez les Romains, la pupillarité et la puberté. La pupillarité subdivisée en deux périodes, l'enfance et la puérilité.*
99. *Incapacité absolue de l'enfant, soit pour s'obliger, soit pour obliger les autres en contractant.*
100. *Les mineurs au-dessus de sept ans pouvaient obliger ceux avec qui ils contractaient et recevoir leurs engagemens, mais sans être eux-mêmes obligés, et pourquoi. Leurs obligations étaient nulles de droit, sans recourir à la restitution en entier.*
101. *Les engagemens du mineur pubère étaient valides, quand il avait contracté sous l'autorité de son tuteur, mais il pouvait être restitué.*
102. *Il en était de même des engagemens du mineur sorti de tutelle par la puberté.*
103. *Dispositions des coutumes abrogées. Le Code ne fait d'autres différences relativement à la capacité de contracter, qu'entre les mineurs émancipés et les mineurs non émancipés.*
104. *Pourquoi il ne s'est point occupé de l'incapacité des enfans. Ils ne peuvent ni s'obliger, ni obliger les autres. Inconvéniens du silence gardé par le Code.*
105. *Les mineurs non émancipés sont incapables de s'obliger; mais ils obligent les personnes qui contractent avec eux.*

106. *Leurs obligations sont nulles de droit, quand ils ont contracté sans autorité. Différence entre l'action en nullité et l'action en rescision. Rédaction vicieuse des dispositions du Code, à la note. Les obligations du mineur autorisé sont sujettes à rescision, en prouvant la lésion.*

107. *Capacité du mineur émancipé. Renvoi.*

108. *Incapacité de l'interdit. Nullité des actes postérieurs à l'interdiction. Les actes antérieurs sont sujets à rescision, et comment.*

109. *Incapacité des femmes mariées. Renvoi.*

110. *Des personnes soumises à un conseil judiciaire. Renvoi.*

111. *De l'interdiction légale prononcée contre les condamnés à la peine temporaire des travaux-forcés ou de la réclusion.*

112. *De l'ivresse et du délire.*

97. Pour contracter, il faut être sain d'esprit (901), et en état de donner un consentement avec discernement, liberté et réflexion.

Il y a des incapacités qui viennent de la nature. La loi civile ne fait que donner des règles pour les déterminer et les appliquer.

Il y en a d'autres qui ne viennent que du droit civil et non de la nature. Telle est l'incapacité des femmes mariées.

Le Code pose en principe que « toute personne » peut contracter, si elle n'en a pas été déclarée » incapable par la loi (1123.) »

« Les incapables de contracter sont les mi- » neurs, les interdits, les femmes mariées, dans » les cas exprimés par la loi, et généralement » tous ceux auxquels la loi a interdit certains » contrats (1124), » tels que les personnes soumises à un conseil judiciaire (513).

98. On doit, à l'égard des mineurs, distinguer plusieurs époques de la minorité. Tandis que

l'intelligence et surtout la raison des mineurs sont encore trop faibles pour discerner ce qui leur est véritablement avantageux, ils sont naturellement incapables de donner un consentement valable, et par conséquent de contracter; mais la nature n'a point fixé d'époque uniforme pour le développement de l'intelligence et de la raison dans les hommes; ce développement ne suit pas toujours celui du corps; le tempérament, le climat, les circonstances et sur-tout l'éducation, produisent à cet égard des différences telles, qu'il est impossible d'établir des règles générales et absolues sur ce point, en ne suivant que la nature. La loi civile y supplée en traçant des règles fixes tirées de ce qui arrive le plus ordinairement.

Chez les Romains, la minorité, qui durait jusqu'à vingt-cinq ans, était divisée en deux époques, la pupillarité et la puberté.

99. La pupillarité était subdivisée en deux périodes, l'enfance et la puérilité (1). L'enfance s'étendait jusqu'à sept ans accomplis, et pendant ce temps, l'enfant était absolument incapable de contracter, parce qu'il n'est pas en état de discerner ni de comprendre ce qu'il fait. Sa volonté est nulle; son tuteur peut seul vouloir et agir pour lui. Loi 1, § 2, ff *de adm. tut.*, 26, 7; loi 9, ff *de adquir. hæredit.* 29, 2. Il ne peut faire de contrats même pour rendre sa condition meilleure, *quia hujus modi pupilli nullum habent*

---

(1) Vinnius, *in* § 9, *Instit. de inut. stip.*, les lois et les auteurs qu'il cite

intellectum. Les conventions faites avec un enfant seraient censées faites *jocandi causâ*, et considérées comme n'ayant jamais existé, tant à leur égard qu'à l'égard de ceux avec qui ils auraient contracté.

100. La puérilité commençait à sept ans, et finissait à la puberté, qui commençait à douze ans accomplis pour les femmes, et à quatorze ans pour les garçons.

Les anciens jurisconsultes romains divisaient encore la puérilité en deux périodes; l'une plus proche de l'enfance, l'autre plus proche de la puberté. A la différence du pupille près de la puberté, *proximus pubertati*, ils regardaient le pupille près de l'enfance, *proximus infantiæ*, comme absolument incapable de contracter, de même que l'enfant. Cette doctrine paraît se rapprocher d'assez près de la nature, que ces jurisconsultes s'étudiaient à suivre autant qu'il leur était possible; mais ils n'avaient point déterminé (1) jusqu'à quel âge le pupille était près de l'enfance; et les interprètes ne sont point d'accord sur cette question devenue inutile : car on en vint à ne plus faire aucune différence entre les pupilles près de l'enfance ou près de la puberté. *In proximis infantiæ, propter utilitatem eorum, benignior juris interpretatio facta est : ut idem juris habeant quod pubertati proximi*, dit Justinien, Inst. *de inut. stip.*, § 10.

Les uns et les autres étaient également capa-

(1) *Voy.* Vinnius, *ubi supra.*

bles de contracter, mais avec cette distinction : s'ils contractaient sans autorité de tuteur, le contrat avait toute sa force contre les personnes qui avaient traité avec eux; elles étaient engagées irrévocablement envers le mineur; car, en contractant avec lui, elles le reconnaissaient par le fait capable de recevoir un engagement : elles ne pouvaient donc se prévaloir de sa minorité pour rétracter une promesse qu'il avait acceptée. *Non debet adversùs pupillos observari quod pro ipsis excogitatum est.* Loi 3, § 5, ff *de carbon. edict.*, 37, 10.

Mais celui qui a eu l'imprudence de faire cette promesse, était averti par la loi et par l'âge du mineur que si ce dernier pouvait recevoir un engagement, il n'en pouvait lui-même prendre aucun sans l'approbation de son tuteur. Le contrat était donc imparfait; il était obligatoire d'un côté et non de l'autre. Si, par exemple, j'achetais du mineur sans l'autorité de son tuteur, j'étais obligé, le mineur ne l'était pas : *si quis à pupillo sine tutoris autoritate emerit, ex uno latere constat contractus : nam qui emit, obligatus est pupillo, pupillum sibi non obligat.* Loi 13, § 29, ff *de act. emp.*, 19, 1. Il faut en dire autant de l'acquisition faite par le mineur, du contrat de louage, et de tout autre contrat (1). Celui qui

---

(1) *In his causis ex quibus obligationes mutuæ nascuntur, ut in emptionibus, venditionibus, locationibus, conductionibus, mandatis, depositis; si tutoris autoritas non interveniat, ipsi quidem qui cum his contrahunt obligantur, at invicem pupilli non obligantur. Instit. de autoritate tut.*, *in pr.*, 1, 21.

contractait avec le mineur était engagé, le mineur ne l'était pas : le contrat à son égard était nul de plein droit, *mero jure*, Loi 16, ff *de minoribus*, 4, 4.

Il pouvait changer de volonté sans alléguer d'autre motif que le défaut d'autorisation du tuteur ; il n'était nécessaire ni de prouver que le mineur avait été lésé, ou que le contrat lui était onéreux, ni de recourir au bénéfice de la restitution en entier, dont nous parlerons chap. 5, sect. 7, et qui était un moyen extraordinaire que le prêteur n'accordait qu'à ceux qui avaient été lésés. Le simple changement de volonté suffisait au mineur qui avait contracté sans autorité.

En attendant qu'il plût au mineur devenu majeur de ratifier le contrat ou de le rétracter, l'engagement de l'autre partie subsistait dans toute sa force, sans qu'elle pût le révoquer sous le prétexte que le mineur n'était pas lié. Cette inégalité dans le lien de la convention n'a rien de contraire aux principes du droit. On peut prendre un engagement résoluble par la volonté d'une seule des parties. Vous pouvez, par exemple, acheter une chose sous la condition de la rendre dans un temps convenu, si elle vous déplaît (1), *si emptori displicuerit*, Loi 3, *quib. mod. pign. vel hyp.*, 20, 6. C'est précisément le cas où la loi place celui qui contracte avec un pupille sans

(1) On en trouve des exemples assez fréquens dans les contrats de louage, lorsque l'un des contractans se réserve de résoudre le bail après un certain temps. *Voy.* Pothier, du Contrat de louage, nos. 326 et 328, *in fine*, dans le cas de rachat ou de réméré, 1659

l'autorité du mineur. L'engagement du mineur n'est que conditionnel : il est suspendu par cette condition légale, s'il ne lui déplaît pas, s'il persiste dans la même volonté, lorsqu'il sera majeur. Telle est la véritable théorie de la matière.

101. Si le mineur avait contracté sous l'autorité de son tuteur, le contrat était valide ; mais il pouvait être rescindé ou annulé, en obtenant du prêteur le bénéfice de la restitution en entier, qui ne s'accordait qu'en connaissance de cause, et seulement lorsqu'il était prouvé que le mineur était lésé. Loi 5, cod. *de in integ. restit. min.*, 2, 22.

102. La pupillarité finissait à douze ans accomplis pour les filles, et à quatorze ans pour les garçons : alors commençait la puberté. Les mineurs pubères sortaient de plein droit de la puissance de leurs tuteurs ; ils pouvaient contracter seuls, et leurs contrats avaient la même validité que ceux des pupilles autorisés de leurs tuteurs ; c'est-à-dire, qu'ils subsistaient dans toute leur force, jusqu'à ce qu'ils ne fussent rescindés, au moyen du bénéfice de la restitution, mais toujours en connaissance de cause, et en prouvant la lésion.

103. Plusieurs coutumes de France, et entre autres celle de Bretagne (1), avaient, à l'exemple du droit romain, distingué dans les mineurs le temps de la pupillarité et celui de la puberté ;

(1) Art. 515 et 516. *Voy*. Loisel, institutes coutumières, liv. 1, tit. 1, règle 34, et *ibi* de Laurière.

mais ces dispositions furent abrogées par l'édit sur les tutelles, du mois de décembre 1732, art. 33, qui voulut que la tutelle durât de droit jusqu'à vingt-cinq ans, si les mineurs n'en étaient dégagés par l'émancipation. Le Code n'a fait à cet égard d'autre changement que de fixer la majorité à vingt-un ans au lieu de vingt-cinq. (*Voyez* tome II, pag. 308 et suiv.)

Du reste, on ne trouve dans le Code aucune disposition sur la distinction entre l'enfance et la puérilité, entre les mineurs proche de l'enfance ou de la puberté, ni même entre la pupillarité et la puberté. Tous les mineurs restent en tutelle jusqu'à vingt-un ans, s'ils n'ont pas été émancipés : il n'existe donc plus aujourd'hui d'autre distinction légale, quant à la capacité de contracter, qu'entre les mineurs émancipés et non émancipés.

104. Si le Code ne s'est point occupé de l'incapacité des mineurs pendant leur enfance, c'est sans doute parce que le législateur ne doit pas s'occuper de choses qui n'arrivent jamais ou presque jamais (1), et qu'il est jusqu'à présent inouï qu'on ait présenté aux tribunaux des contestations relatives à des contrats passés dans le premier âge, absolument incapable de donner un consentement valable. S'il s'en présentait, ils devraient être déclarés absolument nuls, et comme ne produisant aucun effet, même en faveur des mineurs, ainsi que dans le droit romain.

---

(1) Lois 3, 4, 5 et 6, ff *de legibus*, 1, 3.

Mais le silence du Code sur l'époque où l'enfance doit finir, peut laisser de l'incertitude dans l'esprit des juges qui peuvent se croire autorisés à en prolonger ou abréger la durée, suivant les circonstances; car, quoique les orateurs du gouvernement aient souvent indiqué le droit romain comme supplément ou comme le meilleur commentaire aux dispositions du Code, il n'a plus force de loi. Il eût donc mieux valu peut-être ne pas faire cette omission (1), et déterminer d'une manière fixe l'époque où finit l'enfance.

105. Sous le rapport de la capacité de contracter, les mineurs non-émancipés, soit plus près, soit moins près de la puberté, soit pubères, soit impubères, restent confondus dans une seule et même classe. Le Code les déclare incapables de s'obliger; mais il ne veut pas que leur incapacité puisse leur être opposée par les personnes qui ont contracté avec eux (1125). Ils sont donc, comme ils l'étaient par le droit romain, capables d'obliger les autres, mais *incapables* de s'obliger eux-mêmes. Les contrats qu'ils font demeurent imparfaits, et n'obligent que les personnes qui ont contracté avec eux sans les obliger eux-mêmes. Leurs obligations ne sont que conditionnelles, s'ils ne changent pas de volonté. *Voyez suprà*, n°. 100.

106. Mais leurs obligations sont-elles nulles ou

---

(1) Cette omission n'a pas été faite dans le Code prussien, qui porte, partie 1, tit. 4, n°. 20 : « Toutes les démonstrations de volonté au-dessous de sept ans sont nulles. »

N°. 21 : « Celles des impubères au-dessous de quatorze ans, n'ont de valeur qu'autant qu'il en résulte pour eux un avantage. »

seulement sujettes à rescision? Il faut distinguer comme le faisait le droit romain : elles sont nulles, s'ils ont contracté sans l'autorisation de leurs tuteurs; elles sont valides et seulement susceptibles de rescision, s'ils ont été légalement autorisés.

L'article 1304 du Code donne expressément aux mineurs l'action en *nullité* ou l'action en *rescision*. « Dans tous les cas, dit-il, où l'action en » *nullité* ou en *rescision* d'une convention n'est » pas limitée à un moindre temps par une loi » particulière, cette action dure dix ans.... Le » temps ne court, à l'égard des actes faits par » les mineurs, que du jour de leur majorité. »

Il y a donc, suivant le Code, des obligations nulles, et d'autres seulement susceptibles de rescision.

Mais comment connaître quand elles sont nulles? C'est ce que nous apprend l'article 1311, qui porte « que le mineur n'est plus recevable à » revenir contre l'engagement qu'il avait souscrit » en minorité, lorsqu'il l'a ratifié en majorité, » soit que cet engagement fût *nul en sa forme*, soit » qu'il fût seulement *sujet à restitution.* » *Vid.* loi 3, *Cod. de in integ. restit.*, 2, 22.

L'acte est donc nul lorsque la forme nécessaire pour sa validité n'a pas été observée. Dans le cas contraire, il est seulement sujet à restitution ou rescision.

Or, quelle est la forme requise pour la validité des obligations du mineur? C'est sans contredit l'autorisation du tuteur. Donc, sans cette autorisation, l'obligation est nulle *en sa forme*, et donne lieu à l'action en nullité.

La même conséquence se tire de l'art. 1125. Il porte « que le mineur, l'interdit, la femme ma-» riée ne peuvent attaquer, *pour cause d'incapa-» cité*, leurs engagemens que dans les cas prévus » par la loi. » Or, quels sont les cas où la loi permet à la femme d'attaquer ses engagemens *pour cause d'incapacité?* C'est lorsqu'elle a contracté sans le consentement ou le concours de son mari.

Quels sont les cas où la loi permet au mineur d'attaquer ses engagemens *pour cause d'incapacité?* C'est également lorsqu'il a contracté sans l'autorisation de son tuteur. Le seul défaut d'autorisation rend nuls les contrats de la femme, sans qu'elle ait besoin de prouver qu'ils lui sont onéreux. Il en est de même du mineur. En cela, leur condition est la même : elle devient différente lorsqu'ils ont été autorisés. Leurs contrats sont également valides à la vérité; mais, à la différence de ceux de la femme mariée, les contrats du mineur peuvent être rescindés pour simple lésion (1305). La minorité ne suffit point alors pour les annuler; il lui faut de plus prouver qu'il a été lésé. C'est au cas du mineur autorisé, comme au cas où le tuteur a contracté pour le mineur, qu'il faut appliquer la maxime *minor non restituitur tanquàm minor, sed tanquàm læsus.* Cette différence entre les engagemens du mineur autorisé ou non autorisé, est fondée sur la raison, qui ne permet pas de donner le même effet et la même force aux engagemens qu'il a pris seul, qu'à ceux qu'il a contractés sous l'autorité du surveillant que la loi lui donne (1).

---

(1) Ces principes nous paraissent certains, conformes à la raison, fondés également sur le droit romain et sur les dispositions bien entendues du Code; mais la rédaction de ses dispositions, sur ce point et sur beaucoup d'autres, est tellement défectueuse, imparfaite et vague, qu'il s'est élevé des doutes sur ce point de doctrine important pour la pratique. M. Delvincourt, tom. II, pag. 59 de son Cours, enseigne que l'ancien usage de prendre à la chancellerie des lettres de rescision n'existant plus dans le droit actuel, la distinction entre les obligations nulles de droit et les obligations sujettes à rescision, n'est plus nécessaire, et que le Code se sert *indifféremment* de ces deux expressions, action *en nullité*, action *en rescision*.

Cette doctrine est inexacte et fausse; ce n'est point *indifféremment* que le Code se sert cumulativement de ces deux expressions dans les art. 1304 et 1311; c'est, au contraire, pour désigner et caractériser la nature très-différente de ces deux actions, comme l'a très-bien vu M. Proudhon, Cours de droit français, tom. II, pag. 282. Ces deux actions ont cela de commun qu'elles peuvent être exercées sans prendre de lettres à la chancellerie, et qu'elles sont prescrites par le laps de dix années. Mais, sous le rapport des conditions requises pour être admis à les proposer, il est encore nécessaire, dit-il, de ne pas les confondre l'une avec l'autre.

« L'action en nullité n'exige la preuve d'aucune lésion, parce » qu'il est de la nature des choses qu'un acte nul ne produise aucun » effet contre l'intérêt de celui pour lequel la nullité est établie par » la loi. D'où il résulte qu'il n'est besoin d'établir autre chose que » la nullité même, pour se dégager de toutes les suites de l'acte qui » en est frappé.

« Dans l'action en rescision, au contraire, il faut prouver la lé- » sion, à moins qu'on ne soit dans quelque cas où elle soit présu- » mée de plein droit, parce que l'acte n'est pas nul, et qu'il ré- » pugne autant à la morale qu'à la justice d'admettre un homme à » se jouer de ses engagemens, par cela seul qu'il ne voudrait pas » les tenir, sans avoir un intérêt réel à les rompre.

» Il est donc encore nécessaire aujourd'hui de distinguer le cas » de la nullité de celui de la rescision, puisque, dans l'un, l'exer- » cice de l'action est soumis à une condition qui ne peut être exi- » gée dans l'autre. »

Cette doctrine est vraie, parfaitement exacte, et rendue de la

107. Examinons maintenant la capacité du mineur émancipé. Il est dégagé des liens de la tutelle ; il reprend l'exercice de ses actions, et l'administration de ses biens; il agit toujours par lui-même ; mais l'émancipation ne le relève pas de toute incapacité ; elle le place, dit fort bien M. Proudhon, dans un état mitoyen entre le majeur et le mineur en tutelle. Il y a des actes qu'il peut faire seul aussi valablement qu'un majeur ; d'autres où il doit être assisté d'un curateur ; d'autres qu'il ne peut faire qu'en suivant les formalités prescrites pour les mêmes actes, à l'égard du mineur en tutelle ; d'autres enfin qui lui sont absolument interdits. Nous avons développé ces différentes distinctions, tom. II, pag. 428 et suiv. ; il suffit d'y renvoyer. Nous ajouterons seulement ici un arrêt rendu par la Cour de cassation, le

---

manière la plus nette et la plus claire; mais l'auteur n'a pas mis la même clarté en établissant la distinction des cas où l'obligation du mineur est nulle ou seulement susceptible de rescision.

Il dit, page 284, les engagemens du mineur sont nuls toutes les fois qu'on a violé les formes *spécialement* prescrites à l'égard des mineurs, et qu'il peut seulement y avoir lieu à rescision dans les négociations, pour lesquelles la loi n'a établi aucunes formalités particulières à raison de la minorité.

On pourrait induire de cette manière de s'exprimer, que l'omission de la formalité générale de l'autorisation ne suffirait pas pour rendre nuls les engagemens des mineurs, mais seulement pour les soumettre à la rescision, et qu'il n'y a nullité que dans les cas qu'il a énumérés de la vente des immeubles, de l'emprunt, etc., et pour lesquels le Code exige des formes *spéciales*.

Si telle est l'opinion de M. Proudhon, nous ne pouvons nous y rendre, et nous pensons que l'omission de la formalité générale de l'autorisation suffit dans le droit français, comme dans le droit romain, pour rendre nuls, *mero jure*, les engagemens des mineurs, sans recourir à la voie extraordinaire de la restitution en entier ou de la rescision.

5 germinal an XIII, et dans lequel elle a pensé que l'acquisition faite par un mineur émancipé, sans être assisté d'un curateur, n'était pas nulle, mais seulement sujette à rescision. *Voyez-en* l'espèce dans le nouveau Répertoire, v°. *Enregistrement*, § 2.

108. L'interdit pour cause de démence ou de fureur est, après son interdiction, placé par la loi dans l'état d'un mineur en tutelle; il est, comme ce dernier, incapable de s'obliger. Son incapacité n'est également que relative; elle ne peut lui être opposée par ceux qui ont eu l'imprudence de contracter avec lui (1125). Il n'est besoin de prouver aucune lésion pour faire annuler les contrats qu'il aurait faits. Tous les actes passés *postérieurement au jour du jugement d'interdiction*, sont déclarés par le Code *nuls de droit* (502). On ne peut plus alléguer qu'ils ont été faits dans un intervalle lucide.

Il en est autrement des actes antérieurs : la présomption est que ces actes ont été faits pendant que l'interdit jouissait de son bon sens et de sa raison; mais cette présomption cède aux preuves contraires. Ces actes sont donc susceptibles de rescision, et ils peuvent être annulés si la cause de l'interdiction existait *notoirement* à l'époque où ces actes ont été faits (503); parce celui qui contracte avec une personne notoirement imbécille, est un homme de mauvaise foi. Si la cause de l'interdiction, quoique déjà existante au moment du contrat, n'avait pas été généralement connue, et surtout si elle n'était pas continue, on ne devrait pas prononcer la nullité de l'acte, parce que, dans le doute, la présomption est pour celui qui jouit de la plénitude de son état. La société ne doit pas souffrir de la négligence des parens à provoquer l'interdiction, ni ceux-ci être trop facilement reçus à combattre ce qu'ils ont toléré. Proudhon, tom. II, pag. 328.

Mais si l'imbécille, avant son interdiction, dans le temps où il était déjà attaqué de sa maladie, a passé un contrat qui lui cause un préjudice notable, on présume facilement que la personne qui a traité avec lui a voulu tirer avantage de son état, et le contrat doit être rescindé.

109. Nous avons traité de l'incapacité des femmes mariées dans le liv. 1, tom. II, pag. 11 et suiv., et nous y renvoyons.

110. Nous avons aussi traité de l'incapacité des personnes soumises à un conseil judiciaire, tom. II, pag. 475 et suiv.

111. Nous avons parlé, tom. I, pag. 268 et suiv., de l'interdiction légale prononcée par le Code pénal, contre ceux qui ont été condamnés à la peine temporaire des travaux-forcés ou de la reclusion. Il faut remarquer que c'est contre eux et non pas en leur faveur que cette interdiction est prononcée.

« Quiconque, dit l'art. 29, aura été condamné » à la peine des travaux-forcés à temps, ou de la » réclusion, sera de plus, pendant la durée de sa » peine, en état *d'interdiction légale;* il lui sera

» nommé un curateur pour gérer et administrer
» ses biens, etc.

» Les biens du condamné lui seront remis
» après qu'il aura subi sa peine, et le curateur lui
» rendra compte de son administration (30).

» Pendant la durée de la peine, il ne pourra
» lui être remis aucune somme, aucune provi-
» sion, aucune portion de ses revenus. »

C'est donc afin que le condamné ne puisse adoucir la peine qu'il doit subir, c'est pour empêcher, comme il arrivait trop souvent autrefois, que par de *scandaleuses profusions, il ne fasse d'un séjour d'humiliation un théâtre de joie et de débauche*, que la loi lui ôte l'administration de ses biens, et défend de lui remettre aucun secours, aucune partie de ses revenus. Cette interdiction établie contre lui ne peut donc produire aucun effet en sa faveur; il ne pourrait l'invoquer pour faire annuler ou rescinder les contrats qu'il aurait faits pendant la durée de sa peine. Il conserve la capacité de contracter : on en peut d'autant moins douter qu'elle n'est pas ôtée à l'individu frappé de mort civile, qui peut acquérir et disposer des biens qu'il a acquis, pourvu que ce soit autrement que par des donations entre vifs ou par testament (25, 33).

Les personnes qui auraient contracté avec le condamné, ne pourraient également invoquer son interdiction pour faire annuler les contrats qu'elles auraient passés avec lui.

Mais supposons qu'il ait affermé ses héritages à

une personne, et que son curateur les ait affermés à une autre, le contrat fait par le curateur doit sans doute prévaloir sur celui qu'a fait le condamné, qui, après le temps de sa peine expiré, pourrait, suivant les circonstances, être condamné à des dommages et intérêts envers celui qui avait affermé de bonne foi.

112. Les personnes que l'excès de la boisson ou un excès de délire a privées momentanément de l'usage de la raison, sont naturellement incapables de contracter pendant que dure l'ivresse ou le délire. Celui qui, même sans dessein de tromper, a fait boire une personne au point de la mettre hors d'état de pouvoir juger sainement de la conséquence des actes qu'elle passe, n'a pas le droit d'accepter les promesses qu'elle lui a faites en cet état.

L'ivresse peut donc être une cause de rescision des contrats; mais quoique le Code ne fixe point d'autre délai que celui de dix ans pour former l'action en restitution, si le demandeur en rescision pour cause d'ivresse laissait passer un temps assez considérable pour faire présumer l'approbation de ce qu'il a fait dans l'ivresse, il ne devrait pas être écouté. Cette approbation est facile à présumer. Le silence du Code sur cette cause de rescision laisse aux juges à cet égard la plus grande latitude de pouvoir (1).

(1) Sur la rescision pour cause d'ivresse, *voy.* Puffendorff, Droit de la nature, liv. 3, chap. 6, n°. 5, *et ibi* Barbeyrac; d'Argentré, sur l'art. 266 de l'ancienne Coutume de Bretagne, pag. 111, édition de 1620. La très-ancienne coutume de Bretagne, chap. 326,

SECTION III.

De l'objet et de la matière des contrats ou des choses auxquelles on peut s'engager valablement.

SOMMAIRE.

113. *Toutes choses corporelles ou incorporelles peuvent être l'objet d'un contrat.*
114. *Même les choses futures.*
115. *Exception relative aux successions futures.*
116. *On peut néanmoins disposer de sa succession par contrat de mariage, en faveur de l'un des futurs.*
117. *On peut stipuler que les successions futures n'entreront point en communauté.*
118. *Les blés en vert ne peuvent être l'objet d'un contrat.*
119. *Application du principe aux arrérages futurs d'une rente en grain.*
120. *Qualités que doit avoir la chose qui est l'objet d'un contrat.*

113. Les contrats sont des moyens d'acquérir : ainsi toutes les choses corporelles ou incorporelles. mobilières ou immobilières sur lesquelles l'homme peut acquérir des droits, peuvent être l'objet ou la matière d'un contrat, à moins que la loi ne s'y oppose.

Les choses sont prises ici dans l'acception la plus étendue pour tout ce dont l'homme peut retirer quelque utilité, quelque avantage ou quelque agrément. Les actions de l'homme, ou même

mettait l'ivresse au nombre des causes de rescision. Plusieurs coutumes de France permettaient de se dédire dans vingt-quatre heures de tous contrats faits au cabaret. *Voy.* la Conférence de Duparc-Poullain, sur l'art. 295 de la Coutume de Bretagne, n°. 2.

leur omission, autant qu'elles peuvent procurer de l'utilité à une personne, sont comprises sous le mot chose. (*Voyez* tom. III, pag. 2, n°. 2). Ce sont moins alors les faits ou les actions de l'homme que l'utilité ou le profit qu'on en peut retirer, qui sont l'objet ou la matière du contrat. « Tout contrat a donc pour objet une chose qu'une » partie s'oblige à donner ou qu'une partie s'oblige » à faire (1126). »

Ce n'est pas seulement la propriété, mais encore le simple usage, la simple possession de la chose, en un mot un droit quelconque sur la chose, ou bien à la chose, qui peuvent être l'objet du contrat (1127).

114. Les choses futures, quoique leur existence soit incertaine, peuvent être l'objet d'une obligation (1130). Par exemple, je puis vendre les vins que je recueillerai cette année, le poisson que je prendrai demain, mais l'obligation s'évanouit si je ne recueille point de vin, si je ne prends point de poisson (1).

Je puis néanmoins vendre à forfait le produit de ma vendange ou de ma pêche, et le contrat subsiste quand même le produit serait nul. C'est l'espérance du produit qui est la matière du contrat; car l'espérance d'une chose possible et licite peut être la matière d'un contrat qu'on appelle *aléatoire* (2).

115. La règle que les choses futures peuvent être l'objet ou la matière d'un contrat, souffre

(1) *Vid. infrà*, n°s. 503 et 521.

(2) Le titre 12 traite de ces contrats.

exception à l'égard des successions futures auxquelles on ne peut renoncer, et sur lesquelles on ne peut faire aucune stipulation, aucune convention. De pareilles conventions ont toujours été considérées comme contraires aux bonnes mœurs et à l'honnêteté publique. Le droit romain portait si loin les conséquences de ce principe, qu'il ne permettait pas de disposer de sa propre succession en tout ou en partie, même par contrat de mariage. Loi 15, *Cod. de pact.*, 2, 3. Mais il permettait les traités que faisaient entre eux les héritiers présomptifs d'une personne vivante, sur le partage de sa succession future, lorsque ces traités étaient faits de son consentement, et qu'elle avait persévéré dans la même volonté jusqu'à la mort. Loi 30, *Cod. eod.* On n'aperçoit dans ces traités rien de contraire à l'honnêteté publique ni aux bonnes mœurs. Cependant le Code s'est, à cet égard, montré plus sévère que le droit romain; il défend toutes renonciations, toutes stipulations, toutes ventes; en un mot toutes conventions ou traités sur les successions futures, *même* avec le consentement de celui de la succession duquel il s'agit (1130, 1600).

116. Mais, à la différence du droit romain, le Code permet de disposer, même par acte entre vifs, de tout ou partie de sa succession, même en faveur d'un étranger, pourvu que cette disposition soit faite dans le contrat de mariage du donataire : c'est ce qu'on appelle institution contractuelle. Nous en avons parlé au titre des Donations, tom. v, pag. 751 et suivantes.

117. Le Code permet encore de faire dans les contrats de mariage des conventions sur les successions futures, pour les faire entrer dans la communauté conjugale ou pour les en exclure.

118. Au nombre des choses futures qui pouvaient être l'objet ou la matière d'un contrat, le droit romain comprenait les blés en herbe et les autres fruits non encore recueillis. Lois 8 et 78, § *ult.* ff *de contrah. emp.*, 18, 1. Mais les lois françaises ont dans tous les temps défendu la vente des blés en herbe ou grains en vert. On trouve cette prohibition établie dans les Capitulaires de Charlemagne (1). On la trouve répétée dans les ordonnances des rois de la troisième race, rappelée dans une déclaration de Louis XIV, du 22 juin 1694, rapportée dans le Répertoire, au mot *Vente*, § 1, art. 1.

Cette défense a été renouvelée par une loi du 6 messidor an III, dont l'art. 1er. porte « que toutes » les ventes de grains en vert et pendans par ra- » cines sont prohibées, sous peine de confiscation » des grains et fruits vendus; casse et annule toutes » celles qui auraient été faites jusqu'à présent; en » défend l'exécution sous la même peine de con- » fiscation, dans le cas où elles seraient exécutées » postérieurement à la promulgation de la pré- » sente loi. »

L'art. 2 ajoute que « la confiscation encourue » sera supportée moitié par le vendeur, moitié par

---

(1) *Lib.* 4, *Append.* 2, n°. 26, pag. 796, edit. Baluz.; *Lex Longob.*, *lib.* 2, *titre* 31, *cap.* 1.

» l'acheteur. Elle sera appliquée, un tiers au dé-» nonciateur, un tiers à la commune du lieu où » les fonds qui ont produit les grains se trouvent » situés : ce tiers sera distribué à la classe indi-» gente, le troisième tiers au trésor public. »

Une loi du 23 du même mois excepta de la prohibition les ventes des grains en vert et pendans par racines, qui ont eu lieu par suite de tutelle, curatelle, changement de fermier, saisie de fruits, baux judiciaires et autres de cette nature.

Elle excepte également les ventes qui comprendraient tous autres fruits et productions que les grains : ainsi les règlemens qui défendaient aux marchands de cidre en gros les marchés de pommes avant le 1er. octobre (1), la vente des laines avant la tonte, etc., sont aujourd'hui abrogés.

119. Un arrêt rendu par le parlement de Paris, le 16 décembre 1632, rapporté dans le Journal des Audiences, appliqua les lois sur la vente des blés en vert à la vente faite par un laboureur de neuf années d'une redevance en grains : sa vente, qui avait valu les trois premières années le double du prix, et même davantage, fut annulée.

120. Mais, future ou présente, il faut que la chose qui est l'objet d'une obligation, soit, 1°. possible; 2°. déterminée; 3°. utile à l'un des contractans; 4°. dans le commerce.

---

(1) Duparc-Poullain, Principes du droit, tom. VIII, pag. 73, Pothier, tom. I, n°. 132, *in fine*.

§ Ier.

Des choses impossibles.

SOMMAIRE.

121. *A l'impossible nul n'est tenu.*
122. *D'où viennent les impossibilités; leurs diverses espèces.*
123. *Des choses naturellement impossibles.*
124. Quid, *si l'impossibilité était ignorée de l'une des parties.*
125. *Des choses légalement ou moralement impossibles. Distinction.*
126. *Des choses naturellement illicites.*
127. *Des choses défendues par le droit civil. Quand le contrat qui a ces choses pour objet est valable de contractant à contractant.*
128. *Des choses défendues à l'un des contractans seulement.*
129. Quid, *si la prohibition n'est intervenue qu'après le contrat.*
130. *Les choses et les actions d'autrui sont considérées comme choses impossibles.*
131. *De la vente ou du legs de la chose d'autrui.*
132. *Elle est nulle dans le principe, et n'est point suspendue par l'événement.*
133. *Elle n'est pas nulle dans les affaires de commerce.*
134. *On ne peut promettre le fait d'autrui.*
135. *Mais on peut se porter fort pour un tiers.*
136. *On est facilement présumé l'avoir fait. Exemples.*
137. *Autre exemple, quand on promet le fait de son héritier présomptif. S'il en résulte que celui-ci ne peut revendiquer son bien vendu par le défunt.*
138. *De l'obligation du fait d'autrui avec clause pénale.*

121. C'EST un axiome d'éternelle vérité que personne ne peut s'engager à l'impossible : *impossibilium nulla obligatio est.* Loi 185, ff *de R. J.*

Mais cette maxime, qui est dans la bouche de tout le monde, mérite d'être examinée et développée avec soin et précision.

L'obligation a pour objet de donner ou de faire quelque chose; elle ne peut donc exister si la chose promise est impossible, c'est-à-dire si elle ne peut être ni donnée, ni faite; car on ne peut imputer à personne de ne pas faire ce qui n'est point en son pouvoir ou ce qui surpasse ses forces, à moins qu'il ne se soit mis par sa faute hors d'état de faire ce qu'il a promis, ou bien qu'il n'ait témérairement ou frauduleusement promis une chose qu'il savait ou devait savoir n'être pas en sa puissance; car alors il doit des dommages et intérêts.

L'omission d'une chose impossible, ou la promesse de ne pas la faire, ne peut également être l'objet d'une obligation; mais la condition de ne pas la faire ne rend pas nulle l'obligation (1173).

122. Les obstacles qui s'opposent à ce qu'une chose puisse être faite ou donnée, viennent de la nature, de la loi ou des personnes.

De la nature, lorsqu'il s'agit de choses qui n'existent pas et qui ne peuvent exister, comme de donner un centaure ou un hippogriffe, ou lorsqu'il s'agit de choses qui surpassent les facultés naturelles de l'homme, comme de toucher le ciel du doigt, de voyager dans la lune, de faire cent lieues à pied dans un jour, etc., ou d'une chose qui a cessé d'exister, un cheval mort, un navire naufragé (1), une maison incendiée.

---

(1) *Voy.* nouveau Répertoire, v°. *Vente*, § 1, art. 1, où l'on rapporte la discussion du Conseil-d'état sur ce point, et un arrêt de la Cour de cassation.

De la loi, lorsqu'une chose est défendue par le droit naturel ou civil; car les jurisconsultes mettent, et avec raison, au rang des choses impossibles, celles qui sont contraires aux bonnes mœurs ou prohibées par la loi (1133, 1172); *nam facta quæ lædunt pietatem, existimationem, verecundiam nostram, et (ut generaliter dixerim) contra bonos mores fiunt; nec facere non posse, credendum est.* Loi 15, ff *de condit. instit.*, 28, 7 (1).

L'impossibilité est absolue ou relative; absolue, si elle existe pour tout le monde; relative, si elle n'existe que pour quelques individus.

Elle peut être connue des deux parties ou seulement de l'une d'elles.

La chose peut être impossible au moment de la convention, et devenir possible par la suite; ou bien elle peut être possible au moment de la convention, et cesser de l'être avant celui de l'exécution.

123. Il est évident que les choses naturellement impossibles ne peuvent être l'objet ou la matière d'un contrat, et que personne ne peut s'obliger valablement à des choses naturellement impossibles. Par exemple, à toucher le ciel du doigt, à voyager dans la lune, à donner un centaure, à donner en un mot une chose qui n'exista jamais, ou une chose qui a cessé d'exister, comme

---

(1) *Quid* de l'obligation de ne pas faire une chose illicite? Elle est nulle. *Voy.* Pothier, n°. 204; Barbeyrac sur Puffendorff, Droit de la nature, etc., tom. II, pag. 52, n°. 1, sur le § 5; loi 7, § 3, ff *de pactis*, 2, 14, *si ob maleficium ne fiat promissum sit, nulla est obligatio.*

un cheval mort avant le contrat, une maison incendiée, un navire naufragé, etc. (1601).

Car, à moins de supposer les deux parties complètement en démence, il est bien évident qu'elles n'ont pu avoir la volonté de s'obliger à faire ou à donner ces choses. Une convention sur un objet pareil ne peut être qu'un jeu. En tout cas, les deux contractans auraient commis une faute égale, l'un en stipulant, l'autre en promettant une chose naturellement impossible. Le contrat est donc radicalement nul ; et s'il avait été donné une somme pour prix d'une pareille convention, celui qui l'aurait comptée pourrait la répéter comme donnée sans cause (1131, 377), et celui qui l'aurait reçue ne pourrait la retenir, parce qu'elle ne lui était pas due (1376), et parce que la faute étant égale de part et d'autre, il ne peut s'enrichir aux dépens de l'autre partie.

124. A moins que l'impossibilité ne fût ignorée de celle-ci et connue de celle-là. Par exemple, je vous ai vendu une maison située à Nantes, et que je savais être brûlée au moment du contrat; je suis dans l'impossibilité de vous la livrer. Mais comme je savais qu'elle n'existait plus, et que vous étiez dans l'ignorance du fait, ma mauvaise foi m'oblige, outre la restitution du prix, de payer tous les dommages et intérêts (1) de l'acheteur, et par conséquent les intérêts de la somme, à compter du jour du paiement (1378).

---

(1) Ces dommages et intérêts ne consistent-ils pas dans l'obligation de rebâtir la maison ou de donner la somme nécessaire pour la rebâtir ?

Si l'acheteur avait seul connaissance que la chose eût péri, le droit romain l'obligeait, pour le punir, de payer le prix en entier, s'il ne l'avait pas encore payé, et lui en refusait la répétition s'il l'avait payé. Loi 57, § 2, ff *de contrah. empt.*, 18, 1. Dans les principes du Code, l'acheteur ne pourrait pas répéter le prix qu'il aurait payé; on ne lui trouve aucun titre pour cette répétition. Il n'a point payé par erreur : il n'a donc pu payer que *donandi animo*, selon la règle *cujus per errorem dati repetitio est, ejus consultò dati donatio est.* Loi 53, ff *de R. J. Voyez* Voët, *lib.* 18, *tit.* 1, *n.*° 21. D'un autre côté, le vendeur n'a pas reçu ce qui ne lui était pas dû, comme dit l'art. 1376.

Mais si l'acheteur n'a pas payé, pourra-t-il s'en dispenser? Sous quel prétexte, si c'est une donation présumée? En refusant de payer, il trompe l'espérance du vendeur, et peut, suivant les circonstances, lui causer un préjudice considérable.

Si le vendeur et l'acheteur savaient également que la chose avait péri au moment du contrat, il est nul, car leur faute est égale. *Dolo inter utramque partem compensando.*

125. Si la chose à laquelle on s'est engagé, et qui a fait la matière du contrat, était légalement ou moralement impossible, il faut distinguer entre les choses illicites de leur nature, c'est-à-dire qui sont défendues par le droit naturel, que Domat appelle avec raison le droit *immuable*, et celles qui ne sont défendues que par le droit civil, par un droit arbitraire et sujet au changement.

126. Quant aux choses naturellement illicites,

qui sont défendues par le droit naturel et par le droit civil, comme de tuer un homme, de commettre un adultère, il est encore évident qu'elles ne peuvent être l'objet ou la matière d'un contrat, et que personne ne s'y peut valablement engager. C'est un crime de stipuler ou de promettre une chose illicite; c'en est un plus grand de l'exécuter. Le contrat est donc encore absolument nul; loin d'être obligé de tenir sa parole, le promettant est tenu de se dégager. Celui qui a donné ou reçu quelque chose pour prix d'une action illicite, doit retirer ce qu'il a donné ou rendre ce qu'il a reçu avant que l'action soit commise.

Mais si elle l'a été, et si la chose ou la somme qui en était le salaire a été payée en vertu de la convention, celui qui l'a donnée ne peut la répéter (1); le mal est fait, et la faute commise par le corrupteur, qui a payé pour faire commettre un crime, ne peut plus être réparée : elle ne peut donc être un titre ni un prétexte pour répéter ce qu'il a donné. Si l'un ne mérite pas de retenir le salaire de son crime, le lâche corrupteur mérite encore moins de recouvrer ce qu'il a donné. Il y a faute de part et d'autre : on doit donc s'en tenir à la règle générale, et donner la préférence

(1) Celui qui a reçu pour commettre un crime ne peut honnêtement en retenir le salaire, dit Barbeyrac sur Puffendorff, Droit de la nature et des gens, liv. 3, chap. 7, § 6, note 2, et Devoirs de l'homme et du citoyen, liv. 1, chap. 9, § 18, note 1, n°. 3. Mais ceci ne regarde que la conscience : sur toute cette matière il faut absolument voir Puffendorff et les notes de Barbeyrac aux endroits cités.

au possesseur. Loi 128, *de R. J.* C'est la règle tracée par le droit romain. *Si et dantis et accipientis turpis causa sit, possessorem potiorem esse, et ideò repetitionem cessare.* Loi 8, ff *de condict. ob turpem causam*, 12, 5.

127. Les choses qui ne sont défendues que par le droit civil, par des règlemens arbitraires et variables, ne peuvent également être la matière d'un contrat valide, et tant qu'il n'y a encore rien d'exécuté de part ni d'autre, il est libre à chacun de retirer sa parole, sans qu'aucune des parties puisse, sous le prétexte de l'inexécution de la convention, prétendre des dommages et intérêts. Par exemple, si un marchand s'était obligé de me fournir, pour une somme convenue, des marchandises de contrebande, nous pourrions l'un et l'autre rompre le contrat sans indemnité de part ni d'autre, et si j'avais payé le prix, je pourrais le répéter avant la livraison des marchandises.

Mais si la marchandise était livrée, l'acheteur ne pourrait se dispenser de la payer, quand même elle aurait été confisquée dans ses magasins. Si nous avions formé une société pour faire la contrebande, et que nous eussions été condamnés à l'amende, nous n'en serions pas moins obligés de nous tenir compte des gains et des pertes pendant que la société a duré.

Car on tient pour maxime (1) en cette matière

---

(1) Barbeyrac sur Puffendorff, Droit de la nature et des gens, liv. 5, chap. 7, § 6, note 2.

que lorsque les deux parties, ou celle qui est punissable, a satisfait à la loi en payant l'amende, ou en subissant la peine prononcée contre la convention, l'engagement pris en fraude des lois purement civiles et des règlemens arbitraires, est valable de contractant à contractant. Il y a, dit Barbeyrac, des conventions que les lois défendent, mais qu'elles laissent pourtant subsister lorsqu'elles sont faites contre leur prohibition. Pourquoi n'y en aurait-il pas qui demeurent valides entre les parties, quoique la loi les annule en tant qu'il est en elle?

128. Si la prohibition de la loi ne concernait que l'une des parties contractantes, le contrat aurait toute sa force contre celle-ci en faveur de l'autre partie. Par exemple, la loi défend à tous les commandans militaires, préfets et sous-préfets, de faire, dans les lieux où leur autorité s'exerce, le commerce de grains, boissons, etc., sous peine d'amende et de confiscation des denrées (176, Code de procédure). Il est certain que le commandant qui aurait acheté ces denrées n'en serait pas moins obligé de les payer, sans pouvoir rompre le contrat sous le prétexte que le commerce lui est interdit, parce que si la loi lui défendait d'acheter pour commercer, elle ne défendait à personne de lui vendre. Ce n'est point au vendeur à rechercher l'usage que veut faire l'acheteur des marchandises livrées.

129. Si la prohibition de la loi n'est intervenue qu'après le marché conclu, mais avant son exé-

cution (1), le contrat est annulé sans indemnité de part ni d'autre.

Si la chose prohibée était livrée avant la promulgation de la loi qui en défend le commerce, il n'y aurait pas de contravention; si elle n'était pas livrée, la livraison ne pouvant plus être faite par un obstacle de force majeure qui ne peut être imputé à aucune des parties, le prix, s'il avait été payé, pourrait être répété, *condictione causâ datâ, causâ non secutâ* (2).

130. Les choses et les actions d'autrui n'étant pas en notre pouvoir, ne peuvent valablement être la matière d'un contrat (3).

Il est d'abord certain que personne ne peut être obligé par les conventions de celui auquel il n'a pas donné le pouvoir de l'engager. *Certissimum est ex alterius contractu neminem obligari* (4). D'un autre côté, en promettant la chose ou le fait d'autrui, nous promettons ce qu'il nous est ordinairement impossible de donner ou de faire :

---

(1) Barbeyrac, *ibid. Extinguitur stipulatio*, dit Justinien, *Instit. de inut. stip.*, § 2.

(2) Comme lorsqu'il fut défendu de vendre les tabacs à autres personnes qu'à la régie, les marchés demeurèrent résiliés, les propriétaires des tabacs vendus et non livrés les gardèrent, et les acheteurs furent dispensés de payer le prix. S'ils l'avaient payé, ils auraient pu se le faire rendre.

(3) *Voy.* Puffendorff, Droit de la nature et des gens, tom. II, liv. 3, chap. 7, § 10, et *ibi* Barbeyrac, Devoirs de l'homme et du citoyen, liv. 1, chap. 9, § 19, et *ibi* Barbeyrac; Heinecc., *de jure nat.*, *lib.* 1, § 400; Hertius, *de oblig. alium daturum facturumve*; Wolff, 3e. partie, §§ 602 et suiv., §§ 656 et suiv.

(4) Loi 3, *Cod. ne uxor pro marito*, 4, 12.

l'engagement est donc nul, puisque ni la personne du promettant, ni celle du tiers ne sont obligées. C'est dans la personne des contractans que doit se trouver le principe de l'obligation (1) à l'égard de tous les contrats; ainsi nous ne pouvons ni stipuler ni promettre qu'un tiers donnera ou fera; en un mot, on ne peut ni *s'engager* ni *stipuler* en son propre nom que pour soi-même (1119) (2).

131. Ces principes, avoués par la raison, sont puisés dans le droit romain, qui néanmoins n'en suivait pas les conséquences aussi rigoureusement que le Code civil. Il distinguait entre la chose et le fait d'autrui. La chose d'autrui pouvait être la matière d'un contrat ou d'un legs; elle pouvait être vendue (3). *Rem alienam distrahere quem posse nulla dubitatio est.* Loi 28, ff *de contrah. empt.*, 18, 1.

Le vendeur était obligé d'acheter la chose pour la livrer, ou d'en payer le prix et les dommages et intérêts de l'acheteur. Il s'en suivait que si, depuis le contrat, le vendeur devenait propriétaire de la chose, il était obligé de la livrer. Un testateur pouvait aussi

---

(1) *Quæcunque gerimus, cùm ex nostro contractu originem trahunt, nisi ex nostrâ personâ, obligationis initium sumant, inanem actum efficiunt, et ideò neque stipulari, neque emere, vendere, contrahere, ut alter, suo nomine, rectè agat, possumus.* Loi 11, ff de *obl. et act.* 44, 7.

(2) *Si quis alium daturum facturumve quid promiserit, non obligabitur; veluti si spondeat Titium quinque aureos daturum. Inst, lib. 3, tit. 19,* de *inut. stip. Voy.* Cujas, *observ.*, 12, 36; Hertius, de *oblig. alium daturum facturumve.*

(3) Pothier, des obligations, n°. 133; du Contrat de vente, n°. 7; Voët, *lib.* 18, *tit.* 1, n°. 13.

léguer la chose d'autrui (1), pourvû qu'il n'ignorât pas qu'elle ne lui appartenait point. *Non solùm autem testatoris vel hæredis res, sed etiam aliena legari potest : ita, ut hæres cogatur redimere eam, et præstare, vel si eam non potest redimere, æstimationem ejus dare.... Quod intelligendum est, si defunctus sciebat alienam rem esse, non si ignorabat; forsitan enim, si scivisset alienam rem esse, non legasset.* § 4, *inst. de legat.*, 2, 20. C'était au légataire de prouver que le testàteur savait que la chose était à autrui.

Le Code civil a suivi d'autres principes. Il déclare nul le legs de la chose d'autrui, soit que le testateur ait connu ou non qu'elle ne lui appartenait pas (1021).

Il veut également que la vente de la chose d'autrui soit nulle; mais cette vente peut donner lieu à des dommages et intérêts, lorsque l'acheteur a ignoré que la chose fût à autrui (1599), pourvu que le vendeur en ait eu connaissance; car il est alors stellionataire et soumis à la contrainte par corps (2059).

La disposition du Code qui déclare nulle la vente du bien d'autrui ne passa, dit-on (2), au Conseil-d'état, qu'à une faible majorité, et l'on n'en doit pas être étonné. Il y a de fortes raisons pour soutenir la disposition du droit romain, lorsque les deux contractans savent que la chose appartient à autrui.

(1) Les réflexions de Barbeyrac à ce sujet, dans ses notes sur Puffendorff, Droit de la nature et des gens, tom. II, liv. 3, chap. 7.

(2) Maleville, sur l'art. 1599, § 10, note 7.

On peut dire, il est vrai, qu'en promettant la chose d'autrui, le vendeur a promis ce qui n'était pas en son pouvoir, et que l'acheteur connaissant cette impossibilité, doit s'imputer d'avoir compté sur une chose impossible au vendeur; qu'il ne peut par conséquent ni exiger la chose qu'il savait impossible, ni des dommages et intérêts sur lesquels il n'a pas dû compter. Wolff, *Jus nat.* 3e. *part.*, § 656 et suiv.

Mais on peut répondre qu'entre deux personnes sensées, si l'une vend, si l'autre achète ce qu'elles savent appartenir à un tiers, c'est que le vendeur a su ou dû savoir qu'il avait les moyens de se procurer la chose qu'il vendait, et que l'acheteur s'en est reposé sur lui. Il est certain que les choses qui ne nous appartiennent pas encore, mais qui sont dans le commerce, peuvent être l'objet ou la matière d'un contrat, quoiqu'elles appartiennent à autrui. C'est ce qui arrive journellement entre négocians. Le vendeur est alors obligé d'acheter pour les livrer les choses qu'il a vendues avant de les avoir, quand même il ne pourrait les acheter qu'à un prix supérieur à celui auquel il a vendu, ou d'indemniser l'acheteur, dont les dommages et intérêts doivent égaler au moins le prix actuel des choses que le vendeur est en demeure de lui livrer. Il est donc certain que cette disposition ne s'applique point au commerce. C'est un point reconnu (1) : en vous vendant les marchandises

(1) *Voy.* le Procès-verbal des conférences, séance du 30 frimaire an XII, pag. 418; Pardessus, Cours de droit commercial, tom. 1, pag. 287.

qui appartiennent à un négociant de Bordeaux, je m'oblige de les acheter pour vous les livrer. Pourquoi donc ne pourrais-je pas vous vendre la terre ou la maison de Titius, que nous savons l'un et l'autre être en vente? La convention serait valide, si elle portait que je m'oblige de vous la vendre pour tel prix, si j'en demeure adjudicataire; mais alors je ne serais pas obligé d'en porter l'adjudication à un prix supérieur à celui auquel j'ai promis de vous vendre. Wolff, 3e. *part.*, § 658.

Quoi qu'il en soit, le Code a préféré de déclarer nulle la vente de la chose d'autrui. Ainsi, dans nos principes actuels, une pareille vente ne contient point l'obligation d'acheter la chose d'autrui, si cette obligation n'est exprimée dans l'acte.

132. La vente est nulle dans le principe; elle n'est point suspendue par l'événement, pour devenir valide en cas que la chose appartienne par la suite au vendeur. Ainsi, par exemple, si je vous ai vendu une terre que vous saviez appartenir à mon père ou à mon frère mort deux jours après la vente, et dont j'hérite, je ne suis point obligé de vous la livrer. *Quod initio vitiosum est, non potest tractu temporis convalescere.* Loi 29, ff *de R. J.*

Mais si vous ignoriez que la terre ne m'appartenait pas, je suis tenu de vous la livrer, en vertu de l'indemnité à laquelle m'assujettit l'art. 1599. Loi 1. ff. *de except. rei vend.* 21, 3.

133. Il ne faut pas appliquer la disposition de cet article aux affaires de commerce, ainsi que

nous l'avons déjà dit. La raison en est qu'en vendant, avant de les avoir, des marchandises qui appartiennent à un autre négociant, je suis toujours censé, par la nature même de la convention, m'être chargé d'acheter pour vous livrer; le commerce consistant essentiellement à acheter pour revendre : ajoutez à cela qu'on ne vend alors ordinairement ni une chose déterminée ni appartenant à une personne déterminée, comme dans le cas de la terre ou de la maison d'autrui. C'est à ce dernier cas que doit être appliquée la nullité de la vente de la chose d'autrui.

134. Quant au fait d'autrui, en tant qu'objet ou matière d'un contrat, le Code est d'accord avec le droit romain : nous ne pouvons engager que notre personne, et nous ne pouvons l'engager qu'à des choses possibles. Or, le fait d'autrui n'est pas en notre pouvoir : la convention par laquelle nous promettons qu'un tiers fera ou ne fera pas est donc nulle. *Si quis alium daturum facturumve quid promiserit, non obligabitur.* § 3, *Inst. de inut. stip.*, *lib.* 3, *tit.* 20. *Alius pro alio promittens daturum facturumve eum, non obligatur; nam de se quemque promittere opportet.* Loi 83, ff *de V. O.*, 45, 1. On n'est point engagé en promettant simplement qu'un tiers donnera, fera ou ne fera pas telle chose.

135. Mais on peut se porter fort pour un tiers, en promettant le fait de celui-ci; on peut promettre qu'il ratifiera ce qu'on promet dans son nom, comme il arrive lorsqu'on prend dans un acte la qualité de faisant et garantissant le fait valable pour un tiers.

Si le tiers refuse de tenir l'engagement, celui qui s'était indiscrètement porté fort pour lui, est obligé à l'indemnité ou aux dommages et intérêts (1) du stipulant (1120). Pothier, n°. 56.

On peut demander pourquoi celui qui promet simplement le fait d'autrui, n'est pas toujours censé se porter fort pour celui-ci; car on n'est jamais présumé faire une convention inutile. Il faut entendre un contrat dans le sens avec lequel il peut avoir quelque effet, plutôt que dans le sens avec lequel il n'en peut produire aucun (1157).

On répond que cette règle d'interprétation ne peut s'appliquer qu'aux contrats dont les expressions sont équivoques ou susceptibles de deux sens différens, et non à ceux où il faut sous-entendre quelque chose pour leur donner un sens plus étendu que leurs expressions ne comportent par elles-mêmes; car c'est une règle générale en cette matière, que les termes d'un acte ne peuvent être étendus au-delà de leur sens naturel, *tantùm valent quantùm sonant.* Lorsqu'il n'y a point d'équivoque dans les expressions, il n'est pas permis de mettre en question, et de rechercher, par des conjectures, quelle a été la volonté des contractans. *Cùm in verbis nulla ambiguitas est, non debet admitti voluntatis quæstio.* Loi 25, § 2, *ff de leg.* 3°., 32, *tit.* 1.

On doit penser qu'ils n'ont pas voulu stipuler ni s'engager au-delà de ce que portent les termes du contrat. Or, promettre simplement qu'un tiers

(1) On doutait autrefois si cette indemnité était due. *Vid.* Hertius, *Dissert. Alium daturum facturumve*, sect. 1, §§ 5 et suiv.

donnera, fera ou ne fera pas, et se porter fort ou garantir qu'il fera ou ratifiera ce qu'on promet pour lui, sont deux choses évidemment différentes. Dans le premier cas, on n'entend point obliger sa personne : le contrat ne le dit pas ; dans le second, il le dit expressément. C'est alors moins le fait d'autrui que le sien propre que l'on promet.

136. Cependant on présume facilement que celui qui a promis qu'un tiers donnerait ou ferait quelque chose, n'a pas entendu promettre simplement le fait d'autrui, mais que de plus il entend se porter fort pour le tiers, quoique cela ne soit pas exprimé. En ce cas, dit Pothier, n°. 56, la convention est valable, et elle oblige le promettant aux dommages et intérêts résultant de l'inexécution du fait qu'il a garanti. Par exemple, si j'ai promis que telle personne se rendrait caution pour moi ; loi 14, § 2, ff *de constitutâ pecuniâ*, 13, 5, je suis obligé de donner la caution promise ou la caution d'une autre personne également solvable (1).

Par exemple, si j'ai promis le fait d'un serviteur ou d'un mercenaire qui m'avait engagé ses services, je suis obligé comme si j'avais promis mon propre fait.

137. Je suis encore engagé, si j'ai promis le fait d'une personne sur laquelle j'ai quelque empire ; par exemple, le fait de mon héritier présomptif. Dans ce cas, je suis censé m'être porté fort pour lui, loi 38, *in princ.*, et § 1, ff *de V. O.*, loi 83, loi 49.

---

(1) Ajoutez le cas où j'ai promis qu'une personne se représenterait en jugement. Loi 81, ff *de V. O.*, 45, 1.

ibid., 45, 1, et l'obligation que j'avais contractée par une pareille promesse, passe à mon héritier, qui en est tenu comme de mes autres obligations. On en concluait dans l'ancienne jurisprudence, que si le défunt avait vendu le bien qui appartenait à son héritier, celui-ci ne pouvait évincer l'acquéreur, suivant la maxime *quem de evictione tenet actio, eumdem agentem repellit exceptio* (1).

En supposant qu'il eût accepté la succession purement et simplement, et qu'il fût seul héritier, ou solidairement obligé aux dettes du défunt, comme dans la Coutume de Bretagne (2).

S'il n'était pas seul héritier ni solidairement obligé aux dettes, il n'était pas exclu de la revendication pour le tout, mais seulement pour la part dont il était héritier. Par exemple, s'il était héritier pour une moitié, il pouvait revendiquer la moitié des biens vendus; mais l'acquéreur avait la faculté d'abandonner le tout, en demandant ses dommages et intérêts. Dans ce cas, l'héritier propriétaire remboursait la moitié du prix de la vente et la moitié des dommages et intérêts.

Si l'acheteur conservait la moitié des biens, l'héritier propriétaire n'avait à payer qu'un quart du prix total, et la moitié des dommages et intérêts.

Si la succession était prise sous bénéfice d'inventaire, l'héritier pouvait revendiquer la totalité des biens, parce qu'il ne se fait point de confu-

(1) *Voy.* Lebrun, des Successions, liv. 4, chap. 2, sect. 4, n°. 23 et suiv.

(2) Duparc-Poullain, Principes du droit, tom. IV, pag. 58, n°. 76.

sion des droits de l'héritier bénéficiaire avec ceux de la succession ; mais la succession devait tous les dommages et intérêts de l'acquéreur.

Remarquez qu'alors la vente du bien d'autrui était valide, et que le Code la déclare nulle : elle ne peut donner lieu à des dommages et intérêts, lorsque l'acheteur n'a pas ignoré que la chose fût à autrui (1599).

Il faut donc examiner si, sous l'empire du Code, l'héritier pur et simple est encore exclu de revendiquer son bien vendu par le défunt. Il faut distinguer : si l'acheteur n'a point ignoré que la chose appartenait au vendeur, il n'avait point de dommages et intérêts à prétendre contre celui-ci, ni par conséquent contre ses héritiers. Rien n'empêche donc l'héritier de revendiquer son héritage vendu par le défunt. La vente ni la tradition faite par ce dernier, n'ont transmis aucun droit à l'acquéreur.

Si celui-ci avait acheté de bonne foi, dans l'ignorance que l'héritage appartenait à autrui, il nous semble qu'il faut encore distinguer si ou non l'héritage avait été livré ; s'il ne l'avait pas été, le contrat n'avait transmis à l'acquéreur qu'une action en dommages et intérêts contre le vendeur défunt. Il n'en peut avoir d'autre contre ses héritiers qui le représentent, et par conséquent il ne peut demander à l'héritier, fût-il seul, la tradition de l'héritage, mais seulement des dommages et intérêts, divisibles entre tous les héritiers, chacun pour sa part héréditaire, s'ils sont plusieurs.

Mais si l'héritage avait été livré, l'action en revendication formée contre l'acquéreur pourrait être repoussée par exception, jusqu'à la concurrence de la portion héréditaire du demandeur (1). La même distinction entre la vente, suivie ou non suivie de tradition, s'applique au cas où le défunt, qui a vendu le bien de l'héritier, s'est spécialement fait fort pour ce dernier.

158. La promesse du fait d'autrui est encore obligatoire, lorsqu'on y ajoute une peine stipulée en cas d'inexécution du fait promis. Je promets que Titius fera telle chose, et s'il ne la fait pas, je vous donnerai tant : c'est moins alors une obligation pénale qu'une obligation conditionnelle. *Voyez* ci-après, chap. 4, sect. 6, et Wolff, *Jus nat.*, 3e. part., § 607.

---

§ II.

Des choses indéterminées.

SOMMAIRE.

159. *Ce qu'on entend par chose déterminée. Nullité des promesses indéterminées. Exemples.*
140. *La détermination du genre ne suffit pas ; il faut déterminer l'espèce.*
141. *Le choix de l'individu appartient alors au débiteur.*
142. *De la promesse d'un champ, d'une maison, etc., sans autre désignation.*

---

(1) Lebrun, *ubi suprà*, n°. 29 ; loi 14, *Cod. de rei vindic.*, 3, 32.

139. Pour qu'une convention soit obligatoire, il faut encore que l'objet en soit suffisamment déterminé.

Une chose est déterminée, dans le sens des jurisconsultes, quand on en connaît l'espèce, la qualité et la quantité. *Quid, quale, quantumque sit.* Loi 74, ff *de V. O.*, 45, 1.

Si la promesse était tellement indéterminée, tellement générale, qu'on n'en pût connaître l'objet précis, il est évident qu'il n'y aurait point d'obligation.

Tel est le cas de ces protestations vagues par lesquelles une personne déclare que tous ses biens, tout ce qu'elle possède appartient à un autre; qu'il peut en disposer comme de ses propres biens. On a toujours pensé que de pareilles promesses ne caractérisent point l'intention de s'obliger, parce que l'objet précis n'en est pas déterminé (1); mais si ces formules serviles étaient ajoutées à la promesse d'une chose déterminée, elles ne rendraient pas cette promesse nulle (2), *utile per inutile non vitiatur.* Loi 1, § 5, ff *de V. O.*, 45, 1.

140. Cette première sorte de promesses indé-

---

(1) Thomasius, *Dissert. de obligatione ex promissione incertæ*, §§. 21 et suiv., tom. IV, *dissert.*, pag. 76.

(2) Thomasius, *ubi suprà*, § 30, *Dissert.* Vasquez, *Controv. illust.*, *cap.* 10, n°. 20.

terminées fait rarement naître des difficultés, quoiqu'on en trouve des exemples. *Cap.* 6, X *de Institutionibus.*

On n'en citerait peut-être pas un seul d'une autre sorte de promesses indéterminées, dont parlent les auteurs (1) ; c'est lorsqu'on promet une chose sous le nom du genre, sans désigner l'espèce ni l'individu. Par exemple, si quelqu'un avait promis un animal, une plante, un corps, sans aucune autre désignation, une telle promesse serait nulle et considérée comme dérisoire ou comme un jeu d'enfant ; car on n'en peut connaître l'objet. Le genre des animaux contenant plusieurs espèces, on ignore non-seulement quel est l'animal promis, mais encore son espèce. Une mouche, un vermisseau, sont des animaux comme un lion et un éléphant : l'énonciation du genre n'est donc pas suffisante pour déterminer l'objet d'une promesse ; mais comme on ne présume pas facilement que deux personnes raisonnables n'agissent pas sérieusement, lorsqu'elles se portent à faire une convention, le contrat est valide, si l'objet en peut être déterminé par les circonstances. Il suffit donc, suivant le Code, que « l'obligation ait pour objet une chose au moins » déterminée quant à son espèce » (1129), afin qu'on puisse connaître quelle est la chose promise, *quæ sit res in obligationem deducta.*

Mais il n'exige rien de plus ; il n'exige pas que

---

(1) Thomasius, *ubi suprà*, § 38 ; Pothier, des oblig, n°. 283 et suiv.

l'individu de l'espèce promise soit désigné dans la promesse : il suffit qu'il puisse être connu dans la suite. Il en est de même de sa qualité. Si le stipulant n'a désigné ni l'individu qui est l'objet de la stipulation, ni sa qualité, c'est parce qu'ils lui ont paru indifférens jusqu'à un certain point, ou qu'il s'en est reposé sur la foi du promettant. La loi le présume ainsi, puisqu'il n'a rien stipulé à cet égard. Il suffit donc que la chose ait les qualités nécessaires pour la rendre propre à l'usage auquel on la destine (1641), ou auquel elle est ordinairement destinée.

141. Si, par exemple, ayant besoin d'un cheval, je stipule d'un marchand qu'il m'en fournira un pour tel prix, sans désigner la race, la taille, ni les autres qualités du cheval que je veux, la convention est obligatoire et valide ; mais faute d'une autre désignation que celle de l'espèce, je suis censé m'en être rapporté au vendeur sur l'individu, sur la race et sur les qualités du cheval. On suit alors la règle établie pour les obligations obscures, comme pour les obligations alternatives : le choix appartient au débiteur, s'il n'a pas été expressément accordé au créancier (1190). Je dois m'imputer de m'en être rapporté au vendeur, et de ne m'être pas expliqué d'une manière plus précise. *Stipulatori liberum fuit verba latè concipere, ac ferè secundum promissorem interpretamur*. Loi 99, ff. *de V. O.*, 45, 1.

Le vendeur pourra donc choisir dans ses haras ou ailleurs le cheval qu'il voudra me donner, pourvu qu'il soit propre à l'usage auquel je le destine, si cet usage était connu du vendeur, ou si je m'en suis expliqué, ou, en tout cas, qu'il ait les qualités qui rendent un cheval propre aux usages auxquels on l'emploie ordinairement; mais le vendeur ne peut me donner un cheval qui ait des vices cachés, dont tout vendeur est garant dans tous les cas (1641), ni même des vices apparens (1) dont il n'est pas tenu dans les cas ordinaires (1642), parce que n'ayant pas, avant la convention, vu le cheval qu'il se proposait de me donner, je n'ai pu me convaincre de ces vices.

142. Ce que nous venons de dire s'applique aux autres cas où l'obligation est contractée sous le nom de l'espèce. Par exemple, d'une métairie, d'une maison, d'un champ (2), etc. De pareilles conventions sont infiniment rares sans doute, et peut-être chez nous sans exemple. Il est dans nos mœurs de désigner les objets d'un contrat dans un grand détail, et de manière à ne pas laisser d'in-

---

(1) *Secùs* Thomasius, *ubi suprà*, § 55 *sed perperam.*

(2) *Voy.* Papinien, loi 115, ff de V. O., 45, 1, où se trouvent plusieurs exemples de l'indétermination qui annule la convention, tels que *insulam ædificari non demonstrato loco*, *fundum dari non adjecto nomine.* Ces conventions ne seraient pas nulles sous l'empire du Code, si l'on pouvait découvrir d'une manière vraisemblable l'intention des parties; ce qui est dans l'esprit de Papinien, *versic. Quod si ab initio id agebatur.* Sur cette loi, *voy.* Cujas, *in quæst. Pap.*, *tom.* 1, *opp. post.*, *col.* 57 *et seq.*, *edit. Fabrot. Si stipulor fundum non adjecto nomine, aut eo quod vice nominis fungitur, stipulatio inutilis est, si promissor nullos fundos habuerit*, dit Cujas, *col.* 59; *sed si fundos habuerit promissor, utilis est stipulatio, et compellitur exiguiorem dare*; loi 75, ff de V. O.

certitudes; cependant il en peut naître, et le Code, à l'exemple des lois romaines, a cru devoir s'occuper de ces questions abstraites sur lesquelles les jurisconsultes ne sont pas d'accord, et poser des principes qui, en servant à les décider, servent encore à lever les doutes qui pourraient s'élever en d'autres occasions. Par exemple, on ne peut élever de doutes raisonnables sur la validité de la vente d'un champ, d'une métairie, etc., faite sans indication des tenans et aboutissans, du lieu de la situation, qualité de la terre, de son étendue, du nom qu'elle porte, etc. Ces omissions ne sont pas un prétexte pour annuller la vente, puisqu'il suffit qu'elle soit faite sous le nom de l'espèce (1).

143. Il y a cependant des choses dont d'abord il ne paraîtrait pas suffisant de déterminer l'espèce pour en faire l'objet d'une obligation, à moins qu'on n'en connaisse de plus la quotité ou la quantité. *Voy.* Pothier, n°. 131.

Telles sont les choses fongibles, c'est-à-dire, qui se consomment par l'usage, et qui se donnent au poids, au nombre, à la mesure. Par exemple, l'obligation de donner de l'argent, du froment, du vin, des alimens; car, suivant la maxime que dans les stipulations *ad id quod minimum est, redigenda est summa*, le débiteur pourrait s'acquit-

---

(1) *Voy.* la note précédente. Il y avait des jurisconsultes qui pensaient que la vente d'un fonds non désigné, *fundi*, était nulle, parce que le débiteur aurait pu se libérer en donnant une motte de terre, *glebam*. *Voy.* Thomasius, *ubi suprà*, §§ 40, 42, 43, 44.

ter avec un grain de froment, un centime, une goutte de vin; choses de trop peu de valeur pour avoir été la matière d'une convention sérieuse.

Mais, d'un autre côté, les parties sont toujours présumées agir sérieusement lorsqu'elles font une convention, et non pas s'amuser comme des enfans. Thomasius, § 31. Il faut donc entendre le contrat plutôt dans le sens avec lequel la convention peut avoir quelque effet que dans celui avec lequel elle n'en pourrait produire aucun; ainsi le Code veut qu'une chose même fongible, déterminée seulement quant à son espèce, puisse être l'objet d'une obligation si la quotité peut en être déterminée. « La quotité de la chose peut être » incertaine, dit l'art. 1129, pourvu qu'elle puisse » être déterminée. »

Ainsi, en droit, l'obligation est valide; il ne reste plus que la question de fait, qui consiste à savoir si la quotité peut être déterminée; question abandonnée à la sagacité des juges. Le Code se borne à leur tracer à cet égard quelques règles générales sur l'interprétation des actes. Comme nous le verrons dans la sect. 5, la quotité peut être déterminée par l'intention commune et présumée des parties (1156), par l'usage du pays, par les circonstances, par la décision d'un tiers à qui les parties s'en sont rapportées, quelquefois même par l'arbitrage de la justice.

144. Ainsi, par exemple, l'obligation de donner des alimens, quoique contractée sous le nom d'une espèce très-générale, puisque du pain, du vin et mille autres choses sont des alimens, n'est

pas nulle (1); il resterait seulement à déterminer quelle doit être la quotité et la durée de la prestation.

145. Mais si la quotité de la chose promise sous le nom de l'espèce ne pouvait être déterminée par aucune circonstance, par aucune conjecture qui la rendît vraisemblable, et qu'il en résultât que le promettant pût s'acquitter par une chose de nulle valeur, ou presque de nulle valeur; par exemple, un grain de blé, une goutte de vin, un centime : alors l'obligation s'évanouirait; elle devrait être considérée comme un jeu, tant de la part du stipulant que du promettant (2).

---

§ III.

Des choses inutiles.

SOMMAIRE.

146. *La promesse d'une chose inutile n'est point obligatoire, et pourquoi.*

147. *Mais il faut que l'inutilité soit évidente.*

148. *On ne peut stipuler pour autrui.*

149. *La stipulation pour autrui peut être le mode d'un contrat Son effet dans le droit romain.*

150. *Elle produit en faveur du tiers une action directe.*

151. *Mais elle peut être révoquée avant qu'il ait déclaré vouloir en profiter.*

152. *La stipulation pour autrui peut être la condition d'un contrat.*

153. *La stipulation pour autrui est valide quand elle intéresse le stipulant.*

---

(1) *Contrà* Thomasius, §§ 54 et 68; mais son opinion ne peut être suivie sous l'empire du Code.

(2) Thomasius, § 32.

154. *On peut stipuler pour ses héritiers.*
155. *On peut stipuler pour un tiers, quand on stipule en son nom.*
156. *On peut même se faire fort ou garantir qu'il ratifiera le contrat, et alors on est soumis aux dommages et intérêts faute de ratification.*

146. Les obligations conventionnelles ont été introduites pour donner à chacun les moyens d'acquérir ce qui peut lui procurer quelque utilité ou quelque agrément (1). La promesse d'une chose ou d'un fait manifestement inutile à celui qui reçoit la promesse n'est donc point obligatoire (2). La loi ne permet pas qu'on impose arbitrairement à la liberté de l'homme des chaînes

---

(1) *Inventæ sunt hujus modi stipulationes, vel obligationes, ad hoc, ut unusquisque acquirat quod suâ interest.* Loi 38, § 17, ff *de V. O.*, 45, 1; *Instit.*, § 19, *de inut. stip.*; Wolff, *Jus. nat.*, 3.e part., § 554 et suiv.

(2) *Nec promissa igitur servanda sunt ea, quæ sunt eis quibus promiseris, inutilia.* Cic., *de officiis*, *lib.* 1, *cap.* 10; Wolff, 3e. part., § 798 et 799.

C'est sur ce principe qu'il faut juger si les clauses d'un contrat, par lequel les parties renoncent à un droit que la loi leur accorde, sont valides, lorsque la renonciation n'est utile à aucun des contractans, quoiqu'elles puissent l'être à des personnes non présentes à la convention ou stipulation : par exemple, lorsque dans un contrat de mariage les futurs renoncent à tester ou à s'avantager pendant le mariage, les clauses sont nulles et sans effet, parce que les futurs conjoints n'ont pas intérêt à s'interdire la liberté naturelle que la loi leur laisse de disposer de leurs biens à leur gré, et de s'en avantager l'un l'autre, si bon leur semble. Ils ont plutôt intérêt de se la conserver. Or, *nemo potest utiliter stipulari quod suâ non interest.* Ce qui est conforme à l'art. 1119, où il est dit qu'on ne peut en général s'engager ni stipuler en son propre nom *que pour soi-même. Voy.* le plaidoyer de M. Merlin, et l'arrêt de la Cour de cassation du 31 juillet 1809. Dans le Répertoire, tom. XIII, aux additions, pag. 609 et 610 de la 3e. édition; et tom. II de la 4e., pag. 290, no. 3 L'arrêt du 9 juillet 1806. Sirey, tom. VI, pag. 350 et suiv. L'art. 1082 est une exception à la règle.

inutiles. Celui qui s'oblige aliène une partie de sa liberté; il donne à un autre le droit de la contraindre : or, il est contre la raison que vous ayez le droit de me contraindre à une chose qui vous est entièrement inutile. La justice ne doit point écouter celui qui prétend gêner ma liberté, sans autre intérêt qu'un vain caprice. J'ai eu la faiblesse de vous promettre de ne pas sortir de ma maison pendant trois jours. Il est évident qu'en cela j'ai aliéné une partie de ma liberté; mais comme il vous est parfaitement indifférent que je sois dans ma maison ou ailleurs, je ne suis point obligé de tenir cette promesse indiscrète, que vous n'avez pas eu le droit d'accepter, parce que la loi ne permet d'aliéner une partie de sa liberté qu'autant que le sacrifice en est nécessaire, ou tout au moins utile au public ou aux particuliers (1).

Ajoutez à cela que l'obligation de faire ou de ne pas faire devant se résoudre en dommages et intérêts en cas d'inexécution de la part du débiteur (1142), il est impossible d'évaluer les dommages et intérêts lorsque la chose promise est absolument inutile au stipulant.

147. Mais il faut que l'inutilité soit évidente, comme dans le cas proposé; car, dans le doute, c'est à celui qui a stipulé une chose à juger si elle

---

(1) La loi même ne peut, sans tyrannie, défendre que les actions nuisibles, ni commander que les actions utiles à la société. *Voy.* tom. 1, n°. 208, pag. 176.

Cet axiome, dicté par la raison, s'applique aux conventions qui tiennent lieu de loi à ceux qui les ont faites (1134).

Mais on peut stipuler une peine, en cas d'inexécution de la promesse inutile. *Vid. infrà*, chap. 4, sect. 6.

lui est inutile. Wolff, 3ᵉ. part., § 772, 779, à la note.

Il est bien difficile que l'inutilité soit absolue lorsqu'il s'agit d'une chose à donner. Par exemple, si j'ai promis un livre hébreu à une personne qui ne sait pas cette langue, et qui ne compte pas l'apprendre, il ne faut pas croire que ce livre lui soit inutile; car elle peut l'échanger ou le vendre; et c'est principalement l'intérêt pécuniaire que le droit civil considère pour juger si les conventions sont obligatoires.

148. De là le principe qu'on ne peut en général stipuler en son propre nom que pour soi-même ou à son profit, et non pas au profit d'un tiers (1119, 1121). *Alteri stipulari nemo potest.*, § 19, § 4, *Inst. de inut. stip.*; loi 73, § *ult.*, *de R. J.* et *ibi* Bronchorst.

Le sentiment intérieur nous dit, il est vrai, que rien de ce qui intéresse l'humanité ne nous est étranger, et les jurisconsultes professent hautement ce beau principe de morale, qu'il importe à l'homme qu'un autre reçoive les choses dont il a besoin, *cum beneficio affici hominem intersit hominis.* Loi 7, ff *de serv. expert.*, 18, 7.

Néanmoins, cet intérêt de pure affection ne suffit pas pour nous autoriser à stipuler validement en notre nom au profit d'un tiers, ni pour donner à ce dernier le droit d'exiger l'accomplissement d'une convention dans laquelle il n'a point été partie.

Il est d'abord évident qu'un tiers ne peut acquérir un droit parfait par une convention qui n'a pas été faite en son nom, et dans laquelle il n'était pas partie, par une promesse qu'il n'a point acceptée et qu'il ne peut accepter, puisque ce n'est ni à lui ni à une personne agissant en son nom qu'elle a été faite.

Quant au stipulant, l'intérêt qu'il peut avoir à l'accomplissement de la promesse faite au profit d'un tiers n'étant point appréciable à prix d'argent, si le promettant refusait de l'accomplir, le stipulant ne pourrait obtenir de dommages et intérêts; car il n'a souffert aucune perte dans son patrimoine, ni manqué de rien acquérir. Il ne peut donner de force à cette convention qu'en y ajoutant une clause pénale. Vid. *infrà*, chap. 4, sect. 6.

149. Mais si donner à un tiers, faire quelque chose à son profit, et généralement tout ce qui n'intéresse pas personnellement le stipulant, ne peuvent être l'objet direct d'un contrat, c'en peut être le mode ou la condition. Ainsi je ne peux stipuler directement que vous donnerez mille francs à Paul; mais si la charge de donner cette somme est le mode d'un contrat passé entre nous, si je vous vends, si je vous donne le fonds cornélien ou toute autre chose, à la charge que vous donnerez mille francs à Paul, cette clause est valide et obligatoire; son effet se bornait, suivant l'ancien droit romain, à ce que, faute d'accomplir la charge convenue, c'est-à-dire faute de donner les mille francs à Paul, je pouvais répéter ce que je vous avais donné, *condictione ob causam dati, causâ non secutâ*; parce qu'en effet le contrat

demeurait sans cause, faute d'accomplir la charge qui en était le prix. Celui au profit de qui elle avait été imposée n'ayant point été partie au contrat, n'avait point d'action pour contraindre à l'exécuter. C'était une conséquence directe, quoique subtile, du principe que les contrats n'ont d'effet qu'entre les parties contractantes. Sous les empereurs, on donna au tiers en faveur de qui la charge avait été imposée dans le contrat, une action utile pour contraindre le promettant à l'exécuter (1). On appelait action utile celle qui était accordée par équité contre la rigueur et la subtilité des principes, et parce que l'utilité l'exigeait ainsi, *utilitate ita exigente.*

150. Le droit français ne connaît point cette dénomination d'action utile. Le tiers au profit duquel la charge a été imposée dans un contrat où il n'était point partie, peut agir directement pour contraindre le promettant à tenir sa promesse (2). Le stipulant peut aussi agir pour demander la résolution du contrat, si l'autre partie ne satisfait pas à son engagement.

151. Mais comme ce n'est point à lui qu'elle a été faite, comme il ne l'a point acceptée au moment du contrat, celui qui a fait la stipulation

---

(1) Loi 3, *Cod. de donat., quæ sub modo*, 8, 55; Pothier, des Obligations, n°. 71; Merlin, Questions de droit, v°. *Stipulation pour autrui*, pag. 454 et 455.

(2) Cette action peut encore être aujourd'hui appelée action utile, dans ce sens qu'elle est donnée contre la rigueur des principes, puisqu'on n'a pas étendu cette action au cas où je stipule dans mon nom pour un tiers, lorsque cette stipulation n'est pas la clause d'un autre contrat.

peut toujours la révoquer, jusqu'à ce que le tiers au profit de qui elle a été faite ait déclaré vouloir en profiter (1); car si, même entre les parties contractantes, les offres ne deviennent irrévocables que par l'acceptation, à plus forte raison lorsqu'elles sont faites au profit d'un tiers. Cependant on en avait autrefois douté (2). Le doute est levé par l'art. 1121 du Code, qui porte que celui qui a fait cette stipulation ne peut plus la révoquer, si le tiers a déclaré vouloir en profiter; d'où l'on doit conclure qu'il peut la révoquer auparavant; car défendre de révoquer la stipulation insérée dans un acte au profit d'un tiers, après qu'il a déclaré vouloir en profiter, c'est bien évidemment supposer que la révocation est permise avant qu'une pareille déclaration ait été faite par le tiers.

152. Dans le cas que nous venons d'examiner, la stipulation au profit d'un tiers est le mode ou la charge du contrat. Elle peut aussi en être la condition. On peut stipuler pour autrui, lorsque telle est la *condition* d'une stipulation que l'on fait pour soi-même, dit l'art. 1121.

Par exemple, je stipule que vous me donnerez 1200 francs, si vous ne donnez pas les deux plus beaux chevaux de vos haras à Titius, dans un mois.

Je stipule que si dans un mois vous ne donnez pas 1200 francs à Titius, vous me les donnerez.

---

(1) Wolff, 3e. part., §§ 7, 56 *et* 749; Heineccius, *præl. in Grotium*, *lib.* 2, *cap.* 11, § 18; Pothier, no. 55; Merlin, Questions de droit, vo. *Stipulation pour autrui*.

(2) Pothier, des obligations, no. 73; Merlin, *ubi suprà*.

Faute d'accomplissement de cette condition dans le délai convenu, je puis vous demander les 1200 francs sans que vous puissiez m'objecter que j'étais sans intérêt à l'accomplissement de la condition; car l'accomplissement d'un fait indifférent peut être la condition d'une obligation : il n'y a que les conditions d'une chose impossible, contraire aux bonnes mœurs ou prohibée par la loi, qui rendent nulle la convention qui en dépend (1172).

Sous un autre point de vue, la convention est encore valide, car elle se réduit à une obligation alternative. Dans un mois vous donnerez deux chevaux à Titius, ou 1200 francs à moi; vous donnerez 1200 francs à Titius ou à moi : vous ne pouvez donc vous acquitter qu'en optant de donner à Titius ou à moi. Il y a là deux stipulations distinctes. Si l'une est inutile, elle ne rend pas l'autre nulle. *Utile per inutile non vitiatur.* Loi 1, § *penul.*, ff *de V. O.*, 45, 1.

Remarquez que ce n'est pas stipuler pour autrui que d'indiquer la personne à qui la somme sera payée ou la chose délivrée. Je vous vends le fonds cornélien pour 3000 francs que vous paierez à Paul : c'est pour moi que je stipule cette somme; c'est en ma personne que réside la créance. Si Paul la reçoit, c'est de ma part et dans mon nom. Pothier, n.° 57. Paul est ce qu'on appelle en droit *adjectus solutionis gratiâ.*

153. Il est permis de stipuler au profit d'autrui, quand on y a un intérêt personnel et appréciable à prix d'argent. *Sed et si quis stipuletur alii, cùm*

ejus interesset, placuit stipulationem valere, § 19, *Inst. de inut. stip.*

Un entrepreneur s'est chargé de faire construire une maison à Paul; il fait marché avec des maçons pour faire les murs; avec des charpentiers pour faire la charpente, etc.: il est évident qu'il a un intérêt très-pressant à la stipulation.

154. Nous pouvons stipuler pour nos héritiers, que la loi et la nature nous font regarder comme d'autres nous-mêmes. *Hœredi cavere concessum est.* Loi 10, ff *de pactis dot.*, 23, 4.

Mais il faut stipuler pour eux sous leur qualité d'héritiers. Si je stipulais pour Titius, sans énoncer qu'il est mon présomptif héritier, la stipulation ne serait pas valable. *L.* 17, § 4. *ff de pactis*, 2, 14; Pothier, n°. 62.

Le droit romain portait la rigueur à cet égard au point de décider qu'il n'était pas suffisant de stipuler pour un fils, pour une fille, si l'on n'ajoutait pas leur qualité d'héritiers. Cette rigueur peu raisonnable n'est point dans nos mœurs. Un père qui stipule pour ses enfans, ou pour l'un d'entre eux (1), est toujours censé stipuler en qualité de ses héritiers.

155. On doit d'autant moins douter de la validité d'une pareille stipulation, que le père et la mère sont regardés comme les mandataires légaux

---

(1) Car nous pouvons restreindre la stipulation à l'un de nos héritiers. *Non obstat uni tantùm ex hæredibus provideri.... Cæteris autem non consuli.* Loi 33, ff *de pactis*, 2, 14. *Voy.* aussi *infrà* ce que nous disons sur la transmission des obligations, chap. 5, art. 2.

de leurs enfans, et que la stipulation au profit d'autrui n'est nulle que lorsqu'elle a été faite au nom du stipulant; par exemple, lorsque vous m'avez promis de donner telle chose à Titius, ou de faire telle chose à son profit, sans qu'il soit exprimé dans l'acte que j'agissais en son nom; mais si, au lieu d'être faite dans mon nom propre, la stipulation l'a été dans le nom de Titius; si j'ai pris la qualité de faisant et agissant pour Titius, la promesse que vous m'avez faite est valide et obligatoire, parce que c'est alors Titius qui est censé avoir contracté avec vous par mon ministère, et non pas moi (1); car nous pouvons prêter notre ministère à une autre personne pour contracter, stipuler, et promettre pour elle et à son profit. Si c'est en vertu d'une procuration que j'ai prêté mon ministère à un tiers, c'est le cas du mandat, que nous verrons au titre 13. Le mandant est irrévocablement engagé, pourvu que je n'aie pas excédé les bornes du mandat.

Si c'est sans procuration, je suis ce qu'on appelle en droit *negotiorum gestor*. Voy. art. 1372.

Le contrat conserve toute sa force, si la personne au nom de laquelle j'ai contracté le ratifie; car la ratification équivaut à une procuration. *Ratihabitio mandato comparatur*. Pothier, n°. 75.

Si elle ne ratifie pas, comme je n'ai pu l'engager sans son consentement, le contrat est nul et ne produit aucun effet contre elle. Il n'en produit également aucun contre moi, si je me suis borné

(1) Pothier, n°. 74.

à prendre la qualité de faisant et agissant, sans prendre celle de mandataire, sans me porter fort pour la personne au nom de laquelle j'agissais. Si j'ai eu tort d'agir sans pouvoirs, l'autre partie n'a pas eu moins de tort de contracter sciemment avec une personne sans pouvoirs : la faute est égale de part et d'autre.

156. Mais si je me suis porté fort pour cette personne; si j'ai promis qu'elle ratifierait; si j'ai pris la qualité de faisant et garantissant le fait valable pour elle, cette promesse de ratification ou de garantie m'est personnelle, et m'engage envers celui avec lequel j'ai contracté, ou à lui rapporter cette ratification, ou à l'indemniser de tout ce qu'il perd, de tout ce qu'il manque à gagner par le défaut de ratification; en un mot, à lui payer ses dommages et intérêts.

---

§ IV.

Des choses hors du commerce.

SOMMAIRE.

157. *Ce qu'entendaient les Romains par chose hors du commerce*
158. *Ce qu'il faut entendre dans les principes du Code.*
159. *Ce sont les choses que la nature n'a pas mises dans le commerce.*
160. 1°. *Les choses appelées* communes.
161. 2°. *Les droits inhérens à la souveraineté, ou droits* régaliens; *les offices, le droit d'y nommer, etc.*
162. 3°. *Les droits contraires à la liberté ou à l'indépendance des personnes.*

163. *Les choses consacrées à des usages publics ne sont point mises hors du commerce par la nature.*

164. *Le domaine n'est point hors du commerce dans le sens du Code; mais des lois postérieures ont déclaré inaliénables et imprescriptibles les biens affectés à la dotation de la couronne.*

165. *Les biens ecclésiastiques peuvent être vendus en suivant les formalités prescrites.*

157. Il n'y a que les choses qui sont dans le commerce qui puissent être l'objet des conventions, dit l'art. 1128; mais le Code n'explique point quelles sont les choses qui ne sont pas dans le commerce, et ses dispositions sur ce point sont rédigées d'une manière fort obscure.

Ulpien définit le commerce le droit de vendre et d'acheter; *emendi vendendique jus* (1).

C'est aussi ce que nous entendons par commerce. Les choses qui sont dans le commerce seraient donc celles qu'on peut vendre et acheter; et, au contraire, les choses hors de commerce; celles qu'on ne peut ni vendre ni acheter. Dans ce sens étendu, les biens des mineurs, ceux des interdits, ne sont pas dans le commerce; le commerce de leurs biens était interdit aux prodigues par le préteur dans cette formule solennelle : *Tibi eâ re commercioque interdico.* Paul, *Frag.*, *lib.* 3, *tit.* 4, § 7.

De même Ulpien dit ailleurs, loi 39, §§ 7, 8, 9, 10, ff *de leg.* 1°. qu'on peut léguer les choses qui appartiennent à autrui, si elles peuvent être

(1) *Fragm.*, *tit.* 19, § 5, *et tit.* 20, § 13; *et ibi* Schulting, pag 621.

achetées, quoique l'acquisition en soit difficile, et que l'héritier en doive payer l'estimation au légataire, s'il ne peut les acheter ; mais qu'on ne peut léguer sans une sorte de démence le Champ-de-Mars, les temples ; qu'on ne peut également léguer ni les jardins, ni les biens-fonds qui sont dans le patrimoine du prince, parce que ces choses ne sont pas dans le commerce, si ce n'est par ordre du prince, puisqu'elles n'ont pas coutume d'être vendues, *quoniam commercium eorum, nisi jussu principis, non sit, cùm distrahi non soleant. Junge*, loi 6, ff *de contrah. empt.*, 18, 1, loi 83, § 5, ff *de V. O.*, 45, 1.

Ainsi, par les choses qui sont dans le commerce, les Romains entendaient toutes celles qu'on a coutume de vendre. Il y avait des choses qui étaient dans le commerce pour une personne, c'est-à-dire qu'elle pouvait acquérir, et qui n'y étaient pas pour une autre. Loi 49, § 2 *et* 3, *de legat*, 2°., 31 ; loi 34, ff de *V. O.*, 45, 1. Ils regardaient au contraire comme hors du commerce, toutes les choses qu'on n'a point coutume de vendre, toutes celles dont la vente était défendue, ou qui ne pouvaient être vendues sans l'ordre du prince. Ces choses ne pouvaient être vendues ni léguées, quoique le legs ou la vente du bien d'autrui fût valide ; mais elles pouvaient être l'objet d'autres conventions, comme l'a fort bien observé Schulting (1). En effet, plusieurs

(1) *In Ulp. fragm.*, pag. 621. Il cite à ce sujet un passage de Cicéron, *in Verrem. Is agrum in Segestano* (*nam commercium in eo agro nemini est*) *conductum habebat.*

de ces choses étaient destinées à être louées ou affermées, données à emphytéose, etc.

158. Mais dans les principes et suivant les dispositions du Code, il ne suffit point qu'une chose n'ait pas coutume d'être vendue, que la vente en soit prohibée, ou ne puisse être faite qu'en vertu d'un décret royal ou d'autres formalités, pour qu'elle soit considérée comme hors du commerce ; au contraire, le Code considère comme étant dans le commerce toutes les choses qui sont susceptibles d'être vendues, quoique les lois en aient prohibé l'aliénation. L'art. 1598 contient à cet égard une disposition formelle : « Tout ce » qui est dans le commerce peut être vendu lors- » que des lois particulières n'en ont point prohibé » l'aliénation. »

Donc, les choses dont la loi défend l'aliénation sont néanmoins dans le commerce. Ce qui est exactement vrai, en ce sens, qu'elles sont de nature à être vendues ; si elles ne l'étaient pas, il serait inutile d'en défendre l'aliénation. Ainsi la défense même de les aliéner suppose qu'elles peuvent l'être.

159. Quelles sont donc, dans le sens du Code, les choses qui sont hors du commerce? Ce sont celles qui, par leur nature, ne sont pas susceptibles d'être l'objet non-seulement d'une vente, mais encore des autres conventions, en général, d'être louées, données, échangées, etc. C'est ce que nous apprend l'art. 1128 : « Il n'y a que les choses qui sont dans le commerce qui puissent être l'objet des conventions. » D'où l'on doit con-

clure que les *choses hors du commerce* sont celles qui ne peuvent être l'objet des conventions.

Maintenant, si l'on demande quelles sont les choses qui ne peuvent être l'objet des conventions, il faut répondre que ce sont celles qui, *par leur nature*, ne sont pas susceptibles d'être un objet de commerce, d'être échangées contre une autre chose, cédées pour un prix, données, etc., et, pour tout dire en un mot, qui ne sont pas susceptibles d'une propriété privée.

Le jurisconsulte Paul a fort bien observé qu'il y a des choses hors du commerce par la nature même, qu'il y en d'autres qui ne le sont que par le droit civil, par les mœurs de chaque cité : *quas natura, vel gentium jus, vel mores civitatis, commercio exuerunt*. Loi 34, § 1, ff *de contrah. empt.*, 18, 1.

160. Les choses que la nature a mises hors du commerce sont celles dont la propriété ne peut appartenir à personne, et que, par cette raison, les jurisconsultes ont appelées choses communes, l'air, la mer, les eaux courantes. *Naturali jure communia sunt hæc, aër, aqua profluens, mare, etc. Instit. de rerum divis.*

L'art. 714 caractérise ces choses d'une manière plus exacte, en disant qu'il y a des choses qui n'appartiennent à personne, et dont l'usage est commun à tous. Des lois de police règlent la manière d'en jouir. Voyez tom. III, n°. 477.

Il est évident que personne ne peut acquérir la propriété de ces choses, puisque personne ne peut les occuper d'une manière stable et permanente, c'est-à-dire en conserver la propriété exclusive. Tout le monde peut user de ces choses; l'usage en est inépuisable. On peut en posséder transitoirement une partie; mais on ne peut en acquérir la propriété : elles ne sont pas susceptibles d'une propriété proprement dite.

161. Il faut encore mettre au rang des choses absolument hors du commerce, et qui ne peuvent être l'objet des conventions ni des échanges, certaines choses incorporelles, qui ne sont point par leur nature susceptibles d'une propriété privée, telles que les droits utiles et honorifiques attachés à la souveraineté, autrefois appelés droits régaliens; le droit de lever des contributions directes ou indirectes, le droit de battre monnaie, de nommer aux offices, les offices eux-mêmes, les amendes, confiscations, droits de greffe, et autres semblables. Ces droits ne sont point communicables ni cessibles, et toutes concessions de droits de ce genre, à quelque titre qu'elles aient été faites, sont nulles. Voyez la loi du 22 novembre — 1er. décembre 1790, art. 9. En prohibant de pareilles concessions, cette loi n'a fait que revenir à la nature de ces droits, qui sont par eux-mêmes hors du commerce, et ne sont pas plus susceptibles d'une propriété privée que le droit de guerre, le droit de faire rendre la justice, etc., etc.

Le droit de nommer aux offices et emplois publics, celui de faire rendre la justice en leur nom, etc., qui avaient été autrefois usurpés par les grands feudataires de la couronne, et par une foule de seigneurs subalternes, ne peuvent plus être accordés, même aux grands dignitaires de l'État. Ce sont des droits inhérens à la couronne, et qui n'en peuvent être séparés. Les offices civils qui, contre leur nature, avaient été mis autrefois dans le commerce, qui pouvaient être achetés ou vendus par des particuliers, ne peuvent plus l'être désormais : ils sont, par leur nature ainsi que par la loi, absolument hors du commerce ; ils ne peuvent être l'objet d'une convention ; il en est de même des offices et dignités ecclésiastiques, dont la vente, qualifiée de simonie, est mise au rang des délits canoniques.

Le roi nomme gratuitement aux offices civils les sujets qu'il croit les plus dignes de les remplir. Il ne peut les faire régir par des agens ni par des fermiers, art. 57, 58 et 63 de la charte constitutionnelle de 1814 ; ceux qui sont promus à ces offices ne peuvent en faire l'objet d'aucune convention (1). La justice devrait prononcer la nullité des conventions faites, soit avec les titulaires, soit avec des tiers, par exemple, avec un homme en crédit, pour faire, moyennant un prix, obtenir la nomination du roi. Si la place n'est pas l'objet direct du contrat, elle en est l'objet indirect. Une pareille négociation, outre qu'elle aurait pour objet une chose *hors du commerce*, serait contraire à l'ordre public ;

(1) L'art. 91 de la loi sur les finances du 28 avril 1816, permet aux notaires, greffiers, huissiers, agens-de-change, commissaires-priseurs, de présenter à l'agrément de S. M. des successeurs, etc. Il sera statué par une loi particulière sur l'exécution de cette disposition, et sur les moyens d'en faire jouir les héritiers ou ayant-cause desdits officiers.

elle blesserait la majesté royale ; elle tendrait à faire semer de pièges les avenues du trône, à l'entourer d'intrigues et de corruption, à dérober au monarque le mérite vrai, mais modeste, qui dédaigne toujours de tels manéges.

162. Enfin, il faut ranger au nombre des choses hors du commerce par leur nature, tous les droits contraires à l'indépendance des personnes, toutes les servitudes purement personnelles, celles dont les services seraient imposés à la personne et non pas au fonds, comme dit l'art. 686, telles que les corvées personnelles, les droits de *motte* et de *quévaise* établis avant la révolution dans quelques cantons de la Basse-Bretagne, les droits de *main-morte* ou *servitude de la glèbe*, que le bon roi, Louis XVI, par son édit du mois d'août 1779 (1), abolit dans tous ses domaines et dans tous les domaines engagés ; que, par un respect scrupuleux, mais louable pour la propriété, il ne se crut point autorisé à supprimer dans les domaines des seigneurs particuliers, qui, malgré l'exemple généreux que leur donnait le monarque, malgré l'invitation qu'il leur faisait de l'imiter, persistèrent à conserver ces restes odieux d'une servitude qui confondait l'homme avec la bête de somme, jusqu'au moment où ils furent enfin abolis dans toute la France, par les lois du 4 août 1789 et du 15 mars 1790, dont les dispositions ne furent en ce

(1) Cet édit est rapporté dans le Répertoire de jurisprudence, v°. *Main-morte*. Il faut en lire le préambule pour y voir les sentimens de justice et d'humanité qui animaient ce bon monarque.

point qu'un retour au droit de la nature, qui fait naître tous les hommes libres, égaux et indépendans.

Ainsi, dans les principes actuels de notre législation, on peut ranger en trois classes les choses qui, étant par leur nature hors du commerce, ne peuvent être l'objet des conventions; 1°. les choses que les jurisconsultes appellent communes; 2°. les droits inhérens à la souveraineté; 3°. les droits contraires à la liberté et à l'indépendance des personnes. Ce sont ces trois espèces de choses que déclare imprescriptibles l'article 2226, qui porte: « On ne peut prescrire le domaine des cho» ses qui ne sont point dans le commerce. »

163. Il ne faut pas confondre avec les choses hors du commerce par leur nature, les choses consacrées à des usages publics, les chemins, routes et rues, les édifices publics, les temples, les portes, murs, fossés, remparts et fortifications des places de guerre et des forteresses, etc., etc. La nature n'a point mis ces choses hors du commerce. Elles n'en sont donc point absolument et irrévocablement exclues; mais seulement pendant la durée de leur destination. Si elles ont cessé de servir aux usages publics auxquels elles étaient consacrées, soit par le fait, comme par une longue désuétude, soit en vertu d'une ordonnance royale ou d'une loi, elles rentrent dans le commerce, et peuvent être vendues en suivant les formalités prescrites. C'est ainsi que, même avant la révolution, on a vu vendre des communautés supprimées, et que depuis on a vendu des édi-

fices publics, et même des églises qui, ayant cessé de l'être, sont possédées aujourd'hui par des particuliers. C'est ainsi qu'on a vu dans tous les temps des grandes routes abandonnées, devenues inutiles, rendues à l'agriculture, vendues ou échangées contre les terrains des nouvelles routes; enfin, c'est ainsi que, suivant l'art. 641, les terrains des fortifications et remparts des places qui ne sont plus places de guerre, peuvent être valablement aliénés, et que la propriété peut en être prescrite. Le Code a donc fait une différence sensible et importante entre les choses consacrées à des usages d'utilité publique, qui sont prescriptibles, et les choses que la nature n'a point mises dans le commerce, et que l'art. 2226 déclare imprescriptibles.

164. Anciennement les domaines de la couronne étaient hors du commerce, en ce sens qu'ils étaient déclarés inaliénables et imprescriptibles, et qu'ils ne pouvaient être vendus à perpétuité. Ils pouvaient seulement être engagés, avec faculté perpétuelle de rachat. L'engagement était un contrat par lequel le roi cédait et engageait la jouissance et tous les droits utiles d'un domaine, pour tenir lieu des intérêts de l'argent qu'on lui prêtait, jusqu'à ce qu'on pût rendre cet argent. *Voyez* d'Aguesseau, tom. VII, pag. 278; le nouveau Denisart et le Répertoire, v°. *Domaine* et v°. *Engagement.* Il y avait cependant des parties du domaine de la couronne dont l'aliénation était permise à perpétuité, et à titre de propriété incommutable: on les appelait *petits domaines. Voyez*

le Répertoire et le nouveau Denisart, *ubi suprà.*

Le principe de l'inaliénabilité absolue du domaine de la couronne ou domaine public, consacré par les anciennes lois, a été abrogé par la loi du 22 novembre — 1er. décembre 1790.

Mais les lois postérieures ont fait, relativement aux biens affectés à *la dotation de la couronne*, une exception qu'il faut développer, en rappelant les dispositions principales des lois rendues sur le domaine public, en ce qui concerne l'inaliénabilité et l'imprescriptibilité. La loi du 22 novembre — 1er. décembre 1790, sans excepter les biens affectés à la dotation de la couronne, qui n'étaient point encore alors déterminés, déclara, art. 8, que les domaines nationaux et droits qui en dépendent demeurent inaliénables, *sans le consentement et le concours de la nation*, mais qu'ils peuvent être vendus et aliénés *à titre perpétuel et incommutable*, en vertu d'un décret formel du corps législatif, sanctionné par le roi, en observant les formalités prescrites pour ces sortes d'aliénations. L'art. 13 ajouta seulement, qu'aucun laps de temps, aucune fin de non recevoir ou exception, hormis celle résultant de l'autorité de la chose jugée, ne peuvent couvrir l'irrégularité *connue et bien prouvée* d'aliénations faites sans le consentement de la nation.

Ainsi cet article ne rendait point les biens imprescriptibles par la possession de quarante ans sans titre, expressément admise par l'art. 5, à l'égard de la propriété des murs, fossés et remparts des villes qui ne sont plus places-fortes, en faveur des particuliers qui les possèdent paisiblement sans titre depuis quarante ans. L'art. 13 ne faisait que conserver la règle ancienne et déraisonnable, *melius est non ostendere titulum, quàm ostendere vitiosum* (1).

La loi du 26 mai 1791, relative à la liste civile, qu'elle fixa à 25 millions, accorda de plus au roi *la jouissance* des châteaux, parcs, domaines et bois y énumérés. Ces domaines, qu'on a depuis appelés *dotation de la couronne*, ne furent déclarés ni imprescriptibles, ni inaliénables, suivant les formes prescrites.

La constitution du 14 septembre 1791, chap. II, article 9, ne s'occupa du domaine qu'en disant que le roi a la disposition des biens qu'il acquiert à titre singulier; mais que s'il n'en a pas disposé, ils sont, à la fin de son règne, réunis au domaine national.

Le Code civil, art. 2226, déclara qu'on ne peut prescrire le domaine des choses qui ne sont point dans le commerce, ce qui doit être entendu des choses qui n'y sont point par leur nature : mais l'art. 2227 statua que « la nation, les établissemens publics et les communes, sont soumis aux mêmes prescriptions que les particuliers, et peuvent également les opposer. » Ainsi cet article abrogea l'art. 13 de la loi du 22 novembre — 1er. décembre 1790.

Parvenu à l'empire, Bonaparte fit rendre, le

---

(1) *Voy.* Duparc-Poullain, Principes du droit, tom. I, pag 90 et 95, n°. 4, et ce que nous disons, tom VII, n°. 597.

30 janvier 1810, un sénatus-consulte relatif *à la dotation de la couronne.* Le titre 1er. sépara du domaine public ou national, sur lequel il garde le silence, les biens formant la dotation de la couronne, dont il fit une longue énumération.

L'art. 10 ajouta que ces biens sont *inaliénables et imprescriptibles;* et l'art. 16, qu'ils ne supportent point de contributions publiques.

Si ces dispositions sont contraires aux principes d'une bonne législation, et aux vrais principes de la propriété, comme on n'en peut guère douter, remarquons que c'est Bonaparte qui les a faits de nouveau introduire dans la législation, d'où les avaient bannies les lois justes et équitables sanctionnées par le bon roi Louis XVI.

Le titre 2 du sénatus-consulte établit un *domaine extraordinaire*, et le composa des domaines et biens mobiliers et immobiliers que l'empereur, exerçant le droit de paix et de guerre, acquiert par des conquêtes ou des traités, soit patens, soit secrets. Ce domaine, soumis à sa seule disposition, ne fut point déclaré imprescriptible ni inaliénable.

Le titre 3 traite du domaine privé de l'empereur, provenant, soit de donations, soit de successions, soit d'acquisitions, conformément aux règles du droit civil. Il traite ensuite des apanages; et l'art. 74 déclare inaliénables et imprescriptibles les biens donnés en apanage.

Enfin, depuis la restauration, est intervenue la loi du 8 novembre 1814, relative à la liste civile et *à la dotation de la couronne.* C'est aujourd'hui la loi vivante. Ses dispositions sont tirées, tant de la loi du 26 mai 1791, que du sénatus-consulte du 30 janvier 1810. Outre la liste civile de 25 millions, l'art. 3 destine le Louvre et les Tuileries à l'habitation du Roi, et lui donne la jouissance des biens y énumérés, formant la dotation de la couronne. L'art. 6 ajoute que tous les domaines et revenus non compris dans les articles précédens, font partie du *domaine de l'état.* L'art. 9 porte, comme le sénatus-consulte, que les biens formant la dotation de la couronne sont *inaliénables et imprescriptibles;* l'art. 12, qu'ils ne supportent pas les contributions publiques.

Le titre 2 traite du domaine privé; mais les princes n'ont plus d'apanages en terres.

Ainsi, dans l'état actuel de la législation, le domaine national se divise en deux classes :

Le domaine de l'état ainsi appelé par la loi du 8 novembre 1814;

Les biens affectés *à la dotation de la couronne.*

La première classe comprend tous les biens appartenant à la nation, et même le domaine extraordinaire, qui ne sont pas spécialement affectés à la dotation de la couronne. Ces biens sont soumis aux mêmes prescriptions que les propriétés des particuliers, suivant l'art. 2227 du Code civil; et ils peuvent être vendus, en vertu d'une loi adoptée par les deux chambres et sanctionnée par le roi.

La seconde classe comprend tous les biens spécialement affectés *à la dotation de la couronne.* Ceux-là ne sont point compris dans la disposition de l'art. 2226 du Code, qui ne s'applique qu'aux biens hors du commerce par leur nature ; ils demeureraient donc soumis à la disposition de l'art. 2227, s'ils n'en avaient été exceptés et déclarés imprescriptibles et inaliénables par la loi spéciale (1) du 8 novembre 1814 : loi néanmoins qui peut être abrogée par une autre loi.

165. Quant aux biens ecclésiastiques, qui, dans tous les temps, ont pu être aliénés, en observant les formalités prescrites, et qui peuvent en outre être l'objet d'une foule de conventions, on ne peut les considérer comme hors du commerce.

SECTION IV.

De la cause des Contrats ou des Obligations conventionnelles.

SOMMAIRE.

166. *La cause d'une obligation est le motif qui détermine à la faire.*

167. *Le motif que l'on croyait existant peut n'avoir point existé, ou avoir cessé d'exister avant ou depuis le contrat.*

168. *Ce n'est qu'au motif déterminant et principal qu'il faut appliquer le principe que l'obligation sans cause est nulle. Exemples.*

---

(1) Mais les lois n'ayant point d'effet rétroactif, les prescriptions commencées avant le sénatus-consulte du 30 janvier 1810, continuent-elles d'avoir leurs cours ? C'est une question à examiner au titre des prescriptions.

187. ***Pour qu'une obligation naturelle puisse devenir la cause d'une obligation civile, il faut qu'elle soit prouvée d'une manière conforme à la loi civile.***

166. « L'OBLIGATION sans cause, ou sur une fausse cause, ou sur une cause illicite, ne peut avoir aucun effet (1131).

La trop grande généralité de ce mot *cause* le rend obscur et équivoque. Tâchons d'en fixer le sens.

Ulpien, dans la loi 7, § 4; ff *de pactis*, 2, 14, dit aussi qu'il n'y a point d'obligation sans cause: *cùm nulla subest causa propter conventionem, hic constat non posse constitui obligationem.* Le mot cause est pris ici dans une acception particulière au droit romain (1), pour la tradition de la chose ou pour l'accomplissement du fait qui est l'objet de la convention. *Datio vel factum, quibus ab unâ parte conventio impleri cœpta est. Vid. sup.* n°. 13. Cette acception du mot cause n'est point connue dans notre droit français, où les conventions, quoique non encore exécutées de part ni d'autre, n'en sont pas moins obligatoires.

Par la cause d'une obligation ou d'un contrat, le Code entend le motif (2) qui détermine à faire

---

(1) Le droit romain emploie aussi le mot *cause*, dans le même sens que notre Code. *Voy.* loi 5, ff *de condictione sine causâ*, 12, 7, etc., etc.

(2) Dans les contrats intéressés ou commutatifs, la cause de la promesse que je fais, de l'obligation que je m'impose, le *pourquoi* je la contracte, est pour acquérir en retour la propriété, l'usage ou la jouissance de la chose que vous me donnez ou promettez de

la promesse qu'il contient, le *pourquoi* elle a été faite. Or, il est certain qu'on ne s'engage point sans un motif quelconque : il paraît donc difficile d'abord de concevoir une obligation sans cause.

167. Mais, 1°. la cause ou le motif qui me déterminait à m'engager peut n'avoir jamais existé ou avoir cessé d'exister avant la convention ; cette cause pouvait être fausse. L'engagement était alors sans cause ou sans motif dès le principe ;

2°. La cause qui me déterminait, et qui n'existait qu'en espérance, peut avoir défailli ou manqué d'exister ; alors mon engagement reste sans cause.

Enfin, la cause qui existait au moment de la convention peut depuis avoir cessé d'exister ; mon engagement cesse-t-il d'exister avec elle ?

168. Au premier cas, il est évident que mon consentement est fondé sur une erreur. Or, le consentement n'est pas valable, s'il n'a été donné que par erreur (1109). Il faut donc distinguer

---

me donner en retour ou en échange, pour me procurer l'avantage que j'attends de ce que vous promettez de faire ou de ne pas faire, pour me décharger d'un risque que je cours ou crains de courir, etc.

Dans les contrats de bienfaisance, la cause de l'obligation est la volonté de faire du bien à la personne à qui je donne ou envers qui je m'oblige : *stat pro ratione voluntas*.

A parler exactement, c'est toujours, en dernière analyse, la volonté qui est la cause ou le motif de l'engagement ; mais on appelle ordinairement, par métonymie, *cause* du contrat, la chose ou l'objet de la volonté qui forme le contrat.

C'est ce que les Anglais appellent *considération* du contrat. La chose qui est le prix ou le motif du contrat, dit Blackstone. *book* 2, chap. 30, n°. 9, nous l'appelons *considération*. Il appelle aussi cette cause *inducement : id quod inducit ad contrahendum*.

ici, comme nous l'avons fait, *suprà*, n°. 38 *et suiv.*, entre l'erreur sur la cause déterminante et principale et l'erreur sur la cause impulsive ou accessoire. Ce n'est qu'à la cause déterminante et principale qu'il faut appliquer le principe fondé sur la raison et consacré par le Code, que l'obligation sans cause ou sur une cause fausse est nulle.

Si cette cause, que je croyais exister au moment où je me suis engagé, n'était pas réellement, ou avait cessé d'exister, mon engagement est évidemment nul. Je me suis obligé de vous payer une somme de 6,000 fr., que mon père vous avait léguée par son testament; ce legs se trouve révoqué par un codicile dont j'ignorais l'existence: mon obligation est nulle; elle ne peut avoir aucun effet, parce qu'elle est sans cause; elle est fondée sur une erreur. La réalité du legs était le seul motif de mon obligation; c'était une condition tacite sans laquelle je ne me serais point obligé. La réalité du motif déterminant est toujours une condition tacite de l'obligation, à défaut de laquelle elle s'évanouit.

Vous me présentez une lettre de mon père, dans laquelle il demande au vôtre une somme à emprunter, ou même une reconnaissance qu'il a reçu cette somme. Croyant qu'elle est due, je vous en souscris une obligation. Je recouvre une quittance ou une lettre de votre père, qui refuse de prêter : mon obligation est nulle; elle est sans cause et fondée sur une erreur.

J'achète 50,000 francs la maison que vous posédez à Paris. Nous a pprenons qu'elle a été incendiée deux jours avant le contrat : le contrat est nul; la cause n'existait pas lorsqu'il a été passé.

Vous trouvez dans la succession de votre père une maison que vous me vendez 50,000 fr. Je découvre que cette maison n'appartenait point à votre père, mais à un oncle dont j'avais hérité depuis peu : ce contrat est sans cause, et ne peut produire aucun effet; la cause du contrat était d'acquérir la maison. Or, il se trouve qu'elle m'appartenait avant le contrat : il est donc nul, soit que vous ayez su, soit que vous ayez ignoré que la maison m'appartenait : *sive scivisses meam esse, sive ignorasses. Arg. legis* 37, ff *de condict. indeb.*, 12, 6; Pothier, Traité de l'action, *condictio indebiti*, n°. 143. Si j'avais payé le prix, j'aurais une action pour vous contraindre à le rendre.

169. Voici un autre exemple assez singulier d'une obligation sans cause annulée, quoique le débiteur ne pût ignorer au moment du contrat que la cause n'existait pas. Charret souscrivit, le 9 juillet 1810, des billets à ordre au sieur Tourangin, pour une somme de 24,000 fr., causés pour argent prêté. Par un acte séparé, en date du même jour, Charret déclara que ces billets avaient pour cause réelle différens vols qu'il avait faits à Tourangin. Cet acte, produit par ce dernier, occasionna contre Charret, sur la poursuite du ministère public, un procès criminel, dans lequel Charret fut déclaré non coupable. Il se pourvut alors pour faire annuler ses billets comme

étant consentis sans cause, puisqu'il était jugé qu'il n'y avait point eu de vols. Les billets furent annulés par le tribunal de première instance et par la Cour d'appel de Bourges, dont la Cour de cassation confirma l'arrêt le 17 mars 1813 (1), sur les conclusions de M. Merlin, par la considération que si Tourangin n'avait pas été partie dans l'arrêt qui déclarait Charret non coupable, cet arrêt n'en pouvait pas moins lui être opposé, comme ayant acquis l'autorité de la chose jugée: parce que le ministère public, seule partie capable de poursuivre les délits, les poursuit aux périls, risques et fortune de ceux qui y sont intéressés, lorsqu'ils ne se rendent pas parties civiles, et que le jugement qui intervient contradictoirement avec lui ne peut jamais être attaqué par les parties privées; qu'il était jugé non-seulement que le sieur Charret n'avait commis ni vol, ni escroquerie, mais même qu'il n'y avait pas corps de délit; que dès-lors l'obligation du 9 juillet 1810 se trouvait sans cause, et que la Cour d'appel n'eût pu juger le contraire sans contrevenir à l'autorité de la chose jugée (2).

---

(1) L'arrêt est rapporté par Sirey, an 1813, page 262, et par Denevers, an 1813, pag. 433.

On peut voir encore, dans l'espèce, l'arrêt rendu le 9 juin 1812, rapporté par Sirey, an 1812, pag. 234, dans l'affaire des dames B. et D., contre Ch., l'exemple d'une obligation sans cause annulée, quoique le débiteur connût, dès le principe, le défaut de cause; mais la crainte s'était jointe au défaut de cause.

(2) Sur cet arrêt. *Voy.* ce que nous avons dit, tom. VIII, n°. 56, qu'il faut lire en entier.

170. Pothier, n.° 42, d'où a été tiré notre article 1131, dit qu'un engagement contracté sans aucune cause, ou dont la cause est fausse, est la même chose. En effet, lorsque l'engagement a été contracté sans cause, comme dans le cas de la vente d'une maison incendiée la veille du contrat, la cause existait dans la pensée des contractans, quoiqu'elle eût réellement cessé d'exister. Ils étaient dans l'erreur : la cause était donc fausse à leur égard ; et, dans ce sens, on peut dire qu'un contrat sans cause ou sur une cause fausse est la même chose.

Il y a cependant des cas où la cause du contrat existait réellement quoiqu'elle fût fausse. J'ai été institué héritier de Titius, et chargé de vous donner 10,000 fr. Je souscris un billet par lequel je m'oblige de vous les donner. Le testament est déclaré faux ; mon engagement n'ayant qu'une cause fausse ne peut produire aucun effet (1).

On ne peut pas dire en ce cas qu'une obligation

---

(1) Loi 2, ff *de condict. caus. dat.*, 12, 4. Si j'eusse donné les 10,000 fr., je pourrais les répéter ; si je ne les avais pas donnés, je pourrais réclamer mon obligation, et demander qu'elle me fût rendue, ou, si elle n'était plus entre ses mains, que la nullité en fût prononcée avec défense d'en faire usage contre moi. C'est ce que les jurisconsultes appellent *condicere obligationem*. Lois 2 et 4, Cod. *de condict. ex leg.*, 4, 9 ; Merlin, Questions de droit, v°. *Cause des obligations*, § 1.

La loi 2, ff *de condict. caus. dat.*, 12, 4, dit que si j'étais l'auteur du faux, je ne pourrais répéter les 10,000 que j'aurais donnés. Il est au moins douteux que cette décision fût suivie dans nos principes : ce serait une peine ajoutée à une autre.

sans cause et celle sur une cause fausse soient la même chose (1). L'art. 1131 s'exprime donc avec plus d'exactitude, en disant que l'obligation sans cause *ou sur une cause fausse* ne peut avoir aucun effet.

On peut donner d'autres exemples semblables. Je donne *en avancement de droits successifs* le fonds cornélien à Titia, *ma nièce et mon héritière.* Une supposition de part se découvre; il est prouvé que Titia, au lieu d'être ma nièce, est un enfant supposé. Le don était fondé sur une cause fausse. Il est évident par la manière dont je me suis exprimé, que la qualité de nièce et d'héritière a été la cause principale et déterminante de ma libéralité; c'était une condition sans laquelle je n'aurais pas donné; car je ne pouvais lui donner *en avancement de droits successifs* qu'en qualité de nièce et d'héritière.

Si la cause du contrat n'existait point encore au moment où il a été passé, s'il a été passé sur la simple espérance que cette cause allait exister, il deviendrait nul en cas qu'elle vînt à défaillir; car l'existence de cette cause était une condition tacite à laquelle il était subordonné. C'est sur ce principe qu'est fondée la disposition de l'article 1088, qui porte : *Toute donation faite en faveur de mariage sera caduque, si le*

(1) *Voy.* encore *suprà*, n°s. 61 et suiv., l'exemple d'une convention fondée sur une cause fausse, sur une erreur de droit. L'erreur accompagne presque toujours le défaut de cause.

mariage ne s'ensuit pas, parce qu'alors la donation reste sans cause; la cause n'a pas suivi (1).

Si le mariage avait été célébré et ensuite déclaré nul, la cause cessant, l'effet cesserait; la donation deviendrait caduque, comme dans le cas où la cause n'a pas suivi. A Rome, la dot était confisquée, si le mariage avait été contracté contre les lois (2), à moins qu'il ne l'eût été que par erreur. En France, cette confiscation n'étant point connue, la donation devient sans cause, après la dissolution du mariage, et l'obligation ne peut plus produire aucun effet. Si la chose donnée a été livrée, elle peut être répétée. *Vid. Codicem Fabrianum, lib. 4, tit. 6, defin., 2, n°. 3.*

171. Ceci nous conduit à l'examen du cas où la cause existante au moment du contrat a cessé d'exister depuis qu'il est parfait. L'engagement cesse-t-il d'exister avec sa cause?

172. Il paraît qu'il faut d'abord distinguer entre les contrats de bienfaisance et les contrats intéressés. Les premiers deviennent caducs, lorsque la cause vient à cesser même depuis le contrat. Par exemple, je me suis obligé de fournir des alimens à Titius, sans ajouter que mon obli-

---

(1) On peut encore donner pour exemple la promesse faite à un jeune homme de payer une somme de.... pour les frais de son doctorat; l'obligation reste sans cause s'il n'est pas reçu docteur, ou, si l'on veut, l'obligation est conditionnelle.

(2) Lois 4 et 6, Cod. *de incest. nupt.*, 5, 5; lois 52 et 61, ff *de ritu nupt.*, 23, 2. On peut voir, sur cette matière, le savant Traité de Ramos del Manzano, sur la loi *Papia poppæa*, cap. 17, dans le Trésor de Méerman, tom. v, pag. 177. Scipio Gentilis, *de donat. inter virum et uxorem*, lib. 4, cap. 51.

gation est bornée au temps de sa vie : elle ne s'éteint pas moins à sa mort, quoiqu'il laisse des enfans dans le besoin.

La donation faite en considération d'un mariage annulé, devient caduque. Il en est de même de la donation faite en avancement d'hoirie à Titia, que je croyais ma nièce, et qui ne l'était pas. *Vid. suprà.*

Le prêt fait en considération de l'emprunteur et à lui personnellement, se résout à sa mort, et ses héritiers ne peuvent continuer de jouir de la chose prêtée (1879) ; ils sont obligés de la rendre avant le terme fixé par le contrat.

173. Quant aux contrats intéressés, il faut encore distinguer entre les conventions qui ne contiennent qu'une seule obligation contractée pour la totalité, et consommée au moment où le contrat reçoit sa perfection, quoique l'exécution de l'obligation soit différée ou divisée par termes, et les conventions qui contiennent plusieurs obligations, lesquelles se renouvellent successivement à certaines époques.

Par exemple, le contrat de vente ne contient de part et d'autre qu'une seule obligation principale, celle de payer le prix de la part de l'acheteur, celle de livrer la chose de la part du vendeur. Si la chose qui était l'objet du contrat vient à périr depuis sans la faute du vendeur, la cause du contrat a cessé d'exister. L'acquéreur n'est pas pour cela dégagé de l'obligation d'en payer le prix, parce que, au moment où le consentement réciproque a été donné, le contrat a été aussi parfait que si le prix avait été entièrement payé. La propriété de la chose a été transférée à l'acheteur; elle est demeurée à ses risques. La cessation de la cause dans le contrat de vente et autres semblables, ne fait donc point cesser l'obligation de l'acquéreur; à moins que la cause n'ait cessé par la faute du vendeur, comme dans le cas d'une éviction pour une cause antérieure au contrat.

Au contraire, dans les contrats qui contiennent des obligations successives, c'est-à-dire des obligations qui se renouvellent successivement à certaines époques, telles que le contrat de louage et autres qui tiennent de sa nature, la cessation de la cause du contrat fait cesser l'obligation du locataire pour l'avenir. Si la chose louée vient à périr depuis le contrat, même sans la faute du locateur, le locataire n'en est pas moins dégagé pour l'avenir de l'obligation de payer le prix de la location, parce que cette obligation, qui se renouvelait chaque année, et qui était le prix de la jouissance de chaque année, demeure désormais sans cause. Le bail est donc résolu en totalité (1722) (1).

174. C'est par la même raison que le débiteur d'une rente foncière, c'est-à-dire d'une rente créée par transport d'héritage, pour prix de ce transport, était autrefois dégagé de l'obligation de la payer pour l'avenir, par la perte entière de l'héritage qui la devait, à moins que le preneur n'eût

---

(1) *Res incidit in casum à quo incipere non poterat. Voy.* l'explication de cette règle, tom. VII, n.° 446.

contracté l'obligation personnelle de la payer à toujours et à perpétuité, quoique l'héritage vînt à périr (1). Ces rentes étaient considérées comme un démembrement de la propriété (2). Elles représentaient la jouissance annuelle de la portion de propriété retenue par le bailleur : l'obligation de les payer devenait donc sans cause par la perte entière de l'héritage (3).

Aujourd'hui que les rentes foncières n'affectent plus l'héritage qui en est chargé qu'à titre d'hypothèque seulement, la perte de l'héritage, *interitus rei*, ne libérerait pas le débiteur de la rente, si elle était créée postérieurement à la promulgation du Code; mais si elle était créée antérieurement, le preneur serait libéré par la destruction de l'héritage, et pourrait se dégager par le déguerpissement; car les dispositions du Code n'ont point d'effet rétroactif. Le Code n'a pas voulu rendre la condition du preneur plus onéreuse. Il a au contraire voulu la rendre meilleure, en rendant mobilière une rente qui était immobilière de sa nature; en lui permettant de la racheter, quoiqu'elle ne fût pas rachetable dans son origine, il n'a pas entendu le contraindre au rachat. Il peut

---

(1) *Voy.* Pothier, Traité du bail à rente, nos 190 et 193.

(2) *Voy.* ce que nous avons dit de ces rentes dans le IIIe. volume, nos. 21, 351 et suiv.

(3) On peut voir, dans la cause du nommé Sozzi, jugée par la Cour de Gênes, dont l'arrêt fut confirmé par la Cour de cassation, le 21 février 1810 (*Voy.* Sirey, an 1810, pag. 173), un singulier exemple de l'application du principe que l'obligation est éteinte par la cessation de la cause qui la produisait.

donc encore se libérer par le déguerpissement. *Voyez* tom. III, n°. 353, page 222.

175. S'il ne peut exister d'obligation sans une cause honnête et licite, il n'est pas nécessaire, à peine de nullité, que cette cause soit exprimée. Les lois romaines voulaient que le défaut d'expression de la cause dans un billet, rejetât sur la personne au profit de qui il avait été souscrit, la preuve qu'il avait une cause réelle et légitime : ainsi le décide la loi 25, § *ult.*, ff *de probationibus*, 22, 3, adoptée par le droit canonique, *cap.* 14, X *de fide instrumentorum.*

Les opinions des auteurs français avaient été partagées sur cette question, que les tribunaux ne décidaient pas toujours de la même manière (1). Cependant la jurisprudence paraissait se fixer à l'opinion de ceux qui pensent que le défaut d'expression de la cause ne rend pas l'obligation nulle, et qu'on doit toujours sous-entendre une cause juste et suffisante, lorsque le contraire n'est pas prouvé.

Cette opinion raisonnable (2) est érigée en loi par l'art. 1132, qui porte que la convention n'en est pas moins valable, quoique la cause n'en soit pas exprimée (3).

---

(1) On peut voir les autorités pour et contre, recueillies avec beaucoup d'érudition par M. Merlin, Quest. de droit, v°. *Cause des obligations*, §. 1.

(2) Wolff, *Jus. nat.*, 5e. *part.*, § 594 ; Heinecc., *Prælect. in Grotium*, *lib.* 2, *cap.* 11, § 21.

(3) L'art. 4 du décret du 17 mars 1808, concernant les juifs, fait une exception à ce principe. Il porte : « Aucune lettre de change, » aucun billet à ordre, aucune obligation ou promesse souscrite par

176. S'il n'est pas nécessaire d'exprimer dans l'acte la cause de l'obligation, on doit en conclure que l'obligation est valable, quoique la cause exprimée soit fausse, pourvu qu'il existe une autre cause légitime. C'est un point décidé par plusieurs arrêts de la Cour de cassation (1).

177. Mais s'il est prouvé que la cause exprimée est fausse, le créancier doit prouver que l'obligation a une autre cause honnête et légitime (2), à moins que la fausseté de la cause ne soit connue que par son aveu; car si, en reconnaissant la fausseté de la cause exprimée, il affirme que sa créance a une autre cause légitime qu'il indique, son aveu étant indivisible, l'obligation doit être déclarée valable (3).

» un de nos sujets *non commerçans* au profit d'un juif, ne pourra » être exigé sans que le porteur prouve que la valeur en a été fournie entière et sans fraude. » Il paraît même qu'il ne suffirait pas que le billet portât la cause de l'obligation; il faudrait prouver la réalité de cette cause.

Cet article s'applique aux obligations notariées aussi bien qu'aux actes sous seings privés. Arrêt de la Cour de cassation, du 28 février 1811, Sirey, an 1811, pag. 234.

Le Code de commerce veut aussi que, dans les lettres de change et billets à ordre, on énonce la valeur fournie en espèces, en marchandises, en compte, ou de toute autre manière (110 et 187). C'est une disposition particulière à ces sortes d'actes. D'ailleurs, il ne paraît pas que son inobservation entraîne la nullité de la lettre de change ou du billet.

(1) *Voy.* l'arrêt de la Cour de cassation, du 13 août 1806, rapporté dans les Questions de droit de Merlin, v°. *Cause des obligations*, et l'arrêt du 2 décembre 1812, rapporté par Sirey, an 1813, pag. 32, et par Denevers, an 1813, pag. 62.

(2) *Voy.* l'arrêt du 9 juin 1812, rapporté par Sirey, an 1812, pag. 237.

(3) *Voyez* deux arrêts rapportés dans les Questions de droit, *ubi suprà*, § 2.

178. L'obligation ne serait pas sans cause, elle serait valable si elle était consentie à un tiers auquel il n'est rien dû, et qui ne fait que prêter son nom au véritable créancier, auquel il donne ensuite procuration d'agir en son nom, ou auquel il rétrocède l'obligation. Inutilement prouverait-on qu'il n'est rien dû au prête-nom; inutilement celui-ci en ferait-il la déclaration, s'il était en même temps appris que dans son origine l'obligation a été réellement consentie pour une cause légitime au véritable créancier, qui a emprunté le nom d'un tiers (1).

Titius me doit une somme de 3,000 fr.; nous convenons, par des motifs particuliers, qu'il consentira son billet à Caius, qui veut bien me prêter son nom, et qui, dans le même instant, me remet le billet avec une procuration pour agir en son nom, ou me cède ses droits par un endossement, ou de tout autre manière. Titius ne peut m'opposer qu'il ne devait rien à Caius, que Caius en fait l'aveu, si Caius ajoute à son aveu qu'il n'a fait que me prêter son nom, ou si je puis le prouver d'une autre manière.

179. Je puis même, sans prendre de lui ni procuration ni cession, laisser mon prête-nom agir dans son nom propre; car le prête-nom n'est qu'un mandataire tacite. Aucune loi ne me défend de faire à celui qui veut bien me prêter son nom, la cession simulée de mes droits, afin qu'il puisse les exercer ostensiblement pour lui-même et dans

---

(1) *Voyez* l'arrêt de la Cour de cassation, du 17 mai 1808, dans l'affaire des héritiers Boulainvilliers. Sirey, an 1808, pag. 435.

son nom. Une pareille cession est un véritable mandat, quoique déguisé, mais dont le déguisement ne préjudiciant point à mon débiteur, ne peut intéresser que moi, mes héritiers, ou en certains cas mes créanciers. Cette simulation n'étant point illicite, produit tous les effets d'un mandat. Toutes les poursuites judiciaires, les actions conservatoires, les inscriptions d'hypothèque, etc., faites par mon prête-nom, sont valides et me profitent comme si elles avaient été faites en vertu d'un mandat écrit et public. Mon débiteur ni ses ayants-cause ne peuvent faire annuler ces actes sous le prétexte d'une simulation qui ne leur préjudicie en rien; et si mes créanciers ou quelques-uns d'entre eux faisaient annuler la cession simulée comme faite en fraude de leurs droits, cette nullité, purement relative à leurs intérêts, ne donnerait aucun droit à mon débiteur ni à ses ayants-cause. Les actes faits par mon prête-nom, avant la nullité prononcée, n'en subsisteraient pas moins à mon profit dans toute leur force.

180. C'est aujourd'hui une maxime générale que tous les actes simulés exempts de dol et de fraude, doivent valoir et subsister de la manière dont les parties contractantes ont entendu qu'ils fussent mis à exécution (1).

On a prétendu que l'exécution volontaire d'un acte contenant obligation sur une fausse cause,

(1) Ces principes sont consacrés par trois arrêts de la Cour de cassation, des 7 avril, 15 et 19 juin 1813, rapportés par Sirey, an 1813, pag. 374, 376 et 378.

n'était pas une renonciation à en opposer la nullité, conformément à la disposition finale de l'article 1338, parce que la fausse cause rend l'acte sans effet, et qu'un acte sans effet n'est pas susceptible de ratification. Au soutien de cette assertion, on a invoqué des arrêts de la Cour de cassation; mais d'abord il nous paraît certain que la Cour de cassation n'a décidé ni voulu décider que l'exécution volontaire d'une obligation sur une cause fausse, n'emporte pas la renonciation aux moyens et exceptions que l'on pouvait opposer contre cette obligation (1).

---

(1) C'est l'arrêt rendu le 9 juin 1812, dans l'affaire des dames B. et D., qu'invoque M. Sirey, et après lui MM. Loiseau et Dupin, dans leur Dictionnaire des arrêts modernes, v°. *Cause des obligations*, n°. 3. L'opinion de ces trois estimables jurisconsultes mérite d'être sérieusement pesée.

Le tribunal de première instance avait pris pour constant qu'un contrat de constitution de rente de 490 fr., consenti par les dames B. et D. au sieur Ch., quoiqu'il fût évidemment le fruit de la violence et de la terreur, n'était pas *sans cause*, et que, depuis que la crainte a cessé, les dames B. et D. l'ont volontairement exécuté, en payant plusieurs années d'arrérages : d'où il en concluait qu'elles sont *non recevables à demander la nullité du contrat.*

La Cour d'appel, au contraire, établit que ce contrat était *sans cause*, et en déchargea les dames B. et D., sans faire mention de la prétendue exécution volontaire.

Ce moyen de l'exécution volontaire fut *soulevé*, dit M. Sirey, à l'audience de la Cour de cassation, laquelle, en rejetant le pourvoi, passa ce moyen sous silence. Sirey en conclut qu'elle ne l'avait pas trouvé *bien plausible*, puisqu'elle ne l'avait pas formellement rejeté. C'est donc du silence de la Cour de cassation que l'on veut induire qu'elle n'admettait pas le moyen tiré de l'exécution volontaire du contrat sans cause. Il faut avouer que cette induction n'est pas décisive; mais si l'on veut savoir pourquoi ce silence de la Cour, et pourquoi M. Dard, qui plaidait contre les dames B. et D., ne fit que *soulever* ce moyen, sans oser l'approfondir, c'est que la prétendue exécution volontaire n'était pas prouvée. Les con-

Quant aux raisons données au soutien de cette assertion, et qui sont exposées dans une consultation dont M. Sirey, an 1812, pag. 234, a fait imprimer un extrait, elles nous paraissent sans aucune force. On dit que l'art. 1304 et les suivans, qui parlent de l'action en nullité, gardent le silence sur le cas, soit de l'obligation sans cause, soit de l'obligation sur une cause fausse; et on en conclut que la fausse cause n'est pas un vice qui autorise l'action en nullité : cette conséquence nous paraît un pur sophisme. Le législateur n'a point prétendu faire, dans les articles cités, l'énumération de tous les cas où peut être formée l'action en nullité; c'est même ce qu'indique l'article 1304, qui porte : *Dans tous les cas où l'action en nullité n'est pas limitée, etc.*

On conclut encore du silence de cet article et des suivans, que le défaut de cause ou sa fausseté est un vice tel que l'obligation ne peut être confirmée ou ratifiée, parce que sa confirmation ou ratification ne confère pas un droit nouveau; elle ne fait que donner au droit conféré par l'acte ratifié une force qu'il n'avait pas. Or, suivant l'ar-

---

seils de ces dames, dans une consultation dont M. Sirey a fait imprimer un extrait, affirment positivement qu'elles *n'ont jamais reconnu le fait d'exécution*, et que Ch. n'a pu en administrer aucune preuve : la Cour d'appel, la Cour de cassation n'eurent donc point à s'en occuper.

L'arrêt est rapporté par Sirey, an 1812, pag. 234.

On cite encore à l'appui de l'opinion que nous combattons, un arrêt de la Cour de cassation, du 13 août 1806, rapporté dans le nouveau Répertoire, v°. *Convention*, § 2, p. 149, 3e. édition; mais il suffit de le lire pour voir qu'il est étranger à la question. C'est sans doute une fausse citation.

ticle 1131, l'obligation sans cause ou sur une cause fausse ne produit aucun effet : donc point de confirmation ou ratification admissible, puisqu'il n'y a point de droit qui puisse être la matière et le sujet de la ratification.

Tout ce qu'on pourrait conclure de là, c'est que la ratification d'une obligation sans cause n'a point d'effet rétroactif, qu'elle ne tire sa force que de l'acte de ratification et du jour seulement de cet acte; mais dire qu'un contrat sans cause, de même que les autres conventions radicalement nulles, ne peut être confirmé ou ratifié parce qu'il ne confère aucun droit, et que ces conventions n'autorisent pas une action en nullité, c'est dire en d'autres termes que la nullité radicale des actes ne donne pas lieu à l'action en nullité, ou qu'il n'est pas besoin de les attaquer par voie de nullité, parce qu'ils sont radicalement nuls; ce qui est aussi contraire à la raison qu'aux dispositions du Code. Comment donc le débiteur pourra-t-il agir pour faire rejeter une obligation sans cause, pour faire dire qu'elle ne peut avoir aucun effet, si ce n'est par une action en nullité? Il nous paraît donc certain qu'une convention sans cause ou sur une cause fausse peut être ratifiée; de même que toute autre convention radicalement nulle, et par conséquent que l'exécution volontaire de l'obligation sans cause, laquelle n'est autre chose qu'une ratification tacite, est une renonciation à opposer le vice de cette convention, pourvu que la fausseté de la cause fût connue au moment de l'exécution volontaire (1).

181. Il ne suffit pas que l'obligation ait une cause, il faut encore que cette cause soit honnête et licite (900, 1131, 1172).

La cause est illicite quand elle est prohibée par la loi, quand elle est contraire aux bonnes mœurs ou à l'ordre public. Exemple, un tuteur qui vend sa mineure, c'est-à-dire qui reçoit de l'argent pour la marier. *Voy.* Henrys, liv. 4, quest. 130, tom. 2 (1133, 1172).

Nous en avons déjà parlé ci-dessus, n°. 126, en faisant voir que les choses moralement ou légalement impossibles ne peuvent être l'objet des conventions; nous avons aussi parlé des conditions contraires aux lois ou aux bonnes mœurs, tom. 5, n°s. 241 et suivans; nous nous bornerons à ajouter quelques exemples de causes illicites.

182. La vie des hommes ne peut être l'objet d'une convention; elle ne peut être dans le commerce; elle est sans prix aux yeux de la loi et de la morale. *Liberum corpus æstimationem non recipit.* Loi 3, ff *si quadrup.*, 9, 1; loi 1, § 5; loi 7, ff *de his qui effuderint*, 9, 3; loi 2, § 2, ff *ad leg.*

---

(1) Par exemple, j'ai acheté de vous une maison située à Paris, nous apprenons que la veille du contrat la maison avait été incendiée: le contrat n'avait point de cause; je puis me dispenser de vous en payer le prix; l'emplacement et les matériaux de la maison vous resteront.

Mais si, malgré cette nouvelle, je vous paie le prix volontairement, je ne puis plus le répéter, car l'exécution volontaire du contrat sans cause est, de ma part, une renonciation à vous en opposer le vice (1338). Et, d'un autre côté, *cujus per errorem dati repetitio est, ejus consultò dati donatio est.* Loi 53, ff *de R. J.*

rhod., 14, 2. Il est odieux que la vie de l'homme puisse être l'objet d'une spéculation mercantile : *nefas est ejus modi casus expectare.* Loi 34, § 2, ff *de contrah. empt.*, 18, 1; loi 83, § 5, ff *de V. O.*, 45, 1; loi 30, Cod. *de pactis*, 2, 3.

C'est par ce motif que l'ordonnance de la marine, liv. 3, tit. 6, art 10, défend de faire aucune assurance sur la vie des personnes. *Voy.* Valin, sur cet article, et Emérigon, Traité des assurances, pag. 199.

Mais il faut avouer que cette disposition n'est fondée que sur le droit positif. On ne voit rien de contraire à la morale ni au droit naturel dans une convention par laquelle je m'oblige de vous payer une somme de..... pour la perte que vous éprouveriez, si telle personne mourait avant tel temps.

La même ordonnance, art. 2, permet à ceux qui rachètent des captifs de faire assurer le prix du rachat sur la vie des personnes rachetées, si, en faisant leur retour, elles sont reprises, tuées, noyées, ou si elles périssent par autre voie que par la mort naturelle. *Vid. ibi* Valin.

Aussi des nations très-policées, les Anglais, par exemple (1), considèrent comme licites les assurances faites sur la vie des hommes. Par exemple, Titius, dont la fortune ne présente pas une solvabilité permanente, parce qu'il n'a que son industrie, qui meurt avec lui, ou des rentes viagères qui s'éteignent à sa mort, veut emprun-

(1) *Voy.* Blackstone, *Commentaries*, *book* 2, *chap.* 3, tom. II, pag. 159, édit. de Londres, 1783, in-8°.

ter de Sempronius 10,000 fr. pour un an. L'intérêt légal est de 500 francs à 5 pour 100; mais il existe ici un risque particulier; car si Titius meurt dans l'année, le prêteur peut perdre son capital de 10,000 francs. Si l'on estime ce risque à 10 pour 100, il faudrait ajouter 1000 francs à l'intérêt légal, ce qui donnerait 15 pour 100, ou 1500 francs. Une pareille stipulation serait abusive et usuraire; la loi ne la permet pas.

On a recours à une tierce personne, à Gaius, assureur, auquel Titius donne 10 pour 100, afin qu'il se charge d'indemniser Sempronius de la perte qu'il éprouverait si Titius mourait dans l'année. La vie de ce dernier est donc assurée pour un an, ou plutôt on assure pendant un an sur sa vie (1).

---

(1) Il n'est pas de mon sujet de dire les précautions qu'ont prises les lois anglaises pour empêcher qu'on abuse de ce contrat.

Le même Blackstone nous présente un exemple d'une autre espèce d'assurance sur la vie des hommes, dans les annuités à vie.

L'*annuité* est un contrat par lequel l'emprunteur s'oblige de rendre chaque année une portion du capital emprunté, avec l'intérêt du capital restant à payer chaque année, jusqu'à parfait paiement du capital; de sorte qu'après le dernier terme, le prêteur est entièrement remboursé.

Mais on peut créer des annuités pour la vie, et qui ne s'éteindront qu'avec la vie de l'emprunteur. C'est une rente qui s'éteint à la mort de celui qui la doit, au lieu que nos rentes viagères s'éteignent à la mort de celui à qui elles sont dues.

L'usage d'acquérir des annuités *pour la vie*, moyennant un certain prix, au lieu de donner son argent en prêt ordinaire, vient de l'impuissance où se trouve l'emprunteur de donner une sûreté permanente de rendre à une époque quelconque, quoiqu'il puisse payer chaque année une partie de la dette pendant qu'il vivra. Le prêteur court donc le risque de perdre si l'emprunteur ne vit pas assez longtemps pour s'acquitter; et, d'un autre côté, l'emprunteur, en s'obligeant de payer une somme de..... pendant qu'il vivra, s'expose à payer plus qu'il n'a reçu, joints les intérêts. Il y a donc risque de

183. **Les conventions contraires à l'indépendance des personnes, qui tendraient à imposer à une personne des services perpétuels en faveur d'une autre personne, auraient une cause illicite, puisqu'elles sont défendues par l'art. 686.**

Il en serait de même, à plus forte raison, de toute convention qui tendrait à établir directement ou indirectement l'esclavage des personnes

---

part et d'autre; l'emprunteur s'engage donc en effet par ce contrat à rendre ou à payer annuellement pendant sa vie une portion du capital emprunté, avec l'intérêt légal de ce qui reste à payer chaque année, et de plus une indemnité additionnelle pour prix du risque que l'événement incertain de sa mort fait courir au prêteur, de perdre entièrement son capital. Le prix réel de ce risque dépend de l'âge, de la constitution, de la situation et de la conduite de l'emprunteur. On ne peut donc, dit Blackstone, réduire le prix de ces annuités à des règles générales; en sorte que si, de bonne foi, réellement et non fictivement, le capital du prêteur court des risques, l'inégalité du prix de ces annuités n'est point usuraire, quoique des causes, des circonstances d'imposture ou de tromperie puissent le faire réduire en équité.

Il serait trop long d'expliquer les précautions prises par les lois anglaises pour qu'on n'abuse pas de ce contrat, et pour en prévenir les abus; j'observerai seulement qu'il est moins immoral que notre contrat de rente viagère. Ce dernier est le fruit d'un égoïsme parfait, qui se soucie peu de ce qui arrivera après lui. L'emprunteur à titre d'annuité viagère, au contraire, ne craint point de se gêner pendant sa vie, pourvu que ses héritiers ne le soient pas après sa mort.

D'un autre côté, le contrat de rente viagère donne à l'emprunteur l'occasion de désirer et d'attendre la mort du prêteur, et, dans l'annuité à vie, le prêteur est intéressé à ce que l'emprunteur vive long-temps, et il est peu à craindre que celui-ci attente à ses propres jours, uniquement afin de laisser de plus à ses héritiers la somme qu'il paie chaque année pour ses annuités.

Nous pensons donc que ce contrat serait valide en France, parce qu'il n'est défendu par aucune loi, parce qu'il a une cause honnête, parce que toutes les conventions doivent être observées de bonne foi, enfin, parce que l'art. 1964 du Code indique positivement qu'il peut y avoir des contrats aléatoires autres que ceux dont le Code s'est occupé : *in verbis*; tels sont, etc.

ou la servitude de la glèbe. Une pareille convention aurait essentiellement une cause illicite. *Vid. suprà*, n°. 162, pag. 161.

184. Mais tout homme peut engager ses services pour un temps et pour un prix convenus (1780); une telle convention ne porte point à la liberté des personnes une atteinte réprouvée; car, quoiqu'il soit vrai qu'en s'obligeant notamment à faire ou à ne pas faire, l'homme aliène une partie de sa liberté, la société ne saurait subsister sans de pareilles aliénations, et le pacte social lui-même n'existe que par l'aliénation que fait chaque membre de la cité d'une partie de sa liberté en faveur du bien général.

185. Les conventions qui tendraient à rétablir la féodalité ou le régime féodal, auraient également une cause illicite.

Quant aux conventions par lesquelles l'une des parties s'obligerait envers l'autre à la prestation de quelques-uns des droits féodaux supprimés, il faut distinguer d'abord les droits féodaux de leur nature, tels que la foi et hommage, les lods et ventes, les rachats, etc., de ceux qui ne le sont pas, tels que les rentes dues sur les héritages.

Les droits de la première espèce ne peuvent jamais être la cause licite d'une obligation.

Quant aux seconds, il est certain qu'on peut, aujourd'hui comme autrefois, transférer la propriété des immeubles, à la charge de payer chaque année au bailleur une rente ou redevance, soit en nature, soit en argent. Les rentes ou redevances n'auraient point, à la vérité, la même nature qu'elles avaient autrefois ; elles pourraient toujours être rachetées, quand même le contraire serait stipulé (530) : cette stipulation ne leur donnerait pas le caractère féodal.

186. Mais peut-on faire revivre aujourd'hui une rente autrefois féodale supprimée sans indemnité? La convention par laquelle l'ancien débiteur propriétaire de l'immeuble qui la devait, s'oblige d'en continuer le paiement, a-t-elle une cause licite? (*Voy.* Sirey, tom. 23, 2ᵉ. part., p. 30.)

Il faut distinguer, suivant la jurisprudence de la Cour de cassation. Si la convention nouvelle n'est qu'un acte recognitif de l'ancien titre féodal, si elle n'y fait point de novation, cet acte nouveau n'ayant pas d'autre force que l'ancien, n'efface point, dans l'intention des parties, le caractère féodal de la rente ; il laisse la faculté de la faire revivre un jour comme telle, et par conséquent la nullité de l'ancien titre entraîne celle du nouveau, qui a une cause illicite et réprouvée (1).

(1) Ainsi décidé par la Cour de cassation, dans l'espèce suivante : Le 21 vendémiaire an XII, Facquel reconnut devoir à Darry une rente de 400 fr. foncière, perpétuelle et non rachetable, pour prix de la concession faite à son père, par contrat du 27 août 1752, *sans novation et sans aucunement y déroger*. Cet acte de 1752 prouvait que la rente était infectée de féodalité. Facquel refusa d'exécuter le nouvel acte, comme infecté du même vice que l'ancien, et la Cour d'appel d'Amiens prononça, par ce motif, la nullité du nouvel acte du 21 vendémiaire an XII. Son arrêt fut confirmé par la Cour de cassation, le 25 octobre 1808, « attendu que, suivant l'art. 1337 » du Code civil, l'acte recognitif du 21 vendémiaire an XII ne » dispensait pas de représenter le titre primordial du 27 août 1752.

« Que la Cour d'Amiens avait fait une application exacte de la loi » du 17 juillet 1793, et bien apprécié les actes, en jugeant, 1°. qu'il

Au contraire, si l'acte par lequel on s'oblige de payer une rente anciennement féodale, au lieu de n'être qu'un acte recognitif, est une convention nouvelle qui crée une rente d'une nature nouvelle, quoique consistant dans les mêmes prestations et sur les mêmes immeubles que l'ancienne; en un mot, s'il y a *novation*, la convention est valide; elle a une cause honnête et licite, une cause juste aux yeux de la morale, l'obligation naturelle de payer la rente qui était le prix du transport des héritages donnés à rente. Cette obligation naturelle peut être la cause d'un contrat. Ainsi l'a pensé la Cour de cassation dans l'espèce suivante:

Berjaud avait refusé de payer, comme infectées de féodalité, des rentes dues aux frères Rigaud, créées par leurs auteurs en 1722, 1769 et 1779, pour concession de plusieurs fonds de terre donnés à cens. Cependant, le 30 brumaire an x, il fut passé un acte par lequel les frères Rigaud baillèrent à Berjaud ces mêmes fonds de terre à titre de locatairerie perpétuelle, moyennant les mêmes rentes créées en 1722, 1769 et 1779, mais néan-

---

» y a connexité entre l'acte recognitif et l'acte primordial, qui ne » faisaient qu'un seul titre, et que le dernier est formellement exclu- » sif *de toute novation*; 2°. que celui de 1752 était infecté de féodalité;

» Que, par la précaution qu'on avait prise de le rappeler nommé- » ment, l'acte recognitif laissait la faculté éventuelle de le faire re- » vivre, et qu'ainsi la nullité de l'acte du 27 août 1752 entraînait la » nullité de l'acte du 21 vendémiaire an XII. » *Voy.* Sirey, an 1811, pag. 325.

Junge un arrêt de la Cour royale d'Angers, du 31 juillet 1822, qui, en déclarant sans effet l'acte recognitif d'une rente féodale, sans novation, rejeta la demande du débiteur en répétition des arrérages payés pour se libérer d'une dette *naturelle*.

moins *sans indiquer* les premiers titres. Quant aux arrérages, ils furent fixés à 600 francs, payables moitié dans un an, et l'autre moitié dans deux ans.

Berjaud paya (1) d'abord 200 fr.; ensuite, il refusa de payer le surplus ainsi que la rente à laquelle il s'était obligé par l'acte du 30 brumaire an x, dont il demanda la rescision, sur le motif qu'il n'était que le renouvellement des baux antérieurs annulés par la loi comme infectés de féodalité.

Le tribunal de première instance annula cet acte comme étant fait *sans cause*, attendu que Berjaud était déjà propriétaire des biens donnés à bail. Le 9 mai 1809, la Cour d'appel de Toulouse confirma ce jugement, attendu la connexité du nouvel acte et des anciens, et l'identité de la rente sur les mêmes immeubles; d'où résultait que l'acte était fait *sur une cause fausse* ou *sans cause*. Mais son arrêt fut cassé le 3 juillet 1811, « attendu, dit la Cour de cassation, qu'une *cause naturelle* est suffisante pour la validité des actes, lorsque, d'ailleurs, ils ne contiennent aucune disposition contraire à la loi.

« Attendu que l'acte du 30 brumaire an x, abstraction faite des baux précédens, ne présente aucune stipulation féodale, et que cet acte étant indépendant des baux antérieurs, le plus ou le moins de connexité qu'il peut avoir avec eux, à raison de sa cause, ne peut le faire considérer comme féodal ni comme entaché d'une féodalité

---

(1) Ainsi, il y avait eu exécution volontaire de l'acte; ce qui rendait Berjaud non-recevable à l'attaquer (1338).

qu'il a eu pour objet de faire disparaître; et que, par conséquent, en annulant cet acte, l'arrêt attaqué a faussement appliqué l'art. 1er., et violé l'art. 2 de la loi du 17 juillet 1793. » (*Voy.* Sirey, an 1811, pag. 323).

On ne peut qu'applaudir à cette décision, entièrement conforme au principe fondé sur la raison, qu'une obligation naturelle peut être la cause d'une obligation civile. Mais l'arrêt du 25 octobre 1808, dans l'affaire Facquel, est-il également bien rendu?

On peut en douter. Dès que la Cour de cassation reconnaît que l'obligation de payer les rentes supprimées sans indemnité, *a une cause naturelle*, qu'importe que le titre primitif et féodal soit rappelé? Cette relation ne peut rendre à la rente confirmée le caractère de féodalité qu'elle a perdu. Le débiteur peut donc dire à son créancier : Je vous devais une rente féodale supprimée par la loi sans indemnité; je trouve injuste que la loi m'ait enrichi à vos dépens, et je veux vous continuer le paiement de cette rente, comme rente foncière.

La prétention de rappeler le titre ancien laisse, dit-on, la faculté de le faire revivre éventuellement; mais le silence gardé sur le titre ancien empêcherait-il de le faire revivre, s'il intervenait une loi qui rétablît les rentes féodales, comme la loi du 9 brumaire an VI a rétabli les rentes convenancières?

Sans doute la Charte constitutionnelle s'opposera toujours au rétablissement de la féodalité et du régime féodal, qui portaient une atteinte manifeste au droit de propriété. Sans doute encore les terres qui ont été vendues libres de toutes rentes, soit par l'État, soit par les anciens propriétaires qui les ont mises hors de leurs mains, ne sauraient plus, sans une violation ouverte de la foi publique, être assujetties à payer les rentes dues par les précédens et anciens propriétaires. Mais les propriétaires qui n'ont reçu les terres qu'ils possèdent encore, ou qui sont possédées par leurs héritiers, que sous la condition de payer une rente pour prix du transport de la propriété, ne pourraient-ils pas être assujettis à continuer le paiement de ces rentes, comme les colons ont été, par la loi du 9 brumaire an VI, assujettis à continuer le paiement des rentes convenancières?

Si la loi qui supprime les rentes *sans indemnité* fut une injustice, comme on en convient généralement, la loi qui les rétablirait ne serait qu'un retour à la justice, pourvu qu'elle ne rétroagît point sur le passé. Les propriétaires de terres affectées à des rentes anciennement féodales ne pourraient raisonnablement se plaindre que la loi leur retirât un don gratuit qui leur avait été fait en 1793, dans un temps où les principes de justice étaient totalement oubliés où violés ouvertement; leurs plaintes seraient d'autant plus mal fondées, qu'ils ont déjà gagné plus de vingt années d'arrérages.

Mais le maintien de la paix publique, qui serait infailliblement troublée par un tel rétablissement, doit arrêter sur ce point un législateur sage et prudent; et le temps, qui finit par tout légitimer en fait de propriété, ne permet plus de revenir sur d'anciens droits effacés par la prescription, cette patrone du genre humain.

187. Au reste, il faut remarquer que si une cause naturelle peut devenir la cause d'une obligation civile, c'est seulement lorsque la preuve de cette obligation est faite d'une manière reçue par le droit civil. Ainsi, l'acte de reconnaissance d'un enfant, fait sous seing privé, n'étant pas suffisant pour prouver la paternité, d'où naît l'obligation naturelle de fournir des alimens à l'enfant, cet acte n'est pas suffisant pour autoriser une action en alimens, ainsi que l'a jugé la Cour d'appel de Paris, par un arrêt du 22 juillet 1811. (*Sirey*, an 1811, 2e. partie, pag. 389—393).

CHAPITRE III.

De l'effet des Obligations.

SECTION PREMIERE.

Dispositions générales.

SOMMAIRE.

188. *Il y a des effets particuliers à certains contrats, d'autres communs à tous, ou à certaines espèces.*

189. *Tous produisent des dommages et intérêts en cas d'inexécution. Renvoi.*

190. *Le principal effet de tous les contrats est de conférer à chaque contractant le droit de contraindre l'autre à l'exécuter.*

191. *Ils ont la force d'une loi, et sont exécutés au nom du Roi.*

192. *C'est une loi particulière qu'on peut révoquer d'un consentement mutuel.*

188. L'obligation conventionnelle est l'effet immédiat du contrat qui la produit, et qui produit en même temps un droit en faveur de l'autre contractant; car il ne peut exister d'obligation imposée à l'un des contractans, sans un droit conféré à l'autre : l'obligation et le droit sont deux corrélatifs qui ne peuvent exister l'un sans l'autre. (*Voyez* tom. 1, nº. 96).

L'obligation est la nécessité morale de donner, de faire ou de ne pas faire certaines choses; le droit est la faculté légale d'exiger que ces choses soient données, faites ou omises; l'obligation de donner, de faire ou de ne pas faire ces choses est un devoir.

Demander quels sont les effets des contrats ou des obligations conventionnelles, c'est donc demander quels devoirs ils imposent à l'une des parties, quels droits ils confèrent à l'autre. Or, ces droits et ces devoirs varient à l'infini. Ils dépendent de la nature de chaque contrat, de l'objet du contrat, des clauses et des conditions que les parties y ont mises.

Il y a néanmoins des effets généraux communs à tous les contrats, quelle que soit leur nature, quel qu'en soit l'objet ou la matière, quelques clauses particulières qui y aient été insérées ; ce sont ces effets qu'explique la première section, sous le titre de dispositions générales.

Il y a aussi des effets particuliers communs à certaines espèces d'obligations conventionnelles, et non pas aux autres espèces. Les obligations de donner, et les obligations de faire ou de ne pas faire, produisent des effets différens, qui sont expliqués dans les sections 2 et 3.

189. Un effet commun à toutes les obligations non exécutées par la faute de celui qui était obligé, soit à faire, soit à ne pas faire, est de l'assujettir aux dommages et intérêts de l'autre partie. Les principes généraux sur ces dommages et intérêts sont expliqués dans la 4e. section.

190. Le premier, le principal effet de toutes les conventions, est de conférer à chaque contractant le droit réciproque de contraindre l'autre à les exécuter, de lier les parties, de les obliger aussi fortement que la loi même aurait fait. Leurs volontés, libres dans l'origine, deviennent par la conclusion du contrat, assujetties au joug de la nécessité. *Contractus sunt ab initio voluntatis, ex post facto necessitatis* (1).

191. La loi sanctionne les conventions ; elle leur prête toute sa force ; en un mot, elle les érige en lois, comme le dit énergiquement l'art. 1134 :

---

(1) *Quod ab initio sponte scriptum, aut in stipulationem deductum est, hoc ab invitis posteà compleatur.* Loi 25, *Cod. ad sen. consult. vellcian*, 4, 29.

« Les conventions légalement formées tiennent » lieu de loi à ceux qui les ont faites. »

Cette loi, lorsque le contrat est authentique, c'est-à-dire, lorsqu'il est passé devant un officier public compétent pour en attester l'existence, est, comme les lois générales, exécutée au nom du roi, qui commande à la force publique de prêter main-forte à leur exécution.

192. Mais si les conventions sont des lois, ce ne sont que des lois privées. Elles ont été faites par le consentement mutuel des parties contractantes; elles peuvent donc être révoquées par un consentement contraire (1134). *Nihil tàm naturale est, quàm eo genere quidquid dissolvere, quo colligatum est : ideò verborum obligatio verbis tollitur : nudi consensûs obligatio contrario consensu dissolvitur.* Loi 35, ff *de R. J.*

193. Cependant le consentement mutuel des parties contractantes ne suffirait pas pour dissoudre un contrat par l'effet duquel un tiers aurait un droit acquis, comme dans le cas d'une vente ou d'une donation contenant quelque stipulation au profit d'un tiers qui aurait déclaré vouloir en profiter (1121). Le consentement de ce tiers deviendrait nécessaire pour révoquer le contrat, au moins en ce qui le concerne.

Les contrats étant érigés en lois, ou tenant lieu de lois à ceux qui les ont faits, on en a conclu pendant assez long-temps que la violation manifeste d'un contrat de la part des magistrats, donnait ouverture à cassation contre les jugemens en dernier ressort. Cette maxime, qui paraissait consacrée par plusieurs arrêts (1), tendait directement à ériger en cour d'appel ordinaire la Cour de cassation, qui n'est point investie du pouvoir judiciaire, et dont les attributions sont plutôt une émanation du pouvoir exécutif, plutôt des actes de censure et de surveillance, que des actes de jurisdiction.

D'ailleurs, si les contrats tiennent lieu de lois, ce ne sont que des lois privées qui n'intéressent que ceux qui les ont faites. Or, le recours en cassation a été introduit plutôt pour le maintien des lois générales que pour l'intérêt des justiciables, pour l'intérêt public, plutôt que pour l'intérêt particulier. « La demande en cassation est un nou» veau procès, bien moins entre les parties qui » figuraient dans le premier, qu'entre l'arrêt et la » loi (2). » Ce n'est point le procès qu'il s'agit de juger, mais le jugement.

La Cour de cassation a donc changé sa première jurisprudence par un arrêt solennel. Le 28 mai 1806, cette cour avait cassé un arrêt de la Cour de Bruxelles, par le motif qu'il avait *dénaturé un contrat* et changé *son essence*, en déclarant une *société contractée* le 24 octobre 1808, entre Moke et Vankaneghem, société en commandite, quoique ce fût une *société générale et ordinaire*. L'affaire fut renvoyée à la Cour d'appel de Douai, qui jugea comme la Cour de Bruxelles; mais, sur un

(1) Merlin, nouveau Répertoire, v°. *Conventions*.

(2) Henrion-de-Pansey, de l'Autorité judiciaire dans les gouvernemens monarchiques, pag. 270, édit. in-8°.

nouveau pourvoi contre ce second arrêt, les sections de la Cour de cassation se réunirent sous la présidence du grand-juge, conformément à l'art. 78 de la loi du 27 ventôse an VIII, et à l'art. 4 de celle du 16 septembre 1807, et le pourvoi fut rejeté (1) par le motif qu'en déclarant la société dont il s'agissait simplement en commandite, la Cour d'appel de Douai s'était déterminée d'après l'interprétation du contrat social, et que, par cette interprétation, qui était dans ses attributions, elle n'avait violé aucune loi.

Et pourquoi n'avait-elle violé aucune loi? C'est, disait M. Merlin, sur les conclusions duquel l'arrêt fut rendu, c'est qu'il n'existe point de loi qui détermine l'essence du contrat de société que l'on prétendait dénaturé ; c'est parce que les caractères distinctifs de la société en commandite et de la société ordinaire et collective, ne sont déterminés que par l'usage et non par la loi. C'est l'usage seul qui nous apprend en quoi la société ordinaire et collective diffère de la société en commandite ; c'est d'après l'usage seul que les auteurs ont indiqué les différences de ces deux espèces de société. En déclarant société en commandite une société que l'usage général et les auteurs présentent comme société ordinaire et collective, un arrêt juge évidemment mal, mais il ne viole aucune loi ; il n'y a qu'interprétation fausse du contrat. Or, la fausse interprétation, même

---

(1) Par arrêt du 2 février 1808, rapporté par M. Merlin, nouveau Répertoire, v°. *Société*, sect. 2, § 3, art. 2.

évidente du contrat, n'ouvre pas le recours en cassation, quoiqu'il soit ouvert par une fausse interprétation de la loi, par la raison que nous avons déjà dite, que ce recours n'est point établi pour l'intérêt privé, mais pour l'intérêt public.

Pour savoir si un jugement qui viole ouvertement les clauses d'un contrat, ou qui en dénature l'essence, est ou non soumis à la cassation, il faut donc distinguer. S'il n'existe point de loi qui détermine l'essence du contrat que l'on prétend violé ou dénaturé, point de recours en cassation; l'arrêt est irrévocable, comme dans le cas où les juges ont commis une erreur de fait évidente.

Au contraire, s'il existe une loi qui détermine l'essence du contrat violé ou dénaturé par un jugement en dernier ressort, il doit être cassé, parce qu'alors la loi même est violée, parce que l'ordre public est intéressé à ce qu'elle soit exécutée et interprétée d'une manière uniforme, parce que, si les juges pouvaient impunément désobéir à la loi, ou la changer en l'interprétant, ils empiéteraient évidemment sur le pouvoir législatif, en substituant leur volonté à celle du législateur.

Ainsi, dans l'espèce de l'arrêt du 8 février 1808, il y aurait eu ouverture à cassation, si les caractères qui distinguent la société en commandite de la société générale et collective avaient été déterminés par une loi, et non pas seulement par l'usage.

Ainsi, on devrait casser un arrêt qui jugerait que le vendeur et l'acquéreur ont pu révoquer seuls un contrat dans lequel celui-ci était chargé de donner une somme à Titius, qui avait déclaré vouloir profiter du contrat ; car alors l'art. 1121 serait évidemment violé. Au contraire, si l'arrêt jugeait que Titius n'avait pas déclaré vouloir profiter du contrat, quoiqu'il existât une déclaration de sa part, écrite et produite dans les pièces du procès, l'arrêt serait évidemment mal rendu, mais il n'y aurait point de loi violée.

194. Ainsi, l'art. 1584 établissant que la vente peut être faite purement et simplement, ou sous une condition, soit suspensive, soit résolutoire, on devrait casser un arrêt qui jugerait qu'un contrat de vente, formé sous une condition suspensive, n'est pas obligatoire, lors même que la condition est remplie.

Enfin, tout arrêt qui, pour éluder une loi prohibitive, dénature l'essence d'un contrat déterminée par la loi, en le transformant, par une fausse interprétation, en contrat d'une autre espèce (1), ou qui prononce qu'un contrat n'a pas

(1) En voici un exemple qui ne se présentera plus dans l'état actuel de la législation, mais qui fait bien sentir l'application du principe :

Par le contrat de mariage de François Blayac et de la demoiselle Paythad, du 16 mai 1792, Louise Blayac donna au futur époux *tous ses biens présens et à venir*, en exceptant, entre autres choses, une pièce de terre nommée la *Taudine*, qui ne faisait point partie de la donation.

Le même jour elle donna cette pièce de terre à Antoine Royère, à la condition que s'il décédait sans enfans, elle appartiendrait en propriété à François Blayac, son donataire universel.

Royère étant mort sans enfans, Blayac réclama la propriété de la *Taudine*. La femme et les enfans Royère soutinrent que la donation faite à leur auteur contenait une substitution fidéicommissaire,

les caractères désignés par la loi pour le faire annuler, quoiqu'il les ait réellement, contrevient à la loi et doit être cassé.

Ainsi l'art. 896 ayant déterminé les caractères d'une substitution prohibée, tout arrêt qui jugerait qu'une donation ne renferme pas de substitution, quoiqu'il y ait charge de conserver et de

---

laquelle avait été abolie par la loi des 25 octobre et 14 novembre 1792; et que Royère, dégagé de la charge de rendre, était devenu donataire pur et simple.

La Cour d'appel de Montpellier jugea, le 28 mai 1810, que la donation ne contenait qu'un droit de retour en faveur de Blayac, et non pas une substitution fidéicommissaire.

Pourvoi en cassation pour violation de la loi des 25 octobre et 14 novembre 1792, qui abolit les substitutions non encore ouvertes lors de sa promulgation.

Blayac soutint toujours qu'il n'y avait qu'une stipulation de retour conventionnel, et ajouta qu'en la jugeant ainsi, l'arrêt attaqué n'avait fait qu'interpréter la donation, que, par conséquent, il n'y aurait tout au plus qu'un mal jugé, qui ne donnerait pas ouverture à cassation.

Le moyen fut rejeté et l'arrêt cassé le 22 juin 1812, attendu qu'il est évident qu'il y a substitution, puisque la donation impose au donataire, au cas qu'il décède sans enfans, la charge de conserver et de rendre à un tiers; qu'on avait dénaturé l'essence du contrat, sous prétexte de l'interpréter, en le considérant comme un droit de retour; expression qui signifie *la reversion à un précédent propriétaire*, tandis que Blayac n'avait jamais été propriétaire de la pièce de la *Taudine*, expressément exceptée de la donation.

Que, lorsqu'une clause est claire et précise, il n'y a pas lieu à l'interprétation; qu'il ne s'agissait pas de rechercher quelle avait été la commune intention des parties, ni ce qu'elles avaient voulu faire; mais qu'il fallait s'arrêter à ce qu'elles avaient fait, et qu'il avait été réellement fait une substitution fidéicommissaire.

Qu'enfin, lorsqu'il s'agit de déterminer la nature et l'essence d'un acte, dans les cas où la loi annule ou prohibe, une fausse interprétation qui tend à maintenir ce que la loi prohibe ou annule, couvre une véritable violation de la loi, et qu'ainsi cette espèce d'interprétation ne peut être à l'abri du recours en cassation.....

L'arrêt est rapporté par Denevers, an 1812, pag. 557.

rendre à la mort du grevé, est soumis à la cassation. Ce n'est plus une simple erreur de fait, mais ignorance ou contravention d'une loi qui intéresse l'ordre public.

195. Après avoir expliqué l'effet principal des conventions, qui ont la force de loi entre les parties, sans pouvoir être révoquées que par leur consentement mutuel, ou pour les causes que la loi autorise, le Code pose deux principes importans et connexes sur leur exécution et leur étendue.

Les conventions doivent être exécutées de bonne foi (1134); ce qui ne veut pas dire seulement que le dol et la fraude doivent en être bannis, mais que nous rejetons la division des conventions que l'on trouve dans le droit romain ou dans ses interprètes, en contrats de bonne foi et contrats de droit étroit, *contractus bonæ fidei, et contractus stricti juris*. Dans ces derniers, on ne pouvait rien demander au-delà de ce qui avait été expressément promis, ou de ce qui était expressément contenu dans le contrat.

Dans les premiers, au contraire, on pouvait demander non-seulement ce qui était expressément contenu dans le contrat, mais encore ce qui ne s'y trouvait pas exprimé, si l'équité et la bonne foi l'exigeaient (1).

Dans notre droit français, au contraire, suivant l'art. 1135, les conventions obligent non-

---

(1) *Voy.* Heinecc., *Element. juris civ.*, §§ 781 et 1183, *et Recitationes*, *ibid.*

seulement à ce qui y est exprimé, mais encore à toutes les suites que l'équité, l'usage ou la loi donnent à l'obligation *d'après sa nature.* Nous reviendrons sur ce principe dans la section 5, qui traite de l'interprétation des contrats, en expliquant l'art. 1160, qui porte aussi qu'on doit suppléer, dans les contrats, les clauses qui y sont d'usage, quoiqu'elles n'y soient pas exprimées.

196. Mais c'est ici le lieu d'expliquer ce que l'on entend par la substance et par la nature d'un contrat.

Les jurisconsultes distinguent trois (1) espèces de choses différentes dans chaque contrat. Celles qui sont de son essence, ou qui en forment la substance, celles qui sont seulement de sa nature, enfin celles qui lui sont accidentelles.

Les choses qui forment l'essence du contrat sont celles sans lesquelles il ne peut subsister, à défaut de l'une desquelles le contrat est nul ou se change en un autre contrat.

Par exemple, il est de l'essence de la vente qu'il y ait une chose qui soit la matière du contrat, un prix en numéraire ou argent, et le consentement des parties sur la chose et sur le prix, *res, prætium et consensus.* Si l'une de ces trois choses manque, il est évident qu'il n'y a point de contrat, ou que la convention n'est plus ce qu'on appelle une vente.

Ainsi, point de contrat, si le consentement a été

(1) *Voy.* Pothier, Traité des Obligations, n°. 5; Averani, *Interpret. juris, lib.* 4, *cap.* 12. Cujas n'en voulait distinguer que deux. Voy. *Quæst. Pap.*, col. 256 et 257, *in fine*, edit. Fabrot.

donné par erreur, ou surpris par dol, parce qu'il n'y a point alors de consentement.

Si je vous ai vendu une maison qui avait été incendiée la veille, il n'y a point de contrat faute de chose qui en soit la matière. Je ne puis donc réclamer le prix.

Je vous ai vendu un immeuble pour le prix que mon père l'avait acheté, et il se trouve qu'il l'avait reçu en don. Il n'y a point de contrat faute de prix, et si, dans la suite, nous convenons d'un prix, la vente n'existera que du jour de cette convention.

Enfin, je vous *ai vendu* un immeuble pour un autre immeuble, ou un meuble pour un immeuble. La convention n'est pas nulle ; mais ce n'est point une vente, c'est un échange.

Il est de l'essence du commodat et du dépôt d'être gratuits. Si je vous *prête* mon cheval pour trois francs par jour, ce n'est point un prêt, mais un louage. Si vous avez reçu *en dépôt* une somme de...., à condition de payer tant par an au *déposant*, ce n'est point un dépôt, mais un prêt à intérêt. Or, les suites de ces contrats ne sont pas les mêmes; les obligations du locataire et du commodataire, du dépositaire et de l'emprunteur, sont fort différentes.

Ce n'est point par la dénomination donnée aux contrats que l'on détermine les droits et les obligations des parties, mais par la nature de chaque contrat, et sa nature dérive de son essence.

197. Les choses qui forment la nature du

contrat sont celles qui, sans tenir à son essence, en font néanmoins partie, quoique les contractans ne s'en soient pas expliqués ; en un mot, les choses qui sont sous-entendues par la loi, l'usage et l'équité : c'est ce que dit l'article 1134. Les conventions obligent à toutes les suites que l'équité, l'usage ou la loi, donnent à l'obligation, suivant sa nature.

Les obligations qui résultent des clauses sous-entendues par la loi, l'usage et l'équité, n'ont pas moins de force que celles qui résultent des clauses expressément insérées dans le contrat. Les parties ont dû connaître quelles étaient les obligations accessoires de leur convention ; elles sont censées s'y être expressément soumises, faute d'une stipulation spéciale qui y déroge.

198. Car les choses qui sont de la nature du contrat diffèrent de celles qui en forment l'essence, en ce que le contrat peut subsister sans les premières, et qu'elles peuvent en être exclues par la convention des parties, sans annuler le contrat ni en changer l'espèce ; ainsi, la garantie de la chose vendue est une obligation accessoire du contrat de vente, imposée par la loi au vendeur, quoique les parties n'en aient pas parlé ; mais ce contrat peut subsister sans cette obligation, qui est de la nature et non de l'essence de la vente. Si l'on est convenu que le vendeur ne sera pas obligé à la garantie, la convention sera valable, et le contrat n'en sera pas moins un contrat de vente (1627).

Ainsi il est de la nature du commodat que la

perte de la chose prêtée tombe sur le prêteur, lorsqu'elle arrive par cas fortuit ou force majeure, sans la faute de l'emprunteur (1881, 1882), mais on peut convenir que l'emprunteur sera chargé des risques de la perte, jusqu'à ce qu'il ait rendu la chose.

On peut trouver dans les autres espèces de contrats une foule d'autres exemples de choses qui sont de la nature et non de l'essence du contrat.

199. Les choses accidentelles au contrat sont celles qui, n'y étant sous-entendues ni par la loi, ni par l'usage, ni par l'équité, n'y sont point renfermées sans une clause spéciale ajoutée au contrat. Par exemple, le terme accordé pour le paiement est accidentel au contrat de vente; le prix doit être payé de suite, s'il n'a rien été stipulé à cet égard.

SECTION II.

De l'Obligation de donner.

SOMMAIRE.

200. *L'obligation principale est celle de livrer la chose en temps et lieu.*
201. *L'obligation accessoire, celle de la conserver.*
202. *L'obligation de donner confère la propriété ou un droit réel,* jus in re, *du moment où le contrat est parfait.*
203. *Certains contrats ne confèrent qu'un droit à la chose,* jus ad rem.
204. *Le premier contrat de vente d'un immeuble, lorsque la date est assurée, l'emporte sur un second suivi de tradition.*

205. *A l'égard des meubles, le second contrat prévaut s'il a été suivi de tradition.*

206. *L'exécution des contrats qui ne confèrent pas un droit réel, peut quelquefois être poursuivie contre un tiers-détenteur de la chose.*

207. *Tous les contrats confèrent le droit d'action, qui est une véritable propriété.*

208. *Deux voies pour contraindre le débiteur à accomplir sa promesse.*

209. *De la voie d'exécution parée. Ce n'est qu'au nom du roi que les lois et les jugemens peuvent être exécutés.*

210. *C'est aussi en son nom que sont exécutées les lois particulières formées par les contrats.*

211. *Les notaires sont les délégués du roi et non des juges.*

212. *Comment se forme la loi du contrat.*

213. *La promulgation seule rend les contrats exécutoires.*

214. *Si l'acte n'est pas reçu par un notaire, on ne peut le mettre à exécution sans recourir aux tribunaux par voie d'action.*

200. Celui qui s'est obligé de donner une chose est tenu de la livrer en temps et lieu convenables (1), c'est l'obligation principale. Cette délivrance ou tradition de la chose promise est ce qu'on appelle le paiement. Nous verrons, chap. 5, sect. 1, quand, comment, et à qui le paiement doit être fait.

201. Le débiteur est de plus tenu de conserver la chose en bon père de famille, jusqu'à la livraison, à peine de dommages et intérêts envers le créancier (1136, 1137). C'est une obligation accessoire dont nous expliquerons le principe et l'étendue dans la quatrième section, qui traite des dommages et intérêts résultant de l'inexécution des obligations. Nous nous bornerons à dire

---

(1) Pothier, des Obligations, n°. 141, pag. 159.

ici que le débiteur est tenu même de sa négligence dans la conservation de la chose (1383); et si la chose périt par un incendie avant la livraison, la présomption de culpabilité, établie contre ceux qui habitent la maison, l'oblige aux dommages et intérêts. *Voy.* loi 11, ff *de pericul. et comm. rei vend.* 18. 6.

202. Mais quelle est la nature du droit que confère au créancier l'obligation de donner, et quelles voies lui sont ouvertes pour l'exercer et pour contraindre le débiteur à exécuter son obligation? C'est ce qu'il faut cxaminer dans cette section.

Autrefois le contrat ne conférait qu'un droit à la chose, *jus ad rem*, et non pas un droit réel, *jus in re* (1). La tradition ou mise en possession opérait seule la translation de la propriété ou de tout autre droit réel, suivant la maxime du droit romain (2) *traditionibus... dominia rerum, non nudis pactis transferuntur.* Loi 20, Code *de pactis*, 2, 3.

Nous avons indiqué, tom. IV, n°. 54 *et suiv.*, les fondemens de cette doctrine, qui, depuis l'établissement de la propriété permanente, ne se trouvait plus d'accord avec la raison. Nous y avons expliqué la réforme opérée sur ce point

(1) Sur la nature et la différence de ces deux espèces de droits, *Voy.* tom. III, n°. 84.

(2) Les jurisconsultes romains regardaient ce principe comme tenant à l'essence des obligations. *Obligationem substantia nam in eo consistit, ut aliquod corpus nostrum, aut servitutem nostram faciat, sed ut alium nobis obstringat ad dandum, vel faciendum.* Loi 3, ff *de oblig. et act.*, 44, 7.

par le Code civil des Français, qui pose en principe que la propriété s'acquiert par l'*effet* des obligations (711); qu'elle est acquise de droit, quoique la chose n'ait pas encore été livrée (938, 1583); en un mot, que l'obligation de livrer la chose est parfaite, par le seul consentement des parties contractantes; qu'elle rend le *créancier propriétaire*, et met la chose à ses risques, dès l'instant *où elle a dû être livrée* (1),

(1) Il y a ici une équivoque provenant d'un vice de rédaction qu'il faudra corriger lors de la révision du Code.

Supposons que le vendeur ait pris un terme pour livrer la chose. Il a vendu une maison dont l'acheteur ne doit entrer en jouissance que dans un an. Six mois après, elle périt par une force majeure La perte était au compte de l'acquéreur, dans le droit romain et dans l'ancien droit français, quoique la propriété ne fût transféré à l'acquéreur que par la tradition. A plus forte raison sous l'empire du Code, où la simple obligation de livrer la chose parfaite, par le consentement des parties, rend le créancier propriétaire, encore que la tradition n'ait pas été faite.

Mais l'art. 1138 dit que l'obligation de livrer la chose rend le créancier propriétaire et met la chose à ses risques, *dès l'instant où elle a dû être livrée*, c'est-à-dire, dès l'instant qu'*est née l'obligation de livrer la chose*, par le consentement mutuel des parties.

Comme l'a fort bien observé M. Delvincourt, dans son Cours du Code, tom. II, pag. 340, dans l'obligation à terme, l'obligation de livrer naît au moment du contrat, quoiqu'on n'en puisse exiger l'exécution qu'à l'échéance du terme. *Le terme ne suspend point l'engagement; il en diffère seulement l'exécution* (1185). Donc, nonobstant le terme, la propriété est transférée et la chose aux risques de l'acquéreur, du moment du contrat, à la différence des obligations conditionnelles, dans lesquelles l'obligation de livrer n'existe pas tant que la condition n'est pas arrivée.

Cependant, quelques personnes prétendent qu'il faut entendre ces mots, *dès l'instant où la chose a dû être livrée*, dans le sens rigoureusement littéral, c'est-à-dire, de l'échéance du terme; qu'ainsi, jusqu'à cette échéance, le vendeur reste chargé des risques, quoiqu'il ne soit point *en demeure de livrer la chose*.

Cette interprétation mettrait l'art. 1138 en contradiction avec lui-même, car il porte expressément que la chose est aux risques de

encore que la tradition n'en ait point été faite (1138, 2108).

C'est ici un principe particulier au Code des Français, et qui distingue notre législation de celle des autres peuples de l'Europe.

203. Les contrats, en considérant leurs effets, se divisent en deux classes : ceux qui sont, par leur nature, translatifs de la propriété ou d'autres droits réels, tels que la donation, la vente, l'échange, la concession de servitude ou d'hypothèque; ceux qui ne transfèrent qu'un droit à la chose, *jus ad rem*; tels sont les contrats de louage, de commodat, etc.

204. La propriété étant définitivement transférée par le seul consentement des parties contractantes, encore que la tradition de la chose n'ait pas été faite, il s'ensuit qu'après le contrat conclu, l'ancien propriétaire ne peut plus concéder aucun droit sur la chose qui a cessé de lui appartenir : il ne peut transférer des droits qu'il n'a plus ; ainsi le vendeur ou le donateur ne peuvent plus vendre ou donner une seconde fois la chose

---

créanciers, encore que la tradition n'en ait point été faite, *à moins que le débiteur ne soit en demeure de la livrer* L'art. 1302 veut également que l'obligation soit *éteinte*, si la chose a péri sans la faute du débiteur *et avant qu'il fût en demeure.*

Ajoutez qu'il serait fort étrange que, sous l'empire d'une loi qui veut que la propriété soit transférée par le seul effet de l'obligation, lorsqu'elle est parfaite, cette translation fût, contre les principes du droit, suspendue par l'effet du terme, et que, contre la disposition du droit ancien, les risques fussent pour le compte du vendeur ou du débiteur d'un corps certain, jusqu'à l'échéance du terme.

L'art. 1138 contient encore un autre vice de rédaction que nous avons remarqué, tom. VII, n°. 460.

déjà vendue ou donnée, quand même l'acquéreur ou le donataire n'eussent pas encore été mis en possession : ce serait une vente de la chose d'autrui, déclarée nulle par l'art. 1599. La tradition d'un immeuble (1) faite au second acquéreur ne lui donnerait donc qu'une possession destituée de titre ; car ce n'est plus la tradition, mais le titre qui confère la propriété : dire que cette tradition doit faire préférer le second acquéreur au premier, serait donc contredire ouvertement le texte de la loi ; ainsi, nous devons rejeter comme abrogée et contraire à nos principes actuels, la fameuse loi *Quoties* au Code *de rei vindicatione*, qui décide que la préférence est due à celui qui le premier a été mis en possession.

Cependant, M. Maleville, membre de la commission qui fut chargée de rédiger le projet de Code, a chancelé sur ce point, et soutenu d'abord que cette loi était abrogée, ensuite qu'elle devait encore être suivie aujourd'hui (2). Il ne faut pas s'en étonner, quand on voit que le Code même laisse ici la question indécise dans l'art. 1140, qui porte : « Les effets de l'obligation de » donner ou de livrer un immeuble, sont réglés » au titre de la vente et au titre des hypothèques.

Nous avons déjà indiqué les motifs de ce renvoi au tom. v, n°. 235, chap. 4, sect. 1, § 4. Suivant la loi du 11 brumaire an VII, sur le ré-

(1) *Secùs* d'un meuble. *Voyez* le n°. suivant.

(2) *Voy.* l'Analyse raisonnée de la discussion du Code civil au conseil-d'état, par M. Maleville, tom. III, pag. 37, 38 et 357 ; et tom. IV, pag. 323.

gime hypothécaire, la propriété d'un immeuble n'était point transférée par le contrat, mais par la transcription du contrat sur le registre du conservateur des hypothèques. Avant cette transcription, le contrat ne pouvait avoir *aucun effet* contre les tiers. Nul doute alors qu'entre deux acquéreurs successifs d'un même immeuble, celui qui avait fait transcrire le premier son contrat ne fût préféré à l'autre, quand même celui-ci fût entré en possession en vertu d'un titre antérieur.

Le projet de Code, rédigé par la commission, proposa de changer entièrement le régime hypothécaire introduit par la loi du 11 brumaire an VII; mais ce changement éprouva la résistance la plus vive lorsqu'on discuta, lorsqu'on adopta au conseil-d'état les premiers titres du troisième livre du Code, jusqu'à celui des priviléges et hypothèques: la situation des esprits était telle, qu'on ignorait absolument quel système hypothécaire prévaudrait. En attendant, on ne voulait rien préjuger sur ce point important. On cherchait des rédactions qui pussent convenir, quel que fût le système qu'on adopterait : de là vient la rédaction incomplète de l'art. 941; de là le renvoi de l'art. 1140; de là encore la singulière rédaction de l'art. 1583 (1), qui porte que la vente est parfaite *entre les parties* et la propriété acquise de droit à l'acheteur *à l'égard du vendeur*, dès qu'on est convenu de la chose et du prix, quoique la chose n'ait pas encore été livrée ni le prix payé.

---

(1) *Voy.* l'explication de cet art., tom. VII, nos. 34 et 35.

Mais enfin le titre des hypothèques, auquel renvoie notre art. 1140, a fixé les incertitudes en déterminant les effets de la transcription. L'art. 2181 admet la transcription des contrats translatifs de propriété des immeubles, non plus comme nécessaire pour transférer la propriété. La défense d'opposer les actes non transcrits aux personnes qui, postérieurement à ces actes, auraient contracté avec l'ancien propriétaire, était devenue incompatible avec le principe que la propriété est transférée par le seul effet des conventions; principe reconnu et confirmé dans les art. 2181 et 2182. La transcription n'a donc été établie que comme une formalité dictée par la prudence à ceux qui *voudront* purger les priviléges et hypothèques antérieurs à la translation de propriété, et pour obliger, suivant l'art. 834 du Code de procéd., ceux qui avaient des droits acquis antérieurement, de les faire inscrire, sous peine de déchéance, dans la quinzaine, à compter du jour de la transcription.

Les effets de la transcription étant ainsi fixés par le titre auquel renvoie notre article 1140, l'effet du contrat demeure dans toute sa force; il transfère irrévocablement la propriété, et par conséquent le vendeur, dépouillé de ses droits, n'en peut plus transférer aucun. *Nemo plus juris in alium transferre potest quàm ipse habet.* Loi 54, ff *de R. J.* Le vendeur ne transmet à l'acquéreur que la propriété et les droits qu'il avait lui-même sur la chose (2182).

205. Mais si la propriété des immeubles se trans-

fère ou s'acquiert par le seul effet des conventions, il n'en est pas ainsi à l'égard des tiers des choses mobilières, dont la propriété n'a point la même stabilité que celle d'un fonds de terre, qui peuvent passer en un jour dans une foule de mains différentes, et dont la vente se fait le plus souvent verbalement ou par des actes sous seings-privés.

Le Code a donc suivi l'ancien principe qu'en fait de meubles, la possession vaut titre (2279). La maxime que la propriété ne se transfère, au préjudice des droits des tiers (1), que par la tradition, conserve sa force à leur égard. « Si la chose » qu'on s'est obligé de donner ou de livrer à deux » personnes successivement, est *purement mobi-* » *bilière*, celle qui en a été mise en possession réelle » est préférée et en demeure propriétaire, encore » que son titre soit postérieur en date, pourvu que » la possession soit de bonne foi (1141). »

La limitation expresse de cet article à la vente des choses purement mobilières, confirme ce que nous avons dit sur la vente des immeubles. Le premier acquéreur doit être incontestablement préféré au second.

206. Quoique les contrats non translatifs de propriété ne donnent pas un droit réel sur la chose, il y a néanmoins certaines obligations à l'exécution desquelles la chose qui en est l'objet est tellement affectée, que cette exécution peut être pour-

---

(1) *Au préjudice des droits des tiers*; mais cela n'empêche point qu'entre les contractans, entre le vendeur et l'acheteur, par exemple, la propriété ne soit transférée par le contrat. *Voy.* l'art. 1583, et l'application que nous en donnons, tom. VII, nos. 34 et 35.

suivie contre les tiers-détenteurs de la chose. Telle est la clause de rachat ou de réméré, que le vendeur peut exercer contre un tiers-acquéreur, quand même la faculté de réméré n'aurait pas été déclarée dans le second contrat (1664). Telle est encore l'obligation contractée par le bailleur, de laisser jouir le preneur pendant la durée de son bail, à l'exécution de laquelle celui-ci peut contraindre le tiers-acquéreur de la chose louée, lorsque la date du bail est certaine (1743), quand même le contrat d'acquêt ne ferait point mention de l'existence du bail.

Si cette affectation de la chose à l'exécution de l'obligation contractée par le précédent propriétaire, n'est pas mise par les jurisconsultes au nombre des droits réels, si elle n'en présente pas précisément tous les caractères, elle en approche de si près, qu'il devient difficile d'en assigner les différences. Cette affectation a même quelque chose de plus fort que l'hypothèque, en ce que, dans le cas du réméré et du bail, le tiers-acquéreur ne peut renvoyer le vendeur ou le fermier discuter d'abord les biens de l'ancien propriétaire, comme le peut faire le tiers-détenteur d'un bien grevé d'hypothèque.

207. Le droit à la chose que confèrent les contrats qui ne sont pas translatifs de propriété, est ce que les jurisconsultes appellent une action : *jus persequendi in judicio quod sibi debetur. Inst. de act. in princ.* Ces actions sont mises au rang des choses incorporelles, qui sont dans notre patrimoine (1). Elles sont une véritable pro-

(1) *Æquè bonis adnumerabitur, etiamsi quid est in actionibus,*

priété, et, dans ce sens, on peut dire que toutes les obligations transfèrent une propriété : c'est ce que les Anglais appellent propriété en action (1).

208. Mais quel que soit le droit que confère la loi privée du contrat, comme dans l'état civil personne ne peut se rendre justice à soi-même, si le débiteur refuse d'accomplir sa promesse, il faut, pour l'y contraindre, recourir à l'autorité ou à la puissance publique, seule chargée de faire exécuter les lois dans tout le royaume. Pour cela deux voies sont ouvertes contre le débiteur, la voie d'exécution parée, et la voie d'action (2) ou de simple demande.

209. Pour bien entendre ce que c'est que la voie d'exécution parée, il faut remonter au principe. Les lois publiques ne sont exécutoires, c'est-à-dire susceptibles d'être mises à exécution par la force publique, qu'en vertu de la promulgation, qui en est faite par le roi. La promulgation est l'acte par lequel, en qualité de chef suprême de l'État, revêtu de la plénitude du pouvoir exécutif (3), le roi atteste au corps social l'existence de la loi, et commande de la faire exécuter ; c'est

---

petitionibus, persecutionibus ; nam hæc omnia in bonis esse videntur. Loi 49, ff *de V. S. Qui actionem habet ad rem recuperandam, ipsam rem habere videtur.* Loi 15, ff *de R. J. Id apud se quis habere videtur, de quo habet actionem.* Loi 14, ff *de V. S.*

(1) *Voy.* Blackstone, tom. II, pag. 440 et 442, édit. in-8°. Lond., 1783 ; Halifax, Analysis of the roman law, pag. 21 et 60.

(2) Ainsi, le mot action a deux acceptions ; il signifie, 1.° le droit de poursuivre le recouvrement de ce qui nous est dû ou de ce qui nous appartient ; 2°. la manière d'exercer ce droit.

(3) *Voy.* la Charte constitutionnelle, art. 13 et 22.

ce qu'il fait par la formule antique et solennelle, *si donnons en mandemens*, etc.

C'est en vertu de ce mandat que les magistrats ont le droit de requérir la force publique, de prêter main-forte à l'exécution de la loi.

S'il y a des doutes sur son application à un fait particulier, il faut recourir au pouvoir judiciaire, c'est-à-dire aux tribunaux, chargés par leur institution de vérifier les faits, et de décider quand la loi est applicable aux questions qui leur sont proposées. Leur jugement ne doit pas être autre chose que cette décision. Quand il est prononcé, il doit être rendu exécutoire comme la loi ellemême, en vertu d'une promulgation que le président de la cour ou du tribunal qui l'a rendu est chargé de faire au nom du Roi, et comme délégué ou mandataire légal du pouvoir exécutif. C'est en vertu de ce mandat que le président signe et fait signer par son greffier la formule solennelle, par laquelle il est ordonné aux dépositaires de la force publique de prêter main-forte à l'exécution du jugement.

Quiconque opposerait la violence ou des voies de fait au ministère de l'huissier chargé d'exécuter ce mandat auguste, se rendrait par sa résistance coupable du crime ou délit de rebellion, contre lequel le Code pénal, art. 209 et suiv., prononce des peines plus ou moins grièves suivant les circonstances du fait. L'huissier qui éprouverait une pareille violence dans l'exercice de ses fonctions, devrait dresser un procès-verbal de rebellion (1),

---

(1) Art. 155 du Code de procédure civile; ordonnance de 1670, tit. 10, art. 14.

en vertu duquel il serait procédé contre les coupables, suivant les règles établies par le Code criminel.

Mais de plus, sur la remise du procès-verbal de l'huissier, le procureur-général, ou les procureurs du roi près des tribunaux, spécialement chargés, en qualité d'agens du pouvoir exécutif (1), de faire exécuter les jugemens rendus, peuvent requérir, sur la demande qui leur en est faite par les parties, les commandans de la force armée de prêter main-forte jusqu'à ce que force reste à justice.

210. Quant à ce qui concerne les lois particulières, c'est-à-dire les conventions *qui tiennent lieu de loi à ceux qui les ont faites* (1134), le soin de les rendre exécutoires par la promulgation a été confié à des fonctionnaires publics appelés notaires, créés par la loi du 6 octobre 1791, qui supprima tous les notaires royaux, seigneuriaux, tabellions et autres existant à cette époque, sous quelque dénomination que ce fût, et donna une forme nouvelle à l'organisation du notariat, à laquelle la loi du 25 ventôse an XI a ajouté plusieurs

---

(1) Loi du 24 août 1790, tit. 8, art. 1. « Les officiers du ministère public sont *agens du pouvoir exécutif* auprès des tribunaux. » Leurs fonctions consistent à faire observer, dans les jugemens à » rendre, les lois qui intéressent l'ordre général, et à faire exécuter les jugemens rendus. »

Art. 5. « Les commissaires du Roi, chargés de tenir la main à » l'exécution des jugemens, poursuivront d'office cette exécution » dans toutes les dispositions qui intéressent l'ordre public, et en » ce qui concernera les particuliers ; ils pourront, sur la demande » qui leur en sera faite, soit enjoindre aux huissiers de prêter leur » ministère, soit ordonner les ouvertures de portes, soit requérir » main-forte lorsqu'elle sera nécessaire. »

dispositions, la plupart puisées dans les anciennes ordonnances.

211. Il faut observer que ces lois ont opéré un changement remarquable dans la nature des fonctions des notaires.

Ils sont aujourd'hui les délégués directs et spéciaux du pouvoir exécutif, pour rendre exécutoires tous les actes et contrats auxquels les parties doivent ou veulent faire donner le caractère d'authenticité attachée aux actes de l'autorité publique (art. 1. de la loi du 25 ventôse an XI). Leur autorité n'est plus, comme on le pensait autrefois (1), une émanation de

(1) On regardait les fonctions de notaire comme une émanation ou une dépendance du pouvoir judiciaire, et l'on disait qu'ils avaient la juridiction volontaire.

Cette opinion prenait sa source dans nos anciens usages, qui avaient beaucoup de rapport avec ceux des Romains. Les notaires n'avaient point à Rome de caractère public. Originairement c'étaient des esclaves; dans la suite ce furent des hommes libres, qui avaient des tables dans le *Forum*, ou place publique, et dont la profession était de recevoir, *excipere*, les contrats des citoyens qui s'adressaient à eux pour écrire leurs conventions.

Ils écrivaient d'abord sur un brouillon, et en notes ou *sigles*, pour écrire plus rapidement. C'est de là que leur venait le nom de notaires. Ils mettaient ensuite ces contrats au net, en les écrivant en toutes lettres, et leur donnaient leur perfection en faisant souscrire les parties, auxquelles ils remettaient l'acte ainsi parfait, sans en conserver le brouillon. Ces actes n'avaient aucune authenticité, et ne faisaient point foi en justice, jusqu'à ce que les souscriptions en eussent été vérifiées en jugement par témoins ou comparaison d'écriture. Nov. 71. *Voy.* Loiseau, des Offices, liv. 2, chap. 5, nos. 30 et suiv. En sorte que, pour s'exempter la peine et la difficulté de ces vérifications, on donnait l'authenticité à ces actes, en les insinuant dans les registres publics, *apud acta*, destinés à recevoir tous les actes de la juridiction volontaire, comme les émancipations, manumissions, adoptions, etc.; ce qui se faisait devant le magistrat du lieu *magistrum censûs*, devant le magistrat de la province, ou devant les magistrats municipaux. Cette publication se faisait en plein jugement, en présence du magistrat,

l'autorité judiciaire, mais une délégation immédiate de la puissance royale.

---

quasi sub figurâ judicii. Voyez Loiseau, *ibid.*, n°. 32. Ces actes ainsi publiés et insinués devenaient authentiques par l'autorité de la justice, et faisaient pleine foi de la convention qu'ils renfermaient, sans être sujets à vérification.

En France, il n'y avait point anciennement d'autres notaires que les clercs du juge, appelés greffiers ou notaires. C'étaient ces clercs qui recevaient les contrats, d'abord vraisemblablement en présence du juge, puis hors sa présence, mais toujours dans son nom. C'était toujours le juge qui parlait dans l'intitulé de l'acte; en un mot, le notaire n'était que l'homme du juge.

Tous les sénéchaux, baillis et justiciers s'arrogèrent le droit de nommer des notaires; leur nombre excessif devint un abus que réprima Philippe-le-Bel, par son ordonnance du 23 mars 1302, art. 56, tom. 1, pag. 363 des Ordonnances du Louvre, en défendant à ses sujets d'en nommer, à l'exception des prélats, barons et autres qui avaient l'ancienne coutume de créer des notaires en leurs terres. Le notariat fut donc toujours considéré comme une dépendance ou comme un démembrement de la justice. C'est de la juridiction où ils étaient immatriculés qu'ils tiraient leur autorité. Delà le style ancien des notaires, qui portait que les parties étaient comparues devant eux *comme en droit et en jugement*, ou que les parties l'avaient ainsi voulu; *partant, nous dits notaires les y avons condamnés d'autorité de notre dite jurisdiction*, c'est-à-dire, de la jurisdiction dont ils s'étaient dits notaires en commençant l'acte, et autres formules pareilles.

C'était en effet l'autorité de cette jurisdiction qui donnait aux actes l'exécution parée, comme à un jugement; c'était dans le nom de la même jurisdiction qu'en était faite la promulgation.

Tandis que cet usage a duré, on pouvait dire, quoiqu'assez improprement, que les notaires exerçaient une partie de la jurisdiction volontaire; mais la nouvelle législation a totalement changé cet ordre de choses. Elle a supprimé les anciens notaires pour en créer de nouveaux absolument indépendans du pouvoir judiciaire, et dont les fonctions n'ont rien de commun avec la jurisdiction, qui, comme l'enseignent les jurisconsultes (*Voy.* l'excellent Traité de l'autorité judiciaire, par M. Henrion-de-Pansey, pag. 143 et 144, et notre savant d'Argentré, Coutume de Bretagne, art. 1, note 2), consiste dans le droit de connaître et de juger, *in notione et judicio*, sans en excepter la jurisdiction volontaire.

Dans les actes de celle-ci comme dans ceux de la jurisdiction con-

212 (1). Dans la rédaction de la minute, le ministère du notaire est purement passif. Il n'est que le secrétaire ou le scribe des parties; il doit se borner à rendre leurs volontés fidèlement et avec clarté; il peut seulement et il doit les éclairer de ses conseils, donner à l'acte la forme que les lois ont prescrite, le faire souscrire ou signer par les parties, attester qu'elles l'ont signé ou qu'elles n'ont su ou pu le faire. C'est le concours des volontés des parties qui forme la loi du contrat.

213. Mais faute de promulgation, cette loi particulière qui ne porte point encore le caractère ou le sceau de l'autorité publique, ne pourrait pas plus être mise à exécution qu'un décret du corps législatif sans la promulgation du roi.

C'est dans la grosse ou dans les expéditions de

---

tentieuse, le juge a droit de connaître et de vérifier les faits pour se décider. Mais dans les premiers, il peut se décider d'après ses connaissances personnelles, ou sur la foi des exposans, comme dans les adoptions et les homologations d'un avis de parens pour la vente des biens de mineurs; au lieu que, dans les seconds, il est obligé de juger *secundùm allegata et probata*, sans pouvoir prendre un fait allégué pour certain, quoiqu'il en ait une connaissance personnelle; il est obligé d'en ordonner la preuve.

Or, le notaire n'a aucun droit de vérifier les faits; dans la rédaction de la minute, son ministère est purement passif: il n'a que la voie du conseil et de la représentation, si les parties se trompent, mais il ne décide, il ne juge rien. Dans la grosse et dans la promulgation, il n'est plus l'organe d'un juge ou d'un tribunal, mais celui du pouvoir exécutif, du roi, dont il est le délégué légal et immédiat. On ne peut donc plus dire sous aucun point de vue que les notaires aient la jurisdiction volontaire.

(1) *Voy.* tom. VIII; n°s. 67 et suiv., ce que nous disons des notaires. Sur les anciens notaires et tabellions, *voy.* Lefèvre de la Planche, Traité du domaine, tom. III, pag. 186, édit. in-4.° Paris, 1765.

l'acte que le notaire exerce une fonction vraiment publique. Non seulement il y certifie l'existence et la réalité de la loi du contrat (1), mais il en commande l'exécution au nom du roi, dont il est en quelque sorte le chancelier en cette partie. Il promulgue cette loi particulière suivant la formule solennelle usitée dans la promulgation des lois publiques : « Mandons et ordonnons *à tous* » *huissiers* sur ce requis, de mettre ces présentes » à exécution ; à tous commandans et officiers de » la force publique d'y prêter main-forte, lors- » qu'ils en seront légalement requis, etc. ; en foi » de quoi nous avons fait sceller ces présentes (2) ».

C'est cette promulgation qui donne aux actes notariés ce qu'on appelle l'exécution parée, *paratam*, c'est-à-dire qu'elle les rend susceptibles d'être exécutés dans tout le royaume, même hors du ressort du tribunal dans le territoire duquel les actes ont été passés, sans recourir aux tribunaux du lieu où se fait l'exécution, ou, comme on dit, sans *visa* ni *pareatis* (Art. 547 du Code de procédure ; loi du 25 ventôse an XI, art. 19).

Mais, pour être exécutoire hors du ressort, les actes notariés doivent être légalisés ; savoir : ceux des notaires à la résidence des tribunaux d'appel, lorsqu'on s'en servira hors de leur ressort ; et ceux

---

(1) A tous ceux qui ces présentes verront, salut. Savoir faisons que pardevant tel, notaire à..... furent présens, etc.

(2) Arrêté du gouvernement, du 15 prairial an XI, Bulletin des lois, pag. 447. Cette formule peut varier ; mais le fonds restera toujours le même.

des autres notaires, lorsqu'on s'en servira hors de leur département.

La légalisation doit être faite par le président du tribunal de première instance de la résidence du notaire, ou du lieu où sera délivré l'acte ou l'expédition (Art. 28 de la loi du 25 ventôse an XI, sur le notariat). *Voyez* aussi le tit. 1, sect. 2, art. 15 de la loi du 6 octobre 1791, sur la nouvelle organisation du notariat.

La légalisation n'est pas autre chose qu'une attestation de la vérité de la signature.

214. Au contraire, si l'acte qui contient le contrat n'est pas reçu par un notaire, s'il n'est passé que sous les seings-privés des parties ou verbalement, il n'en a pas moins force de loi entre elles; mais cette loi particulière, qui n'a ni authenticité, ni date assurée pour les tiers, ni existence publique, ne peut, faute de promulgation, être mise à exécution, sans recourir préalablement au pouvoir judiciaire par voie de demande.

Celui qui veut faire exécuter le contrat doit donc commencer par citer la partie réfractaire d'abord devant le juge-de-paix, par voie de conciliation, puis devant le tribunal civil compétent, et obtenir un jugement de condamnation, qui est promulgué au nom du roi, c'est-à-dire rendu exécutoire par le président du tribunal, suivant la formule prescrite.

La manière de donner cette citation, d'obtenir le jugement et de le faire exécuter, est l'objet d'un Code particulier, le Code de procédure civile.

SECTION III.

De l'Obligation de faire ou de ne pas faire.

SOMMAIRE.

215. *L'homme peut engager ses services et ses actions.*

216. *Néanmoins il ne peut être précisément contraint à un fait.*

217. *La loi se borne à le soumettre à des dommages et intérêts, s'il n'accomplit pas sa promesse.*

218. *Mais le créancier peut, si la chose est possible, faire détruire ce qui a été fait en contravention de l'engagement.*

219. *Quand et comment le débiteur peut se soustraire aux dommages et intérêts.*

220. *Si l'obligation de faire n'est point appréciable en deniers, le créancier peut demander la résolution du contrat.*

221. *Si l'obligation de faire passe aux héritiers du débiteur. Renvoi.*

215. Quiconque s'oblige à faire ou à ne pas faire, aliène une partie de sa liberté (1). Mais que deviendrait la société, si les hommes ne pouvaient engager leurs services et leurs actions? Il en est de nos actions comme des choses dont nous avons la propriété, nous pouvons les engager, soit gratuitement, soit pour un prix, soit par voie d'échange; et en les engageant, nous sommes aussi parfaitement obligés de remplir nos promesses, de faire ou de ne pas faire ce que nous avons

(1) Wolff, *Jus. nat.*, 3e. *part.*, § 360, *et* 1e. *part.*, § 436.

promis, que dans le cas où l'obligation consiste à donner.

Il faut donc poser en principe général que l'homme, en qualité d'être intelligent et libre, peut engager ses services et ses actions, en tout ce qui n'est pas défendu par les lois, par l'ordre public ou par les bonnes mœurs.

Sous ce point de vue, les actions de l'homme, autant qu'elles peuvent être utiles à ses semblables, sont dans le commerce, comme les choses proprement dites; mais elles en diffèrent en ce que, si j'ai promis de donner une chose, un cheval, par exemple, un tableau précieux, je puis être absolument contraint de les donner, c'est-à-dire d'en céder la possession et la propriété; et si je m'y refuse, celui auquel je l'ai promise peut, en suivant les formes prescrites, employer la force publique pour vaincre ma résistance, pour m'enlever la possession de la chose promise, et se la faire remettre.

216. Il en est autrement de la promesse de faire ou de ne pas faire. Si j'ai fait ce que j'avais promis de ne pas faire, on peut me punir, mais aucune puissance ne peut rappeler le passé, ni faire qu'il n'ait pas existé. Et quant à l'obligation de faire, il n'est pas moins vrai qu'on ne peut directement me contraindre à faire ce que je ne veux pas faire. *Nemo potest præcisè cogi ad factum.*

217. On pourrait, à la vérité, vaincre mon obstination par la saisie de mes biens, en me contraignant par corps; en un mot, en menaçant de m'infliger des peines qui me répugnent plus que

l'action àlaquelle je me refuse (1). Mais, par respect pour la liberté, les lois n'ont point étendu jusque-là leur pouvoir coercitif; elles se sont contentées de soumettre à des dommages et intérêts celui qui a faussé sa parole et manqué à ses engagemens, dans l'espoir souvent que l'indemnité à laquelle on le condamnera sera, comme il arrive presque toujours, au-dessous du prix réel de ce qu'il avait promis, ou, ce qui arrive plus souvent encore, parce que, n'ayant aucune fortune apparente, il sait qu'on peut le condamner à une indemnité, mais non pas la lui faire payer.

Les lois ont établi pour règle en cette matière que toute obligation de faire ou de ne pas faire, se résout en dommages et intérêts en cas d'inexécution de la part du débiteur (1142). *Instit.*, lib. 3, tit. 16, § 7.

218. Mais cette règle n'est établie qu'en faveur du créancier, qui, lorsque la chose est possible, a néanmoins le droit de demander que ce qui aurait été fait par contravention à l'engagement soit détruit, et qui peut se faire autoriser à le détruire aux dépens du débiteur, sans préjudice des dommages et intérêts, s'il y a lieu.

Par exemple, vous avez promis de ne pas exhausser votre maison, afin de ne pas priver la mienne du jour ou du soleil; vous l'avez exhaussée au mépris de cette obligation : je puis vous faire condamner à la réduire à son ancienne

(1) *Voy.* une Dissertation très-savante de Thomasius, *An promissor facti præstando id quod interest liberetur.* Dissertat., tom. IV, *diss.* 123.

hauteur ; et si l'exhaussement de votre maison m'avait causé quelque dommage, ou privé de quelque gain, je pourrais en outre vous faire condamner à me payer une indemnité.

Le créancier peut aussi, en cas d'inexécution, être autorisé à faire exécuter lui-même l'obligation aux dépens du débiteur (1144), lorsque la chose est possible.

Ainsi le créancier a l'option ou de demander des dommages et intérêts à dire d'experts, ou de demander que le défendeur soit condamné à exécuter ce qu'il a promis, à détruire ce qu'il a fait par contravention à son engagement, faute de quoi le demandeur sera autorisé à le faire faire, soit par ouvriers dont il retirera quittance, soit par adjudication, du montant de laquelle, ou du mémoire des ouvriers, dûment quittancé ou réglé, il lui sera décerné exécutoire, sans qu'il soit besoin d'autre jugement.

En vertu de cette condamnation, le demandeur, après l'ouvrage fait, s'adresse au président du tribunal, qui règle le mémoire, et décerne un exécutoire du montant de la somme, c'est-à-dire qu'il ordonne aux officiers ministériels de la justice de saisir et de vendre les biens des réfractaires condamnés jusqu'à concurrence de la somme et des frais.

219. Le défendeur, pour se soustraire aux dommages et intérêts qu'on lui demande, peut offrir de faire la chose qu'il avait promise, s'il en est encore temps sans préjudicier au demandeur, en lui payant néanmoins les dommages et

intérêts que le retard a causés. *Voy.* la section suivante.

220. Si le fait promis ne peut être apprécié en deniers, non plus que l'avantage qui en résulte pour le créancier où le préjudice qu'il souffre, il n'a d'autre ressource que de demander la résolution du contrat, en vertu de l'art. 1184, qui porte que la condition résolutoire est toujours sous-entendue dans les contrats synallagmatiques, pour le cas où l'une des parties ne satisfera point à son engagement.

221. Mais l'obligation principale de faire, passe-t-elle aux héritiers du débiteur? Sont-ils tenus d'accomplir le fait auquel leur auteur s'était obligé? C'est une question que nous examinerons dans le chapitre IV, en parlant des obligations réelles et personnelles et de la transmission des obligations.

SECTION IV.

Des dommages et intérêts résultant de l'inexécution des conventions, de la faute et de la demeure.

SOMMAIRE.

222. *Ce qu'on entend par dommages et intérêts. Division de la section.*

222. Nous avons vu que les conventions obligent non seulement à ce qui est y exprimé, mais encore à toutes les suites que *l'équité, l'usage* ou *la loi*, donnent à l'obligation, d'après sa nature

(1135). La principale de ces suites consiste dans les dommages et intérêts qui sont dus à l'une des parties par celle qui n'exécute pas son obligation, ou qui a retardé de l'exécuter. C'est une obligation qui naît de la loi et de l'équité, c'est la sanction des conventions.

Les dommages et intérêts consistent en général dans l'indemnité de la perte que le créancier a faite dans son patrimoine, et du gain dont il est privé (1149). *Lucrum cessans, damnum emergens.*

Ce que nous avons à dire sur les dommages et intérêts se réduit à ces trois points, que nous examinerons dans les paragraphes suivans : 1°. quelles sont les causes et les fautes pour lesquelles les dommages et intérêts sont dus ; 2°. quand ils sont encourus par le retard ou la demeure dans l'exécution de l'obligation ; 3°. en quoi ils consistent, quelle est leur étendue, comment ils sont fixés.

---

§ Ier.

Des causes et des fautes pour lesquelles sont dus les dommages et intérêts.

SOMMAIRE.

223. *Le dol ou la mauvaise foi et la faute obligent aux dommages et intérêts.*
224. *Quand il y a dol ou mauvaise foi.*
225. *On répond toujours des suites du dol ou de la mauvaise foi.*
226. *Nullité de la clause par laquelle on conviendrait de n'en point répondre.*
227. *On ne répond point des cas fortuits ni de la force majeure.*
228. *Exception à cette règle.*

229. *C'est au débiteur à prouver les cas fortuits qu'il allègue.*
230. *Autrement il est en* faute. *Division des fautes en grossières, légères et très-légères.*
231. *Règles établies sur cette division par les interprètes; leur inutilité.*
232. *Elles sont rejetées par le Code. Chacun répond du* dommage *causé par la faute la plus légère.*
233. *Tout fait, toute omission qui cause du dommage est une faute.*
234. *Abrogation formelle des règles établies par les interprètes.*
235. *La question d'imputabilité est abandonnée à la prudence des juges.*
236. *Renvoi à chaque contrat pour les règles qui lui sont particulières.*
237. *Différence entre le* dommage *et les* intérêts. *Renvoi.*

223. Les dommages et intérêts sont dus, soit à raison de l'inexécution, soit à raison du retard dans l'exécution de l'obligation (1147). L'inexécution et le retard proviennent de trois causes, du dol ou de la mauvaise foi de l'autre partie, de sa faute, ou enfin d'une cause étrangère qui ne peut lui être imputée; c'est ce qu'on appelle cas fortuit, force majeure.

224. Il y a dol toutes les fois que l'une des parties n'a point exécuté ou a retardé d'exécuter l'obligation dans le dessein de nuire à l'autre (1). Il y a mauvaise foi lorsque, sans avoir précisément le dessein de nuire, le débiteur manque à ses engagemens, pour se procurer un bénéfice plus considérable; comme lorsqu'un entrepre-

---

(1) *Ad dolum requiritur propositum lædendi.* Thomasius, *dissert. de usu pratico doctrinæ, de culparum præstatione in contractibus*, § 14. *Dolus, cùm adest lædendi animus; culpa, factum inconsultum quo alteri nocetur. Vid.* Huberus, *in instit.*, *lib.* 1, *tit.* 26, n°. 6.

neur abandonne le marché qu'il avait fait pour en contracter un plus avantageux ; lorsqu'on néglige les affaires d'autrui dont on est chargé pour faire les siennes propres ; lorsqu'on manque à ses engagemens par ignorance des choses que les personnes les moins intelligentes comprennent, ou par omission des précautions que les personnes les moins soigneuses ont coutume de prendre. Loi 213, § 2 ; loi 223, ff *de V. S.* Par exemple, si je laisse dans un lieu dont l'accès est libre à tout le monde, la chose confiée à ma garde, cette espèce de faute est assimilée au dol en jurisprudence. C'est en effet une sorte de dol que de préférer sciemment ses intérêts à l'accomplissement de ses devoirs, ou de ne pas faire ce que font les personnes les moins intelligentes et les moins soigneuses. De là cet axiome du jurisconsulte Paul, *magna culpa dolus est.* Loi 226, ff *de V. S.* (1).

225. On répond toujours des suites de son dol ou de sa mauvaise foi. Il y a même certains cas déterminés par les lois où le dol est puni de peines plus ou moins sévères, suivant les circonstances. La moindre peine qu'on puisse infliger à l'homme de mauvaise foi qui a manqué à sa parole, est de le condamner aux dommages et intérêts de l'autre contractant. C'est alors surtout que les dommages et intérêts doivent être fixés à leur plus grande étendue.

---

(1) *Voy.* aussi loi 32, ff *depositi vel contrà*, 16, 3, et *ibi* Godefroi ; loi 8, § ult., ff *mandati*, 17, 1 ; loi 22, § 3, ff *ad sen. cons Trebell.*, 36, 1.

226. Ainsi, dans tous les contrats, chacun répond de son dol et de sa mauvaise foi. La clause par laquelle on aurait stipulé qu'on n'en répondrait point, serait nulle, comme contraire aux bonnes mœurs, et tendant à favoriser la mauvaise foi. Les contractans ne sont pas plus libres de se décharger de répondre de la mauvaise foi et des fautes grossières, que de répondre du dol (1).

227. A l'égard des causes étrangères qu'on ne peut imputer à celui qui n'a pas exécuté ou qui a tardé d'exécuter le contrat, personne n'en est tenu, *casum nemo prestat* (2); c'est la règle ancienne et générale, dictée par la raison et consacrée par l'art. 1148 : « Il n'y a lieu à aucuns dommages et intérêts, lorsque, par suite d'une force majeure ou d'un cas fortuit, le débiteur a été empêché de donner ou de faire ce à quoi il était obligé, ou a fait ce qui lui était interdit. »

228. Il y a cependant plusieurs exceptions à cette règle, 1°. si l'une des parties a spécialement répondu des cas fortuits et de la force majeure (3); 2°. si le cas fortuit avait été précédé de quelque faute de sa part, sans laquelle la perte ne serait

---

(1) Loi 23, ff *de R. J.*, Vinnius, *de sælectis jur. quæst.*, lib. 1, cap. 52. Le nouveau Denisart, v°. *Faute.*

(2) *Animalium verò casus, mortes, quæque sine culpâ accidunt, fugæ servorum, qui custodiri non solent, rapinæ, tumultus, incendia, aquarum magnitudines, impetus prædonum, à nullo præstantur.* Loi 23, ff *de R. J.*

(3) Art. 1302. Pothier, des Obligations, n°. 142, *in fine* n°. 632; et Traité du contrat de louage, n°. 178. Vinnius, *de sælectis juris quæst.*, lib. 2, cap. 1.

pas arrivée (1807, 1881); comme si l'emprunteur avait employé la chose prêtée à d'autres usages, s'il avait conduit dans un lieu un cheval prêté pour aller dans un autre (Pothier, n°. 142, *in fin.*); 3°. si le débiteur était en retard d'exécuter le contrat, comme si la perte fortuite de la chose empruntée arrivait après le temps fixé pour la rendre (1881).

Cette troisième exception reçoit une limitation fondée sur l'exacte justice, dans le cas où, malgré la demeure du débiteur, la chose eût également péri entre les mains du créancier; car alors ce n'est point la faute ou la négligence du débiteur qui a occasionné cette perte, laquelle, par conséquent, doit être à la charge du créancier propriétaire de la chose, suivant la maxime *res perit domino.*

Cette limitation est littéralement prononcée par l'article 1042, en faveur des héritiers du testateur, et elle est rendue générale à tous les débiteurs en demeure, par l'art. 1302.

229. C'est à celui qui n'a pas exécuté son obligation, ou qui a tardé de l'exécuter au préjudice de l'autre partie, de prouver son excuse, en justifiant que l'inexécution ou le retard provient d'une cause étrangère, qui ne peut lui être imputée (1147, 1302).

230. S'il ne peut faire cette preuve sans que néanmoins il y ait contre lui preuve de dol ou de mauvaise foi, il y a seulement *faute* de sa part; car le débiteur est en *faute* toutes les fois qu'il a *failli* de remplir son obligation sans excuse légitime, sans en avoir été empêché par un événe-

ment qu'on ne peut lui imputer. Ainsi, en jurisprudence, toute contravention à un engagement est une *faute;* toute action, toute omission qui est l'effet de la négligence, du défaut de soin ou de l'ignorance, à l'égard des choses que l'on pouvait ou que l'on devait savoir, est une *faute.*

Mais les fautes ne sont égales ni en morale ni en jurisprudence. Il faut donc examiner si toutes les fautes soumettent aux dommages et intérêts le débiteur qui a manqué d'exécuter, ou retardé d'exécuter ses obligations.

Les interprètes du droit romain avaient élevé sur ce point une théorie regardée comme l'une des plus subtiles et des plus embarrassées de toute la jurisprudence (1). Les plus habiles convenaient de bonne foi que cette doctrine présentait des difficultés (2) inextricables.

Ils établissaient trois degrés de faute, la faute lourde ou grossière, *lata culpa*, la faute légère, *levis culpa*, la très-légère, *levissima culpa.* Cette division était fondée sur la différence que l'on observe dans les mœurs et dans la conduite des pères de famille. On en remarque qui sont tout adonnés à leurs plaisirs plutôt qu'à leurs affaires, qui, loin de conserver leur patrimoine, le consomment en vanités, ou le laissent dépérir par

---

(1) *Pro omnium difficillimis jure meritoque haberi possunt, triga doctrinarum de pactorum et contractuum differentiâ, de jurisdictione et de præstatione culparum in contractibus.* Thomasius, *ubi supra*, § 1.

(2) Donellus, *Comment. jur. civ.*, lib. 7, cap. 7.

insouciance, afin d'avoir plus à dépenser; de ces hommes *fruges consumere nati*, qui mangent leurs fonds après leurs revenus.

Le bon père de famille, au contraire, est celui qui est économe et frugal sans avarice, honorable sans prodigalité, propre et décent dans sa mise et dans son ménage, mais sans luxe; qui, en un mot, use de ses biens sans en abuser, toujours prêt à les réparer, ou même à les améliorer, pour les transmettre aux héritiers que la nature et la loi lui ont donnés.

Enfin, il y en a d'autres doués d'une vigilance et d'une activité infatigables dans leurs affaires. C'est l'homme aux cent yeux, qui ne se couche jamais sans avoir fait sa revue, sans s'être assuré que tout est en ordre dans sa maison.

La faute lourde ou grossière, *lata culpa*, consiste, suivant les interprètes, à ne pas apporter aux affaires d'autrui le soin que les mauvais pères de famille, les personnes les moins soigneuses et les plus bornées ne manquent pas d'apporter à leurs affaires. Cette faute était opposée à la bonne foi, et comparée au dol, *dolo æquiparatuo.*

La faute légère consiste à ne pas apporter aux affaires dont on est chargé le soin qu'un bon père de famille apporte aux siennes.

Enfin, la faute très-légère consiste à ne pas apporter aux affaires d'autrui le soin que les personnes les plus actives, l'homme aux cent yeux, apportent à leurs affaires : elle était opposée à l'exacte diligence, *exactissimæ diligentiæ.*

231. Ces principes posés, les docteurs établis-

saient différentes règles sur la prestation, ou la responsabilité des fautes dans les contrats. Pothier (1) les réduit aux trois suivantes :

1°. Dans les contrats qui sont faits pour le seul intérêt du créancier, comme le dépôt, on n'exige du débiteur que de la bonne foi : il n'est tenu que de la faute lourde, *de latâ culpâ ;*

2°. Dans les contrats et *quasi contrats* qui se font pour l'intérêt réciproque des parties, tels que la vente, etc., chacune d'elles n'est tenue que de la faute légère, *de levi culpâ ;*

3°. Dans les contrats qui sont faits pour le seul intérêt de celui qui a reçu, tels que le prêt à usage ou commodat, le débiteur répond de la faute la plus légère, *de levissimâ culpâ.*

Cette doctrine séduit d'abord, parce qu'elle se grave facilement dans la mémoire ; mais quand il faut en faire l'application dans la pratique, la comparer en détail aux différentes lois du Digeste qui parlent de la prestation des fautes, on est arrêté par des difficultés inextricables, de l'aveu même des plus habiles interprètes.

Un jurisconsulte d'un mérite supérieur, qui joignait à une sagacité rare une grande profondeur d'esprit et une vaste érudition, Thomasius (2) a

---

(1) *Voy.* l'observation imprimée à la fin du II.e vol. de son Traité du Contrat de mariage, où ces règles sont expliquées en détail. *Voy.* aussi son Traité des Obligations, n°. 142.

Au reste, ces règles ne sont pas posées de la même manière par tous les auteurs.

(2) *Dissertatio de usu practico doctrinæ de culparum præstatione in contractibus.* Tom. II, *dissertationum*, pag. 1006.

soumis cette doctrine à l'examen de la raison, et il a démontré que la division des fautes en trois degrés manque d'exactitude; que les définitions des fautes lourdes, légères et très-légères, n'ont point une signification assez fixe, assez absolue pour les appliquer avec certitude dans la pratique; que l'on confond souvent et facilement le dol et la faute lourde, la faute très-légère et l'accident, ou le cas imprévu; que les fautes légères et très-légères n'offrent point des différences assez marquées ni assez caractéristiques pour qu'on puisse les discerner avec justesse; que la faute légère est un terme relatif dont la signification varie nécessairement, parce que telle faute qui est légère dans tel individu, devient lourde ou griève dans tel autre;

Que, pour sauver l'injustice qu'entraîneraient dans leur application les règles établies par les interprètes d'après cette division, ils les ont soumises à tant d'exceptions, que ces exceptions finissent par être plus nombreuses que les règles; que souvent ces règles ne sont point conformes à l'équité naturelle; qu'elles ne sont d'aucune utilité au barreau; que les jurisconsultes romains n'étaient point d'accord sur cette doctrine, qui ne peut être réduite à des règles fixes et certaines, parce que la décision dépend toujours des circonstances et de la question d'imputabilité.

232. On peut voir dans l'auteur même avec quelle force de raisonnement et avec quelle érudition il prouve ce qu'il avance. Pour éviter des détails qui nous entraîneraient trop loin, nous

nous contenterons d'indiquer la source où l'on peut puiser, pour se convaincre que c'est avec raison que les législateurs ont rejeté cette obscure et inutile doctrine des interprètes (1). Le Code s'est rapproché du droit naturel, suivant lequel tout homme doit réparer le tort qu'il a causé à autrui par sa faute, même la plus légère.

Ce principe est consacré par l'art. 1382 : *Tout fait quelconque de l'homme*, c'est-à-dire, *toute action ou omission qui cause à autrui un dommage, oblige celui par la faute duquel il est arrivé, à le réparer.*

L'art. 1383 ajoute : « Chacun répond du dommage qu'il a causé, non seulement par son fait, » mais encore par sa *négligence* ou par son *imprudence.* »

Ainsi la responsabilité s'étend à la faute la plus légère, à une simple négligence, à une simple imprudence. Telle est la règle générale ; elle est fondée sur ce précepte sublime de la morale divine, *ne fais pas à autrui ce que tu ne veux pas qu'on te fasse à toi-même.*

233. Il faut donc entendre par faute en cette matière, tout fait, toute omission, qui causent du dommage à autrui, et qui peuvent être imputés à celui qui les a commis, quand même il

---

(1) Bigot-Préameneu, Exposé des motifs, tom. v. pag. 17, édition de Didot, dit fort bien : « Cette division des fautes est plus » ingénieuse qu'utile dans la pratique... La théorie par laquelle on » divise les fautes en plusieurs classes, sans pouvoir les déterminer, » ne peut que répandre une fausse lueur, et devenir la matière de » contestations plus nombreuses. »

n'y aurait de sa part aucune mauvaise foi. C'est ce que nous apprend l'art. 1147, fondé sur les mêmes principes que les art. 1382 et 1383: « Le débiteur est condamné, *s'il y a lieu*, au paiement de dommages et intérêts, soit à raison de l'inexécution de l'obligation, soit à raison du retard dans l'exécution, *toutes les fois qu'il ne justifie pas que l'inexécution provient d'une cause étrangère qui ne peut lui être imputée, encore qu'il n'y ait aucune mauvaise foi de sa part.* »

Le débiteur n'est excusé, suivant l'art. 1148, que dans le cas où il a été empêché de donner ou de faire ce à quoi il était obligé, ou a fait ce qui lui était interdit, *par suite d'une force majeure ou d'un cas fortuit.*

Il s'ensuit donc qu'il répond de ses fautes, même les plus légères, puisqu'il répond de tout ce qui peut lui être imputé, hors le cas fortuit et la force majeure.

234. L'abrogation des règles établies par les interprètes est encore plus formellement énoncée dans les art. 1136 et 1137. Le premier porte que l'obligation de donner emporte celle de conserver la chose jusqu'à la livraison; le second ajoute que cette obligation est la même, *soit que la convention n'ait pour objet que l'utilité de l'une des parties, soit qu'elle ait pour objet leur utilité commune;* que, dans l'un comme dans l'autre cas, le débiteur doit apporter à la conservation de la chose *tous les soins d'un bon père de famille.*

Voilà donc l'ancienne doctrine formellement rejetée, la règle établie par les interprètes entre les contrats *in quibus utriusque partis, vel unius tantùm versatur utilitas*, spécialement abrogée, et enfin la distinction de la faute légère et très-légère anéantie. Le débiteur est tenu d'apporter à la conservation de la chose *tous les soins* d'un bon père de famille. Le Code n'en excepte pas les moindres soins, il les exige *tous* : donc le débiteur répond de la faute la plus légère, pourvu qu'elle puisse lui être imputée. Ainsi, quoique les fautes ne soient pas égales en morale ni aux yeux de la loi, lorsqu'il s'agit de les punir, toutes sont égales lorsqu'il ne s'agit que de réparer le *dommage* qu'elles ont occasionné. Tout dépend de la question de savoir si elles sont imputables (1).

235. Mais cette question d'imputabilité est nécessairement abandonnée à la prudence des magistrats, parce qu'elle dépend de mille circonstances que la loi ne peut prévoir : aussi l'art. 1147 n'ordonne de condamner aux dommages et intérêts le débiteur qui n'a pas exécuté ou qui a tardé d'exécuter l'obligation, que *s'il y a lieu*, expressions qui laissent au magistrat le pouvoir de juger l'excuse et la question d'imputabilité. L'art. 1137 porte également que cette imputabilité est plus ou moins étendue, relativement à certains contrats dont les effets à cet égard sont expliqués dans les titres qui les concernent.

---

(1) « L'excuse, dit fort bien M. Bigot-Préameneu, est réduite » au cas où la cause étrangère au débiteur ne peut lui être im» putée. Il serait injuste de le rendre responsable de l'impossibilité » absolue. » Procès-verbal des conférences, tom. VII, pag. 252, séances du 11 brumaire an XII.

236. Nous suivrons l'exemple du Code, en renvoyant aux titres qui traitent des différens contrats, ce qu'ils ont de particulier, en ce qui concerne la responsabilité ou la prestation des fautes. Il nous suffit d'établir, quant à présent, que, dans les principes du Code, comme dans les principes de la morale, on doit réparer le *dommage* que l'on a causé à autrui par la faute même la plus légère; parce qu'enfin, quelque légère que soit cette faute, elle n'est pas une raison suffisante pour appauvrir le prochain, encore moins pour enrichir celui qui l'a commise (1), quoique par mégarde et sans aucune mauvaise intention.

237. Remarquez que nous disons seulement ici, avec les art. 1382 et 1383, *le dommage, damnum emergens;* nous n'ajoutons pas les dommages et *intérêts, lucrum cessans.* Cette remarque aura dans la suite son application.

---

(1) C'est cependant ce qui résulterait de l'ancienne régle que le vendeur n'est tenu que de la faute légère. Il s'ensuivrait que si la chose a péri par une faute très-légère de sa part, il s'enrichira du prix et appauvrira l'acheteur.

§ II.

Quand les dommages et intérêts sont encourus par le retard ou la demeure.

SOMMAIRE.

238. *Les dommages et intérêts sont dus par le seul fait de la contravention dans les obligations*, in non faciendo.
239. *Distinctions à l'égard des autres obligations.*
240. *Ce qu'on entend en jurisprudence par* demeure.
241. *Principes du droit romain sur ce point. Dans les obligations sans terme, il fallait une interpellation pour constituer le débiteur en demeure.*
242. *Dans les obligations à terme*, dies interpellabat pro homine, *l'échéance valait interpellation.*
243. *Cas où le débiteur était constitué en demeure par la loi.*
244. *En droit français, l'expiration du terme ne suffit point pour constituer le débiteur en demeure.*
245. *On ne pouvait autrefois stipuler que le débiteur serait en demeure par l'échéance du terme, sans sommation. Injustice de cette jurisprudence.*
246. *Réformée par le Code, qui permet de stipuler que le débiteur sera en demeure par l'échéance du terme sans sommation.*
247. *Les tribunaux s'exposeraient à la censure s'ils modifiaient une pareille stipulation.*
248. *Suivant le Code, le débiteur est constitué en demeure de quatre manières.*
249. 1°. *Par la convention, et comment.*
250. 2°. *Par la loi. Exemples relatifs au réméré, aux prêts, aux rentes constituées, etc.*
251. 3°. *Par le seul fait de l'inexécution, lorsque la chose ne pouvait être faite ou donnée que dans un certain temps. Exemples.*
252. 4°. *Par une sommation ou autre acte équivalent.*

253. *Quels actes équivalent à une sommation. Ils doivent être écrits.*

254. *Effet de la demeure. Elle confère au créancier un droit acquis.*

255. *Le débiteur ne peut le lui enlever par des offres tardives.*

256. *La demeure est purgée par la renonciation expresse ou tacite du créancier.*

257. *La sommation est-elle éteinte par la* surannation *ou la péremption.*

258. *La demeure acquise par une assignation en justice n'est pas purgée par le laps de trois ans, mais seulement par la demande en péremption.*

259. *Elle est purgée par le laps d'un mois écoulé sans poursuite sur la citation en conciliation.*

260. *S'il n'y a eu qu'une sommation extrajudiciaire, le magistrat peut, suivant les circonstances, juger s'il y a renonciation au droit acquis par la demeure.*

261. *La demeure est purgée si le créancier ne se présente pas au lieu et au jour fixés par la convention ou par la loi.*

262. *Application de ce principe au cas où la rente constituée n'a pas été payée pendant deux ans.*

238. Il faut d'abord distinguer entre les obligations de faire ou de ne pas faire. Si l'obligation consiste à ne pas faire, celui qui y contrevient doit les dommages et intérêts par le seul fait de la contravention (1145).

239. Dans les autres obligations, « les dommages et intérêts ne sont dus, dit l'art. 1146, que lorsque le débiteur est en *demeure* de remplir son obligation, excepté néanmoins lorsque la chose que le débiteur s'était obligé de donner ou de faire, ne pouvait être donnée ou faite que dans un certain temps qu'il a laissé passer. »

Il faut donc examiner quand le débiteur est en demeure, et distinguer entre les obligations pures et simples, à terme, ou conditionnelles (1).

L'exécution des obligations pures et simples peut être exigée de suite et sans délai, *confestìm peti potest*; celle des obligations à terme n'est exigible qu'après son expiration, c'est-à-dire après que le jour fixé pour le terme est entièrement écoulé; car ce jour est accordé tout entier au débiteur. Avant la fin du jour, il n'est pas certain qu'il ne satisfera point à son obligation. § 2, *Inst. de V. O.*

Quant aux obligations conditionnelles, elles ne sont exigibles qu'après l'accomplissement de la condition; elles sont alors dans la classe des obligations pures et simples.

Dans les conventions à terme, il est évident que le débiteur n'est point en retard avant l'expiration du jour fixé, puisque le créancier ne peut rien exiger auparavant.

240. Si l'obligation est pure et simple, si le terme est expiré, ou la condition accomplie, l'obligation doit être exécutée de suite et sans délai, faute de quoi le débiteur est en retard ou en demeure, dans le sens ordinaire de ce mot; mais est-il soumis aux dommages et intérêts par ce seul retardement? Est-il en *demeure* dans le sens juridique de ce mot, devenu terme technique (2)

---

(1) Sur ces trois espèces d'obligations, *voy.* ci-après, chap. 4, des Diverses espèces d'obligations; le § 2, *Instit. de V. O.*, *lib.* 3, *tit.* 16, et *ibi* Vinnius.

(2) *Cùm de morâ disputamus, non quærimus quæ sit potestas*

pour exprimer cette espèce de retardement qui soumet le débiteur aux dommages et intérêts?

241. Pour développer convenablement cette question, qui est d'un usage journalier dans la pratique, il faut remonter à l'ancienne jurisprudence.

Le droit romain avait sur ce point des principes fort raisonnables. Si la convention ne fixait point de terme pour le paiement ou pour l'exécution de l'obligation, le débiteur n'était point en *demeure* avant la demande ou l'interpellation du créancier; parce qu'on présumait que dans une pareille convention, l'intention des parties avait été seulement de rendre l'obligation exigible à volonté, d'obliger le débiteur à tenir la chose à la disposition du créancier, et non de l'astreindre à l'offrir. C'est ainsi que, dans les billets payables à vue ou à présentation, celui qui doit payer n'est point tenu de le faire avant que le porteur se présente pour recevoir. Le débiteur n'était donc point en demeure, tandis que le créancier ne demandait pas; car il ne contrevenait en rien aux lois de la convention (1). Il n'était pas à présumer que le créancier qui pouvait exiger l'exécution de l'obligation, et qui ne l'exigeait point, éprouvât aucun préjudice d'un retardement qu'il pouvait s'imputer à lui-même. Il fallait donc, pour constituer le débiteur en demeure, une interpellation judi-

---

verbi, suis quo certum est rei moram, sive tardiorem solutionem contineri, sed quæ sit mora jure judicioque emendanda, ideò quia injuriâ nocuit. Noodt; *de fœnor. et usur., lib.* 3, *cap.* 9, *pag.* 209.

(1) Noodt, *ubi suprà.*

ciaire ou extrajudiciaire ; c'est ce que les jurisconsultes appelaient *mora ex personâ.*

242. Mais si la convention fixait un terme, il n'était besoin d'aucune interpellation pour constituer le débiteur en demeure; il ne pouvait ignorer ni l'obligation qu'il avait contractée à jour fixe, ni la volonté du créancier exprimée d'une manière positive. Tout autre avertissement était superflu. Le jour avertissait suffisamment le débiteur, *dies interpellabat pro homine* (1); c'est ce qu'on appelait *mora ex re.*

243. Le débiteur était encore constitué en demeure *ex re*, c'est-à-dire, de plein droit et par la disposition de la loi en plusieurs autres cas (2). Par exemple, dans le cas des ventes, lorsque l'acquéreur ne payait pas le prix après la tradition de la chose. Loi 13, § 20, *de act. empt.*, 19, 1. En faveur des mineurs. Loi 3, *Cod. in quid. caus.*, *in integrum restitutio necessaria non est*, 2, 40. Dans le cas de la redevance due par l'emphythéote. Loi 2, *Cod. de jure emphyt.*, 4, 66.

244. Dans la jurisprudence française, l'expiration du terme fixé par la convention ne suffisait point en général, et ne suffit point encore

---

(1) Ce point de jurisprudence fut invariablement fixé par Justinien, dans la loi 12, Cod. *contrah. et commit. stip.*, 8, 38.

(2) *Mora ex re fit*, *sine interpellatione*, *adeòque lege introducitur*, *sine facto hominis*, *seu quando res ipsa moram in se continet. Licet enim nulla intelligatur mora fieri*, *ubi nulla petitio est.* Loi 88, *de R. J. Sciendum tamen est*, *non ab homine tantùm interpellationem fieri*, *sed et legem*, *atque etiam diem pro homine interpellare*, *si modò dies certus obligationi adjectus sit.* Voët, *in Pandect.*, *lib.* 22, *tit.* 1, n°s. 26 *et seq.*

aujourd'hui pour constituer le débiteur en demeure. Lorsqu'à l'époque convenue, le créancier reste dans l'inaction, lorsqu'il ne provoque point le paiement ou l'exécution de l'obligation, on présume, comme on le faisait à Rome dans les obligations pures et simples, qu'il n'éprouve aucun préjudice du retardement. Il ne peut donc prétendre de dommages et intérêts. Pour constituer le débiteur en demeure, il faut, suivant l'art. 1130, *une sommation ou autre acte équivalent.*

245. Suivant la jurisprudence antérieure au Code, les deux parties auraient inutilement stipulé que le débiteur sera constitué en demeure par la seule échéance du terme, sans qu'il soit nécessaire de sommation ou autre acte équivalent, par le seul fait et sans ministère de justice. Quelques expressions qu'elles eussent employées pour manifester leurs volontés de la manière la plus formelle, les tribunaux s'obstinaient à croire et à décider que ces sortes de clauses ne devaient avoir d'effet qu'à l'arbitrage du juge, qui restait le maître de les faire exécuter à la rigueur, de les modérer, ou de n'y avoir aucun égard. C'est ce qu'on appelait des clauses *comminatoires*, du mot latin *comminari*, menacer; des clauses qui n'étaient que de simples menaces.

C'était une étrange jurisprudence que celle qui, sous le prétexte d'une équité imaginaire, permettait aux juges de violer l'exacte et rigoureuse justice, en se permettant de dispenser de l'exécution littérale des conventions qui sont la loi des contractans. Argou, dans ses Institutions au droit français, liv. 3, chap. 27, observe avec raison que c'était autoriser la mauvaise foi, et réduire les contractans à ne pouvoir prendre aucunes mesures certaines pour l'exécution des choses dont on est convenu, et dont le temps fait souvent la principale partie (1).

M. Merlin; Question de droit, v°. *Emphytéosé*, § 3, dit fort bien que cette doctrine était marquée au coin de l'erreur la plus manifeste, destructive des conditions sans lesquelles les contrats n'auraient pas eu lieu; qu'elle était attentatoire à la foi publique, et qu'elle attaquait les conventions sociales jusque dans leurs bases les plus sacrées.

246. Le Code a réformé cette jurisprudence injuste; cependant il n'en est point entièrement revenu à la maxime simple et raisonnable du droit romain, que l'expiration du terme suffit pour constituer le débiteur en demeure; mais il permet aux contractans d'en faire une stipulation spéciale. L'article 1139 porte que le débiteur est constitué en demeure *par l'effet de la convention, lorsqu'elle porte sans qu'il soit besoin d'acte, et par la seule échéance du terme, le débiteur sera en demeure.*

On peut remarquer que cet article se trouve dans la section 2, qui est particulière aux obligations de donner. Il n'en faut pas conclure que

(1) *Voy.* aussi le nouveau Denisart, v°. *Clause comminatoire*, tom. IV, pag. 566, et *Clauses pénales*, *ibid.*; le nouveau Répertoire, v°. *Clause comminatoire* et v°. *Clause résolutoire.*

sa disposition n'est pas générale ni applicable aux autres obligations. Ce serait une erreur; l'article 1146, qu'on trouve dans la 4e. section, commune à toutes les espèces d'obligations, porte que les dommages et intérêts ne sont dus *que lorsque le débiteur est en demeure* de remplir son obligation. Or, nul article de la même section n'indique quand le débiteur est constitué en demeure: il faut donc, pour le savoir, recourir à l'art. 1139, qui décide la question de la manière la plus générale, et qui s'applique par conséquent à toutes les espèces d'obligations, à celles de faire aussi bien qu'à celles de donner.

247. Ainsi les tribunaux, qui ne sont établis que pour juger les faits et appliquer la loi, excéderaient évidemment leurs pouvoirs, et s'exposeraient à la censure, si, sous prétexte d'équité, ils se permettaient encore de modifier une pareille convention, ou de n'y point avoir égard.

248. En résumant les principes du Code sur la demeure, on trouve que le débiteur peut être constitué en demeure, 1°. par la convention; 2°. par la disposition de la loi; 3°. par le seul fait de l'inexécution, lorsque la chose qu'il s'était obligé de donner ou de faire ne pouvait être donnée ou faite que dans un certain temps qu'il a laissé passer (1146); 4°. par la sommation ou autre acte équivalent (1139).

249. 1°. Le débiteur est constitué en demeure par la convention, *lorsqu'elle porte que, sans qu'il soit besoin d'acte, et par la seule échéance du terme, le débiteur sera en demeure* (1139).

Mais est-il nécessaire de cumuler ces deux phrases incidentes? Ne suffit-il pas qu'il soit exprimé que le débiteur sera constitué en demeure par *la seule échéance du terme?* Faut-il indispensablement ajouter *sans qu'il soit besoin d'acte?* Grammaticalement parlant, il est certain que la première phrase renferme la seconde. Dire que *la seule échéance* du terme constitue le débiteur en demeure, c'est dire suffisamment qu'*il n'est pas besoin d'acte*. Cette addition ne semble donc qu'une redondance ou un pléonasme inutile, qu'on devrait s'interdire dans le style grave, concis et majestueux de la loi.

On peut répondre qu'il n'est pas à présumer qu'il existe de mots inutiles dans la loi; que si cette redondance est superflue pour les personnes instruites, le législateur a pu penser qu'elle était utile ou même nécessaire pour faire sentir aux personnes sans instruction, et pour graver dans leur esprit, la force et le sens de la stipulation que le débiteur sera constitué en demeure par la *seule échéance* du terme, ou simplement *par l'échéance du terme;* qu'en ajoutant qu'il ne sera besoin d'aucun acte postérieur au terme, il est impossible que les personnes les moins intelligentes ne comprennent pas le vrai sens de la stipulation.

Il serait donc très-imprudent de ne pas ajouter la clause *sans qu'il soit besoin d'acte ou d'interpellation*, d'autant plus que nous avons contracté en France l'habitude vicieuse de cumuler dans les actes une foule de mots inutiles, dans la crainte de laisser échapper le mot propre, le seul nécessaire, le seul qui ne soit pas équivoque; et que, d'un autre côté, les tribunaux sont devenus superstitieusement attachés à la lettre de la loi.

Cependant il paraît difficile de penser qu'un arrêt puisse être cassé comme contraire à la loi, pour avoir jugé la demeure encourue par l'échéance du terme, dans un cas où la stipulation portait que le débiteur serait constitué en demeure *par la seule échéance du terme*, sans avoir ajouté qu'il *ne serait pas besoin d'acte*.

Quoique la stipulation porte que le débiteur sera en demeure par l'échéance du terme, *sans qu'il soit besoin d'acte*, s'il s'agissait de l'obligation de donner une somme ou une chose dont le paiement doit régulièrement être fait au domicile du débiteur (1247, 1258, n°. 6), le créancier n'en serait pas moins obligé de constater qu'il s'y est présenté au jour de l'échéance pour recevoir le paiement. *Vid. infrà*, n°s. 261 *et* 262, et ce que nous disons ci-après sur l'effet des conditions résolutoires, chap. 4, sect. 1.

Il en serait de même s'il y avait un lieu désigné pour le paiement : le créancier est obligé de constater par un acte qu'il s'y est présenté en personne ou par un mandataire, au jour fixé par la convention.

250. 1°. A défaut de stipulation expresse pour opérer la demeure par la seule échéance du terme, sans qu'il soit besoin d'acte (1139), la loi constitue en plusieurs cas le débiteur en demeure par le seul fait de la non exécution de l'obligation dans le temps convenu par le contrat; c'est ce que les auteurs ap-

pellent *mora ex lege.* Voët, *in tit. de usuris*, n°. 27.

Ainsi, 2°. contre ce qui se pratiquait assez généralement dans la jurisprudence antérieure au Code, faute par le vendeur d'avoir exercé son action de réméré dans le terme prescrit, il en est déchu, et l'acquéreur demeure propriétaire irrévocable (1662). Le terme fixé est de rigueur, et ne peut être prolongé par le juge (1661).

Ainsi, 3°. dans le prêt à usage ou commodat, l'emprunteur est constitué en demeure par l'échéance du terme, et si l'emprunteur emploie la chose à un autre usage, ou *pour un temps plus long qu'il ne le devait*, il sera tenu de la perte arrivée, même par cas fortuit (1881), à moins que la chose n'eût également péri chez le prêteur (1302).

Ainsi, 4°. le débiteur d'une rente constituée en perpétuel (1) à prix d'argent ou autrement, même antérieurement à la promulgation du Code, peut être contraint au rachat, s'il cesse de remplir ses obligations pendant deux années (1912), sans pouvoir, lorsqu'il n'a pas d'excuse, être reçu à purger la demeure par des offres réelles postérieures à l'échéance des deux années. Le contrat est de plein droit converti en une obligation pure et simple, dont le capital est exigible ainsi que les intérêts; en sorte que, si le contrat est authentique, ce créancier peut procéder par voie d'exé-

(1) *En perpétuel.* Donc cette disposition ne s'applique point aux arrérages d'un prêt à intérêt.

cution parée, pour contraindre le débiteur au remboursement du capital et des intérêts, sans être tenu de se pourvoir par voie d'action précédée de conciliation, pour introduire sa demande en remboursement, sauf au débiteur à faire valoir par voie d'opposition les moyens qu'il peut avoir contre l'exigibilité du capital de la rente (1).

Il faut néanmoins faire une distinction importante entre le cas où la rente est payable au domicile du créancier ou ailleurs, et celui où elle est payable au domicile du débiteur, où le créancier la doit aller chercher. *Voyez* ci-après, n°. 261 et 262.

Ainsi enfin, en matière de vente de denrées et d'effets mobiliers, la résolution de la vente a lieu de plein droit et sans sommation *au profit du vendeur*, après le terme convenu pour le retirement (1657) (2).

---

(1) Sur le convertissement des rentes constituées en obligations exigibles, il a été rendu plusieurs arrêts qu'il faut consulter.

Arrêt de la Cour de Bordeaux, du 25 avril 1811; Sirey, an 1811, 2e. part., pag. 481. Arrêt de la Cour de cassation, du 6 juillet 1812; Sirey, an 1812, pag. 281; Denevers, pag. 537. Autre de la même Cour, du 4 novembre 1812; Sirey, 1813, pag. 397. Autre de la même Cour, du 12 juillet 1813; Sirey, 1813, pag. 354. *Voy.* encore plusieurs autres arrêts indiqués dans l'utile Dictionnaire des arrêts modernes, par MM. Loiseau et Dupin, v°. *Rachat. Voy.* enfin une Dissertation de M. Sirey, an 1813, 2e. part., pag. 265.

Voy. surtout les nouveaux arrêts que nous citons, *infrà*, n°. 559.

(2) Bien entendu que l'acquéreur n'en ait point payé le prix. Au reste, cet article ne s'applique point au commerce; dans l'usage des négocians, aucune vente n'est résiliée que l'acheteur n'ait été mis en demeure de retirer ses marchandises. *Voy.* Maleville sur cet article. En général, les règles du Code civil ne dérogent point à celles du commerce. Bigot-Préameneu, Exposé des motifs, tom. v, pag. 18, édition de Didot, tit. des contrats et obligations.

251. Ceci nous conduit à une autre espèce de demeure qui dérive de la disposition de la loi, mais qui est par la nature des choses nécessairement abandonnée à la prudence du magistrat, c'est le cas où la chose que le débiteur s'était obligé de donner ou de faire, ne pouvait être donnée ou faite que dans un certain temps qu'il a laissé passer (1146).

C'est principalement à cette espèce de demeure qu'il faut appliquer ce que disait l'empereur Antonin, que la loi ne peut décider si le débiteur a été en demeure, parce que c'est plutôt une question de fait qu'une question de droit, *cùm sit magis facti quàm juris*. Loi 32, ff *de usuris*, 22, 1.

On peut seulement en donner quelques exemples. J'ai chargé un avoué de faire pour moi un acte qu'on ne pouvait faire que dans un délai péremptoire (1); par exemple, de faire une surenchère à la vente d'un bien qui m'était hypothéqué, de notifier un appel, etc. Il a négligé de le faire, et je me trouve déchu par le seul laps de temps : il est tenu de mes dommages et intérêts, quoique je ne lui aie pas fait sommation d'agir en temps utile pour le constituer en demeure.

Il en est de même si j'ai donné à une personne la somme nécessaire pour exercer une action de réméré ou de rachat. Si elle laisse passer le délai

---

(1) Cet exemple est tiré du Traité des obligations de Pothier, n°. 147, d'où a été copiée presque littéralement la disposition de l'art. 1146.

fatal sans faire le remboursement, elle est tenue de mes dommages et intérêts.

J'ai vendu à un marchand telles marchandises, telles denrées, et j'ai promis de les conduire avant telle foire, où il avait occasion de les vendre. Je laisse passer le temps de la foire sans les livrer: l'acquéreur est en droit de les refuser ensuite, et de regarder la vente comme résolue (1). Il n'a pu me faire de sommation, puisque je pouvais attendre la veille même de la foire à lui livrer les choses vendues.

Il peut aussi, au lieu de la résolution de la vente, demander des dommages et intérêts qui consisteront dans l'indemnité que je lui dois à raison de la baisse survenue depuis la foire, et des bénéfices qu'il eût faits s'il avait eu les marchandises à temps de les vendre. *Voy.* Pothier, n°. 162.

J'ai fait marché avec un entrepreneur pour réparer dans ma maison un mur qui menaçait ruine; il tarde de remplir son obligation; le mur s'écroule et entraîne la chute de la maison; il est tenu de mes dommages et intérêts; il devait savoir qu'il y avait péril dans la demeure.

252. Enfin, et c'est le cas le plus ordinaire, le débiteur est constitué en demeure par une sommation ou autre *acte équivalent* (1139).

On appelle sommation l'acte par lequel on interpelle une personne de donner, de faire ou de ne pas faire quelque chose.

---

(1) *Voy.* le Répertoire, v°. *Demeure.*

vent être suivies de consignation (1258, n°. 7).

254. Après avoir vu comment le débiteur peut être constitué en demeure, il faut voir quel est l'effet de la demeure, et comment elle peut être purgée ou excusée.

L'effet de la demeure est de conférer au créancier un droit acquis aux fruits de la chose due, à la peine convenue (1152), faute d'exécution, à l'indemnité ou aux dommages et intérêts, à la plus value que la chose qui a péri depuis la demeure peut avoir acquise, à moins qu'elle n'eût également péri chez le créancier. Avant la demeure il n'existait que l'obligation principale de donner, de faire ou de ne pas faire; mais du moment où le débiteur est constitué en demeure, il est soumis aux obligations accessoires de la restitution des fruits, de la peine convenue, des dommages et intérêts. *Vid.* Voët, *ad Pandectas de usuris*, lib. 22, tit. 1, n°. 28,

255. Le créancier ayant, par l'effet de la demeure du débiteur, un droit acquis aux obligations accessoires dont nous venons de parler, il en résulte que ce dernier ne peut plus s'y soustraire, en offrant d'exécuter l'obligation principale : ses offres tardives ne peuvent plus être reçues sans le consentement du créancier, qui a l'option, ou de faire résoudre le contrat, pour s'en tenir aux dommages et intérêts résultant de l'inexécution, ou d'en demander l'exécution (1184), sans préjudice des dommages et intérêts occasionnés par le retardement.

256. Mais comme on peut renoncer à un droit acquis, la demeure peut être purgée par la renonciation expresse ou tacite du créancier.

Il y renonce tacitement par la novation, si, depuis que le débiteur est en demeure, il renouvelle l'obligation principale, sans réserver les droits que la demeure lui avait acquis (1).

Il en serait de même si, après avoir constitué le débiteur en demeure, soit par une sommation, soit par une demande ou autrement, le créancier accordait un délai pour satisfaire à l'obligation principale, sans réserver les droits acquis par la demeure.

Elle est encore purgée par la renonciation tacite du créancier, s'il ne donne pas de suites à la sommation ou à la demande qu'il avait faite au débiteur. Nous en avons un exemple dans l'art. 57 du Code de procédure, qui porte que la citation en conciliation interrompt la prescription et fait courir les intérêts, « le tout, pourvu que la demande soit formée dans le mois, à dater du jour de la non comparution ou de la non conciliation. » Ainsi la demeure est purgée, le créancier est censé avoir renoncé à son droit, s'il ne forme pas sa demande dans le mois.

257. La loi n'a fixé aucun délai péremptoire dans lequel le créancier soit obligé de former sa demande après qu'il a fait à son débiteur la som-

(1) Lois 8, 15 et 18, ff. *de novat.*, 46, 2; Voet, *in tit. de usuris*, n°. 30.

mation extrajudiciaire dont parle l'art. 1139, et ce silence peut causer de l'incertitude.

On ne peut appliquer à ce cas la disposition de l'art. 57 du Code de procédure, parce que l'application de chaque loi doit se faire à l'ordre des choses sur lesquelles elle statue. Les objets qui sont d'un ordre différent ne peuvent être décidés par les mêmes lois (1).

On ne peut prendre pour guide l'ancienne jurisprudence, dans laquelle on ne trouve sur ce point ni loi ni usage uniforme. En Bretagne, l'effet de tous ces actes extrajudiciaires ne durait qu'un an; après ce délai, ils étaient *surannés* (2).

Il en était de même des actes préparatoires faits avant la contestation en cause, pour porter une affaire en jugement. L'assignation donnée par le demandeur, les défenses fournies par le défendeur, étaient surannées, si elles étaient laissées sans suite pendant plus d'un an (3).

---

(1) Portalis, livre préliminaire du projet de Code, tit. 5, art. 4.

(2) C'est-à-dire éteints ou périmés par le délai de *sur-an*. *Voy*. Loiseau, des Offices, liv. 2, chap. 4, n°. 44.

(3) Notre savant Duparc-Poullain, Principes du Droit, tom. VI, pag. 285, tom. IX, pag. 129, et tom. X, pag. 616, n°. 49. Mais il ne nous dit point d'où venait cet usage, qui n'était fondé sur aucune loi. Il venait sans doute de l'usage des chancelleries. Les lettres royaux que l'on y délivrait n'avaient d'effet que pendant un an. Si l'impétrant n'en faisait pas usage dans l'année de leur obtention, elles étaient éteintes ou périmées par surannation; il était obligé d'en obtenir d'autres. Il en était de même des rescrits des papes. *Voy*. le chap. 23, X *de rescriptis*, et les commentateurs.

Les auteurs pensent communément que cette surannation fut une invention bursale des officiers des chancelleries, pour se procurer de nouveaux droits de sceau après l'année expirée, en délivrant de nouvelles lettres. *Voy*. Loiseau, *ubi suprà*.

Or, les assignations ou ajournemens se faisaient toujours autrefois

A Paris, au contraire, on ne connaissait point cette surannation des actes antérieurs à la contestation en cause. Le premier article de l'arrêté du parlement de Paris, du 28 mars 1692, Journal du palais, tom. II, pag. 810, porte « que les « instances intentées, bien qu'elles ne soient contestées, ni les assignations suivies de constitution » et de présentation de procureur par aucune des » parties, seront déclarées péries, en cas que l'on » ait cessé et discontinué les procédures pendant » trois ans, et n'auront aucun effet de perpétuer » ni de proroger l'action, ni d'interrompre la » prescription. »

Du reste, nous ne voyons aucun usage établi à Paris sur la durée des sommations faites pour constituer le débiteur en demeure, ni sur celle des autres actes extrajudiciaires équivalens.

Comme le règlement de Paris, que nous venons de citer, l'art. 397 du Code de procédure ne soumet point à la surannation les ajournemens et autres actes judiciaires antérieurs à la contestation en cause; il ne les soumet qu'à la péremption d'instance par discontinuation de poursuites

---

en vertu d'un commandement spécial, de lettres ou commissions délivrées par le juge ou par son greffier, et même, en certains cas, en vertu de lettres royaux. *Voy.* la Somme rurale de Bouteiller, tit. 2 et 18, et la Pratique d'Imbert, liv. 1, chap. 2; le nouveau Denisart, v°. *Assignation*, § 2.

Ces lettres ou mandemens, délivrés le plus souvent par le greffier, ne pouvaient durer plus que les lettres de la chancellerie. On s'habitua à regarder l'ajournement donné en conséquence comme suranné, si le demandeur n'y avait pas donné de suite pendant un an, parce qu'alors il était obligé d'obtenir un nouveau mandement.

pendant trois ans, parce qu'en effet l'instance est commencée par l'ajournement qui porte la demande devant un tribunal (1).

258. Si donc le créancier avait fait assigner son débiteur, et que la demande fût restée sans suite, la demeure ne serait pas purgée, même par le laps de trois ans; car la péremption ne s'opère pas de plein droit (art. 399 du Cod. de procéd.): elle doit être demandée par requête d'avoué à avoué (art. 400). Ainsi, les effets de la demeure continueraient d'exister aussi long-temps que l'action principale, et jusqu'à la demande en péremption, à moins qu'il n'existât des faits assez forts pour faire juger que le demandeur s'est désisté de sa demande (2247).

259. Si le créancier s'était contenté d'une citation en bureau de paix, non suivie de demande dans le mois, la demeure serait purgée par le court délai d'un mois, à dater du jour de la non comparution ou de la non conciliation (art. 57 du Code de procéd.)

260. Mais s'il s'était contenté de la sommation dont parle l'art. 1139, nous avons déja remarqué qu'on ne peut appliquer à ce cas la disposition de l'art. 57 sur les citations en bureau de paix.

On peut encore moins y appliquer les dispositions relatives à la péremption, puisqu'il n'y a pas d'instance même commencée.

Cependant, il paraît impossible de penser que

---

(1) *Voy.* l'ouvrage de notre savant collègue M. Carré, sur le Code de procéd., tom. 1, pag. 732, sur l'art. 397.

l'esprit de la loi soit de faire durer l'effet d'une simple sommation autant que l'action principale (1); car il faut remarquer que cette sommation ne suffit pas pour interrompre la prescription (2).

Tout ce qui résulte du silence du Code, lorsque le créancier reste dans l'inaction après la sommation dont parle l'art. 1138, est donc que la question de savoir si cette inaction plus ou moins longue suffit pour purger les effets de la demeure, est abandonnée à la prudence du magistrat, qui doit juger par les faits, par les circonstances, par le temps plus ou moins long que le silence a duré, si le créancier peut être considéré comme ayant tacitement renoncé à son droit (3).

---

(1) Surtout quand on voit le Code de procédure plus rigoureux que l'ancienne jurisprudence, sur la durée de l'effet des actes, comme le prouvent l'exemple de la citation en bureau de paix (57), celui du commandement, pour parvenir à une expropriation forcée, qui ne dure que trois mois (674), celui d'une saisie-arrêt qui ne dure que huitaine, si elle n'est pas suivie d'une assignation en validité (563, 564). L'art. 565 dit qu'elle est nulle faute de demande en validité.

(2) L'art. 2244 exige, pour l'interruption, une citation en justice, un commandement ou une saisie. Or, la simple dénonciation, les simples interpellations extrajudiciaires ou sommations, n'interrompent point la prescription. *Voy.* Merlin, nouveau Répertoire, v°. *Interruption de prescription*, pag. 445; Duparc-Poullain, Principes du Droit, tom. VI, pag. 267, n°. 62, pag. 268, n°. 63. *Qui protestatur non agit. Vid.* Thomasius, *Dissert.* 26, *tom.* I, *dissert*, pag. 948.

(3) La demeure acquise par la notification faite au donataire qu'il est survenu un enfant au donateur (962), ne se purge point par le laps de temps, parce que n'étant plus de bonne foi, il ne peut faire les fruits siens, quand même la demande pour rentrer dans

261. La demeure acquise par l'échéance du terme est purgée par la renonciation tacite du créancier, s'il ne se présente pas au jour et au lieu fixés (1) par la convention ou par la loi, pour l'exécution de l'obligation. J'ai vendu à Titius dix chevaux, que j'ai promis de lui livrer le 1er. janvier, sous peine de lui payer pour le retard une somme de 600 fr. de dommages et intérêts, qui seront encourus par la seule échéance du terme, et sans qu'il soit besoin d'acte. Faute d'un autre lieu désigné pour la tradition, c'est au lieu de mon domicile que je dois livrer les chevaux (1247, 1258, n°. 6). Titius ne s'y présente point au jour marqué; il est évident que je ne suis point en demeure. Titius, en ne se présentant pas, a renoncé à la peine stipulée pour dommages et intérêts. Je ne suis obligé de constater par aucun acte qu'il ne s'est point présenté chez moi; la loi ne l'exige pas. S'il affirmait le contraire, c'est un fait que nous pouvons l'un et l'autre prouver, même par témoins.

262. Le principe que la demeure est purgée si le créancier ne se présente pas au jour et au lieu

---

les biens donnés n'aurait été formée que postérieurement à la notification; car il a cessé d'être de bonne foi. Mais il ne devrait les intérêts des fruits perçus depuis sa notification que du jour de la demande.

Quid les intérêts de la somme donnée? Il les doit depuis la notification.

(1) Voët, *in tit. de usuris*, n°. 30. Sur le lieu convenu pour le paiement. *Voy*. Pothier, des Obligations, tom. 1, n°. 238, pag. 262; et ce que nous disons, tom. VII, n°s. 85 et suiv.

fixés pour le paiement, est applicable à une espèce qui peut se présenter fréquemment.

Le débiteur d'une rente constituée en perpétuel peut, suivant l'art. 1912, être contraint au rachat, s'il cesse de remplir ses obligations pendant deux années, après lesquelles il n'est plus reçu à purger sa demeure en offrant les arrérages échus et les frais faits (1), quand même la rente eût été constituée antérieurement au Code civil.

Mais, d'un autre côté, s'il n'y a pas de stipulation contraire, c'est au domicile du débiteur que la rente doit être payée. Il n'est point obligé d'aller la porter à son créancier ni de le sommer de la recevoir; les offres que l'article 1257 permet au débiteur de faire au créancier qui refuse de recevoir, ne sont qu'une faculté dont il n'use que lorsqu'il a un intérêt pressant de se libérer. Cela posé, supposons qu'un créancier ait laissé passer trois ou quatre ans, sans aller demander le paiement de sa rente. Ce temps écoulé, il veut contraindre au remboursement du capital le débiteur, qui s'en défend, en offrant de payer les arrérages échus, et en ajoutant qu'il n'est en aucune manière contrevenu à son obligation; qu'il a toujours été prêt à y satisfaire et à payer à bureau ouvert; mais que jamais, ni le créancier, ni personne de sa part, ne se sont présentés pour recevoir les arrérages de chaque année. Cette né-

---

(1) *Voy.* les arrêts cités dans la note du n°. 250 *suprà*, et les arrêts nouveaux cités *infrà*, n°. 559.

gligence du créancier couvre la demeure du débiteur, dont les offres doivent être reçues, si le créancier ne prouve pas qu'il s'est présenté pour demander le paiement des arrérages.

Ce moyen de défense ne fut point employé lors des arrêts rendus sur cette matière, soit parce que les créanciers qui demandaient le remboursement n'avaient pas négligé de demander les arrérages, soit parce que les débiteurs étaient obligés de payer au domicile du créancier; car, en ce dernier cas, le créancier n'a point de sommation à faire au débiteur : la demeure est irrévocablement encourue, et le droit au remboursement acquis par le seul fait du débiteur qui a manqué d'aller payer les arrérages au jour de l'échéance. Au lieu que, si la rente est *quérable*, c'est-à-dire, si le créancier doit l'aller chercher au domicile du débiteur, il est obligé de constater, par une sommation, qu'il s'est présenté chez le débiteur au jour fixé. *Vid. infrà* ce que nous disons des conditions résolutoires et de la résolution du contrat par l'événement de la condition, chap. 4, sect. 1, § 2, n°. 559.

§ III.

En quoi consistent les dommages et intérêts, quelle est leur étendue, comment ils sont fixés, et s'il en est dû pour l'inexécution des obligations illicites.

SOMMAIRE.

263. *Les dommages et intérêts sont fixés par la loi, par la convention, par les juges ou par des experts.*
264. *Par la loi, dans les obligations bornées au paiement d'une somme d'argent. L'indemnité ne peut alors consister que dans l'intérêt légal, et pourquoi.*
265. *Il en résulte que les engagemens, quoique réciproques, sont inégaux dans leurs accessoires.*
266. *On ne peut stipuler pour indemnité un intérêt plus fort que l'intérêt légal.*
267. *Exceptions à ce principe.*
268. *Quel est le taux de l'intérêt légal.*
269. *Il n'est dû que du jour de la demande. Cas où il court de plein droit.*
270. *On peut faire courir l'intérêt légal par convention.*
271. *On peut même stipuler que les intérêts produiront d'autres intérêts après l'année échue. L'anatocisme est aujourd'hui permis.*
272. *Les intérêts des intérêts ne sont dus en justice qu'en vertu de conclusions formelles.*
273. *La régie des contributions ne peut être condamnée aux intérêts des sommes indûment reçues, parce qu'elle n'en peut exiger pour le retard du paiement.*
274. *Les fermages, loyers, rentes, etc., peuvent produire des intérêts.*
275. *Les dommages et intérêts peuvent être fixés par la convention. Le juge ne peut s'écarter de cette fixation.*
276. *Quatre choses à considérer dans une demande en dommages et intérêts non fixés par la loi ou par la convention.*
277. 1.° *Le fait.*
278. 2.° *L'imputation du fait.*
279. 3.° *Les pertes causées ou occasionnées par le fait.*

280. *La seule inexécution de l'obligation, même sans mauvaise foi, soumet aux dommages et intérêts.*

281. *Si le débiteur ne prouve pas qu'elle provient d'une cause qui ne peut lui être imputée.*

282. *On ne peut lui imputer ni la force majeure, ni les cas fortuits. Exceptions.*

283. *Si le débiteur n'a point d'excuse, on distingue s'il y a mauvaise foi ou simple faute.*

284. *Au dernier cas, il n'est tenu qu'aux dommages et intérêts qu'on a pu prévoir, et non aux autres. Exemples.*

285. *Explication de l'art.* 1633, *qui rejette une opinion de Pothier, et pourquoi.*

286. *Quand il y aurait dol ou mauvaise foi, les dommages et intérêts ne comprennent que ce qui est une suite* immédiate et directe *du fait ou de l'inexécution du contrat. Exemples et développement des principes.*

287 *Les différentes pertes successives, immédiatement causées par un fait, entrent en considération pour la fixation des dommages et intérêts. Exemples.*

288. *Le juge ne doit faire acception de personne pour déterminer les dommages et intérêts.*

289. *Mais il peut excuser les fautes, et décider qu'elles ne sont pas imputables au débiteur.*

290. *Et avoir égard aux fautes personnelles du créancier.*

291. 4.° *Chose à considérer; l'évaluation des dommages et intérêts. Comment ils sont fixés.*

292. *L'inexécution des obligations qui ont une cause illicite ne soumet point aux dommages et intérêts.*

293. *Si l'inexécution des promesses de mariage entraîne des dommages et intérêts, et si la clause pénale ajoutée à ces promesses, est valide.*

294. *Variations du droit romain sur ce point. L'opinion y changea trois fois.*

295. *Origine de la maxime; les mariages sont libres. Ce qu'on entendait par-là. Conséquences.*

296. *Ce que les Romains entendaient par les bonnes mœurs; ils en distinguaient de deux espèces.*

297. *L'empereur Léon le Sage permit d'ajouter une clause pénale aux fiançailles ou promesses de mariage, qui redevinrent ainsi obligatoires.*

298. *Le droit canonique et le droit français conservèrent leur*

force obligatoire aux fiançailles ou promesses de mariage, et ils y ajoutèrent.

299. *Le droit canonique n'annula point, et ne pouvait sans contradiction annuler les clauses pénales ajoutées aux promesses de mariage.*

300. *Elles sont permises et valides, suivant la raison, et suivant les dispositions du Code.*

301. *Examen de deux arrêts rendus par la Cour de cassation, les 17 août et 21 décembre 1814. Réfutation des principes du dernier. Réponse aux objections.*

302. *Pour être obligatoires, les promesses de mariage doivent être réciproques; mais elles peuvent être tacites.*

303. *La peine stipulée par des pères et mères, en cas que l'enfant de l'un n'épousât pas celui de l'autre, serait-elle nulle. Distinction.*

263. Nous avons déjà dit que les dommages et intérêts consistent dans l'indemnité de la perte qu'on a soufferte, et du gain qu'on a manqué de faire; c'est la définition qu'en donne le jurisconsulte Paul : *Quantum mea interfuit, id est quantum mihi abest, quantumque lucrari potui.* Loi 13, ff *Rem rat. hab.*

Ces dommages et intérêts sont fixés par la loi, par la convention, par le juge ou par des experts.

264. Par la loi, à l'égard des obligations dont l'objet est une somme d'argent.

« Dans les obligations qui se bornent au paiement d'une certaine somme, dit l'art. 1153, les dommages et intérêts résultant du retard dans l'exécution ne consistent jamais que dans la condamnation aux intérêts fixés par la loi; sauf les règles particulières au commerce et au cautionnement.

» Ces dommages et intérêts sont dus sans que » le créancier soit tenu de justifier d'aucune » perte.

» Ils ne sont dus que du jour de la demande, » excepté dans les cas où la loi les fait courir de » plein droit. »

Il est pourtant certain que le défaut de paiement d'une somme au terme fixé, peut causer et cause souvent au créancier des pertes fort supérieures à l'intérêt légal de son argent. Faute de la somme sur laquelle il comptait, il a pu être réduit à emprunter lui-même, et à subir la loi d'un usurier avide. Il a pu se voir traduit en justice par une action qui a porté une atteinte mortelle à son crédit, se voir exproprié, faire faillite, voir périr sa maison faute de moyens pour la réparer, manquer des marchés avantageux, etc., etc.

Mais comment assigner à ces pertes leur véritable cause, et discerner celles qui doivent être imputées au débiteur en retard? Comment en faire une évaluation équitable? Ajoutez à cela que le défaut de paiement d'une somme due est le plus fréquent de tous les cas qui donnent lieu à des dommages et intérêts, et l'on verra que la paix de la société serait troublée par cette multitude infinie de liquidations différentes, et par les procès qui en seraient la suite.

La loi les prévient en statuant que les dommages et intérêts ne pourront jamais consister que dans l'intérêt légal de la somme à compter du jour de la demande. C'est une espèce de forfait qui peut souvent être avantageux au créancier.

Quel que soit le dommage qu'il souffre par le défaut de rentrée de ses fonds, soit qu'il n'y ait qu'une simple négligence, soit qu'il y ait, de la part du débiteur, contumace affectée ou même dol, le créancier ne peut, à la vérité, demander d'autre indemnité que l'intérêt légal de son argent, mais aussi il n'est pas assujetti à justifier le dommage que ce retard lui a causé (1153).

Cette disposition de la loi qui fixe l'indemnité à l'intérêt légal des sommes dues, est encore fondée sur un principe d'équité qu'il faut développer.

Dans les obligations autres que celles qui consistent en une somme d'argent, la nature de l'engagement indique l'espèce d'indemnité qui peut être due en cas d'inexécution.

Ainsi, par exemple, le propriétaire avide qui, pour gagner plus, a, la veille d'une grande foire, loué et livré à un autre la boutique déjà louée à un premier marchand, peut et a dû prévoir que celui-ci serait forcé d'en louer une autre, s'il en trouvait; qu'il pourrait, faute d'en trouver, perdre l'occasion de vendre ses marchandises, être forcé de les remporter à grands frais, etc.

Ainsi l'architecte qui entreprend de construire une maison qui s'est écroulée par vice de construction, a dû connaître la mauvaise qualité des matériaux de la construction; s'il l'a ignorée, cette ignorance lui est imputable. Il a donc pu et dû prévoir que la maison pourrait s'écrouler, et occasionner la perte des meubles qu'elle était destinée à renformer, forcer le propriétaire d'en louer une autre, lui faire perdre le prix des loyers et l'indemnité due aux locataires, etc.

Dans ces exemples et autres semblables, l'engagement a un rapport précis à des dommages déterminés par leur objet, quoiqu'indéfinis dans leur évaluation. Le débiteur a pu et dû prévoir qu'ils pourraient être la suite de l'inexécution de son obligation, et par conséquent ils y sont renfermés; car les conventions obligent non seulement à ce qui y est exprimé, mais encore à toutes les suites que l'équité, l'usage ou la loi, donnent à l'obligation, d'après sa nature (1135).

Au contraire, l'engagement de ceux qui doivent une somme d'argent n'a de rapport précis à aucun dommage particulier; on ne voit pas ce qui doit arriver faute de paiement; on ne peut prévoir ni si le créancier en souffrira, ni ce qu'il en souffrira, en cas qu'il en souffre; s'il sera forcé d'emprunter, s'il sera exproprié ou réduit à une faillite, s'il éprouvera des pertes dans son crédit, dans son commerce, ou tel autre évènement entre mille possibles, qui dépendent de la situation des affaires du créancier.

L'argent, par sa nature, étant le prix commun de toutes les choses, n'a pas comme elles un usage particulier. Il tient lieu à chacun de toutes celles dont il a besoin. Les dommages qu'éprouvent ceux qui ne sont pas payés au terme, sont donc aussi diversifiés que l'usage qu'ils pourraient faire de leur argent, et aussi imprévus que les besoins d'où ces dommages peuvent naître. Ils sont, à l'égard des débiteurs, comme des cas fortuits qu'ils n'ont pu prévoir, et que, par cette raison, leur obligation ne renferme point.

265. De cette différence entre l'obligation d'une somme d'argent, et toutes les autres sortes d'obligations, il s'ensuit qu'il arrive souvent dans les contrats synallagmatiques que les engagemens des contractans, quoique réciproques, ne sont ni semblables dans leur nature ni égaux dans leurs accessoires, et que le même contrat borne l'engagement de l'un au simple intérêt d'une somme d'argent faute de paiement au terme, quoique l'engagement de l'autre soit indéfini et puisse s'étendre à des dommages et intérêts beaucoup plus considérables. Dans la vente, par exemple, le vendeur sait qu'il est obligé à délivrer la chose vendue avec les qualités qu'elle doit avoir, ce qui lui fait connaître que si elle n'est pas délivrée, si elle n'a pas les qualités requises, s'il arrive une éviction, il est garant des dommages qui en arriveront, quoique leur évaluation soit incertaine.

Mais ce même contrat ne forme point d'engagement accessoire de la part de l'acquéreur; car il ne lui fait pas connaître ce que le vendeur pourra souffrir de dommage faute de son argent, s'il n'en souffrira aucun, ou si au contraire il en arrivera que son commerce périsse, que son bien soit saisi et vendu, ou tel autre dommage qu'il pourra souffrir : au lieu donc que les évènemens qui obligent le vendeur à des dommages et intérêts ayant été ou dû être prévus, il ne peut pas dire, quand ils arrivent, que ce soient des cas fortuits dont il ne doive pas répondre; l'acquéreur peut dire, au contraire, qu'aucune des pertes qui peuvent arriver au vendeur, faute d'avoir été payé, n'a été prévue ni pu l'être, et qu'ainsi celles qui arrivent sont à son égard des cas fortuits dont son obligation ne lui indiquait point la contingence, et que si le vendeur avait voulu stipuler qu'en cas qu'ils arrivassent l'acheteur en serait responsable, il n'aurait pas acheté sous une telle condition, et n'aurait pas voulu s'exposer à une telle garantie, faute de paiement du prix au terme fixé.

266. Le créancier d'une certaine somme ne pourrait plus stipuler aujourd'hui qu'en cas de retard dans le paiement, le débiteur lui paiera pour indemnité les intérêts de la somme à un taux plus fort que l'intérêt légal.

Cette stipulation était permise par l'art. 1907 du Code, qui porte que l'intérêt conventionnel peut excéder celui de la loi, toutes les fois que la loi ne le prohibe pas; mais cet article a été abrogé par la loi du 3 septembre 1807, qui ne veut pas que l'intérêt conventionnel puisse excéder cinq pour cent, sans retenue, en matière civile, et six pour cent en matière de commerce.

Le créancier ne pourrait plus également aujourd'hui stipuler par une clause pénale que, faute de paiement au terme fixé, le débiteur paiera une somme supérieure à l'intérêt légal. Cette somme devrait être réduite par le juge, quoique dans les autres engagemens il ne puisse modifier la clause pénale (1152, 1231). Si, dans les obligations d'une somme d'argent, il était permis de stipuler faute de paiement une indemnité plus forte que l'intérêt légal, ce serait un moyen sûr d'éluder la loi du 3 septembre 1807, et l'article 1153 du Code, qui veut que les dommages et intérêts ne consistent jamais que dans l'intérêt légal.

267. La règle qui fixe à l'intérêt légal l'indemnité due au créancier d'une certaine somme, reçoit exception dans le cas de dommages plus considérables prévus par le débiteur, et dont il s'est rendu garant. Par exemple, s'il s'était obligé à supporter tous les dommages que le créancier pourrait souffrir d'une saisie et d'une expropriation forcée, que celui-ci ne pourrait empêcher faute d'être payé au terme fixé. Une pareille stipulation n'a rien de contraire aux lois; elle est conforme à leur esprit ainsi qu'à l'équité (1). Le débiteur a connu l'évènement dont il a garanti les suites; il est en faute de les avoir occasionnées, en ne payant pas au terme convenu. On peut encore donner pour exemple le cas où il est exprimé dans l'acte que la somme doit, à l'échéance du terme, être employée à exercer un réméré, ou à tel autre objet désigné; dans ces cas et autres semblables, si, faute du remboursement promis, le créancier se trouve déchu du rachat qu'il voulait exercer, ou privé du gain que lui

(1) Domat, liv. 3, tit. 5, des dommages et intérêts; Pothier, des obligations, tom. 1, n°. 172.

assurait l'emploi désigné de son argent, il a droit à des dommages et intérêts autres que l'intérêt légal.

L'engagement des débiteurs envers leurs cautions n'est pas compris sous la règle (1153), car ce n'est pas de l'argent que les débiteurs doivent à leurs cautions, ils doivent les indemniser des dommages qu'elles pourront souffrir de la part du créancier qui n'est pas payé, comme s'il fait saisir leurs biens. Ainsi, l'indemnité que le débiteur doit à sa caution l'oblige, sans qu'il soit besoin de stipulation, aux dommages et intérêts qui résulteraient de la saisie et de la vente des biens de la caution.

La règle souffre encore exception dans le cas des lettres-de-change. Lorsque celui sur qui une lettre-de-change est tirée a refusé de la payer au jour de l'échéance, le propriétaire de la lettre qui l'a fait protester, peut, par forme de dommages et intérêts du retard qu'il a souffert, exiger le rechange, tel qu'il est réglé par les art. 177 et suivans du Code de commerce.

268. Les intérêts pour dommages résultant du retard dans le paiement sont fixés à cinq pour cent sans retenue dans les matières civiles, et à six pour cent dans les matières de commerce, par la loi du 3 septembre 1807.

269. Ils ne sont dus que du jour de la demande, excepté dans les cas où la loi les fait courir de plein droit (1153).

Par exemple, si la chose vendue produit des fruits ou autres revenus, l'acheteur doit les intérêts du prix de plein droit, du jour de la délivrance (1152) (1).

L'associé doit de plein droit et sans demande les intérêts de la somme qu'il doit apporter en société, du jour où elle devait être payée (1846) (2).

En général, ceux qui détournent les deniers d'autrui pour les employer à leur profit, en doivent l'intérêt sans demande, comme une peine de leur injustice et de leur mauvaise foi.

Ainsi, l'associé qui a pris des sommes dans la caisse sociale, en doit les intérêts, à compter du jour où il les en a tirées pour les employer à son profit particulier (1846) (3).

Ainsi, le mandataire doit l'intérêt des sommes qu'il a employées à son usage, à dater du jour de cet emploi (1996) (4). Ainsi, celui qui a reçu

---

(1) Domat, *lib.* 3, tit. 5, sect. 1, n°. 4.

(2) Domat, *ibid.*, n°. 8.

(3) Domat, *ibid.*

(4) Il y a plusieurs autres cas où le droit romain fait courir les intérêts de plein droit, et dont le Code ne parle point. Par exemple, un créancier qui se trouve sur-payé, ou par la vente d'un gage, ou par des jouissances, ou autrement, doit à son débiteur les intérêts de ce qu'il a trop reçu, s'il l'a employé à son usage. *Voy.* Domat, *ibid.*, n°. 8. Le mandataire, l'associé, qui ont fait des avances, le premier pour son mandant, le second pour la société, peuvent en exiger l'intérêt. Domat, tit. de la Société, sect. 4, n°. 11, et au tit. des Procurations et mandements, sect. 2, n°. 4.

Sous l'empire du Code, cela dépend des circonstances; par exemple, si le mandataire et l'associé étaient autorisés à emprunter, nul doute qu'ils peuvent exiger les intérêts de leurs avances.

Les remplois et récompenses dus aux époux, par la communauté, et les récompenses et indemnités par eux dues à la communauté, emportent intérêt de plein droit du jour de sa dissolution.

sciemment une somme qui ne lui était pas due, est tenu de la restituer avec les intérêts du jour du paiement (1378).

270. Dans tous les cas où la loi ne fait pas courir les intérêts de plein droit, il est permis de les faire courir par une stipulation expresse, parce qu'aujourd'hui, à la différence de notre ancienne législation, il est permis de stipuler des intérêts pour simple prêt, soit d'argent, soit de denrées ou autres choses mobilières (1905) (1), comme nous le verrons *infr.*, tit. 10, chap. 3.

271. Bien plus, les intérêts échus peuvent eux-mêmes produire de seconds intérêts, lorsque le débiteur est en demeure de les payer. Ils peuvent en produire, soit par une demande judiciaire, soit par une convention spéciale, pourvu que, soit dans la demande, soit dans la convention, il

---

(1473). Les intérêts des sommes rapportables sont dus à compter du jour de l'ouverture de la succession.

Voy. le nouveau Répertoire, v°. *Intérêts*, § 2, des intérêts qui sont dus de plein droit, soit par la nature de la créance, soit par la disposition de la loi.

(1) C'est la loi du 3 octobre 1789, qui permet de prêter l'argent à terme fixe, avec stipulation d'intérêts, *suivant le taux déterminé par la loi*, sans entendre rien innover aux usages du commerce.

La convention nationale avait déclaré l'argent marchandise, mais ce scandaleux décret fut rapporté par un autre du 2 prairial an III, qui porte : La convention nationale rapporte son dernier décret, qui déclare l'argent marchandise.

L'art. 1907 du Code permit de nouveau la stipulation des intérêts à un taux illimité. *Voy.* Maleville sur cet article.

Mais la loi du 3 septembre 1807 défendit que l'intérêt conventionnel excédât cinq pour cent sans retenue, en matière civile, et six pour cent en matière de commerce. *Voy.* le nouveau Répertoire, v°. *Intérêts*, § 6.

s'agisse d'intérêts dus au moins pour une année entière (1154).

Cette production d'intérêts nouveaux par un capital formé d'anciens intérêts, est ce qu'on appelait autrefois anatocisme (1), que les lois anciennes proscrivaient sévèrement, même dans les affaires de commerce (2). On exceptait seulement les intérêts dus au mineur, et dont le tuteur doit faire emploi, les intérêts qu'un tiers paie pour un débiteur au créancier de ce dernier.

La commission chargée de la rédaction du projet de Code proposa de conserver l'ancienne prohibition de l'anatocisme. Mais on observa au conseil-d'état que dès lors que la législation nouvelle avait permis de stipuler des intérêts pour simple prêt d'argent, il n'y avait plus de raison suffisante pour défendre l'anatocisme, puisque les intérêts échus forment un capital pour le créancier, qui, s'il les avait reçus, aurait pu les placer d'une manière productive. On ne voit donc pas que l'anatocisme conventionnel soit plus illicite en soi que l'intérêt stipulé d'une somme prêtée. Si le créancier peut prêter à in-

---

(1) Expression dérivée de deux mots grecs qui signifient à la lettre production redoublée, *iteratus fœtus*. *Voyez* le nouveau Denisart, v°. *Anatocisme*.

(2) Ordonnance de 1673, titre 6, art. 2 :

« Défendons aux négocians, marchands et autres, de comprendre l'intérêt avec le principal, dans les lettres ou billets de change, ou aucun autre acte. » Art. 1.

« Les négocians, marchands et aucun autre, ne pourront prendre l'intérêt d'intérêt, sous quelque prétexte que ce soit. » Art. 2.

térêt la somme que lui a produite un premier capital, pourquoi ne pourrait-il pas la prêter à son ancien débiteur, à qui ce nouveau prêt ôte l'embarras de chercher un autre prêteur? Dans ce second prêt, de même que dans le premier, l'abus seul est blâmable; la chose n'est pas illicite en soi. Wolff, *Instit., jur. nat.*, § 651. Mais l'abus est bien facile. Il serait donc possible que l'anatocisme fût défendu lors de la révision du Code, d'autant plus qu'il est proscrit par les lois de l'Église.

Tels sont les motifs qui ont fait permettre que les intérêts échus fussent ajoutés aux capitaux, pour produire des intérêts par une convention spéciale, ou par *une demande judiciaire*, comme le permettait l'ancien droit romain (1).

Ainsi, il est aujourd'hui permis de stipuler, en prêtant par exemple 2000 fr., que si les intérêts, qui forment une somme de 100 fr., ne sont pas payés au bout de l'année, ils seront cumulés (2) aux 2000 fr., pour ne former qu'un seul capital produisant intérêts; qu'il en sera de même des intérêts de la seconde, ainsi de suite, comme nous l'avons dit à l'égard des sommes que le tuteur doit à son mineur. Les intérêts de ces sommes sont des capitaux dont le tuteur est obligé de faire emploi, faute de quoi il est tenu d'en payer les intérêts.

---

(1) *Vid.* Noodt, *Tractat. de usuris*, *lib.* 2, chap. 11; Heinecc. *Antiq.*, lib. 3, tit. 15, n°. 30, à la note.

(2) Merlin, nouveau Répertoire, v°. *Anatocisme.*

272. En faisant la demande des intérêts échus qui ne lui ont pas été payés, le débiteur les convertit en capital par cette demande même, comme ils pouvaient l'être par la convention ; mais il faut conclure formellement aux intérêts, tant du capital que des intérêts échus. L'art. 1153 dit expressément que les intérêts ne sont dus que *du jour de la demande* ; ce qui ne peut s'entendre que du jour où le créancier a conclu aux intérêts ; car l'article ne dit pas du jour de la demande du capital, mais simplement du jour de *la demande*, et comme il ne parle que des intérêts, ce n'est qu'aux intérêts qu'on peut rapporter ses expressions : ce qui devient encore plus évident, en rapprochant cet article de l'article 1207, qui porte que « la *demande d'intérêts* formée contre l'un des débiteurs solidaires, fait courir les intérêts à l'égard de tous. » Il ne suffit donc pas de demander le capital, il faut conclure formellement à la condamnation des intérêts, et spécialement à celle de l'intérêt des intérêts.

Alors le juge ne peut se dispenser de condamner le débiteur aux intérêts, tant de l'ancien que du nouveau capital formé par les intérêts échus.

Mais ce ne n'est qu'aux intérêts des intérêts *échus* qu'il peut condamner le débiteur ; il ne peut le condamner de payer les intérêts des intérêts non encore échus, faute de paiement à leur échéance.

Au reste, les intérêts, tant du capital que des intérêts *capitalisés*, continuent de courir jusqu'au paiement effectif en vertu de la première condamnation, sans qu'il soit nécessaire de former une nouvelle demande, ni d'obtenir un nouveau jugement. Merlin, nouveau Répertoire, v°. *Intérêts*, § 4, n°. 8.

273. Par un arrêt du 2 floréal an XIII, la Cour de cassation a pensé qu'on ne peut condamner la régie de l'enregistrement aux intérêts des sommes indûment perçues, parce qu'elle ne peut elle-même demander d'intérêts pour le retard dans le paiement des droits, par le motif « qu'aucun impôt direct ou indirect ne peut éprouver » aucune extension ni retranchement qu'en vertu » d'une loi expresse ; qu'aucune loi de la matière » n'autorise les percepteurs, en aucuns cas, à » exiger des intérêts moratoires, et que, dans » l'usage, la régie n'a jamais demandé ni exigé » aucuns intérêts ; que la loi qui autorise le pour- » voi en restitution des droits indûment perçus, » n'alloue, dans aucun cas, les intérêts des sommes à restituer ; qu'ainsi, en adjugeant ces in- » térêts, le tribunal de Montpellier a commis un » excès de pouvoir et usurpé le pouvoir législatif. » La Cour casse et annule. » *Voyez* Merlin, nou- » veau Répertoire, v°. *Enregistrement* (droit d'), § 56, pag. 681.

274. Si les intérêts échus des capitaux peuvent produire d'autres intérêts par une demande en justice, il en est de même à plus forte raison des revenus échus, tels que les fermages et les loyers, les arrérages de rentes perpétuelles ou viagères, les restitutions de frais et les intérêts payés par un tiers au créancier, en acquit du débiteur (1155.)

Il n'y a plus aucune raison d'en douter aujourd'hui. La commission avait proposé cet article comme une exception au principe qui défendait l'anatocisme : cette défense ayant cessé, l'article devenait inutile et sans objet ; mais il paraît qu'on a voulu que cet article 1155 servît d'exception à la disposition finale de l'article précédent, qui porte qu'on ne peut stipuler l'intérêt des intérêts que lorsqu'il s'agit d'intérêts dus au moins pour une année entière. En sorte qu'il serait permis de stipuler ou de demander l'intérêt d'un seul terme échu, soit de fermage, soit d'arrérages de rentes.

275. Nous venons de voir que les dommages et intérêts sont fixés par le Code à l'intérêt légal, dans les obligations qui se bornent au paiement d'une certaine somme. Dans les autres obligations, ils peuvent *être fixés* d'avance par les contractans, en stipulant que celui qui manquera d'exécuter la convention, paiera une certaine somme à titre de dommages et intérêts.

Dans ce cas, la loi du contrat doit être littéralement suivie, et les juges ne peuvent, sous prétexte d'équité, allouer à l'autre partie une somme plus forte ni moindre (1152).

C'est encore ici un heureux changement fait à l'ancienne jurisprudence, qui ne permettait pas au juge d'allouer au créancier une somme plus forte que la peine stipulée, quoique le dommage fût plus grand, mais qui permettait, au contraire, de modérer cette peine en faveur du débiteur, si elle excédait évidemment le dommage effectif.

La commission proposa de conserver cette jurisprudence, mais elle fut abrogée par le motif que les contractans sont les appréciateurs les plus sûrs du dommage qui peut résulter de l'inexécution de leur engagement; qu'ainsi, quand les parties ont elles-mêmes fixé le taux des dommages et intérêts, leur prévoyance ne doit pas demeurer sans effet, leur convention doit être respectée (1).

Nous reviendrons sur cette matière dans le chapitre 4, sect. 5, en parlant des obligations avec clauses pénales.

276. Lorsque les dommages et intérêts ne sont fixés ni par la loi ni par la convention, ils doivent l'être par la justice ou par experts. C'est alors que les difficultés se multiplient, si les parties ne sont pas assez sages pour s'arranger à l'amiable. Une demande en dommages et intérêts présente quatre choses principales à considérer :

1°. Le fait qui donne lieu à la demande;

2°. L'imputation du fait;

3°. Les pertes qu'il a occasionnées;

4°. Enfin, l'évaluation de ces pertes.

277. Le fait qui donne lieu à la demande est ou l'inexécution, ou le retard dans l'exécution d'une obligation, ou enfin tout autre fait quelconque de

---

(1) *Voy.* le Procès-verbal des conférences, tom. VII, pag. 252 e 255, séance du 11 brumaire an XII.

l'homme qui cause du dommage à autrui (1147, 1382). Ce fait doit être constaté par l'un des genres de preuves reçus en justice, et dont nous parlerons tit. 4, chap. 2. Ce n'est point là que résident les difficultés propres à la matière des dommages et intérêts.

278. L'imputation du fait présente des questions plus difficiles à résoudre. Il faut examiner d'abord si celui qui l'a commis, ou qui a manqué d'exécuter son obligation, n'a point d'excuses légitimes; car alors il ne devrait point de dommages et intérêts.

279. Il faut examiner ensuite si ce même fait, en cas qu'il soit imputable, a réellement causé les pertes et les dommages dont se plaint le demandeur; car un fait produit souvent une suite d'événemens qui causent ou qui occasionnent des dommages de différentes espèces. Entre ces événemens, les uns sont la suite immédiate de ce fait, qui peut en être considéré comme la cause précise et unique.

Des causes indépendantes de ce fait peuvent avoir aussi concouru à produire d'autres événemens qui sont arrivés à sa suite, et dont il a été l'occasion ou la cause éloignée. Le problême à résoudre est de discerner, entre ces divers événemens et les dommages qui en ont été les suites, quels sont précisément ceux qu'on doit imputer à l'auteur du fait. Ceci deviendra dans la suite sensible par des exemples. Voyons d'abord les règles tracées par le Code.

280. 1°. Le seul fait de l'inexécution ou du re-

tard dans l'exécution de l'obligation soumet le débiteur aux dommages et intérêts du créancier, *encore qu'il n'y ait aucune mauvaise foi de sa part*. (1147, 1382, 1383).

Aucune faute, dit Domat (1), *nec ignorantia erit excusata*. Loi 19, § 1, ff *locati*, 19, 2.

281. 2°. Il ne peut être excusé qu'en justifiant que l'inexécution provient d'une cause étrangère, *qui ne peut lui être imputée* (1147, 1732); c'est à lui de prouver son excuse.

282. 3°. En général, on ne peut lui imputer ni la force majeure ni le cas fortuit (1148).

Excepté, 1°. le cas où il en aurait spécialement répondu; 2°. si le cas fortuit avait été précédé de quelque faute sans laquelle la perte ne serait pas arrivée (1807, 1881). *Vid. suprà*, n°. 228; 3°. si le débiteur était en retard d'exécuter le contrat, comme si la perte fortuite de la chose empruntée arrivait après le temps fixé pour la rendre (1881), à moins qu'elle n'eût également péri entre les mains du créancier (1042, 1302).

Mais lorsque le cas fortuit est la suite de la faute ou de la demeure du débiteur, il doit réparer le dommage. Cet engagement est plutôt l'effet de sa faute que du cas fortuit (2).

283. 4°. Si le débiteur n'a point d'excuse, ou n'en a qu'une insuffisante pour se soustraire à l'imputation, il faut distinguer s'il y a dol ou

---

(1) Liv. 3, tit. 5, n°. 10.

(2) Domat, liv. 2, tit. 9, préambule du titre des Engagemens qui se forment par des cas fortuits.

mauvaise foi de sa part, ou s'il n'y a que simple faute, négligence ou imprudence.

284. 5°. S'il n'y a ni dol ni mauvaise foi, il n'est tenu que des dommages et intérêts, qui ont été prévus, ou qu'on a pu prévoir lors du contrat (1150, 1635). Il n'est pas tenu de ceux que l'on n'a pu prévoir, quand même ces dommages imprévus seraient la suite immédiate et directe de l'inexécution du contrat.

On peut en donner pour exemple l'éviction d'un héritage que vous m'avez vendu. Vous êtes tenu de me rembourser toutes les réparations et améliorations, non seulement nécessaires, mais encore toutes celles qui sont utiles (1634), parce que vous avez dû ou pu prévoir, lors du contrat, que je réparerais et améliorerais cet héritage. C'est même assez ordinairement le soin que prend un bon père de famille, en faisant une acquisition : il met les choses en bon état et les améliore.

Mais si j'ai fait des dépenses voluptuaires ou de pur agrément, vous n'avez pas dû prévoir ces dépenses inutiles et superflues, et quoique la perte de ces dépenses soit pour moi une suite immédiate et directe de l'éviction ou de la résolution du contrat, vous n'en serez pas tenu.

Au contraire, si la cause de l'éviction vous était connue, si vous m'avez vendu de mauvaise foi le fonds d'autrui, vous serez obligé de me rembourser toutes les dépenses même voluptuaires ou d'agrément, que j'aurais faites (1635), à quelque somme qu'elles puissent monter; car si vous avez pu ignorer, aussi bien qu'un vendeur de bonne foi, que je ferais des dépenses superflues sur le fonds vendu, vous saviez qu'il ne vous appartenait pas, et en faisant une vente qui exposait l'acquéreur à une éviction, vous avez dû avoir la volonté de réparer toutes les pertes que lui causerait cette éviction prévue. En un mot, l'éviction, à l'égard du vendeur de bonne foi, est un événement qu'il n'avait pas prévu et qu'il ne devait pas prévoir; le vendeur de mauvaise foi a pu et dû le prévoir, ainsi que toutes ses suites. Domat, liv. 3, tit 5, sect. 2, n°. 8.

285. L'art. 1633 paraît contenir une exception au principe que le débiteur n'est tenu que des dommages et intérêts qu'il a prévus ou dû prévoir, lorsque ce n'est point par son dol que l'obligation n'a pas été exécutée. Cet article porte que « si la chose vendue se trouve avoir augmenté » de prix à l'époque de l'éviction, *indépendamment* » *même du fait de l'acquéreur*, le vendeur est tenu » de lui payer ce qu'elle vaut au-dessus du prix » de la vente. » Si donc vous m'avez vendu de bonne foi un héritage qui depuis la vente a quadruplé de valeur par l'établissement d'une ville nouvelle, par l'ouverture d'un canal, ou par tout autre événement extraordinaire, vous êtes, en cas d'éviction, tenu de me rembourser, malgré votre bonne foi, ce que l'héritage évincé vaut au-dessus du prix de la vente, quoique vous n'ayez prévu ni pu prévoir l'événement qui en a quadruplé la valeur.

Pothier, Traité des Obligations, n°. 164, et du

Contrat de vente, n°. 132, distinguait en ce cas l'acquéreur de bonne foi de l'acquéreur de mauvaise foi. Il pensait que le premier ne devant jamais que les dommages et intérêts qu'on a pu prévoir, n'est assujetti, dans le cas proposé, qu'à payer la somme la plus forte, à laquelle les parties, lors du contrat, ont pu s'attendre que les dommages et intérêts pourraient monter; principe qui retombe dans l'arbitraire le plus absolu; ou plutôt qui, pressé en rigueur, conduit à soutenir que le vendeur de bonne foi ne doit, en cas d'éviction, d'autre indemnité que celle du prix qu'il a reçu et des loyaux coûts et intérêts; car il n'a pu s'attendre à des dommages et intérêts, qui sont la suite d'une éviction imprévue, et qui, s'il avait pu le prévoir, l'aurait empêché de vendre. C'est par ce motif que l'art. 1633 n'a point admis de distinction entre le vendeur de bonne ou de mauvaise foi, relativement aux augmentations de prix survenues à l'époque de l'éviction; *indépendamment du fait de l'acquéreur*. Cette augmentation est due par le vendeur même de bonne foi.

Mais il en est autrement, suivant les articles 1634 et 1635, des améliorations provenues du fait de l'acquéreur. Le vendeur de bonne foi ne doit que celles qui sont nécessaires ou utiles, et non celles qui ne sont que voluptuaires et de pur agrément; car outre qu'il n'a pu les prévoir, il y a en ce cas un fait imputable à l'acquéreur, qui pourrait, en s'abandonnant à des goûts de luxe que la loi ne doit pas favoriser, ruiner complètement un vendeur honnête et de bonne foi.

286. 6°. Dans le cas même où l'inexécution de la convention résulte du dol du débiteur, les dommages et intérêts ne doivent comprendre, à l'égard de la perte éprouvée par le créancier, et du gain dont il a été privé, que ce qui est une suite *immédiate et directe* de l'inexécution de la convention (1151), c'est-à-dire, les dommages causés uniquement par le fait ou par l'inexécution de la convention, et non pas ceux qui ne sont que des suites éloignées du fait ou de l'inexécution, et auxquelles d'autres causes ont concouru.

Ceci va devenir sensible par des exemples (1). Titius me loue des voitures pour vendanger le 1er. octobre, dans une vigne éloignée de mon domicile, et où je me suis transporté exprès pour préparer les travaux, louer des vendangeurs, etc.; mais Titius manque d'amener ses voitures, et je suis obligé d'en louer d'autres plus cher, ou bien, faute d'en trouver, je suis forcé de renvoyer mes vendangeurs et de retarder ma vendange. Quelques jours après, une grêle survient et détruit toute ma récolte, que j'avais vendue pour payer des créanciers; faute de les payer, mes biens sont saisis, je suis réduit à faire une faillite ruineuse. Titius doit-il m'indemniser, au premier cas, de ce que j'ai payé de plus pour louer d'autres voitures? Au second cas, du salaire des vendangeurs que j'ai renvoyés, de mes frais de voyage? Me devra-t-il le prix de ma récolte, en tout ou en

(1) Tirés de Domat, liv. 3, tit. 5, sect. 2, n°. 4.

partie? Devra-t-il m'indemniser de la perte que j'éprouve par la vente de mon bien, et par la faillite qui en a été la suite?

Il est d'abord évident que cette dernière perte, si elle peut être considérée comme une suite de la faute de Titius, en est une suite trop éloignée pour qu'il en doive répondre. La cause directe, la cause immédiate de cette perte, est dans le mauvais état de mes affaires, que Titius n'a pu ni dû prévoir. Sa condition ne doit pas être pire pour avoir manqué de parole à telle personne plutôt qu'à telle autre, à une personne dont les affaires étaient délabrées, plutôt qu'à une personne dont les affaires étaient en bon état. Cette perte n'est point la suite immédiate et directe de la faute de Titius; elle a été produite par une cause étrangère qui ne peut lui être imputée, et qu'il ne pouvait prévoir. Il ne peut donc en répondre, quand même il y aurait de sa part dol ou mauvaise foi.

Mais la perte de ma récolte, la devra-t-il entière? en devra-t-il une partie? n'en devra-t-il rien?

Il faut distinguer : il n'en devra rien, s'il justifie qu'il a été empêché d'exécuter son obligation par suite d'une force majeure ou d'un cas fortuit (1148); en un mot, par une cause étrangère qui ne peut lui être imputée (1147). Par exemple, si ses chevaux et ses voitures avaient été pris à la réquisition du magistrat pour les besoins du gouvernement; si ses chevaux avaient péri par accident ou étaient restés malades. Ces événemens sont des causes étrangères qui ne peuvent lui être imputées (1147).

Si Titius n'a point de pareille excuse, il faut encore distinguer s'il y a de sa part dol ou mauvaise foi, ou simplement une faute plus ou moins excusable.

S'il y a mauvaise foi, par exemple, si Titius n'a manqué d'exécuter son obligation que pour profiter d'un loyer plus considérable qui lui a été offert, il doit tout le prix de la récolte, si la perte a été la *suite* immédiate et directe de l'inexécution de l'obligation. Or, c'est ce qui dépend des circonstances. Par exemple, si j'ai pu me procurer d'autres voitures, et que je ne l'aie pas fait, la perte de ma récolte n'est plus seulement la suite de la mauvaise foi de Titius, et de la faute qu'il a commise, c'est également la suite de ma négligence : je ne puis donc faire tomber la perte entièrement sur lui. D'un autre côté, ma négligence peut être excusable ; j'ai pu me reposer sur la parole de Titius, et espérer qu'il m'amènerait ses voitures le lendemain ou le surlendemain. C'est donc au magistrat de peser ces motifs, et de juger, suivant les circonstances, quelle portion Titius doit supporter dans la perte de ma récolte, ou s'il n'en doit supporter aucune portion.

Mais si je n'ai pu me procurer d'autres voitures, ou, ce qui est la même chose, si je n'ai pu m'en procurer avant l'orage qui a détruit ma récolte, il semble que, d'après la disposition de l'article 1151, Titius doit m'indemniser de la perte entière de ma récolte ; car on ne peut raisonnablement nier que cette perte ne soit *une suite immédiate et directe* de l'inexécution de la convention. Toutes mes mesures étaient prises, le jour fixé, mes vendangeurs gagés, des voitures louées, etc. Si elles n'avaient pas manqué, il est prouvé que ma vendange eût été faite, emmenée, et qu'elle n'eût pas eté détruite par l'orage survenu quelques jours après.

Dira-t-on que la *cause* immédiate et directe de la perte de ma récolte a été l'orage, et non pas la faute de Titius ? Nous répondrons que, pour rendre le débiteur de mauvaise foi responsable du dommage, l'art. 1151 n'exige pas que l'inexécution de la convention en ait été la *cause* immédiate et directe, mais seulement que le dommage ait été la *suite* immédiate et directe de l'inexécution, ce qui est bien différent.

Ajoutera-t-on que l'orage qui a détruit ma récolte est un événement extraordinaire et imprévu, qui ne peut être imputé à Titius ? *ea quæ raró accidunt, non temerè in agendis negotiis computantur*, Loi 64, ff *de R. J.*

Nous répondrons que l'art. 1150 ne soustrait aux dommages qui n'ont pas été ou qui n'ont pu être prévus lors du contrat, que le débiteur à qui l'on ne peut reprocher ni dol ni mauvaise foi dans l'inexécution de son obligation.

Nous répondrons encore que le débiteur est responsable du cas fortuit, lorsqu'il a été précédé de quelque faute de sa part, sans laquelle la perte ne serait pas arrivée, ou lorsqu'il est en retard d'exécuter son obligation. Or, il n'y a point de faute plus griève que de manquer à sa parole de dessein prémédité, et pour se procurer un bénéfice plus considérable. Il est donc certain que Titius était en faute ; que sa faute a été suivie immédiatement et directement de l'orage qui a détruit ma récolte, et que, sans cette faute, je n'aurais éprouvé aucune perte : ainsi Titius m'en doit l'indemnité entière.

Mais il faut que cette perte soit la suite *immédiate et directe* de l'inexécution de l'obligation (1151), et qu'elle n'ait été précédée d'aucune faute, d'aucune négligence de ma part. Par exemple, lorsqu'il m'a été impossible de me procurer d'autres voitures avant l'orage : car si j'ai pu m'en procurer ailleurs, et que je ne l'aie pas fait, ma négligence ayant précédé l'événement, on ne peut plus dire qu'il ait été la *suite immédiate et directe* de la faute de Titius, puisqu'il est également la suite de ma négligence. Titius ne doit donc pas, malgré sa mauvaise foi, être condamné à m'indemniser de la totalité de ma récolte.

Mais il n'en doit pas moins m'indemniser du salaire des ouvriers que j'ai été obligé de renvoyer, et des frais que j'ai pu faire inutilement pour préparer ma vendange ; car ma négligence n'a concouru en rien à cette perte, uniquement causée par la faute de Titius.

Supposons maintenant qu'il n'y ait pas de mauvaise foi de la part de Titius, et qu'il ait manqué d'exécuter son obligation, non pour retirer un loyer plus considérable de ses voitures, mais parce que Mevius, à qui elles étaient louées, a manqué de les ramener au jour fixé pour leur retour. Ce retardement n'est certainement point une cause étrangère qui ne puisse être imputée à Titius, comme l'exige l'art. 1150, pour le soustraire aux dommages et intérêts. Il devait prendre ses mesures pour astreindre Mevius à plus d'exactitude, ou pour le rendre responsable de l'inexécution de l'obligation. Titius est donc en faute; mais comme ce n'est point par son dol que l'obligation n'a pas été exécutée, il n'est tenu, suivant l'article 1150, que des dommages et intérêts qui ont été prévus, ou qu'on n'a pu prévoir lors du contrat. Or, on n'a pu prévoir que le lendemain ou le surlendemain du jour fixé, et avant que je pusse me procurer d'autres voitures, une grêle extraordinaire ravagerait le pays et détruirait ma récolte.

287. Il ne faut pas mettre au nombre des suites éloignées dont ne répond point le débiteur même de mauvaise foi, les différentes pertes successives qui peuvent être causées par un seul fait, si ces pertes ont ce fait pour cause unique. Si, par exemple, un architecte ayant promis de bâtir une maison, et de la rendre parfaite dans un certain temps, pour un locataire qui l'avait louée, la rend tellement défectueuse qu'une partie s'écroule par vice de construction, cet événement cause trois espèces de pertes, celle de la dépense pour rebâtir la maison, celle des loyers que le propriétaire en pouvait tirer, celle des dommages et intérêts dus au locataire; et quoi-

que la seconde et la troisième pertes soient des suites qui paraissent éloignées du fait de l'entrepreneur, comme elles n'ont aucune autre cause, et que son traité renfermait l'obligation de rendre la maison habitable et en bon état, ces pertes peuvent et doivent lui être imputées. Domat, liv. 3, tit, 5, sect. 2, n°. 11.

Il doit même répondre d'une quatrième espèce de perte, de celle des meubles qui étaient dans la maison, et qu'on n'a pu sauver; car l'architecte n'a pu ignorer qu'on y porterait des meubles, puisqu'on n'y pouvait loger qu'avec des meubles, et par conséquent il s'est chargé du risque de ces meubles. Pothier. Traité des Obligations, n°. 163, *in fin.*

Mais si, dans l'écroulement de la maison, il s'était perdu des pierreries, des sommes d'argent, des tableaux précieux, l'architecte ne serait pas tenu de répondre de cette perte en entier, mais seulement jusqu'à concurrence du prix auquel peut ordinairement monter le mobilier d'une personne de mon état. Pothier, *ibid*, n°. 165. Il répondrait rigoureuseusement du tout s'il y avait de sa part dol caractérisé par un dessein prémédité de nuire.

288. Dans le cas dont nous venons de parler et dans beaucoup d'autres, les dommages et intérêts peuvent aller au point d'ébranler la fortune de l'architecte, ou même de le ruiner complètement, quoique souvent il n'y ait pas de mauvaise foi de sa part, mais seulement ignorance ou négligence. Cette considération a porté le savant et judicieux Domat à enseigner que l'archi-

tecte *qui peut répondre de toutes* ces pertes en serait tenu; mais, ajoute-t-il, parce que les entrepreneurs n'ont pas toujours *le moyen de faire* de pareils dédommagemens, et *que l'humanité oblige à des égards* qui peuvent modérer la *rigueur qu'une justice exacte pourrait demander*, on peut apporter des tempéramens dans l'estimation de ces sortes de dommages et intérêts, etc. Il cite pour autorité un texte tiré, dit-il, de la loi 38, ff *de evict.*, où ce texte ne se trouve point, non plus que dans tout le reste du titre, et nous l'avons vainement cherché dans le corps du droit romain : *bonus judex variè in personis, causisque constituet.*

Qu'il nous soit permis de le dire, avec tout le respect qu'inspire le mérite vraiment supérieur de ce grand jurisconsulte, une pareille doctrine nous paraît fausse et dangereuse. Elle conduit à dire que la même cause doit être jugée diversement, suivant que la fortune du débiteur en faute est plus ou moins considérable; que le juge doit suivre les égards et les sentimens que l'humanité lui inspire, plutôt que les règles de l'exacte et sévère justice.

289. Il y a malheureusement, et par la nature même des choses, beaucoup d'arbitraire dans l'évaluation des dommages et intérêts. C'est pour diminuer cet arbitraire, autant qu'il est possible, que la loi a tracé des règles pour guider le magistrat. Elle veut qu'il considère d'abord si le fait est imputable au débiteur : sans cette imputabilité, point de dommages et intérêts.

Si le fait est imputable, la loi veut que le magistrat examine s'il y a eu dol ou mauvaise foi, ou bien simplement faute, imprudence, ignorance.

S'il y a dol ou mauvaise foi, les dommages et intérêts, quoiqu'imprévus, sont dus dans toute leur étendue, tant à l'égard de la perte éprouvée par le créancier, que du gain dont il a été privé, pourvu néanmoins que ces dommages soient la suite immédiate et directe de l'inexécution de la convention (1151).

S'il n'y a eu que faute, imprudence, etc., le débiteur ne doit que les dommages et intérêts qu'on a prévus ou pu prévoir (1150).

Le dol et la mauvaise foi sont inexcusables. Au contraire, les fautes et l'ignorance sont excusables jusqu'à un certain point. La loi permet donc au juge, lorsqu'il n'y a que faute ou négligence, non pas de ne point adjuger des dommages et intérêts, mais de les modérer suivant les circonstances qui peuvent excuser le débiteur en faute. Argum., articles 1374 et 1928. Par exemple, si le contrat était gratuit (1992); si le débiteur ne retire aucun profit de l'inexécution du contrat.

Ces excuses sont dictées par la justice et la raison; mais le peu de fortune ou d'aisance du débiteur, le nombre de ses enfans et autres considérations relatives à sa situation personnelle ou à sa famille, ne sont point des excuses pour le soustraire aux indemnités dont ses fautes le rendent responsable.

Sans doute le riche qui, sourd à la voix de l'humanité, et insensible aux cris de la misère, exige tous ses droits à la rigueur, surtout contre

au pauvre père de famille, est un homme dur et haïssable; mais c'est à l'opinion publique d'en faire justice. Le juge ne doit point écouter les flatteuses séductions de son cœur, il ne doit suivre que les règles de l'exacte et rigoureuse justice (1); un arrêt motivé sur la considération que le débiteur est pauvre, et que l'humanité lui doit des égards, ne serait point à l'abri de la censure.

Le magistrat honnête n'est que trop souvent dupe de son propre cœur. En se montrant indulgent en faveur du débiteur peu fortuné à qui l'on n'a que des fautes à reprocher, il croit ne suivre que son devoir et la justice; il en arrive que très-souvent les juges fixent les dommages et intérêts à des sommes si modiques, qu'elles n'indemnisent pas celui à qui elles sont adjugées de la dixième partie des pertes qu'il a souffertes, sans songer, comme l'observe judicieusement Argou, liv. 4, chap. 17, « que ces sortes d'indulgences ne sont pas seulement contraires à la justice et au bien des particuliers, mais qu'elles nuisent encore au bien public, en fomentant la mauvaise foi et les procès par l'espérance de l'impunité. »

290. Si les faits et les circonstances qui peuvent excuser le débiteur, sa bonne foi, son ignorance, sont des motifs pour modérer les dom-

---

(1) La Bible défend aux juges la compassion pour le pauvre, quand il s'agit de justice. *Pauperis quoque non miseraberis, in judicio.* Exod., 23, 3.

Non consideres personam pauperis, nec honores vultum potentis. Juste judica. Levit., 19, 5.

mages et intérêts, on doit également avoir égard aux fautes personnelles du créancier, aux faits qui peuvent lui être imputés. Si, par exemple, il connaissait d'avance les faits qui ont empêché l'inexécution de l'obligation, ou donné lieu à la résolution du contrat, il ne pourrait prétendre de dommages et intérêts. Arg., art. 1599, 1629. Il pourrait même n'être pas recevable à demander la restitution du prix qu'il aurait payé.

291. Les jugemens qui condamnent en des dommages et intérêts, doivent en contenir la liquidation, ou ordonner qu'ils seront donnés par état (128 Code de procédure), c'est-à-dire, qu'ils seront détaillés dans une déclaration que donnera celui qui les demande, pour être contestée ou accordée par le défendeur. C'est le meilleur moyen de bien connaître et de bien apprécier les pertes et les dommages que souffre celui qui se plaint.

Sur cette déclaration, le défendeur fait ses offres dans la forme et dans les délais réglés par le Code de procédure, au titre de la liquidation des dommages et intérêts (523 et suiv.).

Si les offres contestées sont jugées suffisantes, le demandeur est condamné aux dépens, depuis le jour où elles ont été faites.

Le plus souvent, les dommages et intérêts sont détaillés par le demandeur dès le commencement du procès, et discutés dans le cours de la procédure, en sorte que le jugement les liquide à une somme déterminée. Néanmoins, les juges ajoutent le plus souvent la clause, *si mieux n'aime le défendeur à dire d'experts :* ce qui laisse à ce dernier la faculté de les faire estimer par des experts, dans la forme prescrite par le Code de procédure.

Les juges peuvent aussi, avant de liquider les dommages et intérêts à une somme déterminée, nommer des experts ou ordonner une enquête, suivant les circonstances (1).

292. L'inexécution des obligations qui ont une cause illicite, c'est-à-dire contraire aux lois, aux bonnes mœurs ou à l'ordre public, n'entraîne point de dommages et intérêts; si celui qui s'engage à une chose illicite fait une faute, celui qui accepte un pareil engagement n'en commet pas une moindre. Il ne peut donc demander l'exécution de cet engagement. *Vid. sup.*, n°s. 125 et suiv., et n°s. 181 et suiv.

Ce principe est invariable quant aux choses naturellement illicites, ou défendues par le droit naturel et la morale; quant aux choses qui ne sont défendues que par le droit civil, la défense varie ainsi que l'opinion, suivant les temps, les lieux, et suivant les différentes législations, comme nous avons déjà eu occasion de le remarquer.

293. L'ancienne jurisprudence française regardait comme illicites, ou non obligatoires, les clauses pénales ajoutées aux promesses de mariage; elle n'était même pas entièrement fixée sur

---

(1) *Voy.* l'Ouvrage de notre estimable collègue M. Carré, Analyse raisonnée et Conférences, etc., sur le Code de procédure civile, 2 vol. in-4°, art. 525, quest. 1684. On le trouve à Paris, chez B. Warée, oncle, libraire de la Cour royale, au Palais de Justice.

le point de savoir si l'inexécution de ces promesses, sans motif légitime, donnait lieu à une action en dommages et intérêts proprement dite. On s'efforce de faire aujourd'hui revivre cette opinion qui nous paraît contraire aux dispositions du Code, et qui n'est fondée que sur un ancien préjugé tiré d'une maxime du *Droit* de Justinien, profondément immorale dans le sens que les Romains l'entendaient : *Les mariages doivent être libres.* L'immoralité consiste en ce que cette maxime s'appliquait principalement aux mariages déjà contractés. *Libera esse matrimonia antiquitùs placuit, ideòque pacta, ne liceret divertere, non valere, et stipulationes, quibus pænæ irrogarentur ei qui quæve divortium fecisset, ratas non haberi constat*, dit la loi au Code *de inutil. stip.*, 8, 39, qui est le siége de la matière, l'autorité qu'ont toujours invoquée et qu'invoquent encore aujourd'hui ceux qui soutiennent la nullité des clauses pénales ajoutées aux promesses de mariage.

294. Ainsi c'est, dans le principe, pour maintenir, pour ne pas même gêner la liberté absolue et illimitée du divorce, que fut introduite la maxime que *les mariages sont libres.* Ce sont des mariages déjà contractés qu'on entendait parler. On étendit à plus forte raison cette maxime aux mariages futurs, aux fiançailles ou promesses de mariage dont le lien est moins fort que celui du mariage, et on en vint jusqu'à dire que les peines stipulées soit contre le divorce, soit contre la violation des promesses de mariage, sont contraires aux bonnes mœurs, *non secundùm bonos*

mores interposita, Pourquoi? *Quia inhonestum visum est, vinculo pœnæ matrimonia obstringi, sive futura, sive jam contracta.* Loi 134, ff. *de V. O.*

Mais il faut observer que l'opinion changea trois fois à Rome sur ce point. Il est bon de suivre et d'indiquer ces variations.

Romulus avait permis le divorce, mais seulement aux maris; mais seulement pour cause déterminée. Celui qui divorçait sans cause, était dépouillé de ses biens, dont une moitié tournait au profit de l'épouse délaissée; l'autre était adjugée à la déesse Cérès (1). On ne pouvait pas dire alors que les mariages contractés fussent libres dans le sens des lois que nous venons de citer. Cette institution de Romulus passa dans la loi des Douze-Tables; et pendant qu'elle fut en vigueur, les fiançailles ou promesses de mariage furent obligatoires comme tous les autres contrats. Le refus d'accomplir le mariage donnait lieu à l'action *ex sponsu*, et soumettait le réfractaire à des dommages et intérêts, comme nous l'apprend Aulu-Gelle (2), d'après l'autorité du jurisconsulte Servius Sulpicius. Il était même d'usage de stipuler une peine pour tenir lieu de

(1) *Vid.* Heineccii *antiquitates*, *Appendix libri primi*, n°. 44, *et seq.*; Terrasson, Histoire de la Jurisprudence romaine, pag. 51 et suiv.

(2) *Noct. att.* Heineccius prétend que cette action n'avait lieu que chez les Latins, et non pas à Rome. *Voy.* ses Antiquités, *App.*, lib. 1, n°. 49, et lib. 5, tit. 16, n°s. 20 et 22. Nous préférons l'opinion commune, qui est aussi celle de Cujas, d'Hotman, de Voët, etc.

dommages et intérêts contre le réfractaire (1).

La dépravation des mœurs fit tomber ces lois en désuétude, pervertit la morale et même l'opinion. La coutume permit aux femmes, aussi bien qu'aux maris, non seulement le divorce sans cause, ou pour les causes les plus frivoles, et souvent odieuses. Cicéron lui-même, au rapport du grave Plutarque, Cicéron d'ailleurs si attaché aux principes de la morale et de l'honnêteté, répudia Terentia pour payer ses dettes avec la dot d'une nouvelle épouse, et Publilia, parce qu'elle avait paru n'être pas fâchée de la mort de Tullia. Ce grand moraliste, cet homme si supérieur, ne croyait donc pas le divorce sans cause contraire à la morale.

Le désordre s'accrut, et en vint au point que des femmes, même illustres et nobles, *illustres et nobiles*, dit Sénèque, comptaient leur âge par le nombre de leurs maris. Martial en cite une qui en épousa dix dans un mois (2).

295. Tel était l'aveuglement des esprits, et la dépravation des mœurs, qu'on finit par regarder la faculté de changer de femme ou de mari sans cause, comme un point de droit public : de-là la maxime, *les mariages sont libres*. C'est-à-dire,

---

(1) *Vid.* Hotman, *de sponsalibus*, cap. 4, tom. 1, opp., pag. 478. Il cite pour garant, Varron, *de linguâ latinâ*, lib. 5.

(2) *Aut minùs, aut certè non plus, tricesima lux est;*
Et nubit decimo jam Thelesina viro.
Quæ nubit toties, non nubit : adultera lege est.
Offendor mœcha simpliciore minus.
(*Lib.* 6, *epig.* 7.)

qu'ils ne durent qu'autant qu'il plaît à l'un ou l'autre époux, qui doit toujours rester libre de changer. Il suffisait de dire à sa femme : *Allez-vous-en, sortez, je ne veux plus de vous, emportez vos effets.* Voilà ce que les Romains appelaient la liberté des mariages (1). Autant valait établir la communauté des femmes, tant reprochée à la république de Platon.

Quelques personnes sages imaginèrent qu'on pouvait, par des conventions particulières, non pas arrêter ou empêcher cette licence effrénée du divorce sans cause, mais du moins pourvoir aux intérêts du conjoint délaissé, en stipulant en sa faveur une indemnité pécuniaire dans le cas de divorce. Rien ne semblait plus juste et plus naturel. Mais cette gêne légère parut encore contraire à la *liberté des mariages*. L'empereur Alexandre la déclara illicite, et les jurisconsultes la déclarèrent contraire aux bonnes mœurs et à l'honnêteté.

Il est bien évident que, sous une pareille législation, les fiançailles ou les promesses de mariage ne pouvaient avoir aucune force; qu'elles ne

---

(1) Aussi Hotman, *Disput. de sponsalibus*, *cap.* 4, *opp. tom.* 1, *col.* 478, compare le mariage des Romains de ce temps à l'accouplement des animaux : *Hæc fuit temporum illorum ratio, perditis, ut dixi, civitatis moribus, cum populus romanus, non modo promiscuos concubitus pecudum ritu sectaretur, verum etiam à conjugiis abhorreret.... His igitur profligatis civitatis moribus, sensim contra juris directi regulas, inductum fuit, ut libera esset sponsaliorum renunciatio, quæ renunciatio proprie repudium dicebatur... quæ cum ita sint, perspicuum est sponsalia digestorum jure non fuisse in contractuum numero. Quoniam nulla ex iis efficax nascebatur obligatio*, etc.

pouvaient plus produire aucune action, quoique revêtues des formalités de la stipulation. Les empereurs et les jurisconsultes décidèrent donc qu'elles n'étaient point obligatoires; qu'elles ne formaient aucun lien civil; qu'on pouvait y manquer impunément (1), et répudier sa fiancée comme on renvoyait sa femme sans cause.

296. On se demande naturellement comment ces jurisconsultes romains, qui, par la sagesse profonde de leur doctrine, et par la seule force de la raison, sont devenus les législateurs des nations; comment ces génies si éclairés ont pu avancer et croire qu'il était contraire aux bonnes mœurs de stipuler contre la licence effrénée du divorce, et contre la violation des promesses de mariage, qui n'ont qu'un objet essentiellement honnête et louable, une peine pécuniaire pour tenir lieu d'indemnité à la personne délaissée? Comment cette faculté de manquer à des engagemens solennels et sacrés, impunément et sans motifs, depuis comme avant le mariage, a-t-elle pu leur paraître si nécessaire et si respectable que la convention de réparer le préjudice causé par une telle déloyauté, fût, à leurs yeux, contraire aux bonnes mœurs et à l'honnêteté? Comment enfin concevoir un tel renversement d'idées?

Comment? C'est que les génies les plus élevés et les plus forts ne le sont jamais assez pour n'être pas sur certains points dominés et subjugués par

---

(1) *Voy.* loi 1, Cod. *de sponsal.*, § 1; loi 2, Cod. *de repud.* 5 17; loi 2, § 2, ff *de divort* 24, 2.

les préjugés de leur siècle. Mais gardons-nous de croire qu'en déclarant des conventions si légitimes contraires aux bonnes mœurs, ces hommes si judicieux aient voulu parler de cette morale éternelle et immuable, qui est la même dans tous les temps et dans tous les lieux, à Rome, comme à Athènes (1), et dans le monde entier. Ils n'ont voulu parler que des mœurs publiques de Rome à cette époque, ainsi que l'a fort bien remarqué Cujas (2), le plus sûr de leurs interprètes, leur égal peut-être, au jugement de d'Aguesseau. Les Romains qualifiaient ordinairement de contraire aux *bonnes mœurs*, ce qui était opposé aux mœurs et aux coutumes de Rome. L'édit du préteur sur les injures portait : *Qui adversus bonos mores convicium fecisse dicetur*, etc. Ulpien interprétant ces expressions, dans la loi 15, §§ 5 et 6, ff. *de injuriis*, 47, 10, dit : *Quod adjicetur contrà bonos mores..... generaliter accipiendum adversus bonos mores hujus civitatis.*

Ainsi les jurisconsultes romains distinguaient cette morale locale de la morale universelle et immuable. Il y a des choses naturellement déshonnêtes, dit le même Ulpien, d'autres qui ne le sont que civilement, et comme par la coutume de la cité. *Quædam naturâ turpia sunt, quædam*

---

(1) *Nec erit alia lex Romæ, alia Athenis, alia posthæc; sed omnes gentes, et omni tempore, una lex et sempiterna et immutabilis*, etc. Cicero *de republicâ, lib.* 3; *apud Lactantium, divinarum inst.*, *lib.* 6, *chap.* 8.

(2) Sur le titre du Cod. *de sponsalibus*, 5, 1, *tom.* III; *opp. posthum. col.* 451, *édit. de Fabrot.*

civiliter, et quasi more civitatis. Loi 42, ff *de V. S.*

297. La loi civile peut laisser impuni, mais non pas rendre honnête (1), ce qui est contraire au droit naturel ou à la morale immuable et universelle; mais elle peut rendre licite et honnête ce qui n'était contraire qu'aux coutumes locales ou aux mœurs de la cité. C'est ce que fit l'empereur Léon, surnommé le Sage, à l'égard des clauses pénales ajoutées aux fiançailles ou promesses de mariage. Il pensa que la loi qui ordonnait la perte des arrhes ou leur restitution au double, en cas de refus d'accomplir le mariage, devait, par identité de raison, ordonner le paiement de la peine stipulée; que la peine trop légère de la perte ou de la restitution des arrhes favorisait l'inconstance et la mauvaise foi, et, pour empêcher qu'on ne fît un jeu des fiançailles ou promesses de mariage, *ne sursum deorsùmque ferantur*, il autorisa, par une loi spéciale (2), l'usage, qui s'était introduit de son temps, de stipuler une peine pécuniaire en cas d'inexécution, ou de violation des promesses de mariage. Ainsi, ces promesses formèrent, comme dans les premiers temps de la république, un lien civil, et produisirent une action.

---

(1) *Huic legi nec abrogari fas est, neque derogari ex hàc aliquid licet; neque tota abrogari potest, nec vero aut per senatum, aut per populum solvi hâc lege possumus.* Cic. *ubi suprà.*

(2) Nov. 18. *Ut in sponsalibus constituta pœna exigatur,* sur les Novelles de cet empereur; Bynkershoeck, *Observ.*, *lib.* 4, *cap.* 1; et la note de Silberad, sur l'histoire du droit d'Heineccius, § 404. Nous devons dire aussi que les Novelles n'avaient point force de loi en France dans les pays de droit écrit.

C'était donc pour la troisième fois que les mœurs et l'opinion publique changeaient sur ce point dans l'empire romain. Tant il est vrai, comme le remarque Cujas (1) à cette occasion, qu'il n'y a rien de plus inconstant et de plus sujet au changement que les coutumes et les mœurs d'un peuple; *Visum est moribus civitatis quibus inconstantius et mutabilius nihil.*

Tel fut le dernier état de la jurisprudence dans l'empire.

298. Le droit canonique non-seulement conserva aux promesses de mariage ou fiançailles, la force obligatoire que leur avait rendue l'empereur Léon, mais de plus il la renforça par des peines canoniques. Suivant ce droit, que nous suivions en France, ces promesses formaient entre les parties un engagement réciproque d'accomplir le mariage. De-là naissait une action que chacune d'elles pouvait exercer devant le juge ecclésiastique, nommé l'official, pour en demander l'exécution (2).

Ces promesses formaient encore pour chaque partie un empêchement prohibitif, qui l'empêchait de se marier licitement à un autre, avant qu'elles fussent dissoutes par l'official, qui ne pouvait en prononcer la dissolution sans cause légitime; s'il n'y en avait point, il devait condamner d'accomplir le mariage, sous peine des

---

(1) *In lib.* 16, *respons. Pauli.* Loi 134, ff *de V. O.*, *tom.* III, *opp. posthum.*, col. 98 et 91.

(2) *Voy.* Pothier, Traité du contrat de mariage, n°. 48 et suiv

censures ecclésiastiques ; *voy.* le chap. X *de sponsal.* Mais en France, l'official devait se contenter des voies d'exhortation, et si le réfractaire persistait dans son refus d'exécuter sa promesse, le juge prononçait la dissolution des fiançailles, en lui imposant une pénitence, ou des aumônes, pour son manque de foi, qu'on tolérait, dit Pothier, *ubi suprà*, n°. 51, comme un moindre mal, pour éviter de plus grands maux que pourrait occasionner un mariage contracté par contrainte.

Mais l'official devait réserver à l'autre partie de se pourvoir devant le juge laïc *pour les dommages et intérêts ;* Pothier, *ubi sup.* d'Héricourt, Lois ecclésiastiques, tit. du mariage, art. 1, n°. 13.

Dans notre ancienne jurisprudence, les dommages et intérêts étaient souvent très-considérables. D'Héricourt, *ubi sup.*, cite un arrêt rendu en 1712, par la grand'chambre du parlement de Paris, qui condamna M. Maynon, conseiller au parlement, à 60,000 liv. de dommages et intérêts, pour l'inexécution d'une promesse de mariage qu'il avait faite à une demoiselle ; il cite encore un autre arrêt du 30 août 1680, rapporté dans le Journal du Palais, qui condamna M. Hébert, maître des requêtes, à 14,000 liv. ; savoir : 11,000 liv. pour la demoiselle, et 3,000 pour ses père et mère (1).

(1) Quoique les mariages soient libres, disait M. Talon, qui portait la parole dans cette affaire, néanmoins après l'engagement pris par les parties, l'infidélité doit être punie par des dommages et intérêts.

Cet arrêt, ainsi que le précédent, et beaucoup d'autres, prou-

299. Quant aux clauses pénales ajoutées aux promesses de mariage, pour tenir lieu de dommages et intérêts en cas d'inexécution, on ne trouve, dans le corps du droit canonique, aucun texte qui en prononce la nullité. On a cité, mais bien sans raison, le chap. 29, X *de sponsalibus*, qui décide une question différente. Une femme, nommé Gemma, avait promis ou fiancé sa fille au-dessous de sept ans (1), au fils de B. de Alferio. Les futurs beau-père et belle-mère avaient stipulé une peine pécuniaire payable en cas de refus d'accomplir le mariage projeté. La fille, devenue nubile, épousa un autre mari; et Alferio, poursuivit Gemma pour la faire condamner à lui payer la peine stipulée. Le Pape Grégoire IX répondit, avec beaucoup de sagesse, qu'on doit improuver une pareille stipulation, parce que les mariages doivent être libres, et qu'il fallait contraindre Alferio à se désister de son action.

Dans cette espèce, qui est aussi celle de la loi 134 *de V. O.*, les père et mère des fiancés s'en-

---

vent bien qu'on rejetait l'opinion de quelques auteurs qui prétendaient qu'en cette matière les dommages et intérêts ne devaient consister que dans le dommage réel, *damnum emergens*, éprouvé par la partie délaissée.

(1) *Infrà septennium.* L'édition de Pithou, 1687, porte *intrà*. Il paraît que c'est une faute typographique, tous les auteurs lisent *infrà*, et Pirrhing, *in tit. de sponsalibus*, lib. 4, tit. 1, n°. 22, remarque par cette raison que la promesse de la fille de Gemma était nulle; en effet, les fiançailles ou promesses de mariage faites par un impubère au-dessous de sept ans, étaient nulles, même suivant le droit canonique, *cap.* 4, X *de spons.*, *impub. lib.* 4, *tit.* 2.

gageaient à payer une somme, si leurs enfans, encore en bas âge, n'accomplissaient pas le mariage projeté. Ils étaient donc vivement intéressés à contraindre l'inclination de leurs enfans, pour ne pas payer la peine stipulée en cas de non accomplissement du mariage. Cette stipulation était donc évidemment contraire aux bonnes mœurs et à la liberté bien entendue des mariages; elle devait être réprouvée et déclarée nulle, comme elle le doit être dans toute législation raisonnable. Ajoutez à cela que dans l'espèce proposée à Grégoire IX, la nullité de la promesse faite par un enfant au-dessous de sept ans, devait faire prononcer la nullité de la peine, parce que la nullité de l'obligation principale entraîne celle de la clause pénale, suivant le principe établi par la loi 129, § 1. ff *de R. J.*, et consacrée par l'art. 1227 de notre Code civil.

Mais étendre cette décision spéciale à tous les cas, ce serait contre toute raison et toute justice conclure du particulier au général. Ce serait dire : la clause pénale ajoutée aux fiançailles ou promesses de mariage d'un enfant de sept ans, par les père et mère de ce dernier, est nulle, comme contraire à la liberté des mariages; donc il en est de même de la clause pénale librement stipulée par des majeurs dans leurs promesses de mariage, pour tenir lieu de dommages et intérêts ou d'indemnité à la partie délaissée, qui ne peut, dans nos mœurs, contraindre l'autre à accomplir le mariage. La fausseté d'un pareil raisonnement est palpable.

Aussi Boehmer (1) observe que la décrétale de Grégoire IX ne contient qu'une décision spéciale, qui ne peut être appliquée qu'aux promesses imparfaites et non obligatoires, *imperfecta nec obligatoria*, et non point aux promesses parfaites qui ont une force obligatoire, telles que celles des majeurs. Il ajoute qu'aujourd'hui la clause pénale ajoutée à ces promesses est valable. Il cite à ce sujet Strykius, l'un des jurisconsultes les plus suivis de l'Allemagne (2).

---

(1) *Jus ecclesiast. protest. lib.* 4, *tit.* 1, *tom.* III, pag. 1186, n°. 130.

(2) Les Allemands, les Hollandais, loin de regarder comme illicite la peine stipulée dans les fiançailles, en cas d'inexécution, tiennent pour maxime que l'on peut employer tous les moyens juridiques pour contraindre le réfractaire à célébrer le mariage, même la contrainte par corps. Bien plus, le magistrat peut, en certains cas, prononcer par un jugement solennel que le mariage sera tenu pour accompli; par exemple, lorsqu'il s'agit de donner un état à des enfans conçus sous le voile sacré d'une promesse de mariage. *Voy.* Voët, *in Pandectas*, *tit. de sponsalibus*, n°. 12, Huberus *in Pandectas eod. tit.*, n°. 19; Boehmer, *ubi sup.*

Le Code prussien, seconde partie, tit. 1er, du mariage, contient sur ce point des dispositions si raisonnables, que nous croyons faire plaisir au lecteur en les copiant ici :

Art. 112. « Celui qui refuse obstinément, sans raisons légitimes, » l'accomplissement d'une promesse de mariage, ou qui se met » lui-même hors d'état de la remplir, perd les présens qu'il a » faits à l'autre partie, doit restituer ceux qu'il en a reçus, et payer » les dépenses occasionnées par la promesse de mariage. »

Art. 113. « S'il y a un dédit expressément convenu, en cas de » rétractation, ce dédit doit être payé indépendamment de ce » qui est établi dans l'article précédent. »

Art 114. « S'il n'y a point de dédit convenu, le rétractant doit, » outre le dédommagement déterminé dans l'art. 112, remettre à » l'autre partie le quart de ce qui aura été fixé dans la promesse de » mariage, ou dans un contrat particulier, comme douaire ou » comme donation réciproque. »

Art. 115. « S'il n'a été convenu ni douaire, ni donation,

En effet, les papes qui ordonnaient d'employer les censures de l'église, même l'excommunication, la plus grande des peines canoniques, pour contraindre celui qui, après des promesses légales de contracter mariage, refusait sans motifs légitimes de l'accomplir, n'auraient pu, sans une contradiction palpable, déclarer contraire aux bonnes mœurs et à la liberté des mariages la stipulation pénale d'une indemnité pécuniaire (1).

» mais qu'il ait été fixé comme part d'héritage pour celle des deux » parties, qui ne s'est pas rétractée, dans le cas où l'une survivrait à l'autre, une somme ou une chose déterminée, elle en « peut exiger le quart par forme d'indemnité. »

Art. 116. « S'il y avait différentes sommes fixées selon la différence des cas, le dédit serait évalué sur la somme la moins » forte. »

Art. 117. « Si celui qui retire sa promesse n'a pas les moyens » d'acquitter le dédit dû à l'autre partie, d'après ces dispositions, » ses parens, autant qu'ils auraient consenti à la promesse de » mariage, et occasionné, ou approuvé la rétractation, sont tenus » d'acquitter le dédit. »

Ces dispositions du Code prussien, qui, lorsque les parties n'y n'ont point autrement pourvu, fixent l'indemnité due à la partie délaissée, sont, dans l'esprit de la loi salique, réformée par Charlemagne. Le tit. 70 porte; *Si quis filiam alienam ad conjugium quæsierit, præsentibus suis et puellæ parentibus, et postea se retraxerit, et eam accipere noluerit, bis mille quingentis denariis... culpabilis judicetur.* Baluzii. *Capit. reg. francor.*, tom. 1, col. 325

La jurisprudence anglaise punit aussi de peines pécuniaires les violations des promesses de mariage. Assez récemment, en 1816, le lieutenant Peyton, fils de l'amiral de ce nom, fut condamné par la Cour du Banc du roi à payer 300 guinées de dédommagement à madame veuve Along, à qui il avait promis de l'épouser immédiatement après la mort de l'amiral. *Voy.* le Journal des Débats, du 9 juin 1816, à l'article de Londres, 4 juin 1816.

(1) C'est le raisonnement de Layman, canoniste célèbre, l'une des lumières de l'Allemagne, au jugement de Lenglet du Fresnoi; il dit que dans le cas des promesses parfaites et obligatoires, *cessat ratio ob quam pœna sponsalibus adjecta, irrita censenda est*, *ne*

Cependant le plus grand nombre des interprètes du droit canon servilement attachés au droit romain, comme un serf à la glèbe, et sans faire attention que c'était une contradiction formelle avec le droit des Décrétales, ont enseigné que les peines conventionnelles ajoutées aux fiançailles, ou promesses de mariage, sont nulles, parce que les mariages sont libres, suivant la loi 2. Cod. *de inutil. stip.*, dont nous avons parlé *suprà*.

Notre jurisprudence française, c'est-à-dire, la jurisprudence des arrêts, car il n'existait sur ce point aucune loi ni ordonnance, tenait pour maxime que les juges avaient toujours le pouvoir de modérer les peines stipulées par les parties, faute d'inexécution de quelque convention que ce fût, lorsqu'elles excédaient évidemment le dommage effectif, *vid. inf.* n°. 811, à plus forte raison la peine stipulée pour l'inexécution des promesses de mariage, contre laquelle le droit romain s'était prononcé, comme nous l'avons dit. On regardait donc cette peine comme nulle ou inutile, parce que les juges pouvaient toujours n'y avoir point d'égard (1).

---

libertas matrimonii impediatur. Quia si quis nullam habeat causam resiliendi à sponsalibus, tunc nullam retinet libertatem contrahendi matrimonii, sed pœna conventionali compelli debet ad contrahendum, cùm etiam possit per censuras ecclesiasticas compelli; juxta, cap. 10, *eod. tit. Vid.* Pirrhing, *in tit. de sponsalibus X*, n°. 23 *infr.*, *et n.°* 27.

(1) Mais aussi les juges s'en tenaient quelquefois à la somme fixée par le dédit. *Voy.* un arrêt du 28 mars 1639, cité dans le Journal

300. Si, laissant à l'écart le droit romain et canonique, les interprètes, les docteurs et l'ancienne jurisprudence, nous consultons une autorité plus imposante, celle de la raison, ne nous dit-elle pas que les promesses de mariage contiennent l'obligation de faire une chose licite et honnête? que toute obligation de faire une chose honnête doit être exécutée? que tout ce qu'a pu faire la loi, en faveur de la liberté bien entendue du mariage, a été de ne pas permettre d'employer les voies juridiques pour contraindre une personne à l'accomplir, et de résoudre en dommages et intérêts les promesses de mariage, en cas de non exécution; mais que le refus d'exécuter ces promesses, qui n'a le plus souvent d'autre

---

des Audiences, lors de l'arrêt du 29 août 1713, tom. VI, pag. 405. Il est rapporté par Bardet, liv. 8, chap. 15, et dans les notes sur le Prestre, 1re. centur., chap. 8, pag. 208.

Il adjugea 12,000 liv. de dommages et intérêts à une fille qui n'avait que 6,000 liv. de dot. Cette somme avait été stipulée pour dommages et intérêts, en cas de dédit.

M. Talon disait qu'à l'égard des majeurs, une telle peine pouvait être demandée par forme de dommages et intérêts; que, par la Novelle de l'empereur Léon, la stipulation en était permise, et que, quoique, par le droit canonique, elle fût interdite, l'une ni l'autre des parties ne voulant *se rétracter, devaient être condamnées aux dommages et intérêts.* Mais il soutint qu'ils étaient arbitraires. Cependant, comme ils étaient fixés entre les parties par leur promesse réciproque, la Cour n'en voulut rien rabattre.

Autre arrêt du 9 février 1643, dans les notes sur le Prestre, pag. 211. Il déclara valable une promesse de mariage avec stipulation de payer 4,000 liv. en cas de dédit.

Voyez enfin un arrêt du 24 février 1654, qui condamna un jeune homme de payer une obligation de 5,000 liv.; il est rapporté au Code matrimonial, *ubi sup.*, pag. 284, et dans le Journal des Audiences, qu'il faut voir.

cause que des motifs d'intérêt, de vanité, ou d'inconstance, n'est pas moins condamnable que l'inexécution de toute autre promesse? Qu'ainsi, quoique le mariage doive être libre, néanmoins après que l'engagement de le contracter a été valablement contracté, il n'est plus permis de manquer impunément à sa parole? qu'en dispensant celui qui la viole, des dommages-intérêts qui sont dus toutes les fois qu'on ne justifie pas que l'inexécution de l'obligation a un motif légitime (1147), ce n'est point la liberté du mariage qu'on favorise, mais la mauvaise foi, la vanité, ou l'intérêt, tout au moins l'*infidélité* qui, comme le disait fort bien l'avocat-général Talon (1), doit être punie par des dommages-intérêts? enfin, que les parties peuvent les fixer d'avance par une clause pénale (2), comme le Code le permet dans tous les cas où la convention n'a rien de contraire aux lois, à l'ordre public, ni aux bonnes mœurs?

Aussi, les auteurs qui ont écrit sur le droit naturel, et qui ont soumis les lois civiles à la cen-

(1) *Voy.* le Code matrimonial, v°. *Promesse de mariage*, page 824.

(2) Cela est d'autant plus nécessaire dans le cas des promesses de mariage, que le dommage qui résulte de leur inexécution est souvent impossible à prouver et à apprécier. Par exemple, une jeune personne est recherchée par deux partis, tous les deux sortables. Elle en choisit un d'accord avec ses parens; l'autre est congédié et se retire : mais après les promesses et les conditions du mariage rédigées, le futur refuse de l'accomplir, pour épouser une fille plus riche. Cette déloyauté a fait perdre à la future l'occasion d'un autre mariage convenable. L'amant congédié ne se présente plus. Voilà un dommage, un préjudice très-réel : mais comment le prouver, et sur-tout le prouver sans violer les convenances? Ce cas n'est pas rare.

sure impartiale de la raison, enseignent que, s'il est défendu d'ajouter une clause pénale aux promesses de mariage, cette défense est purement du droit positif; mais que, suivant le droit naturel, la partie qui refuse de l'accomplir, après s'y être engagée valablement, est tenue des dommages-intérêts, qui consistent dans l'indemnité de la perte qu'a faite l'autre partie, et du gain dont elle a été privée (1); mais que, comme il est difficile de les déterminer, il est permis de le faire par une stipulation pénale : *Naturaliter sponsalia sub pœnâ contrahere licet; juris itaque merè positivi est, si sponsalia sub pœnâ contrahi prohibeantur*, pag. 404.

Ce sont ces principes qu'a suivis notre Code civil. Il garde le silence sur la question de savoir s'il est dû des dommages et intérêts pour l'inexécution des promesses de mariage, et sur l'effet des clauses pénales ajoutées à ces promesses. Il en résulte donc que ces questions doivent être décidées suivant les principes généraux qu'il a établis. Or, toute obligation de faire se résout en *dommages et intérêts*, en cas d'inexécution (1142). C'est la règle générale, et l'on ne peut pas dire que l'obligation d'accomplir le mariage ne soit pas comprise sous ces expressions, les plus générales et les plus étendues que l'on puisse employer, *toute obligation de faire;* car les jurisconsultes nous avertissent que le mot *faire*, qui n'a point changé d'acception en passant dans notre lan-

(1) *Voy.* Wolff, *Jus. nat.*, 7e. part., § 578, avec la note.

gue, contient absolument toute espèce d'action. *Verbum facere omnem, omninò faciendi causam complectitur;* loi 218, ff *de V. S.*

Pour excepter l'obligation d'accomplir le mariage, de la règle posée d'une manière si précise et si générale, il aurait donc fallu, comme l'avait fait le droit romain, faire à son égard une exception positive ; or, elle ne se trouve point dans le Code, et les juges ne peuvent la suppléer sous aucun prétexte : « car les exceptions qui ne sont » point dans la loi, ne doivent point être sup» pléées (1). »

D'un autre côté, le Code veut que les dommages et intérêts, dus à la partie envers laquelle l'obligation a été contractée, soient en général de la perte qu'elle a faite, et du gain dont elle a été privée, sauf les exceptions et modifications faites par la loi (1149).

Or, il n'existe point encore de disposition qui excepte le cas des promesses de mariage. Concluons donc que leur inexécution, lorsqu'il n'y a pas d'excuse légitime, donne lieu à des dommages et intérêts contre la partie réfractaire; que ces dommages et intérêts ne consistent pas seulement dans la perte qu'éprouve la partie abandonnée, et qu'ils doivent être fixés par arbitrage de justice, suivant les règles générales prescrites pour la fixation des dommages et intérêts occasionnés par l'inexécution des autres obligations.

Quant aux clauses pénales, le Code, par une

---

(1) Portalis, liv. prélimin. du projet de Code, tit. 5, art. 7.

disposition nouvelle et impérative, a établi cette règle générale : « Lorsque la convention porte » que celui qui manquera de l'exécuter, paiera » une certaine somme à titre de dommages et in- » térêts, il ne peut être alloué à l'autre partie une » somme plus forte ni moindre (1152). »

Le Code ne permet aux juges de modifier la peine conventionnelle, que dans le seul cas où l'obligation principale a été exécutée en partie (1231). Il n'a point permis de la modifier, lorsqu'elle est ajoutée aux promesses de mariage. Les juges qui se permettraient de le faire, contreviendraient donc expressément à l'article 1352, et leur jugement ou leur arrêt serait exposé à la censure.

301. Ces propositions nous paraissent dériver si clairement et si nécessairement des dispositions du Code, que nous les croirions incontestables, si la jurisprudence des arrêts rendus depuis sa promulgation n'était venue, par son imposante autorité, répandre des doutes qu'il faut examiner.

Nous ne reproduirons point ici la discussion des arrêts pour et contre, rendus par les cours d'appel, parce que, depuis l'examen que nous en avons fait dans la première édition, il est intervenu, sur la question qui nous occupe, deux arrêts de la Cour de cassation, instituée pour maintenir l'observation uniforme de la loi, et pour en rectifier les fausses interprétations. Malheureusement ces deux arrêts nous paraissent contenir des principes opposés. L'un fut rendu le 17 août 1814, par la section des requêtes, l'autre par la section civile, le 21 décembre de la même année.

Voici l'espèce du premier : Dupuy d'Aubignac avait, en 1795, souscrit une promesse de mariage à la demoiselle Aldebert. Il tarda de l'accomplir, et vécut avec sa future dans une telle intimité, qu'elle devint mère. Mais l'enfant ne fut pas reconnu par le sieur d'Aubignac, en sorte que sa paternité demeurait incertaine aux yeux de la loi.

En 1813, la demoiselle Aldebert apprit que le sieur d'Aubignac se préparait à épouser une autre femme. Elle s'opposa au mariage. Il demanda main-levée de l'opposition, et conclut à 3000 fr. de dommages et intérêts contre l'opposante, qui, de son côté, demanda reconventionnellement 100,000 fr. de dommages et intérêts, pour inexécution de la promesse de mariage.

Dupuy d'Aubignac invoqua le principe de la loi 2, *Cod. de inut. stip.* que nous avons examiné ci-dessus, *matrimonia debent esse libera*. Il soutint en droit que toute promesse restrictive de la liberté de se marier est illicite et contraire aux bonnes mœurs; il en conclut que, puisqu'il n'y a pas d'obligation, il ne peut y avoir lieu à dommages et intérêts pour inexécution.

Nonobstant ces raisons, le 9 décembre 1813, le tribunal civil d'Alais adjugea 25,000 fr. de dommages et intérêts à la demoiselle Aldebert; et le 4 janvier 1814, la Cour de Nismes prononçant sur l'appel, éleva les dommages et intérêts à 40,000 fr.

Cet arrêt consacra le principe que la violation de la promesse de mariage autorise une action en dommages et intérêts; mais pour en déterminer le *quantum*, il sembla, dit l'arrêtiste, prendre en considération l'enfant né sous la foi de la promesse de mariage.

La Cour de cassation n'en confirma pas moins l'arrêt. Elle rejeta le pourvoi par des motifs qu'il faut remarquer, attendu « que ce n'est pas sur des » motifs *pris de la paternité alléguée* que l'arrêt s'est » fondé pour adjuger des dommages et intérêts à » la demoiselle Aldebert, mais bien sur le préju» dice qui en est résulté pour elle *de la non exécu» tion* de la part du réclamant, de leurs conven» tions respectives, et que les lois romaines citées » sont étrangères à l'espèce (1). »

Il résulte bien clairement de cet arrêt, 1°. que les promesses de mariage sont valables et licites; 2°. que la non exécution de ces promesses entraîne des dommages et intérêts, lorsqu'il en est résulté du préjudice, et que ces dommages et intérêts ne consistent pas seulement dans le *damnum emergens*.

Voici l'espèce du second arrêt. Le sieur Devérité et la demoiselle Sophie Barbier souscrivirent, le 25 avril 1810, une promesse de mariage avec un dédit de 6,000 francs; cette promesse était conçue dans les termes les plus raisonnables. Sophie Barbier, sans aucune raison, refusa de tenir sa parole pour épouser le sieur Marcel Elluin; le tri-

(1) L'arrêt est rapporté par Sirey, tom. XI, pag. 18.

bunal civil la condamna de payer le dédit de 6,000 francs, mais la cour d'Amiens réforma le jugement, et déclara la demande du sieur Devérité non recevable, par la considération « qu'il » est de l'essence du mariage qu'il soit l'ouvrage » de la volonté parfaitement libre des parties au » moment où le contrat est formé, et qu'il ne se» rait pas certain aux yeux de la loi que le contrat » a été le produit de la volonté actuelle et parfai» tement libre des parties, si elles pouvaient être » gênées, enchaînées et entraînées par l'effet de » stipulations pénales antérieures, d'où il suit que » de telles stipulations sont nécessairement et essen» tiellement nulles (1). »

Cette manière de raisonner de la cour d'Amiens nous paraît étrange : cependant son arrêt fut confirmé, sur des motifs encore plus étranges, par la Cour de cassation, le 21 décembre 1814 : « Attendu qu'en décidant que la promesse de ma» riage souscrite par la demoiselle Barbier, au» jourd'hui femme Elluin, dans l'acte du 25 avril » 1810, avec la clause générale d'un dédit de 6000 » francs, était *nulle en soi*, *comme contraire à la li» berté qui doit régner dans les mariages*, et que la » nullité *de cette obligation principale* entraînait » celle *de la clause pénale* qui y était attachée; » l'arrêt attaqué, loin de contrevenir aux articles » 1134 et 1142 du Code civil, relatifs à l'exécution » des conventions passées entre majeurs, articles » qui se réfèrent uniquement aux conventions lé-

(1) *Voy.* Sirey, tome XIV, 2e. part., pag. 19.

» gales, et qui n'ont rien de contraire aux bonnes
» mœurs ni à l'ordre public, n'a fait que se con-
» former aux articles 1132 et 1133 (1) du même,
» qui déclarent nulles ces dernières conventions,
» et à l'art. 1227, portant que la nullité de l'obli-
» gation principale entraîne celle de la clause pé-
» nale, et qui ne permettent pas de faire de telles
» conventions, la base d'une action en dommages
» et intérêts, que dans le cas où un dommage a vé-
» ritablement été souffert par la partie réclamante;
» ce qui ne paraît pas avoir été justifié ni allégué
» dans l'espèce (2). »

Il résulte de cet arrêt, 1°. que les promesses de mariage sont *nulles en soi*, que ce ne sont point des *conventions légales*, et qu'elles sont *contraires aux bonnes mœurs*, comme *contraires à la liberté qui doit régner dans les mariages*;

2°. Que la nullité de ces promesses, qui sont *l'obligation principale*, entraîne *la nullité de la clause pénale* ou de dédit, suivant l'art. 1227;

3°. Que cependant si la promesse a causé du dommage ou du préjudice à l'une des parties, ce préjudice peut être la base d'une action en dommages et intérêts.

Cette doctrine nous paraissant fausse, nous croyons qu'il est de notre devoir de la combattre

---

(1) L'art. 1132 porte : « La convention n'en est pas moins valable,
» quoique la cause n'en soit pas exprimée. »

L'art. 1133 : « La cause est illicite, quand elle est prohibée par
» la loi, quand elle est contraire aux bonnes mœurs ou à l'ordre
» public. »

(2) L'arrêt est rapporté dans le recueil de Sirey, tom. XV, pag. 159.

avec tout le respect que nous professons et que nous ne cesserons de professer pour la Cour de cassation, pour cette Cour qui a rendu et qui ne cesse de rendre de si éminens services à notre jurisprudence française, et que nous devons regarder comme l'une de nos garanties les plus sûres contre les écarts du pouvoir judiciaire.

Mais quelle que soit l'autorité de cette Cour, il en est une supérieure, celle de la raison. Rendons à cette occasion, rendons à la loi du 24 août 1790 l'hommage dû à sa profonde sagesse. Elle ordonne d'exprimer dans tous les jugemens et arrêts les motifs qui ont déterminé les juges; ainsi les arrêts ne sont plus comme autrefois des oracles muets qui commandent une obéissance passive; leur autorité, irréfragable pour ou contre ceux qui les ont obtenus, devient soumise à la censure de la raison, quand on prétend les ériger en règles à suivre en d'autres cas semblables. Cette censure impartiale et incorruptible avertit les magistrats de la nécessité de rétracter les erreurs qui leur sont échappées. C'est l'exemple honorable que n'a jamais manqué de donner la Cour de cassation chaque fois que l'occasion s'en est présentée : revenons à l'arrêt du 21 décembre 1814.

On a dit que le juge doit partir d'un syllogisme parfait (1) dont la majeure est la loi, la mineure,

---

(1) Beccaria, dont le passage a été presque littéralement copié dans l'instruction de Catherine II, impératrice de Russie, pour la commission chargée de dresser le projet d'un nouveau Code de lois, § 152.

l'action qu'il s'agit de juger, et la conséquence, le jugement qui la déclare conforme ou contraire à la loi.

En supposant vraie, dans l'arrêt que nous examinons, la majeure du raisonnement que fait la Cour de cassation, il est d'une exactitude parfaite et rigoureuse; comme aussi, si cette majeure est fausse, il perd toute sa force :

Les promesses de mariage sont nulles en soi.

Or, la nullité de l'obligation principale entraîne la nullité de l'obligation pénale et accessoire.

Donc les clauses pénales stipulées dans les promesses de mariages sont nulles.

La majeure, ou le principe dont part ce jugement, nous paraît d'une fausseté évidente et palpable. *Les promesses de mariage sont nulles en soi :* pourquoi? Parce que, dit la Cour de cassation, elles sont contraires aux bonnes mœurs; mais il ne suffit pas de le dire, il faut le prouver. Il n'y a de contraire aux bonnes mœurs que les promesses dont l'objet blesse la morale; or, quel est le but ou l'objet des promesses de mariage? Sans contredit, le but le plus honnête, le plus louable, le plus conforme aux lois et à la morale, l'accomplissement d'un mariage. Ainsi les promesses de mariage, loin d'être contraires, sont conformes aux bonnes mœurs, à cette morale universelle qui est la même en tous les temps, en tous les lieux; et toutes les nations civilisées, anciennes et modernes, ont été dans l'usage de faire précéder les mariages par des promesses plus ou moins solennelles. Suivant le droit canonique suivi en France avant les lois nouvelles, les promesses formaient un empêchement qui s'opposait à la célébration d'un autre mariage, jusqu'à ce qu'elles fussent dissoutes d'une manière légale.

Le Code ne s'est point occupé de ces promesses en particulier, parce qu'il n'a considéré le mariage que comme contrat civil : mais il a voulu que toutes les conventions légalement formées tinssent lieu de loi à ceux qui les ont faites (1134), quand elles n'ont rien de contraire aux lois, aux bonnes mœurs, à l'ordre public. Il n'a point excepté les promesses de mariage, comme le firent les empereurs romains, après que la dépravation des mœurs eut introduit, comme un point de droit public, la liberté illimitée, ou plutôt la licence effrénée du divorce et de la répudiation sans cause. Les promesses de mariage, loin d'être nulles en soi, sont donc licites et valables sous l'empire du Code civil : ce point nous paraît démontré jusqu'à l'évidence.

Mais, dit encore la Cour de cassation, les promesses de mariage sont contraires à la liberté des mariages.

Oui, sans doute, elles y sont contraires. C'est un point qui leur est commun avec toutes les promesses et obligations de faire ou de ne pas faire. Quiconque s'oblige à faire ou à ne pas faire, *aliène une partie de sa liberté* (1). La chose

(1) *Vid. suprà*, n°. 215; et Wolff, *Jus. nat.*, 3e. part., § 360, et 2e. part., § 436.

est évidente : mais que deviendrait la société, si les hommes ne pouvaient engager leurs actions et une partie de leur liberté ? C'est donc un principe du droit reçu chez toutes les nations, que l'homme, en qualité d'être intelligent et libre, peut engager ses actions et une partie de sa liberté, en tout ce qui n'est pas défendu par la loi ou par la morale. En les engageant, il est aussi parfaitement obligé d'accomplir la promesse de faire ou de ne pas faire, que s'il s'agissait d'une promesse de donner. La seule différence qui existe entre l'une et l'autre de ces obligations, ne consiste que dans la manière de contraindre le réfractaire à satisfaire à ses engagemens.

La force publique peut être employée pour vaincre la résistance de celui qui a promis une chose certaine et déterminée, pour le contraindre à livrer ou donner précisément la chose promise, et à défaut de le faire, pour l'enlever de ses mains et la remettre à l'autre partie.

Mais comme on ne peut contraindre directement une personne à faire ce qu'elle ne veut pas faire, *nemo potest præcisè cogi ad factum*, la promesse ou l'obligation de faire se résout nécessairement dans l'indemnité du préjudice causé par le réfractaire, et du gain qu'eût pu faire l'autre partie. La force publique ne peut donc être employée qu'à contraindre le réfractaire à payer cette indemnité, qu'on appelle les dommages et intérêts. De-là ce principe du Code : « Toute » obligation de faire ou de ne pas faire se résout » en dommages et intérêts, en cas d'inexécution » de la part du débiteur. »

Le principe est applicable à la promesse d'accomplir un mariage, d'autant mieux qu'en ce cas la contrainte absolue aurait infailliblement des suites fâcheuses pour la paix du ménage, *difficiles exitus.* cap. 10, X. *de sponsalibus.* Ce point nous paraît encore démontré.

Mais comme dans toutes les promesses de faire, l'évaluation des dommages et intérêts est toujours difficile et donne souvent lieu à des contestations et à des procès, le Code permet aux parties de les évaluer elles-mêmes d'avance par une clause pénale qui en tient lieu, et de stipuler que celle des parties qui manquera à sa parole, paiera une somme déterminée, à titre de dommages et intérêts, sans permettre au juge de la modifier et d'allouer une somme plus forte ni moindre (1252.) Le Code n'a point excepté les promesses de mariage de cette disposition. Il faut donc en conclure que les clauses pénales ajoutées aux promesses de mariage sont valides aussi bien que celles qui sont ajoutées aux autres promesses de faire.

On objecte que ces clauses gênent *la liberté des mariages*, en ce que la crainte de payer la peine stipulée gêne la liberté d'abandonner un premier choix pour en faire un second, un troisième, etc., *pœnæ metus aufert libertatem eligendi matrimonii* (1).

Mais est-ce un mal que la liberté de changer sans motif soit gênée? n'est-ce pas plutôt un bien

(1) Loi 71, § 1, ff *de condit. et dem.*, 35, 1.

pour la société ? On ne doit faire un choix qu'avec réflexion et maturité : mais quand une fois on l'a fait, il faut s'y tenir, si l'on n'a pas de motifs légitimes pour se dégager. On n'a point assez considéré qu'en permettant de changer impunément et sans motif, ce n'est plus la liberté du mariage qu'on favorise, c'est l'infidélité et le caprice, souvent l'avarice, la vanité, toutes les petites passions qui font les perfides. En y réfléchissant, on trouve que c'est le manque de foi, et l'impunité du manque de foi, qui sont contraires aux bonnes mœurs, et non pas la stipulation d'une peine pécuniaire contre celui qui change sans motifs ou par des motifs souvent très-répréhensibles. Ne sait-on pas que les promesses de mariage, scellees d'une clause pénale, sont souvent un moyen de séduction employé contre l'innocence et la simplicité ? Pourquoi l'encourager par l'impunité ?

Mais enfin, dit-on, la peine stipulée pourrait être telle que le réfractaire se trouvant dans l'impossibilité de la payer sans se ruiner, serait obligé d'accomplir le mariage, et de persister dans son premier choix. Disons encore que ce n'est point un grand mal, s'il n'a pas de motifs de changer. Ajoutons que c'était sous un prétexte semblable que les juges s'arrogeaient autrefois le pouvoir de modérer arbitrairement et dans tous les cas, la peine conventionnelle, quand elle leur paraissait excessive.

La commission chargée de la rédaction du projet de Code proposa de conserver cette jurisprudence : mais elle fut rejetée par le Conseil d'état (1) et par le Code qui défendit expressément aux juges de modérer la peine, sans excepter la peine stipulée dans les promesses de mariage. Si cette disposition du Code peut, en des cas particuliers très-rares, entraîner quelques inconvéniens, ce n'est pas un motif pour s'en écarter. Ils sont plus que compensés par le grand avantage de prévenir une foule de procès, par la stabilité des conventions et des transactions sociales. Enfin, où est la loi qui n'occasionne quelques abus en certains cas? Ajoutez que l'excès de la peine stipulée dans une promesse de mariage deviendrait un indice de surprise ou de séduction qui, joint à d'autres circonstances, pourrait en faire prononcer la nullité.

302. Mais si l'inexécution des promesses de mariage soumet celui qui refuse de l'accomplir à des dommages et intérêts, il faut qu'elles soient réciproques ; suivant les principes communs à tous les contrats synallagmatiques, il faut que la promesse soit non seulement acceptée par l'autre partie, mais encore qu'elle s'engage elle-même à célébrer le mariage. Une promesse conçue comme celle du sieur Cortade, dans l'espèce de l'arrêt du 5 août 1715 : *Je promets à mademoiselle de la Goupillière de l'épouser*, etc., ne serait pas obligatoire, parce que celui qui a promis peut se rétracter avant que l'autre se soit engagé réciproquement.

(1) *Vid. infrà*, n°. 812.

Si la promesse était sous-seing privé, elle devrait être faite en double (1325); mais la promesse réciproque peut être tacite. Par exemple, si les deux parties donnent l'ordre d'afficher la publication du mariage, ou laissent sciemment apposer les affiches, cet ordre, cette tolérance, renferment nécessairement la promesse réciproque de l'accomplir, et celui qui s'y refuserait serait soumis à des dommages et intérêts.

Il en serait de même, si le contrat de mariage n'énonçait pas formellement la promesse de le célébrer à la première réquisition de l'une des parties. Le règlement des articles du contrat et des droits des futurs conjoints suppose nécessairement la promesse d'accomplir le mariage.

303. Si les pères de deux enfans mineurs, de différent sexe, se proposaient de les marier lorsqu'ils auront l'âge de puberté, et stipulaient une peine en cas d'inexécution du mariage, nous avons vu que la loi 134, ff *de V. O.*, et le chap. 29, X. *de sponsalibus*, déclarent cette peine nulle, parce que les mariages doivent être libres. Cependant il faut distinguer : si la peine était stipulée contre celui des deux pères qui s'opposerait au mariage, ou qui refuserait son consentement, la convention ne serait pas nulle; car, loin d'être contraire à la liberté des mariages, elle favorise cette liberté; mais si la peine était stipulée, en cas que l'un des enfans refusât d'accomplir le mariage, elle ne serait pas exigible; car elle tendrait à gêner la liberté des mariages. Le père étant personnellement intéressé à l'accomplissement

du mariage, pourrait abuser de sa puissance pour contraindre l'inclination de son enfant.

Si la peine était stipulée en général, *en cas d'inexécution du mariage*, il faudrait attendre l'événement. Si l'un des enfans refusait d'accomplir le mariage, la peine ne serait pas exigible; elle le serait si l'enfant, désirant l'accomplir, le père s'y opposait.

SECTION V.

De l'Interprétation des conventions.

SOMMAIRE.

504. *Définition de l'interprétation; causes qui forcent d'y recourir. Division de la section.*

504. L'INTERPRÉTATION est l'explication la plus vraisemblable de tout ce qui paraît obscur ou ambigu; c'est l'art de découvrir les pensées qu'expriment les paroles ou les écrits (1). Plusieurs causes peuvent forcer de recourir à l'interprétation des conventions, 1°. l'imperfection du langage, l'ignorance ou le défaut d'attention des rédacteurs des actes, sont une source malheureusement inépuisable d'obscurités et d'ambiguités, que l'homme de mauvaise foi saisit avidement, pour essayer de se soustraire à ses obligations; 2°. les conventions n'obligent pas seulement à ce qui s'y trouve ex-

---

(1) *Est investigatio mentis per verba aliaque signa indicatæ.* Wolff, *Jus nat.*, 6e. *part.*, n°. 459.

primé, mais encore à toutes les suites que *l'équité*, *l'usage* ou la loi, donnent à l'obligation d'après sa nature (1135). Or, ces suites ne sont point déterminées d'une manière assez précise pour lever tous les doutes et prévenir toutes les contestations.

Cette section se divise donc naturellement en deux parties, l'une de l'interprétation proprement dite, qui consiste à expliquer les ambiguités ou obscurités des actes, l'autre, de l'interprétation qui consiste à déterminer les obligations qui sont la suite des conventions, quoiqu'elles n'y soient pas exprimées.

---

§ Ier.

De l'interprétation des actes obscurs ou ambigus.

SOMMAIRE.

305. *D'où sont tirées les dispositions de cette section. Inexactitude de la première règle établie par l'art.* 1156.

306. *C'est par l'intention* commune *des parties qu'on explique ce qui est obscur dans un contrat.*

307. *Elle se découvre par les termes dont les contractans se sont servis.*

308. *Les mots doivent être entendus dans le sens que leur donne l'usage général, lorsqu'il n'y a point d'ambiguité. Exemple.*

309. *C'est un devoir d'employer, en contractant, les mots dans leur sens propre, et pourquoi.*

310. *Ce devoir est moins rigoureux dans un testament qu'on interprète plus* pleinement, *et pourquoi.*

311. *On ne doit pas sans nécessité s'écarter du sens propre des mots pour recourir à l'interprétation.*

312. *Si les mots sont équivoques ou ambigus, il faut suivre le sens dans lequel il est à croire que le testateur les a entendus. Controverse entre les anciens sur le point de savoir si l'acception commune prévaut sur l'acception particulière que chacun donne aux mots.*

313. *Il y a équivoque ou ambiguïté, lorsque l'acception des mots a varié.*

314. *Si l'usage vicieux donnait à un mot un sens contraire à l'usage reçu, ce* pourrait *être une raison pour s'écarter de la propriété des termes; car l'erreur commune peut faire loi.*

315. *L'évidence seule peut autoriser à s'écarter du sens propre de chaque mot.*

316. *Dans un testament, c'est l'intention seule du testateur qu'il faut consulter et suivre.*

317. *Dans un contrat, c'est l'intention commune des parties.*

318. *Il faut juger du sens de chaque clause par la teneur de l'acte entier, par les écrits qui ont précédé, accompagné ou suivi l'acte.*

319. *On interprète encore les actes par l'usage des lieux. Exemples.*

320. *Et surtout par la possession, par la manière dont ils ont été exécutés.*

321. *Une clause doit être entendue dans le sens qui lui donne quelque effet, plutôt que dans celui qui la rendrait inutile.*

322. *Si elle est susceptible de deux sens, il faut choisir celui qui convient le plus à la matière.*

323. *L'interprétation se fait contre celui qui a stipulé.*

324. *Par une exception à cette règle, le pacte obscur s'interprète contre le vendeur; en vertu d'une autre, c'est qu'il faut interpréter les doutes et les obscurités contre celui qui les a fait naître ou laissé subsister.*

325. *La vraisemblance, ou ce qui se fait ordinairement, peut faire interpréter les obscurités contre le débiteur.*

326. *Exemple dans le concours des priviléges du vendeur et de l'acquéreur d'un fonds sur les meubles du fermier. Autre exemple dans un legs à la charge des dettes.*

327. *Autre exemple dans la promesse de payer le premier janvier.*

328. *Les termes généraux se renferment dans l'objet qu'on se proposait.*

329. *Les cas ajoutés par exception ne restreignent point la généralité de l'engagement ou du legs.*

330. *A moins qu'il ne paraisse que cette addition a eu pour objet de déroger à la généralité. Exemples.*

331. *Les fautes d'écriture ou d'orthographe ne nuisent point.*

332. *Les clauses qui ne peuvent avoir de sens, sont rejetées comme non écrites.*

333. *Les règles d'interprétation ne sont pas impératives; ce sont des conseils.*

305. On a remarqué avec raison (1) que cette doctrine de l'interprétation appartient proprement à la logique, qui nous apprend à diriger notre esprit dans la recherche de la vérité. Les règles de l'interprétation ne sont en effet que les moyens offerts par la raison pour découvrir le véritable sens des actes obscurs ou ambigus. Elles sont le fruit de l'expérience des siècles et des profondes méditations de ces jurisconsultes romains, à qui seuls, dit le célèbre chancelier d'Aguesseau, la justice semble avoir pleinement dévoilé ses mystères.

C'est dans leurs écrits que sont puisées les dispositions de cette section; elles ne sont qu'une copie presque littérale du Traité des obligations de Pothier, n°s. 91 et suivans, et Pothier lui-même n'a fait que traduire le texte de quelques lois romaines; mais le choix qu'il en a fait est incomplet. Il établit, et le Code établit après lui, pour règle première, « qu'on doit, dans les conven-» tions, rechercher quelle a été la commune in-

---

(1) Heinecc., *Prælect.* in Puffendorff. *de Officio hominis et civis*, lib. 1, cap. 17. *Voy.* aussi sur l'interprétation, Wolff, *Jus nat.*, 6e. part., n°. 459 et suiv.

» tention des parties contractantes, plutôt que de » s'arrêter au sens littéral des termes (1156). »

Cette règle pourrait induire en erreur, si elle n'était pas restreinte au cas où il existe de l'ambiguité, et où l'évidence force de s'écarter du sens littéral des mots. M. Defermon en fit la remarque au conseil-d'état; il observa que le sens littéral ne présentant que des idées claires, doit être préféré à une simple présomption d'intention; qu'en mettant en question une volonté clairement exprimée, on parviendrait souvent à éluder l'intention des parties, sous prétexte de la mieux saisir.

M. Bigot-Préameneu répondit que l'article était fait pour les cas *où les termes expriment mal l'intention des parties*, laquelle se trouve d'ailleurs *manifestée* (1). Il fut reconnu dans les conférences que c'était l'esprit de l'article; mais faute de l'avoir dit, la règle qu'il contient est inexacte et fausse par trop de généralité.

Nous tâcherons donc, en remontant à la source, de rappeler les premiers principes de l'interprétation, dont les dispositions du Code ne sont que les conséquences.

306. Les conventions devant se former par le consentement *mutuel* des contractans, chacun doit y expliquer clairement, l'un ce qu'il de-

---

(1) C'est la règle sagement établie par Marcellus. *Non aliter à significatione verborum recedi oportet, quàm cùm* manifestum *est aliud sensisse testatorem*. Loi 69, ff *de legat*. 3°.; voyez *infrà*, n°. 311.

mande, l'autre ce qu'il promet. C'est donc par leur intention *commune* ou *mutuelle* qu'on doit expliquer ce que la convention peut avoir d'obscur et de douteux. Domat, liv. 1, tit. 1, sect. 2, n°. 8, art. 1156.

307. L'intention commune des contractans se découvre d'abord par les expressions ou les termes dont ils se sont servis, parce que les mots sont les signes des pensées.

308. S'il ne se rencontre aucune ambiguité dans les mots, il faut les entendre dans le sens que leur donne l'usage général, quand même celui qui a contracté l'obligation prétendrait qu'il les a entendus dans un autre sens.

Cùm in verbis nulla ambiguitas est, non debet admitti voluntatis quæstio. Loi 25, § 1, ff *de leg.* 3°. C'est une règle établie pour les testamens, et qui s'applique à plus forte raison aux contrats.

Quòd si contractuum sermo ambiguus non sit, ejus sensum sequemur, etiamsi contendat promissor se aliud sensisse. Cujas *sur la loi* 83, ff *de V. O., tom.* 1, *opp. prior.*, *col.* 1248. Il cite en preuve la loi 99 et la loi 110, § 1, *eod.*

Voici l'espèce de cette dernière loi :

J'ai acheté tous les vêtemens que vous possédez à l'usage de femme, *vestes muliebres*; si vous aviez coutume de vous servir de certains vêtemens qui sont ordinairement à l'usage des femmes, ces vêtemens n'en sont pas moins compris dans la vente, sans que vous puissiez les en distraire sous prétexte que votre intention n'est pas de les y comprendre, et en donner pour preuve l'habitude de vous en servir, car c'est mon intention plutôt que la vôtre qu'il faut suivre, puisqu'il n'y a pas d'ambiguité dans les mots dont nous nous sommes servis. Votre habitude particulière ne peut changer le sens des mots; je pouvais ignorer cette habitude, et, quand je l'aurais connue, il n'est pas à présumer que j'y aie eu égard plutôt qu'à la signification naturelle des mots. Si votre intention était de leur donner un autre sens, et d'excepter les vêtemens dont vous vous serviez abusivement, c'était à vous de vous en expliquer *Vid.* Voët, *in Pandect.*, *lib.* 34, *tit.* 2. *n*°. 10.

Si stipulatus fuero de te vestem tuam quæcumque muliebris ut dare spondes, magis ad mentem stipulantis quàm ad mentem promittentis id referri debet, ut quid in re sit æstimari debeat, non qui senserit promissor. Itaque, si solitus fuerat promissor muliebri quâdam veste uti, nihilominùs debetur. Pomponius, loi 110, § 1, ff *de V. O.*

309. Cette règle, qu'il faut entendre les mots dans le sens consacré par l'usage général, est dictée par la raison.

Car la parole ayant été donnée à l'homme pour être le signe de ses pensées, et pour les communiquer aux autres, il est rigoureusement obligé, en traitant avec eux, d'employer les mots dans le sens que leur donne l'usage reçu, c'est-à-dire, dans le sens où ils les entendent eux-mêmes; autrement il les tromperait.

Si c'est par ignorance qu'il donne aux mots une signification contraire à l'usage, cette ignorance ne l'excuse point; c'est une faute qui ne doit préjudicier qu'à lui seul. Le premier devoir de l'homme, dans l'usage de la parole, est d'employer toujours les mots dans leur sens propre, c'est-à-dire, dans le sens où les autres les entendent (1).

Personne n'est donc présumé s'être écarté du sens ordinaire des mots, et l'on ne doit jamais s'en écarter dans l'interprétation des actes, sans des raisons évidentes. Wolff, *Instit., jur nat.*, § 798.

310. L'obligation de donner aux mots le sens consacré par l'usage, est moins rigoureuse dans les actes de dernières volontés que dans les actes entrevifs. En donnant aux mots un sens autre que le sens propre et ordinaire, un sens plus ou moins étendu, le testateur court le risque de n'être pas compris ou de l'être mal ; mais il ne trompe personne, il ne préjudicie à aucun droit acquis par une autre personne. C'est par cette raison que les lois se montrent plus indulgentes dans l'interprétation des testamens ; elles établissent pour maxime qu'il faut interpréter les testamens plus pleinement (2) que les conventions, *in testamentis pleniùs voluntates testantium interpretantur*. Loi 12, ff *de R. J.*

---

(1) Heinecc., *Prælect. in Puffendorff*, *lib.* 1, *cap.* 17, § 3; Heinecc., *de Jure nat.*, *lib.* 1, § 197.

(2) *Pleniùs*. Une interprétation pleine ou entière, dans le langage des jurisconsultes, est celle qui tend à ne rien retrancher à cause de l'obscurité des dispositions, qui cherche à les expliquer dans toute leur étendue, de manière qu'elles aient une pleine et entière exécution, sans rien abandonner de ce qui paraît obscur.

In contractibus plena, in testamentis plenior interpretatio est adhibenda. Cap. 6; X. *de donat.*

311. Mais cette plénitude d'interprétation ne doit pas aller jusqu'à s'écarter de la signification propre des termes du testament sans nécessité, et s'il n'y a des raisons pressantes pour croire que le testateur les a entendus dans un autre sens que leur sens naturel. La maxime générale est qu'on ne doit jamais recourir à l'interprétation, ni rechercher quelle a été la volonté du testateur, lorsqu'il n'y a pas d'ambiguité dans les termes, ou qu'il n'est pas évident que la pensée du testateur a été mal rendue. *Cùm in verbis nulla ambiguitas est, non debet admitti voluntatis quæstio.* Loi 25, § 1, *de leg.* 3°., 32, tit. unic. *Non aliter à significatione verborum recedi oportet, quàm cùm manifestum est* (1) *aliud sensisse testatorem.* Loi 69, ff *de leg.* 3°.

312. S'il y a de l'ambiguité ou de justes motifs de croire que le testateur a employé les mots dans un autre sens que le sens consacré par l'usage,

---

(1) D'autres textes disent *in conventionibus contrahentium voluntas potiùs quàm verba spectari placuit.* Loi 219, ff *de V. S.*, 50, 16. *Primum locum voluntas defuncti obtinet*, etc. Loi 19, ff *de condit. et demonst.* 35, 1. *Voluntas magis quàm verba intuenda est.* Loi 16, *Cod. de fideicom.*, 6, 42. Toutes ces maximes sont également vraies, pourvu qu'on les applique avec discernement, et au cas seulement où il est nécessaire de recourir à l'interprétation, parce que les actes sont obscurs ou ambigus. *Junge infrà*, n°s. 513 et 514.

C'est ainsi que Furgole concilie avec raison ces textes, qui paraissent contraires, et qu'il a recueillis avec beaucoup d'érudition. Traité des Testamens, chap. 7, sect. 4, vers le milieu du n°. 121.

il faut leur donner le sens dans lequel il est à croire qu'il les a entendus.

Cùm in testamento ambiguè aut etiam perperàm scriptum est, benignè interpretari et secundùm id quod credibile est cogitatum, credendum est. Loi 24, ff *de reb. dub.*, 34, 5. Marcellus en donne un exemple dans le legs des jeunes esclaves, *juvenes*, qui servaient le testateur. Que faut-il entendre par ce mot *juvenes?* Il ne faut pas, dit Marcellus, recourir à la définition rigoureuse du mot; car la plupart des personnes parlent mal, et n'emploient pas le mot propre : *Cùm plerumque abusivè, nec propriis nominibus ac vocabulo semper utantur.* Il faut donc rechercher quels sont les esclaves que le testateur a eus en vue, et qu'il a voulu désigner. On peut y comprendre tous ceux qui sont sortis de l'adolescence, et qui ne sont pas encore regardés comme vieux. Loi 69, ff *de leg.* 3°.

Mais il ne suffirait pas que le testateur eût eu la mauvaise habitude de donner à un mot une signification contraire à l'usage reçu, pour interpréter dans ce sens vicieux et abusif le testament où ce mot serait employé; car quelle confusion n'en résulterait-il pas si chacun, par caprice ou par ignorance, pouvait employer les mots dans un autre sens que ses concitoyens?

Il s'était élevé sur ce point une controverse entre les anciens jurisconsultes. Servius convenait qu'il faut suivre le sens que le testateur avait coutume de donner aux mots équivoques ou ambigus; mais lorsqu'il n'existe pas de doute sur le sens d'un mot, le même Servius pensait qu'il fallait laisser à ce mot le sens que lui donne l'usage reçu, et que si le testateur avait coutume d'employer les mots dans un autre sens, ce n'était pas un motif suffisant pour s'écarter de l'acception commune, qu'il faut suivre de préférence à celle que chaque particulier donne aux mots.

Tuberon, au contraire, pensait qu'il faut préférer au sens qu'y attache l'usage commun, l'acception particulière que le testateur avait coutume de donner aux mots. Il en donnait une raison assez spécieuse; c'est que les mots n'étant que les signes de la pensée, la pensée est préférable au signe. C'est donc dans le sens de celui qui emploie les signes qu'il faut les entendre; car, en proférant des mots, personne n'est censé vouloir dire autre chose que ce qu'il a dans la pensée.

Celsus, qui rapporte ces deux opinions dans la loi 7, ff *de supellect. legat.*, 33, 10, rejette celle de Tuberon, également rejetée par tous les autres jurisconsultes, et il adopte la maxime de Servius, érigée en loi par Justinien, qu'il faut entendre les mots suivant leur acception commune, et non suivant l'acception que leur donne chaque particulier: *non enim ex opinionibus singulorum, sed ex communi usu, nomina ex audiri debere.* D. Loi 7, § 2; car quoique la pensée doive l'emporter sur le mot qui n'en est que le signe, comme on ne parle que pour être entendu, on est toujours censé avoir employé les mots dans le sens où les autres hommes les entendent. Cette raison est décisive. Les lois romaines nous offrent un exemple qui fait comprendre l'application du principe, que nous appliquerons ensuite à nos usages.

313. Les Romains appelaient une certaine partie de leur mobilier *supellectilis*. C'étaient les choses les plus nécessaires au ménage, c'était dans l'origine ce qu'emportaient pour meubler leurs tentes ceux qui partaient pour quelque mission, les lits, les tables, les siéges, la vaisselle, etc. La simplicité et la sévérité des mœurs anciennes ne permettaient d'employer dans ces choses ni or ni argent: les meubles étaient de bois, les vases d'argile ou d'airain; ainsi, dans le legs *supellectilis, in supellectile legatâ*, on ne comprenait rien de ce qui était en or ou en argent: mais quand le luxe eut corrompu les mœurs, quand on vit briller dans les appartemens des Romains, non seulement l'ivoire et l'écaille, mais l'argent, l'or et les pierreries, le sens du mot *supellectilis* changea; on considéra l'espèce et l'usage des choses plutôt que la matière, pour savoir ce qui était compris *in supellectile legatâ*.

Cependant jamais on n'y comprit la garde-robe, *vestis*. C'est pourquoi si un testateur voulant léguer sa garde-robe, *vestem*, avait légué *supellectilem suam*, croyant que sa garde-robe s'y trouvait comprise, Ulpien et Pomponius répondent que la garde-robe n'est pas due au légataire, parce que les mots imposés aux choses ne doivent pas être changés: *rerum enim vocabula, immutabilia sunt, hominum mutabilia*. Loi 4, ff *de leg.* 1, 30, tit. unic.

Voici deux exemples adaptés à nos mœurs: Un

Breton avait coutume de comprendre sa vaisselle et sa batterie de cuisine au nombre de ses *meubles meublans.* Cette habitude notoire, prouvée même par ses registres domestiques, était d'autant plus excusable, qu'en Bretagne ces choses étaient, avant le Code, comprises sous l'expression de *meubles meublans.* Il lègue tous ses *meubles meublans.* Sa vaisselle, sa batterie de cuisine ne seront pas comprises dans le legs. Le sens du mot est fixé par l'article 534. Le testateur n'a pu le changer; *rerum vocabula immutabilia sunt.* Il est censé avoir employé ce mot suivant l'usage reçu, parce qu'il ne parlait que pour être entendu.

Il en serait de même d'un homme qui était dans l'usage de comprendre ses rentes foncières et constituées au nombre de ses immeubles. Ces rentes ne seraient pas comprises dans le legs de ses immeubles.

Il n'y a point d'ambiguité dans ces deux exemples; la valeur des mots est fixée, et il n'est point manifeste que le testateur eût voulu s'en écarter.

Cependant la valeur des mots change comme celle de la monnaie. Il faut donc les entendre dans la signification qu'ils avaient au temps où les actes ont été faits (1). Ainsi, dans les deux exemples que nous venons de donner, si les

---

(1) *Pacta interpretanda sunt secundùm usum loquendi ejus temporis, quo condita fuerunt.* Wolff, *Jus nat.*, 6e. part., no. 471.

testamens étaient faits antérieurement à la promulgation du Code, la vaisselle et la batterie de cuisine seraient comprises dans le premier legs, les rentes foncières et constituées dans le second, quand même le testateur serait mort depuis le Code.

314. Si, contre le bon usage, contre l'usage anciennement reçu, il s'introduisait un usage vicieux, qui donnât une nouvelle signification à un mot, et que ce mot se trouvât employé dans un acte, l'intention connue ou vraisemblable de lui donner cette signification nouvelle et abusive, l'habitude de la lui donner où était le testateur, prévaudraient contre le sens grammatical, contre la propriété du terme et la pureté du langage; en ce cas l'erreur fait la loi. *Propter usum imperitorum error jus facit*, dit le jurisconsulte Paul. Loi 3, § 5, ff *de supellect. leg.*, 33, 10. C'est un des motifs qui autorisent à s'écarter de la propriété des termes, *contra rationem recti sermonis;* loi 8, *de auro, argento*, etc., 34, 2. C'est alors une erreur commune. On en trouve un exemple dans la loi 52, § 4, ff *de leg.* 3, où Ulpien affirme que les livres ne sont pas compris *sub legato chartarum*, à moins, ajoute-t-il, que l'intention du testateur n'ait été de les y comprendre; et pourquoi peut-on s'écarter de la signification naturelle du mot, pour rechercher l'intention du testateur? Parce que, dit Ulpien, le mauvais usage d'appeler des livres *chartas* s'était introduit; *nam et in usu plerique libros*

chartas appellant. Ce mauvais usage, cette erreur commune, autorisent à rechercher quelle a été l'intention du testateur, quel sens il a attaché à ce mot. L'intention du testateur de comprendre ses livres sous cette expression, se manifeste. Si, par exemple, celui qui n'avait d'autres papiers que des livres a légué *chartas suas universas;* si c'était un homme adonné à l'étude, qui a légué à un homme également adonné à l'étude, *si studiosus studioso*, alors, dit Ulpien, personne ne doutera que les livres sont légués, et que le testateur a suivi le mauvais usage d'appeler ses livres *chartas*.

Mais s'il s'agissait d'interpréter le testament d'un puriste, il faudrait, sans balancer, préférer le sens propre du mot à celui que lui donne un usage vicieux et populaire.

315. Il faut donc, outre l'erreur commune, des raisons suffisantes pour interpréter un mot dans un autre sens que sa signification propre. Il en faut de plus fortes lorsque le doute qui naît de cette erreur commune n'existe point; il faut, selon Domat (1), que l'intention des contractans, contraire aux termes de la convention, soit d'ailleurs *évidente :* c'est alors que, suivant notre article 1156, il faut rechercher

---

(1) Liv. 1, tit. 1, sect. 2, n°. 10. On n'a jamais rien à se reprocher en s'attachant au sens propre et naturel des mots; on court toujours le risque de se tromper lorsqu'on s'en écarte sur des conjectures. Tout rentre alors dans un arbitraire effrayant.

quelle a été l'intention commune des deux parties contractantes, plutôt que le sens littéral des termes. La loi 219, ff *de V. S.*, 50, 16, d'où cet article est tiré, en donne pour exemple le cas où des officiers municipaux ont loué ou concédé un fonds moyennant une redevance, à condition qu'il passerait à l'héritier du preneur, *ad hæredem*. Papinien affirme que ce fonds passe au légataire du preneur. La raison de douter était que l'on ne comprend ordinairement, sous le nom d'*héritiers*, que ceux qui succèdent à l'universalité des droits du défunt. Loi 128, § 1, ff *de R. J.* La raison de décider est que le mot d'héritiers s'entend quelquefois de tous les successeurs, quoiqu'on ne s'en soit pas expliqué (loi 170, ff *de V. O.*; loi 24, § 1, ff. *de damn. infect.*, 39, 2), et que l'intention des parties était évidemment de ne pas borner la concession à la personne du preneur : qu'importe donc aux bailleurs qu'elle passe à un successeur à titre singulier, ou à un successeur à titre universel?

316. Si l'acte à interpréter est un testament, c'est la seule intention du testateur qu'il faut rechercher, et non celle du légataire ou de l'héritier; car la raison nous dit que pour déterminer la signification d'un mot, c'est la pensée de celui qui s'en est servi que l'on doit surtout considérer. *In ambiguis orationibus maximè sententia spectanda est ejus qui eas protulisset.* Loi 96, ff *de R. J.*

Pomponius en offre un exemple dans la loi 33, ff

de auro et argent., etc., 34, 2. Il y avait à Rome des vêtemens qui pouvaient convenir aux deux sexes. Ces vêtemens étaient-ils compris dans le legs de tous les vêtemens à l'usage d'homme? Oui, dit la loi, si telle était l'intention du testateur. On la découvre par l'usage qu'il faisait de ces vêtemens. S'il avait coutume de s'en servir, ils seront compris au nombre des habits d'homme, *quia ipse quasi virili utebatur.*

317. Mais s'il s'agit d'interpréter un contrat, ce n'est pas seulement l'intention d'une des parties, c'est leur intention commune qu'il faut rechercher, puisque c'est par le consentement des deux que se forme la convention. En sorte que, s'il était constant que l'intention des deux contractans était différente, et qu'ils n'étaient pas d'accord sur la chose qui faisait l'objet de la convention, le contrat serait nul. Loi 9, ff *de contrah. empt.*, 18, 1; loi 83, § 1, ff *de V. O.*

318. S'il y a du doute sur l'intention commune des parties, relativement à une expression ou à une clause du contrat, il faut consulter d'abord les autres clauses; car toutes les clauses des conventions s'interprètent les unes par les autres, en leur donnant à chacune le sens qui résulte de l'acte entier (1161).

Par exemple, vous teniez à loyer un appartement dans ma maison; à l'expiration du bail je le renouvelle, et l'acte porte que *je vous ai loué ma maison* pour tant d'années, et que vous vous êtes obligé d'en payer le prix fixé *par le précédent bail.* Cette dernière clause interprète l'expression trop étendue *de ma maison*, et prouve évidemment que notre intention commune n'a été de parler que de la partie de la maison que vous occupiez avant la renovation du bail.

Le préambule des actes sert également à en interpréter les clauses (Loi 134, §1, ff *de V. O.*), et à découvrir l'intention commune des parties.

Il en est de même des écrits qui ont précédé, accompagné ou suivi l'acte. Le testateur peut même, sans observer les formalités des testamens, expliquer par un écrit privé les obscurités qu'il a découvertes dans son testament. Loi 21, §1, ff *qui testam. facere poss. Voy.* ce que j'ai dit, tom. v, pag. 418.

319. Si ces moyens ne suffisent pas pour faire connaître l'intention des parties et dissiper le doute, il faut recourir à l'usage du pays. Ce qui est ambigu s'interprète par ce qui est d'usage dans le pays *où le contrat est passé.* (1159). Lois 34 et 114, ff *de R. J.*

J'ai fait marché avec un vigneron pour cultiver ma vigne. Il doit donner le nombre de labours qu'il est d'usage de donner dans le pays, quoique je ne l'aie pas stipulé.

Un Allemand vend une terre à un Hollandais pour 2000 florins, sans que l'acte porte quels florins les parties ont entendu ; quoique les florins d'Allemagne et ceux de Hollande aient une valeur différente, on doit suivre celle des florins dans le lieu où le contrat a été passé. Donell., *Comment. jur. civ.*, lib. 15, cap. 1.

320. Lorsque, dans un acte, il se trouve une

clause obscure ou ambiguë, le moyen le plus sûr d'en fixer le véritable sens est de s'attacher à la possession, à l'interprétation que les parties ont faite elles-mêmes de l'acte, par la manière dont elles l'ont exécuté. *Talis enim*, dit Dumoulin, *præsumitur præcessisse titulus, qualis apparet usus et possessio* (1). Merlin, Questions de droit, tom. II, pag. 232 et 838, 2e. édit.

321. Lorsqu'une clause est susceptible de deux sens, on doit plutôt l'entendre dans celui avec lequel elle peut avoir quelque effet, que dans le sens avec lequel elle n'en pourrait produire aucun, et qui la rendrait inutile (1157). Pothier, no. 92, loi 80, ff *de V. O.*; loi 12, ff *de reb. dub.*, 34, 5. Cette règle est dictée par la raison; car, dans un acte aussi sérieux qu'un contrat ou un testament, il n'est pas à présumer qu'on ait voulu parler sans rien dire, ni faire insérer une clause absolument inutile. Par exemple, à la fin d'un partage, il a été convenu, entre Pierre et Paul, que Paul pourrait passer *sur ses héritages*. Il faut, malgré l'amphibologie, entendre les héritages de Pierre. Autrement, la clause n'aurait aucun effet. Les occasions d'appliquer cette règle sont assez fréquentes. Elle s'applique aux testamens ainsi qu'aux conventions (2).

---

(1) Les termes de Dumoulin sont : *Præsumitur possessio continuata in qualitate tituli, et conformiter ad titulum. Voyez* le § 46, no. 25, de son Commentaire sur l'ancienne Coutume de Paris, édit. de 1576; et § 68, no. 25, de la nouvelle Coutume, édit. de 1661.

(2) *Voy.* ce que nous avons dit, tom. v, sur la mention de la lecture du testament.

322. Les termes susceptibles de deux sens doivent être pris dans le sens qui convient le plus à la matière du contrat. Pothier, n°. 93. Exemple: Je vous loue ma maison pendant six ans pour 600 fr., sans ajouter que c'est par chaque année. Mais il est de la nature du contrat de louage que le prix consiste dans une somme annuelle.

Cependant, s'il était prouvé que le prix des baux précédens n'était que de 100 fr. par an, on présumerait que la somme de 600 fr. est la valeur des six années de loyer, et le terme du paiement n'étant point fixé, il serait déterminé par l'usage, et divisé entre les six années (1159).

323. Si l'on ne peut, par aucun moyen, découvrir l'intention commune des parties, et qu'il faille prononcer entre les prétentions opposées des deux contractans, dans le doute, la convention s'interprète contre celui qui a stipulé, et en faveur de celui qui a contracté (1) l'obligation (1162). On doit restreindre l'obligation au sens qui la diminue; car celui qui s'oblige ne veut que le moins, et l'autre a dû faire expliquer clairement ce qu'il prétendait. Domat, *ubi sup.*; loi 99, ff *de V. O.*, 45, 1. *Quidquid adstringendæ obligationis est, id nisi palàm verbis exprimitur, omissum intelligendum est.*

324. Quelque raisonnable que soit la règle précédente, elle est sujette à une foule d'exceptions. La moindre circonstance peut en écarter l'appli-

(1) Domat, *ubi suprà*, n°. 13; Pothier, n°. 97.

cation. Il y a exception toutes les fois que celui qui s'oblige était tenu de s'expliquer plus clairement. En ne le faisant pas il commet au moins une faute, quelquefois un dol, dont la suite ne doit préjudicier qu'à lui seul. Une des règles d'interprétation les plus fréquentes et les plus certaines est donc d'expliquer les doutes et les obscurités contre celui qui les a fait naître ou laissé subsister, contre celui qui pouvait et devait les dissiper. Cujas, sur la loi 39, ff *de pact.*; liv. 5, des Questions de Papinien.

C'est pour cela que par une exception à l'article 1162, tout pacte obscur ou ambigu s'interprète contre le vendeur, parce qu'il est tenu d'expliquer clairement ce à quoi il s'oblige (1602). Loi 39, ff *de pactis*; loi 21, ff *de contr. empt.*, 18, 1, etc. S'il s'explique d'une manière obscure ou ambiguë, il trompe l'acheteur. Son silence même ou sa dissimulation est un dol dont il répond (1); c'est tout au moins une faute ou une négligence qui ne doit préjudicier qu'à lui seul: le doute doit donc s'interpréter contre lui.

Nous avons déjà vu un exemple *suprà*, n°. 308, dans la vente de tous les vêtemens à l'usage des femmes. Faut-il en excepter les vêtemens qui pouvaient servir aux deux sexes, parce que le vendeur avait l'habitude de s'en servir? Non; le

---

(1) Loi 43, § 2, ff *de contrah. empt.*, 18, 1. *Dolum malum à se abesse præstare venditor debet. Qui non tantùm in eo est qui fallendi causâ obscurè loquitur, sed etiam qui insidiosè, obscurè dissimulat.*

doute, dans ce cas, s'interprète en faveur de celui qui a stipulé, contre celui qui s'est obligé ou qui a promis, parce que l'acheteur ayant stipulé *tous les habits* à l'usage de femme, c'était au vendeur de proposer une exception s'il voulait en faire une. *Nec audietur promissor, si dicere de quibusdam rebus ejusdem generis aut universitatis, non sensisse, quia verba contrà eum faciunt.* Donell., *in leg.* 99, *de V. O.*, 45, 1 (1).

La loi 34, ff *de contrah. empt.*, 18, 1, semble faire, à l'égard des accessoires de la vente, une exception au principe que les doutes doivent être résolus contre le vendeur. Cette loi porte que s'il a été convenu dans la vente d'un fonds que l'esclave Stychus y demeurera attaché, sans que l'on ait expliqué lequel entre plusieurs esclaves qui portaient ce nom, le vendeur n'est tenu de donner que celui qu'il voudra : *Labeo ait eum Stychum deberi quem venditor intellexerit.*

Mais Cujas prétend (2) qu'il faut lire *emptor* au lieu de *venditor*. Il en donne les raisons les plus fortes et les plus vraisemblables, quoique plu-

---

(1) *Nam si quid excipere volebat, dicere debuit ; si non fecit, ipsius culpa est quam illi nocere æquum est.... In summâ, cùm verba stipulationis ambigua non sunt, semper in re dubiâ verbis standum est, etiamsi expediat promissori quœdam ex generali verbo excipi.* Donell., *in leg.* 110, § 1, ff *de V. O.*, 41, 1.

On supplée si peu les exceptions dans les conventions dont l'objet est une universalité de choses, que ces conventions comprennent même les choses particulières dont les parties n'avaient pas de connaissance. *Voy.* Pothier, n°. 99.

(2) *In Dict. leg.*, *lib.* 33, *Pauli ad edict.*, *col.* 534, *in leg.* 39, ff *de pactis*, *lib.* 3, *quæstionum Papiniani*, *col.* 110.

sieurs bons interprètes (1) ne soient pas de son avis.

Quoi qu'il en soit, il nous paraît que, sous l'empire du Code, c'est l'opinion de Cujas qu'il faut suivre : car outre que le texte cité n'a plus force de loi, l'art. 1602 dit, d'une manière plus générale que ne le disaient les lois romaines : *tout pacte obscur* ou ambigu s'interprète contre le vendeur ; et la raison qu'il en donne, *c'est que le vendeur est tenu* (2) *d'expliquer clairement ce à quoi il s'oblige*.

Or, il est de principe qu'il ne faut pas faire une exception ni une distinction qui ne sont pas dans la loi. Il n'en faut donc pas faire une relative aux accessoires sur lesquels le vendeur n'est pas moins tenu de s'expliquer clairement que sur la chose même.

Supposons donc que le vendeur eût plusieurs chevaux blancs, et qu'il eût dit dans le contrat que *son cheval* blanc, ou *le cheval* blanc sera compris dans la vente. Il ne devrait pas être entendu à donner le moindre des chevaux blancs. C'était à lui de s'expliquer et de dire qu'il avait plusieurs chevaux blancs ; l'acquéreur a pu l'ignorer. La manière dont la clause est conçue n'annonce l'existence que d'un cheval blanc.

---

(1) Brunnemann, sur cette loi ; Vinnius, *de pactis*, cap. 20, n°. 4, suivi par Voët, *de contrah. empt.*, n°. 27. Pothier, dans ses Pandectes, n°. 37, à la note, paraît pencher pour l'opinion de Cujas.

(2) Cette raison répond aux objections de Vinnius et de Voët. *Nam in venditionibus semper legem dicit venditor rei suæ, ut in locationibus locator*, dit Cujas sur la loi 39, *de pactis*, *lib.* 5, *quæst. Papin.*, *col.* 110.

Mais s'il était dit que *l'un des chevaux* blancs serait compris dans la vente, l'acquéreur n'a pu ignorer qu'il en existait plusieurs, et en laissant la clause en forme d'obligation alternative, il a dû savoir que le choix appartenait au vendeur (1191). Au moyen de cette distinction fondée en raison, on concilie l'opinion de Cujas et celle des autres docteurs. Il ne s'agit que d'appliquer chacune de ces opinions au cas qui lui convient.

325. La règle que les pactes obscurs s'interprètent contre le vendeur, perd sa force, s'il est vraisemblable que l'intention des contractans était contraire à cette interprétation, ou plutôt la règle est subordonnée à une autre règle ; c'est que dans les clauses obscures il faut considérer ce qui est le plus vraisemblable, ou ce qui se fait ordinairement : *in obscuris inspici solet quod verisimilius est, aut quod plerumque fieri solet.* Loi 114, ff *de R. J.* (1).

326. La loi 13, ff *qui potiores in pignore*, 20, 4, nous en offre un exemple applicable à nos usages. Une métairie est affermée 1500 fr. ; le bail doit durer encore trois années. Je vous la vends à condition que vous n'entrerez en jouissance que dans un an, et que les fermages de cette année m'appartiendront. L'acte porte que les priviléges

---

(1) *Observandœ sunt duœ regulœ, quarum prior hœc est, ut id œstimetur quod verisimile est egisse inter se contrahentes. Posterior regula, quœ priori succedit, hœc est, si verisimile nullum extat, ut tum prononciemus contra venditorem. Non utimur hâc primâ regulâ; nisi cùm prior deficit.* Cujas, *in leg.* 39; ff *de pactis, lib.* 5, *quæst. Papin.*, *col.* 109.

sur les meubles du fermier nous seront communs. *Dixi prioris anni pensionem mihi, sequentium tibi accessuram, pignorumque ab inquilino daturam, jus utrumque secuturum.*

Les meubles soumis au privilége se trouvent insuffisans pour les fermages des trois années; puis-je, sur la vente des meubles, prétendre les fermages entiers de l'année qui m'est due, ou entrer en contribution avec vous au marc le franc? Il est vraisemblable, répond le jurisconsulte Paul, qu'il a été entendu que les priviléges seraient communs aux trois années de fermage, dans l'ordre où ils devaient être payés; *ut primam quamque pensionem pignorum causa sequatur* (1).

Ainsi je dois être payé de préférence. Il en serait de même si l'acte n'avait point parlé des priviléges. Cette décision est conforme au principe *qui prior est tempore, potior est jure.*

Mais s'il était dû au vendeur des fermages antérieurs à la vente, il n'en devrait pas être payé de préférence aux fermages dus à l'acquéreur; il est en faute de n'avoir pas réservé son privilége.

On trouve l'exemple d'un legs interprété par la vraisemblance dans l'espèce d'un arrêt de la Cour de Bruxelles, du 8 août 1811. Un testateur avait légué tous ses meubles et objets mobiliers à deux de ses enfans, et les avait chargés d'acquitter

---

(1) *Id est eo ordine quo solvi debitum principale debet.* Brunnemann, *in D.*, loi 13, *qui potiores in pignore*, 20, 4.

toutes les dettes qu'il pourrait contracter, même celles dont ses biens se trouveraient grevés.

Les légataires soutinrent qu'on ne pouvait les soumettre à payer les capitaux des rentes constituées, sans aller directement contre la volonté du testateur, qui avait voulu leur faire un avantage; que cependant cet avantage serait nul, si les capitaux des rentes étaient compris dans les dettes dont ils sont chargés; qu'il faut interpréter les clauses d'un testament comme celles d'un contrat, dans le sens qui leur donne quelque effet, plutôt que dans celui qui ne leur en donne aucun; qu'ainsi il fallait croire que l'intention du testateur n'avait pas été de leur imposer cette charge.

Par son arrêt du 8 août 1811, la Cour de Bruxelles jugea que les légataires n'étaient point chargés des capitaux des rentes, par la considération qu'on ne saurait croire qu'en les chargeant d'acquitter toute dette généralement quelconque qu'il pourrait contracter, même celles dont, au moment de son testament, ses biens se trouvaient grevés, le testateur ait eu l'intention de les charger des capitaux des rentes, qui, de leur nature, ne sont pas dus, mais seulement remboursables ou rachetables, *sunt in facultate luitionis;* qu'on ne doit pas facilement interpréter le testament, de manière à convertir le don en charge pour les légataires d'un modique mobilier; qu'il est plus vraisemblable que le testateur n'a voulu charger les légataires que de liquider à sa mort les dettes exigibles, et les canons ou arrérages courans, ou échus jusqu'au jour de son décès, des rentes même hypothéquées sur ses immeubles. *Sirey*, an XII, suppl., pag. 273.

327. Voici une autre espèce où l'interprétation se fait contre le débiteur : J'ai promis de vous payer au 1er. janvier, sans ajouter prochain. Il y a ambiguité. Il est douteux si c'est le mois de janvier de l'année prochaine ou des suivantes; mais il est vraisemblable que nous avons entendu le mois de janvier prochain : ainsi l'interprétation se fait contre celui qui est obligé. Loi 41, ff *de V. O.*, 45, 1.

328. Quelque généraux que soient les termes dans lesquels une convention est conçue, elle ne comprend que les choses sur lesquelles les parties se sont proposé de contracter (1163). Pothier, n°. 98. C'est principalement aux transactions que s'applique cette règle, qui se trouve répétée dans les art. 2048 et 2049. *Voy.* Domat, n°. 21.

329. Lorsque, dans un contrat, on a exprimé un cas pour l'explication de l'obligation, on n'est pas censé avoir voulu par-là restreindre l'étendue que l'engagement reçoit de droit aux cas non exprimés (1164). Pothier, n°. 100.

Il est stipulé dans un contrat de mariage que le mobilier des successions futures entrera dans la communauté conjugale. Cette clause inutile, ajoutée pour lever un doute mal fondé, n'empêche point d'entrer dans la communauté les autres choses qui doivent y entrer suivant la loi.

Cette règle est commune aux testamens. Lorsqu'après un legs général de choses d'un genre qui contient plusieurs espèces, le testateur ajoute l'énumération de quelques-unes de ces espèces, cette énumération ne déroge point à la généralité du legs. *Cùm species ex abundanti per imperitiam enumerantur, generali legato non derogatur.* Loi 9, ff *de supell. leg.* Je vous ai légué les meubles de ma maison de Rennes, ma bibliothèque, mon argenterie, mes provisions de bouche; cette énumération ne restreindra point à ces espèces le legs général des meubles.

330. S'il paraissait que l'énumération fût faite à dessein de désigner les espèces léguées, cette désignation dérogerait à la généralité du legs. Par exemple, je vous lègue mes meubles de Rennes, *savoir :* ma bibliothèque, mon argenterie, mes provisions de bouche; le legs ainsi conçu ne comprendrait que les espèces énumérées, parce que l'énumération n'en paraît faite que pour limiter la généralité du legs des meubles. *Si tamen species certi numeri demonstratæ fuerint, modus generi datus in his speciebus intelligitur.* Loi 9, ff *de supell. leg.*, 33, 10.

Le legs général des meubles serait encore censé limité, si le testateur y ajoutait spécialement une seule des choses comprises sous l'une des espèces particulières du genre. Par exemple, je vous lègue les meubles de ma maison, et le Recueil des ordonnances du Louvre. Cette addition particulière d'un seul de mes livres paraît être faite pour exclure les autres du legs général des meubles. Arg., loi 18, § 11, ff *de instructo vel instrum.*,

33, 7; Pothier, Traité des donations testamentaires, pag. 410.

331. Les fautes d'écriture qui peuvent se rencontrer dans un acte n'empêchent pas l'effet que doit avoir la convention. *Si librarius in transcribendis stipulationis verbis errasset, nihil nocere.* Loi 92, ff. *de R. J.*

332. Les expressions qui ne peuvent avoir aucun sens par aucun moyen d'interprétation vraisemblable, sont rejetées et considérées comme si elles n'avaient pas été écrites dans les conventions, aussi bien que dans les testamens. *Quæ in testamento ità sunt scripta, ut intelligi non possint, perindè sunt ac si scripta non essent.* Loi 73, § 3, ff *de R. J*; Domat, n°. 19.

333. N'oublions pas une remarque importante, commune à toutes les règles d'interprétation, même à celles que nous a tracées le Code civil; c'est que, par leur nature, elles ne sont pas impératives : ce sont des conseils dont les juges peuvent s'écarter suivant les circonstances; ce qui est commun à toutes les règles de droit. La raison en est que la moindre circonstance suffit pour en écarter l'application. *Simul ac in aliquo vitiata est perdit officium suum.* Loi 1, ff *de R. J.*

C'est une maxime proclamée par la Cour de cassation, dans les considérans d'un arrêt du 18 mars 1807 (1), qui rejeta le pourvoi contre un arrêt entrepris, entre autres moyens, pour vio-

---

(1) Sirey, an 1807, pag. 241 et suiv.

lation des articles 1157 et suivans. La Cour considéra que la Cour d'appel de Rennes ayant prononcé d'après la comparaison et l'appréciation des pièces, il ne pouvait y avoir de contravention aux articles 1157 et suivans du Code, « dont les » dispositions sont plutôt des conseils donnés aux » juges, en matière d'interprétation de contrats, » que des règles plus rigoureuses et impératives, » dont les circonstances, même les plus fortes, » ne les autoriseraient pas à s'écarter. »

Il faut beaucoup de connaissance et de sagacité pour appliquer les règles de droit avec justesse.

---

§ II.

De l'interprétation, pour déterminer les suites naturelles des conventions, quoique non exprimées dans l'acte.

SOMMAIRE.

334. *Les obligations accessoires non exprimées dans les contrats, viennent* de l'équité, de l'usage *ou* de la loi.

335. *L'équité doit régner dans tous les contrats, mais il est permis de faire sa condition meilleure,* se invicem circumscribere.

336. *Nous rejetons la division des conventions en contrats de bonne foi et contrats de droit étroit. Tous comprennent les obligations accessoires qu'exigent l'équité et la bonne foi.*

337. *Quelques-unes sont fondées sur la loi, comme les dommages et intérêts, la garantie, etc.*

338. *D'autres sur l'équité seule. Exemples, dans un ouvrage recommandé*, si je le trouve bon, *dans le cas où l'on s'est rapporté à l'arbitrage d'un tiers, dans la règle de droit*, qui sentit commodum, debet sentire incommodum.

339. *Comment l'usage sert de supplément aux contrats.*

340. *La loi sert souvent de contrat aux parties.*

334. Les conventions obligent non seulement à ce qui est exprimé, mais encore à toutes les suites que l'équité, l'usage ou la loi, donnent à l'obligation d'après *sa nature* (1135).

Ainsi, trois sources d'où dérivent les obligations accessoires à l'obligation principale, et qui la suivent toujours, quoique non exprimées dans le contrat : *l'équité*, *l'usage*, *la loi*.

335. L'équité doit accompagner toutes les actions de l'homme ; elle en devrait être le mobile. Elle doit surtout régner dans les conventions qu'il fait avec ses semblables, dans les pourparlers qui en précèdent la conclusion, dans la manière de rédiger les actes, dans celle de les exécuter.

La manière dont chacun ménage ou stipule ses intérêts, avant que l'on soit d'accord, la résistance de l'un aux prétentions de l'autre, n'ont rien de contraire à la bonne foi, pourvu que l'on n'use d'aucun mauvais moyen pour faire céder l'autre partie, et en obtenir des conditions plus avantageuses. Il est permis de faire sa condition meilleure, pourvu que l'autre partie y consente en connaissance de cause. C'est ainsi qu'il faut ntendre quelques lois romaines, qui disent qu'il est naturellement permis dans les ventes de se tromper l'un l'autre (1). Ce qui ne doit s'entendre que de ce que l'un obtient de l'autre dans le plus ou le moins de prix ; par exemple, dans les conditions avantageuses qu'il se fait accorder.

336. Mais cette liberté de ménager ses intérêts ne doit pas s'étendre jusqu'à la fraude. Il n'y a point de convention où il ne soit sous-entendu que l'un doit à l'autre la bonne foi, avec tous les effets qu'elle exige, tant dans la manière de traiter que dans l'exécution de ce qui est convenu et de toutes les suites. Le principe consacré par le Code (1134), est que toutes les conventions doivent être exécutées de bonne foi. Ce qui ne veut pas dire seulement que le dol ou la fraude doive en être bannie ; mais encore que nous rejetons la division des conventions, qu'on trouve dans le droit romain ou dans ses interprètes, en contrats de bonne foi et contrats de droit étroit, *contractus bonæ fidei, contractus stricti juris.* Dans ces derniers, on ne pouvait rien demander au-delà de ce qui avait été expressément promis, au-delà de ce qui était expressément contenu dans le contrat. Dans les premiers, au contraire, on pouvait demander non seulement ce qui était expressément contenu dans le contrat, mais encore ce qui ne s'y

---

(1) *Quemadmodum in emendo et vendendo naturaliter concessum est quod pluris sit, minoris emere, quod minoris sit, pluris vendere, et ità invicem se circumscribere, ità in locationibus quoque et conductionibus juris est.* Loi 22, § ult., ff *locati*, 19, 2; loi 16. § 4, ff *de min.*, 4, 4.

trouvait pas exprimé, si l'équité et la bonne foi l'exigeaient (1). Dans notre droit français, au contraire, suivant l'art. 1135, les conventions obligent non seulement à ce qui y est exprimé, mais encore à toutes les suites que l'équité donne à l'obligation d'après sa *nature*. *Vid. suprà*, nos. 195 et 196.

La bonne foi, nécessaire dans les conventions, n'est pas bornée à ce qui regarde les contractans; ils la doivent aussi à tous ceux qui peuvent avoir intérêt à ce qui se passe entre eux. Si, par exemple, un dépositaire découvre que celui qui a fait le dépôt avait volé la chose déposée, la bonne foi l'oblige à la refuser à ce voleur, qui la lui a confiée, et à la rendre à celui qui en est propriétaire. *Voy. la belle loi* 31, § 1, ff *Depositi*, 16, 3; *Domat*, liv. 1, tit. 1, sect. 3, n°. 13.

Mais si le propriétaire ne la réclamait pas, le dépositaire doit rendre la chose au voleur. *Quòd si ego ad petenda ea non veniam, nihilominùs ei restituenda sunt, qui deposuit, quamvis malè quæsita deposuit. Voy.* l'art. 1938 du Code, qui a adopté la loi romaine.

337. C'est une suite naturelle des conventions, que ceux qui sont chargés d'une chose ou d'une affaire soient tenus d'en prendre soin et de répondre de leur mauvaise foi, de leurs fautes ou de leur négligence, et d'indemniser les personnes qui en ont souffert, comme nous l'avons dit dans

(1) Heinecc., *Element. jur. civ.*, §§ 781 et 1183, *et Recitationes ejusdem.*

la section IV. Cette obligation est fondée sur l'équité et sur la loi.

Il en est de même de la garantie due par le vendeur, quoique le contrat n'en *parle pas*.

338. Souvent aussi les suites d'une convention ne sont déterminées que par l'équité seule et non par la loi, qui ne peut prévoir tous les cas, et qui s'en rapporte à la loi vivante, c'est-à-dire, au magistrat.

J'ai recommandé un ouvrage à un artisan, et il a été convenu que je le paierais tant, pourvu que je le trouvasse bien fait. Quand il est achevé, je le rejette sans motifs suffisans. L'ouvrier peut demander que l'ouvrage soit vu par des experts, et que je sois condamné à le payer, s'ils le trouvent bien fait; car la bonne foi ne permet pas que je rejette sans cause légitime un ouvrage que j'ai recommandé. Si les termes de la convention s'en rapportent à mon jugement, c'est toujours en supposant que je ne serai pas injuste, et que je mettrai de la bonne foi dans mon jugement.

Il en est de même du cas où l'on s'en est rapporté à l'arbitrage d'un tiers, qui prononce d'une manière absolument contraire à l'équité (1).

C'est encore l'équité qui consacre les conséquences de cette règle de droit, dictée par la raison, que celui qui supporte les incommodités

(1) *Si in lege locationis comprehensum sit, ut arbitratu domini, opus approbetur perindè habetur, ac si viri boni arbitrium comprehensum fuisset, idemque servatur, si alterius cujuslibet arbitrium comprehensum sit; nam fides bona exigit, ut arbitrium tale præstetur, quale viro bono convenit.* Loi 24, ff *Locati*, 19, 2. *Voyez* aussi la loi 30, ff *de operis libertorum*, 38, 1.

d'une chose doit en recueillir les avantages et les profits. *Secundùm naturam est, commoda cujusque rei eum sequi quem sequuntur incommoda.* Loi 10, ff *de R. J.*

Pomponius nous donne un exemple de l'application de cette règle, dans la loi 13, § 1, ff *mandati*, 13, 6. Vous m'avez vendu un cheval 600 fr., à la condition que je l'aurai pendant huit jours pour l'essayer. La vente est suspendue pendant ce délai, et si le cheval mourait sans ma faute, vous en supporteriez la perte. Huit jours après la vente, je déclare que le cheval me convient, et je paie les 600 fr. convenus; mais pendant ces huit jours j'ai loué le cheval: les loyers vous appartiendront, dit Pomponius, parce qu'il n'est pas juste que je recueille les profits d'une chose avant que les risques de la perdre soient à ma charge. *Neque enim ante eam rem quæstui esse cuique opportet, quàm periculo ejus sit.*

C'est sur l'équité que sont fondées ces règles de droit que nous a transmises la sagesse des jurisconsultes romains, et qui ne sont pour la plupart que des développemens de ce grand précepte de la sagesse divine, ne fais pas à autrui ce que tu ne veux pas qu'on te fasse à toi-même.

Il est contraire au droit naturel de s'enrichir au détriment d'autrui. *Jure naturæ æquum est neminem cum alterius detrimento et injuriâ fieri locupletiorem.* Loi 206, ff *de R. J.* (1).

---

(1) *Alteri aliquid detrahere, et suum augere commodum cum alterius incommodo, magis est contra naturam quàm ipsa mors, dolor*

L'équité est donc toujours le supplément des contrats; mais il faut se souvenir de cette règle première, qu'on ne doit pas violer les conventions en cherchant une équité purement imaginaire. Il en est des conventions comme des lois; quand elles sont claires, il ne faut pas en éluder la lettre, sous prétexte d'en revenir à l'équité et à la bonne foi. *Voy.* tom. 1, pag. 116, n°. 149.

339. Quant à l'usage (1), il est d'une si grande autorité, qu'il ne sert pas seulement à interpréter ce qui est ambigu (1159), mais qu'on doit même suppléer dans le contrat les clauses qui y sont d'usage, quoiqu'elles n'y soient pas exprimées (1160). Si, par exemple, dans le contrat de louage d'une maison, on avait oublié de parler des termes de paiement, le loyer serait payable suivant l'usage du lieu, soit en un seul terme, soit en deux, comme à Rennes, à la Saint-Jean et à Noël.

340. Enfin, la loi est le supplément des contrats, lorsque les parties n'y ont pas dérogé. Il existe même une foule de dispositions qui n'ont pas d'autre objet que de servir de contrat aux parties. Telles sont, entre autres, celles qui concernent les droits respectifs des époux. La loi ne régit l'association conjugale, quant aux biens,

---

et paupertas. Nam primò convictum humanum et societatem communem; nam si ità sumus affecti, ut propter suum quisque emolumentum violet aut spoliet alterum, dirrumpi necesse est eam quæ maximè secundùm naturam est, humani generis societatem. Cic., *de offic.*, lib. 3.

(1) *Voy.* ce que nous avons dit, tom. 1, pag. 125.

qu'à défaut des conventions spéciales que les époux peuvent faire comme ils le jugent à propos, pourvu qu'elles ne soient pas contraires aux bonnes mœurs ni à l'ordre public (1387).

Ces dispositions sont le contrat de mariage de ceux qui n'en ont pas fait.

Les dispositions sur la garantie en cas d'éviction ne sont pas autre chose que l'explication légale des suites naturelles du contrat de vente, lorsqu'elles n'ont pas été déterminées par la convention.

SECTION VI.

De l'Effet des conventions à l'égard des tiers, et des actes faits en fraude des créanciers.

SOMMAIRE.

341. *Les conventions n'ont d'effet qu'entre les contractans. Elles ne peuvent nuire aux tiers.*

342. *Elles peuvent contenir, au préjudice des créanciers, des fraudes qu'il faut réprimer.*

343. *La loi accorde aux créanciers l'action révocatoire contre les actes faits en fraude de leurs droits.*

344. *C'est une action subsidiaire, et accordée dans le cas seulement où les autres biens des débiteurs sont insuffisans.*

345. *Elle naît lorsque le débiteur est insolvable. On y peut opposer l'exception de discussion.*

346. *Elle cesse, s'il survient des biens au débiteur.*

347. *Le juge ne peut suppléer l'exception de discussion.*

348. *L'action révocatoire n'est admise que contre les actes caractérisés frauduleux*, consilio et eventu.

341. C'est du consentement de ceux qui les font que les obligations tiennent leur force obligatoire. Il est donc évident qu'elles n'ont d'effet qu'entre les contractans, et qu'elles ne peuvent nuire aux tierces personnes, pour lesquelles ils n'avaient pas le pouvoir d'agir, comme aussi elles ne profitent à ces tiers que dans les cas prévus par l'art. 1121, que nous avons expliqué ci-devant, en parlant du principe qu'on ne peut stipuler pour autrui (1165).

342. Mais les conventions contiennent souvent des fraudes au préjudice des créanciers de l'un ou de l'autre des contractans. Ces fraudes sont contraires à la bonne foi exigée dans toutes les conventions, et qui n'est pas bornée à ce qui regarde les contractans. Elle est due également à toutes les personnes que peut intéresser ce qui se passe entre eux. C'est ce qui résulte du sublime précepte de la morale évangélique, dont la jurisprudence ne fait en grande partie que développer les conséquences, *ne fais pas à autrui ce que tu ne veux pas qu'on te fasse à toi-même.*

Les auteurs et les complices des fautes préjudiciables aux droits d'autrui, sont donc obligés de réparer le préjudice qu'ils ont causé (1382, 1383). C'est une obligation imposée par l'équité et par la loi.

Nous avons parlé ci-dessus des fraudes ou du dol commis au préjudice de l'un des contractans; nous avons parlé, dans le Ve. vol., des fraudes qui ont pour objet soit des personnes incapables de recevoir, soit de nuire aux droits des héritiers en faveur de qui la loi fait une réserve. Le Code s'occupe particulièrement ici des moyens de prévenir ou de réparer les fraudes préjudiciables aux créanciers.

343. A l'exemple de l'Edit du préteur, le Code accorde aux créanciers une action révocatoire contre les actes faits en fraude de leurs droits. L'art. 1167 leur donne la faculté d'attaquer ces actes dans leur nom personnel; mais il ne détermine point quels sont les actes qu'on peut attaquer, quand ils sont censés faits en fraude des créanciers, contre quelles personnes ils peuvent se pourvoir. Il faut donc recourir aux lois romaines, où le principe a été puisé, et où les conséquences se trouvent développées avec détail; à l'ancienne jurisprudence, qui nous apprend comment ces lois étaient reçues dans la pratique; et au Code de commerce, qui contient des dispositions particulières au cas où le débiteur frauduleux est en faillite.

344. Le premier principe en cette matière est qu'à la différence de l'action hypothécaire, l'ac-

tion révocatoire n'est accordée aux créanciers que subsidiairement, et dans le cas seulement où les autres biens du débiteur ne suffiraient pas pour payer ses dettes.

345. Il en résulte que l'action révocatoire ne peut être admise tant que les affaires du débiteur paraissent en bon ordre, et qu'elle ne commence à naître que lorsque le débiteur est connu pour être hors d'état de remplir ses engagemens.

Il en résulte encore que le tiers contre lequel les créanciers forment l'action révocatoire, peut exiger qu'ils discutent préalablement les autres biens du débiteur; car c'est cette discussion qui peut prouver son insolvabilité, lorsqu'elle n'est pas déjà prouvée par sa faillite ou par sa déconfiture.

346. Enfin, il en résulte que si, depuis que la demande en révocation a été formée, il survenait au débiteur une succession ou quelque autre événement qui le mît en état de remplir ses engagemens, la demande ne devrait pas être admise.

347. Mais si le défendeur en révocation ne demande pas la discussion des autres biens du débiteur, il est censé reconnaître l'insolvabilité, et les juges peuvent prononcer la révocation, sans ordonner, avant faire droit, que les autres biens du débiteur seront discutés (1).

---

(1) C'est ce qui résulte d'un arrêt de la Cour de cassation, du 22 mars 1809, au rapport de M. Zangiacomi, rendu dans l'espèce suivante :

Galès, créancier de Fournier, en vertu de jugement, prit ins-

348. L'action révocatoire n'est admise que contre les actes frauduleux. C'est un autre principe fondamental en cette matière. Il faut qu'il y ait fraude de la part du débiteur, et pour la caractériser deux choses sont nécessaires : le dessein de fraude, l'événement ou la perte effective des créanciers, *consilium fraudis et eventus damni* (1).

Si l'une de ces deux choses manque, l'action ne doit pas être admise. *Fraudis interpretatio semper in jure civili, non ex eventu duntaxat, sed ex consilio quoque consideratur.* Papin, loi 79, ff *de R. J.*, et *ibi* Bronchorst.

349. Il y a dessein de frauder lorsque le débi-

---

cription sur les biens de son débiteur; mais il omit d'en prendre sur le domaine dit du Clavier. Fournier se hâta d'en consentir une vente simulée à Michel. Galès s'étant procuré des preuves de la simulation, assigna Michel pour voir annuler la vente, comme simulée.

Au lieu de demander la discussion des autres biens de Fournier, Michel soutint que Galès étant créancier hypothécaire, ne pouvait exercer l'action révocatoire. La Cour d'Agen rejeta cette fin de non-recevoir, et déclara la vente nulle.

A la Cour de cassation, Michel opposa une contravention à l'art. 2109 du Code, en ce que les juges n'avaient pas constaté que les autres biens de Fournier fussent insuffisans. Mais M. Thuriot observa que c'était une allégation nouvelle, et le pourvoi fut rejeté. L'arrêt est rapporté par Sirey, an 1809, pag. 208.

(1) Loi 15, ff *quæ in fraud. credit.*, 42, 8; loi 1, *Cod. qui manu. non poss.*, 7, 11; Voët, *lib.* 42, *tit.* 8, n°. 3; Brunnemann, *in leg.* 10, *ff quæ in fraud. cred.*, n°s. 5 et 11; Lauterbach, *Compendium in tit. quæ in fraud. cred.*

Vinnius, *in* § 6, *Instit. de act.*, n°. 4. *Ut hæc actio competat requiritur, ut quid alienatum sit in fraudem creditorum; in fraudem autem alienatum hìc accipimus, si et animum fraudandi debitor, et eventum fraus habuerit; nam si alterutrum desit, et vel propositum fraudandi nullum fuerit, quod putaverit debitor se solvendo esse, vel creditores re ipsâ et eventu fraudati non sint, huic actioni non est locus.* Vinn., *ibid.*

teur connaît son insolvabilité, et que malgré cette connaissance, il diminue et aliène ses biens, quoiqu'en le faisant il ne songe point à frauder précisément telle ou telle personne en particulier. *Voët*, lib. 42, tit. 8, n°. 14.

350. Mais les hommes trop souvent connaissent mal l'état de leurs affaires, et présument leurs ressources plus grandes qu'elles ne sont en effet (1).

Ils peuvent même avoir des dettes qu'ils ne connaissent pas, et être insolvables sans le savoir. Les actes qu'ils font en tous ces cas ne peuvent être considérés comme frauduleux, et ne peuvent être attaqués, quoiqu'ils entraînent leur insolvabilité et la perte de leurs créanciers. Il faut le dessein de frauder de la part du débiteur.

351. Si ce dessein n'est pas suivi de l'événement et de la perte effective des créanciers ; si, pendant qu'ils suivent leur action, ou bien au moment où ils veulent l'exercer, le débiteur les satisfait par la vente de ses biens ou autrement, l'acte qui avait été fait à leur préjudice conserve sa force, et si le débiteur empruntait, les nouveaux créanciers ne pourraient attaquer cet acte, qui n'aurait pas été fait à leur préjudice, à moins qu'ils n'eussent prêté pour payer les premiers créanciers, et qu'ils n'eussent été subrogés dans leurs droits (2).

352. Mais est-il nécessaire que le dessein de

---

(1) *Sæpè enim de facultatibus suis ampliùs quàm in his est sperant homines, Instit., lib. 1, tit. 6, § 3.*

(2) Loi 10, § 1, ff *quæ in fraud.*, 2, 8 ; Domat, n°. 6.

frauder ait été connu de ceux qui ont traité avec le débiteur, et qu'ils soient complices de sa fraude, pour que ses créanciers soient recevables à faire révoquer les actes qui nuisent à leurs droits?

Le droit romain fait à cet égard une distinction fondée sur l'équité, entre les cessions faites par le débiteur à titre onéreux ou à titre gratuit.

Il veut que les cessions et aliénations à titre onéreux, faites à des personnes de bonne foi, ne puissent être révoquées, quelqu'intention de frauder qu'ait eue le débiteur; car sa mauvaise foi ne doit pas causer une perte aux personnes qui exercent un commerce licite avec lui, sans participer à sa fraude (1).

Il ne suffit même pas que les personnes qui ont acquis du débiteur aient eu connaissance qu'il avait des créanciers, et que ses affaires étaient en désordre. Il faut qu'elles aient connu le dessein de frauder; car plusieurs de ceux qui ont des créanciers ne sont pas insolvables, et l'on ne se rend complice d'une fraude qu'en y prenant part (2).

---

(1) *Ait prætor, quæ fraudationis causâ gesta erunt, cum eo qui fraudem non ignoraverit.... actionem dabo.* Loi 1, ff *quæ in fraud* 42, 8.

Hoc edictum eum coercet, qui sciens eum in fraudem creditorem hoc facere, suscepit quod in fraudem creditorem fiebat. Quare si quidem in fraudem factum sit, si tamen is qui cepit ignoravit, cessare videntur verba edicti. Loi 6, § 8, *eod.*

(2) *Quod ait prætor, sciente te, sic accipimus, te conscio et fraudem participante non enim si simpliciter scio illum creditores habere, hoc sufficit ad contendendum teneri eum in factum actione sed si particeps fraudis est.* Loi 10, § 2, *eod. Alias autem qui scit aliquem creditores habere; si cum eo contrahat simpliciter, sine*

Il n'est pas juste de rendre un acquéreur de bonne foi victime d'une fraude à laquelle il n'a point participé.

Il est vrai qu'en ne révoquant point le contrat, qui n'a été fait par le débiteur que dans le dessein de frauder ses créanciers, ceux-ci restent victimes de cette fraude ; mais il faut opter entre eux et l'acquéreur, il faut faire perdre les uns ou les autres. Or, entre les personnes également de bonne foi, le possesseur doit être préféré (1).

353. Cette raison décisive ne peut s'appliquer aux donataires et autres cessionnaires à titre gratuit, quelle que soit leur bonne foi. Ils n'ont rien à perdre ; ils manquent seulement à gagner, si leur donation est révoquée ; si elle ne l'est pas, ils s'enrichissent aux dépens des créanciers, dont ils conserveront le gage sans en avoir payé la valeur. On ne leur fait donc pas une injure, on ne leur cause pas un dommage réel, en les privant d'un gain que l'équité naturelle ne leur permet pas de conserver au détriment d'autrui. *Jure naturæ æquum est, neminem cum alterius detrimento et injuriâ locupletati.* Loi 206, ff *de R. J. Nec videtur injuria affici is qui ignoravit ; cùm lucrum extorquatur, non damnum infligatur.* Loi 6, § 11, ff *quæ in fraud.*, 42, 8.

Dans le conflit des prétentions respectives, les créanciers *certant de damno vitando* ; les dona-

---

fraudis conscientiâ, non videtur hâc actione teneri. Loi 10, § 4, *eod.*

(1) *In pari causâ possessor potior haberi debet.* Loi 128, ff *de R. J. Melior est causa possidentis.* Loi 29, § 4, ff *de publician. in rem act.*, 6, 2.

taires ou cessionnaires gratuits *de lucro captando.*

C'est par cette raison que la bonne foi du donataire ou cessionnaire gratuit, en faveur duquel un débiteur avait disposé, *dans le dessein de frauder ses créanciers*, n'empêchait point ceux-ci d'exercer l'action révocatoire, jusqu'à concurrence seulement de ce qu'ils avaient profité: *quatenùs locupletiores facti sunt, ultrà non.* Loi 6, § 11, ff *quæ in fraud. credit.*

354. L'ancienne jurisprudence française (1) suivait en ce point la disposition du droit romain. Elle est fondée sur l'équité, et nous ne trouvons rien, soit dans le texte, soit dans l'esprit des lois nouvelles, qui force de s'en écarter. Nous pensons donc qu'elle doit être suivie sous l'empire du Code (2), qui laisse sur ce point une grande latitude de pouvoirs aux juges, en se bornant à

(1) Domat, liv. 2, tit. 10, sect. 1, n°. 2; Pothier, Traité des obligations, n°. 153; le nouveau Denisart, v°. *Fraude relativement aux créanciers*, § 1, n°. 10; Coutume de la Salle de Lille, tit. 10, art. 6; de la ville de Lille, tit. 5, art. 10; de Douai, tit. des Donations, art. 6, de la ville de Douai, tit. 3, art. 10; *Voy.* Duparc-Poullain, grande Coutume, conférence, tom. 1, pag. 590, n°. 13.

(2) M. Grenier, Traité des Donations, tom. 1, pag. 211 et 212, y trouve quelque difficulté, au moins pour la donation d'immeubles qui aurait été transcrite, et qui n'aurait pas été frappée d'hypothèque. Nous ne pensons pas que la transcription de la donation pût faire obstacle à l'action révocatoire. La transcription n'est qu'un moyen de purger les hypothèques. Or, c'est principalement en faveur des créanciers chirographaires qu'a été introduite l'action révocatoire qui remet les choses dans l'état où elles étaient. Néanmoins les créanciers hypothécaires ne sont pas exclus de l'action révocatoire, lorsque leur hypothèque est insuffisante. *Voy.* l'arrêt de la Cour de cassation du 22 mars 1809, rapporté par Sirey, an 1809, pag. 208, et Voët, *lib.* 42, *tit.* 8, n°. 3. Mais le créancier hypothécaire qui n'aurait pas fait inscrire son hypothèque sur les biens dans les quinze jours de la transcription, pourrait-il néan-

dire, comme l'Édit du prêteur, que les créanciers peuvent attaquer *tous les actes* faits en fraude de leurs droits.

335. La grande difficulté, en cette matière, est de prouver le dessein de frauder, tant dans la personne du cédant que dans celle du cessionnaire.

On peut la prouver par tous les genres de preuves, même par des présomptions, pourvu qu'elles soient graves, précises et concordantes (1353).

Le peu de temps qui s'est écoulé entre les actes attaqués et l'époque de la déconfiture, c'est-à-dire, l'époque où l'insolvabilité du débiteur est devenue notoire, a toujours été considéré comme l'une des plus violentes présomptions de fraude (1), comme aussi, par la raison des contraires, le long espace de temps qui s'est écoulé entre l'acte attaqué et la déconfiture fait cesser le soupçon de fraude (2).

336. L'Edit du prêteur voulait que l'action révocatoire fût formée dans l'année. Après ce délai, elle n'était plus recevable. Dans la jurisprudence française, la loi n'avait point fixé de délai péremptoire pour exercer cette action. C'était aux juges à déterminer, d'après les circonstances, si le temps écoulé depuis l'acte prétendu fraudu-

---

moins exercer l'action révocatoire? Pourquoi non, sur-tout s'il n'a découvert la fraude que depuis?

D'ailleurs, entre deux actions qu'il pouvait exercer, qui l'empêche d'exercer la moins avantageuse, lorsqu'il s'est laissé déchoir de la plus avantageuse?

(1) Mascardus, *de probat.*, *concl.* 816, n°s. 4 et 15.

(2) *Ibid.*, n°s. 8 et 9.

leux, était suffisant pour détruire le soupçon de fraude, et c'est encore ce qui a lieu dans les affaires ordinaires, sous l'empire de la nouvelle législation.

357. Mais on a établi des règles particulières aux affaires de commerce. Une longue expérience avait prouvé que les cessions faites par le débiteur dans un temps très-voisin de sa faillite, étaient presque toujours frauduleuses. En conséquence, l'art. 13 du règlement fait pour la place de Lyon, le 2 juin 1667, voulut que toutes cessions et transports sur les effets des faillis fussent nuls, s'ils n'étaient faits dix jours au moins avant la faillite publiquement connue.

Ce règlement fut homologué par arrêt du conseil, du 7 juillet suivant (1), et enregistré au parlement le 23 mai 1668. Ainsi ce règlement devint une loi, mais pour la place de Lyon seulement, et l'Ordonnance du commerce donnée en 1673 ne l'érigea point en loi générale. L'art. 4 du tit. II se borne à déclarer nuls tous transports, cessions, ventes et donations de biens meubles ou immeubles, *faits en fraude des créanciers*; laissant aux juges à décider quand ces actes sont faits en fraude. On regarda comme dangereux de prononcer la nullité des actes faits dans les dix jours avant la faillite, dans la crainte qu'on n'en conclût que tous les actes faits avant les dix jours étaient valides, et ne pouvaient être attaqués comme frauduleux (2).

(1) *Voy.* le préambule de la Déclaration du 18 novembre 170 le nouveau Denisart, v°. *Fraude*, pag. 80.

(2) Savary, *Parère* 39e., pag. 262.

Enfin, la déclaration du 18 novembre 1702 rendit le règlement de Lyon commun à toute la France, en ordonnant que « toutes cessions et » transports sur les biens des marchands qui font » faillite, seront nuls et de nulle valeur, s'ils ne » sont faits dix jours au moins avant la faillite » publiquement connue, comme aussi que les » actes et obligations qu'ils passeront pardevant » notaire, au profit de quelques-uns de leurs » créanciers, ou pour contracter *de nouvelles dettes*, ensemble, les sentences qui seront rendues » contre eux, n'acquerront aucune hypothèque » ni préférence sur les créanciers chirographaires, » si lesdits actes et obligations ne sont passés, et » si lesdites sentences ne sont rendues dix jours » au moins avant la faillite publiquement connue.

» Voulons en outre que notre Édit du mois de » mars 1673 demeure dans sa force et vertu, et » soit exécuté selon sa forme et teneur. »

Il résulte de cette dernière disposition, que les cessions faites avant les dix jours qui précèdent la faillite, peuvent être révoquées s'il y a preuve de fraude. Le parlement de Paris s'en expliqua formellement dans l'arrêt d'enregistrement (1) de cette déclaration de 1702.

358. La rédaction de cette loi et celle de l'Ordonnance de 1673, étaient imparfaites et laissaient beaucoup à désirer. Elles ne distinguaient point les cessions à titre onéreux des cessions à titre gratuit ; le cas où le cessionnaire aurait ou

---

(1) *Voy.* le nouveau Denisart, v°. *Fraude*, pag. 81.

non participé à la fraude du cédant, et si les expressions trop générales de ces lois avaient été prises dans toute leur étendue, il en serait résulté des injustices ; aussi l'usage s'était, en certains points, écarté de l'explication trop littérale de ces deux lois (1). Éclairés par l'expérience, les rédacteurs du Code de commerce ont rendu ses dispositions plus claires et plus justes. Cette nouvelle loi modère la trop grande rigueur des lois précédentes, et retranche les injustices qui pouvaient résulter de leur trop grande généralité.

L'art. 443 porte : « Nul ne peut acquérir privilége ni hypothèque sur les biens du failli, » dans les dix jours qui précèdent l'ouverture de » la faillite ».

Nous expliquerons cet article au titre des hypothèques.

L'art. 444 porte : « Tous actes translatifs de » *propriétés immobilières*, faits par le failli à *titre* » *gratuit*, dans les dix jours qui précèdent l'ou» verture de la faillite, sont nuls et sans effet re» lativement à la masse des créanciers ; tous actes » du même genre, à *titre onéreux*, sont suscep» tibles d'être annulés, sur la demande des créan» ciers, s'ils paraissent aux juges porter des carac» tères de fraude ».

Cet article consacre la distinction équitable faite par les lois romaines, entre le cessionnaire à titre gratuit et le cessionnaire à titre onéreux ; il ajoute à la disposition des lois romaines un

(1) *Ibid.*, pag. 80.

point qu'il faut remarquer. Les créanciers antérieurs à la cession gratuite pouvaient la faire révoquer, suivant le droit romain, quoique le cessionnaire fût de bonne foi ; mais il fallait prouver que le cédant avait eu le dessein de frauder, Loi 79, ff *de R. J.*

Le Code de commerce n'exige point cette preuve ; il déclare *nuls*, relativement aux créanciers (1), tous actes translatifs de *propriétés immobilières*, faits à *titre gratuit*, par la seule circonstance que ces actes ont été faits dans les dix jours qui précèdent l'ouverture de la faillite, sans distinguer si le donateur avait ou non le dessein de frauder. C'est ici une disposition absolue dont on ne pourrait éluder l'application, en prouvant qu'il n'y avait point eu dessein de frauder (1352). Pardessus. Élémens de jurisprudence commerciale, 4ᵉ. part., tit. 1, chap. 8.

Quant aux actes translatifs de propriétés immobilières faits à *titre onéreux*, dans les dix jours qui précèdent la faillite, le Code de commerce ne les déclarent pas nuls, il n'élève même pas contre eux une présomption légale de fraude par cette seule circonstance ; il les déclare seulement susceptibles d'être annulés sur la demande des créanciers, s'ils paraissent aux juges porter des

(1) *Relativement aux créanciers* antérieurs à la donation, et non relativement aux créanciers postérieurs, en fraude desquels la donation n'a pas été faite. Donc si le prix des biens excède le montant des dettes antérieures à la donation, le surplus demeure au donataire, et ne profite point aux créanciers postérieurs, qui n'auront point le droit d'exercer l'action révocatoire. *Voy.* le nouveau Denisart, tom. IX, pag. 84, n°. 2.

caractères de fraude. La proximité de l'époque de la faillite élève une violente présomption de fraude contre le failli qui vend ses immeubles et en reçoit le prix. Cette présomption peut même se convertir en preuve : par exemple, s'il a vendu, sans qu'on voye l'emploi du prix qu'il a reçu. Mais cette vente frauduleuse de sa part peut avoir été acceptée de bonne foi par l'acquéreur : les créanciers qui prétendent la faire révoquer doivent donc prouver qu'il est complice de la fraude, qu'il n'ignorait pas la situation du vendeur.

S'il est prouvé qu'il la connaissait, l'immeuble vendu est rapporté à la masse, et l'acquéreur ne peut répéter ni le prix ni les frais du contrat, au préjudice des autres créanciers, qui doivent tous être payés avant lui.

359. L'art. 445 porte : « *Tous actes ou engagemens pour fait de commerce*, contractés par le » débiteur dans les dix jours qui précèdent l'ou» verture de la faillite, sont présumés fraudu» leux, *quant au failli ;* ils sont nuls, *lorsqu'il est » prouvé qu'il y a fraude* de la part des autres » contractans. »

Cette présomption légale le soumet à être poursuivi comme banqueroutier frauduleux, sauf la preuve du contraire.

L'article ajoute : « Que ces actes sont *nuls*, » *lorsqu'il est prouvé* qu'il y a fraude de la part » des autres contractans. »

D'où il résulte que la nullité n'est relative qu'à ceux qui sont complices de la fraude, et non à l'égard des autres.

Si donc le failli avait souscrit une lettre-de-change au profit d'une personne affidée, qui l'ait ensuite endossée au profit d'un tiers de bonne foi, elle ne serait pas nulle à l'égard de ce tiers qui en serait porteur. Il viendrait par contribution dans la faillite avec les autres créanciers; mais l'endosseur, complice de la fraude, devrait indemniser la masse des créanciers, non seulement de la somme qui serait payée au porteur pour sa part dans la contribution, mais encore des frais qu'auraient occasionnés l'intervention du porteur et sa collocation.

360. Au reste, cet art. 445 abroge implicitement, mais très-clairement, le règlement de la place de Lyon et la déclaration du 18 octobre 1702.

1°. Cette dernière loi ne faisait aucune distinction entre les actes ou engagemens pour fait de commerce et les autres. L'art. 445 de la nouvelle loi en fait une tellement marquée, qu'on ne peut douter que sa disposition ne s'applique point aux autres actes ou engagemens, tels que ceux qui auraient pour objets les besoins de la maison et de la famille, les réparations des biens du failli, etc. Ces sortes d'actes, quoique faits la veille même de la faillite, ne sont pas présumés frauduleux de la part du failli; ce qui rend l'action révocatoire très-difficile à leur égard;

2°. Les actes et engagemens, même pour fait de commerce, faits dans les dix jours qui précèdent l'ouverture de la faillite, ne sont plus, comme ils l'étaient sous l'empire de la loi de

1702. présumés frauduleux de la part de ceux qui ont traité avec le failli, mais seulement de la part de ce dernier; pour les faire annuler, il faut prouver qu'ils ont participé à la fraude. Ainsi une lettre-de-change, un endossement, faits par un failli, dans les dix jours qui précèdent la faillite, ne sont pas nuls de plein droit. C'est à la masse des créanciers de prouver que les porteurs sont complices de la fraude.

361. Les aliénations de meubles faites par le failli, dans les dix jours, ne paraissent pas comprises dans la disposition de l'art. 445, qui ne parle que des actes pour fait de commerce; mais ne faut-il pas faire, à l'égard de ces aliénations, la distinction qu'on trouve dans l'article 444, entre les aliénations d'immeubles à titre onéreux ou lucratif? C'est-à-dire ne faut-il pas révoquer les aliénations de meubles faites à titre gratuit, dans les dix jours qui précèdent la faillite, quoiqu'il ne soit pas prouvé que le donataire ait participé à la fraude et connu la situation du failli?

On peut dire que l'article 444 n'annule que les donations d'*immeubles* faites dans les dix jours, et qu'en n'annulant pas les autres donations, il les valide, suivant la maxime, *inclusio unius, rejectio alterius*.

Cependant nous avons vu que, suivant le droit romain, lorsqu'il est prouvé que le donateur a eu le dessein de frauder ses créanciers, la donation peut être révoquée, quoique le donataire n'ait point participé à la fraude; que l'art. 444 du

Code de commerce n'exige même pas la preuve que le failli ait eu le dessein de frauder ses créanciers; que le Code civil pose en principe général que tout ce qui est fait *par le débiteur*, en fraude de leurs droits, peut être attaqué par les créanciers; principe répété dans l'art. 447 du Code de commerce, sans exiger précisément, dans tous les cas, que celui avec lequel le débiteur a traité ait connu la fraude. Les juges peuvent donc, sans contredit, révoquer les donations frauduleuses de meubles, quoique le donataire n'ait point participé à la fraude : nous pensons même qu'ils le doivent, puisque cette révocation est fondée sur l'équité. Mais le Code de commerce n'a point voulu leur en faire une loi, sans doute pour leur laisser le pouvoir de ne pas révoquer certaines donations de meubles, où le failli donateur paraîtrait avoir disposé dans la bonne foi, quoique dans les dix jours qui précèdent la faillite. Supposons qu'un riche banquier marie sa fille, et lui donne 100,000 fr. en dot. Trois jours après le mariage, il apprend la nouvelle d'une banqueroute qui le force de cesser ses paiemens et de déposer son bilan. Il est prouvé, dans cè ce cas, que la donation n'a point été faite en fraude des créanciers; qu'elle a été faite et acceptée de bonne foi. Elle ne doit donc pas être révoquée.

Au contraire le même banquier a donné entre vifs une terre de 100,000 fr., et, dans les dix jours suivans. la banqueroute de ses correspondans entraîne sa faillite. La donation a été faite et acceptée de bonne foi : cependant les juges sont forcés de l'annuler, par la disposition impérative de l'article 444, qui en prononce indistinctement la nullité, par la seule circonstance qu'elle a été faite dans les dix jours qui précèdent la faillite, sans examiner s'il y a eu fraude ou non. Tel est, à ce qu'il nous semble, le véritable esprit du Code de commerce.

362. Il fait, dans l'art. 446, une exception à la disposition de l'article précédent, en ordonnant que toutes sommes payées, dans les dix jours qui précèdent l'ouverture de la faillite, pour *dettes commerciales non échues*, sont rapportées. Ces paiemens faits d'avance par un homme si près de sa faillite, font suffisamment, aux yeux de la loi, présumer la fraude de part et d'autre.

363. Mais il faut remarquer que cette présomption n'est établie qu'à l'égard des dettes commerciales (1), et non à l'égard des autres dettes. Si donc, dans les dix jours qui précèdent l'ouverture de sa faillite, un commerçant avait payé d'avance une soulte de partage, le prix d'une acquisition, son loyer, des sommes dues pour les provisions de sa maison, ou pour l'entretien de sa famille, et pour lesquelles il avait pris un terme non encore échu, ces paiemens, quoique faits d'avance, ne pourraient être attaqués sans prouver la fraude.

Les paiemens faits d'avance au débiteur failli,

---

(1) *Quid*, si le failli avait escompté ses effets? *Voy.* Pardessus, Elémens de jurisprudence commerciale, pag. 571.

dans les dix jours qui précèdent l'ouverture de la faillite, ne sont point également présumés frauduleux. Il faut prouver que les débiteurs qui ont payé d'avance avaient connaissance de la situation du débiteur. Pardessus, *ubi suprà*, pag. 571 et 572. Si ces paiemens n'étaient constatés que par des actes sous seings-privés, qui n'ont point de date assurée contre des tiers, par des quittances, par exemple, les créanciers ne pourraient les rejeter, en disant que les paiemens sont présumés postérieurs à la faillite; et il faudrait prouver la fraude. Pardessus, *ubi suprà*, pag, 574.

La fraude n'est plus aujourd'hui légalement présumée, à l'effet d'annuler, sans autre preuve, les actes faits dans les dix jours qui précèdent la faillite, que dans trois cas seulement : 1°. dans le cas des priviléges et hypothèques acquis ou inscrits dans les dix jours (443 du Code de commerce; 2146 du Code civil); 2°. dans le cas des donations de propriétés immobilières (444); 3°. dans le cas des paiemens faits d'avance *pour dettes commerciales.* Tous les autres actes, tous les autres paiemens faits, soit pour le failli, soit au failli, ne sont pas nuls, par cela seul qu'ils ont été faits dans les dix jours de l'ouverture de la faillite. Il faut prouver de plus qu'ils ont été faits en fraude des créanciers (447); mais des présomptions suffisent pour établir cette preuve.

364. Il y a néanmoins une grande différence entre les actes et paiemens faits dans les dix jours de l'ouverture de la faillite, et les actes faits auparavant ou entre personnes non commerçantes,

C'est qu'à l'égard de tous les actes faits par le failli dans les dix jours, la fraude de sa part est légalement présumée (445), au lieu qu'elle ne l'est pas à l'égard des actes faits auparavant, ou entre personnes non commerçantes, quoique ces actes aient été faits dans les dix jours qui précèdent la déconfiture du débiteur; car il faut remarquer que les dispositions du Code de commerce, relativement aux actes faits par le failli dans les dix jours avant sa faillite, ne sont point applicables aux individus non commerçans tombés en déconfiture, c'est-à-dire devenus insolvables.

On avait voulu en douter; mais ce doute mal fondé est désormais dissipé par deux arrêts de la Cour de cassation, l'un du 2 septembre 1812, l'autre du 11 février 1813 (1).

365. Dans les cas de fraude sur lesquels il

---

(1) L'un est rapporté par Denevers, an 1812, pag. 624, l'autre par Sirey, an 1813, pag. 124 et suiv. Sirey date ce dernier arrêt du 11 février 1812; mais il y a *erreur* typographique, car l'arrêt du 2 septembre 1812 fut invoqué et cité dans les conclusions que M. Giraud donna dans cette affaire. Il s'agissait, dans le premier arrêt, de deux maisons vendues à Prudhomme par le nommé Chailli, lors en déconfiture. Brizac, créancier, assimilant la condition de simple particulier à celle de marchand, et l'état de déconfiture à celui de faillite, prétendit que les ventes étaient nulles. La Cour de Nanci les déclara valides, et son arrêt fut confirmé par la Cour de cassation, le 2 septembre 1812, attendu qu'en déclarant que les lois concernant les faillites n'étaient pas applicables à Chailli, qui n'était ni marchand ni banquier, l'arrêt n'a pu violer les lois qui ne règlent pas les engagemens contractés par des particuliers non marchands.

Le considérant du second arrêt porte : « Attendu que les dispositions du Code de commerce, relatives aux faillites, ne sont applicables qu'aux commerçans; qu'ainsi la Cour de Toulouse, en maintenant les inscriptions prises sur les immeubles du sieur Regnaud non commerçant, dans les dix jours qui ont précédé la déclaration

n'existe pas de disposition spéciale, on suit le principe général, que les créanciers peuvent, en leur nom personnel, attaquer *tous les actes* faits en fraude de leurs droits (1167). Ce principe est répété dans l'art. 447 du Code de commerce, qui porte que tous actes ou paiemens faits en fraude des créanciers *sont nuls*, c'est-à-dire, qu'ils doivent être annulés si la fraude est prouvée, tant de la part du débiteur que des tiers intéressés dans ces actes.

Il résulte de la comparaison des art. 446 et 447 du Code de commerce, que l'anticipation d'un paiement ne suffit point dans les autres cas pour établir la fraude et le faire rejeter. L'article 446 annule de plein droit tous les paiemens faits pour *dettes commerciales non échues*, par cela seul qu'ils ont été faits dans les dix jours qui précèdent la faillite. Quant aux autres paiemens, c'est-à-dire, ceux faits par anticipation avant les dix jours, ou même dans les dix jours, pour dettes non commerciales, l'art. 447 ne les déclare nuls que dans le cas où ils ont été faits en fraude. Il faut donc prouver la fraude.

Cependant il y a un autre cas où les paiemens sont annulés de plein droit, par la seule circonstance qu'ils ont été faits par anticipation. C'est

---

par lui faite sur son état d'insolvabilité, n'a violé ni faussement appliqué aucune loi; par ces motifs, la Cour rejette le pourvoi. »

Les motifs de la Cour de Toulouse sont parfaitement exposés dans le recueil de Sirey.

Toutes les fois que le Code a voulu mettre la déconfiture sur la même ligne que la faillite, il n'a pas manqué de s'en expliquer. *Voy.* les art. 1276, 1446, 1613; 1913, 2032. *Secùs* dans l'art. 2146.

celui de la saisie-gagerie, faite sur les meubles du sous-locataire ou sous-fermier, qui peuvent être saisis-gagés pour les loyers ou fermages dus par le locataire ou fermier, jusqu'à concurrence du prix de la sous-location dû au moment de la saisie. Le sous-locataire ou sous-fermier ne peut opposer des paiemens faits par anticipation (1753). Cette seule circonstance suffit pour les faire rejeter dans l'intérêt du propriétaire. Néanmoins, l'art. 820 du Code de procédure laisse au sous-fermier ou sous-locataire, la faculté de prouver que ces paiemens ont été faits sans fraude; et l'art. 1753 du Code civil en donne pour exemple les paiemens faits, soit en vertu de stipulation portée dans le bail, soit en conséquence de l'usage des lieux. Si le sous-locataire prouve cet usage ou cette stipulation, les paiemens ne sont pas réputés faits par anticipation.

Dans tous les autres cas, l'anticipation d'un paiement peut être un indice de fraude; mais cet indice n'est pas une preuve suffisante.

366. Cette expression, *tous les actes*, doit être prise dans toute l'étendue dont elle est susceptible. Toutes les manières dont un débiteur diminue frauduleusement la valeur de ses biens, au préjudice de ses créanciers, sont illicites, et doivent être annulées ou révoquées (1).

Ainsi, non seulement les donations, les ventes

(1) *Quodcumque igitur fraudis causâ factum est, videtur his verbis revocari, qualecumque fuerit; nam latè verba ista patent.* Loi 1, § 2, ff *quæ in fraudem*, etc., 42, 8.

à vil prix ou à un prix simulé, les transports à des personnes interposées, les quittances, et généralement tous les contrats et actes frauduleux, doivent être révoqués; mais de plus si, pour frauder des créanciers, un débiteur, d'intelligence avec son débiteur, consentait à la radiation d'une hypothèque, *si pignora liberat*, loi 2, *eod.*; si, pour éteindre la dette, il fournit à son débiteur des exceptions qui ne lui étaient pas justement acquises, loi 3, *eod.*; s'il lui défère le serment sur des faits qu'il pouvait prouver, loi 9, § 3, ff *de jurejurando*; s'il transige de mauvaise foi; s'il donne quittance sans paiement, loi 9, § 9; loi 17, *eod.*; s'il se laisse débouter d'une demande légitime par collusion avec son débiteur, ou s'il se laisse condamner envers un créancier, loi 3, § 1, *eod.*; s'il laisse périmer une instance, D. § 1; s'il laisse prescrire une dette d'intelligence avec son débiteur, *ibid.*; s'il fait ou cesse de faire quelque autre chose, et qu'il en résulte une perte ou une diminution volontaire de ses biens, au préjudice de ses créanciers, loi 3, § *ult.*; loi 4, *eod.*; ce qui aura été fait par cette collusion sera révoqué, et les créanciers remis dans les premiers droits de leurs débiteurs. *Quodcumque fraudis causâ factum est..... qualecumque fuerit.* Loi 1, § *ult.*, *eod.*

Quelque favorable que soit l'extinction des servitudes, le droit romain soumet à l'action révocatoire l'usufruit, les servitudes que le débiteur laisse prescrire par collusion. *Si... usùm, fructum, vel servitutem amittit* Loi 3, § 1; loi 4, *eod.*

367. L'art. 622 du Code civil porte que « les » créanciers de l'usufruitier peuvent faire an» nuler la renonciation qu'il aurait faite à leur » préjudice. »

Le Code n'exige même pas que celui qui profite de la renonciation ait participé à la fraude; ce qui est conforme aux principes que nous avons posés, puisque cette renonciation est une cession à titre gratuit.

Il en résulte que si un père obéré renonçait à l'usufruit que la loi lui donne sur les biens de ses enfans, sa renonciation pourrait être révoquée; car, outre que c'est une aliénation à titre gratuit, lorsqu'un acte frauduleux a été fait en faveur d'un mineur, quoique son âge ne permette pas de penser qu'il ait participé à la fraude, l'action révocatoire n'en est pas moins admise, parce que, dit Labeon, *pupilli ignorantia, quæ per ætatem contingit, non debet esse captiosa creditoribus, et ipsi lucrosa eoque jure utimur.* Loi 6, § 10, ff *quæ in fraud.*, 42, 8.

Mais l'action révocatoire ne s'exerce contre les mineurs que jusqu'à concurrence de ce qu'ils ont profité; *quatenùs quid ad eos pervenit.* Loi 10, § 5, *eod.* Et si le tuteur a participé à la fraude, il est personnellement tenu, envers les créanciers, du préjudice qu'elle leur a causé, comme le sont tous ceux qui nuisent par leur dol. Loi 1, § 1, ff *de dolo;* Domat, *lib.* 2, *tit.* 10, *sect.* 2, *n°.* 4.

368. Mais si le père, dans le dessein de frauder ses créanciers, renonçait indirectement à son

usufruit, en émancipant son fils parvenu à l'âge de quinze ans, les créanciers pourraient-ils faire révoquer cette émancipation, en ce qui concerne l'usufruit paternel?

La loi 6, § 3, ff *quæ in fraud.*, 42, 8, semble décider que l'action révocatoire ne s'applique point à ce cas. *Simili modo discendum est, et si filium suum emancipavit, ut suo arbitrio adeat hæreditatem, cessare hoc edictum.*

M. Merlin, dans des conclusions qu'il donna en l'an IX, sur une affaire où cette question fut agitée, remarqua que ce paragraphe n'est que la suite du précédent, qui décide qu'on ne peut pas regarder comme fraudant ses créanciers le débiteur qui, pour leur faire préjudice, omettait d'acquérir, mais seulement celui qui se dépouillait d'un droit acquis. D'où le § 2 conclut que la renonciation à une succession n'est point soumise à l'action révocatoire, parce que le débiteur n'a point, en renonçant, diminué son patrimoine; il a seulement refusé de l'augmenter.

Par la même raison, continue le § 3, il faut dire que, s'il a émancipé son fils, afin de le rendre habile à accepter une succession à laquelle il était appelé, il n'y a pas lieu à l'action révocatoire.

Cette décision n'est donc évidemment que la conséquence du principe établi dans les paragraphes précédens, que l'action révocatoire ne s'étend pas jusqu'à l'omission d'acquérir, ni par conséquent jusqu'à la répudiation d'une hérédité;

et puisque c'est là le seul motif de cette décision, il faut en conclure, par l'argument *à contrario*, sous l'empire surtout d'une législation qui accorde l'action révocatoire contre les omissions d'acquérir et contre la renonciation d'une hérédité, que l'émancipation est elle-même soumise à l'action révocatoire, lorsqu'elle a pour objet de dépouiller le père, au préjudice et en fraude de ses créanciers, des droits qui lui étaient acquis, et dont il jouissait, soit par lui-même, soit par ses cessionnaires, sur les biens de son fils.

Ce raisonnement est rigoureusement juste, *in apicibus juris*. Cependant, les conclusions de M. Merlin ne furent point suivies, et, par arrêt rendu le 23 brumaire an IV, le pourvoi fut admis contre un jugement du 18 nivôse an IV, qui avait jugé que l'émancipation de Benoît de Lachal avait été faite en fraude d'un créancier de son père (1).

Il s'agissait d'une émancipation antérieure au Code civil, et l'admission du pourvoi empêcha de donner suite à cette affaire. Nous pensons que le jugement eût été cassé, si l'affaire avait été portée à la section civile. Il paraît difficile de considérer l'émancipation d'un mineur comme un acte fait en fraude des créanciers, et de le soumettre à l'action révocatoire, uniquement pour conserver au père un usufruit vraiment irrégulier, dont l'établissement a eu principalement pour but de prévenir les procès scanda-

(1) *Voy.* les Quest. de Droit, v°. *Usufruit paternel.*

leux que faisaient naître les comptes des revenus entre les pères et leurs enfans, et non pas d'enrichir les pères et mères, et de donner un nouveau gage à leurs créanciers, qui n'ont pas dû compter sur cet usufruit, lequel finit, contre les règles ordinaires, par la mort du propriétaire du fonds, ou par son émancipation, que les créanciers ont dû prévoir.

369. Si le droit romain donnait aux créanciers une action pour faire révoquer les actes faits en fraude de leurs droits, cette action était bornée aux actes par lesquels le débiteur diminuait son patrimoine. Elle ne s'étendait point au cas où il négligeait d'acquérir et d'augmenter ses biens (1); si, par exemple, le débiteur renonçait à un legs, à une succession, s'il n'accomplissait pas la condition sous laquelle une chose lui était promise, les créanciers restaient sans ressources contre de pareilles fraudes.

370. La jurisprudence française vint au secours des créanciers, et les autorisa, par un usage constant, à exercer les droits de leur débiteur, et à s'y faire subroger à cet effet, quand le débiteur refuse de les exercer lui-même. D'abord ils le faisaient condamner de se porter héritier, en lui donnant caution de le garantir et indemniser, si les dettes surpassaient les forces de la succession. Dans la suite on les subrogea au lieu et

(1) *Quòd autem cùm possit aliquid quærere, non id agit ut acquirat, ad edictum non pertinet : pertinet enim edictum ad diminuentes patrimonium suum, non ad eos qui id agunt ne locupletentur.* Loi 6, *eod.*; *jung.* loi 134, ff *de R. J.*

place de leur débiteur, sans les obliger à donner caution (1). C'est cet usage que le Code a consacré, en donnant aux créanciers la faculté d'exercer tous les droits et actions de leur débiteur, à l'exception de ceux qui sont exclusivement attachés à la personne (1166).

L'art. 788 porte : « Les créanciers de celui qui renonce au préjudice de leurs droits, peuvent se faire autoriser en justice à accepter la succession du chef de leur débiteur, en son lieu et place.

» Dans ce cas, la renonciation n'est annulée qu'en faveur des créanciers, et jusqu'à concurrence seulement de leurs créances ; elle ne l'est pas au profit de l'héritier qui a renoncé (788). »

Il faut en dire autant des legs particuliers ou à titre universel, auxquels le débiteur renoncerait.

S'il accepte la succession, s'il néglige d'en suivre la liquidation, et d'en provoquer le partage, les créanciers ont le droit de le provoquer ou d'y intervenir, pour empêcher qu'il ne soit rien fait en fraude de leurs droits. *Voyez* ce que nous avons dit, tom. 4, pag. 409, n°s. 410 et suiv.

371. Les créanciers peuvent aussi se faire autoriser à accepter, au lieu et place de la veuve ou des héritiers de la femme prédécédée, une communauté renoncée au préjudice de leurs droits. Dans ce cas, comme dans celui où ils attaquent la renonciation à une succession, ils

(1) Le Brun, des Successions, liv. 2, chap. 2, sect. 2, n°. 42.

sont tenus de prouver non-seulement qu'ils sont réellement créanciers, mais encore que la renonciation est frauduleuse, *consilio et eventu.* C'est ce qu'indique l'art. 1464, qui porte que « les créanciers de la femme peuvent *attaquer* la renonciation qui aurait été faite par elle ou par ses héritiers *en fraude* de leurs créances, et accepter la communauté de leur chef; » car, en droit, la fraude s'entend toujours du dessein de frauder, joint à l'événement ou à la perte réelle qu'éprouve le créancier. *Fraudis interpretatio semper in jure civili, non ex eventu duntaxat, sed ex consilio quoque consideratur.* Loi 79, ff *de R. J.*

Mais s'il s'agissait d'une renonciation gratuite, il ne serait pas nécessaire de prouver que ceux auxquels elle profite ont participé à la fraude.

372. Si l'habile à succéder, la veuve ou les héritiers de la femme n'avaient point encore renoncé, s'ils négligeaient seulement d'exercer leurs droits, leurs créanciers, en cette seule qualité, pourraient se faire autoriser à les exercer sans prouver la fraude.

Les créanciers peuvent aussi exercer à leurs risques et périls, toutes les reprises légales ou conventionnelles, tous les droits que leur débiteur négligerait d'exercer dans une communauté conjugale. Pour tout dire, en un mot, les créanciers peuvent exercer *tous les droits* (1166), toutes les actions personnelles, réelles et mixtes qui appartiennent à leur débiteur, même l'action pour le faire déclarer légitime (1).

(1) *Voy.* le 6.e plaidoyer de d'Aguesseau, tom. II, pag. 5.

373. Ils peuvent appeler des jugemens rendus contre leur débiteur, pourvu que l'appel soit relevé dans le délai prescrit par la loi. Ils ne le pourraient plus si le délai était écoulé. Ils allégueraient inutilement qu'ils n'ont pas eu connaissance de ces jugemens; ils n'exercent que les actions de leur débiteur. La prescription qui court contre lui, court contre eux : ils ne pourraient s'y soustraire qu'en prouvant que leur débiteur n'a laissé acquérir la prescription que par un concert frauduleux avec ses débiteurs.

374. Ils pourraient aussi attaquer l'acquiescement frauduleux donné par leur débiteur à un jugement rendu contre lui; mais il faudrait prouver que celui qui avait obtenu le jugement a participé à la fraude.

375. Quelque étendue que soit la faculté accordée aux créanciers, d'exercer *les droits et actions* de leur débiteur, le Code en excepte *ceux qui sont exclusivement attachés à sa personne*, c'est-à-dire, ceux dont il ne peut céder l'exercice.

On en citait autrefois pour exemples le retrait lignager et le droit de choisie, qui sont aujourd'hui supprimés, et qui, ne pouvant être cédés à des étrangers, ne pouvaient être exercés par eux (1).

On peut citer aujourd'hui le droit de rembourser le cessionnaire d'un cohéritier, en vertu de l'art. 841, appelé mal à propos retrait successoral; les droits d'usage et d'habitation qui,

(1) Duparc-Poullain, Principes du Droit, tom. VII, pag. 282, n°. 135.

ne pouvant être ni loués ni cédés (631, 634), demeurent exclusivement attachés aux personnes auxquelles ils sont dus.

On peut citer encore la séparation de biens. Le droit de la demander n'est accordé par l'art. 1443 qu'*à la femme* dont la dot est en péril, et lorsque le désordre des affaires du mari donne lieu de craindre que les biens de celui-ci ne soient pas suffisans pour remplir les droits et reprises de la femme. Ce droit nous paraît exclusivement attaché à la personne de la femme. On n'autoriserait pas un créancier à venir troubler la paix d'un ménage pendant que la femme garde le silence.

On peut citer enfin le droit d'accepter une donation entre vifs faite au débiteur qui négligerait ou refuserait d'en faire l'acceptation, que le Code permet de faire par un acte separé. Ce droit est essentiellement attaché à la personne, par la nature même du contrat. *Voy.* tom. 5, pag. 223, n°. 211.

CHAPITRE IV.

Des diverses espèces d'obligations conventionnelles.

SOMMAIRE.

376. *Division des obligations en neuf especes ou classes.*

376. Les diverses espèces d'obligations conventionnelles, c'est-à-dire, le nombre des classes sous lesquelles on peut les ranger, pour aider l'esprit et la mémoire dans le développement des principes, est presque infini, si l'on considère

les choses différentes qui peuvent être l'objet des conventions, les clauses que les contractans y peuvent ajouter, et qui en changent la nature, les droits et les devoirs qui en résultent, la condition des personnes qui les contractent, les manières de les exécuter ou faire exécuter.

Mais en multipliant sans nécessité les classes sous lesquelles on peut ranger les obligations, on ne ferait qu'obscurcir la science au lieu de l'éclairer.

En suivant l'ordre du Code, nous avons déjà examiné les deux grandes classes d'obligations, celles qui consistent à donner, celles qui consistent à faire ou à ne pas faire; les autres classes nécessaires pour le développement des principes peuvent être réduites aux neuf suivantes, dans l'explication desquelles résident les principales difficultés de la matière. Les obligations sont :

1°. Naturelles ou civiles seulement, ou en même temps naturelles et civiles;

2°. Réelles ou personnelles, ou réelles et personnelles en même temps;

3°. Principales ou primitives, et accessoires ou secondaires;

4°. Pures et simples, ou conditionnelles ou modales;

5°. A terme ou sans terme;

6°. Alternatives ou d'une chose déterminée;

7°. Solidaires ou non solidaires;

8°. Divisibles ou indivisibles;

9°. Enfin, avec ou sans clauses pénales.

Le Code n'a point traité spécialement des trois

premières divisions, dont l'explication est un point de doctrine plutôt que de législation. Nous commencerons donc par les expliquer dans trois articles séparés, pour reprendre ensuite l'ordre des sections du Code.

ARTICLE I.er

Des Obligations naturelles et des Obligations civiles.

SOMMAIRE.

377. Avant qu'il existât des lois civiles et des tribunaux, l'homme avait des devoirs à remplir envers ses semblables. Sa parole n'en était pas moins sacrée, ses promesses moins obligatoires; mais il pouvait y manquer impunément, s'il était le plus fort, les éluder ou les méconnaître, s'il était de mauvaise foi. La loi civile leur prêta son secours, en établissant un supérieur commun investi d'une force suffisante pour contraindre tous les particuliers, et des magistrats chargés d'examiner, d'admettre ou de rejeter les excuses de tous ceux qui prétendaient se soustraire à leurs obligations. Ainsi, le lien de la loi naturelle fut renforcé par le lien de la loi civile, qui donna à tout créancier le droit de traduire son débiteur devant les tribunaux pour le faire condamner, et d'invoquer la force publique pour le contraindre. C'est ce droit qu'on appelle une action. Les obligations, qui n'étaient d'abord fondées que sur la loi ou sur l'équité naturelle, le furent donc également sur la loi civile, qui les munit de sa sanction. Elles devinrent en même temps obligations naturelles et civiles.

378. Mais la loi civile ne prêta point sa force

à toutes les obligations naturelles. Des raisons de politique ou d'ordre public, dont il ne s'agit point ici d'examiner la validité, en firent excepter quelques-unes qui restèrent telles qu'elles étaient avant l'état civil, c'est-à-dire, que l'exécution en demeura abandonnée à la bonne foi des débiteurs, contre lesquels la loi ne donna d'action que moyennant l'accomplissement de certaines formalités ou de certaines conditions. Néanmoins, en refusant son secours à ces obligations, la loi n'en désapprouva pas moins le débiteur de mauvaise foi, qui manquait à sa parole sans des motifs suffisans. Elle le nota d'improbité, par cette sentence accablante, *grave est fidem fallere*; elle déclara que tout ce qui est permis n'est pas honnête, *non omne quod licet honestum est.* La loi fit plus, elle accorda certains effets civils aux obligations naturelles, quoique destituées d'action.

379. D'un autre côté, l'état civil imposa aux citoyens ou aux sujets une foule d'obligations inconnues aux hommes dans le simple état de nature; il fallut marcher de sa personne à la défense de l'état, payer pour les dépenses communes des contributions qui, par les progrès ou les abus de la civilisation, se multiplièrent et se diversifièrent à l'infini. Ces obligations n'étant que l'ouvrage de la loi civile, ont un caractère différent des obligations naturelles, et ne participent de la nature de ces dernières qu'autant qu'elles ont une cause nécessaire, ou un but utile, et qu'elles ont été librement consenties par les citoyens ou par leurs représentans.

Il y a donc des obligations purement civiles. Il y en a même qui répugnent à l'équité naturelle. Par exemple, la loi du 4 vendémiaire an IV, qui rend tous les habitans d'une même commune civilement garans des attentats commis sur le territoire de la même commune, soit envers les personnes, soit envers les propriétés, par des attroupemens ou rassemblemens armés ou non armés, n'établit, à l'égard des personnes qui n'ont participé à ces attentats ni directement ni indirectement, qu'une obligation purement civile, et contraire à l'équité naturelle, qui ne veut pas que l'innocent soit puni pour le coupable. C'est une loi tyrannique, une violence couverte du masque de la loi, *vis legem simulans*, Bacon, *de justitiâ universali*, *aphor.* 1.

Les réglemens relatifs à la perception des contributions, n'établissent qu'une obligation purement civile qui soumet les contrevénans à l'amende ou à la peine prononcée par la loi; mais ils ne forment point contre eux une obligation naturelle. Les rois de France ont déclaré qu'ils n'entendaient point que les consciences des sujets fussent chargées *pour faits d'aides* (1).

380. On peut encore citer pour exemples d'obligations purement civiles, celle d'un homme condamné injustement à payer une somme qu'il

(1) *Voy.* les Commentaires sur la Coutume de Bretagne, par le président de la Bigotière de-Perchambauld, Rennes, 1702, pag 154. Il cite un arrêt rapporté dans le 11e. tom. des Mémoires du clergé.

ne devait pas; celle d'un homme qui a déféré le serment décisoire à son créancier; celle d'un homme contre lequel il existe un titre, mais dont la quittance est perdue. Dans tous ces cas, le débiteur est civilement obligé de payer, parce qu'il ne peut prouver sa libération; il peut être contraint, quoique réellement il ne doive rien.

Quant aux obligations naturelles dont nous avons expliqué la nature, elles sont de plusieurs espèces. Il y en avait chez les Romains qui produisaient tous les effets de l'obligation civile, excepté le seul droit d'action qu'elles ne donnaient point au créancier. Tels étaient les pactes nus, c'est-à-dire, les conventions qui, sans être un contrat, n'étaient pas revêtues des formalités de la stipulation. Ces pactes ne donnaient point au créancier le droit d'agir en justice, pour contraindre son débiteur à les exécuter. A cela près, l'obligation naturelle qu'ils produisaient avait tous les autres effets que peuvent avoir les obligations civiles. Elle pouvait entrer en compensation avec ce qui était dû civilement (1). Elle pouvait être cautionnée par un fidéjusseur (2), quoique le cautionnement ne puisse exister que sur une obligation valable; elle pouvait servir de matière à une novation en une autre obligation civile (3); l'exécution pouvait en être assurée par

---

(1) *Etiam quod naturâ debetur venit in compensationem.* Ulpian., loi 6, ff *de compensat.*, *lib.* 16, *tit.* 2.

(2) *Fidejussor accipi potest quoties est aliqua obligatio civilis, vel naturalis, cui applicetur.* Loi 16, § 3, *de fidejuss.*, 46, 1.

(3) Loi 1, § 1, ff *de novat.*, 46, 1.

un gage ou par une hypothèque (1); enfin, le paiement de ce qui était dû en vertu de cette obligation naturelle ne pouvait être répété comme fait sans cause (2).

Les Romains regardaient encore comme naturelles les obligations contractées par les personnes naturellement capables, mais civilement incapables de s'obliger; les obligations du mineur (3), de l'esclave, du fils de famille qui avait emprunté de l'argent (4), de la femme qui avait cautionné pour son mari ou pour un tiers (5); mais ces obligations naturelles n'avaient point tous les mêmes effets que les pactes simples.

Notre droit français ne distingue point les pactes simples des contrats : toutes les conventions produisent également une obligation civile et une action. Nous avons néanmoins des conventions qui n'étant, comme les pactes, destituées d'action que par l'omission de certaines formalités prescrites *par la loi civile*, produisent une obligation naturelle. Telles sont les donations dont l'acte ne contient point, en termes exprès, la mention qu'elles ont été acceptées, ou qui ne seraient faites que par acte sous seing-privé; elles sont nulles (931, 932), en ce sens que le donataire n'a pas d'action pour contraindre le donateur à les exécuter; mais l'obligation naturelle qui en

---

(1) Loi 5, ff *de pign.*, 20, 1.
(2) Loi 19, ff *de cond. indeb.*, 12, 6.
(3) Loi 1, *in fine*, ff *de novat.*, 46, 2.
(4) *De senat. cons. macedon.*, ff 14, 6.
(5) ff. *ad senat. consult. vell.*, 16, 1.

résulte contre le donateur l'empêche de les rétracter, si elles ont été exécutées volontairement, ou ratifiées dans les formes (1338, 1340). *Voy.* tom. v, pag. 203 et suiv., n°s. 189 et 190.

381. Nous trouvons d'autres exemples d'obligations naturelles (1) dans les dettes du jeu et dans le paiement d'un pari, pour lesquels le Code n'accorde *aucune action*, sans néanmoins que le débiteur ou le perdant puisse en aucun cas répéter ce qu'il a volontairement payé (1967).

Le jeu n'étant qu'une donation réciproque que se font les parties sous une certaine condition, n'a rien de contraire à l'équité naturelle. C'est une convention qui, en elle-même, n'a rien d'intrinsèquement injuste. Il est contraire à la bonne foi qu'après vous avoir fait courir le risque de me donner la somme que nous avons jouée, et que je comptais bien recevoir si le sort m'avait favorisé, je refuse de vous la donner, lorsque vous l'avez gagnée (2). L'obligation que je contracte de vous la payer n'a donc rien de vicieux, pourvu qu'il y ait eu liberté dans l'engagement, égalité dans les conditions du jeu, fidélité dans l'exécution; conditions sans lesquelles l'obligation est essentiellement nulle. Barbeyrac, Traité du Jeu, tom. 1, pag. 104, n°. 4.

Néanmoins, les abus presque inséparables des jeux de hasard, et surtout du gros jeu, les firent

(1) *Voyez* Pothier, Traité du jeu, n°s. 55 et 58, pag. 324 et suiv.; le Traité du jeu, de Barbeyrac.

(2) Pothier, n°. 55, *in fine*.

défendre sous des peines plus ou moins sévères, par le droit romain et par les ordonnances de nos rois, dont on peut voir la série et les dispositions dans le nouveau Répertoire, v°. *Jeu*. Elles déclaraient « *nuls et de nul effet*, tous contrats, obligations, promesses, billets, ventes, cessions, » transports, et tous autres actes de quelque nature qu'ils puissent être, ayant pour cause une » dette du jeu, soit qu'ils aient été faits par des » majeurs ou des mineurs. » Déclaration du 1er mars 1781, art. 10.

Cette disposition n'était qu'une répétition de l'art. 138 de l'ordonnance du mois de janvier 1629, qui déclarait « toutes dettes contractées pour le » jeu nulles; et toutes obligations et promesses » faites pour le jeu, quelque déguisées qu'elles » soient, nulles et *de nul effet*, et déchargées de » toutes obligations *civiles et naturelles.* »

Quoique ces dispositions eussent été faites pour les jeux prohibés, la jurisprudence des arrêts les étendit à tous les jeux indistinctement, et l'on tenait pour maxime générale que toute obligation qui a pour cause les jeux, même d'adresse, est nulle. *Voy.* le Répertoire, v°. *Jeu*, n°. 4, pag. 124 et suiv.; Merlin, *ibid.*, pag. 495.

Cependant on n'autorisait point entre majeurs la répétition des sommes perdues au jeu, comme semblaient l'autoriser les dispositions que nous venons de citer, puisqu'elles déclaraient les dettes du jeu privées *de tout effet*, même d'*obligation naturelle*. On se fondait sur ce que l'art. 59 de l'ordonnance de Moulins n'accordait qu'aux mineurs le droit de répéter ce qu'ils auraient perdu au jeu. On en concluait que cette répétition était interdite aux majeurs, suivant la maxime *qui dicit de uno negat de altero*. Pothier, Traité du jeu, n°. 53, pag. 325; le Répertoire, v°. *Jeu*, n°. 7.

Bien plus : ces ordonnances n'étaient pas suivies au tribunal des maréchaux de France, chargé de connaître des matières qui dépendent *du point d'honneur*. Par un règlement qu'ils avaient fait le 6 mai 1760, les créances qui procédent de pertes faites au jeu par des gentilshommes ou militaires, et qui n'excédaient pas la somme de 1,000 fr., pouvaient être demandées devant ce tribunal, et il condamnait ceux qui les devaient à les payer. *Voyez* le Répertoire, *ibid.*, n°. 5, pag. 496.

Ainsi, malgré la disposition des ordonnances, les juges du point d'honneur tenaient pour maxime que les dettes du jeu établissent une obligation naturelle que l'honneur ne permet pas de violer. C'est dans ce principe qu'ont été faites les nouvelles lois. Elles ont maintenu les sages défenses de tenir des maisons de jeu, où l'on admet, soit le public, soit des affiliés. *Voy.* la loi du 22 juillet 1791, le décret du 24 juin 1806. Mais elles n'ont pas déclaré nulles les obligations qui ont pour cause des pertes faites au jeu.

382. Le Code distingue entre les jeux de hasard et les jeux propres à exercer au fait des armes, les courses à pied ou à cheval, les courses

de chariot, le jeu de paume, et autres de même nature qui tiennent à l'exercice du corps.

Les obligations qui procédent de pertes faites à ces derniers jeux ne diffèrent de celles qui procédent des contrats ordinaires qu'en un seul point; c'est que le Code laisse aux juges le pouvoir de rejeter la demande quand la somme leur paraît excessive (1966); disposition sage, qui tend à prévenir les abus ou les excès des jeux, même utiles ou innocens en eux-mêmes.

Quant aux obligations qui ont pour cause les pertes faites à des jeux de hasard, ou le paiement d'un pari, le Code ne les a point déclarées *nulles et sans effet*, comme le faisaient les anciennes ordonnances; il s'est borné à ne leur accorder aucune action. Ainsi, le créancier est seulement privé du droit d'agir en justice pour réclamer ce qui lui est dû. Il ne peut par conséquent opposer sa créance au débiteur comme une exception à une autre demande; car celui qui propose une exception se rend demandeur. *Reus excipiendo fit actor.*

Mais, dans aucun cas, le perdant ne peut répéter ce qu'il a volontairement payé, à moins qu'il n'y ait eu, de la part du gagnant, dol, supercherie ou escroquerie (1967). Il y a donc obligation naturelle de la part du perdant; car, en jurisprudence, l'obligation naturelle est celle pour laquelle la loi n'accorde pas d'action (1965), mais qui empêche la répétition de ce qui a été volontairement payé (1235,

1967). Quoiqu'il existe, de la part du perdant, une obligation naturelle de payer les dettes du jeu, il peut néanmoins, lorsqu'il se refuse à les acquitter, prouver par tous genres de preuves, même par témoins, qu'un billet dont on lui demande le paiement a eu pour cause une dette du jeu. *Voy.* Merlin, nouveau Répertoire, v°. *Jeu*, *n°. 4, pag.* 495, et en conclure que la demande n'est pas recevable. Il n'y a point en cela de contradiction. Nous en dirons bientôt la raison.

383. L'obligation naturelle continue d'exister lorsque, par des raisons de politique ou d'ordre public, la loi lui retire l'action qu'elle lui accordait. Nous en avons un exemple dans les rentes féodales, réduites d'abord, par l'Assemblée constituante (*Voy.* Merlin, v°. *Fief*, pag. 234), à la qualité de simples rentes foncières, dont elles avaient toujours eu le véritable caractère, puisqu'elles avaient été créées pour prix du transport des héritages qui les devaient, et depuis supprimées sans indemnité par la convention nationale, le 17 juillet 1793. L'abolition de ces rentes ayant été jugée nécessaire au bien de l'état, et aux progrès de l'agriculture, l'Assemblée constituante en permit le rachat : en cela elle n'excéda point ses pouvoirs. Les propriétaires de ces rentes ne pouvaient justement se plaindre, puisqu'ils recevaient une juste et préalable indemnité; mais en supprimant ces mêmes rentes sans indemnité, la Convention fit un acte d'injustice; elle viola la loi sacrée de la propriété, base fondamentale des

sociétés (1). Elle ne put détruire l'obligation naturelle de payer ou de rembourser ces rentes, qui étaient le prix des héritages possédés par les débiteurs. C'est sur ces principes que la Cour de cassation a pensé que cette obligation naturelle, toujours existante, pouvait être la cause d'une nouvelle obligation civile, pourvu que le vice de la féodalité fût purgé par la novation. *Vid. suprà*, n°. 186.

384. On peut encore regarder comme produisant une obligation naturelle, 1°. la convention synallagmatique rédigée sous seing-privé, lorsque l'acte ne contient point la mention qu'il a été fait double (1325); 2°. le billet sous seing-privé qui n'est pas entièrement écrit de la main du débiteur (1326). Ces actes ne sont pas valables, faute des formalités prescrites par la loi; mais ils produisent certainement une obligation naturelle; ils produisent même une obligation civile, puisque le créancier pourrait, en ces deux cas, déférer le serment à son débiteur sur la légitimité de la dette : ce que le donataire ne pourrait faire au donateur, dans le cas d'une donation sous seing-privé, ou nulle faute de mention expresse de l'ac-

(1) Cette injustice a été sentie par l'homme du monde qui a le plus audacieusement foulé aux pieds toutes les notions de justice, par Napoléon Bonaparte. Il n'a pas voulu commettre, dans les départemens réunis, l'injustice que la Convention nationale avait consacrée en France. Le décret du 9 décembre 1811, portant abolition de la féodalité dans les départemens des Bouches-de-l'Elbe, etc., porte, art. 30, que tous les droits féodaux ou censuels utiles qui sont le prix et la condition d'une concession primitive de fonds, sont rachetables, mais qu'ils continueront d'être payés jusqu'au rachat.

ceptation. Ce qui manque aux actes non mentionnés doubles, ou aux billets non écrits de la main du débiteur, n'est donc uniquement que de ne pas former par eux-mêmes une preuve suffisante. Nous verrons, dans le chap. 6, s'ils peuvent former un commencement de preuve écrite; 3°. la reconnaissance d'un enfant naturel, faite sous seing-privé par le père, contient encoré une obligation naturelle, qui empêcherait de répéter ce qui aurait été payé pour alimens, entretien, etc., et qui serait susceptible de cautionnement; mais suivant l'opinion la plus commune, cette reconnaissance ne suffirait pas pour autoriser une action en alimens contre le père. Ainsi le pensent MM. Loiseau et de Villargue, dans leurs Traités des Enfans naturels. *Voy.* la dissertation du dernier, imprimée dans le recueil de Sirey, an 1812, *pag.* 41 *et suiv.* Cette opinion, quoique combattue par d'autres auteurs, paraît la plus régulière, tandis que la loi réprouvera les reconnaissances de paternité, faites sous seing-privé. Mais cette loi, qui ne paraît pas fondée sur des motifs suffisans, pourrait bien être abrogée lors de la révision du Code.

385. La jurisprudence française, ainsi que le droit romain, regarde comme des obligations naturelles celles qui sont contractées par des personnes naturellement capables, mais civilement incapables de s'obliger. Telles sont les obligations des mineurs, des interdits, qui ont recouvré l'usage de leur raison, et qui n'ont point encore fait lever leur interdiction, des personnes soumises

à un conseil judiciaire, des femmes sans l'autorisation de leurs maris ou de la justice.

386. Toutes ces obligations naturelles sont comprises sous la disposition générale de l'article 1235, qui, après avoir posé en principe que tout paiement suppose une dette, et qu'on peut répéter ce qui a été payé *sans être dû*, ajoute que la répétition n'est pas admise à l'égard des obligations naturelles volontairement acquittées : bien entendu que le paiement a été fait depuis que le débiteur a cessé d'être incapable. Par exemple, depuis la majorité du mineur; depuis que la femme a cessé d'être en puissance de mari.

Voilà donc un effet commun à toutes les obligations naturelles; elles empêchent la répétition de ce qui a été payé. Pourquoi cela? Parce que le paiement n'a pas été fait *sans être dû*, comme la loi l'exige pour autoriser la répétition appelée en droit *condictio indebiti*.

387. Mais si la loi reconnaît qu'il existe une dette, pourquoi refuse-t-elle au créancier le droit de contraindre le débiteur à s'acquitter? Par des raisons de prudence et de justice qu'il est bon de développer, parce qu'elles nous serviront à déterminer les autres effets de l'obligation naturelle.

En refusant une action pour faire exécuter les obligations qu'elle reconnaît naturelles, la loi n'en prononce pas la nullité, ou, si elle la prononce, ce n'est que dans l'intérêt du débiteur. La loi refuse une action au créancier à l'égard des obligations qui lui paraissent suspectes. Par exemple, les dettes du jeu. Dans le doute, si elles sont légitimes, elle ne permet pas au créancier de contraindre le débiteur à les payer; mais le doute peut être sans fondement : c'est ce que le débiteur ne peut ignorer. Il sait s'il a joui de tout le calme, de toute la présence d'esprit nécessaire, si son adversaire s'est comporté avec la loyauté requise pour rendre le gain et l'engagement légitimes. La loi laisse donc le perdant seul juge de la légitimité de la dette. S'il la reconnaît légitime en la payant volontairement, il atteste par cela même que le soupçon de la loi, contre les dettes du jeu en général, n'était pas fondé dans le cas particulier où il se trouve. Il ne peut donc plus réclamer le secours ni la disposition de la loi qui ne lui est point applicable.

Elle déclare nulles les obligations dont le vice est réel, au moins en apparence, comme les obligations contractées par l'interdit depuis son interdiction; mais ce vice ne peut être qu'apparent; la démence peut avoir cessé long-temps avant que l'interdiction soit levée. L'interdit peut donc avoir contracté en pleine connaissance de cause, et avec toute l'intelligence et la liberté d'esprit nécessaire pour un engagement valide. Si donc, après être dégagé des liens de l'interdiction, il reconnaît la validité de son engagement, soit expressément, soit tacitement, il ne peut plus invoquer une nullité qui n'était qu'apparente, qui n'était introduite qu'en sa faveur, et à laquelle par conséquent il a pu renoncer.

Ce raisonnement s'applique, *à fortiori*, aux

obligations contractées par les mineurs ou les femmes mariées, et aux obligations nulles pour vices de forme. Nous en avons fait l'application aux donations, tom. V, nos. 189 et 190.

388. Les autres effets de l'obligation naturelle, suivant le droit romain, sont de donner lieu à la compensation, à la novation, de pouvoir être l'objet ou la cause d'une obligation civile accessoire, telle que le cautionnement, le gage ou l'hypothèque; enfin, de pouvoir être confirmées ou érigées en obligations civiles par un pacte simple, *pactum constitutæ pecuniæ*.

389. Notre droit français n'accordant *aucune action* (1965) aux obligations naturelles, il est certain qu'elles ne peuvent être compensées avec une dette civile sans le consentement de l'autre partie.

Ainsi, le débiteur d'une femme ou d'un mineur ne pourrait, même depuis la viduité de la première et la majorité du second, leur opposer en compensation ce que cette femme ou ce mineur lui devrait, en vertu d'actes passés sans les autorisations requises par la loi. Ainsi le débiteur ne pourrait opposer à son créancier la compensation d'une dette de jeu; car il devient demandeur par exception, en opposant la compensation; or, la loi n'accorde *aucune action* aux obligations naturelles qui, comme nous venons de le dire, ne tirent leur force, quant aux effets civils qu'elles peuvent produire, que de la reconnaissance expresse ou tacite, mais volontaire de leur légitimité.

390. Cette reconnaissance volontaire se rencontre dans le cas de la novation, pourvu qu'elle soit faite dans un temps où le débiteur peut s'obliger civilement. « La novation s'opère lorsque le dé-» biteur contracte envers son créancier une nou-» velle dette, qui est substituée à l'ancienne, la-» quelle est éteinte (1271). » La question se réduit donc à savoir si une obligation naturelle qu'on veut éteindre peut être la cause d'une nouvelle obligation civile qu'on veut lui substituer. Or, où pourrait être la raison d'en douter ? C'est une cause reconnue non seulement honnête, mais encore légitime, puisque la loi ne permet pas la répétition de ce qui a été payé volontairement pour acquitter une obligation naturelle (1235). Si on peut l'éteindre par le paiement, on peut l'éteindre par la novation. C'est donc avec raison que la Cour de cassation a posé en principe (1) qu'une cause naturelle est suffisante pour la validité des actes, lorsque d'ailleurs ils ne contiennent aucune disposition contraire à la loi.

391. La reconnaissance volontaire de l'obligation naturelle se rencontre encore dans un acte de confirmation ou de ratification. Cet acte confère donc à l'obligation naturelle toute la force d'une obligation civile, pourvu qu'il soit fait dans un temps où le débiteur peut ratifier, et dans les formes requises par l'art. 1338.

392. Mais remarquez que si l'obligation naturelle qu'on voudrait confirmer ou ratifier avait

---

(1) Dans son arrêt du 3 juillet 1811, *vid. suprà*, *pag.* 195,

une cause réprouvée par la loi, non pas dans l'intérêt particulier du débiteur, mais par des motifs d'intérêt ou d'ordre public, la ratification de cette obligation ne serait pas valide, tandis que le vice de la cause n'en serait pas purgé; car la ratification n'étant point une obligation différente de l'obligation primitive ou ancienne, renfermerait les mêmes vices et serait comme elle contraire à la loi. Par exemple, les droits féodaux ont été supprimés par des motifs d'ordre public; néanmoins, l'obligation naturelle de payer ou de rembourser la rente féodale, créée pour le transport d'un héritage, subsiste, ainsi que nous l'avons dit ci-dessus. Si le débiteur en paie les arrérages, il ne peut pas les répéter; mais si, par un acte de ratification ou de confirmation, il s'obligeait d'en continuer le paiement, la rente demeurant toujours féodale, cet acte ne serait pas obligatoire (1), parce qu'il est contraire à la loi, qui n'accorde point d'action pour le paiement des rentes féodales. Mais le débiteur peut créer une nouvelle rente foncière, pour satisfaire à son obligation naturelle; et cette rente, quoique la même pour la quotité, quoique la même quant à l'origine et à la cause, qui est toujours le prix du transport de l'héritage dont il jouit; cette rente ayant perdu sa qualité féodale, puisqu'elle est de nouveau civilement créée par un titre qui n'a rien

---

(1) Ainsi décidé par la Cour de cassation, le 25 octobre 1808 : mais *voyez* ce que nous avons dit sur cette jurisprudence, pag. 194 et suiv.

de féodal, sera obligatoire comme toute autre rente foncière jusqu'au rachat.

Il en serait de même de l'obligation que contracterait aujourd'hui le débiteur de la rente féodale, de payer une somme pour rachat de cette rente. Cet acte contiendrait novation et serait obligatoire.

393. Nous avons déjà dit que, dans le droit romain, on pouvait cautionner une obligation naturelle. *Fidejussor accipi postest quoties est aliqua obligatio civilis aut naturalis cui applicetur.* Loi 16, § 3, ff *de fidejuss.*, 46, 1 (1). C'était la règle générale. L'engagement naturel du principal obligé devient, en ce cas, l'objet de l'engagement civil du fidéjusseur, qui intervient pour obvier au défaut de lien de l'obligation naturelle, ou à l'incapacité civile du principal obligé. On peut donc cautionner les personnes capables de s'obliger naturellement, quoiqu'incapables de s'obliger civilement.

Il y a cependant deux lois (2) qui semblent se contrarier en ce qui regarde le cautionnement de l'obligation d'un interdit, d'un furieux ou d'un prodigue. Les interprètes, pour les concilier, se sont donné des peines devenues pour nous bien inutiles. Les lois romaines ne tirant aujourd'hui leur force que de la raison, on doit attacher peu d'importance à justifier les antinomies réelles ou apparentes qui peuvent s'y ren-

(1) *Junge*, § 1, *Instit. de fidejuss.*

(2) Loi 6, ff *de V. O.*, 45, 1; loi 25, ff *de fidejuss.*, 46, 1.

contrer : lorsque deux lois paraissent contraires, il suffit d'examiner laquelle des deux est plus conforme à la raison et aux principes de notre législation ; l'autre doit être rejetée. Le règne des subtilités est passé, et dès le temps de la réformation de notre coutume de Bretagne, en 1580, notre célèbre d'Argentré trancha le doute que ces deux lois faisaient naître, en faisant décider, par l'article 184 (1), que le fidéjusseur, capable lui-même de s'obliger civilement, peut s'obliger pour des incapables, soit mineurs, prodigues, furieux *ou autres*, et sous cette dernière expression étaient comprises les femmes mariées, comme l'observent d'Argentré et Duparc-Poullain, notre savant maître. Cette disposition est conforme à la raison. Mon ami, mon frère, ma sœur, ont contracté une obligation légitime aux yeux de la loi naturelle, insuffisante aux yeux de la loi civile, parce que les premiers n'ont pas encore complété leur 21e. année, ou qu'ils ont été sous les liens d'une interdiction qui n'est pas encore levée ; la dernière, parce que son mari est absent. J'interviens comme garant du contrat ; j'ai intérêt de le faire, pour ménager la réputation de mes parens et amis ; et quand je n'aurais pas cet intérêt, une obligation peut être acquittée par un tiers qui n'y est point intéressé, suivant l'art. 1236. Pourquoi donc ne pourrais-je pas cautionner cette obligation ? Il est vrai qu'en cautionnant un incapable, comme en

(1) *Voy*. son Aitiologie sur cet article.

payant pour lui, je n'acquiers pas d'action contre lui ; mais je ne puis pas m'en plaindre, puisque je l'ai bien voulu. Ce n'est donc pas un motif pour annuler mon consentement.

394. Pothier, Traité des obligations, nos. 194 et 395, excepte des obligations naturelles qu'on peut cautionner, celle de la femme mariée qui s'est obligée sans le consentement de son mari (1). Il fonde cette exception sur la loi 16, § 1, ff *ad senat. consult. vell.*, 16, 1. Cette loi accorde à celui qui a cautionné la femme, comme à la femme elle-même, l'exception du S. C. Velleïen ; mais Basnage, Traité des hypothèques, liv. 2, chap. 2, a fort bien observé que cette loi n'est point applicable à la femme mariée qui, sans l'autorisation de son mari, s'est obligée principalement et non pour autrui. D'ailleurs, cette loi n'a plus d'autorité parmi nous.

Il la fonde encore sur ce que l'obligation de la femme, sans l'autorisation du mari, est entièrement nulle, et d'une nullité absolue et radicale ; ce qu'on ne peut plus dire, aujourd'hui que l'incapacité de la femme n'est plus que relative, sans que les tiers puissent l'opposer (1125).

L'opinion de Pothier, rejetée sous l'ancienne jurisprudence (2), doit donc l'être à plus forte raison sous l'empire du Code. L'art. 2012 per-

---

(1) *Voy.* les autorités pour et contre cette question, dans le Répertoire, vo. *Autorisation maritale*, section 3, § 2.

(2) Basnage, des Hypothèques, liv. 2, chap. 2 ; Duparc-Poullain, tom. v, pag. 135 ; d'Argentré ; Aitiologie, art. 184.

met de cautionner une obligation qui peut être annulée *par une exception personnelle* à l'obligé (1). Il en donne pour exemple l'obligation du mineur, que l'art. 1125 met sur la même ligne que celle de la femme non autorisée. Ainsi, nulle différence à faire entre l'une et l'autre, en ce qui regarde le cautionnement.

395. Les obligations naturelles qui ont une cause réprouvée par des raisons d'ordre ou d'intérêt public, ne pourraient être l'objet d'un cautionnement, comme nous avons dit qu'elles ne peuvent l'être d'une ratification ou confirmation. Nous en avons donné pour exemple l'obligation de continuer le paiement des droits féodaux. Cette obligation ne peut pas plus être cautionnée que ratifiée, à moins qu'il n'y eût novation, parce que le cautionnement serait infecté du même vice que l'obligation principale. On peut encore en donner pour exemple la consti-

---

(1) Cette rédaction est imparfaite ; il y a des obligations qui peuvent être annulées par *une exception personnelle* à l'obligé, et qui néanmoins ne peuvent pas être cautionnées, telles que les obligations nulles pour défaut de liberté dans le consentement, par erreur, violence. Arg. art. 180. Cependant ces obligations ne peuvent être valablement cautionnées, parce qu'elles sont radicalement nulles, et que le cautionnement ne peut intervenir que sur une obligation valable (2012).

Mais si le fidéjusseur connaissait le vice de l'obligation, et que néanmoins, pour empêcher une demande en rescision ou en nullité, il se rendît garant de l'exécution de l'obligation, en renonçant au bénéfice de discussion, le cautionnement sera valable ; car on peut se rendre caution sans ordre de celui pour lequel on s'oblige, et même à son insu ; et si, dans le cas proposé, la caution intervenait par l'ordre du principal obligé, celui-ci, par cela même, renoncerait à demander la nullité de la rescision.

tution d'une servitude imposée à la personne en faveur de la personne, défendue par l'art. 686, etc.

396. Nous avons dit que, dans le droit romain, l'obligation naturelle résultant d'un pacte simple pouvait être érigée en obligation civile, par un autre pacte simple appelé *pactum constitutæ pecuniæ*. C'était une convention faite pour corroborer la première, et par laquelle on promettait de l'acquitter dans un temps donné. Quoique cette seconde promesse fût faite par un pacte simple, non revêtu de la stipulation, les prêteurs, par un retour à l'équité naturelle, donnaient une action contre le débiteur d'assez mauvaise foi pour manquer à une obligation ainsi réitérée, *quoniam grave est fidem fallere*. Loi 1, ff *de const. pecun.*, 13, 5.

Si le pacte *constitutæ pecuniæ* était fait pour corroborer une obligation civile, il en résulterait une nouvelle action en faveur du créancier, qui avait un grand intérêt d'en avoir plusieurs, sous une jurisprudence hérissée de subtilités, surtout à l'égard des actions. Aujourd'hui que toutes les actions sont de bonne foi, et que les pactes simples sont obligatoires, le pacte *constitutæ pecuniæ* est sans utilité (1), et hors d'usage, lorsque le terme pour acquitter l'obligation est déterminé. Une obligation nulle, faute d'une formalité prescrite par la loi civile, ne serait point corroborée

(1) On peut voir ce qu'en dit Pothier, à la fin du 2e. vol. de son Traité des obligations.

par une seconde, qui contiendrait les mêmes vices. Nous en avons donné un exemple dans la ratification d'une donation entre-vifs, nulle par le vice de forme (1339).

ARTICLE II.

Des Obligations réelles et personnelles, et de la transmission des droits et des obligations.

SOMMAIRE.

397. *Importance de cette division; d'où elle est tirée.*

398. *Le pacte réel est celui dont les effets passent aux héritiers des contractans. Exemple.*

399. *Le pacte personnel, celui dont les effets ne passent point aux héritiers. Exemple.*

400. *La convention peut être personnelle d'un côté et réelle de l'autre.*

401. *Avant l'état civil, toutes les conventions étaient personnelles. Les obligations et les droits s'éteignaient à la mort des contractans.*

402. *Dans l'état civil, toutes les conventions sont censées réelles.*

403. *On peut cependant les rendre personnelles.*

404. *Les obligations de faire passent-elles aux héritiers? Controverse sur ce point entre les anciens jurisconsultes romains.*

405. *Justinien décida que toutes les obligations conventionnelles, sans distinction, passeraient contre les héritiers.*

406. *Quant aux obligations de faire, imposées par testament, on distinguait entre les faits attachés à la personne et ceux qui ne le sont pas.*

407. *Comment l'obligation d'un fait attaché à la personne peut être transmise à ses héritiers.*

408. *De la transmission des obligations de faire conventionnelles*

sous l'empire du Code. Le contrat de louage d'ouvrages et autres semblables ne passent point aux héritiers de l'ouvrier.

409. *Cas où l'obligation de faire et le droit qui en résulte passent aux héritiers.*

410. *La transmission peut n'exister qu'à l'égard des héritiers de l'une ou de l'autre des parties.*

411. *De la transmission, sous l'empire du Code, des obligations de faire qui dérivent des testamens.*

412. *Il n'est pas nécessaire d'exprimer formellement que les conventions sont personnelles, il suffit que cela résulte des circonstances ou des dispositions de la loi. Exemples, dans la reprise des apports de la femme, et dans les préciputs de communauté, dans les droits de retour d'usufruit, d'usage, etc.*

413. *Si la volonté de rendre la stipulation personnelle ne paraît pas, elle est censée réelle; ses effets passent à tous les héritiers.*

414. *On peut stipuler qu'ils ne passeront qu'à l'un d'entre eux.*

415. *Lorsqu'il s'agit de le décharger de sa portion de dettes. Exemples et explication du principe.*

416. *Le droit romain ne permet pas de stipuler qu'une créance passera à un seul des héritiers.*

417. *Il paraît qu'on le peut dans les principes du Code des Français.*

418. *On est censé promettre pour ses héritiers, et vouloir qu'ils soient chargés des obligations résultant du contrat.*

419. *On peut ordonner par testament qu'un seul d'entre eux en sera chargé. Le peut-on faire par une stipulation? Renvoi.*

420. *Si l'effet des conventions passe aux successeurs à titre singulier.*

421. *Les droits résultant de la convention se transmettent à des tiers par la volonté expresse de celui qui les a acquis.*

422. *Les droits réels attachés à un immeuble passent de plein droit et sans stipulation au possesseur.*

423. *Le successeur d'un immeuble à titre particulier peut même*

exercer tous les droits personnels acquis par son auteur, pour l'utilité de cet immeuble.

424. *Par exemple, le marché fait avec un architecte: Opinion de Pothier, examinée et rejetée.*

425. *Le profit du pacte personnel au vendeur passe, pour le temps de sa vie, au successeur à titre singulier, si la convention ou la loi ne s'y oppose pas.*

426. *Les obligations d'une personne vivante ne passent point avec ses biens au successeur à titre singulier, qui n'en est pas chargé par son titre, et pourquoi.*

427. *Moyens d'y soumettre indirectement le successeur particulier.*

428. 1°. *En imposant au transport de la propriété des charges et conditions, dont l'inexécution entraîne la résolution du transport.*

429. *Exemple, dans le prix d'une vente, dans la clause du rachat, etc.,* non persona debet, sed res.

430. *Ces charges et conditions sont des lois qui lient tous les possesseurs.*

431. *Le second moyen de faire passer les obligations au successeur particulier, est la division de la propriété, et la concession de droits réels.*

432. *Ils n'étaient point autrefois transférés sans tradition. Aujourd'hui ils le sont par le seul effet de la convention.*

433. *Ils peuvent être conférés par* translation, *sans aliéner le fonds, aussi bien que par* rétention, *en l'aliénant.*

434. *Il est juste que le successeur particulier soit obligé de souffrir l'exercice de ces droits, car son auteur n'a pu lui concéder des droits qu'il n'avait plus.*

435. *Quand même ce ne serait pas un droit réel. Les Romains s'étaient écartés de ce principe, à l'égard du bail à ferme ou à loyer.*

436. *Le Code y est revenu, en ordonnant que le successeur particulier est obligé d'entretenir le bail.*

437. *Ce principe doit être étendu aux obligations dont l'exécution est attachée au fonds, et qui n'exigent aucun fait de la part du possesseur. Exemple dans un droit de passage stipulé pour simple commodité personnelle.*

397. Cette division des obligations, entièrement omise dans le Traité de Pothier, est néanmoins l'une des plus intéressantes, tant pour le développement des principes, que pour l'importance des conséquences qui en dérivent dans la pratique, relativement à la transmission des droits et des obligations. Elle est tirée de l'effet différent que produisent les conventions relativement à cette transmission. Elle n'avait point échappé aux oracles de la jurisprudence romaine, qui nous ont appris les premiers à distinguer deux espèces de conventions ou de pactes, les pactes réels et les pactes personnels : *pactorum quædam in rem sunt, quædam in personam.* Loi 7, § 8. ff *de pactis*, 2, 14.

398. Le pacte réel, ou pacte *in rem*, est celui dont les effets s'étendent aux héritiers ou successeurs des contractans. On l'appelle *réel* en ce sens que les droits et les obligations qui en dérivent sont au nombre des choses qui composent la succession activement et passivement, que les héritiers de l'un peuvent exercer les premiers, et que ceux de l'autre sont tenus d'acquitter les secondes comme leurs auteurs mêmes (1).

Je stipule que vous me paierez une rente de 1000 fr. jusqu'au remboursement du capital que je vous ai compté : c'est un pacte réel. Si je meurs, vous n'êtes pas libéré ; vous devez payer mes héritiers comme vous m'auriez payé moi-même, et cela jusqu'au remboursement. Ils ont succédé au droit que j'avais contre vous ; et de même, si vous mourez, je puis me faire payer par vos héritiers. Votre obligation a suivi vos biens, et passé avec eux à la personne de vos héritiers. Ils ont succédé à vos obligations en succédant à vos biens. La plupart des contrats sont des pactes réels ; les droits et les obligations qui en dérivent passent aux héritiers des deux contractans : c'est la règle générale.

399. Le pacte personnel, au contraire, *pactum in personam*, est celui dont les effets ne s'étendent point jusqu'aux héritiers des contractans, parce que, d'un côté, le débiteur n'a voulu s'obliger qu'envers la personne du créancier exclusivement

---

(1) Wolff, *Jus nat.* 3e. part., §§ 536, 537, 547, 801, 803.

à toute autre, et que, de l'autre côté, le créancier n'a stipulé que pour lui-même, exclusivement à toute autre personne.

Je me suis obligé de vous payer une pension de 600 fr. par an tant que je vivrai; à mon décès vous ne pouvez plus rien demander à mes héritiers, comme aussi, si vous mourez, vos héritiers ne pourront rien exiger de moi. Je n'ai entendu m'obliger qu'envers vous seul et non envers vos héritiers. De votre côté, vous n'avez stipulé que pour vous seul et non pour les personnes qui vous succéderont. C'est une convention personnelle de part et d'autre.

400. Elle peut être personnelle de la part de l'un des contractans, et réelle de la part de l'autre. Je stipule que vous me paierez une rente viagère de 1000 fr., que vous promettez me payer chaque année. Le droit que j'acquiers par cette convention m'est personnel, il est attaché à ma personne, et ne passera point à mes héritiers; mais l'obligation que vous avez contractée est réelle; elle passe à vos héritiers, qui seront, après votre mort, obligés de me continuer le paiement de la rente jusqu'à ma mort.

401. Avant l'établissement de l'état civil, et dans l'état de communauté négative dont nous avons avons parlé, tom. III, pag. 41 et suivantes, l'homme ne pouvait et ne peut encore aujourd'hui obliger que sa personne, et non celle de ses successeurs, pas même celle de ses enfans. Il ne pouvait également obliger ses biens qu'en les donnant en gage. Ceux dont il décédait possesseur

passaient au premier occupant, faute d'un ordre de succession fixe et déterminé par une loi commune. Les obligations qu'il avait contractées, mais non exécutées de son vivant, s'éteignaient donc avec sa personne, *mors omnia solvit*.

D'un autre côté, les droits qu'il avait acquis, mais non encore exercés, s'éteignaient également avec lui, à moins qu'il n'eût stipulé tant pour lui que pour certaines personnes déterminées par la convention; car des droits incorporels ne peuvent passer à des successeurs qui ne sont pas connus par un ordre de succéder fixe et stable.

402. L'état civil fut établi pour obvier à ces désordres. Il rendit la propriété stable et permanente, l'ordre des successions fixe et déterminé; les biens qu'un citoyen possède furent affectés de plein droit à l'accomplissement de ses engagemens; ils devinrent le gage commun de tous ses créanciers (2093). C'est le sens de la maxime *qui s'oblige oblige le sien*.

Au moyen de ce principe conservateur de la société, sagement établi par les lois civiles, les obligations qui, dans l'état de nature, s'éteignaient avec la personne du débiteur, acquièrent un caractère *de réalité* qui les attache aux choses ou aux biens, lesquels, à la mort du propriétaire, ne peuvent plus passer qu'avec leurs charges à la personne du successeur que la loi désigne, ou que le défunt a choisi. Ainsi, les obligations sont avec les biens transmises de la génération qui passe à la génération qui suit. La mort de l'homme n'expose plus les créanciers qui lui survivent à une perte certaine ; ils n'éprouvent aucun dérangement notable dans les relations qu'ils ont eues avec lui ; ses biens, les choses qui lui appartiennent, *res*, répondent de l'exécution des obligations qu'il a contractées. Elles sont donc effectivement *réelles*, dans ce sens qu'elles passent avec les choses ou les biens aux successeurs du débiteur décédé. Les droits des créanciers sont également *réels*, en ce sens qu'ils passent, comme des *choses* dépendantes de leur succession, aux héritiers que la loi leur désigne ou qu'ils ont choisis.

403. Cependant les contractans demeurent toujours libres de limiter leurs droits et leurs obligations à la seule personne l'un de l'autre, de ne contracter que des obligations, de ne stipuler que des droits qui ne passeront point à leurs héritiers ; car la volonté des parties est la loi suprême dans les conventions ; mais dans le doute, « on est censé avoir stipulé (ou promis) pour soi » et pour ses héritiers et ayant cause, à moins que » le contraire ne soit exprimé, ou ne résulte de la » nature de la convention (1122). »

Ce qui est obscur ou ambigu dans les contrats doit s'interpréter par l'intention vraisemblable des parties contractantes. Or, une vérité d'observation reconnue dans tous les siècles, c'est que nous stipulons ordinairement pour nous et pour nos héritiers : *plerumque tàm hæredibus nostris, quàm nobismet ipsis cavemus*. Loi 9, ff *de probat.*, 22, 3.

Cette présomption légale prend sa source dans le cœur humain, et surtout dans celui des pères. Ainsi la règle générale est que toutes les obligations de donner, tous les droits qui en résultent, passent aux héritiers du débiteur et du créancier.

404. Mais il se présente, sur la transmission des obligations qui consistent à faire, une objection qui mérite d'être examinée. Si l'homme peut engager sa personne et ses actions, il ne peut engager ni la personne ni les actions de ses successeurs. Il semble donc que ses héritiers ne sont pas tenus d'accomplir les faits qu'il a promis. Il paraît même, dans la nature des choses, qu'ils n'y peuvent être obligés. Ce qu'ils pourraient faire, dans la place de leur auteur, ne serait point ce qu'il a promis; car le fait d'une personne n'est pas celui d'une autre. C'était donc une question très-controversée chez les anciens jurisconsultes romains, de savoir si l'obligation de faire passait aux héritiers du débiteur. Les uns, par les motifs que nous venons d'exposer, pensaient qu'il était impossible que le fait promis par une personne fût accompli par une autre : *non esse possibile factum ab alio compleri quod alii impositum est.* La conséquence était que si celui qui s'était, par un contrat, obligé de faire une chose, ou qui s'en trouvait chargé par une disposition testamentaire qu'il avait acceptée, mourait avant d'avoir rempli son obligation, elle ne passait point à ses héritiers, à moins qu'il n'eût été spécialement fait mention d'eux dans la stipulation ou dans le testament.

Les autres pensaient, au contraire, que le travail et l'industrie des hommes étant à-peu-près les mêmes dans tous les individus, le fait auquel une personne s'est engagée peut être un peu plus, un peu moins bien accompli par une autre : *et quare, cùm penè similis omnium natura est, non etiam facta omnes, vel plus, vel paulò minùs, adimplere possint ?*

405. Justinien se décida pour cette dernière opinion (1). Il ordonna que toutes les stipulations ou obligations, ainsi que le droit qui en résulte, soit qu'elles consistent à donner ou à faire, fussent transmises aux héritiers du débiteur ou du créancier.

406. Mais cette décision n'était relative qu'à la transmission des obligations conventionnelles ; quant à la transmission des obligations de faire, qui viennent d'une disposition testamentaire, on faisait dans le droit romain une distinction importante, fondée sur la nature des choses, indiquée par Ulpien (Loi 6, § 3, ff *de statu, lib.* 40, 7), développée à une autre occasion par Justinien, dans la loi unique, § 9, *cod. de caduc. toll.*, 6, 51. Il y range en deux classes les faits qui peuvent être l'objet d'une obligation : les uns, naturellement attachés à la personne de celui qui en est chargé par le testament, ne peuvent être

---

(1) *Omnem stipulationem, sive in dando, sive in faciendo, sive mixta ex dando et faciendo, inveniatur et ad hæredes et contra hæredes transmitti, sive specialis hæredum fiat mentio, sive non.* Loi 13, Cod. *de contrah. et committ. stip.*, 8, 38. *Voy.* Merille et Ragueau sur cette loi.

accomplis par une autre personne, tels que d'enseigner ou d'apprendre tel métier, tel art, telle science, de peindre un tableau, de se marier, etc.

Les autres faits sont ceux qui peuvent être indifféremment accomplis à-peu-près par tous les hommes, tels que de creuser une fosse, de construire une maison, d'acheter, de louer le fonds ou la maison de telle ou telle personne, et autres faits semblables; car peu importe, dit Justinien (1), par qui ces choses soient faites. Si le légataire ou l'héritier, chargé par un testament de faits de cette dernière espèce, mourait sans avoir rempli son obligation, elle passait à ses héritiers.

Quant aux faits de la seconde espèce, qui ne sont pas de nature à être accomplis par une autre personne, et même quant aux faits de la dernière espèce, lorsqu'il résulte des expressions du testateur que sa volonté est qu'ils soient accomplis par le légataire en personne; par exemple, s'il l'a chargé de construire lui-même une maison, *domum suis manibus extruere*, d'aller lui-même à Rome, etc.; dans ces cas, si le légataire mourait sans avoir satisfait à son obligation, et sans être en demeure d'y satisfaire (2), ses héritiers en

---

(1) *Lex. unic.*, § 9, *de caduc. toll.*, 6, 51. *Putà si jubeatur insulam vel monumentum, vel aliud tale suis sumptibus facere, vel hæredi, vel alii fortè cui testator voluerit, vel rem ab hærede testatoris emere, vel locationem, vel fidejussionem subire, et si quid hujusmodi facti simile sit, nihil enim refert, sive per eum de quo testator locutus est, sive per alium ejusdem lucri successorem adimpleatur. Jung.*, loi 72, ff *de V. O.*, 45, 1.

(2) S'il était en demeure, le legs était caduc. *Voy.* ci-après la section 1, des Obligations conventionnelles, § 5, de l'Accomplissement des conditions.

étaient dégagés, et n'en succédaient pas moins aux choses léguées, parce que le testateur qui charge ses légataires de faits qu'il veut être accomplis par eux seuls, ou qu'il sait ne pouvoir l'être que par eux seuls, est censé n'avoir pas aussi voulu que cette charge passât à leurs héritiers, et puisqu'il ne leur a pas imposé l'accomplissement de ces faits comme une condition *sine quâ non* de sa libéralité, mais seulement comme une charge personnelle, il a prévu ou dû prévoir que ses légataires pourraient être dégagés de cette obligation par des accidens de force majeure, tels que la mort, etc.; car l'obligation est éteinte lorsque la chose qui en était l'objet est devenue *impossible* sans la faute du débiteur. § 2, *Instit. de inut. stip.*

Résumant, l'obligation de faire, imposée par une disposition testamentaire au légataire ou à l'héritier, s'éteignait par sa mort, arrivée avant qu'il fût en demeure, et cette obligation ne passait point à ses héritiers lorsqu'il s'agissait d'un fait qui, de sa nature, ou dans l'intention du testateur, ne pouvait être accompli par une autre personne.

Si le fait était de nature à pouvoir être accompli par une autre personne, l'obligation passait aux héritiers de celui qui en avait été chargé.

Quant aux obligations de faire qui viennent d'une convention, elles passaient sans distinction, suivant la décision de Justinien, aux héritiers de celui qui les avait contractées, lorsqu'il mourait sans y avoir satisfait.

407. Mais comment l'obligation d'un fait qui ne peut être accompli par une autre personne, peut-elle passer aux héritiers de celui qui l'a contractée? La réponse se trouve dans le principe que nous avons emprunté du droit romain : « Toute obligation de faire ou de ne pas faire se » résout en dommages et intérêts, en cas d'in- » exécution de la part du débitenr (1142). »

L'avantage que peut procurer, le préjudice que peuvent causer les faits qui font ordinairement la matière ou l'objet d'une obligation, sont appréciables en argent : *operæ recipiunt æstimationem*, dit Ulpien, loi 26, § 12, ff *de condict. indeb.*, 12, 6. C'est cette estimation à laquelle sont tenus les héritiers de celui qui a contracté l'obligation de faire, et qui meurt sans l'avoir accomplie. Cette estimation se divise entre eux, comme l'enseignent positivement Papinien (1), et après lui Voët, Doneau, Brunnemann. *Voy.* aussi Pothier, n°s. 326 et 333. Nous aurons occasion de rappeler cette division en parlant des obligations indivisibles.

408. Le Code n'a point, comme Justinien,

(1) Loi 72, ff *de V. O.*, 45, 1. *Stipulationes non dividuntur earum rerum quæ divisionem non recipiunt... Idem puto, et si quis faciendum aliquid stipulatus sit, ut puta... fossam fodiri, vel insulam fabricari, vel operas, vel aliquid his simile, horum enim divisio corrumpit stipulationem. Celsus tamen refert Tuberonem existimasse, ubi quid fieri stipulemus, si non fuerit factum, pecuniam dari oportere, ideoque etiam in hoc genere dividi stipulationem. Secundùm quem Celsus ait posse dici, justâ æstimatione facti dandam esse petitionem. Vid.* Brunnemann sur cette loi; Doneau, *Comm. jur. civ.*, *lib.* 15, *cap.* 6, *versic. id etsi*; Voët, *in tit. de acquir. vel amitt. hæred.*, n°. 28.

érigé en règle générale la transmission aux héritiers du débiteur, de toutes les obligations de faire sans distinction. Il paraîtrait même peut-être plus vrai de dire que, dans les principes du Code, la règle générale est que les obligations de faire ne passent point aux héritiers, et que les cas où ils sont tenus de ces obligations n'en sont que les exceptions. On remarque d'abord que le Code semble avoir affecté de ne point étendre aux héritiers du débiteur la règle de transmission tracée par l'art. 1122, qui porte : « On est censé avoir *stipulé* pour soi et pour ses héritiers. » Cet article ne dit pas stipulé *ou promis;* rédaction qui eût maintenu la règle générale établie par Justinien, *omnem stipulationem, sive in dando, sive in faciendo, ad hæredem* ET CONTRA HÆREDES *transmitti.*

Ajoutez à cela que le Code a expressément rejeté la transmission des obligations de faire dans la personne des héritiers du débiteur, à l'égard du contrat de louage d'ouvrage ou d'industrie. Il a même rejeté la distinction que faisait Pothier, Traité du louage, n°. 45, entre les ouvrages où le talent et l'industrie de l'artiste ou de l'ouvrier ont été spécialement considérés, et les ouvrages pour lesquels l'entrepreneur peut aisément se faire remplacer. L'art. 1795 porte sans distinction que « le contrat de louage d'ouvrage est dissous » par la mort de l'ouvrier, de l'architecte, ou de » l'entrepreneur. »

Ainsi, sous l'empire du Code, l'obligation de creuser une fosse, de construire une maison, etc., ne passe plus aux héritiers de l'entrepreneur ou de l'ouvrier, comme sous l'empire du droit romain. Cette disposition est équitable ; elle favorise également celui qui a donné l'ouvrage à faire, et celui qui l'a entrepris. Le premier, parce que la confiance dans les talens, dans l'industrie, dans les soins et dans la probité, entre toujours plus ou moins en considération dans le louage d'ouvrage (1) ; les seconds, parce que c'est toujours un fait plus ou moins personnel, que leur auteur a promis, et que le plus souvent n'étant pas en état de le remplacer eux-mêmes personnellement, ils seraient forcés de payer d'autres personnes pour faire l'ouvrage ou pour l'achever, s'il a été commencé ; et puisqu'enfin les héritiers de l'ouvrier ou de l'entrepreneur pourraient toujours le faire remplacer à prix d'argent par d'autres personnes, qui recevraient d'eux tout ou partie de la somme convenue, ne vaut-il pas mieux que le propriétaire choisisse les personnes, et leur compte directement la somme nécessaire pour faire ou pour achever l'ouvrage ?

Le droit qu'avait le propriétaire de contraindre les héritiers de l'ouvrier ou de l'entrepreneur décédé à faire ou à continuer l'ouvrage entrepris par leur auteur, la faculté qu'ils avaient de faire ou de continuer cet ouvrage, faisaient naître des questions d'indivisibilité très-subtiles et très-épi-

(1) C'est ce qu'avait très-bien observé Ulpien, loi 31, ff *de solut.* 46, 3. *Inter artifices longa differentia est ingenii et naturæ, et doctrinæ, et institutionis*, etc. Il dit encore, dans la loi 26, § 12, ff *de condict., indeb.*, 12, 6 : *Nam plerumque robur hominis, ætas temporis, opportunitasque naturalis, mutat causam operarum.*

neuses, pour savoir si l'un des héritiers pouvait s'acquitter partiellement en faisant le quart, le tiers ou la moitié de l'ouvrage, si le créancier pouvait s'adresser à un seul, ou s'il devait s'adresser à tous ; en un mot, si le fait était divisible ou indivisible. Ces questions, du moins pour la plupart, disparaîtront sous l'empire du Code. Les héritiers ne pouvant être contraints, et n'étant point autorisés à faire ou à continuer l'ouvrage entrepris par leur auteur, sans le consentement du propriétaire, s'ils s'en chargent volontairement et de gré à gré, c'est un nouveau contrat qui intervient entre eux et lui.

La disposition de l'art. 1795 s'applique à tous les contrats qui ont du rapport ou de l'affinité avec le louage d'ouvrage ou d'industrie. Tels sont entre autres le mandat et la société, qui sont dissous par la mort de l'un ou de l'autre des contractans : ce sont des conventions personnelles de part et d'autre ; au lieu que le louage d'ouvrage n'est personnel que de la part de l'ouvrier ou de l'entrepreneur ; il n'est pas dissous par la mort de celui qui a donné l'ouvrage à faire : son droit passe à ses héritiers, qui peuvent, comme il aurait pu le faire lui-même, agir contre l'entrepreneur pour le contraindre à remplir son obligation ; mais ils peuvent aussi, comme il le pouvait faire, résilier le marché par leur seule volonté, quoique l'ouvrage soit déjà commencé, en dédommageant l'entrepreneur de toutes ses dépenses, de tous ses travaux et de tout ce qu'il aurait pu gagner dans l'entreprise (1794).

La disposition de l'art. 1795, sur l'extinction des obligations de faire par la mort du débiteur, doit être étendue, par similitude, à beaucoup de conventions autres que le louage d'ouvrage.

409. Néanmoins, il est certain qu'il y a beaucoup d'autres cas où l'obligation de faire est transmise aux héritiers du débiteur, comme le droit qui en résulte aux héritiers du créancier. De ce nombre sont les obligations de vendre ou d'acheter, etc., si l'on veut considérer de pareilles obligations comme des obligations de faire. La convention d'abattre, moyennant une somme, un bois ou un arbre qui gêne la vue de votre maison, forme encore, lorsqu'elle n'est pas conditionnelle, une obligation qui passe aux héritiers des deux contractans. Si le propriétaire du bois décède avant de l'avoir abattu, ses héritiers peuvent, en l'abattant, réclamer contre vous le prix convenu, comme vous pouvez les contraindre à le faire abattre, ou faire juger qu'il sera abattu à leurs frais. Si vous mourez avant que le bois soit abattu, le propriétaire peut, en le faisant abattre, réclamer la somme convenue contre ses héritiers, qui peuvent aussi le contraindre à faire abattre le bois.

410. Il peut cependant résulter des circonstances ou de la nature du contrat, que vos héritiers aient la faculté de le rétracter, s'il n'avait pas été exécuté de votre vivant, et si les choses étaient encore entières. Par exemple, si la convention a eu pour objet de vous procurer personnellement une vue plus agréable dans une maison que vous

occupiez comme usufruitier, et que vous ayez pris cette qualité dans le contrat, il semble qu'en dénonçant votre mort et la cessation de l'usufruit, vos héritiers peuvent rétracter une convention devenue sans objet par la mort de celui qui l'avait faite. La cause de l'obligation cessant, l'obligation doit être éteinte.

L'obligation de souffrir quelque chose sur son fonds, pour l'agrément ou l'utilité personnelle d'une autre personne, est encore une obligation qui est transmise aux héritiers du débiteur, c'est-à-dire du propriétaire du fonds, quoiqu'elle ne soit pas transmise aux héritiers du créancier. Par exemple, je vous ai permis, moyennant une somme convenue, de passer sur mes héritages pour aller de Rennes à la campagne de votre ami, afin d'abréger la route ou d'éviter les mauvais chemins. Cette obligation est réelle de ma part; elle passera à mes héritiers, qui pourront être contraints à l'exécuter en vous laissant passer : mais elle est personnelle à votre égard; elle s'éteindra en votre personne, et vos héritiers n'en pourront demander l'exécution (1), parce que ce passage est un fait qui vous est personnnel. Nous avons donné d'autres exemples de conventions pareilles, tom. 3, nº. 586.

411. Le Code n'a point de dispositions particulières sur les obligations de faire qui dérivent des testamens. Il faut suivre sur ce point le droit romain,

---

(1) *Sed cùm factum in stipulatione continebitur, omni modo persona stipulantis continetur. Veluti si servus stipuletur ut sibi ire agere liceat; ipse enim tantùm prohiberi non debet, non etiam dominus ejus. Inst.*, § 2, *de stip. serv.* 3, 18. *Vid. infrà*, nº. 425.

comme le meilleur supplément du Code. *Vid. suprà*, n°. 406.

412. Beaucoup de questions sur la transmission des obligations, soit de donner, soit de faire, sont abandonnées à la sagacité du magistrat. Tout dépend de la volonté des parties. Il n'est pas nécessaire d'exprimer formellement que la convention est personnelle aux deux contractans ou à l'un d'eux; il suffit que cela résulte tacitement des circonstances ou de la nature de la convention (1122) (1).

Quelquefois la loi tranche le doute qui pourrait s'élever sur la qualité réelle ou personnelle d'une convention. Nous en avons un exemple dans la faculté accordée à la femme, par son contrat de mariage, de reprendre son apport *franc et quitte*. « La femme, dit l'art. 1514, peut stipuler qu'en » cas de renonciation à la communauté, elle re» prendra tout ou partie de ce qu'elle y aura ap» porté, soit lors du mariage, soit depuis; mais » cette stipulation ne peut s'étendre au-delà des » choses formellement exprimées, ni au profit de » personnes autres que celles désignées.

» Ainsi, la faculté de reprendre le mobilier que » la femme a apporté lors du mariage, ne s'étend » point à celui qui serait échu pendant le ma» riage.

» Ainsi, la faculté accordée *à la femme* ne s'é» tend point *aux enfans*; celle accordée à la femme

(1) *Voyez* un exemple dans la condition, *si petiero. Infrà*, n°. 591.

» et aux enfans ne s'étend point aux héritiers ascendans ou collatéraux. »

La convention qui accorde cette faculté à la femme est donc, à son égard, un pacte personnel, si la même faculté n'a pas été étendue à ses héritiers. Cette question souffrait autrefois des difficultés. Elle était anciennement jugée en faveur des enfans, en vertu de la présomption générale de la loi 9, ff *de probat.*, 22, 3. *Plerumque tàm hæredibus quàm nobismet ipsis cavemus.* L'opinion contraire prévalut (1) ; elle est fondée sur l'intention vraisemblable des parties : car il n'est pas vraisemblable qu'un mari ait voulu accorder à ses enfans, contre lui-même, moins encore aux collatéraux de la femme, une prérogative exhorbitante du droit commun, et d'où il résulte que la femme a part aux gains de la communauté, si la communauté prospère, sans en supporter la perte dans le cas contraire.

Les préciputs de communauté, c'est-à-dire les clauses par lesquelles l'époux survivant est autorisé à prélever sur la communauté avant partage, une somme ou certains effets mobiliers, sont, par la nature de la convention, des pactes personnels, puisque ces préciputs ne sont accordés qu'au survivant.

La stipulation du droit de retour, réservé par le donateur en cas de mort du donataire, est en-

---

(1) *Voy.* Didier-Hérault (*Desiderius Heraldus*), *de rerum judicatarum auctoritate*, lib. 2, cap. 18, n°. 6; dans le Trésor d'Otton, tom. II, col. 1252; Pothier, de la Communauté, tom. I, n°. 384, pag. 439.

core, par sa nature, et même nécessairement, une stipulation personnelle; car le retour ne peut être stipulé qu'au profit du donateur seul (951), et non pas au profit même de ses enfans. *Voyez* tom. v, pag. 284, n°. 287.

Les droits d'usufruit, d'usage et d'habitation, sont encore personnels de leur nature.

413. Si la volonté de rendre la convention personnelle n'est pas exprimée dans l'acte, ou si elle ne résulte pas des circonstances de la loi, ou de la nature de la convention, l'art. 1122 la répute réelle, comme nous l'avons déjà dit, et ses effets passent à tous les héritiers des contractans, chacun pour sa part héréditaire. C'est un principe qui remonte jusqu'à la loi des Douze-Tables, dont le texte, restitué par Jacques Godefroy, portait : *Nomina inter hæredes pro portionibus hæreditariis ercta cita sunto.* Que les dettes actives et passives, c'est-à-dire les droits et les obligations soient partagés de plein droit entre les héritiers, en proportion de leurs parts héréditaires.

414. Cependant, on peut n'étendre les effets de la convention, ou ne les faire passer qu'à la personne d'un seul des héritiers, à l'exclusion des autres. *Non obstat uni tantùm ex hæredibus provideri, si hæres factus sit, cæteris autem non consuli.* Loi 33, ff *de pactis*, 2, 14.

415. Ce principe paraît sans difficulté, lorsqu'il s'agit de décharger l'un des héritiers d'une dette, exclusivement aux autres. J'ai deux enfans, un garçon et une fille; je conviens avec mon créancier qu'il ne pourra exiger sa dette ni de moi,

ni de ma fille. Après ma mort, il pourra l'exiger de mon fils, mais seulement pour la part héréditaire de ce dernier, c'est-à-dire pour moitié. *D. Loi*, 33. Il est censé en avoir remis la moitié, en consentant à ne rien demander à ma fille, s'il savait que j'avais deux enfans.

Si je n'avais eu que ma fille au temps de la stipulation, et que, depuis, il me fût né d'autres enfans, les effets de la stipulation s'étendraient à eux, et mon créancier ne pourrait rien leur demander; car si je n'ai parlé que de ma fille, c'est vraisemblablement que je ne prévoyais pas avoir d'autres enfans. Je ne l'ai nommée que par énonciation, et non pour limiter à sa personne l'effet de la stipulation.

Si ceux que j'ai nommés dans la stipulation comme mes héritiers ne l'étaient pas au moment de ma mort, l'effet de la stipulation passerait à ceux qui me succéderaient. Par exemple, je n'avais point d'enfans lorsque j'ai stipulé de mon créancier qu'il ne pourrait exiger sa créance ni de moi, ni de mon frère, *mon héritier*. Il me survient des enfans, ou bien j'institue des héritiers testamentaires. Mon créancier ne pourra exiger sa créance ni des uns, ni des autres, parce qu'il est censé que j'ai voulu stipuler au profit de mes héritiers, quels qu'ils puissent être, et que je n'ai nommé mon frère qu'énonciativement, pour marquer que je le regardais comme mon héritier (1).

---

(1) *Voy.* Pothier, Traité des Obligations, n°. 64. *Ea conventio liberis posteà susceptis et hæredibus testamento relictis prodcit,*

416. Mais le droit romain, qui autorisait à stipuler en faveur de l'un de ses héritiers seulement, à l'exclusion des autres, lorsqu'il s'agit de décharger l'un d'eux de sa portion virile des dettes; n'autorisait pas à le faire, lorsqu'il s'agissait de faire passer à un seul des héritiers la totalité d'une créance. Je ne pouvais, par exemple, en traitant avec Titius, stipuler qu'il me donnera une somme de 10,000 fr. à moi et à mon fils seulement, et non à ses sœurs. *Sciendum est*, dit le jurisconsulte Venuleius, *quod dari stipulemur, non posse per nos uni ex hæredibus adquiri, sed necesse est omnibus adquiri.* Loi 137, § fin., ff *de V. O.*, 45, 1.

La raison qu'en donne Cujas, sur cette loi, est que la créance ayant pris naissance en ma personne, puisqu'elle m'est acquise, se divise de plein droit, entre mes héritiers, en vertu de la loi des Douze-Tables.

Pothier, n°. 65, dit que ne pouvant stipuler pour quelqu'un qu'en tant qu'il sera mon héritier, ou en qualité de mon héritier, il s'ensuit qu'il ne peut me succéder pour le total de ma créance, mais seulement pour sa part héréditaire dans cette créance. En un mot, je pourrais léguer à l'un de mes héritiers, après avoir acquis par une stipulation; mais stipuler au profit d'un seul de mes héritiers comme *tel*, c'est disposer d'une chose de ma succession comme d'une chose héré-

---

cum inter contrahentes id actum sit, ut hæredibus consulatur, et illo tempore, quo posteà alios filios non habuit, in fratrem suum judicium supremum contulisse videatur. Loi 40, ff 1, § *de pact.*, 2, 14.

ditaire, et je ne le pourrais que par testament.

Au contraire, quand, par une stipulation, je défends à mon créancier d'exiger de moi et de l'un de mes héritiers, je ne dispose point d'une chose de ma succession; j'étends à mon héritier la libération que je m'assure de mon vivant.

417. Telles sont les raisons de cette opinion; mais sont-elles bien solides? Si ma succession, et par conséquent les créances que j'ai acquises se divisent de plein droit entre mes héritiers, c'est lorsque je n'en ai point autrement ordonné; car je puis, suivant le droit romain, donner tout à l'un de mes héritiers au préjudice des autres. Je le puis également dans le droit français, lorsque la loi n'a point fait de réserve en faveur de quelques-uns d'entre eux. En tout cas, je puis donner à l'un d'eux toute la portion disponible. Pourquoi donc ne pourrais-je pas, par un don indirect, stipuler en sa faveur la totalité d'une créance qui n'excède point cette portion? On ne voit pas de raisons suffisantes pour me le défendre; car les donations indirectes ne sont pas défendues, et je puis stipuler pour autrui, lorsque telle est la condition d'une stipulation que je fais pour moi-même (1121); à plus forte raison je puis stipuler pour un de mes héritiers; et, en le faisant, je manifeste suffisamment ma volonté de disposer par préciput.

Si Venuleius dit que je ne le puis pas, nous répondrons avec Doneau (1), jurisconsulte d'un

---

(1) *Voy.* son Commentaire sur le titre *de verborum obligationibus*, liv. 38, § 17, f°. 84, v°., n°. 42, édit. de Francfort (1577)

grand mérite, que ce n'est point assez de le dire, il faut le prouver. *Non satis est Venuleio dicere.* Nous ne sommes plus asservis à l'autorité des lois romaines; elles n'ont plus chez nous que la force qu'elles empruntent de la raison. Or, on convient, et c'est, suivant Doneau, ce que nous dicte la droite raison, *quod recta ratio nobis præscribit*, que je puis acquérir la créance en entier à l'un de mes héritiers, si je ne stipule que dans son nom, sans y joindre le mien, parce qu'alors, dit-on, la créance prend naissance dans la personne de l'héritier. Mais qu'importe qu'elle ait pris naissance en ma personne, si je veux la faire passer en la personne seulement de l'un de mes héritiers, exclusivement aux autres, si j'exprime clairement ma volonté à cet égard, et si cette volonté n'est pas contraire à la loi? Quand je stipule qu'un créancier à qui je dois 10,000 fr. ne pourra rien demander ni à moi ni à mon fils, il en résulte, suivant la loi 33, ff *de pactis*, ci-dessus citée, qu'il n'est plus dû que 5,000 fr. payables par ma fille, si je n'ai que deux enfans. Pourquoi cette somme de 5,000 fr. ne se divise-t-elle pas de plein droit entre mes deux enfans? Parce que je ne l'ai pas voulu, et que je puis faire un avantage à l'un de mes enfans, et non pas à l'autre. Il y a ici avantage indirect, comme dans le cas où je stipule que Titius donnera les 10,000 fr. qu'il me doit à mon fils, et non à ma fille. Pourquoi donc décider différemment dans les deux cas? Nous n'en pouvons trouver aucune raison suffisante, et nous pensons que les deux questions doivent être décidées de la même manière. C'est aussi l'avis de Voët, in tit. *de pactis*, n°. 11, où, après avoir dit que le droit romain permet de restreindre à un seul des héritiers le profit d'une convention, lorsqu'elle consiste à faire, mais qu'il ne le permet pas si l'obligation consiste à donner, il ajoute : *Sed cùm hodiè quisque alteri etiam extraneo pascici possit et stipulari, ratio non superest, cur non et uni hæredi dari pasciscatur.* Il cite plusieurs auteurs au soutien de son opinion.

Disons donc, avec Voët, que, sous l'empire du Code, qui permet de stipuler pour autrui, et à plus forte raison pour son héritier, lorsque telle est la condition d'une stipulation que l'on fait pour soi-même, qui permet de donner même indirectement à l'un de ses héritiers, et non aux autres, il est permis de restreindre à un seul de ses héritiers le profit d'une convention qui consiste à donner. L'autorité imposante de Pothier (1), qui a énoncé une opinion contraire, fondée uniquement sur les subtilités du droit romain, nous a forcés de traiter cette question plus longuement que nous ne l'eussions désiré.

418. Comme on est toujours censé stipuler pour soi et pour ses héritiers ou ayant cause, à moins que le contraire ne soit exprimé, on est aussi toujours censé promettre pour ses héritiers, et les engager à tout ce qu'on promet, à moins que le contraire ne soit exprimé, ou que l'objet

---

(1) Traité des Obligations, n°s. 64, *in fin.*, et 65.

de l'engagement ne soit un fait personnel à celui qui promet. Pothier, n°. 66.

419. Mais comme on peut ne stipuler qu'en faveur de l'un de ses héritiers, exclusivement aux autres, peut-on aussi n'obliger que la personne de l'un de ses héritiers, et non celle des autres?

On le peut certainement faire par testament, comme l'enseigne Papinien (1). Si l'un des héritiers, dit-il, est chargé de payer les dettes, il est du devoir du juge de l'y contraindre, pourvu, néanmoins, que sa légitime reste intacte. *Voyez* ce que nous avons dit tom. IV, pag. 552, n°. 550.

Mais ce qu'on peut faire par testament, le peut-on faire également par un contrat? Peut-on convenir avec le créancier que l'un des héritiers sera tenu seul de payer la dette en entier? Nous examinerons cette question *infrà*, sect. 5, § 1, en expliquant les effets de l'obligation divisible, et nous verrons comment et en quoi le droit français, sur ce point, s'est écarté du droit romain.

420. Après avoir examiné comment les effets des conventions réelles sont transmis aux héritiers des contractans, il faut voir s'ils sont transmis aux successeurs à titre particulier, et comment se fait cette transmission.

421. Il faut distinguer entre les droits et les

---

(1) *Papinianus ait : Si uni ex hœredibus onus œris alieni injungitur, citrà speciem legati, officio judicii familiœ erciscundœ cognoscentis suscipere eum id oportere ; sed non ultra dodrantem portionis suœ, ut quadrantem illibatum habeat. Indemnes igitur cohœredes suos prœstare cavebit.* Loi 20, § 5, ff *famil. ercisc.*, 10, 2.

engagemens. Les droits qu'un citoyen acquiert, par un contrat ou autrement, sont au nombre des choses qui composent son patrimoine ; ce sont des propriétés incorporelles, qui sont dans le commerce aussi bien que les corporelles. A sa mort, la loi les transmet à ses héritiers ou successeurs universels. Pendant sa vie, il peut les transmettre à des successeurs particuliers ou à des ayant cause, de la manière que bon lui semble, à titre gratuit ou onéreux. La raison le dit, et l'art. 1122 porte qu'on est censé stipuler pour soi et pour ses *ayant cause*, à moins que le contraire ne soit exprimé ou ne résulte de la convention ; c'est-à-dire, à moins que le droit et même l'exercice du droit ne soient bornés à la personne de celui qui stipule.

422. Pour transmettre à un tiers les droits que j'ai acquis par un contrat, il n'est pas toujours nécessaire que cette transmission soit formellement exprimée dans un acte. Il y a des droits qui sont transmis de plein droit, sans qu'il soit nécessaire de l'exprimer aux successeurs des biens à titre particulier. Tels sont les droits naturellement attachés à un immeuble, comme les droits de servitude, qui passent de plein droit au possesseur de l'immeuble auquel ils sont dus. Tels étaient autrefois les droits féodaux aujourd'hui supprimés, et tels sont encore aujourd'hui les droits fonciers d'un convenant ; en un mot tous les droits réels.

423. Mais ces droits ne sont pas les seuls qui passent de plein droit à l'acquéreur ou autre suc-

cesseur à titre singulier. Il a le droit d'exercer tous ceux que son vendeur avait stipulés, ou qui lui étaient autrement acquis pour l'utilité de l'héritage vendu. C'est ce qu'on peut induire de l'art. 1122, qui dit qu'on est censé avoir stipulé pour soi et pour ses *ayant cause.*

Le jurisconsulte Paul établit en principe général que le pacte réel profite à tous ceux auxquels il importe que l'obligation de celui qui s'est engagé soit exécutée. *In rem pacta omnibus prosunt quorum obligationem dissolutam esse ejus qui pascicebatur interfuit.* Loi 21, § 5, ff *de pactis*, 2, 14.

Il en donne pour exemple le pacte fait par un vendeur, *pactum conventum cum venditore factum, si in rem constituatur,... et emptori prodest : ex hoc jure nos uti Pomponius scribit.* Loi 17, § 5, *eod.*

424. Ainsi, le droit qui m'est acquis par la convention que j'ai faite avec un architecte (1) que j'ai chargé de construire une maison sur le fonds cornélien, passe à l'acquéreur, au donataire, au légataire de ce fonds, et si ce fonds était grevé de substitution en faveur de mes enfans ou de l'un d'eux, le droit passerait à mes enfans, ou à celui en faveur de qui est faite la substitution, quand même ils renonceraient à ma succession.

Cette doctrine du droit romain est fondée en raison ; car il est évident que je puis subroger

(1) *Voy.* tom. VII, n°. 462.

mon acquéreur, mon donataire ou mon légataire, dans le marché que j'ai fait avec l'architecte, et si je n'ai pas exprimé cette subrogation dans l'acte de vente, de donation, ou dans mon testament, elle s'y trouve tacitement comprise comme un accessoire de la chose vendue, donnée ou léguée, dont la délivrance doit être faite avec ses accessoires (1018).

Cependant Pothier, dans un Traité des choses, imprimé après sa mort, en 1778, à la suite du Traité des donations, pag. 523 et suivantes, enseigne une doctrine contraire, relativement à une espèce analogue à celle où le fonds sur lequel la maison doit être construite est grevé de restitution, ou a été légué à une autre personne que l'héritier aux meubles. Il pose le cas où il existe un héritier aux meubles et un héritier aux immeubles; ce cas, fréquent sous l'empire des coutumes, peut encore arriver aujourd'hui, lorsqu'un testateur institue deux héritiers; l'un aux meubles, l'autre aux immeubles.

Pothier enseigne que le droit qui résulte du marché que j'ai fait avec l'architecte chargé de bâtir une maison sur le fonds cornélien, est un droit mobilier qui passe à l'héritier aux meubles; il en résulte, ajoute-t-il, que ni l'héritier aux meubles ni l'héritier aux immeubles ne peuvent agir contre l'architecte, pour le contraindre à exécuter le marché; le premier, parce qu'il est sans intérêts; le second, parce qu'il ne succède point à l'action qui résulte du marché, attendu qu'elle est mobilière.

Cette décision nous paraît évidemment contraire au principe raisonnable établi par le droit romain, que les pactes réels profitent à tous ceux qui ont intérêt que l'obligation soit exécutée, *quorum interfuit dissolutam esse obligationem ejus qui pasciscebatur*. L'héritier aux immeubles a intérêt de contraindre l'architecte à exécuter son marché, et à ne pas laisser imparfaite la maison déjà peut-être commencée. Le droit de la faire achever ou bâtir passe donc en sa personne comme un accessoire du fonds. Il ne peut passer à l'héritier aux meubles, parce qu'il n'y a aucun intérêt.

Cette doctrine, fondée sur la raison, est préférable à celle de Pothier, qui n'est fondée que sur une subtilité mal appliquée à l'espèce, et dont la conséquence serait qu'un marché synallagmatique continuerait de subsister au profit de l'architecte, qui, faute d'exécution, pourrait demander des dommages et intérêts, tandis qu'aucun des deux héritiers n'aurait d'action contre lui. Ils seraient obligés envers lui, il ne le serait pas envers eux.

C'est une inconséquence que cet auteur si justement célèbre aurait sans doute sentie, s'il avait revu, pour le donner au public, un manuscrit qui n'a été imprimé qu'après sa mort.

425. Les jurisconsultes romains vont plus loin; ils pensent que le profit du pacte, même personnel au vendeur, c'est-à-dire, celui qui est borné au temps de sa vie, passe à ses acquéreurs

ou à ses donataires pendant qu'il vit. C'est ce qu'enseigne encore Paul dans la même loi 17, § 5, ff *de pact. Secundùm Sabini autem sententiam etiamsi in personam conceptum est* (pactum), *et in emptorem valet, qui hoc esse existimat, et si per donationem successio facta sit.*

Je possède un champ qui vous appartient; nous sommes convenus que vous ne me le demanderez point pendant ma vie. Je le vends ou je le donne à Titius. Vous ne pouvez l'évincer pendant que je vivrai. C'est l'espèce donnée par Accurse et par Cujas sur cette loi.

J'ai stipulé de mon voisin le droit de passer sur son champ pendant ma vie, pour la commodité de ma maison; je la vends à Titius : il pourra, pendant que je vivrai, passer comme je l'aurais pu faire moi-même. Cette décision est raisonnable, puisqu'en bornant le droit de passage à ma vie, la convention n'en borne point l'exercice à ma personne (1).

C'est en conséquence de ce principe que l'usufruitier qui n'a qu'un droit personnel peut le louer, le vendre, le céder. Il y a exception à ce principe, lorsque la loi ou la convention défend au propriétaire d'un droit personnel de le transmettre à un tiers; les droits d'usage et d'habitation sont dans ce cas (631, 634).

---

(1) *Junge suprà*, pag. 448. Cette décision et la précédente sont conformes à la règle : *Quod ipsis, qui contraxerunt obstat, et successoribus eorum obstabit.* Loi 143, ff *de R. J. Vid. infra*, n°. 435.

426. Mais si les droits acquis à l'un des contractans par un pacte réel passent à ses successeurs à titre singulier, il n'en est pas de même des obligations *purement personnelles* qu'il a contractées ; en général, on ne peut obliger que sa personne. S'il est vrai que tous les biens d'une personne sont tellement affectés à l'exécution de ses engagemens, qu'ils ne peuvent passer à ses héritiers ou successeurs universels qu'à la charge d'accomplir ses obligations, c'est que cette transmission des biens et des obligations d'une génération à l'autre, est l'un des plus solides fondemens de la société civile. Mais l'intérêt de la société n'exige point que les obligations d'un citoyen vivant passent à ceux auquels il transmet ses biens à titre singulier ; car si ses biens changent de propriétaire, sa personne reste pour répondre à ses créanciers. En attachant rigoureusement à tous les biens d'un citoyen vivant les obligations qu'il a personnellement contractées, la loi n'eût fait que gêner sans nécessité la liberté et la sûreté du commerce. La règle générale est donc que les obligations ne passent point au successeur des biens à titre singulier, à moins qu'il n'en soit chargé par son titre.

427. Cependant l'établissement de la propriété suggéra bientôt différens moyens d'obliger indirectement les successeurs particuliers, à remplir les obligations de leur auteur.

Le premier consiste à imposer au contrat d'aliénation d'un fonds des charges ou des conditions qui, lorsqu'elles ne s'accomplissent pas, opèrent la révocation du contrat, et remettent les choses au même état que s'il n'avait pas existé.

Le second consiste à diviser les différens droits qui composent la propriété parfaite, en aliénant une partie de ces droits pour les transférer à une autre personne, qui peut, en vertu de cette aliénation, les exercer sur la chose même ou contre le possesseur de la chose, quel qu'il soit.

Un troisième moyen consiste dans l'établissement du droit d'hypothèque ; enfin, on en avait imaginé un quatrième consistant dans ce qu'on appelait *un assignat*.

428. 1°. C'est un principe consacré par les lois et avoué par la raison, que le propriétaire, en transférant sa propriété à un tiers, peut la transférer sous telles conditions, sous telles charges que bon lui semble, pourvu qu'elles ne soient pas réprouvées par les lois ou par la morale. *In traditionibus rerum quodcumque pactum sit, id valere manifestissimum est.* Loi 48, ff *de pact.* 2, 14.

L'effet de ces conditions est, ou de suspendre le transport de la propriété, jusqu'à ce que l'événement de la condition arrive, ou de le résoudre, si la condition n'est pas accomplie (1168) ; de manière que le transport est censé n'avoir point existé ; car la condition a un effet rétroactif au jour où l'engagement est contracté (1179). *Cùm enim venditor, re alter alienator non aliâ lege jus suum transferre passus est, nisi tali fretus conventione, quomodò ferendum est; aliquam captionem ex variâ pati eum interpretatione.* Loi *ult. eod., de pact. inter empt. et vendit. compos.*, 4, 54.

La condition résolutoire est toujours sous-entendue dans les contrats synallagmatiques, pour le cas où l'une des deux parties ne satisfera point à ses engagemens, parce qu'en effet, le consentement de l'une des parties est subordonné à l'exécution des engagemens de l'autre.

Et comme la résolution du contrat, à défaut d'accomplissement de la condition expresse ou sous-entendue, dérive du titre originaire, elle anéantit le contrat *ab initio*, et par conséquent toutes les aliénations ou mutations postérieures s'évanouissent, parce que l'acquéreur qui avait reçu un héritage grevé de ces charges n'a pu transférer plus de droits qu'il n'en avait lui-même; n'ayant qu'une propriété résoluble, il n'a pu transférer qu'une propriété de la même nature. Loi 54, ff *de R. J.*

429. Je vous ai vendu mon héritage pour la somme de 20,000 fr.; je suis censé avoir stipulé la résolution du contrat, si le prix ne m'est pas payé. Si vous revendez à Titius avant de m'avoir payé, et sous la charge de me payer, il n'est pas, à la vérité, personnellement obligé au paiement de la somme de 20,000 fr. qui m'est due, parce qu'il ne peut être obligé que par son consentement.

Mais comme, faute de paiement, je puis demander la résolution de la vente que je vous ai consentie, et me ressaisir de mon héritage, et comme cette résolution anéantira la revente que vous avez faite à Titius, il se trouve indirectement obligé de payer, si mieux il n'aime abandonner l'héritage pour se dégager de l'obligation. Il en serait de même si Titius avait lui-même revendu à un troisième acquéreur.

Ainsi, l'obligation que vous aviez contractée envers moi passe à tous vos successeurs, même à titre particulier, comme inhérente à la chose, en quelque main qu'elle se trouve; mais comme ni leurs personnes, ni leurs autres biens ne sont point obligés, ils ont la faculté de se dégager, en abandonnant l'héritage. Leur obligation est donc purement réelle; c'est la chose qu'ils possèdent, et non leur personne, qui est obligée. *Non persona debet, sed res.*

La clause de rachat ou de *réméré*, stipulée par le vendeur, nous offre un exemple de ces obligations ou de ces charges imposées à l'héritage comme une condition qui le suit, en quelque main qu'il passe. Le vendeur peut exercer son action contre un second, un troisième acquéreur et ainsi de suite, quand même la faculté de réméré n'aurait pas été déclarée dans le second, dans le troisième contrat (1664), quand même le second ou le troisième acquéreur, ignorant la charge dont était grevé l'héritage, eût acquis beaucoup plus cher que le premier.

La constitution d'une rente foncière créée, soit en denrées, soit en argent, lors du transport de la propriété de l'héritage, est un autre exemple de ces obligations qui suivent l'héritage, en quelque main qu'il passe. Elles sont le prix de l'héritage; le vendeur ou ses ayant cause peuvent donc demander la résolution de la vente, si le paiement de la rente n'est pas continué (1). Cette résolution, qui se reporte au temps du premier contrat, anéantit toutes les reventes qui l'ont suivi, et peut par conséquent être intentée contre les tiers possesseurs, qui deviennent alors sans titre, à moins qu'ils ne puissent invoquer la prescription en leur faveur. Ils ne peuvent se plaindre de cette résolution, dont ils ont pu connaître la cause en se faisant représenter les titres de propriété de leurs auteurs. S'ils ont négligé de le faire, ils sont en faute, et quand ils n'auraient pu connaître la cause de la résolution de ce contrat, leur auteur n'a pu leur transférer plus de droits qu'il n'en avait lui-même (2182). Loi 54. ff *de R. J.* S'il n'avait qu'une propriété résoluble et imparfaite, il n'a pu transmettre une propriété parfaite et absolue.

430. Ces charges ou obligations imposées lors du transport de la propriété, et comme une condition de ce transport, sont appelées, par les jurisconsultes romains, *lex prædii*. Celui qui retenait ces charges, en aliénant son héritage, lui imposait une loi qui liait tous les possesseurs. *Legem rei suæ dicebat* (2).

---

(1) *Voy.* l'arrêt de la Cour de cassation, du 16 juin 1811. Sirey, an 1811, page 337.

(2) *Voy.* Loiseau, de la Distinction des rentes, liv. 1, chap. 3, nos. 1 et suiv., et les nombreux textes qu'il cite.

On tenait donc, et nous pouvons encore tenir pour maxime que toutes les charges, toutes les conditions imposées à l'héritage au moment de la tradition ou de la translation de propriété, sont des lois auxquelles tous les possesseurs de cet héritage sont obligés de se conformer pendant qu'ils le possèdent (1). Il faut excepter les conditions qui seraient contraires aux lois, et dont nous parlerons *infrà* en traitant des Obligations conditionnelles, sect. 1, § 1.

431. 2°. Quant aux charges ou obligations qui n'étaient point imposées aux héritages lors de l'aliénation ou translation de la propriété, par le moyen d'une retenue ou réserve faite au profit de celui qui aliène, et comme une condition sans laquelle le contrat n'eût pas été fait, il parut moins facile d'en faire des charges foncières attachées au fonds, et transmissibles avec lui à tous les possesseurs. On y parvint cependant en divisant les différens droits qui composent la propriété parfaite, et en permettant de les aliéner chacun séparément des autres, comme nous l'avons vu tome III, n°s. 90, 95 *et suiv.* La convention par laquelle le propriétaire aliène quelques-uns de ces droits confère à l'autre contractant ce que l'on appelle un droit réel, qu'il peut exercer sur la chose, en quelque main qu'elle passe, et par con-

(1) Les Romains appliquaient cette maxime même aux meubles ou à certains meubles. Par exemple, on pouvait aliéner un esclave sous la condition qu'il ne pourrait être émancipé. Loi 5, *cod. si mancipità fuerit alienatum*, etc., 4, 57. L'esclavage est aboli en France, et quant aux autres meubles, nous tenons pour maxime que la possession vaut titre.

séquent contre tout possesseur, quel qu'il soit. Ainsi, l'obligation du propriétaire qui aliène un pareil droit passe à tous ses successeurs, même à titre singulier, soit à titre lucratif, soit à titre onéreux, en ce sens qu'il est obligé de souffrir l'exercice du droit concédé, tandis qu'il possède la chose qui y est assujettie. Tels sont les droits d'hypothèque, les servitudes, tant personnelles que réelles.

432. La nécessité d'imposer de pareilles charges dut être sentie dès les premiers temps où la propriété fut établie. Il fut donc permis de constituer des servitudes non seulement par une réserve ou retenue faite lors de l'aliénation de l'héritage, mais encore par tous les contrats habiles à transférer la propriété. Ainsi, on peut vendre, donner une servitude sur un fonds dont on conservait d'ailleurs la propriété. Cependant, la convention seule n'avait pas la force de les établir irrévocablement, de manière à ce que le successeur à titre particulier en fût chargé, s'il ne l'était point par son titre. Elle ne produisait qu'une action personnelle contre celui qui avait concédé la servitude, à moins que la tradition n'eût suivi. Cette tradition s'opérait par l'usage qu'en faisait celui à qui la servitude était due, du consentement de celui qui la devait, *usu et patientia*.

Cette tradition de la servitude, jointe au titre qui la constituait, faisait que le successeur à titre particulier en était chargé, quand même son titre n'en eût point parlé. *Voy.* tom. IV., pag. 58.

Cette espèce de tradition, imaginée pour sauver

le principe que la seule convention ne suffit pas pour transporter la propriété ou un droit foncier, trouve un autre fondement dans la nature des choses. Celui à qui la servitude est due l'exerçant par lui même, on peut dire qu'il la possède de la même manière que le fonds lui-même est possédé par le propriétaire. J'ai le droit de tirer de la pierre dans une carrière, de couper du bois dans une forêt appartenant à Paul. J'exerce ce droit par moi-même, ou par mes héritiers, sans le fait, sans le concours de Paul, comme Paul lui-même exerce son droit de propriété sans mon concours. Je possède donc mon droit de servitude comme le propriétaire du fonds possède le surplus de la propriété. Les servitudes et autres droits de même nature, qui s'exercent par celui à qui ils sont dus, sans le concours, sans aucun fait positif de la part du propriétaire qui les doit, sont donc susceptibles d'une possession ou quasi-possession; caractère qui les fait sortir de la classe des obligations personnelles, telles que la dette d'une somme de 3,000 liv.

433. Ceci devient encore plus sensible dans l'usufruit, dans les droits d'usage et d'habitation, dont la charge, quoique non exprimée, passe aux successeurs particuliers des fonds qui les doivent. La raison en est qu'en aliénant ces droits, ainsi que ceux qui peuvent être exercés sur le fonds même de l'héritage, sans le fait du propriétaire, celui-ci se dépouille d'un droit qu'il avait sur cet héritage qui lui appartient; il détache ce droit de la propriété de son héritage, pour le trans-

férer à un tiers, comme il l'en détache pour le retenir, lorsqu'il aliène le fonds en s'y réservant un droit. Toute la différence qu'on aperçoit entre ces deux cas, c'est que, dans le dernier, le droit est séparé ou détaché de l'héritage par rétention ou réserve, et que, dans l'autre, il l'est par translation. C'est ce que les auteurs italiens et espagnols expriment d'une manière très-énergique, quoique barbare, en appelant les droits réservés lors de l'aliénation du fonds, *reservativos, vel retentivos*, et ceux que confère le propriétaire par convention, en réservant la propriété, *translativos*. *Voyez* Loiseau, de la Distinction des rentes, liv. 1, chap. 4, n° 3, etc.

434. La raison qui fait passer ces charges aux successeurs particuliers, quoiqu'ils n'en soient pas chargés par leurs titres, est la même dans l'un et l'autre cas.

On ne peut tranférer à autrui plus de droits qu'on n'en a soi-même (2182). Loi 54, ff *de R. J. Voy.* le dispositif de l'arrêt de la Cour de cassation, du 16 juin 1811, Sirey, an 1811, pag. 338.

Il est vrai que si, en vendant un héritage grevé de l'une de ces charges dont nous venons de parler, je n'en ai point prévenu l'acquéreur, sa bonne foi sera trompée par mon silence; mais il aura son recours vers moi. S'il n'était pas contraint de souffrir cette charge que je lui ai cachée, la bonne foi de celui à qui j'ai concédé le droit avant d'aliéner le fonds serait aussi trompée : je lui enleverais par mon fait un droit qui lui était acquis, un droit dont je m'étais dépouillé. Si donc l'un des deux doit être victime de ma mauvaise foi, la raison dit que ce doit être le dernier acquéreur à qui je n'ai pu tranférer un droit que je n'avais plus.

435. Il n'est même pas nécessaire que le droit transféré soit du nombre des droits réels proprement dits; il suffit que l'exécution en soit attachée au fonds qui en est l'objet, et que la personne à qui il est tranféré, puisse l'exercer sans le fait du propriétaire; par exemple, le droit qui résulte des baux à ferme ou à loyer. Quand j'afferme une métairie ou une maison pour neuf ans, je me dépouille du droit d'en jouir moi-même pendant le cours de ces neuf ans, comme je m'en dépouille en aliénant le droit d'usufruit, soit pour un temps limité, soit pour la vie de l'usufruitier. La différence entre le droit de l'usufruitier et celui du fermier est bien légère. *Voy.* tom. III, pag. 248, n°. 388. Le fermier, comme l'usufruitier, peut exercer son droit sans mon fait. C'est donc plutôt ma chose que ma personne qui est obligée : *Res, non persona debet.* Je ne suis tenu qu'à souffrir le fermier jouir. Le droit de jouir, dont je me suis dépouillé en sa faveur, je ne puis le transmettre à un acquéreur, qui ne peut avoir des droits plus étendus que les miens. L'exception, résultant du bail, que le fermier pourrait m'opposer, si je voulais l'empêcher de jouir, il peut donc l'opposer à celui avec qui j'ai contracté depuis, suivant la règle du droit romain : *Quod ipsis, qui contraxerunt obstat, et successoribus eo-*

rum obstabit. Loi 143, ff *de R. J.*; règle fondée sur la raison, et à laquelle, sans néanmoins l'énoncer formellement, le Code a donné plus de force et d'étendue.

Les Romains s'en étaient écartés sans raison suffisante, en ce qui concerne les baux à ferme ou à loyer; l'acquéreur d'un fonds ou d'une maison n'était point obligé d'entretenir le bail fait par le vendeur, s'il n'en était pas chargé par le contrat de vente : *emptorem quidem fundi necesse non est stare colono, cui prior dominus locavit, nisi eâ lege emit.* Loi 9, *Cod. locato*, 4, 65; loi 25, § 1, ff *locati*, 19, 2. C'est de là que les docteurs avaient tiré la règle suivie dans l'ancienne jurisprudence française : *successor particularis non tenetur stare colono.*

436. Le Code civil est revenu aux vrais principes; il a proscrit cette règle désavouée par la raison : l'acquéreur est aujourd'hui tenu d'entretenir le bail de la chose vendue (1743), quoiqu'il n'en soit pas chargé par le contrat, et quand même il eût ignoré l'existence de ce bail, pourvu que la date en soit antérieure au contrat de vente; le propriétaire est obligé d'entretenir les baux faits sans fraude par l'usufruitier (595). *Voy.* tom. III, nº. 413, pag. 273.

Comme aussi l'usufruitier est tenu d'entretenir le bail fait par le propriétaire auquel il succède à titre particulier. On doit donc, sous l'empire du Code, tenir pour règle générale, par opposition à la règle ancienne, que le successeur particulier est tenu d'entretenir le bail, par la raison que son auteur n'a pu lui concéder un droit qu'il n'avait pas lui-même.

437. Il nous semble que cette règle fondamentale qu'on ne peut transférer plus de droits qu'on n'en a soi-même, doit, ainsi que la règle *quod ipsis qui contraxerunt*, etc., être étendue, par identité de raison, à toutes les obligations dont l'exécution est attachée au fonds qui en est l'objet, et dont l'exécution n'exige point le fait du propriétaire, quoique le droit cédé n'ait pas tous les caractères d'une servitude. Nous venons d'en voir un exemple dans le bail à ferme. En voici un autre dont nous avons déjà parlé, tom. III, n°. 587. J'ai acquis le droit de passer sur vos héritages, pour aller de Rennes à la campagne de mon ami, afin d'éviter les mauvais chemins et d'abréger la route. Si vous vendez ces héritages, votre acquéreur sera tenu de souffrir l'exécution de votre obligation, et de me laisser passer, comme il serait tenu de me laisser jouir, si vous m'aviez affermé ces héritages par un bail antérieur à la vente : il y a même raison de décider dans l'un et l'autre cas. Nous avons résolu la question d'une manière contraire à l'endroit cité, par la raison que le Code ne connaît plus d'autres servitudes personnelles que l'usufruit, l'usage et l'habitation. Le droit que j'ai acquis, dans l'espèce proposée, n'est donc point une servitude proprement dite. La conséquence est juste; mais pour en conclure que l'obligation de celui qui m'a vendu le droit ne passe point à l'acquéreur de ses héritages, il faudrait supposer que l'acquéreur n'est chargé que

des servitudes et de droits fonciers ; or, c'est ce qui n'est pas exact, puisqu'il est chargé d'entretenir les baux, et que la raison de décider est la même dans le cas d'un bail et dans l'espèce proposée.

Si l'on objectait qu'en faisant, en ce cas, passer la charge du passage à l'acquéreur des héritages, cette charge ne différera point d'une véritable servitude, nous répondrions qu'elle en diffère en ce qu'elle ne passera point à mes héritiers ; elle s'éteindra avec ma personne, à la différence des servitudes qui sont dues à la chose (1).

438. Quant aux obligations dont l'exécution n'est point naturellement attachée à la chose, et qui ne peuvent être exécutées sans le concours du débiteur ; celles, par exemple, qui ont pour objet de donner, non pas un corps certain et déterminé, mais de donner, *in abstracto,* une somme ou une quantité de choses, consistant en nombre, poids ou mesure, quoique tous les biens du débiteur soient le gage général de ces engagemens

---

(1) Oui, dira-t-on, mais alors ce sera une servitude personnelle, et le Code défend d'établir des servitudes *en faveur de la personne* (686). Je réponds que cela doit s'entendre des services qui seraient dus, non pas à une personne quelconque, mais à la personne du possesseur d'une terre. Par exemple, le droit de faire taire les grenouilles qui empêchaient la châtelaine ou le châtelain de dormir, était un service *dû à la personne ;* le droit d'embrasser la mariée, etc.

C'est une observation qui m'a échappé dans le Traité des servitudes ; car si l'on prétendait que le Code ne permît pas qu'un citoyen de Rennes stipulât le droit de passer pendant sa vie sur des fonds qui lui abrègent le chemin, pour aller dans un lieu où les grandes routes ne conduisent point, on ferait dire une absurdité au Code ; car une loi est absurde lorsqu'elle défend une chose sans aucune raison.

pendant qu'il les possède (2093), il est évident qu'elles ne peuvent passer aux successeurs de ces mêmes biens à titre particulier, à moins qu'ils n'en soient chargés par une disposition expresse. *Vid. suprà*, n°. 426.

Cependant, la nécessité de pourvoir à la sûreté du créancier, fit imaginer des moyens d'attacher toutes ces espèces d'obligations aux biens ou à certains biens du débiteur, de manière qu'ils ne peuvent passer à des successeurs particuliers, qu'à la charge d'acquitter les obligations du propriétaire qui les aliène, quoiqu'il n'en soit point parlé dans l'acte d'aliénation.

On ne trouva d'abord d'autre moyen que celui de livrer au créancier la chose qu'il recevait en gage pour sûreté de sa créance. On suivit en cela l'ancienne maxime, suivant laquelle la propriété, ni aucun droit réel ou attaché à la chose, ne pouvaient être acquis autrement que par la tradition. L'insuffisance et les inconvéniens d'un pareil moyen furent bientôt sentis; on abolit insensiblement la nécessité de la tradition réelle; on lui substitua des formules de traditions feintes et imaginaires qui, avant notre nouvelle législation, étaient encore en usage dans certaines parties de la France, sous la dénomination d'*œuvres de loi* (1), parce qu'elles se faisaient par le ministère des juges, qui sont les ministres de la loi.

Chez les Romains et dans le reste de la France, on avait abandonné ces traditions fictives, et l'on

(1) *Voy.* ce que nous disons à ce sujet au titre des Hypothèques; le Glossaire de Laurière, etc.

se contentait d'une simple convention, par laquelle le débiteur s'obligeait sous l'*hypothèque* de ses biens. Cette convention, pourvu qu'en France elle fût reçue par un notaire, obligeait les biens hypothéqués, et leur imprimait un caractère qui les suivait en quelques mains qu'ils eussent passé, en sorte que le possesseur, quel qu'il fût, ne pouvait se dispenser ou d'acquitter l'obligation, ou d'abandonner les héritages *hypothéqués*, c'est-à-dire, *soumis* à l'obligation, *suppositos* (1). Nous verrons, au titre des hypothèques, quelles sont les formalités exigées aujourd'hui pour l'établissement de l'hypothèque conventionnelle.

Il y a de plus l'hypothèque légale et l'hypothèque judiciaire, dont les effets sont les mêmes que ceux de l'hypothèque conventionnelle, c'est-à-dire que les obligations attachées aux biens hypothéqués passent au possesseur de ces biens quel qu'il soit.

439. Mais la personne de ce possesseur n'est point obligée; car elle ne peut l'être que par son consentement exprès ou tacite. Sa personne et ses autres biens demeurent donc libres. Les biens hypothéqués qu'il possède demeurent seuls obligés. En les abandonnant, il n'est plus tenu à rien : son obligation est purement réelle, en ce sens que la chose qu'il possède est seule obligée et non sa personne. *Res, non persona debet.*

440. On imagina encore un quatrième moyen d'attacher les obligations à des héritages d'une

---

(1) C'est ce que signifie le mot hypothèque, formé de deux mots grecs; *upo*, super, et *thesis*, positio; *upothestai*, supponere.

manière plus étroite et plus spéciale que par une simple hypothèque, en désignant certains immeubles ou même certains meubles sur lesquels ces obligations sont assises ou assignées, et qui sont, soit uniquement, soit principalement, destinés à les acquitter. C'est ce qu'on appelle un *assignat* ou une *assiette;* car la signification de ces deux mots n'est pas différente. *Voy.* le Glossaire du droit français, v°. *Assiette* et *Assignat;* la Dissertation de Laurière, sur le Tènement de cinq ans. Cependant, on entend quelquefois par assiette le don en paiement d'un héritage. *Voy.* Loiseau, de la Distinct. des rentes, liv. 1, chap. 7.

La clause d'assignat était plus fréquemment employée lorsqu'il s'agissait d'assurer le paiement d'une rente. Par exemple, je vous donne, je vous vends une rente de 200 fr., à prendre sur les revenus de la métairie de la Villemarie. On l'emploie aussi pour assurer le paiement ou pour indiquer le mode de paiement d'une somme; lorsque, par exemple, je vous donne 100 fr. à prendre sur ce que me doit Pierre, ou sur les fermages de la métairie de la Villemarie.

441. L'assignat diffère de l'hypothèque, en ce que celle-ci n'est que l'obligation subsidiaire d'un héritage pour sûreté de la dette; celui-là contient au contraire la destination principale et particulière de la chose, ou des revenus de la chose, pour le paiement de la dette; il induit une obligation principale et directe sur la chose assignée; il emporte une cession des actions du débiteur,

une délégation, une attournance sur la chose ou sur les revenus de la chose assignée, sans néanmoins que la possession en soit transférée au créancier. Autrement, ce serait une antichrèse ou un engage, dont nous parlerons, tit. 17, chap. 2, *infrà*.

442. Les clauses d'assignat, connues dans le droit romain (1), devinrent beaucoup plus fréquentes par l'importance qu'y donnèrent, dans les 15e. et 16e. siècles, les canonistes et les docteurs, qui en firent un moyen d'éluder la défense de prêter à intérêt, et dont l'opinion fut consacrée par les bulles des papes (2) Martin V et Calixte III.

On avait cru voir dans le conseil évangélique de prêter gratuitement, *mutuum date nihil indè sperantes*, une défense absolue de prêter à intérêt. Au lieu donc de prêter son argent pour en recevoir un intérêt annuel, on imagina d'abord d'acheter avec son argent une rente annuelle du même produit qu'eût été l'intérêt. C'était laisser subsister la chose, en changeant le nom. Il y avait cependant une différence entre le prêt à intérêt ordinaire, et la constitution d'une rente; c'est que le débiteur d'une rente constituée se libérait quand il lui plaisait, sans que le créancier pût l'y contraindre; mais cette différence n'empêchait pas que la rente ne fût réellement l'usure ou le prix de l'usage de l'argent donné; d'ailleurs il arrivait, contre la défense de Justi-

---

(1) *Voy.* Loiseau, de la Distinct. des rentes, liv. 1, chap. 8 et 9.

(2) *Voy.* la Dissertation de Laurière sur le tènement de cinq ans, pag. 26. Les bulles sont imprimées *ad calmum* de la Dissert.

nien, qu'après un certain laps d'années, l'intérêt avait excédé le capital. Ainsi ces rentes furent encore, pendant long-temps, considérées comme usuraires, et par conséquent illicites, lorsqu'elles n'étaient constituées que sur la personne du débiteur.

443. Pour éviter l'usure, on en vint donc à constituer les rentes, non plus sur la personne, mais sur des héritages, ou sur des choses qui produisaient des fruits. Par exemple, j'achetais pour 2,000 fr. une rente de 100 fr., sur la métairie de la Villemarie, appartenant à Charles.

La métairie était donnée pour assiette ou pour assignat à la rente, qui, par ce moyen, devenait une rente foncière créée non *per retentionem*, comme dans le cas du bail à rente, mais *per translationem dominii*; car on considérait cette assiette ou assignat comme une véritable aliénation du fonds jusqu'à la concurrence de la valeur de la rente, quoique le débiteur continuât de jouir du fonds, comme il en jouissait lorsque la rente était créée *per retentionem sive reservationem*. En effet, l'assignat d'une charge perpétuelle sur un fonds est une espèce d'aliénation, et quand le revenu d'un fonds est diminué à perpétuité au profit d'un tiers, celui-ci peut dire qu'il possède une partie du fonds par le débiteur de la rente, comme on possède un fonds par son fermier. Ces rentes furent seules approuvées par les souverains pontifes, et considérées seules comme dégagées du vice d'usure.

On pouvait donc conclure que les fonds sur lesquels la rente avait été assise ou assignée, étaient aliénés jusqu'à concurrence, sinon réellement et effectivement, puisque la possession en demeurait au débiteur de la rente, au moins indirectement, en ce que la propriété en était diminuée de valeur, et que les rentes, comme charges réelles, *jura in re*, tenaient aux acheteurs lieu du fonds de terre et le représentaient : de sorte que les rentes constituées avec assignat ne différaient des foncières qu'en ce que celles-ci étaient réservées ou retenues par celui qui aliénait un fonds, au lieu que celles-là étaient imposées par les propriétaires sur des fonds dont ils se réservaient la propriété.

444. Il fut donc convenu et reconnu que l'assignat ou l'assiette des rentes emportait une aliénation, et qu'elle était par conséquent un droit réel, dont le propriétaire ne pouvait pas être contraint de souffrir le rachat.

De là on conclut,

1°. Que les détenteurs de l'héritage, quels qu'ils fussent, étaient obligés de payer les arrérages de rentes échus pendant le temps de leur détention, quoiqu'ils ne fussent pas héritiers de celui qui les avait constituées.

2°. Qu'ils étaient libérés *interitu rei*.

3°. Que l'acquéreur devait en prendre possession, et qu'avant de l'avoir prise, il n'était que créancier personnel, suivant l'ancienne maxime, *dominia rerum traditionibus non nudis pactis transferuntur*.

4°. Enfin, qu'elles étaient sujettes au retrait

lignager (art. 324 de la Coutume de Bretagne).

5.° Que ces rentes étaient des immeubles qui devaient, dans les successions, être partagées suivant les coutumes des lieux où étaient situés les héritages sur lesquels elles étaient assignées.

6.° Que les acquéreurs de ces rentes devaient payer au seigneur féodal des lods et ventes, comme pour l'acquisition d'un fonds, et qu'il en était également dû pour le rachat.

445. Cette dernière conséquence, quoiqu'elle dérivât des principes alors reçus, fut trouvée fort injuste.

En effet, les rentes constituées par assignat n'ayant été inventées et reçues que pour couvrir le vice d'usure que l'on croyait apercevoir dans les rentes constituées sur la personne du débiteur, il était contraire à l'équité que le seigneur, qui n'éprouvait aucun changement dans la personne de son vassal, prétendît se faire un second vassal du créancier de la rente, pour le soumettre à la foi et hommage, et percevoir un droit de mutation très-onéreux, tant pour la création que pour le rachat de la rente.

Cependant les commissaires chargés de la réformation de la Coutume de Paris, par une sentence rendue en 1510, sur la demande des gens d'église, malgré les réclamations du prévôt des marchands et des échevins de Paris, pour les bourgeois et le tiers-état, soumirent la création et le rachat des rentes créées par assignat au droit de lods et ventes envers le seigneur féodal; et quoique cette sentence excitât beaucoup de plaintes, il était difficile de l'attaquer, tandis que l'on persisterait à considérer les rentes constituées par assignat, comme un droit réel, comme une délibération de l'héritage, et les rentes constituées sur la personne, comme infectées du vice d'usure, et par conséquent illicites.

446. L'oracle du droit français, le célèbre Dumoulin, attaqua cette dernière opinion en 1545, et prouva, par de bonnes raisons, que les rentes constituées sur la personne du débiteur n'étaient pas moins licites ni plus usuraires que les rentes constituées par assignat (1). Cette opinion fut adoptée, même par des jurisconsultes étrangers, et notamment par Covarruvias, le premier des jurisconsultes espagnols de ce siècle, et conseiller à la Cour de Grenade.

447. Alors le prévôt des marchands et les échevins de Paris interjetèrent appel de la sentence rendue par les commissaires en 1510. L'appel fut porté au parlement de Paris; les seigneurs ecclésiastiques intimés y défendirent leurs droits, et, par arrêt rendu en 1557, les articles adoptés par les commissaires furent rayés, et il fut ordonné de leur en substituer un autre qui portait qu'il n'est dû de lods et de ventes, ni pour la création, ni pour le rachat des rentes constituées à prix d'argent, sur maisons et autres héritages (2).

448. Cet arrêt donna un tel crédit à l'opinion

---

(1) *Voy.* de Laurière, Tènement de cinq ans, pag. 213, n°. 9.

(2) Tant il est vrai qu'il est nécessaire de censurer les mauvaises lois.

de Dumoulin, que le pape Pie V crut devoir s'y opposer en 1568, par une bulle qui ordonnait qu'à l'avenir on ne pourrait constituer des rentes à prix d'argent que sur des immeubles produisant des fruits de leur nature, et qui seraient désignés par tenans et aboutissans; qu'elles diminueraient ou qu'elles seraient éteintes à proportion que les héritages sur lesquels elles seraient assises diminueraient, périraient ou deviendraient infructueux, et enfin qu'elles pourraient toujours être rachetées; mais cette bulle ne fut reçue ni en France, ni en Espagne, ni en Allemagne.

449. Depuis l'arrêt de 1557, on commença de tenir pour principe en France que les rentes à prix d'argent étaient constituées sur les personnes des débiteurs, et que leurs biens y étaient seulement obligés et hypothéqués comme aux simples dettes. *Voy.* le Tènement de cinq ans, pag. 225 et 226.

Cette maxime, qui s'était affermie par le temps, fut étendue aux rentes créées par donation ou testament. Elle était en pleine vigueur au moment de la révolution, on ne regardait plus depuis long-temps les rentes créées par assignat que comme des rentes constituées sur la personne.

450. Il était cependant resté, dans la Coutume de Paris, une différence importante alors entre l'hypothèque des simples dettes et l'hypothèque d'une rente créée par assignat; c'est que le tiers détenteur ne pouvait obliger le créancier d'une

rente constituée par assignat, qui le poursuivait hypothécairement, à discuter le principal débi-biteur, au lieu qu'il pouvait y contraindre le créancier hypothécaire d'une dette exigible. Article 101 de la Coutume de Paris, *et ibi* Ferrière, Tènement de cinq ans, pag. 237.

Cette différence n'est plus aujourd'hui d'aucune importance, parce que, dans les principes du Code, l'exception de discussion ne peut être opposée au créancier ayant hypothèque spéciale sur l'immeuble (2171).

451. En 1790, les rentes foncières, créées par rétention comme une condition du transport de l'héritage, furent déclarées rachetables, et le Code civil les a déclarées meubles, comme les rentes constituées à prix d'argent, et celles qui sont créées par donation ou testament. Il en résulte que toutes ces rentes n'affectent plus l'héritage qu'à titre d'hypothèque.

452. Néanmoins, il reste encore une différence remarquable entre les autres rentes et les rentes foncières qui sont le prix du transport de l'héritage sur lequel elles sont dues; c'est que, faute au possesseur de l'héritage, quel qu'il soit, de payer les arrérages de la rente, celui qui l'a retenue comme une condition de l'aliénation du fonds, peut demander la résolution du contrat, quand même il aurait négligé de faire inscrire son titre au bureau de la conservation des hypothèques. Nous en avons donné la raison ci-dessus.

Au contraire, le créancier des autres rentes ne

peut conserver son hypothèque que par l'inscription de son titre au bureau de la conservation des hypothèques, comme nous le verrons en expliquant le titre 18.

Cette différence en entraîne une seconde; c'est que les arrérages de la rente foncière ne se prescrivant que par cinq ans, le propriétaire peut en demander cinq années et la courante, au tiers possesseur de l'héritage, faute de paiement desquelles la résolution peut être demandée, au lieu que le propriétaire de la rente constituée spécialement hypothéquée sur un héritage, n'a droit qu'à deux années d'arrérages seulement et à la courante, à moins qu'il n'ait la précaution de prendre des inscriptions particulières pour les arrérages autres que les deux années conservées par la première inscription (2151).

453. Ce que nous venons de dire sur l'effet de la clause d'assignat, relativement aux rentes, présente un exemple frappant de l'instabilité des opinions et des principes en jurisprudence. On avait admis la réalité des rentes constituées par assignat, pour éviter le vice d'usure que l'on croyait apercevoir dans les rentes constituées sur la personne du débiteur; mais quand on eut démontré que ce reproche d'usure était mal fondé, et que les rentes personnelles étaient licites, la haine des droits féodaux auxquels la création et le rachat des rentes réelles donnaient ouverture, fit soutenir et admettre en France que la clause d'assignat n'empêchait point les

rentes créées à prix d'argent d'être constituées sur la personne du débiteur, et que leurs biens y étaient seulement hypothéqués. D'ailleurs, le droit romain ne considérait point ces rentes comme réelles. *Vid.* loi *ult.*, § 1, ff *de contrah. empt.*, 18, 1, *et ibi* Cujas, *tom.* IV, *opp. posth.*, *col.* 772, édit. de Fabrot.

454. En Hollande, où l'on admettait la légitimité des rentes constituées sur la personne, on n'en continua pas moins de penser et de juger qu'il était possible d'acheter un droit réel, comme on peut le constituer par rétention, en aliénant son héritage, et que par conséquent la rente créée à prix d'argent, mais assignée sur un fonds certain et déterminé, est une charge réelle qui suit l'héritage, et qui est due par le tiers détenteur quel qu'il soit (1), parce qu'elle est attachée au fonds, comme l'est une servitude créée à prix d'argent.

455. Cette opinion ne saurait être admise dans notre nouvelle législation, dont l'esprit est de rendre publiques, autant qu'il est possible, les charges réelles des héritages, afin que les tiers acquéreurs ne soient pas exposés à être trompés. On doit donc tenir pour maxime, sous l'empire du Code, que la clause d'assignat ne rend point réelle une rente constituée à prix d'argent; que le fonds assigné n'y est obligé que comme une hypothèque spéciale, dont le titre, pour obliger les successeurs à titre particulier, doit être inscrit

(1) *Vid.* Voët, *in Pandect.*, *lib.* 1, *tit.* 8, *de rerum divisione*, nos. 24 et 25

au bureau de la conservation des hypothèques, à la différence des servitudes, qui sont un droit réel; de la rente foncière, qui est le prix et la condition du transport de l'héritage; et des autres charges réelles, qui suivent naturellement le fonds et qui en sont inséparables, telles que le droit d'usufruit, d'usage et d'habitation, le bail à ferme, etc.

456. Mais si la clause d'assignat n'a plus l'effet de donner à la rente la réalité nécessaire pour en faire une charge, laquelle, comme les servitudes, passe au successeur particulier, qui n'en est point chargé par son titre, ou qui n'a pu la connaître par les registres du conservateur des hypothèques, cette même clause peut produire entre le créancier et le débiteur de la rente ou leurs héritiers, d'autres effets bien remarquables qu'il faut expliquer.

457. On peut, dans une clause d'assignat, se proposer deux buts bien différens dans leurs effets;

1°. L'un est de démontrer comment, sur quels biens ou sur quels revenus la dette ou la rente sera acquittée de préférence, de manière néanmoins que s'ils ne suffisent pas, le créancier ait son recours sur les autres biens du débiteur. Ainsi, dans ce cas, les biens ou les revenus assignés ne sont point l'objet ou la matière de l'obligation principale; c'est, *in abstracto*, la somme ou la rente pour le paiement de laquelle ils ont été assignés comme un moyen de perception plus facile ou plus sûr pour le créancier, ou bien comme un moyen de s'acquitter plus commode pour le débiteur.

Par exemple, je donne à Titius 1,000 fr. à prendre sur les sommes que me doit Pierre. L'objet ou la matière du don est la somme fixe de 1,000 fr.; l'assignation faite sur les sommes dues par Pierre n'est que le mode de paiement qu'il m'a plu d'indiquer.

Ces clauses d'assignat, quoique plus fréquentes dans les dispositions gratuites, peuvent être imposées dans des contrats onéreux (1). Je puis vous donner, soit en paiement, soit par le résultat d'une transaction, une somme de 1,000 fr. à prendre sur ce que me doit Titius.

Si je donne à Titius une rente annuelle de 1,000 fr., à prendre sur les revenus de la métairie de la Villemarie, l'objet du don est la rente fixe de 1,000 fr.; les revenus de la métairie de la Villemarie ne sont assignés que comme un mode de perception plus facile ou plus sûr, ou bien comme un moyen plus commode de m'acquitter.

Il résulte de là que si Titius devenait insolvable, dans le premier exemple, si les revenus de la métairie de la Villemarie, dans le second, ne suffisaient pas pour acquitter la somme de la

---

(1) La loi 39, § 1, *de contrah. empt.*, 18, 1, en offre un exemple remarquable.

« *Verisimile est eum qui fructum olivæ pendentis vendidisset, et » stipulatus est decem pondo olei, quod natum esset, usque ad de» cem pondo olei; idcircò solis quinque collectis, non ampliùs » emptor petere potest quàm quinque pondo olei, quæ collecta es» sent, à plerisque responsum est.* » Mais c'est ici un assignat limitatif.

rente de 1,000 fr., si j'étais évincé de la métairie, même sans ma faute, Titius pourrait s'adresser à moi, et recourir sur mes autres biens, pour être payé du surplus qu'il n'a pu recevoir à cause de l'insuffisance de l'assignat et de l'insolvabilité de la personne indiquée pour le paiement.

Il résulte encore de cette clause d'assignat que Titius ne peut recourir vers moi ou vers mon héritier, qu'après avoir discuté, soit le débiteur, soit le bien indiqué pour le paiement (1), parce que, si la démonstration du paiement à prendre sur telle chose ou sur telle personne, ne limite pas l'obligation du débiteur à ce que vaut cette chose, à ce que doit cette personne, il n'en est pas moins vrai qu'on a voulu que la somme due fût prise d'abord sur la chose ou sur la personne indiquée, et que la forme du paiement, marquée par le testateur ou par les contractans, fait partie du legs ou de la convention, et doit par conséquent être exécutée.

458. 2°. L'autre but qu'on peut se proposer dans la clause d'assignat est de limiter la dette ou la rente à la chose ou aux revenus de l'héritage désigné, sans entendre obliger les autres biens du débiteur. C'est alors la chose même, *in specie*, ou les revenus seulement de l'héritage désigné, qui sont l'objet ou la matière de l'obligation, et non pas, *in abstracto*, une somme ou

---

(1) *Voy*. Furgole, des Testamens, chap. 5, sect. 4, n°s. 36 et suiv.; Merlin, nouveau Répertoire, v°. *Legs*, sect. 4, § 3, n°. 9, pag. 528

une rente fixe, égale à leur valeur, telle qu'elle est exprimée dans l'acte; l'expression de cette valeur ne servant qu'à indiquer l'opinion où était le débiteur que l'assignat pouvait valoir cette somme, et non de s'obliger jusqu'à la concurrence de cette valeur. Par exemple, je donne à Paul les 1,000 fr. que me doit Pierre. La somme est donnée comme un corps certain ou comme une espèce déterminée, *tanquàm species aut corpus certum* (1). Si Pierre ne doit que 800 fr., le don sera limité à cette somme, sans que Paul puisse me demander le surplus, parce que l'objet ou la matière du don n'a été que la somme due par Pierre. C'est à cette somme que j'ai limité mon don, sans m'obliger à rien de plus. Si j'ai dit que Paul me devait 1,000 fr., cette énonciation n'exprime que la fausse opinion où j'étais sur le montant de ma créance; c'est en un mot ma créance que j'ai donnée: je ne l'ai point désignée comme un mode de paiement. Je me suis obligé, dans le contrat de mariage de ma nièce, de lui donner en dot 50,000 fr. sur la succession de Titius qui vient de m'échoir. Il se trouve que je ne suis point son héritier; je suis exclu par un parent plus proche: je suis dégagé de mon obligation, qui n'avait d'autre objet que 50,000 fr. à prendre comme un corps certain sur la succession de Titius, et non sur mes autres biens. Mon obligation était subordonnée à la condition tacite que je recueillerais la succession de Titius.

Si je la recueille, et qu'elle ne vaille que

(1) Loiseau, de la Distinct. des rentes, liv. 1, chap. 8, n.° 15.

25,000 fr., mon obligation sera réduite à cette somme; car je l'ai limitée au produit de la succession de Titius, et jusqu'à concurrence seulement de la somme de 50,000 fr., et conditionnellement si elle produisait cette somme.

Si j'ai donné ou vendu cent barriques du vin qui croîtra dans ma vigne cornélienne, j'ai limité mon don par cette expression, *qui croîtra* (1). Si ma vigne ne produit point de vin dans l'année, ou si elle n'en produit que cinquante barriques, le don s'évanouit au premier cas; au second cas, il est réduit à cinquante barriques. Mon obligation contenait la condition tacite, si ma vigne produit du vin, si elle en produit cent barriques, *conditionem simul et demonstrationem.*

Cependant, si j'avais donné la même quantité annuellement, en sorte que le donataire eût droit de la prendre pendant toute sa vie, il faudrait alors compenser (2) la stérilité d'une an-

(1) *Cùm certus numerus amphorarum vini legatus esset, ex eo quod in fundo Semproniano natum esset, et minùs natum esset, non ampliùs deberi placuit; et quasi taxationis vicem obtinere hæc verba quod natum erit.* Loi 5, ff *de tritico, vino et oleo legato*, 33, 6. *Voy.* aussi la loi 39, § 1, ff *de contrah. empt.*, 18, 1, copiée ci-dessus dans la note du n°. 457.

(2) Suivant Cujas sur la loi 5, ff *de tritic., vino et oleo legato*; d'Aguesseau, tom. IV, pag. 617; Furgole, des Testamens, chap. 5, sect. 4, n°. 37. Il cite la loi 13, ff *de tritic., vino et oleo legato*, 33, 6; et la loi 17, § 1, ff *de ann. leg.*, 33, 1.

La première porte : « *Ex eo vino quod in illo fundo nascetur,*
» *hæres meus amphoras decem quotannis in annos singulos dato.*
» *Quo anno natum non fuisset, ex superiore anno ejus fundi eum*
» *numerum amphorarum hæredem daturum, Sabinus existimat;*
» *quæ sententia, si voluntas non adversetur, mihi quoque placet.* »
Ulpian.

La seconde : « *Vini Falerni, quod domi nascentur quotannis*

née avec l'abondance d'une autre, et mon héritier devrait payer le droit en entier, parce qu'on présume qu'une autre année le récompensera, à moins qu'il ne préférât abandonner les revenus de la vigne pendant la vie du créancier.

Ainsi, cela n'empêche pas que le don ne soit véritablement limité sur les produits de la vigne cornélienne. Il y a seulement cette différence entre les deux cas, que, dans l'un, le don est limité sur une seule année, au lieu que, dans l'autre, il est limité sur l'universalité, sur la masse de tous les revenus qui écherront annuellement pendant la vie du donataire; mais dans l'un comme dans l'autre cas, je ne donne véritablement qu'un droit borné, un droit restreint, un droit attaché exclusivement à une certaine espèce de biens.

459. L'assignat de la première espèce est appelé par les docteurs *démonstratif*, et celui de la seconde *limitatif; termes barbares*, disait le grand chancelier d'Aguesseau, dans un temps où la langue était encore respectée, *et qu'on ne peut guère employer sans préface, ni répéter sans excuse* (1).

» *in annos singulos binos culeos hœres meus Attio dato. Etiam pro* » *eo anno quo nihil vini natum est, deberi duos culeos, si modò ex* » *cæterorum annorum dari possit.* »

(1) D'Aguesseau, tom. IV, pag. 618. Il ajoute, pag. 620, que les oracles de la jurisprudence romaine ne sont point entrés, comme les docteurs modernes, dans la distinction de l'assignat *limitatif* ou de l'assignat *démonstratif*. Ces expressions dures, nées dans la poussière de l'école, leur étaient inconnues. Que dirait ce grand magistrat, s'il reparaissait au barreau, s'il entendait parler des lois *suppressives* ou *abolitives* de la féodalité, d'une rente *passible* de la retenue, etc., etc., etc.? Espérons que l'heureux retour des Bourbons nous ramènera la langue de Louis-le-Grand, de d'Aguesseau, de Cochin, etc.

460. Ces deux espèces d'assignats produisent des effets si différens, qu'il est très-important de distinguer quand un assignat est démonstratif ou limitatif. Cette question est regardée comme très-subtile, et, pour employer le langage des docteurs, *ex apicibus juris* (1). Les difficultés qu'ils élèvent à ce sujet consistent surtout à concilier différentes lois romaines qui sont ou qui semblent être contraires les unes aux autres; mais laissant à l'écart ces discussions pénibles, qui nous paraissent porter le caractère d'une érudition superflue, depuis que le droit romain n'a plus force de loi, la question se réduit à indiquer les moyens de pénétrer la volonté du testateur ou des contractans.

La première règle donnée par les docteurs pour discerner l'assignat limitatif de l'assignat démonstratif, est fondée sur une distinction servilement dépendante de l'arrangement des mots. Ils disent que si l'assignat est écrit le premier, il est limitatif; que s'il n'est écrit que dans le second membre de la phrase, ou dans une phrase séparée, il est démonstratif; mais cette distinction, dit d'Aguesseau, est plus digne d'un grammairien que d'un jurisconsulte, et loin d'aider à pénétrer l'intention des parties, elle servirait souvent à la contrarier.

(1) *Voy.* Loiseau, de la Distinction des rentes, liv. 1, chap. 8, n°. 17; d'Aguesseau, 54e. plaidoyer, tom. IV, pag. 604; Furgole, des Testamens, chap. 5, sect. 4, et les auteurs qu'il cite n°. 42; Vinnius et les autres commentateurs sur le §. 30, *Instit. de act.*; Merlin, nouveau Répertoire, v°. *Legs*, sect. 2, § 2, n°s. 6 et 10; et sur-tout sect. 4, § 3, pag. 322 et suiv., et v°. *Actes sous seings-privés*, pag. 88. *Voy.* enfin Puga et Feijoo, *Tract. de fals. demonst.*, cap. 1, n°. 2.

La seconde règle établie par d'Aguesseau, d'après Dumoulin, Loiseau, etc., est plus raisonnable, et peut être d'une grande ressource dans l'interprétation des actes. Si le corps certain qui est le sujet de la contestation est placé dans la substance même du legs, dans les termes énergiques qui contiennent la disposition, l'assignat est limitatif, le testateur est censé avoir voulu limiter sa libéralité, en la réduisant à ce corps unique, qui a été le premier objet de ses intentions. Je donne les 1,000 fr. que me doit Paul; je donne le vin qui croîtra dans ma vigne cornélienne.

Si au contraire le corps certain ne se trouve point dans la disposition même, mais dans la clause qui concerne l'exécution, l'assignat est démonstratif : ce corps certain ne forme point une condition nécessaire (1); ce n'est qu'une démonstration favorable faite par le testateur (2), pour apprendre à son héritier ou à son légataire en quelle nature d'effets sa volonté doit être d'abord accomplie. Je donne 1,000 fr. à prendre sur ce que me doit Paul. Je donne une rente de

---

(1) *Condition. Voy.* la loi 96, ff *de leg.*, 1°., 30, 1.

Toutes les clauses d'assignat limitatif contiennent la condition tacite, si l'assignat existe, si sa valeur égale l'obligation à l'acquit de laquelle il est affecté. C'est pourquoi ce que nous appelons assignat limitatif, les jurisconsultes romains l'appelaient *condition*, et ils l'opposaient à la *démonstration*, qui ne fait qu'indiquer le mode d'acquitter l'obligation, au lieu qu'à défaut de la condition, l'obligation s'évanouit ou est réduite. *Inter falsam demonstrationem et falsam conditionem multum interest*, dit la loi 75, § 2, ff *de leg.*, 1°., 30, 1. *Voy.* ci-après ce que nous disons des conditions tacites.

(2) Cette régle s'applique aux obligations aussi bien qu'aux legs. *Voyez* Pothier, des Obligations, n°. 623; et ce que je dis, tom. VII, n°. 445.

1,000 fr., qui sera payée chaque année sur les revenus de la métairie de la Villemarie.

Cette distinction est fondée sur plusieurs textes des lois romaines ; elle était adoptée par la jurisprudence des anciennes cours souveraines. On peut voir plusieurs arrêts sur cette matière dans Ricard, des Donations, 3e. part., nos. 351 et suiv., et dans le nouveau Répertoire, vo. *Legs*, sect. 4, § 3, pag. 322.

461. Mais cette règle, tirée de la distinction entre le cas où l'assignat est placé dans la disposition, et celui où il ne se rapporte qu'à l'exécution, est loin d'être infaillible. Comme les doutes qui s'élèvent sur les legs démonstratifs ou limitatifs dépendent uniquement de l'interprétation de la volonté du testateur, cette volonté, qu'il faut rechercher dans les termes, dans les circonstances du testament, doit être la première règle. On ne doit recourir aux règles établies par les lois ou par les docteurs, que dans le cas où les circonstances ne donnent que des lumières insuffisantes pour déterminer la qualité du legs comme démonstratif ou limitatif (1). On trouve en conséquence plusieurs arrêts (2) qui, sous l'ancienne jurisprudence, ont jugé limitatifs des legs qui, suivant la règle proposée, auraient paru démonstratifs, *et vice versâ*.

Cette règle n'est pas seulement imparfaite en ce qu'elle cesse, dans tous les cas où elle est combattue

---

(1) Furgole, *ubi suprà*, no. 42.

(2) *Voy.* le nouveau Répertoire, vo. *Legs*, pag. 325. *Voy* aussi vo. *Acte sous seing-privé*, pag. 99.

par des présomptions de volonté; on trouve de plus qu'il est souvent impossible d'en faire l'application, parce qu'il se rencontre des clauses si obscures, si équivoques et si mêlées, qu'on n'y peut plus distinguer ce qui regarde la disposition de ce qui regarde le paiement ou l'exécution. Alors si l'on ne peut, ni par les termes, ni par les circonstances de l'acte, ni par les règles d'interprétation fondées sur la présomption de la volonté du testateur, discerner avec sûreté si le legs est limitatif ou démonstratif, dans le doute, il faut décider qu'il est démonstratif : *in dubio, expressio censetur facta causâ demonstrationis et non causa taxationis; nisi hoc exprimatur, vel clarè de mente appareat.* C'est un principe établi d'après Bartole, par Dumoulin, sur le § 9 de l'ancienne Coutume de Paris, glos. 2, n°. 7, et adopté par d'Aguesseau, par Furgole et par Merlin.

462. Il résulte de ce que nous avons dit sur les obligations réelles, qu'il faut en distinguer de plusieurs espèces. Les unes sont appelées réelles, parce qu'elles ne sont point exclusivement attachées à la personne des contractans, et qu'elles passent à leurs héritiers avec leurs biens, comme nous l'avons dit, n°. 398.

Les autres, plus essentiellement réelles de nom et d'effet, en ce qu'outre la personne du débiteur et celle de ses héritiers, elles affectent particulièrement, et même pendant sa vie, la chose qui leur est affectée, ou sur laquelle elles doivent être exécutées, et qu'elles la suivent comme l'ombre suit le corps; en sorte que le successeur du débiteur, même à titre singulier dans la possession de cette chose, est obligé d'en souffrir l'exécution. Telles sont, outre les obligations résultant des baux à ferme ou à loyer, les constitutions de servitudes, d'usufruit, d'habitation, etc.; les obligations privilégiées ou hypothéquées.

Dans cette dernière classe d'obligations réelles, on en distingue encore de deux espèces (1); les unes sont en même temps réelles et personnelles; elles lient également les personnes et les choses. Elles suivent les choses en quelques mains qu'elles passent, à quelque titre qu'elles y passent; mais la personne du débiteur qui les a soumises à cette obligation n'en reste pas moins engagée; il n'en est pas moins personnellement tenu d'accomplir ses engagemens sur tous ses autres biens : c'est le cas d'un débiteur qui, pour sûreté de ce qu'il doit, a donné une hypothèque sur certains biens.

Au contraire, il y a d'autres obligations tellement réelles, tellement attachées à la chose, qu'elles ne lient point la personne du possesseur, ou si l'on veut, qu'elle n'est liée qu'à cause qu'il la possède, en sorte qu'il cesse de l'être aussitôt qu'il ne la possède plus, et qu'il peut, en l'abandonnant, se soustraire à l'obligation. Il est libéré par cet abandon comme par la perte de la chose, parce que ce n'est pas sa personne qui devait, mais la chose; *non persona debet, sed res.* Loi 6, § 2, ff *si servitus vindic.*, 8, 5.

Telle est l'obligation de celui qui a consenti d'hy-

(1) *Voy.* ce que nous avons dit tom. III, n°. 345 et suiv., pag. 318.

pothéquer une métairie pour les dettes d'un ami (2077); de celui qui a acquis un fonds grevé d'hypothèque. Il est obligé d'acquitter les créances hypothéquées sur ce fonds; mais il est libéré de toute obligation en l'abandonnant.

Telle est encore l'obligation de celui qui possède un fonds assujetti à une servitude, quand même, par le titre qui la constitue, il serait obligé de faire, à ses frais, les ouvrages nécessaires pour en faciliter l'usage (699). Cette obligation est toujours censée purement réelle.

ARTICLE III.

Des Obligations principales ou primitives, et accessoires ou secondaires.

SOMMAIRE.

463. *Ce qu'on entend par obligations principales ou primitives, et accessoires ou secondaires.*
464. *Deux espèces d'obligations secondaires.*
465. *L'obligation secondaire prend quelquefois la place de la primitive; d'autres fois elles subsistent ensemble, ou le créancier a l'option.*
466. *Obligations accessoires des cautions. Renvoi.*

463. QUOIQUE l'on puisse peut-être apercevoir quelque différence entre l'obligation principale et l'obligation primitive, entre l'accessoire et la secondaire, nous n'en ferons point deux classes différentes.

L'obligation principale ou primitive est celle qui

fait l'objet principal de l'engagement, celle qui a été contractée principalement et pour elle-même. Par exemple, l'obligation principale et primitive du vendeur dans le contrat de vente, est de livrer la chose et d'en transférer la propriété.

L'obligation secondaire ou accessoire est de payer les dommages et intérêts, s'il manque à sa parole, et s'il ne peut livrer la chose vendue.

464. On peut distinguer deux espèces d'obligations secondaires.

1°. Celles qui ne sont qu'une suite naturelle de l'obligation primitive, qui naissent naturellement de la seule inexécution ou du retard dans l'exécution de l'obligation primitive, sans qu'il soit intervenu aucune convention particulière. Par exemple, l'obligation des dommages et intérêts qui sont dus par la seule force de la loi ou de l'équité, comme une suite à la vérité de la convention (1135), mais à l'occasion d'une faute ou d'un fait du débiteur arrivé postérieurement à la convention.

2°. Celles qui naissent d'une clause expressément opposée au contrat, par laquelle la partie qui s'engage promet de donner une certaine somme ou quelque autre chose, au cas qu'elle ne satisfasse pas à son engagement, ou qu'elle tarde d'y satisfaire.

C'est ce qu'on appelle des clauses pénales : nous en parlerons dans la section 6.

465. L'obligation secondaire prend quelquefois la place de l'obligation primitive, qui est alors anéantie, sans que le créancier puisse exiger l'exé-

cution de l'une et de l'autre. Par exemple, si la chose vendue a péri par la faute du vendeur, il ne subsiste plus que l'obligation secondaire des dommages et intérêts.

Quelquefois aussi l'obligation secondaire accède à l'obligation principale sans la détruire; elles subsistent ensemble. Par exemple, si le débiteur apporte du retard à l'exécution de la première, il doit les dommages et intérêts occasionnés par son retardement, sans être dispensé de remplir l'obligation primitive.

D'autres fois encore le créancier a l'option d'exiger l'exécution de l'obligation principale ou de l'obligation accessoire, comme dans le cas des clauses pénales (1228).

466. Enfin on appelle encore principale l'obligation de celui qui s'engage pour lui-même et non pour un autre, et accessoire l'obligation de celui qui s'oblige pour un tiers, comme les cautions ou fidéjusseurs. Le titre 14 du Code traite de ces obligations.

SECTION PREMIÈRE.

Des Obligations conditionnelles.

NOTIONS GÉNÉRALES ET DIVISION DE LA MATIÈRE.

SOMMAIRE.

467. *Définition et objet des conditions dans le sens le plus étendu.*
468. *Leur définition dans le sens propre du mot.*
469. *Celle du mode.*
470. *Etymologie du mot condition.*
471. *Division de la matière.*

467. Dans l'acception la plus étendue du mot, les conditions sont toutes les clauses des actes qui ont pour objet de suspendre l'obligation principale, de la résoudre ou de la modifier.

De la suspendre, comme lorsque je m'oblige de vous donner 1,000 fr., si tel navire revient ou ne revient pas d'Asie, si vous faites ou ne faites pas telle chose;

De la résoudre, comme lorsque je vends à condition de rachat, ou lorsque je stipule que la vente sera résolue, si tel évènement arrive;

De la modifier, comme lorsqu'en vous vendant je stipule qu'outre le prix du contrat vous ferez telle chose, ou que vous paierez, par exemple, 300 fr. à Titius, et autres stipulations semblables: car ces charges ou modes se diversifient à l'infini, suivant les besoins des hommes et même suivant leurs caprices. Il arrive donc très-fréquemment que les conventions ne sont pas bornées aux points principaux qui font de part et d'autre l'objet ou la matière du contrat. On y ajoute des pactes accessoires ou des clauses, pour imposer à l'une des parties, ou à toutes les deux, certaines obligations, certaines charges qui modifient le contrat, qui en altèrent ou qui même en changent quelquefois la nature. Tous ces pactes accessoires sont vulgairement, et dans le sens le plus étendu du mot, appelés les conditions du contrat, parce qu'ils en font en effet partie, et qu'on les considère comme des conditions sans lesquelles il n'aurait pas été passé. *Pacta adjecta contractibus insunt, legem dant contractui*, disent fort bien les lois romaines et les interprètes. *Vid. Vinnius, Tract. de pactis, cap.* 9 et suiv. (1). On trouve même, dans le droit romain et dans le Code, des textes qui qualifient de conditions ces pactes accessoires, ajoutés pour modifier le contrat (2).

468. Mais dans une acception moins étendue, dans le sens propre du mot, on appelle condition, en jurisprudence, un *événement futur et incertain*, de l'existence ou de la non existence duquel on fait dépendre, soit l'accomplissement, soit la modification, soit enfin la résolution d'une obligation ou d'une disposition.

469. Et l'on appelle *modes* tous ces pactes accessoires, ou clauses ajoutées à la convention principale, ou à la disposition, pour imposer au donataire ou aux contractans certaines obligations, certaines charges qui modifient le contrat ou la disposition.

470. Les étymologistes prétendent (3) que le

---

(1) *Unius ejusdemque contractus capita singula alia aliis inesse videntur per modum conditionis, quasi expressum esset : hæc ita faciam, si et alter faciat quæ promisit..... hanc ob causam, quoties alia mens est, solet disertè poni, ut si contra hanc aut illam partem quid fiat, cœtera non eo minus rata maneant.* Grotius, *de jure belli et pacis*, lib. 3, cap. 19, n°. 14.

(2) Loi 8, § 7, ff *de condit. instit.*, 28, 7; loi 21, § 3, ff *de annuis legatis*, 33, 1; loi 71, § 1, ff *de condit. et demonst.*, 35, 1; loi 2, § ult., et loi 3, ff *de donat.* Voy. Furgole, Traité des Testamens, chap. 7, sect. 3, n°s. 4 et 5; et le Code civ., art 1121 et 1184.

(3) *Voyez* Doneau, *Comment. jur. civ., lib.* 8, *cap.* 30.

Conditio est causa, quâ existente, nascitur obligatio; deficiente, nulla constituitur; suspensâ, suspenditur..... Vel etiam conditio et lex, vel pactio quæ inseritur in constituendâ obligatione... atque ità efficit ne ante nascatur obligatio, vel constituatur quam ea lex

mot condition vient du verbe *condere, condo*, dont le supin est *conditu*, d'où l'on a fait le substantif abstrait *conditio*. Cette étymologie convient assez à la signification du mot *condere*, qui signifie, entre autres choses, établir, édifier, faire en un mot qu'une chose existe de telle manière. C'est dans ce sens qu'on appelle *conditions* certaines qualités qui constituent l'état des personnes. On dit l'inégalité des conditions, la condition d'esclave, de noble, de plébéien, etc. On ne doit pas ignorer la condition de celui avec qui l'on contracte. Loi 19, ff *de R. J.* La condition des femmes est pire en bien des points que celle des hommes. Loi 19, ff *de stat. hom.* 1, 4.

Dans les contrats et dans les dispositions de dernière volonté, où l'on statue quelque chose pour l'avenir, l'événement incertain qui a été prévu fait que l'obligation existe ou qu'elle est anéantie. Il en forme la condition, c'est-à-dire, ce qui l'établit ou l'anéantit. Par exemple, dans un legs ou dans une promesse faite sous la condition *si navis ex Asiâ venerit*, s'il arrive un navire d'Asie, l'existence de l'obligation dépend de l'arrivée du vaisseau; elle existera s'il arrive : dans le cas contraire, elle n'aura pas existé. C'est donc cet événement qui établit l'obligation, *qui condit eam.*

---

impleta fuerit..... Modus est lex certa, quæ imponitur dationi rei.... Conditio, ut idem demonstremus variè, est causa quæ præcedere præstationem debet; modus est causa vel conditio quæ sequi præstationem potest. Nam modus sæpè appallatur conditio. Cujas, sur la loi 72, ff *de condit. et demonstrat.*, *in Quæst.* Papin., *oper. posthum.*, *tom.* 1, *col.* 471.

Que cette étymologie soit ou non rigoureusement vraie, peu importe ; il suffit qu'elle soit propre à rendre raison de la signification du mot condition, et à nous en donner une notion assez exacte.

471. Ce que nous avons à dire sur les conditions peut se réduire aux points suivans :

1°. Quelle est la nature de la condition, et sa différence du mode ; quelles sont ses différentes espèces, et celles qu'on peut imposer ; quand y a-t-il condition ou mode ;

2°. Quels sont les effets de la condition ;

3°. Comment doit-elle être accomplie, et quand est-elle censée l'être ?

---

§ Ier.

Quelle est la nature de la condition, et sa différence du mode ; quelles sont ses différentes espèces, et celles qu'on peut imposer ; quand y a-t-il condition.

SOMMAIRE.

472. *Le propre de la condition est de suspendre l'existence ou la résolution de l'obligation.*

473. *Le contrat conditionnel produit un droit éventuel ou une espérance qui passe aux héritiers, et pourquoi.*

474. *L'espérance que produit un legs conditionnel ne passe point aux héritiers, et pourquoi.*

475. *Un évènement présent ou passé, dont on ignore l'existence, ne peut être une condition proprement dite.*

476. *Non plus qu'un évènement qui arrivera certainement.*

504. *On ne doit point admettre de conditions tacites sur des conjectures extrinsèques.*

505. *Doute si la clause est modale ou conditionnelle. Différence du mode et de la condition.*

506. *Le mode est une condition résolutoire, mais qui n'a pas la même force que la condition expresse.*

507. *Importance de distinguer le mode de la condition. La même clause peut être modale ou conditionnelle, selon que les parties l'ont voulu.*

508. *Quand une clause est vraiment modale.*

509. *Il importe de rechercher les formules qui caractérisent la condition, et qui la distinguent du mode.*

510. *La particule* si *est le terme caractéristique de la condition.*

511. *Elle rend un legs conditionnel, lors même qu'elle ne fait qu'exprimer une circonstance sous-entendue qui ne l'empêcherait pas d'être pure et simple.*

512. *Les mots* afin que, à la charge de, etc., *n'expriment en général qu'un mode.*

513. *L'ignorance des rédacteurs des actes force de s'écarter quelquefois du sens littéral des mots*, lorsqu'il y a ambiguité.

514. *Lorsqu'il n'y en a point, il ne faut jamais s'écarter du sens propre et littéral.*

515. *Quand les mots* afin que, à la charge de..... *forment une condition.*

516. *La formule* après qu'il aura fait ou donné, *forme une condition.*

517. *Des mots à condition de faire ou de donner.*

518. *De la formule* pourvu que.

519. *Si les formules équivoques doivent être réputées modales plutôt que conditionnelles.*

520. *De la particule* lorsque *ou* quand..... *Voy. le chap. des obligations à terme.*

521. *Du relatif* qui.

522. *Du gérondif* en faisant, en payant, *et de* l'ablatif absolu.

523. *De la préposition* moyennant, *et de la formule* ce faisant.

524. *Réflexion sur les règles qu'on vient de tracer.*

172. L'obligation est conditionnelle, dit l'art.

1168, lorsqu'on la fait dépendre d'un événement futur et incertain.

On peut l'en faire dépendre de deux manières; l'une pour suspendre l'obligation, en sorte qu'elle n'existe et qu'elle ne puisse être exécutée qu'après l'accomplissement de la condition; l'autre pour la résoudre, en sorte que l'accomplissement de la condition opère la révocation ou la résolution de l'obligation, et remet les choses au même état que si l'obligation n'avait pas existé. Elle n'en suspend point l'existence, ni par conséquent l'exécution; elle oblige seulement le créancier à rendre ce qu'il a reçu, dans le cas où l'événement prévu par la condition arrive (1183). La première espèce de condition s'appelle condition *suspensive*; la seconde condition *résolutoire*.

C'est donc l'existence ou la résolution de l'obligation qui dépend de l'événement et non pas la convention. La convention ne dépend et ne peut jamais dépendre que du consentement des parties. Il y a convention aussitôt qu'elles sont d'accord sur un point quelconque. J'ai promis de vous donner 1,000 fr., si tel navire arrive d'Asie, et vous avez accepté cette promesse. Dès lors je ne puis plus la rétracter; la convention est parfaite et irrévocable; je suis obligé envers vous, mais mon obligation est conditionnelle; elle dépend de l'arrivée du navire. S'il arrive, je serai obligé de vous compter les 1,000 fr.; s'il n'arrive pas, je n'aurai jamais été obligé à rien.

473. Il ne résulte donc aucun droit actuel d'une

pareille convention, mais seulement un droit éventuel, ou l'espérance d'un droit (1); et cette espérance je ne puis vous l'ôter, parce qu'elle vous est irrévocablement acquise par une convention parfaite : elle est acquise même à vos héritiers et contre mes héritiers, si vous mourez ou si je meurs avant l'arrivée du navire (1179), §4, *Inst. de V. O.*, parce qu'on est toujours censé stipuler pour soi et pour ses héritiers ou ayant-cause, à moins que le contraire ne soit prouvé (1122). *Plerumque tàm hæredibus nostris quàm nobismet ipsis cavemus.* Loi 9, ff *de probat.* 22, 3.

474. L'effet des conditions dans les dispositions de dernière volonté est le même que dans les contrats : le legs conditionnel est parfait à la mort du testateur; l'obligation imposée à l'héritier est seule imparfaite et suspendue. Il ne peut enlever au légataire l'espérance qui est acquise à celui-ci par un acte devenu irrévocable; mais cette espérance n'est pas, comme dans les contrats, transmissible aux héritiers du légataire : le legs devient caduc, s'il décède avant l'accomplissement de la condition (1040). Loi 59, ff *de condit. et demonst.*, 35, 1.

---

(1) *Ex conditionali stipulatione tantùm spes est debitum iri. Eamque ipsam spem in hæredem transmittimus, si prius quàm conditio extet, mors contigerit. Instit.* §4, *de V. O. Junge*, §25, *inst. de inut. stip.*; loi 8, ff *de perit. et commun. rei vend.*, 18, 6. Cette espérance peut aussi être transmise par convention, par vente, donation, etc. *Voy.* la loi 17, ff *de hereditate vel actione vendita*, 18, 4; loi 3, *Cod. de donat.*, 8, 54. *Voyez* aussi la loi 8, § 1, ff *de contrah. empt.* 18, 1.

Le motif de cette caducité est que le legs n'étant ordinairement fait qu'en considération de la personne même du légataire, et non de ses héritiers, il est censé que le testateur n'eût pas légué, s'il avait prévu que le légataire ne profiterait pas de son don, et qu'il mourrait avant l'accomplissement de la condition. Si le testateur veut étendre sa libéralité aux héritiers du légataire, il doit donc s'en expliquer; s'il ne l'a pas fait, il est présumé n'avoir voulu donner qu'au légataire seul, et non pas à ses héritiers, et le legs devient caduc, si le légataire meurt avant l'accomplissement de la condition, de même que s'il meurt avant le testateur. Tout testament pur et simple contient la condition tacite et légale si le légataire survit au testateur, à moins que ce dernier n'ait étendu son legs aux héritiers du légataire. Toute disposition de dernière volonté qui dépend d'un événement incertain, renferme également la condition tacite et légale si le légataire ne meurt pas avant l'événement.

475. Le propre de la condition étant de suspendre l'existence ou la résolution de l'obligation, un événement présent ou passé, mais ignoré des parties, ne saurait être considéré comme la condition d'un contrat, si ce n'est dans le sens étendu du mot. Un pareil événement ne peut ni suspendre ni résoudre l'obligation qui existe, ou qui n'a jamais existé, dès le moment de la convention, selon que l'événement prévu était ou n'était pas arrivé. Je m'oblige de vous payer 1,000 fr. si Titius est vivant. Mon

obligation ne dépend d'aucun événement; elle est parfaite au moment de la convention, s'il se trouve qu'à ce même moment Titius était encore en vie, et elle n'a jamais existé, si, au moment dont il s'agit, Titius était mort. *Conditio in præteritum non tantùm in præsens tempus relata, statìm aut perimit obligationem, aut omninò non differt.* Loi 100, ff *de V. O.*, 45, 1; loi 37, ff *de reb. cred.*, 12, 1.

L'obligation a son effet du jour où elle a été contractée (1181) (1). Il en résulte seulement qu'on ne peut contraindre à l'exécuter qu'après la vérification du fait ignoré des parties.

Cette observation peut servir à résoudre les questions de savoir qui doit supporter la perte de la chose, lorsqu'elle périt avant la vérification de l'événement, et si le legs est transmis aux héritiers du légataire mort avant la même vérification.

476. Il ne suffit pas, pour former une condition proprement dite, que l'événement soit futur,

---

(1) Cet article, en parlant de l'obligation suspendue par un événement futur, dit qu'elle ne peut être *exécutée* qu'après l'événement. Cette expression inexacte est insuffisante; elle n'établit aucune différence entre l'obligation à terme, qui existe *ab initio*, et qui ne peut être exécutée qu'après l'échéance du terme, et l'obligation conditionnelle, qui non-seulement ne peut être exécutée, mais encore qui n'existe pas avant l'événement de la condition. Delvincourt, tom. II, pag. 313; pour rendre la rédaction exacte, il faut dire : « Dans le premier cas, l'obligation n'*existe* qu'après l'événement. »

il faut encore qu'il soit incertain (1168, 1181), c'est-à-dire, qu'il puisse arriver ou ne pas arriver. La condition d'une chose qui arrivera certainement, quoiqu'on ignore, quoiqu'il soit incertain quand elle arrivera (1), n'est pas pas proprement une condition, mais un terme : elle ne suspend pas l'obligation, elle en diffère seulement l'exigibilité. *Qui sub conditione stipulatur quæ omni modo exstatura est, purè videtur stipulari.* Loi 19, ff de *novat.*, 46, 2.

Par exemple, je me suis obligé de vous donner la maison cornélienne *si je meurs*, ou *lorsque je mourrai* (2), si vous mourez ou quand vous mourrez, ou si Titius meurt. Il n'y a dans cette obligation qu'un terme et non une condition ; car, quoique le moment de ma mort soit incertain, il est certain qu'il arrivera.

477. Cependant un événement, un jour, qui arriveront certainement, forment une condition dans le testament, lorsqu'il est incertain s'ils arriveront avant la mort du légataire (3), par la raison que nous

---

(1) Il en est de même, à plus forte raison, d'un jour qui arrivera certainement ; par exemple, dans cent ans. *Calendis januariis centesimis*, dit la loi 1, ff *quandò dies leg. ced.*, 36, 2.

Jour incertain est condition. *Cùm pubes erit, cùm nupserit.* Lois 21 et 22, ff *quandò dies leg. ced.*; 36, 2.

(2) C'est l'exemple que donne Ulpien, dans la loi 45, §§ 1 et 3, ff de *V. O.*, *Cùm morietur quis stipulari potest.... non solùm ità stipulari possumus, cùm morieris, sed etiam si morieris; nam sicuti inter hæc nihil interest, cùm veneris, aut si veneris, ita nec ibi interest; si morieris, et cùm morieris.*

(3) Furgole, Traité des Testamens, chap. 7, sect. 3, n°. 27. *Dies au-*

avons déjà indiquée. C'est que le legs devient caduc, si le légataire meurt avant l'événement de la condition (Loi 59, de *condit. et demonst.*, 35, (1) (1040), parce qu'il ne transmet point à ses héritiers l'espérance qui lui était acquise par le legs conditionnel.

C'est donc un principe en cette matière, qu'un jour incertain, c'est-à-dire un jour dont l'arrivée avant la mort du légataire est incertaine, quoique d'ailleurs il soit certain qu'il arrivera, forme une condition dans les testamens. *Dies incertus conditionem in testamento facit.* Loi 75, ff *de condit. et demonst.*, 35, 1.

478. Si le jour incertain était appliqué au paiement et non à la substance du legs, il ne constituerait qu'un terme et non une condition. Par exemple, je lègue à Titius 1,000 fr. *payables* lorsqu'il aura vingt-cinq ans. Il n'y a point alors de condition, le legs est pur, mais à terme, et si Titius meurt avant d'avoir atteint vingt-cinq ans, il transmet son droit à ses héritiers, qui néanmoins ne pourront exiger le paiement qu'à l'é-

---

tem incertus est cùm ita scribitur : Hæres meus cùm morietur, decem dato ; nam diem incertum mors habet ejus ; et ideò, si legatarius antè decesserit, ad hæredem ejus legatum non transit, quia non cessit dies vivo eo, quamvis certum fuerit moriturum hæredem. Loi 1, § 2, ff *de condit. et demonstr.*, 35, 1.

Hæres meus, cùm morietur Titius, centum ei dato. Purum est legatum, quia non conditione, sed morâ suspenditur. Non potest enim conditio non existere. Loi 79, *eod.*

§ 1. *Hæres meus, cùm ipse morietur, centum Titio dato..... Legatum sub conditione relictum est, quamvis enim hæredem moriturum certum sit, tamen incertum est an legatario vivo dies legati non cedat, et non est certum ad eum legatum perventurum.*

poque à laquelle Titius aurait atteint vingt-cinq ans.

S'il était dit, *je lègue à Titius lorsqu'il aura vingt-cinq ans*, il y aurait condition, et si Titius mourait avant d'avoir atteint sa vingt-cinquième année, il ne transmettrait point le legs à ses héritiers, parce qu'il est incertain s'il parviendra à cet âge, et c'est ce qui forme le jour incertain que l'on considère comme une condition (1).

479. Il en est autrement dans les contrats. Si je me suis engagé de donner cent écus à Titius lorsqu'il sera majeur, il n'y a là qu'un terme et non une condition, car quoiqu'il soit incertain si Titius atteindra sa vingt-unième année, il est censé que j'ai voulu gratifier ses héritiers et non sa personne exclusivement à eux.

480. Comme les conventions dépendent uniquement de la volonté des contractans, ils y peuvent ajouter telles conditions, telles charges ou modifications, tels termes ou délais qu'ils jugent à propos. On n'en excepte que les conditions impossibles, contraires aux lois, à l'ordre public ou aux bonnes mœurs (900). *Exceptis videlicet quæ impossibilia sunt vel legibus interdicta, vel alias probrosa.* § 36, *inst. de legatis*; loi 14, ff *de condit. instit.*, 28, 7; ou enfin celles qui détruiraient la nature de l'obligation. Pothier, n°. 205.

481. Une condition est impossible quand l'ordre accoutumé de la nature est un obstacle à son

---

(1) Furgole, chap. 7, sect. 3, n°. 25. Il en est de même du legs. Lois 21, 22 et 26, § 1, ff *quandò dies legati ced.*, 36, 2.

accomplissement. Les lois romaines en donnent pour exemple, si vous touchez le ciel du doigt, si vous buvez toute l'eau de la mer, si vous me donnez un centaure, etc., c'est une impossibilité naturelle.

Une condition possible en elle-même peut devenir impossible à raison d'une circonstance qui s'y trouve ajoutée. Par exemple, la condition de construire un édifice en trois jours (1). Loi 6, ff *de condit. instit.*, 28, 7.

C'est ce qu'on appelle impossibilité de fait. *Voy.* Furgole, Traité des Testamens, chap. 8, sect. 2, n°s. 21, 25 et suiv. (2).

Il y a aussi des impossibilités perpétuelles, d'autres qui peuvent cesser. La cécité peut cesser par l'opération de l'abaissement de la cataracte.

Enfin, il y a des impossibilités absolues, d'autres seulement relatives et personnelles. Il m'est impossible de faire un tableau ou une statue, comme le peuvent faire Girodet et Canova.

La condition impossible annulle le contrat qui en dépend, lorsqu'elle consiste à faire, *in faciendo*. Par exemple, si vous montez au ciel (3). Elle

(1) Dans les legs, une pareille condition se divise; il n'y a que la clause impossible qui s'évanouit, le reste demeure en son entier. *Voyez* le nouv. Denisart, pag. 114, n° 4, et pag. 415. *Quid* dans les contrats? *Voy.* ci-après, de l'Accomplissement des conditions.

(2) *Quid*, s'il y a dans la condition des faits possibles et d'autres impossibles? *Voy.* Furgole, chap. 7, sect. 2, n°. 27.

(3) *Impossibilis conditio, cùm in faciendo concipitur, stipulationibus obstat, aliter atque si talis conditio inferatur stipulationis*,

ne l'annule pas quand elle consiste à ne pas faire. Loi 7, ff *de V. O.*, 45, 1.

La loi 31, ff *de oblig. et act.*, 44, 7, donne la raison de la première de ces maximes : c'est qu'il n'est pas douteux que les parties ont eu l'intention de ne rien faire en mettant à leur acte une condition qu'ils savaient impossible.

Le Code a consacré ces maximes raisonnables; l'art. 1172 porte que : « toute condition d'une » chose impossible... est nulle et rend nulle la con- » vention qui en dépend. »

L'art. 1173 ajoute : « La condition de ne pas » faire une chose impossible (1) ne rend pas nulle » l'obligation contractée sous cette condition. »

482. Le Code n'expliquant point ce qu'il entend par une condition impossible, il peut en résulter du doute. Il n'y en a point à l'égard de l'impossibilité naturelle et de l'impossibilité de fait. Quant à l'impossibilité relative, les lois romaines décident qu'elle n'annule point les contrats, et qu'une stipulation est valable, quoiqu'une personne s'engage à faire une chose qui lui est personnellement impossible, si elle est possible à une autre. Loi 137, § 5, ff *de V. O.*, 45, 1; *junge*, loi 34, *eod.*

Cette décision doit être suivie sous l'empire du Code, parce qu'elle est fondée en raison. En effet,

---

si in cœlum non ascenderis; nam utilis et præsens est, et pecuniam creditam continet. Ulpian., loi 7, ff *de V. O.*, 45, 1. Junge, § 11, *Instit. de inut. stip.*

(1) *Quid?* De la condition de ne pas faire une chose illicite? Elle est nulle. *Voy. suprà*, la note 2 du n°. 122.

il y a des cas où la condition peut être accomplie par une autre personne; et quant aux cas où elle ne peut l'être, la stipulation d'une pareille condition peut avoir pour objet d'engager l'autre partie à se rendre capable de la remplir. Par exemple, en promettant de me donner 10,000 fr., si je fais un tableau ou une statue, quoique je ne sache pas les premiers élémens de la peinture ni de la sculpture, vous pouvez avoir eu l'intention de m'engager à me rendre habile dans ces arts. La condition d'une chose impossible à celui à qui elle est imposée doit donc être valable, dans tous les cas où cette impossibilité peut cesser.

483. Il en est de même de toutes les impossibilités qui ne sont pas perpétuelles de leur nature, et qui peuvent cesser, soit par le secours de l'art, soit par quelque événement prévu ou imprévu. Cette doctrine n'a rien de contraire au texte du Code, qui, n'ayant point expliqué ce qu'il entend par une chose impossible, en abandonne l'explication à l'interprétation doctrinale.

484. Cependant la loi 35, § 1, ff *de V. O.*, 45, 1, décide que la condition de faire une chose prohibée par les lois annule l'obligation, *cessat obligatio*, quand même la cause de la prohibition ne serait pas perpétuelle, parce qu'il n'en est pas moins vrai que la condition était contraire aux lois lorsqu'elle a été stipulée. Mais d'abord il ne faut pas étendre cette décision aux conditions impossibles. 2°. Est-il bien vrai qu'en droit français, la condition d'une chose actuellement contraire aux lois soit illicite, lorsque les parties ont

su que la prohibition pouvait cesser? La stipulation d'une pareille condition ne contient-elle pas tacitement cette autre condition, lorsque la chose sera licite, lorsqu'on aura obtenu dispense de la prohibition? *Voy.* ce que nous avons dit, tom. v, pag. 263, n°. 252.

485. Il faut rappeler ici que si les conditions d'une chose impossible, contraire aux bonnes mœurs, ou prohibée par la loi, rendent nulles les conventions qu'on en fait dépendre, l'art. 900 fait une exception à ce principe, en faveur des donations entre-vifs ou testamentaires, dans lesquelles ces sortes de conditions sont réputées non écrites. Nous croyons avoir prouvé, tom. v, pag. 253 et suiv., que cet article est un de ceux dont la raison sollicite la réformation.

486. La condition de donner à une personne, au profit de laquelle le testateur ne peut pas disposer, n'était pas nulle dans le droit romain. Loi 55, ff *de condit. et demonst.*, 35, 1. Ce n'était point au légataire à examiner si la personne était incapable; *quid enim interest utrum tali personæ dare jubeatur, an in aliquo loco ponere, vel in mare dejicere?* Qu'importe au légataire que deviendra la somme, si quelque autre personne la réclamera, si le fisc s'en emparera? Sous l'empire du Code une pareille condition apposée dans un contrat le rendrait nul. L'article 1172 est trop impératif pour admettre une exception qu'il n'a point faite.

Mais cette condition serait-elle considérée comme non écrite dans un testament? Je ne le pense pas.

La somme que le légataire était chargé de donner devrait être donnée aux héritiers du testateur (1). Si la condition était imposée aux héritiers, elle serait nulle.

487. Au reste, nous n'ajouterons rien à ce que nous avons dit dans le même volume, pag. 253 et suiv., sur les conditions contraires aux lois ou aux bonnes mœurs.

488. Nous insisterons seulement sur un principe sans lequel les décisions retombent nécessairement dans l'arbitraire; c'est qu'il faut un texte positif ou les raisons les plus fortes pour annuler une condition. Si l'on éprouve du doute ou de la difficulté pour expliquer comment et pourquoi telle condition est contraire aux lois ou aux bonnes mœurs, n'est-ce pas un motif pour décider qu'elle ne doit pas être annulée? Prenons, par exemple, la condition de ne point aliéner (2), insérée dans une disposition de dernière volonté, ou bien dans un contrat à titre gratuit, ou même onéreux. Est-elle contraire aux lois? Nous avons dit, tom. v, pag. 70, n°. 51, *que c'est une condition nulle et réputée non écrite;* mais cette proposition mérite explication. La condition de ne point aliéner, ou la défense d'aliéner, n'était regardée

(1) A moins qu'il ne résulte des termes du testament qu'il y a lieu à accroissement en faveur du légataire.

(2) Sur la condition de ne point aliéner. *Voy.* la Dissertation de Hertius, *de pacto ne dominus rem suam alienet*, tom. III, Dissert., pag. 64; loi ult., Cod. *de pact. inter empt. et vend.*, 4, 54, et *ibi* Cujac., Ragueau et autres interprètes; loi 4, Cod. *de condit. ob caus. dat.*, 4, 6; loi ult., Code *de reb. alien. non alien.*, 4, 51; Hotman, *Obs.*, liv. 9, *obs.* 5.

comme contraire aux lois, ni dans le droit romain, ni dans l'ancien droit français; elle était considérée comme renfermant une substitution tacite, lorsqu'il paraissait que la condition ou la défense était insérée en faveur d'une tierce personne. *Voy.* Pothier, Traité des substitutions, sect 2, art. 2, et sect. 3, art. 3, § 1; Ricard, Traité des substitutions, n°. 329,

Sous l'empire du Code, qui n'admet point de substitutions tacites, la condition de ne point aliéner ne serait pas jugée renfermer une substitution, à moins qu'on n'y eût ajouté la charge de conserver les biens et de les rendre à des personnes désignées. Hors ce cas, la condition ou la défense d'aliéner n'est qu'un conseil ou un précepte non obligatoire (Loi 114, § 11, ff *de legat.*, 1; loi 38, § 4; loi 93, *de legat.*, 3), lorsque la condition est pure et simple, parce que celui qui l'a imposée n'a aucun intérêt à en réclamer l'exécution.

Mais si la condition ou la défense d'aliéner n'est pas pure et simple, si, par exemple, on y avait ajouté une peine en cas d'infraction, si j'avais stipulé que vous me donnerez 600 fr. à moi ou à Titius, si vous aliénez le fonds cornélien que je vous ai donné ou vendu, la peine serait encourue de plein droit, par l'aliénation que vous auriez faite, et cette peine ne pourrait, dans les principes du Code, être modérée par les juges (1152, 1231). *Voy.* ce que nous disons *infrà*, sect. 6, sur les Obligations avec clauses pénales.

Si j'avais stipulé que la vente ou la donation

sera résolue en cas d'aliénation des biens vendus ou donnés, j'aurais le droit de poursuivre la résolution contre les tiers acquéreurs, et de rentrer dans la propriété des biens, et cette résolution s'opérant *ex causâ primœvâ et antiquâ*, anéantirait toutes les hypothèques et charges créées dans le temps intermédiaire (*Voy.* Bourjon, Droit commun de la France, tom. II, pag. 126, *édit. de* 1747), quand le droit de retour milite contre des tiers.

Mais l'effet de la condition portant que la vente ou la donation sera résolue en cas d'aliénation, faite par le vendeur ou par le donataire, ne passe point à ses héritiers, parce que cette résolution a l'effet d'un droit de retour, qui ne peut, suivant l'art. 951, être stipulé qu'au profit du donateur seul, et par identité de raison, au profit du vendeur seul.

Ce n'est donc que dans les cas où la condition de ne point aliéner est pure et simple, dans les cas où elle n'a pas pour objet un droit stipulé en ma faveur ou en faveur d'un tiers, qu'elle n'est qu'un conseil, un précepte non obligatoire, qui n'empêche pas que l'aliénation faite au mépris de la condition ne produise son effet et ne transmette la propriété; c'est alors qu'elle est nulle et comme non écrite, soit dans les testamens, soit dans les contrats.

489. Dans le droit romain, la condition d'affirmer par serment que l'on observera les charges ou conditions imposées, était rejetée et considérée comme non écrite dans les testamens, et licite

dans les contrats (1). Le droit romain n'étant plus suivi que comme raison écrite, il nous paraît que, sous l'empire du Code, la condition de jurer est également licite dans les contrats et dans les testamens.

490. Le Code garde le silence sur les conditions ineptes ou dérisoires. La loi 14, ff *de cond. instit.*, 28, 7, déclare que les conditions dérisoires doivent être regardées comme non écrites dans les testamens, et Papinien, loi 113, § 5, ff *de légat.*, 1, déclare que les conditions ineptes qui regardent la sépulture, comme d'enterrer les habits et les ornemens du défunt, doivent être rejetées des testamens. *Vid.* loi 14, § 5, ff *de relig. et sumpt. funer.*, 11, 7.

Modestin fait à ce sujet une réflexion très-sensée, à l'égard d'une condition par laquelle le testateur avait ordonné de jeter sa dépouille mortelle à la mer. Il faut d'abord, dit ce jurisconsulte, considérer si le testateur qui a imposé une pareille condition n'était point en démence, et si l'héritier institué peut, par des raisons évidentes, *perspicuis*, dissiper le soupçon de démence que fait naître une disposition aussi bizarre : la condition est réputée non écrite, et l'héritier est louable de ne point l'exécuter.

Ainsi, des conditions de cette nature font naître un violent soupçon de démence contre le testateur, et rejettent la preuve du contraire sur le légataire.

Les conditions ineptes ou dérisoires pourraient

---

(1) *Voy.* loi 8, ff *de cond. instit.*, 28, 7; loi 39, ff de *jurejur.*, 12, 2; Furgole, chap. 7, sect. 2, n°. 48 et suiv.

facilement faire annuler la convention, comme n'étant pas sérieuse. La décision devrait dépendre des circonstances, car une bizarrerie peut n'être ni un acte de démence, ni un acte contraire aux lois ou aux bonnes mœurs.

491. Les docteurs et les interprètes ont multiplié les divisions des conditions jusqu'à l'excès, et souvent fort inutilement. Nous ne parlerons que de celles qui présentent une véritable utilité.

492. Le Code les divise d'abord en casuelles, potestatives et mixtes.

La condition casuelle est celle qui dépend du hasard, et qui n'est nullement au pouvoir du créancier ni du débiteur (1169). Par exemple, si tel navire arrive de l'Amérique, si Titius est nommé à tel emploi.

La condition potestative est celle qui fait dépendre l'exécution de la convention d'un événement qu'il est au pouvoir de l'une ou de l'autre des parties contractantes de faire arriver ou d'empêcher (1170). Par exemple, si vous donnez cent francs à Titius, si vous allez à Paris ou en telle autre ville, etc.

493. Il peut néanmoins se rencontrer des circonstances telles que la condition d'aller en un certain lieu ou en une certaine ville cesserait d'être potestative, à cause de la distance des lieux, de la saison, de la difficulté des chemins, etc. Loi 4. § 1, ff *de hæred. inst.*, 28, 5; loi 4. *Cod. de instit. et substit. sub cond. fact.*, 6, 25. *Voyez* ce que j'ai dit tom. 5.

494. L'obligation est valide si elle est contractée sous une condition purement potestative, de la

part de celui envers qui on s'oblige. Par exemple, je vous donnerai tant si vous allez à Paris, si vous le voulez, etc.

Mais toute obligation est nulle dans son principe, lorsqu'elle a été contractée sous une condition purement potestative de la part de celui qui s'oblige (1174). Par exemple, vous me donnerez tant si cela vous plaît, *si volueris*. Il n'y a point là d'obligation; car il est contraire à l'essence des obligations de dépendre uniquement de la volonté du débiteur (1). Le lien de droit, la nécessité morale, qui forment l'essence de l'obligation, n'existent point alors.

495. Si la condition faisait dépendre l'obligation, non pas uniquement de la volonté du débiteur, mais d'un fait qu'il est en son pouvoir d'exécuter, par exemple, je vous donnerai tant si je vais à Paris, etc., la convention est valable, parce qu'alors il y a un lien de droit, il y a une obligation de ne point aller à Paris, ou de vous donner la somme promise. Il faut donc modifier la rédaction trop générale de l'art. 1174, (2).

496. L'obligation peut dépendre uniquement de la volonté d'un tiers. Par exemple, je promets de vous donner ou de faire telle chose, si Titius y consent, si Titius le veut ou le trouve bon. Lois 43 et 44, ff *de V. O.*, 45, 1. Il y a dans ce cas un lien de droit, une obligation conditionnelle, car le consentement de Titius ne dépend pas de ma volonté.

(1) Lois 17, 46, § 3, et 108, § 1, ff *de V. O.*, 45, 1; loi 8, ff *de oblig. et act.*, 44, 7; loi 7, ff *de contrah. empt.*, 18, 1. *Voy.* Puffendorff, Droit de la nature et des gens, liv 5, chap. 8, n°. 4.

(2) *Voy.* Pothier, tom. 1, n°. 48.

497. Si l'on ne peut faire dépendre de la volonté de celui qui s'oblige la naissance de l'obligation, on peut en faire dépendre la résolution, comme on peut la faire dépendre de la volonté de l'autre partie. Par exemple, on peut faire dépendre la résolution d'une vente de la volonté du vendeur seul, comme dans le cas de la clause de réméré ou de la faculté de rachat; de celle de l'acquéreur, lorsqu'on stipule qu'elle sera résolue, si la chose lui déplaît, *si emptori displicuerit.* Loi 3, ff *quib. mod. pign. sol.*, 20, 6.

On peut faire dépendre un bail à ferme de la volonté du bailleur, en stipulant qu'il ne durera qu'autant de temps qu'il le voudra, *quoad is qui locasset vellet* (Loi 4, ff *locati*, 19, 2); de la volonté du bailleur et du preneur, comme dans le cas très-fréquent où l'on stipule qu'il sera permis à chacune des parties de résoudre le bail après trois ou six ans, faculté qui peut aussi n'être accordée qu'à l'une des deux parties, sans que l'autre en puisse user. Pothier, du Contrat du louage, nos. 326 et 328.

498. Les jurisconsultes romains distinguaient l'obligation *si volueris* de l'obligation *cùm volueris* (1). Ils déclaraient la première nulle, mais ils pensaient que ces expressions, *lorsque vous le voudrez*, ne laissent point à votre choix de faire ou de ne pas faire ce que vous avez promis, mais seulement le temps où vous le ferez, et qu'ainsi la convention est valable et oblige vos héritiers, si vous mourez avant de l'avoir accomplie. Loi 46, §§ 2 *et* 3, ff *de V. O.*, 45, 1.

(1) *Junge infrà*, n°. 594.

Pothier, Traité des obligations, n°. 47, dit, sans en donner aucune raison, qu'il y a lieu de croire que cette distinction subtile ne serait point admise parmi nous; mais M. Maleville, sur l'art. 1174, doute avec raison que l'opinion de Pothier soit fondée. La différence qu'on trouve entre ces deux promesses, je vous donnerai *si je veux, s'il me plaît*, je vous donnerai *quand je voudrai*, n'est point une subtilité. Cette différence est très-réelle, elle se tire de la signification propre et ordinaire des termes.

Ces mots, *si je veux*, expriment une condition purement potestative, qui ne consiste que dans ma volonté. L'obligation est donc nulle par défaut de lien (1174).

Au contraire, ces mots, *lorsque je le voudrai, cùm voluero*, pris dans leur sens propre, n'expriment point une condition, mais seulement un délai indéfini (1) que je puis abréger ou prolonger tant qu'il me plaira, et même jusqu'au temps de ma mort, si je le juge à propos; ce qui n'a rien de contraire à la nature de l'obligation, puisque je puis promettre de vous donner, lorsque je mourrai, Loi 45, § 3, ff *de V. O*, 45, 1. L'obligation existe; le paiement seul est différé jusqu'à ma mort.

Pourquoi, sans égard pour la différence réelle qui existe dans les expressions de ces deux formules, *si je le veux, lorsque je le voudrai*, re-

(1) *His verbis, si volueris, exprimitur ipsa conditio.... Illis autem, cùm volueris, palàm est non exprimi conditionem, sed tempus*, dit fort bien Doneau, sur la loi 46, § 2, ff *de V. O.*, 45, 1, fol. 115, R.

jetterions-nous, une distinction avouée par la raison?

499. Il est d'autant plus étonnant de la voir rejetée par Pothier, que, dans le nombre suivant, n°. 48, il trouve une véritable obligation dans la promesse de vous donner quelque chose *si* je le juge raisonnable, parce que, suivant lui, il n'est pas laissé à mon choix de vous donner, puisque je suis obligé, au cas que cela soit raisonnable. Ce raisonnement manque d'exactitude; ce n'est point au cas que *cela soit raisonnable* que j'ai promis de vous donner, mais au cas que *je le juge* raisonnable, ce qui est bien différent. Ce jugement est abandonné à ma volonté seule, sans que vous puissiez recourir à un tiers ni à la justice; cette promesse se trouve donc dans le cas de l'art. 1174, qui porte que toute obligation est nulle lorsqu'elle a été contractée sous une condition potestative de la part de celui qui s'oblige.

Pothier cite au soutien de son opinion la loi 11, § 7, ff *de leg.*, 3, 32, qui décide en effet qu'un fidéi-commis laissé sous la condition si vous le croyez à propos, s'il vous paraît, si vous le jugez utile, est valide, parce que le testateur n'a pas entièrement laissé la décision à l'arbitrage de l'héritier, mais qu'il s'en est reposé sur lui comme sur un homme de bien. *Quasi viro bono commissum relictum* (1).

Mais remarquez que cette décision n'est appliquée qu'aux testamens; en ce qui concerne les

---

(1) Sur les conditions potestatives de la part du promettant. *Voy.* Puffendorff, Droit de la nature et des gens, tom. II, liv. 3, chap. 8, § 4.

contrats, la loi 35, § 1, ff *de contrah. empt.*, 18, 1, dit positivement que la vente est nulle si le vendeur s'en est rapporté, pour le prix, à ce que l'acquéreur trouverait juste et raisonnable, *quanti æquum putaveris, quanti æstimaveris.*

Nous pensons donc qu'on ne pourrait, sans violer l'art. 1174, appliquer aux contrats la loi romaine citée par Pothier. On peut même douter qu'en France, où les testamens ne sont pas aussi favorisés qu'ils l'étaient à Rome, et où les lois romaines n'ont plus force de loi, on jugeât obligatoire un legs laissé sous la condition que l'héritier le jugera raisonnable, utile ou convenable. L'arrêt qui rejetterait un pareil legs ne pourrait être exposé à la censure de la Cour de cassation, parce qu'il ne violerait aucune loi.

D'un autre côté, le droit romain est en possession d'une grande et juste autorité près des juges qui ne veulent se permettre aucun arbitraire, et le droit français, comme le droit romain, met une grande différence entre l'interprétation des contrats et celle des testamens, qu'on interprète avec plus d'indulgence, et de manière qu'ils aient leur pleine et entière exécution, comme nous l'avons dit *sup.*, n°. 310. Il est donc plus sûr de s'en tenir à la décision du droit romain, adoptée par Pothier, dans son Traité des testamens, chap. 2, art. 8, § 1.

500. « La condition mixte est celle qui dé» pend tout-à-la-fois de la volonté d'une des par» ties contractantes et de la volonté d'un tiers. » (1171). » Par exemple, si vous épousez ma cousine.

Dans un autre sens, la condition mixte est celle qui dépend du concours du hasard et de la volonté de celui à qui elle est imposée. Par exemple, si vous avez fait dans six mois le voyage de France au Bengale.

501. Le Code divise encore les conditions en suspensives et résolutoires.

La condition suspensive est celle qui suspend l'existence même de l'obligation (1), et qui, par conséquent, en empêche l'exécution.

La condition résolutoire est celle qui ne suspend ni l'existence, ni l'exécution de l'obligation, mais qui, lorsqu'elle s'accomplit, opère la révocation de l'obligation, et remet les choses, pour l'avenir, au même état que si l'obligation n'avait pas existé (1183).

On divise aussi les conditions en affirmatives ou positives, et en négatives.

La condition affirmative ou positive est celle qui est conçue en termes positifs ou affirmatifs, et pour l'accomplissement de laquelle il faut que tel événement arrive. Par exemple, si je me marie, si tel navire arrive d'Asie. *Voy.* Furgole, des *Testamens*, chap. 7, sect. 2, n°. 13.

La condition négative est conçue en termes négatifs; c'est celle pour l'accomplissement de laquelle il faut que l'événement n'arrive point. Si je ne me marie point, si tel navire n'arrive point.

---

(1) *Quâ existente nascitur obligatio; deficiente, nulla constituitur; suspensâ, suspenditur*, dit Cujas, sur la loi 71, ff *de cond. et demonst.*, *op. posth.*, *tom.* 1, *col.* 471.

502. Enfin, on divise les conditions en expresses et tacites, que l'on appelle aussi conditions de fait ou de droit.

Les conditions expresses sont celles qui sont exprimées dans un contrat ou dans un testament, et qui sont expressément appliquées à l'obligation ou à la disposition. On les appelle conditions de fait, parce qu'elles ont pour objet des faits affirmatifs ou négatifs imposés par les contractans ou par le testateur. Furgole, *ibid.*, chap. 7, sect. 2, n°s. 34 et 37.

Les conditions tacites sont celles qui existent tacitement dans les contrats ou dans les testamens, quoiqu'elles n'y aient pas été exprimées, *quæ tacitè insunt*. On les appelle conditions de droit, parce que la loi en supplée plusieurs, et que les autres peuvent l'être par le magistrat.

503. Les conditions tacites peuvent dériver de trois différentes causes :

1°. De la loi, qui les supplée ;

2°. De la nature du contrat ou des choses qui en font l'objet ;

3°. De la volonté présumée des contractans ou du testateur.

De la loi, comme la révocation des donations en cas de survenance d'enfans (960) ; pour cause d'ingratitude (955) ; en cas qu'elles excèdent la portion disponible (920) ; si le donataire n'exécute pas les conditions qui lui ont été imposées (953 et 954) ; la résolution de la vente de denrées et d'effets mobiliers, si l'acheteur ne les enlève pas au terme convenu pour le *retirement* (1657) :

la vente faite à l'essai, qui est toujours censée faite sous une condition suspensive (1588); la caducité des donations faites en faveur de mariage, par contrat de mariage (1), si la célébration ne s'ensuit pas (1088), etc., etc.; enfin, la condition résolutoire est toujours sous-entendue dans les contrats synallagmatiques, pour les cas où l'une des parties ne satisfera point point à ses engagemens (1184).

De la nature des choses, lorsque la loi qui est l'objet ou la matière de la convention ou du legs n'existe point encore (2), mais peut exister ou ne pas exister; car l'événement futur et dont l'existence est incertaine forme une condition. Par exemple, je vous vends 600 fr. le poulain *qui naîtra* de ma jument; elle avorte : il n'y a point eu de vente. Le contrat avait pour condition tacite (3) s'il naît un poulain. Je vous vends la récolte de mon vignoble pour 300 fr.; la grêle détruit mes vignes, l'ennemi les coupe : il n'y a point de vente. Loi 1, § *ult.*, ff *de condit. et demonst.*, 35, 1. Ce sont ces conditions tacites qu'on appelle en certain cas *assignat limitatif. Voyez* Doneau, *Comment. jur. civ.*, *lib.* 8, *cap.* 31, *pag.* 404.

---

(1) Cela est sans exception pour les donations faites par contrat de mariage. Ce sont celles dont parle l'art. 1088; mais des donations faites par un autre acte, et causées pour la dot de la donataire, pour lui aider à se marier, ne seraient pas conditionnelles. On ne verrait, dans ces énonciations, qu'une cause impulsive. *Voyez* Furgole, chap. 7, sect. 3, n°. 36.

(2) *Junge* ce que nous avons dit, tom. VII, sect. de l'Extinction des obligations par la perte de la chose.

(3) *Voy.* ci-après ce que nous disons du relatif *qui*, *infrà*, n°. 521.

Les jurisconsultes romains appellent extrinsèques les conditions tacites, parce qu'elles ne sont point exprimées dans l'acte qui les contient. Loi 99, ff *de condit. et demonst.*, 35, 1. Sur leur effet, *voyez* Furgole, chap. 7, sect. 2, n°. 380 et suiv., pag. 81 et suiv.

Enfin, les conditions tacites dérivent de la volonté vraisemblable et présumée des contractans ou du testateur. Voët, liv. 28, tit. 7, n°. 3 et 4. On en trouve des exemples dans les lois romaines. J'ai légué à Titius le fonds cornélien, sous la condition si tel navire arrive d'Asie. Dans une autre partie de mon testament, j'insère une disposition par laquelle il est dit, je donne *de plus* à Titius, ou *ajoutant* au legs que j'ai fait à Titius, je lui donne *de plus* 1,000 fr. : le second legs est censé fait sous la même condition que le premier, quoiqu'elle ne soit pas répétée, parce que ces mots *de plus*, *ajoutant*, ou autres semblables, indiquent que le second legs fait en quelque sorte partie du premier. La décision serait la même, quoique le second legs se trouvât dans un codicile ou dans un second testament, pourvu que cet acte rappelât le premier, et qu'il y fût dit équivalemment qu'*ajoutant* au legs porté dans le premier testament, je donne de plus à Titius telle chose ou telle somme. Loi 77, ff *de condit. et demonst.*, 35, 1; loi 18, § 1, ff *de condit. instit.*, 28, 7; loi 63, ff *de leg.* 3°.

Je vous lègue 1,000 fr. que me doit Titius, et il se trouve que Titius ne me doit rien; les 1,000 fr. qui sont dans ma cassette, et il ne s'y trouve rien : le legs est nul comme fait sous la condition tacite si Titius me doit, s'il y a 1,000 fr. dans ma cassette. Loi 75, § 2, *de legat.*, 1, *lib.* 30. Ce n'est pas là une fausse démonstration, dit Ulpien, c'est une condition (1). C'est ce que quelques auteurs appellent assignat limitatif. *V. sup. suprà.*

Je lègue à Paul le fonds cornélien sans aucune condition ; mais j'ajoute que le legs sera révoqué, si tel navire arrive d'Asie dans un an. Le legs est censé fait sous la condition si le navire n'arrive pas dans un an. Loi 107, *in fin.*, ff *de condit. et demonst.*, 35, 1.

Je lègue à Caius le fonds cornélien sous condition ; dans un second testament ou dans un codicile, je déclare léguer à Paul le fonds cornélien que j'avais légué à Caius dans mon premier testament. Cette translation est censée faite sous la même condition que le premier legs. Loi 95, ff *de condit. et demonst.*, 35, 1; Loi 24, ff *de adim. leg.* 34, 4; car ce n'est point ici un legs nouveau, c'est l'ancien legs, le legs précédemment fait à Caius; or ce legs était conditionnel. Doneau, *Comment. jur. civ.*, loi 8, *cap.* 31.

Il en serait autrement si la condition du premier legs était attachée à la personne du premier légataire, *si personæ cohæreat*, tellement qu'elle ne pût être accomplie par le second. Par exemple, j'ai légué à David sous la condition de me faire un tableau. Dans la suite je lègue à Paul, qui n'est

---

(1) *Junge* loi 6, ff *de leg.* 1°., *lib.* 30.

point peintre, ce que j'avais légué à David dans mon premier testament : la condition n'est pas censée répétée dans la translation du legs.

Elle ne l'est point encore si, au lieu d'une translation, j'avais substitué un second légataire au premier, le legs institué sous une condition casuelle ou mixte. Par exemple, je lègue le fonds cornélien à Caius si tel navire arrive d'Asie, et si Caius ne recueille pas mon legs, je lui substitue Paul, ou je lègue le même fonds cornélien à Paul. Dans ce cas, la condition n'est pas censée répétée (loi 73, ff *de hæred. inst.*, 28, 5), parce qu'elle n'est censée mise qu'en faveur du substitué, et que par conséquent elle ne doit pas être retournée contre lui. Brunnemann, sur la loi citée et les auteurs qu'il indique.

Il en faut conclure que la condition serait censée répétée, si c'était une charge imposée au profit d'un tiers, ou une condition mixte, dont un tiers retirât de l'utilité. Par exemple, j'institue Paul mon héritier, à la charge de donner 1,000 fr. à Caius, ou bien s'il épouse ma cousine, et si Paul ne recueille pas ma succession, je lui substitue Titius. *Voy.* la glose sur la loi citée.

On peut aussi donner des exemples de conditions tacites, fondées sur la volonté présumée des contractans, quoiqu'elles ne soient pas énoncées dans le contrat. Lorsqu'un débiteur délègue un autre débiteur, pour demeurer quitte envers son créancier, celui-ci n'est censé le décharger de la dette que sous la condition tacite que le délégué n'est pas en faillite ouverte ou tombé en déconfiture au moment de la délégation. Cette condition tacite est même devenue légale sous l'empire du Code, art. 1276.

J'apprends que Titius en mourant m'a fait son légataire universel, et qu'il me laisse une succession opulente. En cette considération, je m'oblige, en mariant ma nièce, de lui donner en dot 50,000 fr. sur la succession de Titius. Après la célébration du mariage, il se trouve un second testament qui révoque le premier. Mon obligation est annulée, parce qu'elle est censée faite sous la condition si je recueille la succession de Titius, et parce que cette condition est tacitement renfermée dans la manière dont je me suis exprimé en donnant 50,000 fr. sur la succession de Titius. C'est encore ici ce que quelques docteurs appellent un assignat limitatif.

Je promets de vous donner les sommes nécessaires pour parvenir au grade de docteur. Il est évident que je ne suis tenu à rien si vous ne vous faites pas recevoir docteur; car votre promotion au doctorat est une condition tacite inhérente à ma promesse. Wolff, 3e. part., §§ 806 *et* 807.

504. Il y a donc des conditions tacites inhérentes aux contrats et aux dispositions testamentaires; mais, pour les y sous-entendre, lorsque la loi ne l'a pas fait, il faut qu'elles résultent de l'ensemble de l'acte, de la manière dont il est conçu, des expressions dont on s'est servi, ou de la nature même des choses; car le principe général en cette matière est qu'on ne doit point admettre de conditions tacites sur des conjectures

extrinsèques, souvent étrangères ou éloignées, presque toujours fausses ou du moins équivoques, et qui rendraient tout arbitraire et incertain (1). La présomption de volonté doit être tirée de la contexture même de l'acte, en combinant ses clauses les unes avec les autres, pour expliquer le doute ou les expressions équivoques qui se trouvent dans une clause par une autre clause, ou par la nature de la chose qui fait l'objet de la convention ou de la disposition.

505. Ce n'est pas seulement sur l'existence des conditions tacites, dans les contrats ou dans les testamens, qu'il peut s'élever des doutes; il s'en élève même sur l'existence des conditions expresses. L'imperfection des langues, et surtout la mauvaise rédaction des actes, font souvent qu'il est difficile de distinguer si telle clause contient une condition ou un mode, la cause finale et déterminante, ou seulement la cause impulsive du contrat ou de la disposition, ou enfin une simple démonstration de la chose qui en est l'objet.

C'est pour parvenir à résoudre ces doutes que les auteurs recherchent avec tant de soin quelles

---

(1) *Non passim et temerè nobis licet tacitas conditiones comminisci et inducere, nisi ex re ipsâ aut verbis quibusdam manifestum sit contrahentes conditionem facere voluisse, vel nisi quœ jure publico recepta et probata conditio sit..... Lege opus est quœ introducat et probet tacitam conditionem, vel re ipsâ et evidentissimâ voluntate contrahentium, quœ eam inducat. Alioquin si interpretationibus nostris passim liceat eam inducere, multa hominum negotia, multaque jura subverterentur.* Cujac., *Obs.*, *lib.* 25, *cap.* 18; Wolff, 3e. partie, § 806; Furgole, chap. 7, sect. 3, nos. 18 et 19

sont les expressions qui caractérisent une condition ou un mode ; car il y a des différences importantes entre les effets de l'une et de l'autre, quoiqu'on les confonde souvent, quoiqu'on trouve même dans le droit romain et dans le Code civil (1) plusieurs textes qui donnent le nom de condition à ce qui n'est proprement qu'un mode.

Le mode ne suspend point, comme la condition, l'accomplissement ni l'exécution de la convention ou de la disposition. C'est ce qui le distingue principalement de la condition. Il ne doit être accompli qu'après l'exécution de la convention ou de la disposition, parce que l'intention des contractans ou du testateur est ordinairement qu'une portion de la chose ou de sa valeur soit employée ou aide à remplir la charge. Loi 40, § *ult.*, *de condit. et demonstr.*, 35, 1.

506. Le mode étant une charge du contrat, il est censé qu'il n'eût point été passé sans cette charge. Ainsi, le défaut d'accomplissement du mode donne lieu à la résolution du contrat. Il se rapproche en ceci de la condition résolutoire, ou plutôt il est véritablement une condition résolutoire, tacite et légale, selon l'art. 1184, qui porte que la condition résolutoire est toujours sous-entendue dans les contrats synallagmatiques, pour le cas où l'une des deux parties ne satisfera point à son engagement.

---

(1) Loi 8, § 7, ff *de condit. inst.*, 28, 7; loi 21, § 3, ff *de ann. leg.*, 33, 1; loi 71, § 1, ff *de condit. et demonstr.*, 35, 1; loi 2, § *ult.*, ff *de donat. Voy.* Furgole, chap. 7, sect. 3, n°s. 4 et 5; Code civ., art. 1041, 1121, 1184, etc.

Car l'obligation de remplir la charge ou le mode est nécessairement un des engagemens du contrat. Tous ces pactes accessoires, toutes ces clauses ajoutées aux contrats pour les modifier, sont une partie intégrante du contrat. *Pacta adjecta contractibus insunt, actionemque formant*, disent avec raison les lois romaines et les interprètes. Vinnius, *Tract. de pactis, cap.* 9. Et c'est parce qu'ils font partie du contrat que le défaut de les accomplir en produit la résolution, lors même qu'on ne l'a pas stipulée. Ils en sont une condition tacite (1).

Mais cette condition tacite n'a pas, à bien des égards, et sur des points importans, le même effet que la condition résolutoire expresse, comme nous le verrons dans la suite.

507. Il importe donc beaucoup de distinguer si une clause est modale ou conditionnelle, et c'est ce qu'on ne peut connaître que par les expressions dont les contractans se sont servis; car les mots sont les signes de leurs pensées.

La même clause peut être un mode ou une condition.

C'est une condition, si elle suspend l'exécution du contrat et la naissance de l'obligation; ce n'est qu'un mode si elle ne suspend pas.

Or, c'est ce qui dépend uniquement de la volonté des parties, qu'on ne peut connaître que par la manière dont elles se sont exprimées.

Il est convenu entre nous que vous me don-

---

(1) *Junge suprà*, n°. 467.

perez le fonds cornélien si je donne 3,000 fr. à Caius, si je fais telle chose, etc. Cette clause est une condition ; je ne puis vous contraindre à me livrer le fonds cornélien avant d'avoir donné les 3,000 francs, ou fait la chose dont j'étais chargé.

Il en est autrement si le contrat porte que je vous donne le fonds cornélien à la charge de donner 3,000 fr. à Caius, ou de faire telle chose. Ce n'est alors qu'un mode, et non pas une condition, et vous pouvez exiger la tradition du fonds cornélien avant d'avoir rempli la charge qui vous est imposée.

Une disposition est donc modale lorsque le donataire y a attaché la charge de faire ou de donner quelque chose, sans que l'accomplissement de cette charge suspende ou retarde l'exécution de cette disposition.

508. Mais pour qu'une convention ou une disposition soit vraiment modale, il faut que la charge soit imposée à l'autre partie, non pour son intérêt particulier, mais pour l'intérêt de celui qui l'impose, ou pour l'intérêt d'un tiers. Ainsi, dans le don fait pour étudier, pour se marier, pour acheter une terre, lorsque ces charges ne sont pas une condition suspensive, il n'y a point de mode, mais une cause impulsive, dont le défaut d'accomplissement ne donne pas lieu à la résolution du contrat ou de la disposition, à moins que l'intention contraire n'ait été manifestée.

Par exemple, si je donne à Titius 30,000 fr.

pour acheter une terre (1), je n'ai pas d'action pour le contraindre à faire cette acquisition, ni pour faire résoudre mon don faute de l'avoir faite, parce qu'il ne s'agit que de l'intérêt particulier de Titius, et non du mien ni de celui d'un tiers.

C'est donc lorsque la charge a pour but l'intérêt d'un tiers, l'intérêt de celui qui l'impose, ou quelque considération étrangère à l'intérêt de celui à qui elle est imposée, qu'elle forme un mode ou bien une cause finale et déterminante, ce qui revient au même quant à l'effet, puisqu'en l'un et l'autre cas, le défaut d'accomplissement de la charge peut donner lieu à la résolution du contrat ou de la disposition. Dans l'exemple proposé, si la somme de 30,000 fr. était donnée à Titius par son contrat de mariage, pour acheter telle

---

(1) Loi 71, § 1, ff *de condit. et demonstr.*, 35, 1. Il faut voir Cujas sur cette loi, tom. 1, *op. posth.*, *fol.* 470 et suiv., édit. de Fabrot.

Je promets de vous donner 3,000 fr., *si* vous achetez le fonds cornélien. Cette condition doit être accomplie; l'obligation est suspendue jusqu'à son accomplissement.

Je promets de vous donner 3,000 fr. *pour* acheter le fonds cornélien; c'est un mode qui ne suspend point l'obligation. Je dois payer avant l'acquisition, et si, après que j'ai payé, vous n'achetez pas le fonds cornélien, je ne puis répéter les 3,000 fr., ni vous contraindre à l'acheter, parce que je n'ai à cela nul intérêt.

Conditio.... est causa quæ præcedere præstationem debet; modus est causa vel conditio quæ et sequi præstationem potest. Nam et modus sæpè appellatur conditio, non contrà, ut in loi 71, § 1, ff *de condit. et demonst.*, 6, 45. *Et indè etiam in* loi 1, *Cod. de his quæ sub modo; modum pro conditione haberi, quia implendus est omninò.* Cujac., *ubi suprà.*

De differentiis inter conditionem et modum, voy. Barry, *de successionibus*, lib. 17, tit. 3, tom. II, pag. 290.

terre qui demeurerait propre à la future, le donateur pourrait exiger l'emploi, ou refuser de compter la somme.

Dans le § 1 de la loi 71, *de condit. et demonstr.*, 35, 1, Papinien dit que si je lègue à Titius cent écus pour épouser Mævia, qui est veuve, le legs est conditionnel, c'est-à-dire, modal, et que la condition doit être exécutée. Loi 1, *cod. de his quæ sub modo*, 6, 45. Il est évident que, dans ce cas, le don n'a pas pour objet le seul intérêt du donataire, mais encore celui de Mævia.

Il en serait de même de la charge de bâtir ou de réparer un temple, ou de faire telle ou telle chose utile au public ou à des particuliers.

509. Mais ces mêmes clauses peuvent former des conditions suspensives, si telle a été la volonté du testateur ou des contractans, et cette volonté, comme nous l'avons déjà dit, ne peut être connue que par les expressions dont ils se sont servis. Il est donc très-important de distinguer celles qui caractérisent une condition, de celles qui ne caractérisent qu'un mode. Ce ne sont point ici de vaines subtilités, d'inutiles disputes de mots ; c'est une de ces discussions qui, pour emprunter la pensée profonde de Quintilien, en parlant de la grammaire, *plus habet in recessu, quàm in fronte promittit*, *lib.* 1, *cap.* 4, *in princip.*

510. La particule *si* est le terme caractéristique de la condition, tant dans les contrats que dans les testamens. *Si* tel navire arrive d'Asie, *si* vous faites, *si* vous ne faites pas telle chose, s'il fait

demain du tonnerre. Cette particule est, à proprement parler, la seule expression (1) qui exprime par elle-même la condition clairement et sans équivoque ; soit qu'on l'énonce littéralement et en termes exprès, soit qu'on ne l'énonce que par des équivalens, comme *en cas que, suppose que, faute de*, etc.

511. Cette particule caractérise tellement la condition, qu'elle rend conditionnelle une clause qui ne fait qu'énoncer une chose sous-entendue. Par exemple, il est toujours sous-entendu dans un legs si le légataire le veut, *si voluerit*. Cette condition tacite n'empêche pas le legs d'être pur et simple. Néanmoins, si cette même condition est exprimée, je lègue tant à Titius, *s'il le veut*, le legs devient conditionnel ; car, par ces expressions, qu'on ne peut regarder comme oiseuses et inutiles, le testateur a fait de la volonté de Titius une condition imposée à la personne, et qui ne peut être accomplie par ses héritiers ; *quia conditio personæ injuncta videtur.* Loi 69, ff *de condit. et dem.*, 35, 1. Et si Titius meurt avant d'avoir accepté le legs, avant d'avoir manifesté la volonté de l'accepter, il ne transmet point son droit à ses héritiers. Voët, lib. 28, tit. 7, n°. 3.

512. Au contraire, les mots *afin que, ita ut, à charge de, à condition de, etc.*, n'expriment qu'un mode, une charge imposée à l'un des contrac-

(1) *Voyez* Doneau, *Comment. jur. civ., lib.* 8, *cap.* 30.

rans où au légataire. *Nec enim parem dicemus um cui ità datum est, si monumentum fecerit :* 'est la condition ; *et eum cui datum est, ut monumentum faciat*, loi 80, ff *de condit. et dem.*, 35, 1 : c'est le mode.

513. Il ne s'éleverait donc pas de questions sur le point de savoir quand une clause contient une condition on bien un mode, si les rédacteurs des actes n'employaient jamais que le mot propre ; si les équivalens qu'on lui substitue ne laissaient pas souvent incertaine la volonté des contractans ou du testateur ; si l'on n'employait pas trop fréquemment une expression pour une autre ; si enfin l'on n'embarrassait pas les actes par un verbiage, par des redondances au moins inutiles, presque toujours nuisibles, puisqu'elles répandent de l'obscurité sur ce qu'on a voulu dire : mais malheureusement l'imperfection des langues et l'ignorance des hommes sont deux sources inépuisables d'équivoques. On a donc été forcé d'abandonner l'interprétation des actes à la prudence et à la sagacité du magistrat, et d'adopter pour maxime qu'il faut, dans les conventions comme dans les testamens, considérer plutôt la commune intention des contractans, que le sens littéral des termes (1156). *In conventionibus contrahentium voluntas potiùs quàm verba spectari placuit.* Loi 219, ff *de V. S.*

La loi 19, ff *de condit. et demonst.*, 35, 1, fait aux conditions l'application particulière de ce principe : *In conditionibus primum locum voluntas defuncti obtinet, eaque regit conditiones.* La loi 16, cod. *de fideicomm.*, 6, 42, ajoute : *Voluntas magis quàm verba intuenda est.*

514. Mais l'abus trop facile de cette maxime conduirait à rendre tous les actes incertains, tous les jugemens arbitraires, si elle n'était pas subordonnée à un premier principe fondamental, que les magistrats et les jurisconsultes doivent toujours avoir présent à l'esprit ; c'est qu'il ne faut jamais s'écarter de la signification propre des mots que dans les cas où il est *évident* que les contractans ou le testateur les a entendus d'une autre manière, et qu'on ne doit jamais élever la question de volonté, lorsqu'il n'y a nulle ambiguité dans les termes (1).

Après cette observation nécessaire, il faut parcourir rapidement les principales formules qui font naître des doutes.

515. Nous avons vu que les mots *afin que, à la charge de, pour que,* sont la formule propre pour exprimer, soit un mode, soit la cause impulsive ou

(1) *Cùm in verbis nulla ambiguitas est, non debet admitti voluntatis quæstio.* Loi 25, § 1 ; loi 69, ff *de leg.*, 3°.

Voluntas non est quærenda, si manifesta sunt verba, nec æquitatis quæstio, quâ quæritur quid sit justius, dit Cujas sur la loi citée. Il ajoute sur la loi 19, ff *de usuf. leg.*, 33, 2 : *Nam etsi potior sit voluntas testatoris subtilitate juris, tamen est potior scriptura certa et indubitata, quia et voluntatis quæ contraria sit scripturæ certæ, et perspicuæ, probatio difficillima est.*

Voyez Furgolé, des Testamens, chap. 7, sect. 4, vers le milieu du numéro 121. Il a rapporté et discuté tous les textes qui semblent se contrarier. *Vid. suprà*, n°. 312.

e motif de celui qui a imposé la charge, ou un simple conseil; il en serait autrement, et ces formules contiendraient une condition, si celui qui a imposé la charge avait ajouté ces mots, *et non autrement*, ou autres expressions équivalentes, qui fissent connaître que sa volonté est subordonnée à l'accomplissement de la charge. Par exemple, je donne 3,000 fr. à Titius, à la charge qu'il se marie ou qu'il achète telle terre *et non autrement*. Cette disposition devient conditionnelle, et le donataire n'en peut exiger l'exécution avant l'événement. *Voy*. Furgole, chap. 7, sect. 3, n°s. 36 et 46.

Il en est de même toutes les fois que la convention ou la disposition ne doit, suivant l'acte, être exécutée qu'après l'accomplissement de la charge : elles sont alors conditionnelles. *Ibid.*, n°. 41, Merlin, nouveau Répertoire, v°. *Mode*, pag. 316. Ce qui est fondé sur ce qu'il est de la nature du mode de n'être accompli qu'après l'exécution de la convention ou de la disposition.

516. Ainsi, la formule *après* qu'il aura fait ou donné telle chose, contient une condition suspensive.

517. Les mots, *sous la condition de faire, à condition qu'il fasse ou qu'il fera*, ne rendent point une disposition conditionnelle, parce qu'ils sont joints à d'autres termes qui désignent le mode, et qu'il résulte de la contexture de la phrase que la charge de faire ne doit être accomplie qu'après l'exécution de la disposition. Furgole, *ubi suprà*, n°. 42.

518. Ricard, des Dispositions conditionnelles, n°. 18, pense que la clause *pourvu que*, détermine plutôt une condition qu'un mode ; mais son opinion est combattue, avec raison, par Furgole, chap. 7, sect. 3, n°. 41, et par M. Merlin, nouveau Répertoire, v°. *Mode*. Il résulte de la loi 41, ff *de contrah. empt.*, 18, 1, que cette formule est par elle-même équivoque et susceptible d'un sens comme de l'autre : il faut donc recourir aux règles d'interprétation pour juger quelle a été l'intention des parties.

Elle ne serait plus douteuse, si aux mots *pourvu que* on avait ajouté *auparavant*, ou autre expression qui indiquât que la charge doit être remplie avant que la disposition soit exécutée; la clause serait conditionnelle et non modale, parce qu'il est de la nature du mode de ne devoir être accompli qu'après l'exécution de la disposition ou de la convention.

519. Furgole ajoute que dans le doute, les mots *pourvu que*, et autres formules équivoques, doivent, dans les testamens, être pris dans le sens du mode et non de la condition, et que la disposition doit être réputée plutôt modale que conditionnelle. Cette doctrine est tirée de Bartole, de Dumoulin, sur le § 20, de la coutume de Paris, glose 7, n°s. 3 et 8. On en donne pour raison (1) que lorsqu'une clause est susceptible de deux sens, on doit plutôt l'entendre dans celui avec lequel elle peut avoir quelque effet, que dans le

(1) *Voyez* le Répertoire, v°. *Mode*.

sens avec lequel elle n'en pourrait produire aucun (1156). *Quoties ambigua oratio est, commodissimum est in accipi quo res de quâ agitur magis valeat quàm pereat.* Loi 12, ff *de reb. dub.*, 34, 5.

Mais il faut d'abord rechercher quelle a été l'intention des contractans (1), et ce n'est que dans le cas où l'on ne peut la découvrir qu'on doit présumer la clause plutôt modale que conditionnelle.

520. La particule *lorsque* ou *quand* peut exprimer une condition ou un délai, soit dans les contrats, soit dans les testamens.

Elle exprime une condition dans les dispositions gratuites entre-vifs ou à cause de mort, quand, par exemple, je promets ou lègue quelque chose à Titius, lorsqu'il se mariera, lorsqu'il sera promu à telle place, lorsqu'il aura des enfans, lorsqu'il sera majeur, lorsqu'il fera ou aura fait ou donné telle chose, acheté une terre, etc. Loi 49, § 2, ff *leg.*, 1°., *lib.* 30; lois 21 et 22, ff *quandò dies leg. cedat*, 36, 2.

Mornac, sur la loi 1, ff *quandò dies usuf.*, 7, 3,

---

(1) C'est ce que nous enseigne la loi 41, ff *de contrah. empt.*, 18, 1. « *Cùm ab eo qui fundum alii obligatum habebat, quidam sic emptum rogasset, ut esset is sibi emptus, si eum liberasset, dummodò ante calendas julias liberaret, quæsitum est an utiliter agere possit ex empto in hoc, ut venditor eum liberaret? Respondit: Videamus quid inter ementem et vendentem actum sit; nàm si id actum est ut omnimodo intra calendas julias venditor fundum liberaret, ex empto erit actio ut liberet; nec sub conditione emptio facta intelligetur, veluti si hoc modo emptor interrogaverit, erit mihi fundus emptus, ita ut eum intrà calendas julias liberes, vel ita ut eum intra calendas à Titio redimas. Si verò sub conditione facta emptio est, non poterit agi ut conditio impleatur.*

rapporte un arrêt du 20 janvier 1609, qui a jugé que le legs fait à une fille lorsqu'elle se marierait, n'était pas dû, parce qu'elle était morte fille.

Nous pensons qu'il en est autrement dans les contrats à titre onéreux, et que la particule *lorsque* ou *quand* n'y exprime qu'un délai. Par exemple, je prête 1,000 fr. à Titius, qu'il me rendra lorsqu'il aura vingt-cinq ans, lorsqu'il se mariera, lorsque je me marierai, etc. On ne peut voir dans cette clause qu'un délai défini ou indéfini.

Cette même particule n'exprime encore qu'un délai, lorsque je lègue ou promets de donner ou de payer à Titius, *lorsqu'il le voudra, lorsqu'il lui plaira, lorsqu'il le demandera*, etc. Ces formules, bien différentes des formules s'il le veut, s'il lui plaît, s'il le demande, contiennent un avertissement de se tenir prêt à payer sans délai, sans retardement, plutôt qu'une condition. Loi 46, § 2, et loi 48, ff *de V. O.*, loi 85, ff *de cond. et demons.*, 35, 1. *Vid. suprà*, n°. 498.

Si, au lieu de s'appliquer à la substance de la disposition, comme je lègue à Titius, *lorsqu'il sera majeur, lorsqu'il se mariera*, la particule *lorsque* s'appliquait au paiement, elle n'exprimerait qu'un délai. Par exemple, je lègue 1,000 f. à Titius, payables lorsqu'il sera majeur, lorsqu'il se mariera.

Papon, liv. 10, tit. 5, art. 2, rapporte un arrêt qui jugea que, dans un contrat de vente payable lorsque la femme de l'acheteur aura des enfans, il n'y avait qu'un terme qui expirait au plus tard à la mort de la femme (1).

521. Le relatif *qui* peut encore causer de l'incertitude, surtout dans les testamens; car on peut l'employer par forme de démonstration, pour mieux désigner l'objet du legs ou la personne du légataire, ou bien par forme de restriction, et dans ce dernier cas il contient une condition tacite.

Si le relatif *qui* se rapporte à un temps présent ou passé, si, pour employer le langage des grammairiens, il est le nominatif ou sujet d'un verbe au temps présent ou passé, il ne forme qu'une démonstration dont la fausseté n'opère point la nullité du legs, suivant la maxime : *Falsa demonstratio legatum non vitiat* (2).

Je lègue 1,000 fr. à Titius, qui a géré mes affaires, qui a épousé ma cousine. Ces expressions ne présentent que l'idée d'une démonstration dont le seul objet est d'indiquer plus clairement la personne du légataire, déjà suffisamment connu par son nom : c'est pourquoi la fausseté de la démonstration, soit qu'elle porte sur l'objet du

---

(1) Un homme achète un cheval de 60 écus, payables lorsque sa femme aura un enfant. La femme meurt sans enfans. Le vendeur demande le prix. L'acheteur répond qu'il ne doit rien, parce que la condition a manqué. Arrêt du 1.er août, qui condamna l'acheteur à payer. L'arrêt est rapporté dans les Réponses de Carondas, liv. 7, rép. 230; Furgole, chap. 7, sect. 6, n°. 29.

(2) Inst. § 31, *de leg.*, et *ibi* Vinnius; Voët, sur le Digeste *de cond. et dem.*, 35, 1; *voy.* encore le Traité de Puga et Feijoo, *de fals. dem. et caus. leg. adject.*, opp., tom. 1, pag. 20; et un arrêt du 5 juin 1703, dans le Journal des Audiences.

legs, ou sur la personne du légataire, n'annule pas le legs.

Mais si le relatif *qui* se rapporte au temps futur; par exemple, je lègue 1,000 fr. à Titius, qui *épousera* ma cousine, ou *doit épouser* ma cousine, cette expression forme une condition suspensive; c'est comme si j'avais dit *s'il épouse ma cousine*; car, dit la loi 85, ff *de leg.*, 3°. *lib.*, 32, *nec interest utrum ita, qui meus erit, an ita si meus erit; utrobiquè conditionem esse.* Le testateur est censé avoir voulu exprimer une condition, et non pas faire une démonstration. Loi 6, ff *de leg.*, 1°., *lib.* 30. Car l'objet de la démonstration n'étant que d'indiquer d'autant mieux la personne ou la chose dont on parle, on ne peut raisonnablement la désigner par une qualité future qu'elle n'aura peut-être jamais. Quand on emploie une qualité de cette espèce, il est donc à croire qu'on s'est proposé un autre objet que d'ajouter à ce qu'on avait dit un nouveau degré d'évidence, un caractère plus marqué, et cet autre objet ne peut être que de faire dépendre la disposition de la qualité future qu'on témoigne vouloir exister dans la personne du légataire, ou dans la chose léguée. *Voy.* Merlin, nouveau Répertoire, v°. *Qui.* Il y rapporte un arrêt rendu en 1779, dans l'affaire du comte de Béthune et de la marquise de Matharel. Les principes que nous venons d'exposer furent à cette occasion discutés avec étendue.

C'est des deux lois citées que les interprètes Bartole, Mornac, sur la loi 75, *de leg.*, 1°., et notre d'Argentré, sur la Coutume de Bretagne.

art. 221, glos. 4, n°. 7, ont tiré la règle *relativum qui adjectum verbo futuri temporis facit conditionem, et perindè est utque* si *dictum fuisset.*

Cette règle s'applique aux contrats, ainsi qu'aux testamens, et nous avons vu que la vente du poulain *qui naîtra* de ma jument, des fruits *qui naîtront* dans mon champ, est conditionnelle et soumise à la condition s'il naît un poulain ou des fruits.

Mais il faut observer que le relatif *qui* ou *que* forme quelquefois condition, quoiqu'il se rapporte à un temps présent. Nous en avons donné un exemple *suprà*, n°. 503, pag. 530, lorsque je lègue 1,000 fr. que me doit Titius, et qu'il ne me doit rien; 1,000 fr. qui sont dans ma cassette, où il ne se trouve rien (1), de pareils legs sont censés faits sous la condition si Titius me doit, s'il y a 1,000 fr. dans ma cassette.

Il arrive aussi que le relatif joint à un verbe futur ne forme point une condition, mais une démonstration; c'est ce qui arrive lorsque le relatif se rapporte au paiement de l'obligation, ou à l'exécution de la disposition, et non pas à la disposition elle-même. Je vous donne 1,000 fr., qui seront pris sur l'argent comptant que l'on trouvera dans ma cassette : quoiqu'il ne s'y trouve rien, les 1,000 fr. sont dus. Je vous vends cent barriques de vin, qui seront prises sur la récolte

---

(1) Si Titius devait 1,000 fr. au moment du testament, et que le testateur eût reçu cette somme, le legs serait censé révoqué; et de même, si je retire l'argent qui était dans ma cassette, je révoque le legs.

de telle vigne. Ces formules indiquent seulement sur quels objets la disposition ou la convention doivent d'abord et de préférence être exécutées. *Voy.* ce que nous avons dit, *suprà*, n°. 458, sur la distinction de l'assignat limitatif et démonstratif.

522. On applique au gérondif *en faisant* (1), *en payant*, etc., la distinction que nous venons d'expliquer au sujet du relatif. Bartole, et après lui Dumoulin, sur la Coutume de Paris, § 20, glos. 7, n.° 6, donnent pour règle que si le gérondif est joint à un verbe, ou à un participe qui regarde le futur, il fait condition; et qu'il désigne seulement un mode, quand il est joint à un verbe ou à un participe du temps présent. Cette distinction est adoptée par tous les auteurs.

Mais Ricard, des Dispositions conditionnelles, n°. 68, et après lui Furgole, chap. 7, sect. 3, n°. 45, font une distinction. Ils pensent que cette règle est applicable aux contrats qui emportent une exécution présente, et non aux testamens qui n'ont pas la même effet présent, et où tout se rapporte après la mort du testateur. Ils tiennent pour maxime que le gérondif forme indistinctement, dans les legs, une condition qu'il faut accomplir avant d'acquérir droit à la libéralité, et qu'il faut en dire autant de l'ablatif absolu, parce que, dans le génie de la langue françoise, l'ablatif absolu peut être converti en gérondif.

---

(1) *Voy.* le développement que j'ai donné à ce nombre et au suivant, dans le tom. VII, section de la Novation, n.os 316 et 317.

523. La préposition *moyennant*, qui tient du gérondif, forme aussi une condition. Je lègue 1,000 fr. à Titius, *moyennant* qu'il rende compte, *moyennant* qu'il fasse telle chose. C'est le même sens que l'ablatif absolu et le gérondif. Un testateur qui s'exprime de cette manière entend faire dépendre sa libéralité de l'exécution préalable de la charge qu'il impose par le mot *moyennant*.

Louet, lettre N, sommaire 7, rapporte un arrêt qui jugea que la préposition *moyennant* formait une condition dans un contrat. Voici l'espèce : en 1583, contrat par lequel Lagrange échangea des rentes contre d'autres rentes ; en 1592, autre contrat, par lequel les contractans substituent d'autres rentes à celles échangées par le premier contrat, qui, *moyennant ce*, demeurait *nul* et *de nul effet et valeur*.

En 1598, Lagrange fut évincé des rentes qu'il avait reçues par le contrat de 1592. Il avait un recours sur les biens de celui avec lequel il avait contracté ; mais il s'agissait de savoir s'il aurait hypothèque de 1583, époque du premier contrat, annulé par celui de 1592, ou seulement du jour de ce dernier contrat.

Il fut jugé qu'il avait hypothèque de 1583, parce que la résolution du premier contrat n'avait été que conditionnelle, comme le prouvait le mot *moyennant*, dont le sens était à condition que le nouveau contrat ait son entier effet.

L'application des règles que nous venons de tracer, relativement aux formules qui peuvent contenir une condition, est fréquente dans la pratique. En voici encore un exemple tiré de Dumoulin, sur le § 20 de la Coutume de Paris, glose 6, n°. 5.

Titius, tuteur de Caius, avait, sans formalités, vendu une maison de son mineur, et garanti personnellement l'acquéreur de l'éviction. Caius, devenu majeur, se fit rendre compte, et transigea avec son tuteur. La transaction portait que, pour demeurer quitte de son administration, *et du fait d'icelle maison*, Titius sera tenu et promet payer, à la Saint-Remi, la somme de 400 liv. tournois, et *ce faisant*, a, ledit Caius, *ratifié, confirmé et approuvé la vente d'icelle maison.*

Titius ne paya point la somme au terme fixé, et Caius revendiqua sa maison contre l'acquéreur, qui répondit que si la vente était nulle dans son principe, Caius l'ayant ratifiée en majorité, ne pouvait plus l'attaquer. Caius répliqua que sa ratification était conditionnelle, et qu'elle était par conséquent devenue nulle par le défaut d'accomplissement de la condition.

La question du procès fut donc de savoir si le gérondif *ce faisant* formait une condition ou un mode. Dumoulin, qui défendait l'acquéreur, employa toutes les ressources de son esprit et de son savoir, pour éluder l'application du principe que le gérondif forme une condition, lorsqu'il se rapporte à un temps futur. Il soutint que, dans l'espèce, le gérondif ne formait qu'un mode, et que la ratification ayant été dans son principe pure et non conditionnelle, avait dû être irrévocablement exécutée, et qu'ainsi, à défaut de paiement au terme, la transaction ni la ratification qu'elle contenait n'étaient pas résolues, et qu'il restait seulement à Caius une action pour la faire exécuter, et pour contraindre Titius au paiement de la somme de 400 fr. qu'il offrait; et que Caius offrait egalement.

Néanmoins Dumoulin perdit son procès; le Châtelet de Paris jugea la ratification conditionnelle, et condamna à rendre la maison l'acquéreur, qui n'osa se porter appelant, malgré les raisons de Dumoulin, encore jeune alors, mais qui depuis a persisté dans son opinion.

Nous pensons que le jugement du Châtelet serait confirmé sous l'empire du Code, qui veut que la condition résolutoire (1) soit toujours sous-entendue pour le cas où l'une des parties ne satisfera point à son engagement (1184), et que la condition soit censée défaillie, lorsque le temps fixé est expiré sans que l'événement soit arrivé (1176).

524. Les règles que nous venons de tracer d'après les docteurs, et qu'ils ont puisées dans les lois romaines, par des inductions naturelles, ne sont pas néanmoins infaillibles. Comme il ne s'agit, en dernière analyse, que d'interpréter et de connaître la volonté des contractans ou du testateur, et que c'est elle qui règle les conditions et les autres modifications des actes, un

---

(1) Dans l'espèce proposée, la condition était suspensive. *Voy.* ce que nous disons tom. VII, section de la Novation, n°s. 316 et 317.

magistrat prudent et éclairé doit s'attacher à découvrir cette volonté, qui doit fixer la nature des clauses et leur qualification, pour savoir si elles forment une condition, un mode, une cause impulsive ou finale, une démonstration ou un délai.

Mais l'examen des règles que nous a transmises la sagesse des anciens jurisconsultes et des docteurs n'en est pas moins important. « L'esprit, sans cet examen, ne pourrait acquérir un certain degré de consistance, de repos, de tranquillité si nécessaires pour la solidité du jugement. » C'est la réflexion d'un grand magistrat, du célèbre chancelier d'Aguesseau (1).

---

§ II.

Quels sont les effets de la condition ou du mode.

SOMMAIRE.

525. *Trois temps à considérer pour les effets de la condition.*
526. *Tandis qu'elle est pendante, l'obligation n'existe point. La propriété et la possession de la chose continuent de résider sur la tête du débiteur conditionnel. Conséquences.*
527. *Si le tiers acquéreur peut,* pendente conditione, *prescrire contre le créancier conditionnel.*
528. *Celui-ci peut faire des actes conservatoires.*
529. *Il peut même faire des actes de propriété, mais sous condition.*

---

(1) Tome IV de ses OEuvres, pag. 621.

530. *Il transmet son droit à ses héritiers.*
531. *Effet des conditions dans les testamens; une disposition conditionnelle en révoque une pure et simple.*
532. *Droits du légataire*, pendente conditione.
533. *Il ne peut renoncer avant l'événement.*
534. *Le légataire conditionnel ne transmet point son droit à ses héritiers.*
535. *Les conditions potestatives*, in non faciendo, *ne suspendent pas l'exécution du legs.*
536. Secùs *dans les contrats. Raison de différence.*
537. *Effet de l'accomplissement de la condition suspensive.*
538. *De la perte ou de la détérioration de la chose par cas fortuit*, pendente conditione.
539. Quid, *si la chose est perdue ou détériorée par la faute du débiteur.*
540. *Il faut l'estimer suivant sa valeur, au temps de l'événement de la condition.*
541. *C'est du jour de l'accomplissement que les fruits appartiennent au créancier conditionnel.*
542. *Et que commence à courir la prescription.*
543. *L'accomplissement de la condition a un effet rétroactif dans les contrats.*
544. Quid, *dans les testamens.*
545. *L'effet rétroactif n'empêche point le débiteur conditionnel de faire les fruits siens*, pendente conditione.
546. *Si la condition potestative a un effet rétroactif. Distinction. Examen d'un arrêt de la Cour de cassation, du 26 janvier 1814.*
547. *Si la condition manque, l'acte est considéré comme n'ayant pas existé.*
548. *Effet de la condition résolutoire avant l'accomplissement. Elle n'empêche point l'exécution du contrat ou du legs.*
549. *Effet de l'accomplissement de la condition résolutoire.*
550. *Les clauses résolutoires, sous une condition potestative, étaient autrefois considérées comme comminatoires. Injustice de cette jurisprudence.*

551. *Dans le droit romain, la résolution s'opérait de plein droit.*

552. *Le Code s'est rapproché du droit romain, mais on a douté si la résolution s'opère de plein droit, et sans sommation, par l'événement de la condition.*

553. *L'événement des conditions casuelles produit son effet de plein droit.*

554. *Il en est de même des conditions potestatives, exprimées par le contrat, quand le délai de leur accomplissement est fixé.*

555. *Modification qui confirme ce principe, art. 1656. Explication de cet article.*

556. *La modification cesserait si le prix était payable au domicile du créancier.*

557. *Le créancier peut être dispensé de la sommation par le contrat, dans le cas même où le lieu de paiement n'est pas désigné, art. 1139.*

558. *La modification de l'art. 1656 ne s'applique qu'aux ventes d'immeubles.*

559. *La condition résolutoire légale opère son effet de plein droit, si la loi a fixé le temps de son accomplissement. Exemple, art. 1912. Rachat forcé des rentes.*

560. *Résumé des principes de la matière.*

561. *Ces principes ont été quelquefois méconnus depuis la promulgation du Code, et pourquoi.*

562. *Ils sont fixés par un arrêt de la Cour de cassation et par d'autres arrêts.*

563. *Effet de la résolution; elle remet les choses dans le même état que si l'obligation n'avait pas existé. Conséquences.*

564. *Comment les contractans peuvent agir pour se contraindre à remplir les engagemens qui résultent de la résolution.*

565. *Deux sortes d'obligations à distinguer dans un contrat résoluble; les obligations actuelles et les éventuelles.*

566. *L'événement de la condition résout les premières et fait naître les secondes, pour l'exécution desquelles les contractans ont l'action* ex contractu.

567. *Si le contrat est authentique, on agit par voie de commandement ou d'exécution parée, sinon par voie de simple demande. Exemples.*

568. *Si le contrat porte*, sans qu'il soit besoin d'acte, *l'acquéreur ne peut purger la demeure, en payant même lors du commandement. Si le contrat ne le porte pas, il peut la purger en payant au moment du commandement, non après.*

569. *S'il est vrai que l'acquéreur puisse payer vingt-quatre heures après le commandement.*

570. *Si le vendeur se bornait à sommer l'acquéreur de payer le prix du contrat, il serait censé renoncer à la résolution.*

571. *Quand la condition résolutoire est-elle en faveur des deux parties ?*

572. *La confirmation du contrat résolu de plein droit ne préjudicie point aux tiers, par exemple, aux cautions.*

573. *Quoique le vendeur renonce à la résolution, elle n'en fait pas moins évanouir la prescription acquise par l'acquéreur.*

574. *Si la confirmation du contrat résolu n'aggrave point les obligations de la caution, elles continuent de subsister.*

575. *L'événement de la condition résolutoire fait évanouir les aliénations, hypothèques et charges créées* pendente conditione.

576. *Il en est autrement des baux faits sans fraude.*

577. *Le droit que donne la condition résolutoire n'a pas besoin d'être inscrit au bureau des hypothèques.*

578 *Il faut que la condition résolutoire soit stipulée au moment du contrat, pour avoir son effet contre les tiers.*

579. *A moins qu'elle ne fût déjà sous-entendue dans le contrat.*

580. *Les conditions sous-entendues ne produisent pas leur effet de plein droit.*

581. *Mais après le délai fixé par la justice on ne peut plus purger la demeure.*

582. *Application de ces principes aux legs.*

583. *Le testateur peut ordonner la résolution de plein droit, sans qu'il soit besoin d'acte.*

584. *Il lui suffirait de fixer un terme à l'accomplissement, si la condition était suspensive.*

585. *La résolution du legs, faute d'en avoir rempli les charges, produit son effet contre les tiers, lors même qu'elle n'est pas exprimée dans le testament.*

525. A proprement parler, le seul effet de la condition est de suspendre ; elle suspend la naissance de l'obligation : c'est la condition suspensive ; elle en suspend la résolution : c'est la condition résolutoire. Pour développer les conséquences de cette suspension, nous examinerons les conditions en trois temps différens :

1°. Celui où la condition est pendante, où il est encore incertain si elle arrivera ou n'arrivera pas ;

2°. Celui où elle est arrivée ;

3°. Celui où elle est défaillie, où il est certain qu'elle n'arrivera pas.

526. Tandis que la condition est pendante, l'obligation n'existe point encore ; elle n'est point encore née. Il n'y a qu'une simple espérance qu'elle pourra exister. C'est pourquoi le paiement fait par erreur, avant l'accomplissement de la condition, est sujet à répétition, comme d'une chose non due, *conditione indebiti.* Loi 16, ff *de condict. indeb.*, 12, 6. Le créancier sous condition doit même en ce cas rendre les fruits qu'il aurait perçus. Loi 8, ff *de peric. et comm. rei vend.*, 18, 6.

L'obligation n'existant point encore avant l'accomplissement de la condition, tout doit demeurer dans le même état. La propriété et la possession de la chose, qui font la matière du contrat ou du legs conditionnel[1], continuent de résider sur la tête de celui qui est obligé de se livrer sous condition ; il continue de faire les fruits siens. D. Loi 8. La chose continue d'être à ses risques, si elle périt entièrement (1182)

Inutilement la condition s'accomplirait-elle par la suite; l'obligation est éteinte si la chose est périe sans sa faute (1182); car l'accomplissement de la condition ne peut confirmer l'obligation de ce qui n'existe plus, puisqu'il ne peut exister d'obligation sans une chose qui en soit le sujet.

Quant à la perte arrivée par la faute du débiteur, et quant à la perte partielle ou aux détériorations arrivées par cas fortuit ou autrement, nous en parlerons en expliquant l'effet des conditions lorsqu'elles sont accomplies.

Le débiteur sous condition étant propriétaire de la chose en attendant l'événement, il peut en disposer comme bon lui semble, l'aliéner, l'hypothéquer, etc. Tout ce qu'il fait est valable, si la condition vient à défaillir; mais si elle s'accomplit, tout ce qu'il a fait est anéanti *ab initio*, comme s'il n'y avait point eu d'aliénation faite, d'hypothèque consentie, etc., parce que le débiteur sous condition n'ayant qu'une propriété résoluble, n'a pu conférer plus de droits qu'il n'en avait lui-même (2125, 2182). Loi 54, ff *de R. J.*

527. Justinien va même jusqu'à décider que le tiers acquéreur ne pourrait en ce cas opposer au créancier, après l'événement de la condition, ni la prescription *longi temporis*, ni l'usucapion : *ut nec usucapio, nec longi temporis præscriptio procedat.* Loi 3, § 3, *Cod. commun. de legat.* (1), 6, 43.

---

(1) Les termes de la loi sont remarquables :

« *Sin autem sub conditione.... fuerit relictum ... meliùs quidem*

Mais il ne paraît pas que cette décision puisse être suivie sous l'empire du Code, qui donne au créancier, avant que la condition soit accomplie, la faculté d'exercer tous les actes conservatoires de son droit (1180, 2148, n°. 4).

528. En effet, si la condition suspend le droit du créancier aussi bien que l'obligation du débiteur, le premier n'en a pas moins acquis, par la convention, un droit éventuel qui ne peut lui être enlevé sans son consentement, un droit irrévocable quoiqu'incertain, et qui ne peut s'évanouir que par le défaut d'accomplissement de la condition. Il doit donc avoir la faculté et les moyens de conserver ce droit. Il peut stipuler une hypothèque pour sa sûreté (2132), la faire inscrire au bureau de la conservation des hypothèques (2148, n°. 4). Il peut donc aussi interrompre la prescription par des actes conservatoires, et s'il le peut, il n'existe pas de raison pour suspendre en sa faveur le cours de la prescription. En cas de vente par expropriation forcée, la créance conditionnelle doit être mise en ordre suivant son rang; mais le créancier ne peut la recevoir qu'après l'accomplissement de la condition. Le créancier

---

faciet, si in his casibus caveat ab omni venditione, vel hypothecâ, ne se gravioribus oneribus evictionis nomine supponat. Sin autem avaritiæ cupidine, propter spem conditionis minimè implendæ ad venditionem, vel hypothecam prosiluerit. Sciat quod, conditione impletâ, ab initio causa in irritum devocetur, et sic intelligenda est quasi nec scripta, nec penitùs fuerit celebrata, ut nec usucapio, nec longi temporis præscriptio contra legatarium procedat..... Sed legatario omnis licentia pateat rem vendicare et sibi adsignare, nullo obstaculo ei à detentatoribus opponendo.»

subséquent dans l'ordre reçoit en sa place, en lui donnant caution de rapporter à son profit, en cas d'accomplissement de la condition. Pothier, n°. 222.

529. Les actes qu'il peut faire ne sont même pas bornés à des actes conservatoires. Celui qui a sur un immeuble un droit suspendu par une condition, peut consentir sur cet immeuble une hypothèque soumise aux mêmes conditions que son droit (2125); d'où il résulte, par identité de raison, qu'il peut aliéner sous la même condition, et que l'aliénation conservera toute sa force, si la condition s'accomplit.

530. Le droit du créancier conditionnel passe à ses héritiers, s'il meurt avant l'accomplissement de la condition, à moins qu'elle ne lui soit personnelle, *injuncta personæ*, ou qu'elle ne puisse être accomplie par les héritiers. Nous en parlerons en expliquant les principes sur l'accomplissement des conditions.

531. L'effet des conditions dans les testamens est le même que dans les contrats, à quelques exceptions près. La disposition conditionnelle est parfaite et irrévocable, après la mort du testateur, comme le contrat conditionnel après le consentement des parties. Le testament conditionnel est tellement parfait, que si le testateur y dispose sous condition des mêmes objets dont il avait disposé purement et simplement par un précédent testament, celui-ci est révoqué, quand même la condition viendrait à défaillir. Loi 16, ff *de injust. rupt. test.*, 28,

532. Du reste, l'obligation de l'héritier débiteur du legs, et le droit du légataire sous condition, sont suspendus après la mort du testateur, comme les droits du créancier et les obligations du débiteur dans un contrat conditionnel. Le légataire n'a qu'un droit éventuel, mais irrévocable, qui ne peut s'évanouir que par le défaut d'accomplissement de la condition. En attendant l'événement, il peut faire tous les actes conservatoires de son droit comme le créancier, en vertu d'un contrat conditionnel. Il peut valablement faire telles conventions que bon lui semble avec les créanciers de la succession, et obtenir d'eux une remise conditionnelle ou une réduction. Loi 7, § 18, ff *de pactis*, 2, 14. Il peut disposer de son droit, le vendre comme on vend l'espérance d'un coup de filet, en faire remise aux héritiers, qui devraient acquitter son legs, si la condition arrive, faire avec eux telle convention qu'il jugera à propos. *Voyez* tom. IV, pag. 355, n°. 340.

533. Mais la renonciation qu'il ferait avant l'événement de la condition, même au greffe, conformément à l'art. 784, ne le lierait point; il pourrait encore accepter le legs et en demander la délivrance après l'accomplissement de la condition, à moins que sa renonciation n'eût été acceptée par les héritiers (790). *Vid.* Finestres, *Tract. de acquir. vel omitt. hæred.*, part. 3. cap. 1, n°. 3.

534. A la différence du créancier, en vertu d'un contrat conditionnel, le légataire ne transmet point son droit ou son espérance à ses héritiers:

s'il meurt avant l'événement de la condition, le legs devient caduc. Nous en avons dit la raison dans le paragraphe précédent, n°s. 474 et 477.

555. Il y avait dans le droit romain une grande différence entre les conditions potestatives, qui consistent dans l'abstention d'un fait, *in non faciendo*, lorsqu'elles étaient imposées dans un testament ou dans un contrat. L'exécution du legs fait sous une pareille condition, par exemple, si le légataire ne monte point au Capitole, n'était pas suspendue jusqu'à ce qu'il fût certain qu'il ne monterait point au Capitole; ce qui eût entraîné l'époque de sa mort. Il pouvait demander l'exécution du legs, en donnant caution de restituer la chose avec les fruits, en cas de contravention à la condition : c'est ce qu'on appelait la caution mucienne (1).

La raison qu'en donne Cujas est qu'une pareille condition est plutôt un mode qu'une condition suspensive, dans l'esprit et dans l'intention du testateur, quoique la formule *s'il ne fait* pas telle chose présente l'idée d'une condition plutôt que celle d'un mode. Supposons en effet que j'aie légué à Paul 1,000 francs, s'il ne va point à Paris. Considérée comme une condition, cette formule suspendra l'exécution du legs jusqu'à la mort de Paul; car ce n'est qu'à sa mort qu'il deviendra certain qu'il n'ira point à Paris. Il ne jouira ja-

(1) Du nom du jurisconsulte Mucius Scævola, qui en fut l'inventeur. *Vid.* Heinecc., *Hist. juris*, § 145; et Cujas, sur la loi 72, ff *de condit. et dem.*, *in lib.* 18; *Quæst. Papin.*, *opp. posth.*, tom. 1, col. 494.

mais du legs, qui néanmoins passera à ses héritiers. Il n'y aura donc aucune différence entre ces deux formules, je lègue à Paul s'il ne va point à Paris; je lègue à Paul lorsqu'il mourra. Peut-on croire que telle ait été l'intention du testateur?

Allons plus loin : je lègue à Paul l'usufruit de la Villemarie, s'il ne va point à Paris. Si l'on s'obstine à voir dans cette formule une condition suspensive, le legs deviendra parfaitement inutile; car il sera suspendu jusqu'à la mort de Paul, époque à laquelle l'usufruit s'éteindra; c'est-à-dire, qu'il ne s'ouvrira qu'au moment où il s'éteindra. Il est impossible de donner à ce legs une interprétation aussi absurde. Les lois romaines (1) et l'art. 1157, d'accord avec le bon sens et la raison, nous ordonnent, lorsqu'une clause est susceptible de deux sens, de l'entendre dans celui avec lequel elle peut avoir quelqu'effet, plutôt que dans le sens avec lequel elle n'en pourrait produire aucun. Il faudra donc, sous peine d'absurdité, déclarer le legs modal et non conditionnel. On devrait le juger tel, même sous l'empire du Code.

Il n'y a pas de raisons aussi pressantes pour déclarer modal le legs de la propriété, fait sous la condition si Paul ne va point à Paris, puisqu'enfin ce legs ne serait pas inutile, et passerait aux héritiers du légataire; mais peut-on croire que telle ait été l'intention du testateur, qu'il ait voulu que le légataire ne profitât point de sa li-

(1) Loi 12, ff *de reb. dub.*, 34, 5; loi 80, ff *de V. O.*, 45, 1. La conjonction *si* ne forme donc pas toujours une condition.

béralité? en un mot, qu'en disant *s'il ne va point à Paris*, il ait voulu dire lorsqu'il mourra? Si cette interprétation est moins absurde que dans le cas du legs d'un usufruit, il est du moins certain qu'elle est contre toute vraisemblance. C'est donc le cas d'appliquer la règle d'interprétation que le Code nous présente comme la première, qu'on doit rechercher quelle a été l'intention des parties plutôt que de s'arrêter au sens littéral des termes (1158) (Loi 219, ff *de V. S.*); règle que les lois romaines appliquent particulièrement aux conditions : *in conditionibus primum locum voluntas defuncti obtinet, eaque regit conditiones.* Loi 19, ff *de condit. et demonst.*, 35, 1. *Voluntas magis quàm verba* (1) *intuenda est.* Loi 16, Cod. *de fideicomm.*, 6, 42.

Nous pensons donc que le legs fait sous une condition potestative, qui consiste *in non faciendo*, de la part du légataire, peut être interprété dans le sens du mode, et non de la condition; que par conséquent le legs doit être provisoirement exécuté, sauf l'action révocatoire en cas de contravention à la condition : il est du moins certain que les juges ont le pouvoir de l'interpréter de cette manière, et qu'un arrêt qui jugerait modal et non conditionnel un legs fait sous la condition si le légataire ne va point à Paris, serait à l'abri de la cassation. Quant à la caution *mucienne*, dont le Code n'a point

---

(1) *Modum non tàm verba faciunt quàm voluntas defuncti*, dit fort bien Cujas, *in leg.* 71, ff *de condit. et demonstr.*, *in lib.* 17; *Quæst. Pap.*, pag. 459.

parlé, les lois romaines étant aujourd'hui abrogées; le pouvoir des juges ne paraît pas s'étendre jusqu'à suppléer une sûreté que la loi ni le testateur n'ont point exigée.

536. L'interprétation doit être toute différente dans les contrats faits sous une condition potestative de la part du créancier. Par exemple, dans le cas où vous avez promis de me donner 1,000 francs si je ne vas point à Paris. Les lois romaines considèrent une pareille condition dans les contrats comme équivalente à celle lorsque je mourrai, *si quis ita stipuletur, si in Capitolium non ascendero dare spondes? Perindè est ac stipulatus esset cùm moreretur, sibi dari.* § 4. *Inst. de V. O.*

Cette stipulation ne pouvait être interprétée dans le sens du mode, et la caution mucienne n'était point admise en ce cas. Cujas, *ubi suprà*, nous donne encore la raison de différence. C'est que, dans les legs, on ne considère que la seule intention du défunt, qui, n'ayant pas nommément renvoyé l'exécution de son legs à la mort du légataire, est présumé avoir voulu qu'il en profitât, et lui imposer, par la clause équivoque *s'il ne va point à Paris*, un mode plutôt qu'une condition, qui l'empêcherait d'obtenir la délivrance du legs pendant sa vie; manière de disposer infiniment rare. Dans les contrats, au contraire, il faut considérer l'intention des deux parties, et dans le doute, interpréter la clause en faveur de celui qui s'est obligé. Cette formule, *si je ne vas point à Paris*, vous me donnerez 1,000 francs, étant équivoque, et pouvant être entendue dans le sens de la condition ou du mode, doit donc l'être dans le sens de la condition qui suspend le paiement des 1,000 francs ; car vous avez le plus grand intérêt à le suspendre et à le retarder jusqu'à ma mort. Il est censé que vous n'auriez pas donné votre consentement, si vous aviez cru être obligé de payer de suite, et avant qu'il fût certain que je n'enfreindrai point la condition de ne pas aller à Paris.

537. Après avoir examiné les effets de la condition suspensive, tandis qu'elle est encore pendante, il faut voir ceux que produit son accomplissement.

Le principal effet de l'accomplissement de la condition est de rendre parfaite l'obligation, qui était suspendue, et de donner naissance à l'action qui résulte de la convention ou de la disposition, auxquelles la condition avait été apposée.

C'est à cette époque que commence à être due la chose qui est l'objet du contrat ou du legs conditionnel. Loi 41, ff *de condit. et dem*, 35, 1. Le legs devient à ce moment pur et simple ; en sorte que le légataire ou l'héritier institué transmet son droit à ses héritiers, quand même il n'eût point encore agi pour le réclamer, quand même il eût ignoré l'accomplissement de la condition. Il suffit que l'événement soit arrivé avant sa mort.

538. L'obligation étant devenue parfaite par l'accomplissement de la condition, la perte de la chose ou sa détérioration, survenue par cas fortuit, et sans la faute du débiteur, doit être supportée

par le créancier (Loi 8, ff *de peric. et commod. rei vend.*, 18, 6), devenu propriétaire de la chose par l'effet de l'obligation parfaite (711).

Quant à la perte ou à la détérioration arrivée auparavant, il faut distinguer : si la chose est entièrement périe sans la faute du débiteur, *l'obligation est éteinte* (1), dit l'art. 1182, ou plutôt, pour parler plus exactement, elle ne peut naître; car elle ne devait naître qu'au moment de l'accomplissement de la condition, et, à cette époque, la chose qui devait faire l'objet de l'obligation n'existant plus, l'obligation ne saurait prendre naissance, car il ne peut exister d'obligation sans une chose qui en soit l'objet.

Si la chose s'est détériorée sans la faute du débiteur, cette détérioration, non plus que la perte d'une partie de la chose, n'empêche pas l'obligation d'exister ; car il reste une chose qui en est l'objet.

On pourrait donc dire que la perte partielle ou la détérioration est à la charge du créancier, de l'acheteur, par exemple, s'il s'agit d'une vente conditionnelle. *Sanè si extet res, licet deterior ef-*

---

(1) Cette expression, *l'obligation est éteinte*, etc., est inexacte, car elle suppose que l'obligation a existé. L'art. 1302 dit aussi que l'obligation *est éteinte*, si la chose a péri sans la faute du débiteur, avant qu'il fût en demeure de la livrer. Par exemple, si je vous ai vendu tel cheval 600 fr., et qu'il vienne à périr sans ma faute, l'obligation où j'étais de vous le livrer est éteinte; mais celle où vous êtes de me payer 600 fr. ne l'est pas.

Si la vente avait été soumise à une condition suspensive, par exemple, je vous ai vendu tel cheval si vous êtes appelé à l'armée dans six mois, vous êtes en effet appelé, mais auparavant le cheval a péri par cas fortuit : la vente n'a point existé, ni par conséquent l'obligation de ma part de vous livrer le cheval, ni la vôtre celle de me payer. On ne peut donc pas dire que l'obligation soit éteinte.

-tuta, potest dici periculum esse emptoris. Loi 8, ff *de peric. et commod. rei vend.*, 18, 6.

Cependant le Code, peut-être en cela trop favorable au créancier, lui laisse le choix de résoudre l'obligation ou d'exiger la chose dans l'état où elle se trouve, mais sans diminution du prix (1182).

539. Si la chose est détériorée, ou si une partie a péri par la faute du débiteur, le créancier a le droit de résoudre l'obligation, ou d'exiger la chose dans l'état où elle se trouve, avec dommages et intérêts (1182). Le créancier pourrait également exiger des dommages et intérêts, si la chose était entièrement périe par la faute du débiteur.

540. Comme ces dommages et intérêts consistent dans la perte que fait le créancier et dans le gain qu'il eût pu faire, il faut, pour connaître la perte, estimer le prix de la chose, et cette estimation doit être faite eu égard à sa valeur, non pas au temps du contrat ou de la mort du testateur, mais au temps de l'événement de la condition, parce que c'est alors seulement qu'elle est due, et que le paiement peut être exigé. C'est un principe général établi pour toutes les obligations contractées à terme ou sous condition, que, dans l'estimation des choses dont le prix varie, il faut suivre celui du temps où la chose peut être demandée. Loi 12, ff *de reb. cred.*, 12, 1. Car en mettant une condition ou un terme à l'obligation, il est censé que les contractans n'ont eu en vue que le jour fixé ou l'événement de la condition. Loi 59, ff *de V. O*, 45, 1; loi 22, ff

de reb. cred., 12, 1. *Voy.* Doneau sur ces lois.

541. C'est encore du jour de l'accomplissement de la condition que les fruits appartiennent au créancier, parce que c'est à cette époque qu'il devient propriétaire, et que l'ancien propriétaire cesse de posséder de bonne foi.

Mais si ce dernier avait labouré et ensemencé les terres avant l'événement de la condition, le créancier ne devrait pas restituer les semences, engrais et frais de labour. Si l'obligation avait été pure et simple, si le créancier avait entré en jouissance au moment du contrat, ou à la mort du testateur, il n'eût point remboursé les frais faits pour labourer et ensemencer les terres : il les eût prises dans l'état où il les eût trouvées. Il en est de même à l'événement de la condition. Le débiteur qui, *pendente conditione*, jouit et fait les fruits siens, est obligé de jouir en bon père de famille, de labourer et d'ensemencer les terres, de réparer les édifices, etc.

542. Enfin, c'est du jour où la condition est arrivée que commence à courir la prescription à l'égard d'une créance qui dépend d'une condition (2257).

Et si l'acquéreur conditionnel avait acquis *à non domino*, la prescription de dix ou vingt ans ne commencerait aussi à courir en sa faveur que du jour de l'accomplissement de la condition (Loi 2, § 2, ff *pro emptore*, 41, 4; loi 7, § 4, *cod. de præsc. long. temp.* 7, 39), parce que c'est de ce jour seulement que la vente est parfaite. Loi 7, ff *de contrah. emp.*, 18, 1.

La prescription n'en courrait pas moins du

jour de l'événement de la condition, quand même l'acquéreur en ignorerait l'arrivée, pourvu qu'il fût en possession à cette époque ; car pour prescrire il faut posséder (2229).

543. Le second effet de la condition suspensive, lorsqu'elle est arrivée, est de remonter au jour du contrat (1179). Loi 78, ff *de V. O.*, 45, 1 ; loi 144, § 1, ff *de R. J.*

Ainsi, tout ce que le débiteur conditionnel aurait fait *pendente conditione*, les aliénations, les hypothèques, et autres charges qu'il aurait créées, tout s'évanouit par l'accomplissement de la condition (2125, 2182).

544. Plusieurs auteurs enseignent que la condition n'a pas un effet rétroactif dans les legs. Nous avons, tom. 5, n°. 93, pag. 101, suivi cette doctrine, qui est vivement combattue par Furgole, des Testamens, chap. 7, sect. 4, n°. 144. En y réfléchissant de nouveau, il nous paraît que cette dispute n'est qu'un malentendu, et que les deux opinions se concilient par une distinction. Il est certain que l'effet rétroactif de la condition est moins étendu dans les legs que dans les contrats. Il n'est pas nécessaire que le légataire conditionnel soit capable de recevoir à l'époque du testament, ni même à l'époque de la mort du testateur (*voy.* tom. 5, n°. 91, pag. 99 et 100), pourvu qu'il le soit au moment de l'accomplissement de la condition. S'il meurt avant l'événement, le legs est caduc : la condition n'a donc point d'effet rétroactif, en ce qui concerne la personne du légataire.

Mais, d'un autre côté, si l'héritier, quoique

propriétaire pendant la condition, aliène ou hypothèque la chose léguée, lui impose des servitudes, etc., l'accomplissement de la condition fait évanouir tout ce qu'il a fait; le droit des tiers acquéreurs est résolu et anéanti, sans qu'ils puissent renvoyer le légataire se pourvoir contre l'héritier pour ses dommages et intérêts. L'immeuble légué passe au légataire, libre de toutes charges, tel qu'il était à la mort du testateur, comme, dans un contrat conditionnel, il passe au créancier tel qu'il était au moment de la convention, libre de toutes charges imposées, *pendente conditione* (2125) : ce qui est le principal effet de la rétroaction, celui qui la caractérise particulièrement. La condition a donc un effet rétroactif quant à la chose léguée et quant aux tierces personnes, quoiqu'elle ne l'ait pas quant à la personne du légataire, et si l'on considère le temps de la condition dans les legs, c'est uniquement pour voir si elle arrive dans un temps où le légataire puisse en profiter pour acquérir le legs.

545. La considération que l'héritier fait les fruits siens, *pendente conditione*, comme le débiteur, en vertu d'un contrat conditionnel, n'est point contraire à l'effet rétroactif, parce que c'est à la bonne foi du possesseur qu'est attaché le gain des fruits (549, 550). *Inst.*, § 35, *de rerum divis.* Or, l'héritier et le débiteur conditionnels possèdent de bonne foi, en attendant l'événement de la condition.

546. Mais l'accomplissement de la condition suspensive potestative, c'est-à-dire, de celle qui

fait dépendre la naissance de l'obligation et l'exécution de la convention d'un événement qu'il est au pouvoir de l'une ou de l'autre des parties contractantes de faire arriver ou d'empêcher, a-t-il un effet rétroactif (1), aussi bien que celui de la condition casuelle? Il faut distinguer si l'événement est au pouvoir du créancier ou du débiteur.

S'il est au pouvoir du créancier, l'accomplissement de la condition a un effet rétroactif, comme si l'événement avait dépendu du hasard; car il n'est pas plus au pouvoir du débiteur, dans un cas que dans l'autre, de rompre ses obligations, en faisant échouer l'accomplissement de la condition.

J'ai promis de vous donner le fonds cornélien, si vous allez à Paris dans un an. Je vends ensuite ou j'hypothèque ce fonds à Caius. Vous allez à Paris avant l'année révolue. La condition est accomplie, le fonds cornélien vous appartient, libre des charges que j'ai créées pendant la condition, ou nonobstant la vente que j'en ai faite, sauf à l'acquéreur ou à ceux à qui j'avais donné cette hypothèque à recourir vers moi, si je leur avais laissé ignorer notre convention. Je n'avais plus qu'une propriété résoluble par un événement qu'il n'était pas en mon pouvoir d'empêcher; je n'ai pu leur transférer plus de droits que je n'en avais moi-même.

Au contraire, si l'événement de la condition est au pouvoir du débiteur conditionnel, son accom-

(1) Quelques auteurs en ont douté. *Voy.* Furgole, des Testamens, chap. 7, sect. 4, n°s. 136 et suiv.

plissement n'a point d'effet rétroactif contre les tiers avec lesquels il a contracté postérieurement; car, nonobstant le premier contrat passé sous une condition dont il pouvait empêcher l'accomplissement, il avait conservé son droit de propriété dans toute son intégrité. Ce droit, depuis le contrat comme auparavant, ne pouvait être, sans son fait, transféré à un autre : ainsi, en le transférant à des tiers, il ne leur transfère rien autre chose que ce qu'il avait lui-même, c'est-à-dire une propriété qui ne pouvait être résolue que par son fait et par sa volonté. Or, en la transférant à des tiers, il s'est interdit le droit de la transférer à qui que ce soit, et par quelqu'acte que ce soit. J'ai promis de vous donner le fonds cornélien, si je vas à Paris dans un an. Je vends ensuite ce fonds à des tiers : il est évident que je leur transfère mon droit de propriété dans toute sa plénitude. Je ne puis donc plus les en dépouiller par mon fait, ni par conséquent le transférer par mon fait à personne. Si donc, après la vente, je vais à Paris, dans l'année du premier contrat passé avec vous, la condition est accomplie; mais la vente que j'ai consentie ou les hypothèques que j'ai créées n'en subsistent pas moins (1). C'est ce qui résulte de la loi 9. §

(1) La Cour de cassation ne s'est point écartée de ces principes, dans un arrêt du 26 janvier 1814, dont voici l'espèce : Par acte notarié du 27 avril 1808, le sieur Manouri-Lacour avait ouvert un crédit au sieur Bonvoisin, en s'obligeant de payer les lettres-de-change que celui-ci pourrait tirer jusqu'à la concurrence de cent mille francs. Cette créance éventuelle fut inscrite sur le domaine de la Belle-Etoile, donné pour hypothèque par Bonvoisin. Depuis cette inscription, le sieur Desacres prêta de l'argent au même Bonvoisin, aussi avec hypothèque, qui

1, ff *qui potiores in pignore*, 20, 4; sur laquelle il faut voir Cujas, *in Africanum*, opp., *tom.* 1, *col.* 1535. Vous n'avez qu'un recours à exercer contre moi, et non aucune action contre les tiers qui ont

---

fut inscrite sur le domaine de la Belle-Étoile. Après la déconfiture de Bonvoisin, Desacres, pour faire prévaloir son inscription, prétendit que l'obligation de Bonvoisin envers Manoury était nulle dans son origine, suivant l'art. 1174 du Code, parce qu'elle dépendait d'une condition purement potestative de la part de Bonvoisin; qu'il était libre d'user ou de ne pas user du crédit de cent mille fr. Il en concluait que l'hypothèque de Manoury était nulle. Du reste, il était prouvé qu'en exécution de son obligation, ce dernier avait compté en acquit de Bonvoisin 97,208 fr., à une époque très-rapprochée du 27 avril 1808.

Manoury soutenait donc que cette créance était valable dans son origine, quoique conditionnelle, et que par conséquent son hypothèque était valide, parce que les art. 2132 et 2148, § 4, du Code, permettent de recevoir une hypothèque pour une créance conditionnelle, et de la faire inscrire au bureau de la conservation.

L'affaire ainsi engagée ne présentait d'autre question à juger que celle de savoir si l'obligation contractée par Manoury, de payer les lettres-de-change qui seraient tirées sur lui, et l'obligation contractée par Bonvoisin d'indemniser Manoury, étaient nulles ou valides. Or, il est évident que l'obligation de Manoury ne dépendait pas d'une condition potestative de sa part; car il ne pouvait empêcher Bonvoisin de tirer des lettres-de-change; il ne pouvait refuser de les payer sans s'exposer à des dommages et intérêts.

L'art. 174, qui annule les obligations potestatives de la part de celui qui s'oblige, était donc là sans application, et l'obligation de Manoury valide; et si elle l'était, il s'ensuivait nécessairement que la créance en indemnité, souscrite par Bonvoisin, était également valide, quoique conditionnelle et dépendante d'une condition potestative de la part de Bonvoisin; car l'obligation de Manoury et sa créance en indemnité étaient corrélatives et indivisibles : l'une ne pouvait exister sans l'autre.

La Cour de Caen les jugea valides, et son arrêt fut confirmé par la Cour de cassation, le 26 janvier 1814. Sirey, an 1814, pag. 41.

Il en résulte bien que l'hypothèque conférée pour sûreté d'un crédit ouvert, pour sûreté d'une créance future et éventuelle, est valable, quoiqu'il soit au pouvoir du débiteur futur et éventuel de ne point user du crédit ouvert; mais il ne faut pas en conclure

contracté avec moi, et cela est parfaitement juste. Vous avez à vous reprocher d'avoir contracté sous une condition dont il était en mon pouvoir d'empêcher l'accomplissement; vous n'auriez rien à demander si je n'étais point allé à Paris, quand même il serait prouvé que je m'en suis abstenu dans le dessein de faire évanouir mon obligation conditionnelle; car je m'en étais réservé la faculté. Je l'ai fait évanouir d'une autre manière, il est vrai; mais les tiers qui ont contracté avec moi n'ont rien à se reprocher: il est donc juste qu'ils vous soient préférés; autrement il en résulterait que le débiteur conditionnel peut se jouer de ses engagemens, et les rompre arbitrairement: ce qui est aussi contraire à la raison qu'à l'équité.

---

que les nouvelles hypothèques que le débiteur conditionnel consentirait, avant d'user du crédit qui lui était ouvert, ne soient pas préférables, ni qu'il puisse, par son fait, les rendre sans valeur, en usant, postérieurement à ces nouvelles hypothèques, d'un crédit ouvert antérieurement; car il faut bien remarquer que le sieur Desacres ne prétendit, *ni en appel, ni en première instance*, qu'il était devenu créancier de Bonvoisin avant que Manoury-Lacour eût payé les lettres-de-change.

C'est un fait décisif que nous apprend une consultation très savante et très-bien raisonnée, donnée par M. Sirey dans cette affaire, imprimée dans son Recueil de l'an 1814, 2e. part., pag. 50.

Le sieur Desacres ne fondait sa défense que sur la nullité prétendue de la créance de Manoury. S'il avait été soutenu et prouvé que ce dernier n'avait payé les lettres-de-change que depuis l'hypothèque consentie à Desacres, celui-ci eût infailliblement été jugé préférable, suivant les principes que nous avons exposés, et qu'on retrouve établis dans la consultation de M. Sirey, pag. 5[illegible] et suiv. *Voyez* les Questions de droit de Merlin; vo. *Hypothèque*, § 3; Basnage, Traité des hypothèques, chap. 1., § 3; Domat, liv. 3, tit. 1., sect. 4; Voët, sur le Digeste, liv. 20, tit. 4, no. 30, et surtout Cujas, *Tract.* 8, *in Africanum*, in leg. 9, *qui potior in pign.*, col. 1535.

Le principe que la condition accomplie n'a point d'effet rétroactif, s'il est au pouvoir du débiteur d'en empêcher l'accomplissement, ne doit être appliqué aux conditions résolutoires potestatives que dans un seul cas, celui où la condition serait purement potestative, où son accomplissement dépendrait uniquement de la volonté de celui qui demanderait la résolution. Tel est le cas de la résolution stipulée si l'acquéreur le veut, si la chose lui déplaît. Loi 3, ff *quib. mod. pignus solvitur*, 20, 6. Dans ce cas, les charges créées par l'acquéreur ne sont point anéanties par la résolution. Le vendeur ne saurait s'en plaindre ; car il peut refuser de reprendre la chose vendue avant qu'elle soit rendue libre. L'acquéreur ne peut la lui rendre que dans le même état où il l'a reçue ; il serait même tenu des dégradations arrivées par sa faute, et obligé de les réparer avant de pouvoir rendre la chose. C'est sur ce principe que sont fondées les obligations de celui qui déguerpit.

547. Il nous reste à voir quels sont les effets de la condition suspensive quand elle a manqué. Tout ce qu'on peut dire à cet égard est renfermé dans cette maxime des auteurs, *actus conditionalis, defectâ conditione, nihil est*; maxime tirée de la loi 8, ff *de peric. et commod. rei vend.*, 18, 6, qui porte : *Quod si sub conditione res venierit, si quidem defecerit conditio, nulla est emptio, sicuti nec stipulatio.*

Il en résulte, suivant la même loi, que les fruits appartiennent au vendeur, et que si l'acquéreur avait été mis en possession pendant la condition, il devrait restituer les fruits au vendeur; ce qui paraît raisonnable, parce qu'une vente nulle ne peut produire aucun effet. La mise en possession, comme ses effets, était censée conditionnelle.

548. Passons à l'effet des conditions résolutoires, que nous examinerons également dans les trois époques, avant, après leur accomplissement, et quand elles ont manqué. La condition résolutoire n'empêche point le contrat d'être pur dans son principe; il est parfait; il doit être exécuté : car l'obligation qu'il produit n'est pas suspendue, mais seulement sa résolution.

La propriété et la possession de la chose passent donc sur la tête de celui qui a acquis sous une condition résolutoire, soit en vertu d'un contrat, soit en vertu d'un testament, et elles continuent d'y résider jusqu'à l'accomplissement de la condition. Il en résulte qu'il se trouve à bien des égards dans le cas de celui qui a vendu, ou qui doit sous une condition suspensive.

Ainsi, il fait les fruits siens *pendente conditione*. La chose est à ses risques si elle périt entièrement, même sans sa faute; les aliénations qu'il fait sont valides, sauf la résolution en cas d'accomplissement de la condition. Il a le droit d'intenter l'action possessoire. La prescription, soit de trente ans, soit de dix ou vingt ans, court en sa faveur contre des tiers, mais non contre celui en faveur de qui la condition résolutoire a été opposée ses héritiers ou ayant cause.

Enfin, celui à qui un legs a été fait sous une condition résolutoire, étant propriétaire *pendente conditione*, son droit passe à ses héritiers, lors même qu'il meurt avant l'événement de la condition, avant qu'il soit certain qu'elle n'arrivera point, à la différence du legs fait sous une condition suspensive, qui devient caduc si le légataire meurt avant qu'elle ne soit accomplie.

549. Voyons maintenant quels effets produit l'accomplissement de la condition résolutoire. Mais pour bien entendre ce que nous avons à dire sur ce sujet, il est nécessaire de remonter au droit antérieur au Code.

550. Dans l'ancienne jurisprudence française, on distinguait entre les conditions résolutoires casuelles, et les conditions résolutoires potestatives. Les clauses par lesquelles il était convenu qu'un acte demeurerait nul et résolu, dans le cas où l'une des parties n'aurait pas rempli ses obligations, étaient considérées comme simplement comminatoires; elles ne s'exécutaient point à la rigueur, et la convention n'était pas résolue par le seul accomplissement de la condition dans le temps fixé par la convention, quand même il eût été expressément stipulé que la résolution serait encourue de plein droit, par la seule échéance du terme, sans qu'il fût besoin d'acte, ni de sommation, etc. Quelles que fussent les expressions dont les contractans s'étaient servis, leur volonté la mieux marquée était impuissante pour opérer la résolution de plein droit. Les tribunaux s'obstinaient à juger que ces clauses n'avaient d'effet qu'à l'arbitrage des juges, selon la qualité du fait et des circonstances. *Voy.* le Répertoire, v°.

Clause résolutoire; Pothier, du contrat de vente, n°. 459; Brodeau sur Louet, lettre P, n°. 50, etc.

Nous avons observé *suprà*, que cette jurisprudence était marquée au coin de l'erreur la plus manifeste, destructive des conditions sans lesquelles les contrats n'auraient point eu lieu; qu'elle était attentatoire à la foi publique, et qu'elle attaquait les conventions jusque dans leurs bases les plus sacrées.

551. Dans le droit romain, ces clauses étaient exécutées littéralement et à la rigueur; la résolution s'opérait de plein droit. *Voy.* la loi 12, *Cod. de contrah. stip.*, 8, 38; les titres du Digeste *de lege commissoriâ, de in diem addictione;* les commentateurs, et surtout Puga et Feijoo; Voët, in tit. *de usuris*, n°. 31, etc.

552. Le Code s'est rapproché du droit romain; mais la rédaction de ses dispositions ne s'est point trouvée assez claire pour dissiper les doutes qui s'élèvent dans des esprits imbus des principes erronnés de l'ancienne jurisprudence française. On a mis en question si, par le seul accomplissement de la condition, la résolution s'opère de plein droit, sans qu'il soit besoin d'acte ou de sommation, ou bien si la résolution doit être demandée en justice, et si elle n'est opérée que par le jugement qui intervient.

553. Il est d'abord certain que les conditions casuelles, soit suspensives, soit résolutoires, produisent leur effet de plein droit par l'accomplissement de l'événement prévu.

Je vous ai vendu ma maison 30,000 fr. si tel

navire arrive tel jour dans le port. La seule arrivée du navire au jour marqué rend parfaite et définitive la vente, qui était suspendue. Elle cesse de l'être par le seul événement de la condition, sans aucun fait de la part des contractans, *de plein droit, ipso jure*, en vertu de la convention, qui tient lieu de *loi* à ceux qui l'ont faite (1134). Le magistrat ne pourrait, sans violer cette loi, juger que l'arrivée du navire au jour marqué n'a pas rendu la vente définitive et irrévocable, et qu'elle est encore suspendue; il pourrait encore moins la suspendre arbitrairement. S'il s'élevait du doute sur l'effet de savoir si le navire est arrivé ou non au jour marqué, cette question de fait serait soumise au magistrat; mais la question de droit, savoir, si l'arrivée du navire a rendu ou non la vente définitive, ne peut jamais lui être soumise : elle est décidée d'avance par la loi particulière du contrat.

On ne conçoit même pas ce qu'il faudrait que l'un des contractans fît de plus, avant ou après l'événement, pour opérer la perfection de la vente. Il est donc dans la nature des conditions *casuelles* suspensives que leur effet soit produit *de plein droit*, par le seul accomplissement de l'événement prévu.

Il en est de même des conditions casuelles résolutoires.

En vous vendant ma maison, il a été convenu que la vente serait résolue si tel navire arrive dans le port avant deux ans. Il arrive dans le courant de la deuxième année. La vente est résolue par

cet événement : il n'est pas plus au pouvoir des parties ni du magistrat d'empêcher cette résolution, qu'il n'était en leur pouvoir d'empêcher l'arrivée du navire. Dans ce cas, comme dans celui de la condition suspensive, on ne conçoit pas ce qu'il faudrait de plus que l'événement pour opérer la résolution du contrat. On ne conçoit pas que le magistrat pût ou la déclarer non résolue, ou retarder arbitrairement la résolution. Aussi convient-on (1) que la résolution est opérée de plein droit par l'événement de la condition casuelle : le doute ne s'est élevé qu'à l'égard des conditions potestatives, qui dépendent du fait de l'une des parties contractantes.

554. Je vous ai vendu ma maison sous la condition que la vente sera résolue si je vais à Paris dans trois ans. J'y arrive dans la seconde année. La vente est résolue de plein droit par cet événement ; il n'est rien que vous puissiez faire pour empêcher que cette résolution ne soit opérée, et le magistrat ne pourrait, sous aucun prétexte, prononcer qu'elle n'est pas résolue. De mon côté, je n'ai rien de plus à faire, pour opérer la résolution, que d'aller à Paris dans le temps marqué. Si je vous notifie mon arrivée, ce n'est que pour constater que l'événement résolutoire est arrivé.

S'il s'élève entre vous et moi des contestations sur la manière d'exécuter la résolution, sur les

(1) *Voy.* Merlin, nouveau Répertoire, v°. *Clause résolutoire*, 3e. édit, pag. 411, et l'arrêt de la Cour de cassation, du 25 fructidor an XIII, qu'il rapporte. On trouve aussi cet arrêt dans la Jurisprud. du Code civil, tome V, pag. 298 et suiv.

prestations respectives auxquelles elle peut nous obliger, enfin, sur la question de savoir si ou non l'événement est arrivé, ces contestations même supposent que la résolution existe ou peut exister de plein droit.

Disons donc que, dans ce cas, la résolution est opérée de plein droit par l'accomplissement de la condition potestative, quand le délai de son accomplissement est fixé, quoique le propriétaire ne puisse pas se remettre en possession de son autorité privée.

Supposons maintenant que je ne sois point allé à Paris dans les trois ans. Le défaut d'accomplissement de la condition a rendu le contrat irrévocable; il ne peut plus être résolu que de votre consentement. Le juge qui s'arrogerait le droit de prononcer malgré vous la résolution violerait évidemment la loi du contrat; il commettrait évidemment un excès de pouvoir approchant de la prévarication.

Inutilement alléguerais-je pour excuse que j'ai été empêché par une force majeure d'aller à Paris dans le temps marqué; que, par exemple, les ennemis m'en ont interdit l'accès, qu'une maladie m'a retenu, etc.; car la condition était *si je vais à Paris*, et non *si je puis aller à Paris* dans trois ans. Vraies ou fausses, mes excuses ne peuvent plus être reçues que dans le cas d'une condition casuelle.

Supposons, dans le cas de la condition si tel navire arrive dans un an, qu'il ne soit arrivé qu'un ou deux mois après le temps marqué, parce qu'il a été retenu par le mauvais temps, par l'ennemi qui bloquait le port d'où il est parti; ces circonstances ne peuvent autoriser le juge à déclarer le contrat non résolu, par la considération que des événemens imprévus ou une force majeure ont retenu le navire; car ces événemens mêmes étaient implicitement compris dans la condition qui portait, si le navire *arrive*, et non *s'il peut arriver* dans un an.

Posons donc en principe que l'accomplissement de la condition potestative *si je vais* ou *si je ne vais pas à Paris dans un an*, opère la résolution du contrat de plein droit, sans que le juge puisse prolonger le délai. Il ne le pourrait sans attaquer le contrat jusque dans sa base, sans violer l'article 1183, qui porte expressément que la condition résolutoire, sans distinguer entre la condition casuelle et la condition potestative, *opère la révocation de l'obligation, lorsqu'elle s'accomplit*, et remet les choses au même état que si l'obligation n'avait pas existé.

Le seul accomplissement de la condition *opère* donc la résolution *de plein droit*, c'est-à-dire sans qu'il soit nécessaire de la faire prononcer par le juge, sans que le juge puisse décider que la résolution n'est pas opérée par l'accomplissement de la condition (1). C'est la conséquence naturelle de cet article et de plusieurs autres dont nous al-

---

(1) Le juge n'a point à examiner la question de droit, si l'obligation est résolue, mais seulement la question de fait, si la condition est accomplie.

lons parler en examinant le cas le plus difficile, celui de la résolution *stipulée*, si l'une des parties ne satisfait point à son engagement dans un temps déterminé.

Je vous vends ma maison 50,000 fr., à la condition expresse que la vente sera résolue de plein droit, si vous ne m'en bâtissez pas en tel endroit une autre, que je puisse habiter dans un an. Si l'année expire sans que vous m'ayez construit une autre maison, sans même que vous ayez commencé à la construire, le juge pourra-t-il en votre faveur prolonger le délai qui vous était accordé pour satisfaire à votre engagement?

Il résulte clairement de l'art. 1184 que ce pouvoir lui est refusé. Après avoir posé en principe que la condition résolutoire est toujours sous-entendue dans les contrats synallagmatiques, pour le cas où l'une des deux parties ne satisfera point à son engagement, cet article ajoute : « Dans ce » cas (de la condition sous-entendue), le contrat » n'est point résolu *de plein droit*..... La résolu- » tion doit être demandée en justice, et il peut » être accordé au défendeur *un délai*, suivant les » circonstances. »

Donc, dans les cas où la condition résolutoire est expresse, la résolution est opérée de plein droit; donc ce n'est que *dans le cas* de la condition tacite ou sous-entendue que le juge peut accorder au défendeur un délai, suivant les circonstances. La conséquence est directe et naturelle. Il est donc démontré que, suivant l'esprit et les dispositions du Code, la résolution est opérée de plein droit, lorsqu'elle est expressément stipulée pour le cas où l'une des deux parties ne satisfera point à ses engagemens dans un délai convenu.

555. Ce principe, conforme à la raison, est encore confirmé par le seul article qui y fasse, non pas une exception, mais une simple modification, dans le cas du pacte commissoire ajouté à une vente d'immeubles; c'est l'art. 1656, qui porte : S'il a été stipulé lors *de la vente d'immeubles* que, faute de paiement du prix dans le terme convenu, la vente serait résolue de plein droit, l'acquéreur peut néanmoins payer après l'expiration du délai, tant qu'il n'a pas été mis en demeure par une *sommation;* mais après cette sommation, le juge ne peut pas lui accorder de délai (1), comme il le pourrait si la clause résolutoire n'était pas stipulée en termes exprès (1655).

Ainsi, dans le cas du pacte commissoire ajouté à la vente d'un immeuble, quoique le terme convenu pour le paiement soit expiré, l'acquéreur peut, non pas obtenir un nouveau délai, mais purger la demeure en payant avant que le vendeur lui en ait fait la sommation. C'est une modification apportée au droit romain, suivant lequel la vente était résolue de plein droit à l'échéance

(1) La Cour de cassation a même décidé que l'art. 1656, qui défend au juge, après la sommation, d'accorder un délai, est applicable aux contrats de vente d'immeubles antérieurs à la promulgation du Code, et dont le prix consistait en une rente annuelle, lorsqu'il a été stipulé que, faute de paiement de la rente pendant deux ou trois ans, le contrat serait résolu. *Voy.* l'arrêt du 16 juin 1818, Sirey, tom. XIX, pag. 188; *voy.* encore un arrêt du 18 mai 1818, Sirey, *ibid.*, pag. 97 et suiv.

du terme fixé par le pacte commissoire, sans que l'acquéreur pût empêcher la résolution par un paiement tardif fait avant d'en être sommé.

Cette modification n'est que la conséquence d'un autre principe consacré par l'art. 1247. Quand le lieu du paiement n'est pas désigné par la convention, il doit être fait au domicile du débiteur. Il en résulte que, malgré l'échéance du terme, le débiteur n'est point en demeure avant que le créancier se présente pour recevoir. Le débiteur doit tenir son argent prêt; il n'est point tenu de le porter ni de l'aller offrir. Il faut que le créancier l'aille prendre, et constate par une sommation que le débiteur n'était pas prêt au terme marqué (1). Alors la résolution est opérée de plein droit; le juge ne peut accorder aucun délai.

556. Mais si, au lieu de se borner à stipuler que, faute de paiement du prix au terme convenu, la vente serait résolue de plein droit, il avait été stipulé que, faute à l'acquéreur de porter le prix au domicile du vendeur à l'échéance du terme convenu, la vente serait résolue de plein droit, sans qu'il fût besoin d'acte, nous ne pensons pas que le vendeur fût obligé de faire une sommation à l'acquéreur pour le constituer en demeure, et pour opérer définitivement la résolution.

---

(1) Le but de la sommation n'est donc pas que le débiteur ait à payer dans un tel délai, vingt-quatre heures, par exemple, mais sur-le-champ, comme dans le cas du protêt, quoique les savans auteurs de la Jurisprudence du Code civil ait pensé le contraire, tom. XI, page 444.

Ce cas est tout différent de celui où l'acquéreur n'est obligé de payer qu'à son domicile. C'est alors au vendeur à s'y présenter et à constater que le débiteur n'était pas prêt à payer au terme convenu, et que par conséquent la résolution est opérée.

Au contraire, si l'acquéreur est obligé de porter son argent au jour fixé, c'est à lui de faire ses diligences, de constater qu'il a fait ses offres, et qu'il était prêt au jour marqué. Le vendeur n'a rien autre chose à faire que de se tenir prêt à recevoir.

557. Il faut même remarquer que dans le cas de l'art. 1656, c'est-à-dire, dans le cas où le lieu du paiement n'a pas été désigné, il ne serait pas nécessaire de faire une sommation à l'acquéreur pour le constituer en demeure, si le vendeur en avait été dispensé par une clause spéciale du contrat ; car cet article ne défend point de dispenser le vendeur de la sommation, et l'art. 1139, dont la disposition est générale, permet expressément de stipuler cette dispense, en disant que le débiteur est constitué en demeure par le seul effet de la convention, lorsqu'elle porte que, *sans qu'il soit besoin d'acte*, et *par la seule échéance du terme*, le débiteur sera constitué en demeure.

558. Il faut aussi remarquer que la modification apportée par le Code au principe que la résolution est opérée de plein droit, par le seul accomplissement de la condition, ne s'applique qu'au cas de la vente d'*immeubles*, comme le porte expressément l'art. 1656. La vente des effets mo-

biliers rentre dans la loi commune. Elle est donc résolue de plein droit, et sans sommation, par la seule échéance du terme, lorsque la résolution a été expressément stipulée faute de paiement au jour fixé.

Ces ventes sont même résolues de plein droit et sans sommation, après l'expiration du terme convenu pour le retirement (1657), quoique la résolution n'ait pas été expressément stipulée.

559. Ce n'est pas seulement en vertu d'une stipulation expresse, qui forme la loi du contrat, que la résolution s'opère de plein droit, faute à l'une des parties de satisfaire à ses engagemens au terme marqué; elle s'opère également de plein droit, lorsque la loi a fixé un délai après lequel le contrat est résolu. Nous en avons un exemple dans l'art. 1912, qui porte que le débiteur d'une rente constituée en perpétuel peut être contraint au rachat, c'est-à-dire que le contrat est résolu, s'il cesse de remplir ses obligations pendant deux années. Plusieurs arrêts de la Cour de cassation ont décidé que ce délai est fatal, et qu'après l'expiration de deux années, le débiteur ne peut purger la demeure par des offres tardives, ni le juge lui accorder un délai qui enleverait au créancier le droit qui lui est acquis de se faire rembourser le capital.

Il faut néanmoins appliquer à cette espèce la distinction que nous avons faite *suprà*, n°. 262, entre les rentes *quérables* et *portables*. Si le lieu où la rente doit être payée n'est point désigné dans l'acte, le créancier est obligé d'aller prendre son argent chez son débiteur, qui n'est obligé à rien autre chose qu'à se tenir prêt à payer au terme fixé, et non pas à faire des offres. C'est donc au créancier à constater par une sommation qu'il est allé chercher son argent, et qu'il ne l'a point trouvé prêt (1).

---

(1) La Cour d'appel d'Aix, par un arrêt du 19 novembre 1813, a jugé que le remboursement d'une rente, même *quérable*, était acquis au créancier par le seul fait de non paiement pendant deux ans, sans qu'il soit besoin de sommation. Mais Sirey, qui rapporte cet arrêt, an 1814, 2e. part., pag. 230, avertit en même temps que la Cour de cassation vient de décider la question en sens contraire. Il promet de publier incessamment l'arrêt. Il est à croire que c'est l'arrêt du 14 juin 1814. *Voy*. Sirey, 1814, pag. 241. Cet arrêt confirme notre opinion. En voici l'espèce :

Le 17 juin 1811, la dame Guillard cite le sieur Anglade, pour se concilier sur la demande qu'elle se propose de former contre lui pour le faire condamner; 1°. de rembourser le capital d'une rente de 110 livres, constituée le 10 septembre 1768, moyennant 2,750 liv.; 2°. de déguerpir d'une locatairerie perpétuelle baillée le 14 janvier 1760, moyennant 700 livres de rente annuelle avec les arrérages des deux années dernières.

Il est évident que cette citation ne suffirait pas pour constituer Anglade en demeure; car pour le mettre en demeure, il fallait le mettre à même de payer ce qu'il devait. Or, l'huissier qui le cita n'avait pas le pouvoir de recevoir les deux années d'arrérages. Il ne le somma point de les payer. Ainsi jusque-là point de mise en demeure.

Trois jours après, la veille de comparaître en bureau de paix, Anglade fit à la dame Guillard en personne des offres réelles qu'elle refusa, prétendant qu'elle avait un droit *acquis* au remboursement du capital. Le lendemain, elle répéta devant le juge-de-paix ses offres qui furent également refusées.

La question à juger était donc de savoir si elle avait un droit *acquis* au remboursement par le seul fait de la cessation de paiement pendant deux ans. Cette question fut jugée contre la dame Guillard, comme elle devait l'être : car si Anglade avait été en demeure de payer pendant deux ans, sa demeure était purgée, faute à la dame Guillard de s'être présentée chez lui pour recevoir son argent. Il n'était pas obligé de le lui porter, 1247. *Voy. suprà*, nos. 261 et 262. Il n'était donc pas en demeure légale : car la citation

Si au contraire la rente est portable, le débiteur est obligé d'aller faire ses offres et de les constater, faute de quoi la demeure est acquise de plein droit, et ce droit ne peut plus être enlevé au créancier par des offres postérieures, quand même elles seraient faites avant qu'il eût formé aucune demande. La Cour de cassation

---

en conciliation, qui ne contenait point la sommation de payer, et qui était faite par un huissier sans pouvoir pour recevoir et donner quittance, n'avait pu mettre Anglade en demeure de payer. C'est ce que jugèrent le tribunal civil et la Cour d'appel de Toulouse, dont l'arrêt fut confirmé par la Cour de cassation le 14 juin 1814, Sirey, an 1814, pag. 241 et suiv.

Ces arrêts décident encore avec raison que la simple citation en bureau de paix, lorsqu'elle ne contient point le commandement de payer à l'huissier, n'est point un acte équivalent à la sommation.

Quant à la locatairerie perpétuelle, dont la dame Guillard demandait la résolution, l'acte du 14 janvier 1760 portait que faute de paiement de la rente « pendant deux années de suite, le bailleur » rentrerait dans les biens, *sans aucune forme ni figure de procès » et de plein droit.* » Mais la dame Guillard n'ayant envoyé personne chercher sa rente chez Anglade, qui n'était point obligé de la lui porter, et qui n'avait point été sommé de payer, il n'était point en demeure, et, par conséquent, elle n'avait pas le droit d'exiger la résolution du contrat.

D'ailleurs, le contrat passé sous l'ancienne législation, où l'on regardait comme comminatoires seulement les clauses pareilles à celles qu'il contenait, devait être jugé d'après l'ancienne jurisprudence. Et si on le jugeait d'après les dispositions du Code, comme le bail à locatairerie perpétuelle réunit les principaux caractères de la vente d'immeubles, il est soumis aux dispositions de l'art. 1656, qui dispose que « s'il a été stipulé lors de la vente d'immeubles, » que, faute de paiement du prix dans le terme convenu, la » vente serait résolue de plein droit, l'acquéreur peut néanmoins » payer après l'expiration du délai, tant qu'il n'a pas été mis en » demeure par une sommation. » Ainsi, sous aucun point de vue, la prétention de la dame Guillard n'était fondée.

Voy. encore un arrêt de la Cour de Douai, du 17 novembre 1814. Sirey, 1815, 2ᵉ. part., pag. 233.

l'a ainsi décidé *in terminis*, par arrêt du 3 avril 1818. Sirey, tom. XVIII, pag. 239. Autre arrêt du 10 novembre 1818. Sirey, tom. XIX, pag. 13. C'est un point de droit irrévocablement fixé.

560. Résumant les principes que nous venons d'établir, et que nous croyons fondés sur la raison, il nous paraît prouvé par le rapprochement des art. 1183, 1184, 1655, 1656 et 1657, et par les conséquences qui en dérivent directement, que la condition résolutoire, lorsqu'elle est exprimée dans la convention, produit son effet de plein droit, et sans l'intervention du juge, sans distinguer entre les conditions casuelles et les conditions potestatives, qui dépendent du fait de l'une des parties contractantes;

Qu'il serait déraisonnable d'accorder plus de faveur à celui qui se trouve déchu faute d'accomplissement d'une condition qu'il était en son pouvoir d'accomplir (1), qu'à celui qui l'est par un événement qu'il ne pouvait empêcher;

Que néanmoins, si la condition consiste à donner, comme dans le cas de l'art. 1656, le paiement devant être fait au domicile du débi-

---

(1) Mais ne pourra-t-il alléguer aucune excuse pour n'avoir pas satisfait à la condition dans le temps marqué? N'y a-t-il pas dureté à n'écouter aucune excuse? Je réponds qu'il ne s'agit pas de savoir s'il y a dureté, mais justice. Le bandeau de la justice ne lui permet pas de voir les considérations personnelles qui ont pu empêcher une personne de satisfaire littéralement à ses obligations. l'en dispenser, c'est commettre une injustice envers l'autre partie

Mais si l'accomplissement de la condition résout le contrat de plein droit, il reste la question de fait si elle est accomplie. *Voy.* Voët, in tit. *de lege commissoriâ*, lib. 18, tit. 3, n°. 5.

teur, le créancier se trouve obligé de constater, par une sommation, que le débiteur n'étant pas prêt à payer au jour marqué, n'a point accompli la condition.

Que si le paiement doit être fait au domicile du créancier, c'est au débiteur à faire ses diligences au plus tard au jour marqué, faute de quoi il est déchu de plein droit;

Que l'intervention du juge n'est pas nécessaire pour prononcer la résolution (1), et que la faculté d'en obtenir un délai n'est accordée, par l'art. 1184, que dans le cas spécial des conditions tacites ou non exprimées dans la convention; mais que la loi sous-entend toujours dans les contrats synallagmatiques, pour le cas où l'une des parties ne satisfera point à son engagement (1184, 1741, 1654, 1655).

561. Quelque raisonnables, quelqu'évidens que ces principes nous paraissent, nous nous sommes appliqués à les démontrer, pour dissiper les préjugés qui s'étaient élevés sur ce point dans les temps plus voisins de la promulgation du Code, où les nouveaux principes étaient moins connus, parce qu'ils avaient de la peine à pénétrer dans les esprits imbus des erreurs de l'ancienne jurisprudence. On a vu la Cour de cassa-

(1) Remarquez que nous disons *pour prononcer la résolution*, car l'intervention du juge, lorsque les parties ne sont pas d'accord, est toujours nécessaire pour remettre les choses en leur premier état, pour remettre le propriétaire en possession, suivant la maxime fondamentale que personne ne doit se rendre justice à soi-même.

tion balancer elle-même à les reconnaître, et supposer qu'il existait une distinction à cet égard, entre les conditions résolutoires casuelles, et les conditions potestatives. Un arrêt du 25 fructidor an XIII, rapporté dans le nouveau Répertoire, v°. *Clause résolutoire*, décida que les conditions casuelles produisent leur effet de plein droit, sans l'intervention de la justice, sans sommation; mais les considérans de cet arrêt supposent qu'il en est autrement des conditions potestatives. « Attendu, est-il dit, que les clauses résolutoires ne sont soumises, pour leur exécution, à l'arbitrage des juges, que *dans le cas où elles sont subordonnées au fait de l'une des parties.* »

562. Nous avons déjà plusieurs fois observé que les considérans d'un arrêt ne sont point une décision, et que les énonciations qu'on y rencontre ne forment qu'un bien faible préjugé sur l'opinion de la Cour qui l'a rendu; mais nous n'en sommes pas réduits à cette raison générale, pour dissiper celui qu'on croirait trouver contre nos principes dans le considérant que nous venons de copier. La même Cour de cassation, par un arrêt du 2 décembre 1811 (Sirey, an 1812, pag. 56), a confirmé, sinon en termes exprès, au moins implicitement et par une conséquence directe et nécessaire, les principes que nous venons d'exposer. Voici l'espèce de cet arrêt :

La dame Fages avait acquis, le 22 messidor an XII, la propriété exclusive du domaine de Pirey, qu'elle possédait en commun avec le sieur Mignot, sous la condition que la licitation serait annullée *de plein droit* et sans qu'il fût besoin de *sommation préalable*, à défaut de paiement du prix à une époque fixe.

Cette époque arriva; le paiement ne fut point fait; Mignot garda le silence pendant plusieurs années. Il n'avait pas besoin de le rompre pour que la résolution se fût opérée de plein droit, puisqu'il était, par la convention, dispensé de la sommation qu'ordonne l'art. 1656.

Pendant cet intervalle, la dame Fages vendit le domaine de Pirey aux sieur et dame Renaud, le 27 janvier 1809; depuis cette revente, Mignot demanda la résolution, tant contre la dame Fages que contre les sieur et dame Renaud.

La dame Fages prétendit qu'il était non recevable, parce qu'il avait laissé passer plusieurs années sans demander la résolution : elle en induisait qu'il avait renoncé au bénéfice du pacte commissoire.

Les sieur et dame Renaud, de leur côté, prétendirent que, dans les principes du nouveau système hypothécaire, le pacte commissoire ne pouvait porter préjudice à des tiers acquéreurs de bonne foi.

Le tribunal civil de Besançon adopta la fin de non recevoir proposée par la dame Fages, et déclara Mignot non recevable, attendu qu'il est de principe, fondé sur une jurisprudence ancienne, que celui qui laisse passer un long délai sans exercer la résolution en vertu du pacte commissoire, est censé y renoncer.

La Cour de Besançon, au contraire, adopta al.

moyen des sieur et dame Renaud, et rejeta la demande en résolution, parce qu'elle était postérieure à une revente authentique, et qu'il était, disait cette Cour, de principe consacré par les lois, que la résolution d'un contrat ne peut préjudicier aux droits acquis de bonne foi par des tiers.

Cet arrêt fut cassé le 2 décembre 1811, sur les conclusions du savant procureur-général Merlin, « attendu, en fait, que dans l'acte de licitation du 22 messidor an XII, il a été *expressément* convenu qu'en cas d'inexécution d'une seule des clauses de cet acte, la licitation serait annulée de *plein droit*, et que rien ne prouve que, depuis, le sieur Mignot eût renoncé au droit de requérir l'exécution de la clause résolutoire à son profit. »

La Cour de cassation reconnut donc formellement que la résolution s'était opérée *de plein droit*, parce qu'elle avait été *expressément* stipulée. Elle regarda même cette résolution comme un principe constant et hors de doute, puisqu'elle se borna à poser la question de fait, qui consistait à savoir si ou non la résolution de plein droit avait été stipulée *expressément*.

Ce fait étant reconnu, il en résultait que la résolution s'était opérée, et il ne restait plus qu'une autre question de fait : si Mignot avait renoncé au bénéfice de la résolution. Or, cette renonciation n'était pas prouvée, parce qu'on ne pouvait l'induire de son silence, et surtout dans les circonstances de la cause, où il était dispensé par la convention de la sommation dont parle l'art. 1656.

Ainsi, cet arrêt remarquable confirme et affermit les principes que nous avons exposés. Il doit fixer les incertitudes et dissiper les préjugés que pouvaient élever les arrêts de quelques Cours souveraines qui avaient méconnu les vrais principes du Code.

563. Après avoir vu que l'accomplissement de la condition résolutoire expressément stipulée opère de plein droit la résolution de l'obligation, il faut voir quels sont les effets de cette résolution.

L'art. 1183 nous l'enseigne d'une manière claire et énergique, en disant qu'elle remet les choses au même état que si l'obligation n'avait pas existé, et qu'elle oblige le créancier à restituer ce qu'il a reçu. Ainsi, par exemple, s'il s'agit de la vente d'un immeuble sous une condition résolutoire, l'acquéreur est obligé à restituer l'immeuble et les fruits perçus, d'indemniser le vendeur des détériorations arrivées par sa faute, ou par celle des personnes dont il doit répondre, et non de celles qui sont arrivées par hasard ou par cas fortuit (1) : le vendeur est obligé à restituer le prix et l'intérêt du prix (2).

---

(1) *Quid*, si l'immeuble avait péri sans sa faute ? La loi 2, ff *de lege commissoriâ*, 18, 3, porte : *Cum venditor fundi in lege ita caverit, si ad diem pecunia soluta non sit, ut fundus inemptus sit, ita accipitur inemptus esse fundus, si venditor inemptum eum esse velit, quia id venditoris causâ caveretur : nam si aliter acciperetur, exustâ villâ in potestate emptoris futurum, ut non dando pecuniam inemptum faceret fundum, qui ejus periculo fuisset. Vid. infrà*, n°. 571.

(2) Loi 47, § 1, ff *de min.*, 4, 4. On compense le plus souvent les fruits perçus avec les intérêts du prix. *Voy.* les Principes du

Les choses étant remises au même état que si l'obligation n'avait point existé, la propriété retourne de plein droit sur la tête du vendeur, comme si elle y avait toujours résidé. C'est par lui que l'acquéreur est censé avoir possédé, *pendente conditione*, et cette possession se joint à la possession antérieure, pour compléter la prescription, s'il y a lieu. Le vendeur rétabli dans ses droits *ipso jure*, peut former l'action possessoire contre des tiers, quand même il n'eût point encore recouvré la possession corporelle de l'héritage (loi 11, § 12, ff *quod vi aut clàm*, 43, 24), comme le peut un habile à succéder, qui est saisi de plein droit, quoiqu'il n'ait pas encore fait acte d'héritier. En un mot, l'effet rétroactif que produit l'accomplissement de la condition, fait que le vendeur est censé avoir toujours été propriétaire et possesseur (1).

Ce que nous avons dit du cas d'une vente résoluble sous condition, s'applique, *mutatis mutandis*, aux autres contrats faits sous la même condition.

564. Mais comment les deux contractans, dont l'obligation est résolue de plein droit, et qui sont remis au même état que si elle n'avait pas existé, peuvent-ils agir pour se contraindre respectivement à remplir les engagemens qu'entraîne cette résolution (2)?

---

droit de Duparc-Poullain, tom. 1, pag. 324. Voët, *in tit. de min.*, n°s. 36 et 37.

(1) *Existente conditione resolutivâ, ab initio nihil actum videtur.* Loi 12, *Cod. de contrah. et commut. stip.*, 8, 38 et *ibi* Doneau.

(2) *Vid.* loi 6, § 1, ff *de contrah. empt.*, 18, 1. Loi 3, pr. Loi 5, ff *de lege commissoriâ*, 18, 5.

C'est une question extrêmement importante, et néanmoins facile à résoudre, avec un peu de réflexion. Remarquez que l'art. 1183 dit que *l'obligation* est résolue, mais qu'il ne dit pas que le *contrat* soit résolu. Il reste dans toute sa force pour obliger les contractans à remplir les engagemens qui naissent de la résolution des premières obligations.

565. Car il faut, dans un contrat résoluble sous condition, distinguer deux sortes d'obligations. Les unes actuelles, et pures et simples, mais résolubles (Loi 1, ff *de lege commiss.*, 18, 3); les autres éventuelles et suspendues par l'événement de la condition. Les obligations actuelles et primitives consistent à exécuter le contrat, en attendant l'événement de la condition. Par exemple, dans une vente résoluble sous condition, les obligations actuelles, pures et simples, sont, de la part du vendeur, de livrer la chose; de la part de l'acquéreur, d'en payer le prix.

Les obligations éventuelles consistent, de la part de l'acquéreur, à restituer la chose et les fruits; de la part du vendeur, à restituer le prix, en cas d'accomplissement de la condition.

566. L'événement de la condition résout de plein droit les premières obligations; mais, loin de résoudre les secondes, il leur donne la naissance; elles ne commencent d'exister qu'au moment où la condition est accomplie. Les contractans ont donc, pour les faire exécuter, l'action qui naît du contrat, *actio ex contractu* (1). C'est

(1) *Voy.* les lois citées, n°. 564.

ce qu'enseignent les jurisconsultes romains, et après eux les jurisconsultes français. *Voy.* Pothier, du contrat de vente, nº. 465.

Cela posé, demander comment les contractans dont les obligations originaires sont résolues doivent agir, pour se contraindre respectivement à remplir les engagemens éventuels que l'événement de la condition a rendus actuels et purs et simples, c'est demander comment on peut agir en vertu d'un contrat, pour contraindre la partie réfractaire à remplir ses obligations.

Or, pour cela, deux voies sont ouvertes, l'exécution parée, qui se fait par commandement suivi d'exécution, et la simple demande ou action, pour citer le réfractaire devant le juge.

Nous avons expliqué la nature de ces deux moyens *suprà*, nºs. 208 et suivans.

567. La voie de l'exécution parée est ouverte pour les contrats authentiques revêtus de la formule exécutoire qui en commande l'exécution au nom du roi. L'huissier chargé de faire exécuter ces contrats commence par un commandement de remplir les obligations qu'impose au débiteur la loi du contrat, et, faute à lui d'y satisfaire, l'huissier procède à la saisie des biens du débiteur, à la mise en possession du créancier, ou à tout autre moyen légal de contraindre le débiteur réfractaire, suivant la nature de l'obligation, sauf à celui-ci, s'il a des excuses légitimes, à citer son adversaire devant les tribunaux pour les y faire juger.

Si le contrat n'est pas authentique et exécuoire, le créancier doit recourir au juge pour en aire ordonner l'exécution contradictoirement avec e débiteur.

Cette marche, tracée par la loi, est commune à tous les contrats, et par conséquent aux contrats conditionnels et aux contrats résolubles sous condition, ainsi qu'aux contrats purs et simples.

Supposons une vente authentique conditionnelle, c'est-à-dire faite sous une condition suspensive. Après l'accomplissement de la condition, l'acquéreur peut procéder contre le vendeur par voie de commandement, pour lui faire ordonner de lui livrer la chose, faute de quoi il sera mis en possession par la justice. Il doit en même temps faire offre du prix, et, faute d'acceptation des offres, en faire la consignation. C'est au vendeur, s'il a des motifs légitimes d'excuse, à les proposer, en s'opposant au commandement et à l'exécution, et en citant l'acquéreur devant le tribunal compétent pour les faire juger.

S'il s'agit d'une vente résoluble, toujours en supposant le contrat authentique exécutoire, le vendeur peut, après l'accomplissement de la condition, faire offre réelle de restituer le prix à l'acquéreur, et en même temps lui faire faire commandement (1) et sommation d'abandonner

---

(1) Cette marche de procéder par voie de commandement, et qui n'est qu'une conséquence des principes généraux sur les moyens de faire exécuter les contrats, est reconnue légale par la cour de cassation, dans son arrêt du 4 novembre 1812, rapporté par Sirey, an 1813, 1re. part., page 397.

Il s'agissait de savoir si le débiteur d'une rente constituée ayant

la libre possession de la chose, faute de quoi le vendeur en sera mis en possession par la justice.

568. L'acquéreur ne peut plus, après ce commandement, purger la demeure ni empêcher la résolution du contrat, en offrant de payer lors

---

laissé écouler plus de deux années sans payer les arrérages de la rente constituée, pouvait, suivant l'art. 1912, être contraint par voie de *commandement* à rembourser le capital avec les intérêts.

La Cour de Dijon avait jugé l'affirmative, et son arrêt fut confirmé par la Cour de cassation, « attendu qu'il résulte de l'art. 1912, » qu'à défaut de paiement des arrérages d'une rente constituée » pendant deux ans, le capital en est exigible, et que le débiteur » peut *être contraint* au remboursement du capital; qu'il suit de » ces expressions qu'en ce cas le débiteur est obligé au rembourse» ment, *comme si la clause était écrite dans le contrat*, *et que par » suite ce titre est exécutoire par toutes les voies de droit.* »

La Cour de cassation reconnaît ici bien clairement que dans les cas où la clause résolutoire est *écrite dans le contrat*, on peut procéder par voie de commandement et d'exécution parée. Il ne faut donc pas s'arrêter au préjugé que pourrait élever un arrêt rendu par la Cour de Bruxelles, le 24 mai 1809, et d'où il résulterait que l'on peut procéder par voie de commandement lorsque l'acte porte *sans qu'il soit besoin d'acte*, et qu'on ne le pourrait pas si l'acte porte seulement que la résolution sera opérée *de plein droit*, faute de paiement à l'échéance fixée.

Cette distinction est sans fondement; dans l'un comme dans l'autre cas, on peut procéder par voie de commandement; mais, au premier, le débiteur ne peut pas purger la demeure en payant au moment du commandement, au lieu qu'il peut la purger dans le second (1656).

Voici l'espèce de l'arrêt de la Cour de Bruxelles, rapporté par Sirey, an 1810, 2e. part., pag. 567:

Le 8 juillet 1807, Dewalsche prêta au sieur et dame Powis une somme de 5,442 francs qu'ils s'obligèrent de rendre dans huit ans, moyennant l'intérêt annuel de six pour cent. Il fut stipulé que si les » intérêts n'étaient payés à l'échéance fixe, ou au plus tard dans les » six semaines après, et qu'il fallût pour ce prendre la voie d'exé» cution, les sieur et dame Powis seraient tenus de rembourser le » capital. »

On n'avait pas ajouté *sans qu'il fût besoin d'acte.*

A défaut de paiement des intérêts, le créancier fait commande-

du commandement, si l'acte porte *sans qu'il soit besoin d'acte* (1139). S'il ne le porte pas, s'il porte seulement que le contrat sera résolu de *plein droit*, ou par la seule échéance du terme, l'acquéreur peut empêcher la résolution en payant de suite, au moment même où il en est sommé. S'il ne paie pas à l'instant, la résolution est irrévocablement acquise au vendeur, sans que l'acquéreur puisse purger la demeure par des offres tardives postérieures au commandement.

569. Cependant, des jurisconsultes très-estimables ont pensé que « la sommation ne constitue pas le débiteur *immédiatement* en demeure; » qu'elle n'a pour objet que d'avertir le débiteur » de payer ; qu'il lui faut un *délai moral* suffisant

---

ment de rembourser le capital et les intérêts, et poursuit la saisie immobilière.

Les sieur et dame Powis firent offre des intérêts échus, et demandèrent la nullité des poursuites, que le premier tribunal jugea régulières; mais, par son arrêt du 25 mai 1809, la Cour de Bruxelles les déclara nulles, attendu qu'on n'avait point stipulé dans le contrat que la commise serait encourue *sans qu'il fût besoin d'acte*, et par la seule échéance du terme, conformément à l'art. 1139 du Code civil.

D'où il résulte que Dewalsche n'avait pu procéder à l'expropriation forcée pour obtenir le remboursement qu'après avoir fait prononcer la commise par le juge.

Dewalsche aurait dû commencer, après l'expiration du terme, par faire notifier, aux sieur et dame Powis, une sommation par laquelle il leur eût déclaré que, faute à eux d'avoir satisfait à leur obligation, il entendait profiter de la clause qui les obligeait à rembourser le capital. Ils auraient pu purger la demeure en payant de suite, ou avant l'assignation; mais après l'assignation donnée, la commise eût été irrévocablement acquise, sans que les juges eussent pu accorder aucun délai.

» pour qu'il ait le temps d'y satisfaire, et que » délai ne peut être *moindre de vingt-quatre heu-* » *res*, non compris, aux termes de l'art. 1033 » du Code de procédure, le jour de la significa- » tion et celui de l'échéance (1). »

Cette opinion nous paraît une erreur démontrée ; elle est contraire au texte de l'art. 1656, qui défend au juge d'accorder aucun délai après que l'acquéreur a été *mis en demeure par une sommation*. Elle est contraire à l'art. 1139, qui porte que le débiteur est *constitué en demeure par une sommation ou autre acte équivalent*, et même sans qu'il soit besoin de sommation, lorsque le créancier en est dispensé par l'acte ; contraire enfin à l'esprit du Code, manifesté par les art. 1152, 1657, 1661, etc. Le Code s'est conformé à la raison et à l'exacte justice, en voulant qu'on s'attache à l'exécution littérale des conventions, qui sont la loi des parties.

L'objet de la sommation, comme nous l'avons déjà dit, est de constater que le débiteur est en demeure, faute d'avoir tenu son argent prêt au terme fixé ; elle a le même objet que le protêt, qui n'est pas autre chose que la sommation destinée à constater le défaut de paiement d'un billet ou d'une lettre-de-change.

570. Il faut remarquer que si, dans le commandement ou sommation, le créancier, le vendeur, par exemple, s'était borné à sommer l'ac-

(1) Jurisprudence du Code civil, tom. xi, page 444 ; M. Sirey, dans une consultation imprimée dans son Recueil de 1815, 2e part., pag. 263.

quéreur de payer le prix du contrat, ou les intérêts, il serait censé avoir renoncé à la résolution (*a*), (1), comme il a la faculté de le faire, si la condition n'a été établie qu'en sa faveur, et si cette renonciation ne préjudicie point à des tiers.

571. Mais quand la condition est-elle censée mise en faveur des deux parties, ou seulement de l'une d'elles, si le contrat est muet sur ce point? Il faut distinguer les différentes espèces de conditions. Lorsque, dans un contrat synallagmatique, on est convenu de la résolution, pour le cas où l'une des parties ne satisfera point à ses engagemens, il est clair que le créancier peut seul en profiter; autrement il dépendrait de la seule volonté du débiteur d'anéantir son obligation, ce qui est contraire à la raison. C'est sur ce principe que l'art. 1184, qui veut que la condition résolutoire soit toujours sous-entendue pour le cas où l'une des deux parties ne satisfera point à son engagement, ajoute que dans ce cas la partie envers laquelle l'engagement n'a point été exécuté *a le choix*, ou de forcer l'autre à l'exécution de la convention, lorsqu'elle est possible, ou d'en demander la résolution, avec dommages et intérêts.

(*a*) C'est une erreur rétractée dans le xe. vol., n°. 191.

(1) *Voy.* Pothier, *du Contrat de vente*, n°. 462; Voët, *in tit. de lege comm.*, n°s 2 et 5, et les lois citées par ces auteurs; la loi 4, Cod. *de pact. inter empt. et vend. comp.*, 4, 54, et *ibi* Brunnemann. Mais il ne suffirait pas qu'il se fût écoulé un certain temps, même plusieurs années, pour en induire une renonciation au pacte commissoire. *Voy.* l'arrêt de la Cour de cassation, du 2 décembre 1811; Sirey, 1812, pag. 51 et suiv.

Il n'en est pas de même de toute autre condition résolutoire expressément stipulée; elle peut être en faveur de celui qui a contracté l'engagement, en faveur du créancier, ou de tous les deux ensemble, surtout lorsqu'elle est casuelle. Il semble même que dans les contrats synallagmatiques, où tout doit être égal, la condition est censée mise en faveur des deux parties.

De pareilles questions, au reste, sont des questions de fait plutôt que de droit, *magis voluntatis quàm juris;* elles sont laissées à la prudence du juge.

572. Mais de quelque manière qu'elles soient jugées, la renonciation du créancier à une résolution qui s'est opérée de plein droit, ne saurait préjudicier aux tiers qui auraient acquis quelques droits par cette résolution. Par exemple, un cautionnement éteint par la résolution du contrat résoluble sous une condition casuelle, ne revivrait point par la renonciation à cette résolution, ainsi que l'a jugé la Cour de Dijon, dont l'arrêt fut confirmé par la Cour de cassation, le 28 fructidor an XIII (1).

---

(1) Rapporté par Sirey, et dans la Jurisprudence du Code civil, tome V, pag. 306.

Voici l'espèce : En 1791, Bourlon afferma à Moulin fils les forges d'Hairouville, qui étaient un domaine engagé. Le père de Moulin se rendit caution de ce bail, qui portait qu'au cas où l'état rentrât dans la propriété et jouissance des forges, le bail demeurerait résolu *de plein droit* sans indemnité.

Par la loi du 10 frimaire an II, l'état rentra en effet dans la propriété de ces forges, sur lesquelles le séquestre national fut mis; ce qui n'empêcha point Moulin de continuer sa jouissance. Bourlon devint propriétaire incommutable des forges en payant le quart, en vertu de la loi du 14 ventôse an VII, et il laissa jouir Moulin, qui fit faillite en l'an IX.

Bourlon pour être payé des fermages dus, s'adressa aux héritiers de la

La décision de cet arrêt est une conséquence du principe général que la résolution est opérée de plein droit. Si l'obligation du débiteur principal est résolue de plein droit par l'événement de la condition, il s'ensuit nécessairement que l'obligation accessoire de la caution est anéantie, et on ne peut la faire revivre pour un temps postérieur à la résolution, sans un nouveau consentement de la caution.

Le Code dit, à la vérité, que la simple prorogation de terme accordée par le créancier ne décharge pas la caution (2039); mais le débiteur en faveur de qui le créancier renonce à la résolution du contrat, acquise et opérée de plein droit par l'événement de la condition, n'obtient point une simple prorogation du terme de ses obligations passées; il en contracte de nouvelles pour l'avenir; il forme un nouveau contrat dans la place de celui qui est résolu et anéanti.

Ce que nous venons de dire de la libération de la caution s'applique à la libération de l'hypothèque consentie par un tiers, pour sûreté d'un bail résoluble ou sous condition.

---

caution, qui répondirent que l'accomplissement de la condition ayant opéré la résolution du bail, avait relevé la caution de tous ses engagemens pour l'avenir; que si Bourlon, devenu propriétaire, avait laissé Moulin en jouissance, cette circonstance ne remettait point en vigueur un bail définitif résolu, et que par conséquent la caution était libérée.

La Cour de Dijon le jugea ainsi, et la Cour de cassation confirma l'arrêt, attendu que l'art. 1 de la loi du 2 frimaire an II, en révoquant les aliénations des domaines engagés, et en prescrivant l'apposition du séquestre, avait fait échoir l'évènement prévu par le bail.

573. Appliquons le même principe à une autre espèce. Je possède une maison que j'ai usurpée depuis dix ans. Je la vends à un acquéreur de bonne foi, sous la condition que la vente sera résolue de plein droit, sans qu'il soit besoin d'acte, si mon fils absent revient avant onze ans. Il arrive la onzième année. La vente est résolue, et je puis rentrer dans la maison; mais j'y renonce, prévoyant peut-être que le véritable propriétaire va la revendiquer contre moi; ce qu'il ne peut faire contre l'acquéreur, en faveur de qui la prescription serait acquise, si l'événement de la condition n'était pas arrivé. Après ma renonciation, le propriétaire revendique la maison contre l'acquéreur, qui lui oppose la prescription de dix ans, avec titre et bonne foi. Son exception n'est pas fondée. Ce n'est plus en vertu de son premier titre qu'il possède; ce titre a été anéanti de plein droit par l'événement de la condition.

On dirait vainement que c'est argumenter du droit d'un tiers; que le vendeur seul peut opposer une résolution opérée en vertu d'une condition mise pour lui seul.

La réponse est que le vendeur ne peut, au préjudice de ses créanciers, renoncer à un droit acquis (1167). Ma renonciation est un acte confirmatif, qui ne préjudicie point aux droits des tiers (1338, *in fin.*). Cette confirmation n'a point d'effet rétroactif. Si le vendeur sous condition résolutoire avait, *pendente conditione*, hypothéqué ou vendu conditionnellement le même bien, la renonciation qu'il ferait à la résolution du premier contrat, opérée par l'événement de la condition, ne nuirait ni à ses créanciers ni au second acquéreur.

574. Le principe que la confirmation du contrat résolu est un nouveau contrat, et que la caution est dégagée par la résolution du premier, est sans application, dans les cas où cette confirmation n'aggrave point ses obligations. Prenons pour exemple le pacte commissoire. Je vous ai vendu un domaine 30,000 fr., sous une condition résolutoire : Titius s'est rendu caution. L'événement de la condition vient résoudre le contrat; mais au lieu de rentrer dans mon bien, qui se trouve détérioré, je préfère demander les 30,000 fr. qui ne sont point encore payés. La caution n'est point dégagée; car ses obligations ne sont point aggravées; c'est toujours la même somme dont elle avait cautionné le paiement.

575. Nous avons dit que l'accomplissement de la condition résolutoire remet les choses au même état que si l'obligation n'avait pas existé (1183). Il en résulte que toutes les aliénations, toutes les charges et hypothèques créées pendant la condition (1), sont résolues de plein droit, comme si

---

(1) On a voulu distinguer entre le cas où la stipulation porte simplement que *le contrat sera résolu si....*, et le cas où il porte que *le contrat sera réputé non avenu et nul dès le principe*. On disait que cette expression *sera résolu*, sans autre addition, renvoie la résolution à une époque future, celle de l'événement de la condition résolutoire; que par conséquent cet événement n'a point d'effet rétroactif, et laisse subsister les aliénations faites et les charges créées avant l'événement de la condition. On prétendit appuyer cette doctrine de l'autorité de Strickius, dans sa Dissertation *de conditio-*

elles n'avaient pas existé ; c'est ce qu'on exprime par la maxime *resoluto jure dantis, resolvitur jus accipientis.* Cette maxime, applicable à tous les contrats, est développée et spécialement appliquée aux donations, dans l'art. 954, qui porte que « dans le cas de la révocation pour cause d'inexécution des conditions, les biens rentreront dans les mains du donateur libres de toutes charges et hypothèques du chef du donataire, et le donateur aura, contre les tiers détenteurs des immeubles donnés, tous les droits qu'il aurait contre le donataire lui-même. »

Les art. 1664, 1674, appliquent le même principe aux ventes résolues en vertu du pacte de rachat : le premier porte que le vendeur à pacte de rachat peut exercer son action contre un second acquéreur, quand même la faculté de réméré n'aurait pas été déclarée dans le second contrat. L'art. 1673 ajoute que si le vendeur rentre dans son héritage par l'effet du pacte de rachat, il le reprend exempt de toutes les charges et hypothèques dont l'acquéreur l'aurait grevé : il est tenu d'exécuter les baux faits sans fraude par l'acquéreur.

576. Cette disposition, qui maintient l'exécution des baux faits sans fraude, *pendente conditione*, s'applique à toutes les clauses résolutoires de

---

nibus contractuum resolutivis; mais c'est une subtilité contraire au principe général que la condition accomplie a un effet rétroactif au jour auquel l'engagement a été contracté (1179).

Les tribunaux n'ont point eu égard à cette distinction quand elle a été proposée. *Voy.* Sirey, an 1812, 1re. part., pag. 56.

quelques espèces qu'elles soient. C'est une conséquence des principes du Code, qui a rejeté la maxime du droit romain adoptée par l'ancienne jurisprudence, que le successeur particulier n'est point obligé de maintenir les baux faits par son prédécesseur. *Successor particularis non tenetur stare colono.* C'est la maxime contraire qui est en vigueur sous l'empire du Code. *Vid. suprà*, n°s. 435 et 436.

577. Le droit de poursuivre l'exécution de la clause résolutoire contre des tiers, n'a pas besoin d'être conservé par une inscription sur les registres publics des hypothèques, comme le privilége accordé au vendeur par l'art. 2108 du Code, pour sûreté du prix du contrat. On avait voulu en douter, mais le doute est dissipé par un arrêt de la Cour de cassation, qui, le 2 décembre 1811, cassa un arrêt de la Cour de Besançon, par des considérations qui ne sont que l'énonciation nette et précise des principes de la matière : « attendu qu'il est de règle certaine qu'un vendeur ne peut transmettre à son acquéreur plus de droits qu'il n'en a lui-même (2182, 2125) ; qu'ainsi, quelle qu'ait pu être la bonne foi des mariés Renaud (tiers acquéreurs), ils n'ont acheté que la propriété qu'avaient les mariés Fages (vendeurs), et ils ont été obligés, comme l'auraient été ces derniers eux-mêmes, de supporter l'effet de la clause résolutoire stipulée dans l'acte de licitation ;

» Attendu, enfin, qu'il ne faut pas confondre le privilége du vendeur sur le bien vendu pour le prix qui lui est dû, avec *le droit réel* que lui assure la clause résolutoire, *lequel n'a pas besoin d'inscription pour être conservé, etc.* (1) »

(1) Cet arrêt est rapporté par Sirey, an 1812, pag. 56 et suiv. En voici un second, rendu le 13 décembre 1813, sur le rapport de M. Zangiacomi, et rapporté par Sirey, 1814, page 46.

Cet arrêt décide que le privilége du vendeur n'est point conservé sans inscription. On opposait que, sous l'empire du Code civil, le vendeur d'un immeuble peut, à défaut de paiement, obtenir la résolution de la vente sans le secours d'une inscription, et qu'il doit en être de même lorsqu'il se borne à demander le prix qui lui est dû. Mais la Cour considéra que l'action résolutoire de la vente et celle en paiement du prix, sont essentiellement distinctes ; qu'elles produisent des effets et sont soumises à des principes différens, qu'ainsi, si l'une de ces actions n'est pas assujettie à telle ou telle formalité, il n'y a aucune raison de croire que l'autre en soit exempte.

Sous l'empire du Code civil, avant la vente consentie à un second acquéreur (2108).

Et aujourd'hui, sous l'empire du Code de procédure, dans les quinze jours après la transcription du second contrat de vente (art. 834.) *Voy.* aussi un arrêt de la Cour de cassation, du 16 juin 1811. *Voy.* Sirey, 1811, pag. 337 et 338

Il y a un troisième arrêt rendu le 11 octobre 1814, qui décide que lorsque le prix de l'aliénation d'un immeuble consiste dans une rente foncière, le bailleur peut demander la résolution du contrat faute de paiement, et que ce droit n'est point soumis pour sa conservation aux formalités établies par les lois sur le régime hypothécaire. Sirey, tom. XV, pag. 147. Le considérant de cet arrêt porte que la faculté de rachat des rentes, autorisé par la loi du 29 décembre 1790, tit. IV, art. 1 et 3, n'en a point changé la nature.

Un quatrième, rendu le 16 juillet 1818, Sirey, tom. XIX, pag. 27 et suiv., a décidé que l'inscription prise par le vendeur dans les dix jours de la faillite de l'acquéreur étant nulle, ne suffisait point pour conserver son privilége, et que, de plus, il s'était rendu non recevable à demander subsidiairement la résolution de la vente faute de paiement, en intervenant dans l'instance de saisie immobiliaire faite sur le failli, sans demander la distinction pour être colloqué dans l'ordre sur le prix de l'adjudication

Un autre arrêt de la Cour de cassation, du 21 août 1816, pourrait paraître contraire aux précédens, si on s'arrêtait à la notice qu'en donne Denevers, an 1817, pag. 125. Cette notice peut

Ces principes sont conformes à l'exacte justice, et les tiers qu'ils blessent n'ont pas raison de s'en

---

« Le vendeur d'un immeuble passé sucessivement en plusieurs » mains, peut-il, en renonçant à la demande en résolution, » pour défaut de paiement, qu'il avait formée, être colloqué sur » le prix de la licitation de cet immeuble, de préférence aux » créanciers hypothécaires, alors même que lui vendeur n'a rem- » pli aucune des formalités voulues par la loi pour la conservation » de son privilége; et dans ce cas, la collocation s'étend-elle au » prix du mobilier, aussi bien qu'à celui de l'immeuble? Résolu » affirmativement.

Ce n'est point là du tout ce qu'a décidé l'arrêt dans cette affaire, le premier acte du sieur Crignon-Desmonté, vendeur du domaine de Clesles, avait été une sommation de paiement suivie d'une demande en résolution de la vente, pour défaut de paiement du prix. Loin d'avoir renoncé à cette demande, il avait demandé et obtenu qu'il fût sursis à l'adjudication définitive, jusqu'à ce qu'il eût été statué sur son action en résolution de la vente.

On offrit alors, pour désintéresser Crignon-Desmonté, de lui déléguer, ou à ses créanciers, le prix à provenir de l'adjudication du domaine de Clesles. Cette offre fut acceptée. En conséquence le président du tribunal civil rendit un jugement qui ordonna de passer outre à l'adjudication du domaine de Clesles.

Sous l'appel, Crignon-Desmonté renouvela formellement sa demande en résolution, en cas qu'on ne s'en tînt pas aux offres qu'on lui avait faites. Mais la Cour de Paris confirma ce jugement par le motif que la demande en résolution de la vente avait été formée dès l'origine et renouvelée sur l'appel, qu'elle n'était même pas contestée par Yvonnet appelant, et que l'effet de cette résolution serait nécessairement d'enlever à Yvonnet toute espèce de droit sur la terre de Clesles ou sur le prix de cette terre.

Sur le pourvoi d'Yvonnet, cette disposition de l'arrêt fut confirmée par la Cour de cassation, par le motif que l'effet inévitable de la demande en résolution du contrat de vente aurait été de faire rentrer Crignon-Desmonté dans la propriété du domaine de Clesles, affranchi des hypothèques postérieurement contractées; que la Cour, dont l'arrêt est attaqué, en ordonnant l'exécution de la délégation dont il s'agit au procès, n'a accordé à Crignon-Desmonté que ce qu'il aurait nécessairement obtenu par la résolution du contrat; et qu'Yvonnet, qui a formellement consenti à cette résolution, soit en première instance, soit en cause d'appel, était évidemment non-recevable à s'opposer à l'exécution d'une délégation qui produisait les mêmes effets.

Au reste, une autre disposition de l'arrêt fut cassée.

plaindre; car avant d'acquérir ou de prendre pour hypothèque des biens qui n'appartenaient pas incommutablement à celui avec lequel ils ont contracté, ils pouvaient et devaient s'assurer du titre en vertu duquel il était propriétaire.

578. Cette réflexion peut servir à rendre raison d'un autre principe; c'est que, pour produire son effet contre le tiers, il faut que la condition résolutoire ait été stipulée au moment même du contrat, *incontinenti*, et non pas depuis le contrat, *ex intervallo*; car, en ce dernier cas, elle ne formerait plus la loi du contrat, *lex contractûs, lex dicta in traditione rei*; ce serait un nouveau contrat qui produirait tout son effet entre les parties contractantes, mais non contre des tiers à qui on ne pourrait reprocher d'en avoir ignoré l'existence. Il est certain que tout ce qui aurait été fait par l'acquéreur dans le temps intermédiaire entre le contrat et la nouvelle convention où la condition résolutoire a été stipulée, conserverait sa force en faveur des tiers qui auraient contracté avec l'acquéreur. Et malgré le principe que celui qui n'a qu'une propriété résoluble ne peut transférer que les droits qu'il a lui-même (2125) (loi 54, ff de *R. J.*), les actes faits postérieurement à la nouvelle convention n'en conserveraient pas moins leur force en faveur des tiers après l'événement de la condition, si cette nouvelle convention, où la condition résolutoire a été stipulée, n'avait pas été rendue publique par une inscription sur les registres de la conservation des hypothèqus.

579. Cependant si, dans cette convention, la condition résolutoire n'était stipulée que pour le cas ou l'une des parties ne satisfera point à ses engagemens, la résolution produirait tout son effet contre les tiers, parce que la loi veut que cette condition soit toujours sous-entendue dans les contrats synallagmatiques (1184).

Les tierces personnes n'en peuvent donc ignorer l'existence; la convention postérieure au contrat ne fait qu'exprimer une condition qui déjà était sous-entendue; elle ne contient en ce point rien de nouveau.

580. Si ce n'est qu'elle porte que la résolution sera *opérée de plein droit, par la seule expiration du terme, sans qu'il soit besoin d'acte.* Elle ajouterait alors au contrat; car les conditions résolutoires simplement sous-entendues, pour le cas où l'une des parties ne satisfera point à son engagement, ne produisent point leur effet de plein droit; la résolution doit être demandée en justice, et les juges peuvent, suivant les circonstances, accorder au défendeur un délai (1184); ce qui n'empêche point que la résolution, une fois prononcée, n'ait son effet contre les tiers, parce qu'elle vient d'une cause aussi ancienne que le contrat même, *ex causâ primævâ et antiquâ.*

581. Mais après l'expiration du délai fixé par la justice, la résolution est acquise; le défendeur n'est plus reçu à purger la demeure (1), et les

(1) Furgole, des Testamens, chap. 7, sect. 3, n°. 114.

juges ne peuvent accorder un second délai. Le Code ne leur permet d'en accorder qu'un seul (1184). L'appel interjeté de la sentence qui fixe un délai n'aurait pas l'effet de le prolonger, à moins que la sentence ne fût réformée.

S'il s'agissait de la résolution d'une vente d'immeubles, il faudrait, après le délai expiré, suivant l'art. 1655, faire prononcer la résolution par un second jugement. Pothier, du Contrat de vente, n°. 425, dit même que l'acheteur peut, depuis la seconde sentence qui a prononcé la résolution du contrat, empêcher cette résolution, et se conserver la chose vendue, en appelant de la sentence, et en offrant, sur l'appel, le prix qu'il doit, les intérêts et les dépens.

Cette opinion qui tient à l'ancienne erreur que les clauses résolutoires tacites ou expresses, et les jugemens qui prononcent la résolution, ne sont jamais que comminatoires, ne doit pas être suivie sous l'empire du Code.

Mais il nous paraît résulter de l'art. 1655, dernier alinéa, que depuis l'expiration du délai fixé par le premier jugement, et jusqu'au second qui prononce la résolution, l'acquéreur peut purger la demeure en payant.

C'est une règle particulière aux contrats de vente d'immeubles ; mais après la résolution prononcée, l'acquéreur ne peut plus purger la demeure.

582. On peut, en certains cas, appliquer la disposition finale de l'art. 1184 à la résolution des legs, faute au légataire de satisfaire aux obli-

gations ou aux charges qui lui sont imposées ; car, en acceptant le legs, il s'oblige envers les personnes en faveur desquelles il est chargé de donner ou de faire certaines choses ; son obligation devient conventionnelle.

Pour savoir si le legs doit être résolu, faute au légataire d'avoir satisfait aux charges ou obligations qui lui sont imposées, il faut distinguer si la charge consiste, soit dans une somme d'argent, soit dans un fait appréciable en deniers, ou si elle consiste en une chose qui n'est pas susceptible d'être suppléée par une indemnité pécuniaire ; par exemple, la charge d'épouser telle personne.

Au premier cas, le défaut d'accomplissement de la charge, de la part du légataire, ne produit ordinairement qu'une action pour le contraindre à l'acquitter (1), avec dommages et intérêts.

C'est ce qui arrive toujours lorsque la charge est imposée au profit d'un tiers sans intérêt pour demander la résolution du legs.

Mais si elle était imposée au profit de l'héritier, il ne paraît pas douteux, par argument de l'art. 1184, qu'il pourrait conclure à la résolution du legs, faute au légataire d'en acquitter la charge dans le délai qui serait fixé par la justice, et que le juge pourrait prononcer cette résolution, en déclarant le légataire déchu, faute à lui de satisfaire à son obligation dans tel délai.

Au second cas, si la charge n'est pas suscep-

(1) Merlin, nouveau Répertoire, v°. *Légataire*, § 7, art. 2, n°. 12.

tible d'être suppléée par une indemnité pécuniaire, on doit prononcer la résolution, faute au légataire d'avoir satisfait à son obligation ; mais la résolution doit être demandée en justice : elle ne se fait pas de plein droit.

583. A moins que le testateur n'ait exprimé que la résolution du legs serait opérée de plein droit par la seule expiration du terme, et sans qu'il soit besoin d'acte ; car, en ce cas, la résolution serait opérée de plein droit.

584. S'il s'agissait d'une condition suspensive, il suffirait même que le testateur eût fixé un délai dans lequel la condition devait être accomplie, pour que le légataire fût déchu de plein droit, et la condition censée défaillie, faute d'accomplissement dans le délai fixé. Par exemple, je donne 1,000 fr. à Titius s'il va à Paris, ou s'il donne 500 fr. à Caius avant trois mois. *Voy.* Furgole, sect. 5, n°. 39, et les lois qu'il cite.

Mais nous verrons, dans le § suivant, qu'en plusieurs cas le légataire est excusé.

585. Remarquons, en finissant, que dans les cas où le legs est résolu, *modo non impleto*, faute au légataire d'avoir satisfait aux obligations que lui imposait le testament, la résolution a tout son effet contre les tiers acquéreurs ou contre ceux à qui les biens donnés auraient été hypothéqués, de la même manière que si la résolution avait été exprimée dans le testament, parce que, dans l'un comme dans l'autre cas, elle se fait *ex causâ antiquâ*, pour une cause antérieure au droit des tiers acquéreurs, et que celui qui

n'a qu'une propriété résoluble ne peut transférer une propriété incommutable qu'il n'a pas.

Nous faisons cette remarque, parce que Ricard avait soutenu que la résolution du legs, *modo non impleto*, ne produisait point d'effet contre les tiers, lorsqu'elle n'était pas exprimée dans le testament. Il a été longuement et solidement réfuté par Furgole, des Testamens, chap. 7, sect. 3, n°s. 89 et suivans, jusques et compris le n°. 104.

M. Merlin, nouveau Répertoire, v°. *Mode*, adopte l'opinion de Furgole, qui ne peut plus être douteuse, d'après la disposition de l'article 954, dans lequel les mots pour cause d'inexécution des *conditions*, comprennent le mode aussi bien que les conditions proprement dites.

---

§ III.

De l'Accomplissement des conditions.

SOMMAIRE.

586. *Si les conditions doivent être accomplies* in formâ specificâ.

587. *Elles doivent l'être suivant la volonté vraisemblable des parties. Exemples.*

588. *Ce principe s'applique surtout aux conditions potestatives.*

589. *Elles peuvent s'accomplir par équivalent, quand aucune partie n'a intérêt qu'elles s'accomplissent d'une manière plutôt que d'une autre.*

590. *Peuvent-elles être accomplies par les héritiers de celui à qui*

625. *Papinien la résout et les concilie en distinguant si la stipulation commence par la condition ou par la disposition.*

626. *Quand la stipulation commence par la condition, il n'y a qu'une seule obligation, mais conditionnelle.*

627. *Quand elle commence par la disposition, il y a deux obligations, l'une principale et pure et simple, l'autre accessoire, pénale et conditionnelle.*

628. *Conséquence et développement.*

629. *Quand doivent s'accomplir les conditions d'un testament, lorsqu'il n'y a point de terme fixé. Deux points à examiner.*

630. *Il y en a qui doivent être accomplies au moment où s'ouvre le legs.*

631. *D'autres qui doivent l'être pendant la vie du testateur.*

632. *D'autres qui ne peuvent l'être qu'à sa mort.*

633. *D'autres qui peuvent l'être avant ou après.*

634. *Les conditions potestatives ne peuvent s'accomplir par hasard; il faut avoir le dessein de les accomplir.*

635. *Il y a des conditions casuelles qui peuvent arriver utilement pendant la vie du testateur, pourvu qu'il ignorât l'existence de l'événement au moment où il a déposé.*

636. *S'il ne l'a point ignoré, il faut distinguer si l'événement peut ou non se réitérer.*

637. *Les conditions mixtes, telles que celles d'un mariage, peuvent être accomplies avant ou après la mort du testateur.*

638. *S'il n'y a point de temps fixé, les conditions casuelles et mixtes peuvent s'accomplir en tout temps, pourvu que ce soit avant la mort du légataire.*

639. *Les potestatives doivent être accomplies aussitôt que le légataire le peut.*

640. *Mais c'est une règle de prudence. Il a trente ans pour accomplir la condition, s'il ne meurt pas avant le temps.*

641. *Ceux qui y ont intérêt, peuvent le stimuler de l'accomplir ou lui faire fixer un délai.*

642. *L'effet de l'accomplissement n'est point détruit, lorsque les choses reviennent au même état qu'auparavant.* Conditio semel impleta non resumitur.

643. *Il en est de même lorsqu'elle a défailli.* Conditio quæ defuit non restauratur. *Exemples de l'application des deux maximes.*

644. *Il y a néanmoins des conditions dont l'objet est permanent. Exemples. Condition de viduité, de porter le nom du testateur, etc.*

645. Quid, *si la condition roule sur des faits successifs.*

646. *La condition négative est enfreinte par la première contravention, quand il serait possible d'en réparer les suites. Exemples, dans la condition de ne point aliéner.*

647. Quid, *s'il s'élève des difficultés pour savoir si la condition est accomplie ou défaillie.*

648. *Si le testateur remplit la condition potestative, le legs est révoqué.*

649. *C'est au demandeur à prouver l'accomplissement de la condition.*

586. Le premier principe établi dans cette matière par les interprètes du droit romain, est qu'il faut, dans l'accomplissement des conditions, se conformer rigoureusement aux termes des actes qui les contiennent. C'est la loi que les contractans se sont prescrite, c'est la loi que le testateur a imposée à ses dispositions. Il faut donc consulter le contrat ou le testament, suivre littéralement ce qu'il prescrit sur le temps, sur la manière, sur les circonstances de l'accomplissement de la condition. On ne doit rien ajouter pour la rendre plus difficile ni pour l'étendre d'un cas à l'autre, ou d'une personne à une autre personne, sous le prétexte d'identité de raison. On ne doit non plus rien omettre ni retrancher de ce qui se trouve exprimé dans le contrat ou dans le testament; l'accomplissement ou l'infraction

de la condition doit arriver précisément de la manière et dans la forme prescrites. C'est ce qu'entendent les docteurs, quand ils posent en principe que les conditions doivent être accomplies *in formâ specificâ*. *Voyez* Furgole, des Testamens, chap. 7, sect. 5, n°. 3.

Ce principe est sage et vrai en général : il est toujours dangereux de s'écarter du sens naturel des termes d'un acte.

587. Cependant, comme les langues sont imparfaites, et que les rédacteurs des actes ne sentent pas toujours l'étendue et les conséquences des expressions dont ils se servent, il y a des cas où l'interprétation trop littérale des termes de la condition détruirait, au lieu de la suivre, la volonté des contractans ou du testateur. Le principe que le conditions doivent être accomplies *in formâ specificâ*, était donc sujet à beaucoup d'exceptions, et occasionnait une foule de difficultés. Il eût été dangereux de l'ériger en loi.

Le Code l'a donc, non pas rejeté, mais passé sous silence, en donnant aux juges le pouvoir de suivre l'intention vraisemblable des parties plutôt que le sens grammatical des termes. Il pose en principe que *toute condition doit être accomplie de la manière que les parties ont vraisemblablement voulu et entendu qu'elle le fût* (1175).

C'est appliquer aux conditions le principe général d'interprétation, suivant lequel on doit rechercher quelle a été l'intention des parties contractantes (1), plutôt que de s'arrêter au sens

(1) Mais *vid. suprà*, n°s. 311 et suiv., n°s. 513 et 514.

littéral des termes. On retrouve la même application dans le droit romain : *in conditionibus, primum locum obtinet voluntas defuncti, eaque regit conditiones.* Loi 19, ff *de condit. et dem.*, 35, 1. *Voluntas potiùs quàm verba intuenda est.* Loi 16, cod. *de fideicom.*

Pothier, n°. 206, d'où est tiré notre art. 1175, en fait l'application au cas où la condition consiste à donner ou à faire quelque chose; il donne pour exemple l'engagement que j'ai contracté envers vous, sous la condition si vous donnez telle somme à tel mineur. Il ajoute que vous n'avez pas rempli la condition, si, au lieu de donner la somme au tuteur, vous la donnez au mineur, qui la dissipe. Sa décision, tirée de la loi 68, ff *de solut.*, 46, 3, est fondée sur la volonté du donateur, qui est censé avoir voulu que la condition fût remplie d'une manière utile au mineur.

S'il paraissait que le donateur avait l'intention que la somme fût remise au jeune homme actuellement à l'armée, ou à Paris, pour ses études, afin qu'il l'employât comme il le jugerait à propos, la condition serait remplie en lui remettant la somme sans le concours de son tuteur, quoiqu'elle le fût également en la remettant à son tuteur, qui est son mandataire légal, à moins que le contrat ne portât expressément que la somme ne sera remise qu'à la personne du jeune homme et non à d'autres. *Voyez* Ricard, des Dispositions conditionnelles, n°. 375.

Pothier applique encore notre principe à la condition de donner cent louis d'or, et dit avec raison qu'elle est accomplie en offrant de l'argent blanc, parce qu'on ne considère ordinairement dans la monnaie que la valeur qu'elle tire de la loi, et non les espèces, qui ne sont que le signe de cette valeur, parce que les parties sont présumées n'avoir pas eu d'autre considération en vue.

La condition ne serait donc pas accomplie en offrant de l'argent blanc, si l'acte portait expressément que la somme serait comptée en espèces d'or et non autrement.

588. Le principe que toute condition doit être accomplie de la manière que les parties ont vraisemblablement voulu et entendu qu'elle le fût, s'applique même aux conditions casuelles, quoique beaucoup moins fréquemment, parce qu'il est plus rare qu'elles puissent s'accomplir par des équivalens.

C'est surtout l'accomplissement des conditions potestatives qui peut faire naître des doutes qu'on doit résoudre par le principe qu'il faut suivre la volonté vraisemblable des parties.

589. Ainsi, par exemple, sur la question si les conditions doivent s'accomplir littéralement, *in formâ specificâ*, il faut tenir pour maxime qu'ordinairement, et suivant la règle générale, elles doivent s'accomplir *in formâ specificâ*, mais qu'elles peuvent s'accomplir par équivalent, *per æquipolens*, lorsqu'il est vraisemblable que telle a été l'intention des parties. Or, cette intention est naturellement présumée, lorsqu'aucune d'elles n'a intérêt que la condition soit accomplie d'une manière plutôt que d'une autre.

590. C'est par le même principe qu'il faut résoudre la question extrêmement controversée (1) entre les interprètes, si la condition potestative ne peut être accomplie que par la personne même à qui elle est imposée, et qui est désignée pour l'accomplir, ou si elle peut l'être par ses héritiers ou autres personnes agissant pour elle et dans son nom, et si la condition peut être accomplie dans la personne des héritiers de celui en faveur de qui elle a été imposée, et qui a été désigné *conditionis implendæ causâ.*

Commençons par examiner si la condition potestative peut être accomplie par les héritiers de la personne à qui elle a été imposée, ou qui a été désignée pour l'accomplir.

Il faut d'abord distinguer entre la condition imposée dans les testamens et la condition imposée dans les contrats.

Nous avons déjà dit, et nous en avons donné la raison; que le legs est caduc et n'est point transmis aux héritiers du légataire, s'il meurt avant l'accomplissement de la condition, soit potestative, soit casuelle ou mixte. Il ne peut donc leur transmettre la faculté d'accomplir la condition potestative qui lui est imposée, puisqu'elle doit nécessairement être accomplie de son vivant (2). L'ouverture du legs ne peut jamais se

(1) Si on veut voir ce qui a été dit de mieux pour et contre, il faut recourir à Covarruvias, *Quæst. pract.*, cap. 39, pag. 137 et suiv., édit. de Lyon, 1506. C'est son opinion, adoptée par Pothier, qui a été consacrée par le Code.

(2) *Voy.* Furgole, chap. 7, sect. 5, nº. 55; loi 51, § 1, ff *de condit. et demonst.*

faire au profit des héritiers du légataire, qui ne sont pas ceux à qui le testateur a voulu léguer.

Ainsi, par exemple, si Paul est institué héritier ou légataire, sous la condition suspensive de donner 1,000 fr. à Pierre, le legs devient caduc si Paul meurt avant d'avoir donné les 1,000 fr. Ses héritiers ne peuvent les donner pour recueillir le legs. Il serait également caduc, si Paul n'avait donné que la moitié de la somme. *Voy.* Pothier, n°. 215, et loi 56, ff *de condit. et demonstr.*, 35, 1.

Au contraire, dans les contrats ou actes entre-vifs, le créancier conditionnel transmet à ses héritiers le droit éventuel qui naît de la convention, lorsqu'il meurt *avant l'accomplissement de la condition*. C'est la disposition expresse de l'art. 1179, conforme au droit romain. § 4. *Inst. de V. O.* Il ne distingue point entre les conditions casuelles ou potestatives : or, on ne peut faire une distinction qui n'est pas dans la loi. Il faut donc conclure que la faculté d'accomplir la condition potestative, imposée dans les contrats, passe aux héritiers toutes les fois que la volonté de l'autre partie ne s'y oppose pas; ce qui est toujours présumé lorsqu'elle n'a point intérêt que la condition soit accomplie par le défunt plutôt que par ses héritiers.

591. Ainsi, par exemple, la condition de donner, mise dans les contrats, peut être accomplie par l'héritier de celui à qui elle était imposée, parce qu'il est évident que l'autre partie, celle à qui la chose doit être donnée, n'a point d'intérêt

à recevoir d'une personne plutôt que d'une autre. L'accomplissement d'une pareille condition n'est qu'un paiement, qui peut être fait même par un tiers, pourvu qu'il agisse au nom et en l'acquit du débiteur (1236). Les lois romaines établissent donc en principe que les conditions qui consistent à donner peuvent être accomplies par un tiers (1).

592. Quant aux conditions potestatives qui consistent à faire, *in faciendo*, il faut distinguer d'abord si le fait mis pour condition est personnel, si c'est le fait d'une telle personne plutôt que celui de telle autre, plutôt que le fait seul et en lui-même que les parties ont eu en vue. Par exemple, la condition d'aller à Paris, celle d'étudier, de se marier, celle de peindre un tableau, de faire une statue, celle qu'un domestique demeurera tant d'années à mon service, ou à celui de mon fils, et autres conditions de même nature, ne peuvent être accomplies que par la personne désignée, et à qui elles sont imposées, parce qu'il est évident que c'est le fait de la personne qu'on a eu en vue (2).

Au contraire, si le fait mis pour condition est tel qu'on puisse y employer le ministère d'un tiers,

---

(1) Loi 39, § *ult.*, ff *de statu liberis*, 40, 7; loi 15, ff *de stat. hom.*, 1, 5; loi 41, ff *de mort. caus. don.*, 39, 6; Furgole, chap 7, sect. 5, nos. 16 et 21.

(2) Mais le légataire peut être excusé de ne l'avoir pas remplie *Vid. infrà*, n°. 611; Barry, des Successions, tom. II, pag. 508, col. 2, n°. 6; Vasquez, rap. 93, n°. 19; Voët, *in tit. de cond. inst.*, n°. 19 et seq.; *Voy.* aussi *suprà*, nos. 405 et suiv.

qui s'en acquittera aussi bien ou à-peu-près que la personne à qui la condition est imposée, et sans que celui qui l'a imposée ou ses héritiers en souffrent aucun dommage, la condition peut être accomplie par un tiers, et à plus forte raison par les héritiers de celui à qui elle a été imposée; car, comme l'observe fort bien Ricard, Traité des dispositions conditionnelles, quand nous chargeons une personne de faire une chose, notre intention n'est pas de l'obliger elle-même à y travailler; il suffit qu'elle y emploie ses soins et sa surveillance. Par exemple, la condition de construire une maison, un monument (1), etc.

593. Il en serait autrement s'il paraissait par la nature de la condition, par la présomption de la volonté des parties, et, à plus forte raison, s'il était exprimé dans l'acte qu'elles ont voulu que la condition fût accomplie par la personne désignée, et non par une autre. Il n'y aurait plus alors à examiner si celui qui a imposé la condition, ou au profit de qui elle a été imposée, a, ou n'a pas intérêt qu'elle soit accomplie par une personne plutôt que par une autre; car, dans l'accomplissement des conditions, on ne considère que l'événement, que le pur fait, tel et de la manière que les parties ont voulu qu'il fût accompli. Ce n'est qu'à défaut de volonté expresse

(1) Cujas, sur la loi 57, ff *de V. O. Qui id agit ut detur, vel ut domus ædificetur, non tam personam dantis vel facientis spectat, quàm opus quod ex eo remanet.... Itaque nihil refert a quo detur, vel fiat*, dit cet auteur. *Voy.* aussi la loi unique, *Cod. de caduc. tollend.*, § *sin autem*, 6, 51.

ment manifestée, qu'il est permis d'interpréter leur intention par la vraisemblance, et de rechercher la manière dont elles ont vraisemblablement voulu et entendu que la condition fût accomplie (1175).

594. La condition *si petiero*, nous offre un exemple de cette vraisemblance. Je vous ai prêté 1,000 fr. que vous êtes obligé de me rendre *si je vous les demande.* Cette condition m'est personnelle et ne peut être accomplie par mes héritiers après ma mort, parce qu'il est vraisemblable que je l'ai ainsi voulu, et que mon intention a été de vous en faire la remise, si je n'ai pas besoin de cette somme, et si je meurs sans vous la demander. Pourquoi cette intention est-elle vraisemblable? Parce qu'autrement la clause *si je vous la demande* n'aurait aucun sens, et serait parfaitement inutile. Or, il faut toujours entendre les clauses d'un acte dans le sens où elles peuvent avoir *quelque effet*, plutôt que dans le sens où elles n'en auraient aucun (1157). Si j'avais stipulé que vous me rendrez la somme *lorsque* je vous la demanderai, cette clause, au lieu d'une condition, contiendrait un terme indéfini abandonné à ma volonté, et elle n'empêcherait point mes héritiers de vous la demander. Pothier, n°. 108.

595. Il nous reste à examiner si la condition potestative peut être accomplie dans la personne des héritiers de celui en faveur de qui elle a été imposée, et qui a été désigné *conditionis implendæ causâ*.

Il faut encore distinguer entre les conditions mises dans les testamens ou dans les contrats. Je vous lègue mes immeubles, si vous donnez 1,000 fr. à Titius. Cette condition est un véritable legs conditionnel que je lui fais. Or, quand le légataire meurt avant l'accomplissement de la condition, le legs devient caduc (1050); il n'est point transmis à son héritier. Si donc Titius meurt avant que vous lui ayez compté les 1,000 fr., vous ne pouvez accomplir la condition en comptant cette somme à son héritier; car il est censé que ce n'est point à cet héritier que le testateur a voulu donner.

Et comme le legs que je vous avais fait à vous-même était subordonné à la condition de donner 1,000 fr. à Titius, condition qui ne peut être accomplie après sa mort, votre legs est caduc aussi bien que celui que je lui avais fait.

Hermogène, dans la loi 94, ff *de condit. et demonst.*, 35, 1, applique ce principe au plus favorable des legs, celui de la liberté donnée conditionnellement à un esclave. *Cùm ita datur libertas, si Titio, qui non est hæres, decem dederit, certa persona demonstratur, ac propterea in personâ ejus tantùm conditio impleri potest.*

Mais cette décision ne s'applique qu'au cas où vous avez retardé de payer les 1,000 fr., quoique vous puissiez les compter avant la mort de Titius; par exemple, si, quoique vous eussiez connaissance du testament, vous avez sans excuse légitime retardé d'accomplir la condition potestative que le légataire doit régulièrement accomplir le plus tôt possible : *cùm primum potuerit*, dit la loi 29, ff *ibid.*

Au contraire, si Titius est mort avant que vous ayez eu connaissance du testament, ou si, lorsque vous en avez eu connaissance, vous avez sans tarder fait vos diligences pour compter la somme, si Titius l'a refusée avant de mourir; en un mot, si vous avez eu une excuse légitime, comme nous le dirons en examinant, n°s. 611 *et suivans*, quand les conditions sont censées accomplies, le legs vous est acquis nonobstant la mort de Titius, et cela sans rien payer à personne, *nulli dando*; vous n'êtes obligé de donner les 1,000 fr. ni aux héritiers de Titius, auxquels il n'a point transmis son droit, et que le testateur n'a point eu l'intention de gratifier, ni aux héritiers du testateur auxquels il n'a point voulu les donner. Ils vous appartiennent par droit d'accroissement, parce qu'ils n'étaient qu'une délibation de votre legs (1).

Il faut donc tenir pour maxime que régulièrement la condition potestative, imposée dans un testament, ne peut s'accomplir en la personne de l'héritier de celui au profit de qui elle a été imposée, et qui a été désigné, *tanquam certa persona*, pour l'accomplissement de la condition.

Il en serait autrement si le testateur, au lieu de désigner Titius pour l'accomplissement de la condition, comme une personne certaine et individuelle, *tanquam certa persona*, l'avait désigné

(1) *Voy.* tom. v, n°. 677.

sous la qualité de son héritier, ou en ajoutant cette qualité au nom de la personne désignée. Je vous lègue mes immeubles si vous donnez 1,000 fr. à mon héritier, à Titius mon héritier : alors le prédécès de l'héritier n'empêcherait point le légataire d'accomplir la condition dans la personne des héritiers de l'héritier, en leur comptant la somme de 1,000 fr., parce qu'en gratifiant son héritier, il est censé qu'à son défaut, le testateur a aussi voulu gratifier les héritiers de son héritier. D. Loi 94, § 1; loi 51, ff *de condit. et demonst.*, 35, 1.

Quant aux conditions imposées dans les contrats, comme on est toujours censé avoir stipulé pour soi et pour ses héritiers ou ayant cause, la condition potestative peut être accomplie dans la personne des héritiers ou des ayant cause de celui au profit de qui elle a été imposée, à moins qu'il ne s'agisse d'un fait attaché par sa nature à la personne désignée. Par exemple, d'épouser Mævia, etc.

596. Les mineurs, les interdits et les femmes mariées peuvent, sans autorisation, accomplir les conditions qui leur sont imposées. Furgole, chap. 7, sect. 5, n°. 10; Ricard, des Disposit. conditionnelles, n°. 373. On en peut d'autant moins douter sous l'empire du Code, que la nullité des actes qu'ils font sans autorisation est purement relative, et ne peut être opposée par les personnes qui ont contracté avec eux.

597. On peut apposer plusieurs conditions au lieu d'une seule, lorsque les contractans ou le

testateur le jugent à propos. S'il y en a plusieurs, on demande si elles peuvent être divisées dans leur exécution, ou s'il est nécessaire que toutes soient accomplies.

Il faut distinguer : toutes doivent être accomplies lorsqu'elles sont réunies par une conjonctive. Par exemple, si tel navire arrive dans le le port, *et* si je suis nommé à tel emploi, on ne les considère que comme une seule : *unius loco habentur*. Loi 5, ff *de condit. instit.*, 28, 7. Il faut qu'elles s'accomplissent toutes.

Il en est autrement si elles sont séparées par la disjonctive. Par exemple, si tel navire arrive dans le port, *ou* si je suis nommé à tel emploi : il suffit alors qu'une seule s'accomplisse. § II, *Instit. de hæred. instit.*, 2, 14; loi 129, ff *de V. O.*, 45, 1; loi 5, ff *de condit. instit.*, 28, 5.

Encore faut-il remarquer que la conjonctive se prend quelquefois pour la disjonctive (1), *et*

---

(1) Ceci a fait naître beaucoup de controverses entre les docteurs. *Voy*. Ricard, des Disposit. conditionnelles, n°s. 385 et suiv.; Furgole, des Testamens, chap. 7, sect. 5, n°s. 108, 110 et suiv., sect. 6, n°s. 35 et suiv., jusqu'au n°. 85. *Voy*. encore le nouveau Répertoire, v°. *Disjonctive* et v°. *Copulative*; Voët, *in tit. de conditionib. inst.*, n°. 29.

M. Dareau, dans le nouveau Répertoire, v°. *Disjonctive*, donne pour exemple du cas où la conjonctive est prise pour la disjonctive, l'espèce où Titius *et* ses enfans sont institués héritiers. Il prétend que la particule *et* serait regardée comme une disjonctive, en ce sens que les enfans ne sont nommés que pour recueillir à défaut de leur père, et suivant l'ordre de la succession, à la différence du cas où il serait institué *avec* ses enfans.

Cette décision n'est rien moins que sûre.

Thevenot-Dessaules, dans son Traité des substitutions, imprimé en 1778, prétend au contraire que si j'institue *Titius et ses enfans*,

vice versâ. Lois 29 et 53, ff *de V. S.*, 50, 11; loi 4, Cod. *de V. S.*, 6, 38.

S'il n'y avait ni conjonctive ni disjonctive; par exemple, si l'acte portait, *si tel navire arrive dans le port, si je suis nommé à tel emploi*, il faudrait rechercher quelle a été l'intention vraisemblable des parties; si on ne pouvait la découvrir, il faudrait réputer les conditions conjointes, surtout dans les contrats; car le doute s'interprète en faveur du débiteur.

598. S'il n'y a qu'une seule condition, et qu'elle consiste dans un événement purement casuel, il est bien évident qu'elle ne peut être divisée dans son accomplissement, puisqu'il s'agit d'un événement unique, qui n'est pas divisible de sa nature. Si la condition est potestative, et que l'objet en puisse facilement être divisé, par exemple, la condition de donner une somme d'argent, elle n'en est pas moins indivisible dans son accomplissement : l'indivisibilité des conditions est établie comme une règle générale dans le droit romain, que nous avons en ce point toujours suivi en France.

Il en résulte que le legs ou l'obligation qui dépend d'une condition dont l'objet est divisible, continue d'être suspendue pour la totalité, mal-

---

il est clair..... que le père et les enfans sont gratifiés conjointement, *ordine simultaneo*, pour concourir et partager ensemble. Cette opinion, conforme au sens naturel des mots, est adoptée par M. Merlin, dans ses Questions de droit, 1°. *Substitution fidéicommissaire*, § 3, tom. v, pag. 58 et suiv. de la 3e. édition. Il en serait autrement si le père était institué pour lui et ses enfans, else

gré l'acomplissement partiel de la condition. Si j'ai légué à Paul le fonds cornélien, sous la condition de donner 10,000 fr., il n'en pourra demander la moitié en payant 5,000 fr., et s'il meurt après avoir donné 5,000 fr., le legs est caduc pour la totalité. Son héritier peut seulement répéter les 5,000 fr. payés, si mieux n'aime mon héritier acquitter la moitié du legs ; car c'est en sa faveur que la condition est regardée comme indivisible. Pothier, n°. 215 ; Dumoulin, *Tract. de divid. et individ.*, 3e. part. n°. 457.

599. S'il se trouvait que la moitié du fonds n'appartînt pas au testateur, l'objet de la condition serait divisé et réduit dans la même proportion. Le légataire satisferait donc à la condition en payant 5,000 fr. Loi 43, loi 44, § 9, ff *de condit. et demonstr.* 35, 1 : Pothier, n°. 217 ; Furgole, chap, 7, sect 5, n°. 93, *in fin.*

Si le legs d'un fonds fait sous la condition de donner 10,000 fr. était réduit par l'effet de la réserve due aux héritiers, la somme à donner serait réduite dans la même proportion. Loi 20, ff *de mortis caus. don.*, 39, 6 ; loi 43, § 2, ff *de condit. et demonstr.* 35, 1.

Si, après avoir payé la somme entière pour obtenir la délivrance du legs en entier, le légataire était évincé de la partie du fonds qui n'appartenait pas au testateur, il pourrait répéter une partie de la somme qu'il a donnée. D. Loi 43.

600. La condition résolutoire n'est pas moins indivisible que la suspensive. Je vous ai vendu sous la condition que la vente sera résolue de

plein droit, sans qu'il soit besoin d'acte ni de sommation, si, dans un tel temps, le prix n'est pas payé. La résolution est opérée si ce prix n'est pas payé en entier au temps fixé. Loi 10, ff *de rescind. vend.*, 18, 5.

601. La condition de donner peut être divisée dans son exécution, si elle est imposée à plusieurs personnes, quoique conjointement. Je lègue le fonds cornélien à Paul et à Pierre, s'ils donnent 10,000 fr. à mon héritier, ou simplement s'ils donnent 10,000 fr.; car la condition de donner est censée mise en faveur de l'héritier, si celui à qui la somme est destinée n'a pas été nommé. Si Paul donne 5,000 fr., il pourra demander la moitié du legs; car en énumérant les personnes qui doivent donner la somme, le testateur est censé l'avoir divisée dès le principe, *statìm à testamento quo pluribus conditio apposita est, divisa quoque in singulas personas videri potest... Enumeratione partium potest videri esse divisa.* Loi 56, ff *de condit. et demonstr.*, 35, 1.

602. Mais si le legs avait d'abord été fait à une seule personne, et à son défaut, à ses enfans, et que cette personne vînt à décéder laissant plusieurs enfans, l'un d'eux ne pourrait pas diviser la condition en donnant une partie de la somme; il ne pourrait rien demander jusqu'à ce que le surplus eût été payé. D. Loi 56; Pothier, n°. 215 (1).

---

(1) Cependant, si un testateur institue plusieurs héritiers, et lègue à

603. La condition qui consiste *in faciendo*, imposée à plusieurs personnes, ne peut être divisée dans son exécution, si le fait n'est pas divisible. Par exemple, je lègue 10,000 fr. à deux constructeurs, sous la condition de construire un navire, à deux peintres, sous la condition de peindre mon salon. Il est évident que la condition ne peut être divisée, et qu'elle n'est point accomplie, à moins que le navire ne soit entièrement construit, le salon entièrement peint.

Mais le sera-t-elle si l'un des constructeurs construit seul le navire, si l'un des peintres peint seul le salon? C'est, dit Ulpien (loi 13, *in princ.* et § 1, ff *de manumiss. test.*, 40, 4), une question de volonté. Il faut rechercher si l'intention du testateur a été que la condition consistât dans la réunion de l'industrie des deux légataires, pour l'exécution et la perfection de l'ouvrage; car il est possible que l'un excelle dans une partie de son art, le second dans une autre; ou bien s'il paraît, par les expressions du testateur et par les circonstances, qu'il lui était indifférent que l'ouvrage donné pour condition fût fait par l'un des deux.

Au premier cas, non seulement l'un des deux n'accomplit pas la condition, en exécutant seul l'ouvrage, mais il en rend l'accomplissement impossible, même en ce qui le concerne.

---

sa femme l'usufruit de certains biens, jusqu'à ce que sa dot soit payée, si un des héritiers paie la portion de la dot qu'il doit supporter; il fait cesser l'usufruit pour sa portion héréditaire (*voy.* loi 50, ff *de usu et usuf. leg.*, 33, 2), parce que les héritiers ne sont point tenus solidairement au paiement de la dot.

Au second cas, un seul des légataires peut accomplir la condition, et il l'accomplit, soit à son seul profit, soit au profit des deux, encore selon que le testateur l'aura vraisemblablement entendu : *pro ut voluisse testatorem apparuerit.*

Cette volonté vraisemblable est présumée, si les légataires sont conjoints *re et verbis*, c'est-à-dire, si le legs est fait par une seule et même disposition, sans que le testateur ait assigné la part de chacun des colégataires dans la chose léguée (1044) ; car, en ce cas, la part de celui qui n'a pas voulu coopérer à l'ouvrage accroît à l'autre avec la charge de la condition. *Alteri cum suâ conditione adcrescit.* Loi 54, § 1, ff *de condit. et dem.*, 35, 1 ; Ricard, des Dispositions conditionnelles, n°. 404. Mais la prudence exige que le colégataire qui veut exécuter seul la condition, stimule l'autre d'y coopérer avec lui.

604. Si un fait divisible est imposé pour condition à plusieurs personnes, la condition se divise dans son exécution. Par exemple, le legs fait à plusieurs serviteurs, sous la condition de demeurer au service des enfans. Loi 84, ff *de condit. et dem.*, 35, 1.

605. Si la condition d'un fait divisible est imposée à une seule personne en faveur de plusieurs, elle peut être divisée dans son accomplissement ; mais alors la disposition est diminuée en proportion de la diminution de la charge. Par exemple, je lègue 1200 fr. par an à Titius, s'il continue de gérer les biens que je laisse à mes trois enfans qui sont absens. L'un d'eux

vend sa part : le legs de 1200 fr. est réduit à 800 fr., parce que le travail et l'argent peuvent également se diviser. *Cùm tam labor quàm pecunia divisionem reciperent*, dit la loi 10, ff *de ann. leg.*, 33, 1.

Il en serait autrement si la condition était d'un fait indivisible. Par exemple, je lègue à tel, mon domestique, 1200 fr. par an, s'il demeure avec mes enfans jusqu'à sa mort. L'un des enfans s'absente, le legs n'est point réduit si le domestique continue de demeurer avec les autres.

606. On voit par ce qui vient d'être dit que toutes les questions sur l'indivisibilité ou la divisibilité des conditions dans leur accomplissement, doivent se résoudre par ce principe fondamental, que toute condition doit être accomplie de la manière que les parties ont *vraisemblablement* voulu et entendu qu'elle le fût (1175).

Mais si la volonté des contractans ou du testateur est manifestée expressément et sans équivoque, on doit s'y soumettre avec une obéissance aveugle, sans qu'il soit permis d'examiner si l'exécution de la condition peut être utile, s'il ne serait pas plus avantageux de l'exécuter d'une autre manière. Il faut satisfaire ponctuellement à la condition, quand même son exécution entraînerait la perte de la chose qui en est l'objet. Tout alors devient essentiel dans l'accomplissement de la condition, le temps, la manière, les circonstances ; on ne doit admettre aucun équivalent, toujours en supposant que les expressions ne présentent point de doute.

607. Car aussitôt qu'il s'en élève sur quelque point, il faut en revenir à rechercher l'intention vraisemblable des parties. C'est par elle qu'on doit résoudre la question, tant et si diversement agitée par les auteurs (1), et sur laquelle on trouvait tant de variété dans l'ancienne jurisprudence française, savoir : si la condition qui a pour objet la mort d'une personne est accomplie par la mort civile. C'est surtout à l'occasion de l'ouverture des substitutions fidéicommissaires, que la question avait été agitée ; elle avait été résolue aussi, en ce qui concerne cette ouverture, par l'Ordonnance de 1747, tit. 1er, art. 24, qui portait que la mort civile donne ouverture aux substitutions dans tous les cas, comme la mort naturelle ; mais cette décision était particulière aux substitutions, et de plus cette Ordonnance est aujourd'hui abrogée. C'est donc par des conséquences tirées des dispositions du Code que la question doit être résolue, ou plutôt par le principe qu'il faut, pour l'accomplissement des conditions, rechercher l'intention vraisemblable des parties.

On peut distinguer cette intention par une

---

(1) On peut voir les autorités et les raisons pour et contre dans Ricard, Traité des Dispositions conditionnelles, depuis le n°. 529 jusqu'à 573 ; dans Furgole, Traité des Testamens, chap. 7, sect. 5, depuis le n°. 59 jusqu'à 90.

Ces deux auteurs pensent qu'aucune mort civile n'équivaut à la mort naturelle, pour l'accomplissement de la condition.

Richer, Traité de la mort civile, pag. 444, soutient l'opinion contraire, qui avait été consacrée en ce qui concerne l'ouverture des substitutions, par l'ordonnance de 1747, tit. 1, art. 24.

considération facile à saisir. Si, en faisant de la mort d'une personne la condition d'une obligation ou d'un legs, il paraît qu'on a eu en vue les effets éventuels de la transmission de ses biens et de ses droits, la condition doit être censée accomplie par la mort civile de l'individu désigné, parce qu'alors sa succession est ouverte, et ses droits éteints ou transmis de la même manière que s'il était mort naturellement (25).

Ainsi nul doute que sous l'empire du Code, comme sous l'empire de l'Ordonnance de 1747, la substitution ne soit ouverte par la mort civile du grevé.

Ainsi nul doute que si j'ai promis de payer une somme à la mort d'une personne dont je suis héritier présomptif, la condition est accomplie par sa mort civile; car il est censé que la condition avait pour objet l'espérance d'une plus grande aisance au moment où je serais forcé de satisfaire à mon obligation.

Ainsi, par la même raison, si j'ai promis de payer une somme à la mort d'une personne qui a l'usufruit de mes biens, sa mort civile rend l'obligation exigible, parce que l'art. 617 du Code veut que l'usufruit soit éteint par la mort civile de l'usufruitier.

Au contraire, si les contractans ont eu en vue, non pas la transmission éventuelle des biens de la personne désignée, ni les effets de cette transmission, mais le fait de son existence, la condition n'est point censée accomplie par la mort civile. Par exemple, si j'ai promis de vous payer à la mort de telle personne, de laquelle je n'attends rien, si j'ai stipulé ou réservé à mon profit l'usufruit de tel bien sur la tête d'un tiers, sa mort civile n'accomplit point la condition, et n'éteint pas l'usufruit, parce qu'il est vraisemblable que c'est son existence naturelle que j'ai eue en vue.

608. S'il peut naître des doutes sur la manière dont la condition doit être accomplie, il ne peut s'en élever sur le temps où elle doit l'être, lorsqu'il est fixé par la convention. Il ne s'agit plus de rechercher quelle a été la volonté des contractans, il faut s'en tenir à la loi du contrat. Le Code ne laisse point aux juges le pouvoir de s'en écarter par des interprétations qui deviendraient arbitraires. « Lorsqu'une obligation est contrac» tée sous la condition qu'un événement arrivera » dans un temps fixé, cette condition est censée » défaillie, dit l'art. 1176, lorsque le temps est » expiré sans que l'événement soit arrivé. » Ainsi le délai est fatal. Cette disposition générale s'applique à toutes les espèces de conditions potestatives, casuelles ou mixtes.

609. Le Code n'admet qu'une seule excuse, c'est lorsque le débiteur, obligé sous une condition, en a empêché l'accomplissement. La condition est alors censée accomplie (1) (1178),

(1) *Voy*. Pothier, Traité des Obligations, n°. 212; loi 81, § 1, ff *de condit. et demonstr.*, 35, 1; loi 85, § 7, ff *de V. O.*, 45, 1; loi 39, ff *de R. J.*

Le créancier ne peut alléguer pour excuse qu'il a été empêché d'accomplir la condition par le débiteur conditionnel, si celui-ci n'a fait qu'exercer vers le premier un droit légitime. Par exemple:

c'est-à-dire, que le débiteur est obligé de la même manière que si la condition était réellement accomplie. C'est une juste application du principe d'équité naturelle, que tout fait quelconque de l'homme, qui cause du dommage à autrui, oblige celui par la faute duquel il est arrivé à le réparer (1382).

610. Le Code n'admet point d'autre excuse, en ce qui concerne le non accomplissement des conditions dans le temps fixé par le contrat. Inutilement celui à qui est imposée une condition potestative voudrait s'excuser sur un cas fortuit ou sur une force majeure qui l'ont empêché de l'accomplir malgré sa bonne volonté, quoiqu'il fût disposé et préparé à l'accomplir; il est censé que ces cas fortuits et cette force majeure sont entrés en considération dans le contrat, et qu'on n'a pas entendu que la seule bonne volonté suffirait; car,

---

mon père vous a légué sa maison si, dans le mois de son décès, vous donniez 3,000 fr. à Pierre, si vous alliez à Paris. J'ai fait saisir et vendre vos meubles pour une somme que vous me deviez personnellement; je vous ai fait constituer prisonnier, parce que ma créance emportait contrainte par corps. Vous ne pouvez alléguer pour excuse de non accomplissement de la condition ces événemens, arrivés par votre faute, et qu'il était en votre pouvoir de faire cesser en me payant. Je n'ai fait qu'user de mon droit : *non omne ab hæredis personâ interveniens impedimentum, pro expletâ conditione, cedit.* Loi 38, ff *de statu lib.*, 40, 7.

Observez encore que si l'accomplissement de la condition consiste dans des faits qui doivent se renouveler, il ne suffit pas que le débiteur ait empêché l'un de ces faits. Par exemple, j'ai promis de donner telle chose à un ouvrier, s'il me fait dix journées de travail. Je le renvoie le jour où il se présente : la condition n'est accomplie que pour ce jour. Il faut que l'ouvrier se fasse renvoyer ou travaille pendant neuf autres jours. Loi 20, § 5, ff *de statu liberis*, 40, 7; Pothier, n°. 212.

à proprement parler, il n'y a point de condition purement potestative; il peut arriver des événemens qui en empêchent l'exécution. Loi 4, § 1, ff *de hæred. instit.*, 28, 5.

Je vous avais promis 10,000 fr. si vous alliez à Madrid dans deux mois. Vous êtes parti pour vous y rendre; mais les ennemis se sont emparés de la ville, tous les accès en sont fermés; il est impossible que vous y arriviez. La condition n'en est pas moins censée défaillie suivant l'art. 1176, quoique le non accomplissement de la condition ne puisse pas plus vous être reproché que s'il s'agissait d'une condition purement casuelle; par exemple, s'il fait demain du tonnerre.

Je vous ai promis 10,000 fr. si vous épousiez Mævia. Elle refuse de vous épouser, ou, si l'on veut, elle y consent; les préparatifs sont faits; mais elle meurt la veille de la célébration du mariage. La condition est défaillie, parce que l'événement n'est pas arrivé. *Voy.* Pothier, n°. 215; Furgole, des Testamens, chap. 7, sect. 2, n°. 85.

611. Les lois se sont montrées plus indulgentes sur l'acomplissement des conditions potestatives insérées dans les testamens, parce que ces actes sont susceptibles d'une interprétation plus étendue.

Les législateurs ont pensé qu'en imposant à des légataires une condition qu'il est uniquement en leur pouvoir d'accomplir ou de ne pas accomplir, le testateur n'avait en vue que leur bonne volonté, et non les cas fortuits qui pourraient les empêcher de l'accomplir. Je vous ai légué 10.000

francs si vous épousez Mævia, si vous allez à Madrid. Le refus de Mævia empêche le mariage de s'accomplir; elle meurt avant l'âge de puberté, ou bien elle meurt après les préparatifs, mais avant la célébration du mariage. La condition est censée accomplie, parce qu'il n'a pas tenu à vous de l'accomplir. Il suffit qu'elle n'ait manqué que par accident ou par le fait d'autrui, pour que le legs vous soit acquis (1). Il en est de même si une force majeure vous empêche d'arriver à Madrid.

Je vous ai légué 10,000 fr. si vous vous faites recevoir docteur, si vous êtes nommé à un office de conseiller. Vous vous préparez à remplir la condition, vous êtes allé vous occuper de vos études; une mort prématurée vous empêche d'achever l'accomplissement de la condition. Le legs ne vous en est pas moins acquis, et vous le transmettrez à vos héritiers, parce qu'en général on ne considère que la volonté du légataire à qui la condition est imposée. Il en est de même s'il décède avant d'être parvenu à l'âge de manifester sa volonté. C'est ce qui est décidé par une foule de lois romaines recueillies par Furgole (2).

612. Il en est autrement si la condition dépend en même temps de la volonté du légataire et d'un hasard prévu par le testateur. Furgole, *ibid.*,

---

(1) Cette régle était suivie en France. Pothier, n°. 213, Furgole, Traité des Testamens, chap. 7, sect. 2, n°s. 8, 81, 82 et 84, où l'on trouve la réponse à l'objection tirée d'un arrêt de 1587, rapporté par Louet.

(2) *Ubi suprà. Plerumque hæc conditio, si uxorem duxerit, si dederit, si fecerit, ita accepi opportet, quòd per eum non stet quominus ducat; det aut faciat.* Loi 23, ff *de cond. inst.*, 28, 7.

n°. 9. Alors la bonne volonté du légataire ne suffit pas, il faut encore que l'événement prévu arrive; mais quand le testateur n'a énoncé pour condition qu'un fait conféré à la seule volonté du légataire, quoique ce fait puisse être empêché par des événemens imprévus dont le testateur ne s'est point occupé, on ne considère point ces événemens fortuits, on n'a d'égard qu'à la bonne volonté du légataire. On applique à ce cas la règle *expressa nocent, non expressa non nocent.* (Loi 195, ff *de R. J.*), parce que la condition telle que l'a énoncée le testateur paraît purement potestative, puisqu'il ne l'a point littéralement composée d'un fait qui dépend de la volonté du légataire et d'un événement casuel (1).

613. Le légataire ne peut encore être excusé s'il est en faute, s'il a tardé ou négligé d'accomplir la condition; si, depuis qu'il pouvait l'accomplir, il arrive quelqu'accident qui l'en empêche, le legs est caduc. Loi 112, § 1, ff *de condit. et demonst.*, 35, 1. Car en général les conditions potestatives doivent être accomplies aussitôt qu'on le peut. Loi 29, ff *eod.*

614. Enfin, il faut excepter de la règle les cas où il paraît par les circonstances ou par les termes du testament, que la condition potestative, celle de se marier, par exemple, est la cause finale ou déterminante du legs, *si aliàs legaturus non fuis-*

---

(1) C'est ainsi que Furgole, *ibid*, n°. 9, explique les textes qui paraissent opposés. *Voy.* aussi Vasquius, *Controversiæ illustres*, loi 3, cap. 93; loi 101; ff *de condit. et demonstr.*, 35, 1.

set. La loi 4, cod. *de condit. insert.*, 6, 46, en offre un exemple dans le legs fait à une nièce, et à plus forte raison à une étrangère, si elle épouse le fils du testateur. Si le fils refuse le mariage, s'il meurt avant la célébration, quoique les préparatifs soient faits, le legs est caduc, parce qu'il est censé que le legs n'a été fait qu'en considération du mariage, sans lequel il n'eût pas été fait. C'est une donation faite en faveur du mariage; elle est caduque si le mariage ne s'ensuit pas (1088).

La loi 31, ff *de condit. et demonst.*, 35, 1, en offre un autre exemple dans le legs fait à deux personnes, si elles se marient ensemble. *Voy.* Furgole, *ubi suprà*, sect. 2, nos 85, 86 et 87.

On voit, par ces exceptions, que les questions qui naissent sur le défaut d'accomplissement des conditions potestatives imposées aux légataires, et sur les excuses qu'ils peuvent alléguer, rentrent souvent sous la grande règle qu'il faut consulter la volonté du testateur. *In conditionibus primum locum obtinet voluntas defuncti, eaque regit conditiones.* Loi 19, ff *de condit.*, 35, 1.

615. Le temps fixé pour l'accomplissement des conditions n'est pas moins fatal à l'égard des conditions négatives qu'à l'égard des conditions positives, lorsqu'une obligation est contractée sous la condition qu'un événement n'arrivera pas dans un temps fixé. Cette condition est accomplie, dit l'article 1177, lorsque ce temps est expiré sans que l'événement soit arrivé.

616. Cet article ajoute que la condition est éga-

lement accomplie, si, avant le terme, il est certain que l'événement n'arrivera pas.

617. Mais il faut bien remarquer que cet accomplissement ne suffit pas toujours pour rendre l'obligation exigible; car si le temps ajouté à la condition l'est également à la disposition, l'événement de la condition, arrivé avant le terme fatal fixé pour son accomplissement, donne à la vérité naissance à l'obligation; elle est *purifiée*, comme disent les auteurs, c'est-à-dire qu'au lieu d'être conditionnelle et incertaine, comme elle l'était avant l'événement, elle est pure et simple, elle est irrévocable, elle existe; mais elle n'est pas encore exigible; elle ne le deviendra qu'à l'expiration du terme.

Si, dans trois mois, vous ne me donnez pas votre cheval, vous me donnerez 600 fr. Le cheval meurt dans le premier mois; la condition est accomplie: il est certain qu'elle n'existera pas. Puis-je de suite exiger les 600 fr., ou faut-il que j'attende (1) les trois mois? Il est plus vrai, dit la loi 8, ff *de V. O.*, § 1, 45, 1, qu'il faut attendre l'expiration des trois mois; car il y a dans cette convention un terme et une condition, et quoique la condition soit accomplie, le terme reste.

Si, dans cinq ans, Titius n'a point d'enfans, je vous donnerai alors 10,000 fr. Titius meurt la seconde année sans enfans; la condition est accomplie; l'obligation de payer les 10,000 fr. est

(1) Sur cette question, *voy.* Cujas et les commentateurs sur la loi citée; le nouv. Denisart, v°. *Condition*, pag. 119; Pothier, n°. 227.

devenue pure et simple; elle existe irrévocablement, mais elle n'est pas exigible : il faut attendre l'expiration des cinq années. Loi 4, § 1, ff *de condit. et demonst.*, 35, 1. *Voy.* aussi loi 35, *de usu et usuf. leg.*, 33, 2.

Un architecte s'est obligé de me donner 1,000 fr. s'il ne me bâtit pas une maison dans deux ans. Il néglige de s'en occuper; le temps s'écoule; il n'en reste plus assez pour qu'il soit possible de bâtir la maison dans le délai fixé. Je ne puis néanmoins demander les 1,000 fr. qu'à l'expiration des deux années; car, dit Papinien, l'état de la convention dont le jour était fixé dans le principe, ne peut changer *ex post facto*. Loi 124, ff *de V. O.*, 45, 1. *Junge* lois 27, § 1, 99, § 1, *eod.*

618. La difficulté consiste, en cette matière, à discerner quand le terme est mis à la disposition aussi bien qu'à la condition; car souvent la clause est équivoque. Pothier donne pour exemple l'espèce suivante : *Si je me marie d'ici à trois ans, vous me paierez* 100 *fr.* En ce cas, dit-il, n°. 237, si je me marie six mois après, je pourrai aussitôt exiger les 100 fr. sans attendre l'expiration du terme de trois ans. Il est cependant évident que cette incise, *d'ici à trois ans*, mise précisément entre la condition *si je me marie*, et la disposition *vous me paierez cent fr.*, peut aussi bien se rapporter à l'une qu'à l'autre, ou à toutes les deux. Il y a donc équivoque : il n'y en aurait point si la clause était ainsi conçue : *Si je me marie, vous me paierez* 100 *fr. d'ici à trois ans; dans trois ans*, à

compter de ce jour : car le terme ne se rapporte alors qu'au paiement.

Pothier propose encore l'espèce suivante pour exemple du cas où le terme est apposé à la disposition ou au paiement, aussi bien qu'à la condition : si je me marie d'ici au premier janvier 1758, *pour lors* vous me donnerez 100 fr. Ces mots *pour lors* font entendre, dit cet auteur, que le terme est apposé à la disposition aussi bien qu'à la condition.

Cependant on a remarqué (1), et la remarque paraît juste, que cette clause est encore équivoque, et que si l'expression *pour lors*, mise entre la condition et la disposition, peut également se rapporter à l'une et à l'autre, elle peut aussi grammaticalement ne se rapporter qu'à la première; qu'elle paraît même s'y rapporter exclusivement dans l'espèce proposée, parce que ces mots *pour lors* ne signifient pas autre chose, sinon quand je serai marié; et que ces mots, *si je me marie d'ici au premier janvier* 1758, indiquent que, pour donner ouverture à l'action en paiement de la somme de 100 fr., il suffit que le mariage s'effectue dans l'intervalle entre l'instant de la promesse et l'époque du premier janvier. Pour éviter l'équivoque, il fallait dire, si je me marie d'ici au premier janvier, vous me paierez 100 fr. à cette époque.

619. Ceci soit observé pour avertir les rédacteurs des actes d'étudier leur langue et d'éviter les

---

(1) *Voy.* le Nouv. Denisart, v°. *Condition*, pag. 119.

équivoques. Au reste, comme la convention s'interprète en faveur du débiteur (1162), il faut, s'il y a du doute, décider que le terme est apposé à la disposition ou au paiement, aussi bien qu'à la condition.

620. S'il n'y a point de temps fixé par le contrat pour l'accomplissement de la condition, elle peut *toujours* être accomplie ; elle n'est censée défaillie que lorsqu'il est devenu certain que l'événement n'arrivera pas (1176). C'est un principe commun à la condition négative. S'il n'y a pas de temps déterminé, elle n'est censée accomplie, dit l'art. 1177, que lorsqu'il est certain que l'événement n'arrivera pas.

621. Cette disposition générale s'applique particulièrement aux conditions potestatives, et comme, lorsqu'elles consistent dans l'abstention d'un fait de la part de l'un des contractans, *in non faciendo*, il n'est jamais certain avant sa mort que le fait n'arrivera pas. Les lois romaines en ont conclu que cette stipulation, vous me donnerez tant, si vous ne montez pas au Capitole, équivaut à celle-ci, vous me donnerez tant quand vous mourrez. *Si quis ita stipuletur si in Capitolium non ascendero dare spondes? Perindè est ac si stipulatus esset cùm moreretur sibi dari.* § 4, *inst. de V. O.* (1).

Si ce même principe n'est pas formellement

---

(1) *Conditiones quæ consistunt in non faciendo, veluti si non steteris, si non ascenderis Capitolium, si non iveris Alexandriam, finiuntur morte promissoris, nec antè committitur stipulatio quàm*

énoncé à l'égard de la condition potestative qui consiste *in faciendo;* par exemple, *si in Capitolium ascendero*, c'est qu'il peut être certain avant ma mort que j'ai monté au Capitole, au lieu que ce n'est qu'à mon décès qu'il peut être certain que je n'y ai pas monté; mais dans ce cas comme dans celui de la condition potestative qui consiste *in non faciendo*, la condition peut *toujours* être accomplie, dit l'art. 1176.

622. Si celui à qui le contrat impose une condition potestative, *in faciendo aut in non faciendo*, a tout le temps de sa vie pour se déterminer à l'accomplir, lorsque le temps de l'accomplissement n'est point fixé, il en résulte qu'on ne peut ni le contraindre à l'accomplir ni lui faire fixer un délai, soit pour l'accomplir, soit pour déclarer s'il veut ou ne veut pas l'accomplir; car en s'obligeant sous une condition qu'il est en son pouvoir de faire arriver ou d'empêcher (1170), il est évident qu'il s'est réservé la faculté de faire évanouir son obligation ou de la retarder suivant sa volonté. Cette faculté ne peut donc lui être enlevée contre son gré, sans violer la loi du contrat, sans violer les art. 1176 et 1177, qui lui donnent la faculté d'accomplir *toujours* la condition, c'est-à-dire, en quelque temps que ce soit.

Je vous ai vendu ma maison, et vous l'avez achetée 30,000 fr., sous la condition expresse et suspen-

---

is vitâ functus sit. Quamdiù enim conditionem implere potest promissor, cessat pecuniæ in stipulationem deductæ petitio. Cujas, sur la loi 115, ff *de V. O.*; *in Quæst. Papin.*, *lib.* 2, *opp. posth.*, *tom.* 1, *fol.* 60, *edit. Fabrot.*

sive, *si je vas* ou *si je ne vas point à Paris.* Je puis *toujours* accomplir la condition, disent les articles cités. Si nous avions fixé un délai pour l'accomplissement, par exemple, le temps de deux ans, j'aurais tout ce temps pour me déterminer. Si nous ne l'avons point fixé, qu'en résulte-t-il? qu'au lieu de deux années, je me suis réservé pour me déterminer un temps indéfini, que je puis prolonger jusqu'à ma mort. Vous n'avez point à vous plaindre, puisque telle est la loi du contrat. En vous faisant une vente ou une promesse sous une condition qu'il était en mon pouvoir d'accomplir ou de ne pas accomplir, je ne vous ai point conféré le droit de m'y contraindre. La condition était en ma faveur; c'était à vous de voir si vous vouliez contracter à cette condition. Dans les dispositions contractuelles, dit fort bien Furgole, des Testamens, chap. 7, sect. 5, n°. 51, *in fin.*, on n'a point d'action pour obliger à exécuter la condition, ni à faire fixer un délai : c'est un principe général.

623. Cependant le savant Pothier a pensé qu'il fallait y faire une exception. Il pose d'abord en principe que «si la condition ne renferme aucun temps *préfix* dans lequel elle doit être accomplie, elle peut l'être en quelque temps que ce soit, et elle n'est pas censée défaillie jusqu'à ce qu'il soit devenu certain que la chose n'arrivera point.» Traité des Obligations, n°. 209.

Ce principe exact et vrai a été érigé en loi par l'art. 1176 du Code, où se trouve presque littéralement copié le texte de Pothier. Cet article

porte : « S'il n'y a point de temps fixé, la condi-
» tion peut toujours être accomplie, et elle n'est
» censée défaillie que lorsqu'il est devenu certain
» que l'événement n'arrivera pas ».

Mais Pothier avait ajouté une exception que le Code n'a point adoptée, puisqu'il n'en parle pas.

« On s'écarte de cette règle, dit Pothier, *ubi suprà*, lorsque la condition consiste dans quelque chose que doit faire celui envers qui je me suis obligé sous cette condition, et que j'ai intérêt qui soit faite ; comme si j'ai promis à mon voisin de lui donner une somme *s'il abattait un arbre qui me nuit ;* car, en ce cas, je peux assigner celui envers qui je me suis obligé, pour qu'il lui soit préfixé un certain temps dans lequel il accomplira la condition, et qu'à faute par lui de le faire, je serai déchargé purement et simplement de mon obligation ».

Au nombre 211, Pothier fait la même exception à l'égard des conditions potestatives *in non faciendo.* Lorsque « la condition consiste, dit-il, dans quelque chose qui est au pouvoir du débiteur, et qui intéresse celui au profit duquel l'obligation a été contractée, comme si quelqu'un s'est obligé envers moi de me donner une certaine somme, s'il ne faisait pas abattre un arbre qui me nuit, je pense, dit-il, que celui qui s'est obligé sous cette condition peut être assigné, pour voir dire que faute par lui de faire une telle chose dans le temps qui lui sera imparti par le juge, il sera condamné à payer ce qu'il s'est obligé de donner, au cas qu'il ne le fît pas, et s'il ne le fait pas dans le temps qui lui aura été imparti, cette condition négative sera censée avoir existé, et il pourra en conséquence être condamné à payer la somme qu'il s'est obligé de payer sous cette condition ».

C'est avec beaucoup de raison qu'en les passant sous silence, le Code a rejeté ces exceptions proposées par Pothier, au principe que les conditions potestatives, négatives ou affirmatives, peuvent être accomplies en tout temps, lorsqu'il n'a pas été fixé d'époque pour leur accomplissement.

Les décisions de Pothier sont évidemment contraires aux principes du droit romain, à la convention et à la volonté du débiteur conditionnel. En s'obligeant de donner une somme s'il ne faisait pas abattre un arbre, sans fixer aucun délai dans lequel l'arbre dût être abattu, le débiteur s'est réservé, pour se déterminer, un délai indéfini, qu'il peut prolonger jusqu'à sa mort.

624. Pothier (1) donne son opinion pour con-

---

(1) M. Delvincourt, dans son Cours de droit, tom. II, pag. 312, note 6, adopte l'opinion de Pothier, sans le citer. Il pose cette espèce : *Je vous donnerai* 100 *francs, si vous abattez tel arbre qui gêne ma vue.* L'on pensait, dit-il, que, quoiqu'il n'y eût pas de temps fixé, faute par vous de faire abattre l'arbre, je pourrais vous faire fixer un délai pour l'abattre, sinon, pour être autorisé à le faire abattre à vos frais. Cette décision, ajoute M. Delvincourt, serait certainement admise dans notre droit, par argum. de l'art. 1144.

Cet article porte, en effet, qu'en cas d'inexécution, le créancier peut être autorisé à faire exécuter lui-même l'obligation aux dépens du débiteur; mais remarquez que c'est de l'obligation pure et simple qu'il parle, et non de l'obligation suspendue par une condition.

M. Delvincourt dit que, *dans le fait*, c'est comme s'il était dit que, moyennant la somme de 100 francs qui sera payee par moi, vous vous engagez à faire abattre tel arbre, et il en conclut que c'est donc réellement une obligation de faire qui rentre dans le cas prévu

forme à celle des sabiniens; mais il nous semble qu'en ceci son exactitude ordinaire est en défaut, et qu'il n'a pas bien entendu la question sur laquelle Sabinus et Pegasus étaient divisés d'opinion. De plus, il a passé sous silence la manière lumineuse dont le prince des jurisconsultes romains, Papinien, les concilie dans la loi 115, § 2, ff *de V. O.*, en distinguant les cas où l'opinion de l'un ou celle de l'autre doit être admise ou rejetée.

Papinien commence, § 1, par poser le principe général. J'ai stipulé que si vous n'allez point à Alexandrie, vous me donnerez 100 fr. Cette somme n'est pas due de suite, *statim*, mais seulement lorsqu'il sera devenu certain que vous ne pouvez aller à Alexandrie; c'est-à-dire, comme nous l'avons vu plus plus haut, à votre mort.

Item, ajoute Papinien, § 2, si la stipulation est ainsi conçue : Si vous ne donnez pas l'esclave Pamphilus, vous promettez de donner 100 fr. Pegasus a répondu que la somme n'était pas due avant que l'esclave cessât de pouvoir être donné; mais Sabinus pensait, dit toujours Papinien, que, dans l'esprit des contractans, on pouvait toujours agir de suite, *confestim*, pour demander les 100 fr., aussitôt que l'esclave avait pu être donné, et que l'action n'était suspendue que dans le cas où il n'eût

---

par l'art. 1144. Mais M. Delvincourt pose en fait précisément ce qui est en question, savoir : si l'obligation est conditionnelle ou non, lorsque j'ai promis de vous donner tant si vous abattez tel arbre.

pas tenu au débiteur de donner l'esclave, *quamdiù per promissorem non stetit quominùs daret.*

La question élevée entre Pegasus et Sabinus n'était donc pas de savoir si l'on pouvait, comme le pense Pothier, fixer au débiteur, pour accomplir la condition potestative, un délai après l'expiration duquel elle serait censée accomplie; mais de savoir si dans l'espèce il y avait une condition suspensive, comme le pensait Pegasus, ou s'il n'y en avait point, et par conséquent si l'on pouvait agir de suite, pour demander les 100 fr., faute au débiteur d'avoir donné l'esclave aussitôt qu'il le pouvait, comme le pensait Sabinus.

625. Papinien les concilie par une distinction, en disant que l'opinion de Sabinus pourrait être reçue, si la stipulation ne commençait point par la condition, et si, au lieu de dire : *si vous ne donnez pas l'esclave Pamphilus, promettez-vous de donner tant?* on avait dit : *promettez-vous de donner l'esclave Pamphilus? et, si vous ne le donnez pas, promettez-vous de donner tant?*

626. Il existe en effet une grande différence entre ces deux formules de stipulation.

Dans la première, il n'y a qu'une seule obligation, celle de donner tant; mais cette obligation est subordonnée à la condition potestative de donner l'esclave Pamphilus; condition pour l'accomplissement de laquelle il n'y a point de temps fixé, et qui peut par conséquent, suivant Pegasus et Papinien, être accomplie en quelque temps que ce soit, sans qu'on puisse contraindre le débiteur conditionnel à se déterminer avant sa mort.

La somme de tant est seule dans la stipulation; l'esclave Pamphilus n'est que dans la condition, ou, comme le dit la loi 44, § 6, ff *de oblig.*, 44, 7, *in exsolutione.*

627. Au contraire, dans la seconde, il y a deux stipulations bien distinctes, et deux obligations, l'une primitive, mais pure et simple, celle de donner l'esclave Pamphilus; l'autre secondaire, mais conditionnelle, seulement ajoutée pour sûreté de l'exécution, et pour tenir lieu de dommages et intérêts, soit de l'inexécution, soit du retardement dans l'exécution de l'obligation principale.

628. Posons donc en principe que la condition potestative ajoutée aux contrats, lorsqu'il n'y a point de délai fixé pour l'accomplissement, soit que cette condition consiste *in faciendo* ou *in non faciendo*, suspend indéfiniment l'obligation, jusqu'à ce qu'il soit certain qu'elle ne pourra exister, et qu'on ne peut faire fixer par la justice un délai fatal pour son accomplissement, quelque intérêt que puisse avoir le créancier conditionnel à faire expliquer le débiteur, quelque facile qu'il soit à celui-ci d'accomplir la condition.

Observons en même temps qu'il faut soigneusement distinguer s'il existe deux obligations, l'une primitive, mais pure et simple, l'autre secondaire, mais conditionnelle et pénale, ajoutée pour sûreté de la principale, ou s'il n'existe qu'une seule obligation, mais subordonnée à une condition potestative.

Au premier cas, l'obligation primitive n'est

point suspendue, le créancier peut agir de suite; il a, dans nos principes, si le débiteur est en demeure, la faculté de demander la peine stipulée, ou de poursuivre l'exécution de l'obligation principale (1228). Il pourrait même demander l'une et l'autre, si la peine n'avait été stipulée que pour le simple retard (1229) (Loi 115, § 2, ff *de V. O.*, 45, 1), ou s'il avait été stipulé que la peine serait encourue indépendamment de l'obligation primitive, *rato manente pacto.*

Au second cas, l'obligation est suspendue indéfiniment, jusqu'à l'accomplissement de la condition, sans qu'on puisse contraindre le débiteur à se déterminer avant sa mort.

Ces principes ne paraissent pas douteux; nous acheverons de les développer dans la section VI, *infrà*, qui traite des obligations avec clause pénale, et nous examinerons comment on peut distinguer quand l'obligation commence par la condition, *à conditione*, ou quand elle commence par la stipulation, *à stipulatione.*

629. Le défaut de fixation du temps dans lequel doivent être accomplies les conditions insérées dans un testament, fait naître des questions qu'on peut ramener à deux points principaux; le premier, si la condition qui s'accomplit pendant la vie du testateur profite au légataire; le second, dans quel délai la condition doit être accomplie après la mort du testateur.

630. Quant au premier point, il y a des conditions qui doivent être vérifiées au moment où

s'ouvre le legs, sans quoi il est caduc. Telles sont les conditions *de præsenti, aut de præterito*, qui consistent dans un évènement présent ou passé.

631. Il en est d'autres qui doivent nécessairement arriver pendant la vie du testateur. Je lègue le fonds cornélien à Mævia, si elle m'épouse. Loi 91, ff *de condit. et demonstr.*, 35, 1.

632. D'autres qui ne peuvent arriver qu'après la mort du testateur. Je donne 100 fr. à Mævius s'il assiste à mon convoi funèbre (D. L. 91), s'il me survit.

633. D'autres enfin qui peuvent s'accomplir indifféremment avant ou après sa mort. Ce n'est qu'à l'égard de ces dernières qu'il peut s'élever des difficultés, pour savoir si l'évènement arrivé avant la mort du testateur profite au légataire.

634. Les conditions potestatives (1), par exemple, *si le légataire donne tant, s'il monte au Capitole*, etc., ne peuvent s'accomplir qu'après la mort du testateur; car, pour qu'une personne puisse obéir à la condition, il faut qu'elle sache que cette condition lui est imposée. Si elle l'avait accomplie par hasard et sans dessein, ou par un autre motif, cet accomplissement serait inutile: *non videtur obtemperasse voluntati*, dit fort bien la loi 2, ff *de condit. et demonstr.*

(1) On les appelle *promiscuas*. Pourquoi? *Voy.* les Glossaires, Furgole, section 2, n°s. 5 et 6; Finestres, *de liberis et posthumis hæredibus instit.*, 3e. part., cap. 2, n°. 1, pag. 75; Merillius, *Observ.*, *lib.* 4, *cap.* 14; et Cujas, *Observ.*, *lib.* 4, *cap.* 2, et in *Quæst. Papin.*, *lib.* 13, *col.* 348, *édit. Frabrot.*

635. Il y a des conditions casuelles qui peuvent être indifféremment accomplies avant ou après la mort du testateur, pourvu qu'il ignorât que l'évènement était arrivé au moment où il a fait son testament. Par exemple, si tel navire arrive d'Asie. Il en est de même de la condition si Titius atteint l'âge de puberté. Loi 10, § 1, *eod.*

636. Si le testateur ne l'a point ignoré, il faut distinguer : si l'évènement peut se réitérer, le legs est conditionnel et ne sera dû que dans le cas où l'évènement arrive une seconde fois. Loi 11, ff *eod.* Telle est la condition si tel navire arrive d'Asie.

Telle est encore la condition si telle femme a des enfans. Ceux dont le testateur connaissait la naissance n'accomplissent pas la condition, mais seulement ceux qui naissent après le testament. Lois 9 et 61, ff *eod.*

Telle est encore la condition *s'il se marie*, imposée à une personne que le testateur sait être mariée. Il faut attendre un second mariage pour que la condition soit accomplie. Loi 68, ff *eod.*; loi 45, ff *de leg.*, 2°., 31, *tit. unic.*

Si, au contraire, l'évènement ne peut se réitérer, le legs est pur et non conditionnel. On ne doit pas penser que l'intention du testateur ait été d'imposer une condition impossible. D. Loi 11, ff *de condit. et demonstr.*, 35, 1, *et ibi* Godefroi.

Telle est la condition si Titius atteint l'âge de puberté.

637. Les conditions mixtes, qui dépendent de la volonté du légataire et de celle d'un tiers, celles surtout qui dépendent du fait d'un mariage, peuvent aussi être accomplies au profit du légataire, soit avant, soit après la mort du testateur. Lois 10 et 19, ff. *eod.*

638. Quant au second point, qui consiste à savoir dans quel temps la condition doit être accomplie après la mort du testateur, lorsque le temps n'a pas été fixé, si la condition est casuelle, en quelque temps qu'elle s'accomplisse, pourvu que ce soit pendant la vie du légataire, l'accomplissement lui est utile et rend le legs pur et simple. Loi 91, ff *eod.*

Il en est de même des conditions mixtes, *si nupserit*, s'il se marie, s'il est promu à tel emploi, et autres semblables, qui ne dépendent pas de la volonté du légataire. Loi 10, ff *eod.*; loi 7, Cod. *de instit. et substit. sub cond.*, 6, 25.

Il est censé que le testateur, qui ne s'en est pas autrement expliqué, n'a eu en vue que l'accomplissement du fait, en quelque temps qu'il arrive.

639. Quant aux conditions potestatives, la règle est qu'elles doivent être accomplies le plus tôt qu'il est possible au légataire. *Hæc conditio, si in Capitolium ascenderit, sic accipienda est, cùm primùm potuerit Capitolium ascendere.* Loi 29, ff *de condit. et demonst.* 35, 1. La raison en est que, sauf le cas d'excuse légitime, dont nous avons parlé, si le légataire meurt avant l'accomplissement de

la condition, le legs est caduc et ne passe point à ses héritiers.

640. Mais ce n'est ici qu'une règle de prudence, et si le légataire n'a pas rempli la condition aussitôt qu'il le pouvait, il n'est pas pour cela déchu du legs. *Voy.* Furgole, des Testamens, chap. 7, sect. 5, nos. 51 et 52. Son droit n'est prescrit que par trente ans : il peut donc, en accomplissant la condition avant l'expiration de ce délai, former son action en délivrance, et comme, en attendant cette demande, l'héritier reste en possession et fait les fruits siens, il est sans intérêt pour stimuler le légataire d'accomplir la condition.

641. Mais ceux qui ont intérêt d'en presser l'accomplissement peuvent le stimuler et le constituer en demeure, en lui faisant fixer par la justice un délai après lequel il sera déchu. Furgole, *ibid.*, Voët, *in lib.* 28, *ff tit.* 7, n°. 27. J'ai légué le fonds cornélien à Paul, à la condition qu'il donnera 3000 fr. à Pierre. Celui-ci peut faire citer Paul en justice pour le faire condamner à déclarer s'il entend accepter le legs, et lui faire fixer un délai à l'expiration duquel le legs sera tenu pour répudié, afin que Paul puisse s'adresser à mon héritier, pour se faire payer les 3000 fr., qui ne sont autre chose qu'un véritable legs payable par le premier légataire : or, le premier legs demeurant caduc en cas de répudiation, il accroît à l'héritier avec ses charges, *accrescit cum onere*, conformément à l'intention du testateur.

Il en serait de même si l'objet de la condition

imposée à Paul était de faire quelque chose au profit de Pierre.

Il y a néanmoins des cas où la répudiation du premier legs fait évanouir le second; par exemple, si l'objet de la condition potestative était un fait personnel au premier légataire, ou de donner un corps certain qui lui appartînt. Je lègue à Paul telle terre s'il fait un tableau à Pierre, s'il lui donne sa maison (1). En répudiant le legs de la terre, pour ne pas en accomplir la condition, Paul fait évanouir les autres legs, parce que n'étant pas au pouvoir de l'héritier de donner la maison de Paul, ni de faire le tableau, ces deux legs de la maison et du tableau que Paul était chargé de faire, étaient subordonnés à la condition que Paul accepterait le premier legs.

642. Lorsqu'une fois la condition s'est accomplie, son effet est irrévocablement produit, quand même les suites de son accomplissement viendraient à cesser (2), quand même, par des événemens postérieurs, les choses se trouveraient rétablies dans l'état où elles étaient avant son accomplissement. C'est ce que les docteurs expriment par cet axiome, *conditio semel impleta non resumitur*; qui n'est qu'une conséquence commune tirée de plusieurs lois romaines. *Voy.*

---

(1) Cette condition est très-licite; ce n'est point là léguer la chose d'autrui. *Voy.* l'arrêt du 17 janvier 1811, rendu sur les conclusions de M. Merlin. Sirey, an 1813, pag. 425.

(2) *Vid. omninò* Barry, *de successión.*, *tom.* II, pag. 511. n°. 24.

Furgole, des Testamens, chap. 7, sect. 4, n°. 160.

Nous ferons dans la sect. 6 *infr.*, l'application de cette maxime aux peines conventionnelles.

643. Comme aussi lorsqu'une fois la condition a manqué, elle anéantit pour toujours l'obligation ou la disposition, sans que les événemens qui pourraient arriver dans la suite puissent la faire revivre ni la rétablir. C'est ce qu'on exprime par cet autre axiome, *conditio quæ defuit non restauratur*, tiré de la loi 41, ff *de fideicomm. libert.*, 40, 5, ou comme dit Cujas, *observ.*, *lib.* 13, *cap.* 40, *Defecta semel conditio, posteà impleretur frustrà, nec enim solent resumi conditiones.* Merlin, v°. *Choix*, pag. 317, col. A.

Je vous ai légué ou j'ai promis de vous donner tant, si vous êtes nommé à tel emploi, si vous vous mariez. La condition est accomplie, elle a produit irrévocablement son effet, si vous êtes nommé, si vous vous êtes marié, quoique vous quittiez l'emploi pour quelque cause que ce soit, quoique vous ayez divorcé même du vivant du testateur. Loi 7, *Cod. de instit. et subst. sub condit. fact.*, 6, 25. A plus forte raison si, après la célébration du mariage, l'épouse meurt avant sa consommation. Loi 15, ff *de condit. et dem.*, 35, 1. *Voy.* encore la loi 31, ff *de vulgar. et pup. subst.*, 28, 6. Je lègue 1000 fr. à une femme si elle a des enfans. Il lui en naît un qui meurt au moment de sa naissance : la condition est accomplie, et le legs acquis irrévocablement. *Nec quicquam obest, si is decedat.* Loi 4, Cod. *quandò die leg. ced.*, 6, 53.

644. Il y a néanmoins des conditions dont l'objet doit être durable et permanent dans l'intention du testateur ou des parties contractantes. Telles sont celles qui consistent dans l'abstension indéfinie d'un fait, *in non faciendo.*

Il en est de même de celles qui consistent dans un fait permanent ou dans des faits successifs.

Nous avons un exemple des premières dans la condition de viduité. Il ne suffirait pas d'y avoir satisfait pendant quelques années, il faut y persévérer toute sa vie; en sorte que si, dans quelque temps que ce soit, la personne à qui cette condition est imposée passe à de secondes noces, la condition sera violée et la disposition anéantie. Si la libéralité a été exécutée, l'objet en devra être rendu avec les fruits. *Nov.* 22, *cap.* 44.

Il en serait autrement de la condition *lorsque la personne désignée sera veuve*, si elle est veuve. La condition est alors accomplie aussitôt qu'elle sera effectivement veuve, sans qu'il soit nécessaire qu'elle persévère dans la vuidité.

Nous avons encore un exemple de ces conditions, dont l'objet doit être permanent, dans celle de porter le nom du testateur (1). Elle doit

(1) Cette condition est licite, puisqu'on peut obtenir du gouvernement la permission de changer de nom. *Voy.* l'arrêt rendu par la Cour de cassation, le 13 janvier 1813 (Sirey, an 1813, page 97 et suivantes), contre les conclusions de M. Merlin; *voy.* le Répertoire, v°. *Promesse de changer de nom*; qui posait en principe que les choses qui ne sont permises que de l'autorité du prince, ne peu-

être accomplie pendant toute la vie de celui à qui elle est imposée, c'est-à-dire, qu'il doit habituellement porter le nom du testateur, sans qu'il soit censé avoir enfreint la condition, si, dans quelque contrat ou dans quelque occasion particulière, il avait omis de prendre le nom du testateur.

Tel est encore le legs fait à des domestiques, s'ils continuent de demeurer avec le testateur, son épouse ou ses enfans. Si les légataires quittaient le service de la personne désignée sans excuse valable, la condition serait enfreinte.

645. Lorsque la condition roule sur des faits successifs, et qu'il s'agit de legs annuels, l'accomplissement de la condition profite pour le temps durant lequel on l'exécute. Par exemple, je lègue à mon épouse la somme de tant, tandis qu'elle restera veuve : la somme sera due pour chaque année de viduité. Il en est de même du cas où je lègue tant à ma femme, à mon domestique, pendant qu'ils demeureront avec mes en-

---

vent être l'objet d'une stipulation *pure et simple*, lorsqu'elle ne renferme pas la mention de l'approbation, qui serait indispensable à sa validité. Il citait la loi 30, ff *de legat.*, 1°., et la loi 137, ff. *de V. O.*, et Godefroi sur la première de ces lois.

C'est la loi du 21 germinal an 11, qui autorise le gouvernement à permettre aux particuliers de changer de nom. *Voyez* deux décrets du Roi, des 20 et 21 mai 1814, pag. 89 et 90 du Bulletin des Lois. Le motif du second est afin que les sieurs Deschamps se conforment à la disposition testamentaire de Bréchard, qui leur avait légué une partie de ses biens à condition de porter son nom. *Voy.* encore une autre ordonnance du Roi, du 2 août 1814, même Bulletin, pag. 87.

fans. La somme annuelle ainsi léguée continuera même d'être due après la mort des enfans, si les légataires ont toujours demeuré avec eux. *Voy.* les lois 30, § 5, ff *de leg.*, 3, 8; et 101, § 1, ff *de condit. et demonst.*, 35, 1; lois 10 et 17, ff *de ann. leg.*, 33, 1; loi 13, § 1, ff *de alim. et cib. leg.*, 34, 1; loi 1, Cod. *de leg.*, 6, 37, et Furgole, chap. 7, sect. 2, n°. 106.

646. La condition négative, qui consiste *in non faciendo*, est irrévocablement enfreinte, aussitôt qu'on y est contrevenu, quand même il serait possible de réparer les suites de la contravention, en remettant les choses au premier état. Par exemple, si le testateur a imposé pour condition celle de ne point aliéner tel fonds, la condition est défaillie irrévocablement, quoique le légataire rachète le fonds après l'avoir vendu. Arg. loi 21, ff *de fideicomm. libert.*, 40, 5; Furgole, chap. 7, sect. 5, n°. 138. C'est une conséquence de la maxime, *conditio quæ defuit non restauratur.*

647. S'il s'élève des difficultés sur le fait de la condition, pour savoir si elle a été accomplie ou non, ou si celui qui doit l'accomplir est en demeure, c'est à la prudence du magistrat à prononcer. Loi 34, § 1, ff *de statu-lib.*, 40. 7.

648. Si le testateur remplissait lui-même la condition potestative qu'il avait imposée au légataire, loin que cet accomplissement profitât au légataire, la condition serait défaillie et le legs caduc. Je lègue le fonds cornélien à Caïus, s'il paie ce que je dois à Paul. J'acquitte moi même la dette avant de mourir,

la condition est censée défaillie et le legs caduc. *Arg.* loi 72, § 7, ff *de condit. et demonst.*, 35, 1.

649. C'est au créancier ou au légataire conditionnel à prouver que la condition est accomplie, parce que cet accomplissement est le fondement de son action. Il est donc chargé du fardeau de la preuve, quand même la condition consisterait dans un fait négatif. Loi 10, ff *de V. O.*; Furgole, sect. 5, nos. 145 et 146.

Par la même raison, c'est au demandeur de prouver l'accomplissement de la condition résolutoire.

SECTION II.

Des Obligations à terme.

SOMMAIRE.

650. *Le terme ne suspend point l'existence, mais seulement l'exécution de l'engagement.*

651. *Du terme déterminé ou indéterminé. L'époque de la mort du créancier ou du débiteur est un terme indéterminé.*

652. *Le terme est exprès ou tacite.*

653. *Le terme est de droit ou de grâce. Ce dernier est contraire à la justice. De l'usage abusif des* lettres d'état et de répit *accordées par le roi.*

654. *Les juges pouvaient autrefois en condamnant au paiement d'une somme, surseoir l'exécution pendant trois mois au plus.*

655. *Surséances abusives accordées par le parlement de Bretagne aux membres des États.*

656. *Abolition des lettres d'état et de répit. La Charte constitutionnelle ne réserve point au roi le droit d'en accorder.*

657. *Le droit d'accorder un délai est, par sa nature, dans les attributions du pouvoir judiciaire. Le Code donne ce droit aux juges. Vice et inconvénient de ses dispositions.*

658. *On peut stipuler que les juges ne pourront accorder de délai au débiteur.*

659. *Les juges ne peuvent accorder de délai que pour l'exécution de leurs condamnations.*

660. *Ils n'en peuvent accorder, lorsque l'acte emporte exécution parée, hors un seul cas.*

661. *Ils ne peuvent accorder un second délai en matière ordinaire, ni aucun en matière commerciale.*

662. *Effet du terme relativement au créancier. Il ne suspend point le droit d'action, mais seulement l'exercice de ce droit.*

663. *Le créancier, même en matière de commerce, peut, avant l'échéance, agir pour demander la reconnaissance d'une écriture privée, mais non prendre inscription avant l'échéance. Qui doit les frais.*

664. *Peut-il, en demandant la reconnaissance de l'écriture, conclure à ce que le débiteur soit condamné de payer à l'échéance du terme? Distinction.*

665. *Le créancier d'une dette annuelle peut, faute de paiement d'un terme, demander que le débiteur soit condamné de payer les autres à leur échéance.*

666. *Le débiteur est déchu du bénéfice du terme, quand par son fait les sûretés du créancier sont diminuées.*

667. *Suffit-il qu'il y ait possibilité qu'elles le soient?*

668. *La diminution des hypothèques légales ou judiciaires ne suffirait pas.*

669. *La déchéance ne serait point encourue par une diminution accidentelle.*

670. *A moins que les sûretés ne soient anéanties, comme en cas de faillite, etc.*

671. *Si les juges ont divisé la dette en différens termes, le débiteur qui ne paie pas à l'échéance du premier est déchu des autres.*

650. Toute obligation est pure et simple, conditionnelle ou à terme. Elle est pure et simple lorsqu'il ne résulte pas du contrat qu'elle est différée, soit par une condition, soit par un terme. Elle prend alors naissance au moment même de la conclusion du contrat, par le consentement réciproque des parties, et l'exécution peut en être exigée de suite et sans délai.

L'obligation conditionnelle ne prend naissance qu'au moment où la condition s'accomplit. Son existence et par conséquent son exécution sont suspendues jusqu'à cet événement.

L'obligation à terme prend naissance au moment de la conclusion du contrat, comme l'obligation pure et simple, mais elle en diffère en ce que son exécution est suspendue ou retardée jusqu'au terme fixé. *Le terme diffère de la condition en ce qu'il ne suspend point l'engagement, dont il retarde seulement l'exécution* (1185). *Ce qui n'est dû qu'à terme ne peut être exigé avant l'échéance du terme* (1186).

651. Le terme est déterminé ou indéterminé, exprès ou tacite, de droit ou de grâce.

Il est déterminé lorsque le contrat a fixé pour l'exécution de l'obligation, ou pour le paiement, un jour qui arrivera certainement. Je vous donnerai 1000 fr. le premier octobre 1814, dans un mois, dans un an, etc.

Il est indéterminé lorsque le jour pris pour terme est incertain; or, ce jour peut être incertain de plusieurs manières (1).

Il peut être incertain et s'il arrivera, et quand il arrivera, en cas qu'il arrive. Par exemple, je vous donnerai tant, lorsque vous serez nommé préfet, maître des requêtes, lorsque vous vous marierez, lorsque vous aurez des enfans, etc. Cette double incertitude constitue ordinairement plutôt une condition qu'un terme. *Voyez* ce que

(1) *Voy.* Puga et Feijoo, *Tract. de die certo contr. adj.*, cap. 5, pag. 270; Doneau, *Comment. jur. civ*, *lib.* 8, *cap.* 31.

nous avons dit *suprà*, pag. 546, n°. 520; loi 21, ff *quandò dies leg. ced.*, 36, 2.

Il peut être seulement incertain si le jour ou le temps pris pour terme arrivera, quoique l'époque où il arrivera, en cas qu'il arrive, ne soit pas incertaine. Par exemple, lorsque vous serez pubère, lorsque vous aurez vingt ans, etc. Cette incertitude forme encore souvent une condition plutôt qu'un terme. *Vid. ibid.*, et la loi 22, *eod. tit.*

Enfin, l'époque où arrivera le jour pris pour terme peut être incertaine, quoiqu'il soit certain qu'il arrivera. Par exemple, lorsque je mourrai, lorsque vous mourrez, lorsque Titius mourra. Alors, pour discerner si ce jour forme un terme ou une condition, il faut distinguer.

Il forme une condition dans les testamens. Nous en avons dit la raison *suprà*, n°. 474.

Dans les contrats, il ne forme qu'un terme, ou, si l'on veut, une condition nécessaire, qui ne suspend point la naissance ni l'existence de l'obligation, mais qui en suspend seulement l'exécution ou l'exigibilité jusqu'à l'arrivée du terme. Par exemple, j'ai promis de vous donner 1000 fr. à ma mort, ou lorsque je mourrai; vous ne pouvez exiger que je vous paie avant ma mort, quoique je sois réellement votre débiteur; tellement que si je vous paie, même par erreur, je ne puis répéter la somme. Loi 17, ff *de cond. indeb.*, 12, 6; *junctâ leg.*, 16 *eod.*; loi 79, ff *de condit. et demonstr.*, 35, 1.

Les anciens jurisconsultes romains regardaient comme nulles les obligations dont le terme était fixé à la mort ou après la mort de l'un des contractans. Ils tenaient pour règle que les actions ne pouvaient prendre naissance, ni contre la personne, ni dans la personne des héritiers (1). C'était dans la personne même des contractans ou contre leur personne que l'action devait avoir son principe. Cette maxime était moins une subtilité, comme on l'a cru, qu'un reste de ce qui existait avant l'établissement des lois civiles, et dans ce qu'on a appelé l'état de nature, dans lequel les obligations ainsi que la propriété s'éteignaient, les premières avec la personne de ceux qui les avaient contractées, ou envers qui elles l'avaient été; la seconde avec la personne du possesseur. *Mors omnia solvit. Vid. supr.*, n°. 401.

Mais depuis que les lois civiles eurent rendu la propriété permanente, et établi un ordre de succession fixe et déterminé, en vertu duquel les obligations contractées par le défunt passent à ses héritiers, avec les biens auxquels elles sont attachées, et au nombre desquels sont comptés les droits qu'il a acquis, quoiqu'il n'ait pu les exercer, la règle ancienne que les actions ne peuvent commencer, ni dans la personne, ni contre la personne des héritiers, n'était plus fondée sur aucunes raisons solides; elle était même en opposition avec les principes établis par les lois civiles. Justinien n'aperçut donc plus dans la règle

(1) *Voy.* Caius, *Inst.*, *tit.* 8, § 7; Vinnius, *in Instit. Justin. de inut. stip.*, § 11, *et in* § 35, *de leg.*; Puga et Feijoo, *ubi suprà* n°. 2, pag. 271; Ragueau, sur la loi unique, Cod. *ut actiones ab hæredibus*, etc., 4, 11.

ancienne qu'une vaine subtilité de mots, qui ne pouvait empêcher la volonté des contractans d'être exécutée dans toute son étendue (1). Il abrogea cette règle, et voulut que les actions que le défunt ne pouvait exercer, et celles qui ne pouvaient être exercées contre lui, parce qu'elles étaient suspendues par un terme indéfini, pussent être exercées par ses héritiers ou contre ses héritiers : *ut liceat et ab hæredibus, et contra hæredes incipere actiones.* Il est donc permis de prendre pour terme d'une obligation la mort de l'un des contractans, aussi bien que la mort d'un tiers, et de stipuler que le débiteur ne paiera qu'à sa mort, ou après sa mort, ou bien après celle du créancier. De pareilles conventions ont le même effet que les pactes *de non petendo*, admis par les jurisconsultes romains; c'est-à-dire, les pactes par lesquels nous convenons que je ne pourrai pendant votre vie vous demander ce que vous me devez, *et vice versâ.*

652. Le terme est encore exprès ou tacite; exprès, lorsqu'il est exprimé dans la convention; tacite, lorsqu'il ne l'est pas. Si par exemple, un ouvrier s'est obligé à couper vos foins, vos blés, il est évident qu'il faut attendre la saison de la récolte. Si j'ai promis de vous donner une chose à Rome ou à Paris, l'engagement renferme tacitement le temps nécessaire pour y faire porter cette chose. *Interdùm stipulatio ex re ipsâ dilationem capit*, etc. Loi 73, ff *de V. O.*, 45, 1.

---

(1) *Ne propter subtilitatem verborum latitudo voluntatis contrahentium impediatur.* Loi *Unic. Cod.*, 4, 11.

Enfin le terme est de droit ou de grâce; de droit, lorsqu'il est expressément ou tacitement compris dans la convention; de grâce, lorsqu'il n'y est pas compris, mais qu'il est accordé par faveur ou par grâce au débiteur, contre le gré du créancier.

653. Le terme de grâce, comme l'indique assez cette qualification, est contraire à l'exacte justice, qui ne doit jamais voir dans les personnes que les droits qui leur sont légalement acquis, les obligations qu'elles ont à remplir, sans considérer leur position. Cependant une fausse politique, une politique destructive du crédit et de la confiance (1), avait, dans l'ancienne jurisprudence, introduit, sous différens prétextes, l'usage abusif d'accorder, contre la foi des actes, des surséances ou des délais qui suspendaient, en faveur des débiteurs, l'action de la loi, et l'exécution des obligations qu'ils avaient contractées. Le droit de prononcer cette suspension, ou de permettre de la prononcer appartenait au roi.

Il en usait tantôt en faveur des personnes employées ou censées employées aux affaires importantes de l'état, en leur accordant ce qu'on appelait *des lettres d'état*, qui ne devaient être délivrées que de l'exprès commandement du roi. Elles contenaient une surséance à toutes poursuites de procédures et dettes : pour les attaquer comme obreptices et subreptices, il fallait aller

(1) On observa avec raison au Conseil-d'état, que plus la loi laisse de latitude aux tribunaux pour modifier les conventions, moins il existe de crédit. Séance du 18 brumaire an XIII, pag. 371.

plaider au conseil-d'état. L'effet et l'obtention de ces lettres étaient réglés par le titre 5 de l'Ordonnance du mois d'août 1669, et par une déclaration du 23 décembre 1702. On les accordait le plus souvent au crédit et à l'intrigue.

On accordait encore au grand sceau, dans le nom du roi, *des lettres de répit* (1); elles étaient adressées aux juges, et leur permettaient d'accorder à l'impétrant, pour payer ses dettes, un délai raisonnable, qui ne pouvait excéder cinq ans. Ces lettres devaient être entérinées par les tribunaux *causâ cognitâ*, contradictoirement avec les créanciers; ce qui donnait naissance à un premier procès, souvent suivi de plusieurs autres. Ces lettres étaient ordinairement accordées à des négocians, marchands ou banquiers, qui, sous l'égide de ces surséances, insultaient à leurs malheureux créanciers par un luxe insolent, et les forçaient à traiter à des conditions ruineuses.

654. Du reste, il était défendu à toutes les Cours et juges de donner aucun terme, répit ni délai de payer qu'en conséquence de ces lettres : l'art. 1, tit. 6, de l'Ordonnance de 1669, leur permettait seulement, en condamnant au paiement de quelque somme, de surseoir l'exécution de la condamnation pendant *trois mois au plus*, sans que la surséance pût être renouvelée.

655. Malgré ces défenses, le Parlement de Bre-

(1) *Voy.* le tit. 6 de la loi du mois d'août 1669; la déclaration du 23 décembre 1712, et le Comment. de Jousse sur la première de ces lois.

tague était dans l'usage ancien de rendre, avant l'assemblée des Etats, un arrêt de règlement qui suspendait pendant la tenue, à commencer quinze jours avant l'ouverture, et finir quinze jours après la clôture, toutes causes, instances ou procès civils faits ou à faire contre les membres des Etats (1), quoiqu'ils fussent ordinairement assemblés dans la ville où se réglaient les plus grandes affaires, et où résidaient les conseils de la plupart des membres des Etats.

656. Il est facile de voir combien ces surséances étaient abusives et contraires à la foi publique sous laquelle les contrats sont passés. Elles ont été abolies depuis 1791 (2). La charte constitutionnelle ne réserve point au roi le droit d'accorder des surséances particulières (3) dans les affaires civiles, même en faveur des personnes employées au service de l'état. Les défenseurs de la patrie, lors même qu'ils sont sous le drapeau, ne jouissent d'aucune surséance, parce qu'ils peuvent agir ou se faire représenter par des mandataires.

---

(1) Le dernier de ces arrêts est du 8 août 1786; il se trouve dans le recueil qui s'imprimait à la fin de chaque année à Rennes, par l'imprimeur du palais.

(2) *Voy.* le nouv. Répertoire, v°. *Répit* et v°. *Surséance*.

(3) Le gouvernement accorde des surséances générales, mais non pas individuelles ou particulières, lorsque l'intérêt public ou celui d'une grande masse de citoyens l'exige, dans des circonstances extraordinaires. Tels sont les arrêtés du gouvernement des 19 fructidor an x, 23 germinal an xi, et le décret du 20 juin 1807, qui accordent aux colons et à leurs cautions une surséance à toutes poursuites pour le paiement des créances antérieures au premier janvier 1792, causées pour vente d'habitations, de maisons et de nègres à Saint-Domingue, ainsi que pour avances faites à la culture dans ladite colonie.

Quant à ceux qui n'en ont pas, la loi a suffisamment pourvu à leurs intérêts, en leur faisant nommer des défenseurs officieux, et par les autres moyens que nous avons indiqués, tom. 1, pag. 351.

657. Le droit d'accorder des délais ou surséances particulières est, par sa nature, dans les attributions du pouvoir judiciaire ; la demande d'un délai est, de la part du débiteur, une excuse qui ne peut être appréciée que par les tribunaux. C'est sur ce principe que l'art. 1244 permet aux juges, en considération de la position du débiteur, et en usant de ce pouvoir avec une grande réserve, d'accorder des délais modérés pour le paiement, et de surseoir toutes les poursuites, toutes choses demeurant en état (1).

Cette disposition, qui paraît d'abord dictée par l'humanité indulgente, n'en est pas moins impolitique ; elle détruit le crédit et la confiance ; elle fomente la chicane, et les effets de cette injuste indulgence peuvent finir par ruiner le débiteur pour le soulagement duquel elle a été permise. L'espérance d'obtenir des délais l'empèche de prendre à temps les mesures de s'acquitter, et sa négligence entraîne sa ruine en frais et intérêts.

---

(1) Cet usage est ancien en France. *Voy*. Dumoulin, *tract. de divid. et individ.*, 2e. part., n°. 59. La règle qu'on ne peut payer en parties, « *fallit decimo pauperibus qui solvendo non sunt ; quia tunc lex, vir bonus, seu judex, moderatur executionem, et sic solutionem. Facit cap. Odoardus* X *de solutio. ; et ita sæpè in galliis practicari vidi in pauperibus debitoribus, ut etiam creditoribus invitis, judicis officio, non solùm scindatur, sed etiam diffundatur solutio, ut partem singulis annis solvere possint.*

En accordant ce dangereux pouvoir aux juges, le Code a négligé la sage précaution de l'Ordonnance de 1669, qui leur défendait d'accorder plus de *trois mois de délai*, sans que la surséance pût être renouvellée ; il se borne à leur recommander de n'user de ce pouvoir qu'avec réserve, et de n'accorder que des *délais modérés ;* expression vague qui laisse subsister un arbitraire effrayant qu'il fallait prévenir. La meilleure loi, dit le chancelier Bacon (1), est celle qui laisse le moins à l'arbitraire du juge ; le meilleur juge, celui qui s'en permet le moins.

En n'accordant jamais plus de trois mois, à l'exemple de l'Ordonnance de 1669, les magistrats éviteraient les reproches d'arbitraire. Ils en mériteraient de bien fondés, s'ils accordaient plus d'une année, qui, d'après l'art. 2212, est le délai le plus long que le juge puisse accorder, lors même que les revenus libres du débiteur pendant une année, suffisent pour le paiement de la dette en capital, et qu'il offre d'en faire la délégation au créancier. On peut avec justesse induire de cette disposition que, dans les autres cas, le délai que les juges peuvent accorder ne doit pas s'étendre à une année, sans quoi ils excéderaient leurs pouvoirs.

658. Au reste, le créancier peut empêcher qu'on n'accorde des délais à son débiteur, par une stipulation contraire insérée dans l'acte,

(1) *Optima lex quæ minimum relinquit arbitrio judicis, optimus judex qui minimum sibi. De augm. scient., Tract. de justitiâ universali, aphor.* 46.

comme l'observe fort bien Maleville, sur l'article 1244.

On demanda au Conseil-d'État, dit-il, si la faculté accordée aux juges s'étendait au cas où il y aurait une stipulation contraire. Il fut répondu négativement.

Le projet discuté au Conseil-d'État ne permettait pas aux juges d'accorder un délai pour la totalité de la condamnation, mais seulement de diviser le paiement par des termes graduels. Dans la séance du 18 brumaire an XII, tom. VII, pag. 271, M. Cambacérès demanda si l'article autoriserait le juge à prononcer la division du paiement, même lorsqu'il y aurait *une stipulation contraire*. Il pensait que *ce serait donner trop de pouvoir aux tribunaux.*

M. Bigot-Préameneu dit *qu'il n'a pas été dans l'intention de la section* de donner cette étendue à la disposition.

Il est donc certain que l'intention des rédacteurs du Code, et celle du Conseil-d'État, n'ont pas été d'autoriser les juges à donner un délai au débiteur, au mépris de la stipulation contraire qui forme la loi du contrat (1).

---

(1) Cependant notre savant collègue et ami M. Carré, dont l'opinion mérite à tous égards d'être pesée, dans son utile et excellent ouvrage sur le Code de procédure, imprimé à Rennes en 1811, chez Cousin-Danelle, pense sur l'art. 124, quest. 411, que malgré la stipulation contraire exprimée dans le contrat, le juge peut accorder un délai au débiteur. Il ne saurait croire qu'il ait été *dans la pensée du législateur* d'admettre en ce cas une exception à la faculté donnée aux juges par l'article 1244 du Code.

Mais cette pensée du législateur, dont la connaissance avait sans

Quels sont donc les juges qui oseraient s'arroger un pouvoir que le Code ne leur accorde point, que les rédacteurs du Code ni le Conseil-d'État n'ont point eu intention de leur conférer? Il faut une loi expresse pour autoriser les juges à s'écarter de la loi du contrat.

Le Code leur permet de s'en écarter en deux points.

1°. En accordant un délai modéré pour le paiement d'une dette actuellement exigible;

2°. En divisant la dette en plusieurs paiemens successifs; ce qui est contraire à la loi du contrat et au Code, qui veut que le débiteur ne puisse forcer le créancier de recevoir en partie le paiement d'une dette même divisible (1244).

Mais il ne leur permet pas de s'écarter en un troisième point de la loi du contrat; lorsqu'un prêteur, par exemple, n'a prêté son argent que sous la convention expresse que le débiteur ne

---

doute échappé à l'exactitude ordinaire de notre savant confrère, cette pensée fut expressément manifestée au Conseil-d'état. Elle est écrite dans le procès-verbal des conférences et dans l'Analyse de M. Maleville.

Il est vrai que la stipulation qu'il ne pourra être accordé de délais au débiteur, peut, comme on dit, devenir de formule. Mais où serait le mal? Quelques hommes éclairés, mais séduits par une équité imaginaire, et dupes de leur bon cœur, sont portés à penser que le pouvoir d'accorder des délais aux débiteurs malheureux, tient à l'intérêt public, auquel on ne peut renoncer. Ils se trompent: ce pouvoir n'est fondé que sur l'intérêt particulier, comme le dit le texte même de l'art. 1244, *sur la considération de la position du débiteur*.

Ce qui tient fortement et directement à l'intérêt public, c'est le *crédit*, c'est la confiance dans la foi des actes, auxquels les surséances portent une atteinte mortelle, comme on l'observa fort bien au Conseil-d'état.

pourra, sous aucun prétexte, obtenir aucun délai après l'échéance.

Le projet de Code discuté au Conseil-d'État permettait expressément aux juges de diviser le paiement de la dette en plusieurs termes. Cette permission n'est pas aussi expresse dans la rédaction de l'art. 1244; mais elle en est une conséquence nécessaire, puisqu'il permet d'accorder *au debiteur des délais moderés.* Ils peuvent donc en accorder plusieurs, et par conséquent diviser les paiemens.

659. La rédaction imparfaite de l'art. 1244 du Code civil semblait autoriser les juges à donner, dans tous les cas, un délai au débiteur, lors même qu'il n'existe point de contestation à juger, ni de condamnation à prononcer. Cependant il avait été entendu au Conseil-d'État que les juges ne pourraient accorder des délais que pour l'exécution des condamnations qu'ils prononcent.

Le Code de procédure a donc rectifié la rédaction du Code civil, en statuant, art. 122, que, « dans les cas où les tribunaux peuvent accorder des délais *pour l'exécution* de leurs jugemens, ils le feront *par le jugement même, qui statuera sur la contestation,* et qui énoncera les motifs du délai. »

660. On en a conclu avec raison que les juges ne peuvent accorder de délais pour le paiement des créances fondées sur un acte public et authentique, qui emporte exécution parée (1). Les juges

(1) Ainsi l'ont fort bien jugé deux arrêts rendus, le premier par

n'ont point alors de condamnation à prononcer, puisque la loi donne la force d'un jugement aux actes authentiques qui s'exécutent par voie de commandement suivi de saisie et exécution.

Le commandement est fait au nom du roi. Il n'est donc pas au pouvoir du juge d'en arrêter l'exécution. Ce pouvoir ne lui est donné que dans un seul cas, par la disposition expresse de l'art. 2212, « si le débiteur justifie par baux authentiques que le revenu net et libre de ses immeubles pendant une année suffit pour le paiement de la dette *en capital*, intérêts et frais, et s'il en offre la délégation au créancier, la poursuite peut être suspendue par les juges, sauf à être reprise s'il survient quelque opposition ou obstacle au paiement. » Hors ce cas unique, les juges ne peuvent suspendre par aucun délai l'exécution des actes authentiques.

661. Puisque les juges ne peuvent donner des délais que par le jugement qui statue sur la contestation, il en résulte qu'après le premier délai donné par ce jugement, il n'en peuvent accorder un second.

Ils n'en peuvent accorder aucun en matière commerciale; les obligations du commerce ont leurs

---

la Cour d'appel de Pau, le 26 novembre 1807, rapporté dans la Bibliothèque du Barreau, an 1810, 2e. part., pag. 277; le second par la Cour de Bruxelles, le 18 juin 1812, rapporté par Sirey, an 1813, 2e. part., pag. 232.

La Cour d'Aix a jugé différemment le 17 décembre 1813; Sirey, an 1814, *suprà*, pag. 257. Son arrêt, contraire aux principes, ne doit pas être suivi, non plus qu'un arrêt de la Cour de Pau, du 12 juin 1822. Sirey, 1822, 2e. part., pag. 313.

règles particulières (1), et le Code de commerce, qui contient ces règles, n'a point donné aux juges un pouvoir plus dangereux encore en cette matière qu'en matière civile. *Voy.* deux arrêts de la Cour de Colmar, des 24 janvier 1806 et 12 frimaire an XIV, rapportés dans la Jurisprudence du Code, tom. V, pag. 377, et tom. VI, pag. 237.

662. Après avoir examiné les différentes espèces de termes, il faut voir quel est l'effet du terme en général.

Nous avons déjà dit qu'à la différence de la condition, il ne suspend point l'engagement, et qu'il en retarde seulement l'exécution (1185). L'obligation existe, elle existe irrévocablement, en vertu d'un contrat à terme; mais le créancier n'en peut exiger l'exécution avant le jour de l'échéance. C'est ce qui fait dire à Ulpien que le terme empêche qu'il ne soit actuellement dû. *Dies adjectus efficit ne præsenti die pecunia debeatur.* Loi 41, § 1, ff *de V. O.*, 45, 1. D'où l'on a tiré l'axiome vulgaire *qui a terme ne doit rien;* axiome qui ne signifie pas qu'avant le jour de l'échéance du terme la dette ou l'obligation n'existe pas, mais seulement qu'elle n'est pas exigible avant cette échéance, et que le créancier n'a point

(1) *Voy.* le discours du tribun Favard, dans l'Exposé des motifs du Code civil, tom. V, pag. 139; arrêts de la Cour de Colmar, des 24 janvier 1806 et 12 frimaire an XIV, rapportés dans la Jurisp. du Code, tom. V, pag. 577, et tom. VI, pag. 237; le Dictionnaire des arrêts modernes, par MM. Loiseau et Dupin, v°. *Délai*, n°. 53.

d'action pour exiger le paiement actuel de ce qui est dû.

Mais en résulte-t-il qu'il n'ait point d'action avant l'échéance pour demander que la dette lui soit payée quand le terme sera échu? C'était autrefois une grande question de théorie agitée et résolue diversement par les interprètes, de savoir si le créancier à terme n'a absolument aucune action avant l'échéance, ou s'il existe en sa faveur une action, mais qui peut être écartée par une exception. *Voy.* Vinnius sur le § 12, *inst. de V. O.*

Cette question n'était qu'une vaine dispute de mots, qui ne mérite pas de nous arrêter aujourd'hui. Sans doute il ne peut exister d'obligation sans action, ou sans le droit de faire contraindre le débiteur par la justice; autrement ce ne serait plus une obligation, le lien de droit qui constitue son essence n'existerait point : il est donc rigoureusement vrai qu'il n'y a point d'obligation sans action; que l'action est corrélative de l'obligation; que l'une ne peut pas plus exister sans l'autre qu'une montagne sans vallée. Mais quoique l'obligation soit actuellement existante, quoique l'action ou le droit de contraindre le débiteur existe aussitôt que l'obligation, quoiqu'elles naissent ensemble et au même moment, l'exercice de l'action peut être différé par le contrat, lorsqu'il fixe un terme pour l'exécution de l'obligation. Ce n'est donc pas l'action ou le droit d'agir qui est suspendu par le terme, c'est l'exercice de ce droit.

663. Mais cette suspension établie dans l'intérêt du débiteur, et uniquement pour qu'il ne puisse être contraint de payer avant l'échéance du terme, ne doit pas être étendue au-delà de son objet; elle ne doit pas empêcher le créancier d'agir pour conserver son droit, pour en préparer, pour en assurer l'exercice; en un mot, pour se mettre en mesure de faire exécuter l'obligation au jour fixé. Rien de plus juste que d'accorder au créancier la faculté de s'assurer à ses frais qu'il sera ponctuellement payé, pourvu que les moyens qu'il emploie ne portent aucun préjudice au débiteur.

Ainsi, dans l'ancienne jurisprudence française, l'Ordonnance de 1539, art. 92 et 93, permettait au créancier à terme de citer son débiteur en justice avant l'échéance, dans quelque lieu qu'il le trouvât, et sans qu'aucune incompétence pût être alléguée, pour le faire condamner à reconnaître ou à dénier l'écriture d'un billet sous seing-privé.

Si le débiteur laissait défaut, l'écriture était tenue pour confessée, et emportait hypothèque du jour de la sentence, comme si elle avait été confessée.

Si le débiteur comparaissait pour dénier son écriture, l'hypothèque avait lieu du jour de la dénégation, lorsque la dénégation se trouvait mal fondée.

Les frais de l'instance étaient supportés par le créancier, si le débiteur reconnaissait franchement son écriture, et par le débiteur, s'il l'avait mal à propos déniée, ou s'il avait laissé défaut.

L'expérience démontra que les hypothèques que les débiteurs se procuraient au moyen de ces demandes en reconnaissance d'écriture, formées avant l'échéance du terme, étaient contraires aux intérêts du commerce, et susceptibles de beaucoup d'abus. Pour les prévenir, une déclaration du 2 janvier 1717, imprimée dans le Recueil de Jousse, ordonna, non pas que ces demandes ne pourraient plus à l'avenir être formées en matière de commerce, mais que le jugement qui interviendrait n'emporterait point hypothèque.

La loi du 3 septembre 1807 a pris un parti mitoyen entre l'Ordonnance de 1539 et la déclaration du 2 janvier 1717. Le législateur a pensé que la première blessait les intérêts du débiteur et la loi du contrat; qu'elle changeait la condition dans laquelle les parties se sont placées, quand l'une a suivi la foi de l'autre, quand toutes les deux ont traité dans une forme qui exclut l'hypothèque, et ne permet de l'acquérir qu'en recourant au juge, dans le cas d'inexécution du contrat.

On ne peut nier que le débiteur ait intérêt de conserver ses immeubles libres de toute hypothèque, surtout dans le nouveau système hypothécaire, où les hypothèques sont rendues publiques, où toutes les hypothèques conventionnelles ne peuvent être que spéciales, tandis que l'hypothèque judiciaire est générale et frappe tous les biens du débiteur.

La loi du 3 septembre 1807 a respecté les droits et ménagé les intérêts du débiteur, sans nuire à la conservation des droits du créancier. Elle laisse à celui-ci la faculté de former, avant l'échéance du terme, une demande en reconnaissance d'obligation sous-seing-privé ; mais elle ordonne en même temps qu'il *ne* pourra être pris aucune inscription hypothécaire, en vertu du jugement intervenu sur cette demande, *qu'à défaut de paiement de l'obligation, après son échéance ou son exigibilité, à moins qu'il n'y ait eu stipulation contraire.*

L'art. 2 ajoute que les faits relatifs à ce jugement ne pourront être répétés contre le débiteur que dans le cas où il aura dénié sa signature; d'où il résulte que si le débiteur laisse défaut, les frais du jugement demeurent également à la charge du demandeur; car, en ce cas, l'écriture est tenue pour vérifiée, de même que si le débiteur l'avait reconnue. Art. 194 du Code de procédure, conforme à l'Ordonnance de 1539. Ce n'est pas le cas d'appliquer la maxime que le défaut emporte contestation. Le même article porte que les frais d'enregistrement seront à la charge du débiteur, tant dans le cas dont il vient d'être parlé, que lorsqu'il aura refusé de se libérer après l'échéance ou l'exigibilité de la dette.

Cette loi étant générale, doit s'appliquer aux matières de commerce aussi bien qu'aux matières ordinaires; car ce que l'on a trouvé contraire aux intérêts du commerce, ce n'est pas la reconnaissance avant l'échéance d'un billet souscrit par un marchand, mais l'hypothèque qu'on faisait résulter de cette reconnaissance. Nous avons déjà remarqué que la déclaration du 2 janvier 1717 ne défendait pas les demandes en reconnaissance d'écriture dans les matières de commerce; qu'elle supposait même que ces demandes pouvaient être formées, puisqu'elle statuait que les jugemens rendus en pareil cas n'emporteraient point d'hypothèque.

664. Le créancier à terme pouvant exercer les actes préparatoires et conservatoires, pourrait-il, pour préparer l'exécution de son titre, pour s'en procurer l'exécution parée, demander non seulement que l'écriture en soit reconnue, mais de plus qu'il soit rendu un jugement qui condamnerait le débiteur de payer la dette à l'échéance du terme, et qui ne pourrait être mis à exécution qu'à cette époque?

Il faut distinguer : ou le débiteur à terme n'a rien fait qui puisse donner de l'inquiétude au créancier, ou il a tenu une conduite qui avertit celui-ci de se mettre en garde et de veiller à la conservation de ses droits.

Au premier cas, le créancier ne peut agir; *si in diem sit, vel sub conditione obligatio, ante diem, vel conditionem, non potero agere*, dit Ulpien, loi 9, *de reb. cred.*, 12, 1. Non seulement le débiteur pourrait repousser cette demande par voie d'exception, mais s'il laissait défaut, l'exception devrait être suppléée par les juges, qui ne doivent pas condamner le débiteur défaillant, lorsque le demandeur ne prouve pas la légitimité de sa demande. Or, le titre sur lequel le créancier à terme la fonderait prouverait en même temps qu'elle est prématurée, et par conséquent qu'elle doit être rejetée (1).

Cependant si le créancier à terme avait intenté sa demande avant l'échéance, et que le terme vînt à échoir pendant l'instance, le débiteur, s'il ne payait pas au jour de l'échéance, devrait être condamné purement et simplement, comme si l'action n'avait pas été prématurée dans son principe : c'est ce que décide la loi 16, ff *de petit. hæred.*, 5, 3. *Vid.* Voët, tit. *de judiciis*, n°. 26, et les auteurs qu'il cite; Merlin, *ubi suprà.*

Le créancier peut donc former sa demande avant l'échéance du terme; car c'est l'époque du jugement qu'il faut considérer pour savoir si elle est bien ou mal fondée. Voët, *ibid.* Mais si le débiteur paie au terme fixé, non seulement le créancier doit supporter les frais de la demande, et ceux auxquels elle peut donner lieu, mais encore il est exposé à des dommages et intérêts, si la demande prématurée a nui au crédit du débiteur; ce qui arrive presque toujours lorsque ce dernier est un négociant.

Au second des cas que nous examinons, c'est-à-dire si la conduite du débiteur a été telle qu'elle puisse donner des soupçons sur sa bonne foi, ou

---

(1) *Voy.* Merlin, nouveau Répertoire, v°. *Hypothèque*, sect. 2, § 2, art. 5, pag. 867 et 868. Il cite *Joannes à Sande*, dans son Recueil des arrêts du Sénat de Frise, liv. 2, tit. 3, def. 4, qui dit : *Si dies nec dùm effluxit, creditor ad solutionem antè agens et plùs tempore petens repellitur, declaraturque eo tempore non admittendus, etiamsi libello suo adjecerit clausulam differendæ executionis usque dum dies venerit, quia hoc casu non est in quo judicium de præsenti fundetur, ex quo petitio profuturo tempore pendeat.*

seulement sur sa ponctualité à remplir ses obligations, le créancier peut agir avant le terme, et demander que le débiteur soit condamné de payer à l'échéance. Par exemple, si le débiteur, appelé pour reconnaître son écriture, l'avait déniée, et soutenu qu'il ne devait rien, cette dénégation autoriserait le créancier à conclure non seulement à ce qu'après vérification préalable, l'écriture fût donnée pour reconnue; mais encore à ce que le débiteur fût condamné de payer la somme contenue dans le billet à son échéance. C'est une conséquence des principes que nous venons d'exposer, et qui furent confirmés par un arrêt de la Cour de cassation, du 14 messidor an XIII (1),

---

(1) Voici l'espèce de cet arrêt, dégagée de tout ce qui est étranger au point qui nous occupe :

Le prince Léopold de Dietrichstein et son épouse, née princesse de Salm, reconnurent, le 30 avril 1683, devoir à Frédéric Heerman, baron de Zuydtwich, la somme de 25,000 rixdalers, et promirent de rembourser le capital à la volonté du créancier, *mais une année seulement après l'avertissement* qu'il leur en aura donné Pour sûreté de cet engagement, tant en capital qu'en intérêts, ils hypothéquèrent la terre de Wachtendorck, située dans la Gueldre. Cet acte fut successivement revêtu de toutes les formalités nécessaires pour sa validité, suivant les lois du pays.

En 1751, la terre fut vendue par décret forcé, et Vanderlinden s'en rendit adjudicataire, mais à la charge de la somme capitale de 25,000 rixdalers, au profit des héritiers du sieur Heerman Vanzuydtwich.

Le 13 ventôse an IX, Heerman Vanzuydtwich fit signifier à Vanderlinden un acte par lequel il le somme de lui payer les intérêts échus, et lui déclare son intention d'exiger dans un an le remboursement du capital des 25,000 rixdalers.

Le 19 prairial suivant, il le fait citer en conciliation sur les intérêts échus. Vanderlinden prétendit que la créance était éteinte par l'imputation des intérêts sur le capital. Assigné devant le tribunal de Cologne, pour être condamné non-seulement de payer les inté-

rapporté par M. Merlin, dans le Nouveau Répertoire, *ubi sup.*, pag. 870.

665. C'est par une conséquence des mêmes principes, que si le débiteur par acte sous seing-privé d'une rente annuelle ou d'une dette payable à plusieurs termes successifs tarde de s'acquitter, le créancier peut, aussitôt que l'un des termes est échu, agir en justice, pour demander que le débiteur soit condamné de payer non seulement le terme échu, mais les autres à leur échéance, comme on le fait journellement dans la pratique. *Vid.* Voët, tit. *de judiciis*, n°. 27; Huberus, *in instit. de V. O.*, n°. 3, *in fin.* La condamnation procure au créancier, non seulement l'avantage

---

rêts échus, mais encore le capital, dans le délai indiqué par la sommation du 13 ventôse an IX, il continua de soutenir que sa créance était éteinte, et ajouta que quand le remboursement serait exigible, l'action serait prématurée, puisque l'avertissement n'avait précédé la demande que de cinq mois dix jours.

Le 2 germinal an X, jugement du tribunal de Cologne qui condamne le défendeur au remboursement du capital à l'époque indiquée.

Sur l'appel, la Cour de Trèves, par arrêt du 20 thermidor an XII, dit qu'il avait été bien jugé, attendu que l'appelant avait soutenu l'extinction de la dette par l'imputation des intérêts sur le capital; qu'il était en demeure de payer les intérêts depuis plusieurs années; que l'intimé ayant le droit, en vertu de l'obligation primitive, d'exiger le remboursement du capital, en prévenant le débiteur un an auparavant, avait pu, par son exploit du 13 ventôse an IX, tendant au paiement des intérêts, demander en même temps le remboursement, pour être effectué à l'expiration de l'année seulement.

Pourvoi en cassation, qui fut rejeté par arrêt du 14 messidor an XIII, par la considération que si la demande en remboursement du capital a été portée devant les tribunaux avant l'expiration des douze mois de l'avis donné, ce n'a été que par suite de la dénégation de sa dette, mais toutefois, fut-il dit, pour n'avoir son effet qu'après le terme expiré, ainsi qu'il fut ordonné.

d'exiger les termes futurs par voie d'exécution parée, mais encore un droit d'hypothèque sur tous les biens du débiteur; hypothèque néanmoins qu'il ne peut faire inscrire qu'à l'échéance, par argument de la loi du 3 septembre 1807, dont nous avons rapporté les dispositions, n°. 663.

666. Non seulement le créancier à terme peut agir avant l'échéance, pour faire condamner le débiteur de payer au terme fixé, lorsque la conduite de ce dernier fait naître des inquiétudes; mais s'il va jusqu'à *diminuer par son fait* les sûretés qu'il avait données par *le contrat* à son créancier, il ne peut plus réclamer le bénéfice du terme (1188).

Vainement alléguerait-il qu'il reste des sûretés suffisantes; cette allégation, fût-elle prouvée, ne l'excuserait pas : il suffit qu'il ait violé la loi du contrat pour qu'il soit déchu du bénéfice du terme. Ainsi, le créancier peut demander la déchéance du terme contre le débiteur qui a vendu une portion, même faible, des biens hypothéqués à la dette, si l'acquéreur a fait purger son contrat dans la forme prescrite par le Code, art. 2193 et suiv. La déchéance serait encourue quand même le créancier eût été colloqué sur le prix de cette aliénation partielle; car cette collocation le force à morceler sa créance pour conserver ses sûretés entières, et à recevoir partiellement la somme qui lui est due; ce qui est contraire à l'équité et à l'art. 1244 (1).

---

(1) C'est ce qu'a fort bien décidé la Cour de cassation, par arrêt du 9 janvier 1810; Sirey, an 1810, pag. 139.

Le sieur Navarro avait vendu à Longepierre le domaine de Mes-

Bien plus : la Cour de cassation a pensé que dans le cas même où l'acquéreur d'une partie des biens hypothéqués n'a point encore purgé l'hypothèque, le créancier peut néanmoins demander la déchéance du terme contre le débiteur, parce que « l'aliénation de partie du gage l'expose de suite, au moyen de la faculté qu'a l'acquéreur de purger, à être contraint de recevoir le prix de l'acquisition, quoique inférieur à la dette du débiteur direct. » C'est par ce motif que, par arrêt du 4 mai 1812, rapporté par Sirey, an 1812, pag. 321, cette Cour cassa un arrêt de la Cour

---

lui pour 170,000 fr., payables à terme. Cette somme fut hypothéquée notamment sur le bien vendu. Le 20 frimaire an x, Longepierre détacha quelques arpens de son domaine, et les vendit 4,000 fr.

L'acquéreur fit purger son contrat, et le sieur Navarre, représenté par ses héritiers, fut colloqué sur le prix. L'un des héritiers demanda que Longepierre fût condamné de lui payer la portion qui lui revenait dans la somme de 170,000 fr., quoique le terme ne fût point encore échu. Ses conclusions lui furent adjugées par le tribunal de Senlis et par la Cour d'appel d'Amiens, dont l'arrêt fut confirmé par la Cour de cassation, « attendu que l'aliénation d'une partie de l'immeuble hypothéqué diminue, au préjudice du créancier, le gage de son hypothèque, par la faculté qu'a l'acquéreur de purger son acquisition ; que, d'un autre côté, ce cas arrivant, le créancier obligé de recevoir, en indemnité de cette diminution, le prix de cette portion aliénée, serait par cela même exposé au morcellement de sa créance, et à la nécessité d'en recevoir partiellement le prix....., et que, sous ce double rapport, il est juste que l'aliénation partielle de l'immeuble hypothéqué donne, au profit du créancier, ouverture au remboursement intégral de sa créance....; l'arrêt attaqué, loin de contrevenir à aucune loi, s'est au contraire parfaitement conformé à l'esprit de la législation, soit ancienne, soit moderne, sur l'indivisibilité de l'hypothèque et ses effets, comme sur l'exigibilité des créances et le mode de leur paiement, et qu'il a fait une juste application des art. 1188, 1912, 2114 et 2161 du Code. »

d'appel de Dijon, qui avait jugé que le créancier d'une rente constituée ne pouvait exiger le remboursement du capital, parce qu'une partie des biens hypothéqués avaient été vendus sans que l'acquéreur eût encore rempli les formalités prescrites par la loi du 11 brumaire an VII, pour purger l'hypothèque. Ainsi, la Cour de cassation a décidé que la seule possibilité que le créancier soit exposé à recevoir un remboursement partiel, ou à voir diminuer ses sûretés, suffit pour l'autoriser à demander le remboursement d'un capital non exigible.

667. Malgré le juste respect qu'impriment les lumières de la cour supérieure, cet arrêt nous paraît aussi contraire au texte qu'à l'esprit du Code. Ce n'est point sur la simple possibilité de voir ses sûretés diminuées, que l'art. 1188 permet au créancier de demander la déchéance du terme accordé à son débiteur, c'est sur le fait même de la diminution de ces sûretés : « lorsque par son fait *il a diminué* les sûretés qu'il avait données par le *contrat* à son créancier, » et non pas lorsqu'il est seulement possible qu'elles soient diminuées lorsque le créancier court la chance de les voir diminuer; ce qui est bien différent. Tant que l'acquéreur de partie des biens hypothéqués ne purge pas l'hypothèque, les sûretés ne sont pas diminuées. Elles ne le sont même pas encore lorsque l'acquéreur fait notifier son contrat au créancier, avec offre d'acquitter sur-le-champ la dette hypothécaire jusqu'à concurrence du prix. Les sûretés ne sont diminuées, la con-

dition du créancier n'est véritablement changée qu'au moment où, après le délai de quarante jours, fixé par l'art. 2185, l'acquéreur vient le forcer de recevoir un paiement partiel, sous peine de voir consigner le prix du contrat; mais comme la notification du contrat, dans la forme prescrite par les art. 2183 et 2184, contient non-seulement la menace de purger, mais encore un commencement d'exécution, le créancier peut dès-lors agir contre son débiteur direct pour demander, ou qu'il rembourse la totalité de la dette, ou qu'il fasse cesser les poursuites faites pour purger l'hypothèque. Si le débiteur les fait cesser, le créancier ne peut exiger son remboursement avant le terme, parce qu'il n'a plus à se plaindre, ses sûretés ne sont pas diminuées; mais si l'acquéreur n'a pas notifié son contrat au créancier, celui-ci n'a point encore d'action, parce qu'il n'a point encore à se plaindre; il y a possibilité que ses sûretés soient diminuées, sans doute; mais cette possibilité existe même avant que le débiteur ait vendu partie des biens hypothéqués; car il est toujours libre de vendre. En un mot, la simple possibilité que l'hypothèque soit diminuée, ne suffit pas pour autoriser le créancier à demander la déchéance du terme; il faut qu'il y ait diminution effective, ou menace de l'effectuer, et commencement d'exécution, comme il faut que l'acquéreur soit troublé dans sa possession, ou qu'il soit menacé de l'être, avant d'agir en garantie contre le vendeur. Ces raisons ne furent point exposées à la Cour de cassation. On ne doit donc pas regarder son arrêt du 4 mai 1812 comme ayant irrévocablement fixé un point de jurisprudence.

668. Remarquez que pour faire déchoir le débiteur du bénéfice du terme, à raison d'une simple diminution des sûretés de la dette, l'article 1188, conforme en ce point à l'art. 1912, exige qu'elles aient été données *par le contrat*. Il faut en conclure que, dans le cas de l'hypothèque légale ou judiciaire, qui s'étend sur tous les biens du débiteur, une simple diminution d'hypothèque ne suffirait pas pour autoriser le créancier à demander le remboursement d'une dette non exigible, s'il restait des biens suffisans pour la sûreté de la créance; ce qui s'accorde avec l'article 2161, qui, même, permet au débiteur de demander la réduction de l'hypothèque légale, lorsqu'elle est portée sur plus de domaines différens qu'il n'est nécessaire à la sûreté de la créance.

669. Remarquez encore que l'art. 1188 exige que la diminution soit survenue *par le fait* du débiteur. Il ne serait donc pas déchu du bénéfice du terme, si elle était survenue par accident ou force majeure; en un mot, par un fait qui ne pourrait lui être imputé.

670. Mais si, au lieu d'être seulement diminuées, les sûretés étaient entièrement anéanties, comme dans le cas de faillite ou de déconfiture (1188, 1913), quand même elles seraient arrivées par un accident qui ne pût être imputé au débiteur, il n'en serait pas moins déchu du bénéfice du terme.

671. Dans les cas où les juges ont divisé le paiement de la dette en plusieurs termes, si le débiteur laisse passer le premier sans payer, il est juste qu'il soit déchu du bénéfice des autres termes, et que le créancier puisse saisir et exécuter pour la totalité de sa créance. Tel est aussi l'avis de notre savant confrère M. Carré, question 409; mais nous ne pouvons penser avec lui que le débiteur puisse arrêter la suite de la saisie, en payant le terme échu. Le jugement qui, contre la loi du contrat, divise le paiement en plusieurs termes, nous paraît essentiellement renfermer la condition implicite si le débiteur paie à chaque terme. Il est certain que si les juges avaient pu prévoir qu'il ne paierait pas, ils ne lui auraient pas accordé des délais.

672. Il est assez évident que le débiteur qui a obtenu un délai de grâce en est déchu dans tous les cas où il serait déchu du délai de droit. Il en est encore déchu, si ces biens sont vendus à la requête d'autres créanciers, s'il est en état de contumace, ou s'il est constitué prisonnier. Art. 124, Code de procédure.

673. L'art. 125 du même Code porte que les actes conservatoires sont valables, nonobstant le délai accordé. On doit entendre par actes conservatoires tous ceux qui tendent à conserver les droits du créancier, et à en assurer l'exercice, tant sur les immeubles que sur les meubles du débiteur. Ainsi il peut inscrire sa créance au bureau de la conservation des hypothèques, sur tous les immeubles du débiteur; car le jugement qui

condamne ce dernier, en lui accordant néanmoins un délai, soumet tous ses biens à l'hypothèque judiciaire.

Quant aux meubles que le débiteur possédait au moment où il a obtenu des délais, le créancier ne peut pas les saisir pour les mettre sous le séquestre; car, suivant l'art. 1244, le jugement qui accorde des délais surseoit l'exécution des poursuites, *toutes choses demeurant en état*, c'est-à-dire dans l'état où elles étaient au moment du jugement (1).

Mais si toutes choses doivent demeurer en état relativement au débiteur, elles doivent également y rester relativement au créancier. S'il est échu au débiteur une succession, le créancier peut former opposition à la levée des scellés, s'opposer à ce qu'il soit procédé au partage hors sa présence, et à ce que les sommes ou les meubles qui reviennent au débiteur soient remis à ce dernier; car toutes choses doivent demeurer dans l'état où elles étaient au moment du jugement.

Il peut, par la même raison, former opposition au remboursement d'une rente due au débiteur. Il peut même saisir et arrêter une somme due au débiteur, lorsqu'elle se trouve exigible avant l'expiration des délais accordés à ce dernier, et demander, en l'assignant, pour faire juger la validité de la saisie-arrêt,

(1) On peut donc dire, avec M. Carré, sur l'art. 125 du Code de procédure, quest. 413, pag. 221 et 222, que « les actes conservatoires sont tous ceux qui ont pour objet d'assurer le paiement de la créance, sans changer, pendant les délais accordés au débiteur, la position où il était, et sans nuire à la jouissance qu'il avait au moment du jugement. »

art. 583, Code de procédure, que le tiers saisi soit condamné de verser entre les mains du saisissant à l'expiration des délais.

Cette marche ne tend qu'à conserver le droit du créancier, sans changer l'état des choses au moment du jugement. Puisque la somme arrêtée n'était point alors dans la possession du débiteur, il serait contre raison de dire que les délais accordés à un débiteur dont la conduite est justement suspecte, tout au moins inquiétante, par cela même qu'il n'a pu payer au terme fixé, lui ont été accordés pour lui laisser la faculté de percevoir par ses mains des crédits dont il peut facilement dissiper ou détourner les produits au préjudice de son créancier.

674. Nous avons dit que les meubles du débiteur ne peuvent être saisis pendant le délai de grâce; mais s'il les vendait, s'il les détournait frauduleusement, il nous paraît juste et conforme aux principes du droit que le créancier puisse procéder à la saisie, en donnant assignation au débiteur, pour le faire déclarer déchu du bénéfice du délai de grâce, dont il s'est rendu indigne,

Si le débiteur vendait, argent comptant, des immeubles sur lesquels le créancier aurait oublié ou négligé de faire inscrire sa créance, il nous paraît encore que la déchéance serait encourue; car ou il les a vendus pour payer son créancier, et alors il ne doit pas se plaindre que celui-ci le contraigne à payer, ou il les a vendus pour en détourner le prix, et alors il y a une fraude qui le rend indigne de la grâce qui lui était accordée.

675. Après avoir vu les effets du terme relativement au créancier, il faut examiner ceux qu'il produit relativement au débiteur. Le principal, comme nous l'avons déjà dit, est de retarder l'exécution de l'obligation (1185), et d'empêcher que le débiteur ne puisse être contraint à payer avant l'échéance du terme fixé par la convention.

Mais peut-il contraindre le créancier de recevoir avant cette échéance? Il faut distinguer: il le peut sans doute si le terme n'a été stipulé qu'en sa faveur, et pour lui laisser le temps de se procurer les fonds nécessaires, et comme c'est le cas le plus ordinaire, le terme est toujours présumé stipulé en faveur du débiteur (1187). Loi 17, *de R. J.* Le débiteur peut donc devancer le terme, parce qu'il peut toujours renoncer à un droit qui n'est établi qu'en sa faveur. C'est par cette raison qu'il ne peut répéter ce qu'il a payé avant l'échéance (1186). Au contraire, le débiteur ne peut devancer le terme, s'il a été aussi convenu en faveur du créancier.

676. Mais quand le terme est-il censé stipulé aussi en faveur du créancier? C'est, dit l'art. 1187, *lorsque cela résulte de la stipulation ou des circonstances.*

Cela peut résulter de la stipulation de deux manières: expressément ou tacitement. Expressément, lorsqu'il est dit que le débiteur ne pourra rembourser avant le terme (1), ou qu'il sera obligé

---

(1) On peut trouver étrange qu'on ait autrefois douté en Franc

d'avertir le créancier, par exemple, six mois auparavant; clause fort usitée dans les contrats de rente constituée à prix d'argent.

677. Tacitement, lorsqu'il résulte de la stipulation qu'elle a pour objet l'intérêt du créancier, aussi bien que celui du débiteur. Par exemple, dans le prêt à intérêt fait pour un an, le débiteur ne peut contraindre le créancier à recevoir le capital avant l'échéance, en y ajoutant les intérêts jusqu'au jour du paiement.

Mais pourrait-il payer après six ou neuf mois, en offrant les intérêts de l'année entière? Nous ne

---

qu'il fût permis de stipuler que le débiteur ne pourrait payer avant le terme fixé. Les interprètes du droit romain n'en doutaient point; mais Dumoulin, le grand oracle de la jurisprudence française, dans son Traité *de usuris*, *quest.* 51, *n°*. 354, *tom.* II, *opp.*, *pag.* 145, et dans le sommaire des Contrats usuraires, n°. 180, *ibid.*, pag. 372, prétendit que la clause de ne pouvoir rembourser le capital avant le terme, était usuraire dans les contrats de constitution de rente créée à prix d'argent. Le préjugé qu'inspirait la seule imputation d'usure fit des prosélytes à cette opinion, qui fut étendue et adoptée sans examen. On la retrouve dans Pothier, Traité du Contrat de constitution, n°. 52, dans les Règles du droit français, par Pocquet de Livonière, chap. de la libération, n°. 7; dans Bourjon, Droit commun de la France, tom. II, pag. 324, édit. de 1747.

On admit cependant comme exception à la règle générale, qu'on pouvait légitimement stipuler, dans les contrats de vente et dans les partages, etc., que le débiteur ne pourrait devancer le terme, ni forcer le créancier à recevoir avant l'échéance. Comme il était évident qu'une clause pareille n'a aucun rapport à ce qu'on appelle usure, l'auteur de l'Instruction facile sur les conventions, tit. du Paiement des dettes, § 3, à la note, prétendit que la faculté de rembourser avant le terme est une portion du droit public auquel le débiteur ne peut renoncer. Nous ne nous arrêterons point à réfuter cette doctrine évidemment fausse; nous observerons seulement qu'elle ne peut reparaître sous l'empire du Code, qui porte expressément que le terme est aussi en faveur du créancier, lorsque cela résulte de la stipulation.

le pensons pas; car le paiement anticipé pourrait causer du préjudice au créancier, qui, d'un côté, se trouverait embarrassé de garder un capital dont il ne devait disposer qu'au terme fixé par la convention, n'ayant aucun placement sûr à faire auparavant, et qui, d'un autre côté, ne voudrait ni recevoir, ni être soupçonné de recevoir plus qu'il ne lui est dû, en prenant les intérêts d'un an après neuf mois seulement. Le créancier peut d'ailleurs avoir un grand intérêt à ne pas recevoir avant l'échéance du terme, s'il espère voir tomber un papier-monnaie décrié, avec lequel le débiteur veut s'acquitter avant terme. C'est ce que n'ont point considéré ceux qui, comme Voët, *in tit. de rebus creditis*, n°. 20, lib. 12, tit. 1, ont enseigné que le prêt à intérêt ne peut être remboursé avant le terme, à moins que le débiteur ne veuille payer l'intérêt jusqu'au terme.

678. Les circonstances peuvent encore indiquer que le terme est aussi convenu en faveur du créancier. Par exemple, si j'achète des bœufs à la fin de l'automne, pour n'être livrés qu'au printemps, afin que le vendeur les nourrisse pendant l'hiver.

Pothier, Traité des obligations, n°. 511, en donne, pour exemple encore, le cas où un testateur a légué une somme à un mineur, pour lui être comptée lorsqu'il sera majeur, dans la crainte que son tuteur ne la dissipe. Si l'héritier paie au tuteur qui, dans la suite devient insolvable, il n'est point libéré.

Mais il ne suffirait pas, pour appliquer cette décision, que le testateur n'eût rendu son legs payable qu'à la majorité du légataire. Pour en conclure que le terme n'est établi qu'en faveur de ce dernier, il faudrait d'autres indices, d'où l'on pût induire que le testateur n'a pas voulu que le paiement fût fait au tuteur. *Voy.* la loi 15, ff *de ann. leg.*, 33, 1, citée par Pothier; et la loi 43, § 2, *de leg.*, 2°.

679. Dans les obligations relatives aux affaires de commerce, le terme est présumé convenu en faveur du créancier aussi bien qu'en faveur du débiteur. Les déclarations des 28 novembre 1713, et 20 février 1714 (1), ordonnèrent que les débiteurs des lettres et billets de change payables au porteur ou à ordre, et des billets et promesses valeur en marchandises, ne pourront obliger les porteurs d'en recevoir le paiement avant l'échéance du terme. L'art. 146 du Code de commerce veut également que le porteur d'une lettre-de-change ne puisse être contraint d'en recevoir le paiement avant l'échéance. Cette disposition est appliquée aux billets à ordre, par l'art. 187, et elle doit être étendue à toutes les promesses et obligations relatives aux affaires de commerce. Ainsi le pense avec raison un célèbre professeur, M. Pardessus, dans son Cours de droit commercial, tom. 1, pag. 177. Comme les commerçans, dit-il, ne font souvent des opérations que dans l'intention d'être payés ou livrés à des époques certaines, pour lesquelles ils se tiennent prêts, le terme de paiement ou d'exécution de

(1) Rapportées dans le Recueil de Jousse, tom. 11, page 514.

leurs engagemens est présumé stipulé en faveur du créancier autant qu'en faveur du débiteur. S'il veut anticiper le paiement, c'est à lui de prouver qu'il a été dérogé à la règle, comme dans les obligations qui ne sont point de commerce, c'est au créancier de prouver que le terme a été aussi convenu en sa faveur.

680. Un autre effet du terme est d'empêcher la compensation qui n'a lieu *qu'entre deux dettes également liquides et exigibles* (1291). Par exemple, je vous dois une somme de 1,000 fr., payable dans un an. Je reçois en paiement un billet à ordre, par lequel vous êtes obligé de payer la même somme dans un mois. Je puis vous contraindre à payer à l'échéance, sans que vous puissiez m'opposer la compensation de la somme que je dois payer dans un an.

Mais le terme de grâce n'est point un obstacle à la compensation (1292). Loi 16, § 1, ff *de compens.*, 16, 2.

681. Le jour de l'échéance, *terminus ad quem*, est incontestablement compris dans le terme; il fait partie du terme. Ce n'est que le lendemain que le débiteur peut être contraint au paiement, ou que la déchéance est encourue contre lui, lorsqu'elle a lieu de plein droit. Le jour de l'échéance est accordé tout entier au débiteur; car, avant que ce jour soit écoulé, il ne peut être certain qu'il n'aura pas payé (1). Si donc j'ai promis

---

(1) *Ne eo quidem ipso die, in quem stipulatio facta est, peti potest, quia totus is dies arbitrio solventis tribui debet. Neque enim*

de vous payer 1000 fr. le 1er. mars 1814, si j'ai promis de vous payer le prix d'un domaine le 1er. mars, sous peine de résolution du contrat de plein droit, sans qu'il soit besoin d'acte, ce n'est que le 2 mars que vous pourrez au premier cas commencer vos poursuites; ce n'est que le 2 mars, au second cas, que je serai déchu, et que je ne pourrai plus vous faire d'offres valables. Ainsi nulle difficulté quand le terme est déterminé d'une manière aussi précise.

682. Mais quand il ne l'est pas, quand, par exemple, j'ai promis de vous payer dans dix jours, dans un mois, dans un an, on demande si le terme *à quo*, le jour du terme, est compris dans le délai. Je vous ai souscrit le 1er. mars un billet payable dans dix jours. Si le jour du 1er. mars, le terme *à quo*, est compris ou compté dans les dix jours, celui de l'échéance sera le 10, et le billet sera exigible le lendemain 11. Si le 1er. mars n'est pas compris dans les dix jours, le billet sera exigible un jour plus tard, c'est-à-dire le 12. Cette différence peut devenir très-importante dans le cas d'une déchéance ou d'une prescription.

En mathématiques, le temps se compte de moment en moment, il semblerait donc naturel de compter le jour du terme, ou le terme *à quo*. Cependant l'usage est contraire (1), et cet usage

---

certum est eo die, in quem promissum est datum non esse prius quàm is prœterierit. Inst. de V. O., § 2.

(1) Dunod, Traité des Prescriptions, 2e. part., chap. 1, pag. 117; Merlin, nouv. Répertoire, v°. *Délai*, § 3, pag. 399.

est fort ancien, si, comme on le pense communément (1), ce fut pour trancher la question de savoir si le jour du terme est compris dans le terme, qu'on ajouta un jour à la prescription annale, et qu'on l'étendit à l'an et jour; car l'usage de ce jour ajouté se trouve établi dès le temps du concile de Strasbourg, en 895, et du temps de Grégoire IX, en 1230 (2). Quoi qu'il en soit, l'usage de ne point compter le jour du terme, *terminus à quo*, est fondé en raison; car, pour compter avec une exactitude mathématique, il ne faudrait comprendre le jour du terme qu'à partir de l'heure, du moment où la convention a été conclue; ce qui donnerait lieu, dans la pratique, à mille difficultés, qu'on a sagement prévenues en établissant que le jour du terme *à quo* ne sera point compté, à moins que les expressions de la loi ou de la convention ne fassent connaître qu'on a voulu qu'il fût compté, et que le terme commençât par le premier jour.

Ainsi, dans l'exemple proposé d'un acte passé le 1er. mars, portant, sous peine de déchéance, l'obligation de payer dans dix jours, la déchéance ne sera encourue qu'au commencement du 12 mars : le débiteur a le jour du 11 tout entier pour payer. On doit d'autant moins en douter aujour-

---

(1) *Voyez* Brodeau sur l'art. 129 de la Coutume de Paris, nos. 15 et suiv., vo. *An et jour*. Le jour ayant été ajouté, dit-il, pour ne point tomber dans cette grande et célèbre question, *utrum dies termini computetur in termino*.

(2) *Vid. Caus.* 20, *quest.* 2, *cau* 2, *apud Gratianum*, *cap.* 8, *X de in integ. rect. Junge* Brodeau, *ubi sup.*

d'hui que le Code a décidé une question qu'on regardait comme indécise (1), et qui a du rapport à celle que nous examinons ; savoir, que la prescription se compte par jour et non par heures. Elle est acquise lorsque le dernier jour du terme est accompli (2260).

Ce que nous venons de dire s'applique aux délais d'un ou plusieurs mois, d'une ou plusieurs années.

683. Mais il s'élève une autre difficulté sur la manière de compter les mois. Le mois astronomique est composé du temps que le soleil emploie à parcourir la douzième partie du zodiaque. Tous les mois astronomiques sont égaux en durée. Le mois civil est ce qu'on nomme janvier, février, mars, etc. Ces mois sont inégaux ; il y en a sept de trente-un jours, quatre de trente, et le mois de février est tantôt de vingt-huit, tantôt de vingt-neuf jours. Comment donc compter les délais convenus par mois ?

Si l'on s'en était tenu au simple bon sens, jamais il ne se serait élevé de difficulté sur ce point. La réponse vraie et naturelle est qu'il faut compter les mois de la manière que les contractans les ont entendus ; or, comme la plupart ne connaissent que les mois civils, et n'ont même pas d'idée des mois astronomiques, il en résulte que les délais convenus par mois doivent être enten-

---

(1) *Voyez* Duparc-Poullain, Principes du droit français, tom. VI, pag. 251.

dus des mois civils, tels qu'ils se succèdent, à compter du jour de la convention.

On n'en aurait jamais douté, sans les préjugés qu'ont fait naître divers textes du droit romain, où l'on trouve les délais par mois calculés, tantôt pour trente, tantôt pour trente-un jours, et en partie de trente, en partie de trente-un jours, lorsque le délai est de plusieurs mois. Or, on a eu long-temps la manie de vouloir concilier les textes du droit romain les plus inconciliables. Dunod, Traité des Prescriptions, part. 2, chap. 2, propose, pour se rapprocher du mois astronomique, de compter tous les mois pour trente jours, comme on calculait de son temps, et comme on calcule encore aujourd'hui les *usances* dans le commerce. Code de procédure, art. 132.

D'autres auteurs proposent de compter les mois pour trente-un jours, lorsque le délai est favorable, et pour trente jours seulement lorsqu'il ne l'est pas. Mais comment la signification d'un mot peut-elle changer par le plus ou le moins de faveur d'un délai? Comment juger si un délai est favorable? Ce qui est favorable aux intérêts de l'un n'est-il pas contraire aux intérêts de l'autre?

M. Merlin, nouveau Répertoire, v°. *Mois*, page 320, s'étonne que les lois nationales ne nous aient pas encore appris comment compter les mois. Le Code de commerce nous paraît néanmoins très-précis sur ce point. Après avoir observé que les lettres-de-change sont à un ou plusieurs mois, à une ou plusieurs usances, il ajoute, art. 132, que les usances sont de trente jours, et *les mois tels qu'ils sont fixés par le calendrier grégorien.* Cette disposition est applicable aux matières ordinaires aussi bien qu'aux lettres ou billets de change ; car il serait contre la raison de calculer les délais de deux manières, lorsqu'il y a identité de raison, et que d'ailleurs la manière indiquée par le Code de commerce est la plus naturelle, la plus conforme à l'usage ordinaire, puisque les mois du calendrier grégorien sont la seule manière de compter usitée parmi le peuple.

Si donc j'ai souscrit le 1er. février une obligation payable dans un mois, le dernier jour du terme sera le 1er. mars ; et je puis être contraint le 2, quoiqu'il n'y ait pas trente jours écoulés.

De même, si le délai est d'un an, le dernier jour est le 1er. mars de l'année suivante. L'objection qu'il n'y a point deux 1er. mars dans une année tombe, en observant que le jour du terme *à quo* n'est point compté ; et c'est pour cela qu'il faut ajouter le 1er. mars de l'année suivante, afin de compléter une année.

684. Le terme *à quo* ne serait point également compté s'il était dit dans un mois, *à compter de ce jour* (1). On peut demander si c'est à compter

---

(1) M. Merlin, nouveau Répertoire, v°. *Loi*, § 5, pag. 688 et suivantes, le pense également, par d'autres raisons qu'on peut voir. Il regarde comme synonymes les mots *depuis tel jour et à compter de tel jour.*

On peut en effet demander, dans l'une et dans l'autre formule, si c'est inclusivement ou exclusivement. Or, Brillon, v°. *Délai*, n°. 1, enseigna, d'après Dumoulin et les docteurs, que la particule *depuis* est *exclusive* du terme qu'elle désigne. M. Merlin le pense

de ce jour inclusivement ou exclusivement. Ce qui est ambigu s'interprète par ce qui est d'usage (1159) ; or, il est d'usage que le terme *à quo*, ou le jour du terme, ne soit pas compté.

685. Il y a des délais francs dans lesquels on ne compte ni le terme *à quo*, ni le terme *ad quem*, suivant la maxime *dies termini non computuntur in termino*, observée à l'égard du délai des assignations et des procédures, où le jour de l'assignation ni celui de l'échéance ne sont point comptés. *Voy.* l'Ordonnance de 1667, tit. 3, art. 6 ; et le Code de procédure civile, art. 1033. Mais cette manière de compter n'est point applicable aux délais conventionnels, à moins que les contractans ne s'en soient clairement expliqués.

---

ainsi. Cependant il dit, dans ses Questions de droit, au mot *Triage*, pag. 367, 2ᵉ. édition, que dans certaines lois qui, par leur *grande faveur*, méritent plutôt d'être étendues que d'être restreintes, on peut, sans violer leur texte, donner à la préposition *depuis* un sens *inclusif*. Ce raisonnement n'est bon que pour justifier quelques décisions par lesquelles la Cour de cassation a confirmé des arrêts qui s'étaient écartés du sens que l'usage donne à la préposition *depuis*.

Mais les dialectaires pourront demander comment il est possible que des juges puissent faire varier la signification d'un mot selon le plus ou le moins de faveur que mérite la loi ; si ce n'est pas remettre en leurs mains une règle de plomb qu'ils peuvent faire plier au gré de leur caprice, et si ce n'est pas ranger les questions qui naissent à ce sujet au nombre des cas que quelques jurisconsultes appellent plaisamment *casus pro amico*. On pourrait encore demander ce qu'il faut entendre par une loi favorable. *Nulla lex satis commoda omnibus*, disait fort bien Caton.

SECTION III.

Des Obligations conjonctives, disjonctives ou alternatives, et des Obligations facultatives.

SOMMAIRE.

686. *L'obligation est conjonctive lorsqu'elle a pour objet plusieurs choses réunies par une conjonction. Il y a autant de stipulations que de choses. On peut diviser les paiemens.*

687. Secùs, *si les objets de l'obligation sont désignés sous un nom collectif.*

688. *Il y a plusieurs dettes dans une somme payable à différens termes. Application de ce principe.*

689. *L'obligation est disjonctive ou alternative, lorsqu'entre plusieurs choses une seule est due.*

690. *Le choix alors appartient au débiteur, s'il n'est pas déféré au créancier.*

691. *Si le débiteur ou le créancier meurt avant d'avoir choisi, le choix passe à ses héritiers.*

692. *Le choix détermine l'obligation : quand il a été accepté, on ne peut plus varier sans cause légitime.*

693. *Dans les obligations alternatives par années, on peut varier d'une année à l'autre.*

694. *L'obligation est pure et simple, si l'une des deux choses ne peut être l'objet de l'obligation.*

695. *Elle le devient si l'une des deux choses périt.*

696. *Elle est éteinte, si les deux choses périssent, à moins que l'une n'ait péri par la faute du débiteur.*

697. *Le débiteur est libéré si l'une des choses périt par la faute du créancier.*

698. Quid, *si le choix appartenait au créancier.*

699. *La nature mobiliaire ou immobiliaire de l'obligation alternative est en suspens jusqu'au choix. Questions délicates qui naissent de là.*

700. *Elles ne naîtraient point si l'obligation était seulement facultative. La nature mobiliaire ou immobiliaire de celle-ci n'est point en suspens. Conséquences.*

701. *L'obligation du défendeur en rescision pour cause de lésion est facultative, ainsi que celle du tiers poursuivi par action hypothécaire.*

686. L'OBLIGATION est conjonctive, lorsqu'elle contient plusieurs choses réunies par une conjonction, pour indiquer qu'elles sont toutes également l'objet ou la matière de l'engagement; car on réunit souvent dans un même acte deux ou plusieurs choses qui sont également dues. Par exemple, je promets de vous donner mon cheval, mon bœuf et cent francs : je suis alors engagé à donner toutes ces choses, sans pouvoir me dispenser d'en donner une seule; mais alors aussi il y a autant de stipulations, autant de dettes que de choses contenues dans la promesse; *tot sunt stipulationes, quot res.* Lois 29 et 86, ff *de V. O.*, 45, 1. C'est comme si l'on avait dit, je promets de vous donner mon cheval, je promets de vous donner mon bœuf, etc.

Je puis donc diviser le paiement de ces quatre choses, contraindre le créancier à recevoir l'une d'elles avant les autres, ou le mettre en demeure de la recevoir, quoique régulièrement le débiteur ne puisse forcer le créancier à recevoir en partie le paiement d'une dette même divisible (1244).

687. Mais pour qu'il y ait plusieurs dettes, il faut que les choses comprises dans l'obligation soient énumérées.

Il n'y aurait qu'une seule dette, qu'une seule obligation, si elles étaient comprises dans l'acte en masse, ou sous un nom collectif. Si, au lieu de vous promettre mon bœuf, mon âne et mon cheval, je vous avais promis tous mes bestiaux, il n'y aurait qu'une seule stipulation. *DD. LL.* Il y en aurait plusieurs si je vous avais promis différentes choses, chacune sous un nom collectif, par exemple, mes livres et mes tableaux.

688. Il y a aussi plusieurs stipulations dans une somme payable à différens termes. Par exemple, je vous paierai 1200 fr. en trois termes, dans un, deux et trois ans : il y a trois obligations de 400 fr. chacune; car les termes sont censés égaux, lorsqu'on n'a point autrement fixé la quotité de chaque terme. Les arrérages d'une rente, les intérêts d'une somme, les fermages ou les loyers d'un bail, forment autant de dettes différentes qu'il y a de termes. Le débiteur de plusieurs termes peut obliger le créancier à recevoir le paiement d'un terme, quoiqu'il ne lui offre pas les autres en même temps. Ainsi le fermier sujet par une clause du bail à la résolution par la cessation de paiement pendant trois termes, peut éviter cette peine en offrant le paiement d'un terme avant l'expiration du troisième, quoiqu'il ne paie pas le second, mais le créancier ne peut être obligé de recevoir les dernières années avant les précédentes. Pothier, Traité des obligations, tom. II, pag. 503.

689. On peut aussi, par la même convention, stipuler ou promettre deux ou plusieurs choses,

de manière que le débiteur ne soit obligé d'en donner qu'une seule. C'est le cas où les choses comprises dans la convention sont séparées par une disjonctive. Je promets de vous donner mon cheval ou mon bœuf, mon cheval ou 600 fr. C'est ce qu'on appelle une obligation disjonctive, ou, comme la nomme le droit canonique, *alternative*; reg. 70, *de R. J.*, *in*-6°.; dénomination qui rend parfaitement le caractère de cette obligation, dans laquelle il n'y a que l'une ou l'autre (1) des choses comprises dans la convention qui soit due, et non pas les deux. Le débiteur d'une obligation alternative est donc libéré par la délivrance de l'une des deux choses qui étaient comprises dans l'obligation (2) (1189). Loi 110, § 3, ff *de R. J.*, *reg. 70. De Regul. jur.*, *in*-6°.

690. Le choix appartient au débiteur, s'il n'a pas

---

(1) Pothier, n°s. 246, 248 et 250, enseigne que les choses comprises dans une obligation alternative sont toutes dues : c'est une erreur. Alciat avait prétendu que, dans les alternatives, quoique le choix appartienne au débiteur, chaque chose est dans l'obligation sous la condition si l'autre n'est pas donnée. Il a été solidement combattu par Dumoulin, *Extric. labyr.*, *part.* 2, *quæst.* 5 et 6, n° 11; qui dit avec raison que le débiteur d'une alternative n'étant point obligé de donner l'une et l'autre choses, mais seulement l'une ou l'autre, les deux choses ne sont pas dans l'obligation, mais seulement l'une des deux. L'objet de l'obligation est une chose incertaine ou non encore déterminée entre plusieurs choses déterminées, mais qui deviendra certaine et déterminée par le choix du débiteur ou du créancier, lorsqu'il lui appartient; car l'objet d'une obligation peut être une chose indéterminée quant à l'individu, pourvu qu'elle soit déterminée quant à son espèce (1129). A plus forte raison la chose peut être indéterminée entre plusieurs choses déterminées comme dans l'alternative, l'obligation est *unum de certis*. On peut cependant dire avec Dumoulin, *ubi supr.*, n°. 120, que si le choix est déféré au créancier, l'une et l'autre choses sont dans l'obligation alternativement.

(2) *Dans l'obligation*, c'est-à-dire dans le contrat, dans la promesse

été expressément accordé au créancier (1190). Loi 25, *de contrah. empt.*, 181. C'est une conséquence de la règle d'interprétation consacrée par l'art. 1162, que, dans le doute, la convention s'interprète contre celui qui a stipulé et en faveur de celui qui a contracté l'obligation.

Mais s'il a le droit de choisir celle des deux choses qu'il veut donner, il ne peut pas forcer le créancier à recevoir une partie de l'une et une partie de l'autre (1191). Ce serait violer la loi du contrat par lequel le débiteur s'est engagé de donner l'une ou l'autre chose, et non pas une partie de l'une et une partie de l'autre chose. Cette dernière obligation serait une obligation conjonctive, et non pas une obligation alternative ou disjonctive. Ainsi, lorsque vous m'avez promis de me donner 1,000 fr., ou deux arpens de terre, vous ne pouvez me donner 500 fr. et un arpent.

Si le créancier a le choix, il ne peut également exiger partie de l'une des choses et partie de l'autre. Loi 8, § 1, ff *de leg.*, 1.°, 30.

691. Si le débiteur meurt avant d'avoir fait son choix, son droit passe à ses héritiers; car on est toujours censé avoir stipulé pour ses héritiers, à moins que le contraire ne soit exprimé ou ne résulte de la convention (1122). Il en est de même des héritiers du créancier, s'il meurt avant d'avoir choisi, dans les cas où le choix lui est déféré, quoique quelques auteurs aient soutenu que le choix ne passait pas aux héritiers du créancier (1):

(1) *Voy.* la Dissertation de Hertius, *de electione ex conditione alternativâ*, sect. 4, § 1; Vinnius, *ad* § 24, *inst. de leg.*, n°. 4.

les obligations et les droits passent aux héritiers tels qu'ils étaient dans la personne du débiteur ou du créancier.

692. Le choix du débiteur, ou celui du créancier lorsqu'il lui appartient, détermine l'obligation à la chose qu'ils ont choisie. L'obligation cesse d'être alternative ; elle est désormais déterminée : et si ce choix a été accepté par la personne intéressée, on ne peut plus varier (1) sans une cause légitime; par exemple, si le créancier à qui le choix est déféré entre plusieurs chevaux, en choisissait, sans le savoir, un qui fût atteint d'un vice rédhibitoire. Arg. loi 9, § 1, ff *de opt. leg.*, 33, 5. Car si le débiteur le lui avait donné, il eût pu le rendre.

Par exemple encore, si le débiteur avait payé, ou si le créancier avait demandé ou reçu une chose déterminée, sans savoir qu'il eût le choix

---

(1) Loi 20, ff *de opt. leg.*, 53, 5; Voët, *ibid.*, n°. 8.

On trouve sur cette question, s'il est permis de varier, beaucoup de difficultés dans les textes du droit romain et dans les interprètes. Ce serait un travail long et inutile que de chercher à les concilier ou à les réfuter. Ceux qui voudront l'entreprendre peuvent consulter la Dissertation de Hertius ci-dessus citée, sect. 2, § 7, sect. 4, § 4, et les auteurs qu'il indique ; on peut voir encore Dantoine, sur la règle 70, ff *de R. J.*, *in sexto.* Mais pour que ceux à qui le choix appartient ne puisse plus varier, il faut que ce choix ait été accepté par l'autre partie. Par exemple, si le débiteur offre une des deux choses au créancier, qui la refuse, il peut offrir l'autre, il peut également retirer ses offres avant qu'elles aient été acceptées, par exemple, si le créancier à qui le choix était déféré a fourni en justice ou en bureau de paix une demande déterminée à l'un des objets de l'obligation alternative, il peut la rétracter avant qu'elle soit acceptée, pour former une autre demande, par argument de la disposition finale de l'art. 1211. *Voy.* aussi Thomasius, *dissert.* 112, *de oblig. rei incertœ*, § 36, tom. IV, pag. 106.

entre plusieurs. J'avais légué ma bibliothèque à Titius par un premier testament; j'ai changé cette disposition par un second, dans lequel j'ai laissé à mon héritier l'alternative de donner ma bibliothèque ou 2,000 fr., ou bien j'ai laissé à Titius le choix entre ma bibliothèque ou 2,000 fr. Si mon héritier a donné la bibliothèque, ou si Titius l'a demandée ou reçue avant que le second testament fût connu, mon héritier peut, dans le premier cas, répéter la bibliothèque, en choisissant de donner 2,000 fr. Titius, dans le second cas, peut abandonner la demande qu'il avait faite pour demander 2,000 fr.

Il y avait sur ce point division d'opinions entre les jurisconsultes romains des différentes écoles. Justinien se décida pour celle que nous venons d'exposer, qui paraît la plus équitable (1), et qui doit être suivie dans la pratique suivant Dumoulin et Pothier.

Néanmoins ces auteurs observent avec raison que si le créancier a reçu de bonne foi, sans avoir induit le débiteur dans l'erreur où était ce dernier, celui-ci ne pourra répéter ce qu'il a donné qu'autant que le créancier n'en souffrira aucun préjudice. Si donc le créancier avait vendu de bonne foi la chose qui lui avait été délivrée, le débiteur ne pourrait la réclamer contre l'acquéreur; il pourrait seulement répéter contre le créancier la somme qui, dans le prix de la vente,

(1) Voët, *in tit. de opt. leg.*, n°. 8, 33, 5; Pothier, des Obligations, n°. 255; Dumoulin, *de divid. et individ.*, 2.ᵉ part., n°. 153.

excéderait la valeur de la chose qu'il avait le droit de donner.

Ceci nous conduit à une autre question analogue, dans le cas où le débiteur, trompé par une expédition de l'acte, dans laquelle on avait écrit par erreur telle *et* telle chose, au lieu de telle *ou* telle, a payé les deux. Il peut répéter celle qu'il voudra, parce que l'erreur innocente dans laquelle il a été induit ne peut le priver de la faculté du choix. Pothier, n°. 257.

693. Lorsqu'il y a plusieurs obligations alternatives, divisées par années, le choix fait dans une année n'empêche point de varier dans les autres années. Par exemple, si je dois chaque année une rente ou une pension de 300 fr., ou tant de mesures de blé, je puis payer une année en argent et l'autre en blé, *aut vice versâ*. Loi 21, § 6, ff *de act. empt.*; Pothier, n°. 247. Si le choix est déféré au créancier, il peut demander une année de l'argent, et l'autre du blé; mais le débiteur ne peut, sans le consentement du créancier, payer une année moitié en argent, moitié en blé.

694. L'obligation est pure et simple dans son principe, quoique contractée d'une manière alternative, si l'une des deux choses promises ne pouvait être le sujet de l'obligation (1192); car alors il n'y a jamais eu de choix à faire.

Il en résulte que si vous m'avez promis le fonds cornélien, ou 10,000 fr., et que le fonds cornélien se trouve m'appartenir au moment de la convention, l'obligation, au lieu d'être alternative, se trouve déterminée aux 10,000 fr. Loi 72, § 4, ff *de solut.*, 45, 3; Pothier, n°. 249.

Vous ne pourriez me donner le fonds cornélien quand même, depuis la convention, il aurait cessé de m'appartenir; car s'il ne pouvait être l'objet de l'obligation au moment du contrat, il ne peut être l'objet du paiement, puisqu'on ne peut forcer le créancier de recevoir une autre chose que celle qui lui était due (1243). Or, d'un côté, le fonds cornélien ne pouvait être l'objet de l'obligation au moment du contrat, parce qu'il m'appartenait, et que vous ne pouvez pas me devoir une chose qui est à moi; et, d'un autre côté, une obligation nulle dans son principe ne peut, suivant la règle catonienne, observée dans les contrats, revivre par des événemens postérieurs (1).

695. L'obligation, quoique alternative dans son principe, *devient* pure et simple, dit l'art. 1193, si l'une des deux choses promises périt, non comme le dit Pothier, dont la doctrine en ce point nous paraît inexacte, comme nous l'avons prouvé, n°. 689, à la note; non parce que les deux choses étant dues l'une et l'autre, l'obligation subsiste dans celle qui reste; mais parce que

---

(1) *Si stipulor Stichum aut Pamphilum, et Pamphilus meus sit, in Sticho tantùm consistit obligatio, in Pamphilo neque consistit obligatio, neque solutio; etiamsi Pamphilus desierit esse meus, quia in stipulationibus regula Catoniana locum habet, id est, quæ ab initio inutilis fuit stipulatio Pamphili, quòd meus esset, etiam ex post facto, alienato Pamphilo non convalescit.* § 1, *Inst. de inut. stip. Voy.* Cujas, *in leg.* 128, ff *de V. O., in quæst. Pauli, lib.* 10, *col.* 1141.

c'est le propriétaire d'une chose qui doit en supporter la perte, *res perit domino.*

Or, quoique la propriété soit transférée par l'effet des obligations (711), ce principe n'est applicable qu'à celles dont l'objet est certain et déterminé au moment même du contrat (1); il ne peut s'appliquer à celles dont l'objet n'est pas encore déterminé, quoiqu'il soit certain que l'objet existe.

Telles sont les obligations alternatives, celles que les docteurs appellent *obligationes generis*, dont, comme dit l'art. 1129, l'objet n'est déterminé que quant à l'espèce; telle est l'obligation de donner un cheval, etc. (2), de donner une somme : l'objet de ces sortes d'obligations demeurant en suspens, et ne pouvant être déterminé que par le choix du débiteur ou du créancier, si le choix lui est déféré, ce ne peut être que par le choix, ou plutôt par la notification qui en est faite, que la propriété est transférée en vertu de l'obligation. Jusqu'à ce moment, s'il périt une des choses, elle périt pour le compte du débiteur. non point parce qu'il les devait toutes, ce qui est évidemment faux, mais précisément plutôt parce que celle qui a péri n'était pas celle qui étai

(1) La propriété est transférée par l'effet de l'obligation, au moment même du contrat, si l'objet est certain et déterminé, et s'il ne l'est pas, comme dans les obligations déterminées seulement *quant à l'espèce*, et dans les obligations alternatives, la propriété est transférée par la notification du choix qui détermine l'objet de l'obligation, en désignant le corps ou l'individu.

(2) Telle est l'obligation si fréquente dans les baux à ferme, de donner au propriétaire tant de poulets, tant de chapons, un cochon, une mine de froment, etc.

due, parce que le débiteur en était demeuré propriétaire. C'est par ce motif que, suivant l'art. 1302, conforme au droit romain et à la raison, l'obligation n'est éteinte par la perte de la chose due que dans le cas où l'objet de l'obligation était un corps *certain et déterminé*. Telle est la véritable théorie de la matière.

696. Si les deux choses comprises dans l'obligation alternative périssent, comme l'obligation était devenue pure et simple par la perte de la première, comme elle avait désormais pour objet un corps certain et déterminé, la perte de ce corps déterminé opère l'extinction de l'obligation (1195), à moins que l'une des choses ne soit périe par la faute du débiteur; car alors il doit payer le prix de celle qui a péri la dernière (1193). La raison en est évidente, si c'est elle qui a péri par sa faute; si c'est la première, on peut dire d'abord que le débiteur est libéré par la perte de la seconde des choses; car il avait le droit de disposer de la première, puisqu'il avait le choix entre les deux: en la perdant il n'a fait qu'user de son droit. Ce n'est donc pas sa faute si le droit du créancier s'est éteint par la perte accidentelle de la seconde.

On répond qu'il n'en est pas moins vrai que la faute du débiteur a changé la situation du créancier. Si la première des choses n'avait point péri, elle eût resté pour satisfaire à l'obligation: le fait du débiteur a donc causé du préjudice au créancier; il doit réparer ce préjudice.

Inutilement dirait-il qu'en disposant de la première des choses, en la perdant, il n'a pas commis une faute, puisqu'il n'a usé que de son droit; on lui répondrait que le premier devoir de celui qui doit une chose entre plusieurs, est de commencer par payer celle qu'il veut donner avant de disposer de celle qu'il veut garder. En faisant autrement, il s'expose à faire tort au créancier. Il fait donc une faute, légère à la vérité, mais suffisante pour le soumettre à réparer le préjudice qu'elle a causé, suivant ce grand principe d'équité : *Tout fait quelconque de l'homme qui cause à autrui un dommage, oblige celui par la faute duquel il est arrivé, à le réparer* (1382). *Voy.* la loi 95, § 1, ff *de Solut.*, 46, 3.

Ceci est une nouvelle preuve du principe établi n°. 232, que, sous l'empire du Code, on répond de la faute la plus légère.

697. Par la même raison, si l'une des choses périt par la faute du créancier, le débiteur est libéré; autrement, sa faute priverait le débiteur du choix qu'il aurait pu faire.

698. Dans les cas où le choix avait été déféré au créancier par la convention, si l'une des choses périt sans la faute du débiteur, le créancier doit avoir celle qui reste (1). Si le débiteur est en faute, le créancier peut demander la chose qui reste, ou le prix de celle qui est périe (1194); autrement, la faute du débiteur pourrait préjudicier au créancier, dans le cas où la chose restante est moins précieuse que celle qui a péri.

---

(1) Loi 95, ff *de solut.*, 46, 3.

Dans le cas où les deux choses ont péri, si le débiteur est en faute à l'égard des deux, ou même à l'égard de l'une d'elles seulement, le créancier peut demander le prix de l'une ou de l'autre, à son choix (1194).

Si les deux choses sont péries sans la faute du débiteur, et avant qu'il fût en demeure, l'obligation est éteinte (1195).

699. Nous avons dit que l'objet de l'obligation alternative est en suspens jusqu'au moment du choix qui le détermine. Il en résulte que la nature mobilière ou immobilière des créances qui ont pour objet des meubles ou des immeubles, sous l'alternative des uns ou des autres, est aussi en suspens jusqu'au choix du débiteur, ou du créancier, lorsque le choix est déféré à ce dernier. Pothier, n°. 254.

De là plusieurs questions.

Titius me doit 10,000 fr. ou le fonds cornélien; je meurs, laissant un testament dans lequel je donne tous mes meubles à Primus. La question de savoir à qui appartiendra la créance que j'ai sur Titius dépendra nécessairement du choix de ce dernier, qui pourra par conséquent s'arranger avec mon légataire ou avec mes héritiers, moyennant une remise plus ou moins forte, pour choisir de donner le fonds cornélien ou les 10,000 fr. C'est un inconvénient qu'on ne peut guère éviter, sauf la preuve d'une grande fraude difficile à caractériser dans ce cas, et plus difficile encore à prouver.

Supposons que le choix fût déféré au testateur

mort avant d'avoir choisi. Par exemple, Titius me devait 10,000 fr. ou le fonds cornélien, à mon choix ; je meurs sans avoir choisi, laissant un testament dans lequel je donne tous mes meubles à Primus. Le choix passe à mes héritiers, comme nous l'avons déjà dit. Ainsi, dans l'espèce proposée, il semble que les héritiers du sang pourront choisir l'immeuble.

Mais supposons que j'ai institué héritiers ou légataires universels Primus et Secundus, pour partager tous mes biens entre eux ; savoir : les meubles à Primus, les immeubles à Secundus. Alors, plus de raison pour donner le choix à l'un plutôt qu'à l'autre ; il faut prendre le sort pour juge. § 23, *Inst. de leg.* ; Voët, *in tit. de optione leg.*, n°. 4, 33, 5.

Dans le même cas où Titius me doit 10,000 fr. ou le fonds cornélien, je me marie sous le régime de la communauté. Ma créance y entrera si Titius se détermine à payer les 10,000 fr. ; elle n'y entrera pas s'il donne le fonds cornélien.

Si le choix m'est déféré par la convention, je demeure le maître d'exclure ma créance de la communauté ou de l'y faire entrer ; mais si l'avantage qui en résulte pour ma femme, dans le dernier cas, excède la portion disponible, par exemple, si j'ai des enfans d'un premier mariage, cet avantage est sujet à réduction.

Supposons enfin que la créance alternative appartienne à une fille devenue femme, et que le choix lui soit accordé par le titre, le mari peut exercer les actions mobilières de son épouse ;

mais la nature de l'action est en suspens et ne sera déterminée que par le choix de la femme, qui ne peut choisir sans l'autorisation de son mari, et comme il est personnellement intéressé dans le choix, la femme peut être autorisée de justice.

700. Toutes ces difficultés ne s'élèveraient point si, au lieu d'être alternative, l'obligation était facultative; c'est-à-dire, si au lieu de stipuler que Titius me donnera le fonds cornélien ou 10,000 fr., j'avais stipulé qu'il me donnera le fonds cornélien, lui réservant néamoins la faculté de s'en dispenser en me donnant 10,000 fr. C'est ce qu'on exprime fréquemment par la formule *si mieux n'aime.* Titius me donnera le fonds cornélien, si mieux n'aime me donner 10,000 f.

Dans cette stipulation, l'objet de l'obligation est déterminé au fonds cornélien; les 10,000 fr. ne sont point dans l'obligation, ils sont seulement dans la faculté du paiement, *in facultate solutionis.* C'est de là qu'on a donné à ces espèces d'obligations le nom de facultatives.

L'objet de l'obligation étant, au moment du contrat, déterminé au fond cornélien, il s'ensuit d'abord que la créance est immobilière dans son principe, et que sa nature ne peut changer par la volonté du débiteur; que, par conséquent, cette créance ne peut jamais faire partie du legs des meubles, ni entrer dans la communauté conjugale, quand même le débiteur se déterminerait à payer la somme de 10,000 fr. Dans ce dernier cas, le conjoint à qui la créance appartenait aurait droit de les prélever sur la communauté, au moment de sa dissolution.

Il s'ensuit encore que si le fonds cornélien périssait, le débiteur serait entièrement libéré par la perte de la chose, comme dans le cas de l'obligation à un corps certain et determiné. Pothier, n°. 244.

Ces différences si importantes dans les effets des obligations alternatives et facultatives, qu'il est facile de confondre, doivent avertir les rédacteurs des actes de s'exprimer de manière à en caractériser clairement la nature.

701. On trouve des exemples d'obligations facultatives, dans le cas de la rescision d'un contrat de vente ou d'un partage pour cause de lésion (891 et 1681) dans l'action hypothécaire dirigée contre un tiers possesseur.

L'objet déterminé de la demande en rescision, de la part du vendeur, est de se faire restituer l'immeuble vendu, en rendant le prix qu'il a reçu ; mais l'acquéreur a la faculté de payer le supplément du juste prix.

Dans l'action hypothécaire, le créancier ne peut demander que l'immeuble qui est son gage, mais le possesseur a la faculté de retenir cet immeuble en payant la créance.

SECTION IV.

Des Obligations solidaires et de celles dans lesquelles plusieurs personnes stipulent ou promettent.

SOMMAIRE.

702. *Transition.*

703. *Du cas où une chose est* promise *à plusieurs sous une disjonctive.*

704. *Si elle est* léguée *à plusieurs sous une disjonctive, Justinien décide qu'elle doit être partagée. La* disjonctive *est prise pour une* conjonctive.

705. Secùs, *si elle n'a été mise que pour laisser à l'héritier le choix des légataires.*

706. *Si l'héritier refuse de choisir, les deux légataires peuvent demander et partager le legs.*

707. *Si le legs est payable par l'un* ou *par l'autre des héritiers, ils sont solidaires.*

708. *De la personne ajoutée pour recevoir le paiement*, adjectus solutionis causâ.

709. *Du cas où plusieurs promettent ou stipulent d'une manière conjonctive. Ce que c'est que la solidarité.*

710. *Le droit et l'obligation se divisent de plein droit ; la solidarité ne se présume point.*

711. *Ainsi la part de l'un des créanciers n'accroît point aux autres. Le droit d'accroissement n'a point lieu dans les contrats.*

712. *Exception si la chose est indivisible.*

713. *Autre exception, si j'ai acquis pour moi et pour un tiers sans procuration.*

714. *Si l'un des débiteurs non solidaires est incapable ou insolvable, la perte est pour le créancier.*

734. *L'obligation solidaire entre les créanciers se divise entre les débiteurs.*

735. *Le débiteur qui a payé pour les autres ne peut répéter contre eux que la portion de chacun.*

736. *La part des insolvables est répartie entre tous, même entre ceux que le créancier a déchargés de la solidarité.*

737. *Quelles exceptions le débiteur solidaire peut opposer du chef des autres. De la compensation.*

738. *Si le créancier décharge l'un des débiteurs de la solidarité, il la conserve contre les autres, déduction faite de la part de celui-là.*

739. Quid, *si l'un des débiteurs non déchargés de la solidarité devient insolvable.*

740. *La décharge de la solidarité peut être expresse ou tacite.*

741. *Il y a remise tacite quand le créancier reçoit d'un débiteur* pour sa part.

742. *A moins qu'il n'ait réservé* la solidarité *ou même ses* droits.

743. *Le créancier peut rectifier sa demande jusqu'au jugement.*

744. *En recevant* la part *d'un débiteur dans les arrérages, le créancier ne fait pas la remise de la solidarité pour l'avenir.*

745. *A moins que le paiement divisé n'ait continué pendant dix ans* consécutifs.

746. *La solidarité ne s'éteint par la confusion que pour la part confuse.*

747. *La dette solidaire se divise entre les héritiers du débiteur; chacun n'en est tenu que pour une part virile dans la totalité. Effet de l'interpellation faite à l'un d'eux, etc.*

748. *La loi du 20 août 1792, qui abolissait la solidarité dans la prestation des rentes, n'est point applicable aux rentes créées depuis le Code civil.*

748 bis. *De la remise expresse ou tacite faite à l'un des débiteurs solidaires.*

702. La section précédente traite des obligations dans lesquelles plusieurs choses sont com-

prises, soit d'une manière conjonctive, soit d'une manière disjonctive ou alternative.

Nous traiterons, dans cette quatrième section, des obligations dans lesquelles figurent plusieurs personnes, soit en qualité de créancières, soit en qualité de débitrices. Plusieurs personnes peuvent s'obliger par le même contrat envers une seule ou envers plusieurs, et une seule envers plusieurs (1101). Elles le peuvent d'une manière disjonctive ou conjonctive; disjonctive, lorsque les personnes qui stipulent ou qui promettent sont unies dans le contrat par une particule disjonctive; conjonctive, lorsqu'elles le sont par une conjonctive. Les effets de ces sortes d'obligations dépendent (1) de la volonté des parties, qu'on doit rechercher dans la manière dont elles se sont exprimées; mais par une fatalité qui tient à l'imperfection des langues ou à l'inattention des rédacteurs, il existe très-fréquemment dans les contrats des ambiguités qui laissent leur véritable sens douteux et incertain. C'est pour le fixer que les législateurs et les jurisconsultes ont tracé des règles qu'il faut expliquer, en commençant par les obligations dans lesquelles plusieurs personnes sont unies par une préposition disjonctive.

703. Je puis promettre une seule et même chose à deux ou plusieurs personnes sous une disjonctive.

---

(1) Ils dépendent aussi quelquefois des choses qui sont l'objet de l'obligation, comme nous le verrons dans la section suivante, qui traite des obligations divisibles et indivisibles.

Par exemple, je promets de donner 1000 fr. à Paul *ou* à Pierre, *soit* à Paul, *soit* à Pierre. Le sens naturel d'une promesse réduite à ces termes, est que je me réserve la faculté de donner la somme à celui des deux que je choisirai, et qu'après le choix, l'autre n'aura plus rien à prétendre. De pareilles obligations ont quelque chose de si bizarre, que nos livres de jurisprudence n'en offrent point d'exemples dans les dispositions entre vifs.

704. Mais on en trouve dans les dispositions à cause de mort, lorsqu'un testateur institue pour héritier Caius *ou* Titius, lègue quelque chose à Caius *ou* à Titius.

Exemples dans le droit romain : par exemple, lorsqu'un testateur institue Caius *ou* Titius pour ses héritiers; lorsqu'il lègue 1000 francs à Caius *ou* à Titius.

Ces sortes de dispositions avaient occasionné de grandes controverses entre les anciens jurisconsultes romains. Les uns pensaient que le legs était nul ou caduc, parce que la volonté du testateur demeurait incertaine; d'autres, que le premier des légataires qui agissait, devait être préféré par droit de premier occupant; d'autres, que le premier nommé devait seul être considéré comme institué, le second comme substitué, en cas que l'autre n'eût pu recueillir le legs; d'autres, que le dernier nommé devait être préféré, comme si le testateur avait changé de volonté, etc., etc. Justinien trancha toutes ces difficultés, en décidant qu'il fallait prendre la disjonctive pour une conjonctive, et admettre les deux légataires à partager le legs. Loi 4, cod. *de V. S.*, 6, 38; et Merillius, *in* 50 *decisiones Justiniani.*

Cette décision paraît d'autant plus équitable, qu'il est facile que le testateur se soit trompé en dictant ou en écrivant dans son testament la conjonction *ou* au lieu d'*et*. Cette erreur est même vraisemblable; car on doit difficilement croire que le testateur ait voulu faire une disposition aussi ambiguë.

705. Cette présomption cesse, et la décision de Justinien reste sans application, lorsque la disjonctive est mise pour laisser à l'héritier le choix entre les deux légataires. Mon héritier donnera 1000 fr. à Caius ou à Scius, à celui qu'il voudra. Dans ce cas, l'héritier est libéré en donnant la somme entière à celui des légataires qu'il choisit. (Loi 16, ff *de leg.*, 2°.), sans que l'autre puisse en demander sa part. Cujac. *in D. L.* En laissant le choix du légataire à l'héritier, il est censé que le testateur n'en a voulu gratifier qu'un seul, celui qui serait choisi.

706. Si l'héritier refuse de choisir, chacun des deux légataires peut demander la totalité de la somme comme s'il était seul, dit la loi citée; car le testateur a voulu donner à chacun d'eux la totalité, sous la condition si l'héritier ne donnait pas à l'autre. Or, la condition existe si l'héritier ne donne ni à l'un ni à l'autre, mais comme elle existe également pour l'un et pour l'autre, tous les deux peuvent demander le legs, et par conséquent le partager; mais si l'un des deux formait seul sa demande, et se faisait délivrer le legs

en entier, l'autre ne pourrait plus *après la délivrance*, en demander le partage; car ils ne sont point associés. Cujac. *in D. L.*

707. Dans l'espèce que nous venons d'examiner, le legs est fait à deux légataires sous une disjonctive; mais, dans l'espèce inverse, s'il était fait pour être payé par l'un ou l'autre des héritiers, si, par exemple, le testateur avait dit : Je veux que Titius ou Caius, mes héritiers, donnent 1000 francs à Paul, alors les deux héritiers sont débiteurs solidaires; chacun d'eux doit payer la somme en entier. (Cujac. *in leg.* 16. ff *de leg.* 2); sauf son recours pour une moitié contre celui qui n'a point payé. Il en serait de même si le testateur avait dit : Je veux que l'un de mes héritiers donne, etc.

708. On voit quelquefois dans un contrat figurer deux personnes sous une disjonctive, pour laisser au débiteur la faculté de payer à celle des deux qu'il voudra, ce qui n'est dû qu'à l'une des deux; lorsqu'il est dit, par exemple, que la somme que je vous dois sera payée à vous ou à Titius. Titius est alors ce qu'on appelle *adjectus solutionis causâ*. Nous en parlerons au chap. 5, sect. 1, § 1, qui traite du paiement. *Voyez* la loi 55, ff *de V. O.*, et *ibi* Donellum *Instit. de inut. stip.*, § 4; Manjansius, *Disp.* 8, *de adjecto solutionis gratiâ*, pag. 142; Florent, *de solut.*, pag. 339 et suiv., et Pothier, tom. II, n°. 486.

709. Après les obligations assez rares dans lesquelles plusieurs personnes sont unies par une conjonction disjonctive, il nous reste à examiner

les obligations très-fréquentes dans lesquelles plusieurs personnes stipulent ou promettent d'une manière conjonctive, soit comme créancières, soit comme débitrices. Scius promet 1000 fr. à Caius et à Titius; Caius et Titius promettent 1000 fr. à Scius.

Remarquons d'abord que cette manière de s'exprimer est ambiguë. On ne sait, dans le premier cas, si Scius promet à Titius et à Caius à chacun une somme de 1000 fr., ou une seule somme de 1000 fr. aux deux, et non à chacun d'eux; dans le second cas, on ne sait si Caius et Titius promettent chacun une somme de 1000 fr. à Scius, ou seulement 1000 fr. entre eux deux. Néanmoins, comme ce qui est ambigu s'interprète en faveur de celui qui a contracté l'obligation (1162), loi 99, ff *de V. O.*, il est certain que Scius ne doit, au premier cas, que 1000 fr. en tout, et qu'il ne lui est dû, au second cas, qu'une somme de 1000 fr. une fois payée.

Mais, au premier cas, Scius peut-il payer à un seul des deux créanciers la somme entière de 1000 fr., *solidam summam?* En la lui payant, s'acquitte-t-il envers l'autre? L'un des deux créanciers, soit Titius soit Caius, peut-il demander et se faire payer à lui seul la somme entière, *solidam summam*, que Scius doit à tous les deux?

Si l'un des créanciers a le droit de se faire payer la somme entière, si le débiteur a la faculté de s'acquitter en payant la somme entière à l'un d'eux, les créanciers sont ce qu'on appelle créanciers solidaires, le débiteur est envers chacun d'eux obligé solidairement, c'est-à-dire pour la totalité; *in solidum.*

Dans le second cas, si Scius peut s'adresser indifféremment à celui des deux débiteurs qu'il voudra choisir, soit à Caius, soit à Titius, et lui faire payer la somme entière, les débiteurs sont ce qu'on appelle solidaires; chacun d'eux est obligé pour le tout, *in solidum.*

La solidarité entre les créanciers d'une même chose est donc le droit qu'a chacun d'eux de se la faire payer en totalité.

La solidarité entre les débiteurs est l'obligation imposée à chacun d'eux de payer seul pour tous la somme qu'ils doivent en commun.

Ce qu'on vient de dire, et ce qu'on dira par la suite sur la solidarité, est également applicable aux cas où il y a plusieurs créanciers, plusieurs débiteurs au lieu de deux. Mais quand y a-t-il solidarité entre eux?

710. Il faut tenir pour principe fondamental que le droit et l'obligation se divisent de plein droit et par portions égales ou viriles entre toutes les personnes énumérées disjonctivement dans un contrat, soit comme créancières, soit comme débitrices d'une seule et même chose, à moins que la loi ou la convention n'en ait autrement ordonné. Chacun des créanciers, s'ils sont deux, n'a droit qu'à la moitié de la chose, qui est l'objet de l'obligation; au tiers, s'ils sont trois, etc. Chaque débiteur n'en doit que la moitié, s'ils sont deux; le tiers, s'ils sont trois, etc. Chaque créancier ne peut demander que la portion qui lui appar-

tient; le débiteur ne peut lui payer valablement que cette portion, et chaque débiteur ne devant que sa portion virile, le créancier ne peut lui lui demander que cette portion (1). C'est ce qu'exprime l'art. 1202, en disant que la solidarité ne se présume point; il faut qu'elle soit expressément stipulée, à moins qu'elle n'ait lieu de plein droit, en vertu d'une disposition de la loi.

Cette maxime, que la solidarité ne se présume point, est fondée en raison; car chacun n'étant censé stipuler que pour soi et pour son propre intérêt, chacun des créanciers qui stipulent une seule et même somme, a l'intention d'en stipuler une partie à son profit, et comme chacun d'eux a la même intention, les parts doivent être égales. et de même chacun des débiteurs qui promettent une même somme par le même acte n'est censé promettre que sa part virile, quand même ils seraient associés, pourvu que ce ne fût pas une société de commerce (1862). Ainsi, les associés sont tenus envers les créanciers avec lesquels ils ont contracté, chacun pour une somme et part égale, encore que la part de l'un d'eux dans la société fût moindre, si l'acte n'a pas spécialement restreint l'obligation de celui-ci sur le pied de cette dernière part (1863).

711. Du principe que le droit à la chose qui

---

(1) Sur cette division du droit et de l'obligation entre plusieurs créanciers ou débiteurs énumérés d'une manière conjonctive dans un contrat, *voy.* les lois 56, ff *V. O.*, 45, 1; 56 *de cond. et dem.* 35, 1; *loi* 11, § 1, ff *de duob. reis.*, 45, 2; Voët, *in tit. de duobus reis*; Vinnius *in* § 4, ff *de inut. stip.*, n°s. 9 et 10.

est l'objet de l'obligation, se divise de plein droit entre les créanciers énumérés dans l'acte, il suit que la part de celui d'entre eux envers qui l'obligation se trouverait nulle n'accroît point aux autres. Par exemple, j'ai stipulé que vous me donnerez 1000 fr. à moi et à Titius, qui est absent. Votre obligation est nulle envers lui, parce que je n'ai pu stipuler en sa faveur (1119). *Alteri nemo stipulari potest.* Et comme le droit aux 1000 fr. qui sont l'objet de l'obligation se divise de plein droit et dès le principe de l'obligation entre moi et Titius, je ne puis demander que ma part, c'est-à-dire, 500 fr.; je n'ai jamais eu aucun droit au surplus de la somme. Loi 110, ff *de V. O.*, 45, 1; § 4, *Inst. de inut. stip.*, et *ibi* Vinnius.

C'est ce qui a fait dire que le droit d'accroissement n'a pas lieu dans les contrats comme dans les dispositions de dernière volonté (1). La raison de différence est que les légataires conjoints par les paroles et par la chose ont, au moment même de la mort du testateur, droit à la totalité de la chose. Elle n'est divisée que par la présence des colégataires : *concursu fiunt partes.* C'est ainsi qu'on interprète la volonté du testateur; au lieu que, dans les contrats, le droit à la chose qui est l'objet de l'obligation se divise de plein droit dès le principe au moment même où

(1) *Voy.* Vinnius in § 4, *de inut. stip.*, n°. 10, et notre compatriote Duaren, *Tract. de jure accrescendi*, lib. 1, cap. 15; Cujas sur la loi 64, ff *de contrah. empt.*, 18, 1.

l'obligation prend naissance; en sorte que chacun des créanciers énumérés dans l'acte n'a jamais eu droit qu'à sa part virile.

Ainsi, supposons que j'aie donné, par acte entre-vifs, le fonds cornélien à Titius et à Caius. Titius accepte la donation, et Caius meurt avant de l'avoir acceptée. Sa part n'accroît point à Titius; elle demeure au donateur comme s'il n'avait donné que la moitié du fonds cornélien.

712. Le principe de la division des droits entre les créanciers énumérés dans l'acte, est sujet à exception dans les cas où l'objet de l'obligation est indivisible, comme nous le verrons dans la section suivante. Par exemple, si j'ai stipulé une servitude de passage pour mon champ et pour celui de mon voisin, la stipulation est entièrement valable à mon profit, quoique nulle à l'égard de mon voisin, parce qu'on ne peut me donner la moitié du droit de passage (1).

713. Le même principe souffre une seconde exception dans le cas d'une vente où j'ai stipulé sans procuration comme acquérant tant pour moi que pour Titius. La chose m'est vendue en totalité, comme si la personne de Titius n'avait point été référée dans le contrat. Loi 64, ff de *contrah.*

---

(1) C'est aussi ce que décide la loi 5, ff *Commun. præd.*, 8, 4. Mais remarquez que, contre la décision de cette loi, si je vendais un fonds à la charge d'un passage pour le service de mon champ et de celui du voisin, la servitude serait acquise à ce dernier aussi bien qu'à moi, parce que, suivant l'art. 1121, on peut stipuler au profit d'un tiers, lorsque telle est la condition que l'on fait pour soi-même, ou d'une donation que l'on fait à un autre.

empt., 18, 1, et *ibi* Cujas, Brunnemann et Mornac.

Cette exception est fondée sur l'équité ; car le vendeur n'a point consenti à une vente partielle, comme l'acquéreur n'eût point acquis si, au lieu d'un associé de son choix qu'il espérait avoir, il lui fallait partager la chose vendue avec le vendeur. Le même motif d'équité doit étendre cette décision au cas d'une maison ou d'une métairie que j'ai louée sans procuration, pour moi et pour Titius.

714. Du principe que l'obligation se divise de plein droit, et par portions égales ou viriles entre les débiteurs d'une même chose énumérée dans le même acte, il suit que si l'un des débiteurs était incapable de s'obliger; par exemple, si c'était une femme mariée non autorisée de son mari, un mineur, etc., ou si l'un se trouvait insolvable, la perte de cette portion serait supportée par le créancier et non par les autres codébiteurs. En un mot, lorsque trois personnes ont promis à une seule ou à plusieurs une somme de 900 fr. par exemple, c'est comme si chacune d'elles avait promis 300 fr.

715. Duparc-Poullain, notre savant maître, dans ses Principes, tom. v, pag. 343, enseigne comme un maxime reçue, que si, entre les différens obligés, il se trouve un mari et sa femme, ils ne sont considérés que comme une seule personne. Il en est de même, ajoute-t-il, si c'est un tuteur qui stipule pour ses mineurs, en quelque nombre qu'ils soient. Il ne cite aucune autorité

pour garant de cette opinion; il n'en donne point les raisons, qui méritent d'être examinées et développées.

716. Nous pensons qu'en effet un tuteur qui stipule ou promet pour ses mineurs, conjointement avec d'autres créanciers des débiteurs, peut n'être considéré que comme une seule personne, lorsqu'il n'est pas prouvé d'ailleurs que chacun des mineurs doit être compté pour une part virile; Ceci est fondé sur le principe reçu à l'égard des dispositions testamentaires, que si, entre plusieurs légataires d'une même chose, les uns sont appelés nominativement, et les autres sous un nom collectif, ceux-ci n'ont régulièrement qu'une part pour eux tous, *conjuncti unius personæ vice funguntur*, Loi 34, ff *de legat.* 1°. ; loi 7, ff *de usuf. accresc.*, 7, 2; Pothier, des Donations testamentaires, pag. 388 et suiv. Les circonstances peuvent écarter l'application de ce principe, qui, dans sa généralité, semble conforme à la raison. Si donc le testateur avait donné ses biens à Caius, à Scius et aux héritiers ou aux enfans de Paul, ceux-ci n'auraient qu'un tiers du legs, parce que la manière dont il est conçu semble indiquer que telle est la volonté du testateur.

En appliquant ce principe aux contrats, si j'avais vendu le fonds cornélien à Caius, à Scius et à Titius, stipulant en qualité de tuteur des trois enfans de Paul, il n'appartiendrait à ceux-ci qu'un tiers du fonds cornélien, ils ne devraient qu'un tiers du prix, à moins que les circonstances ne fissent connaître que la volonté des contractans était de leur attribuer plus du tiers de la rente.

Si, dans un acte d'emprunt, il était dit que la somme de 9000 fr. a été prêtée à Caius, à Scius et à Titius, en qualité de tuteurs des enfant de Paul, ceux-ci ne devraient que le tiers de la somme, c'est-à-dire 3000 fr., et s'ils parvenaient à leur majorité avant qu'elle fût remboursée par leur tuteur, le créancier ne pourrait exiger de chacun d'eux personnellement que la somme de 1000 fr., faute d'avoir stipulé la solidarité.

717. Si les mineurs étaient émancipés et procédaient sous l'autorisation d'un curateur, devraient-ils également n'être comptés que pour une seule personne, lorsqu'ils figurent dans un contrat conjointement avec d'autres créanciers ou débiteurs? Il faut distinguer : s'ils y figuraient en nom collectif, ils ne devraient être comptés que pour seule personne ; s'ils figuraient chacun *nominativement*, sous l'autorisation de son curateur, ou même d'un curateur commun, il n'y aurait plus de raison pour ne pas les compter individuellement, à moins que les circonstances ou la nature de l'affaire n'indiquassent qu'ils ne doivent l'être que pour une seule personne. Par exemple, s'il s'agissait d'une affaire commune à plusieurs cohéritiers, dont les uns succèdent par souche, et les autres par tête.

718. Quant au mari et à la femme qui figurent dans un contrat conjointement avec d'autres créanciers ou débiteurs, il faut distinguer : s'ils

ne sont pas communs en biens, s'ils sont séparés de biens soit par contrat de mariage, soit depuis, ils ont chacun des intérêts propres et distincts; leurs actions sont séparées, chacun a l'administration de ses biens et n'acquiert que pour lui seul. Ils doivent donc sans contredit être comptés pour deux personnes, lorsqu'ils ont pris la qualité de non communs en biens. La séparation des droits et des obligations se fait entre eux comme entre des étrangers qui contractent conjointement (1), mais sans solidarité.

Mais, si le mari et la femme sont communs en biens, et ils sont toujours censés l'être aux yeux des tiers, lorsque le contraire n'est pas ex-

---

(1) Ces principes ont été solennellement consacrés par deux arrêts successifs de la Cour de cassation, rendus dans la même affaire, dont voici l'espèce, dégagée des questions étrangères au point qui nous occupe:

Le 10 messidor an XIII, le sieur Gossey vendit le domaine de Livarol au sieur Gomicourt et à son épouse, séparés de biens, qui s'obligèrent solidairement au paiement de 255,000 fr., prix de la vente. Ils firent transcrire et notifier le contrat aux créanciers, *conjointement* par un même acte, sous la qualité *d'acquéreurs conjoints et solidaires* ayant même domicile.

Duval de Brunville, l'un des créanciers, requit la mise aux enchères, et fit notifier sa réquisition par un seul et même acte, dont il ne donna qu'une copie aux deux époux comme conjoints solidaires, et n'ayant qu'un même intérêt. Mais ils demandèrent que cette notification fût annulée, parce qu'étant séparés de biens, comme ils l'avaient déclaré, leurs intérêts et leurs actions étaient distincts et séparés. La femme avait l'administration de ses biens.

Duval de Brunville répondit qu'ils avaient acheté *conjointement*, qu'ils s'étaient *solidairement* obligés au paiement du prix, et qu'ils avaient une habitation commune. Le tribunal de Lisieux jugea valide la réquisition de mises aux enchères, et son jugement fut confirmé le 3 mars 1808 par la Cour d'appel de Caen, dont l'arrêt fut cassé le 12 mars 1810, par le motif que Duval de Brunville n'igno-

primé dans le contrat, ils n'ont plus alors qu'un seul et même intérêt ; ils sont censés ne stipuler et ne promettre que pour la personne morale de la communauté. C'est ce cas seul que Duparc-Poullain avait en vue, lorsqu'il a dit, avec raison, que le mari et la femme ne doivent être comptés que pour une seule personne. Le mari est alors tenu à la totalité de la dette, parce qu'il est le chef de la communauté, sauf son recours s'il y a lieu (1484).

719. Après avoir expliqué la nature et les effets des obligations où figurent plusieurs personnes

---

rant pas que les deux époux étaient séparés de biens, *il devait les considérer comme ayant chacun des intérêts et des droits distincts et séparés dans l'objet vendu*, et que l'obligation solidaire, stipulée par le contrat, étant limitée au paiement du prix, ne pouvait dispenser le créancier de notifier sa surenchère à la femme par une copie séparée. L'affaire fut renvoyée à la Cour de Paris, qui, comme celle de Caen, jugea la notification valide, par la considération que Gomicourt et sa femme, conjointement acquéreurs, agissant dans un intérêt commun et identique, avaient fait conjointement, et par un seul acte, la notification de leur contrat, et qu'ayant ainsi procédé en nom collectif, ils ne peuvent tirer l'exception de nullité de la surenchère de ce qu'elle leur avait été notifiée conjointement, dans les mêmes qualités, et au domicile commun indiqué.

Mais dans une audience solennelle tenue le 14 août 1813, toutes les sections réunies sous la présidence du Grand-Juge, cet arrêt fut cassé, attendu que lorsque deux époux *séparés de biens acquièrent indivisément un immeuble, l'intérêt de la femme, dans cette acquisition, est distinct des intérêts du mari;* que la solidarité stipulée dans le contrat n'est évidemment relative qu'au paiement du prix, et que l'objection tirée de ce que les époux Gomicourt demeuraient ensemble n'est d'aucun poids, puisque deux acquéreurs conjoints qui demeurent ensemble, n'en sont pas moins des individus ayant chacun son existence propre et son intérêt distinct.

L'arrêt est rapporté par Sirey, an 1813, pag. 443.

La question de savoir si l'acte de surenchère était valable, en ce qui concernait le mari, ne fut pas jugée.

qui ne sont pas solidaires, il faut examiner les obligations où il y a solidarité. Nous verrons comment s'établit la solidarité, soit entre les créanciers, soit entre les débiteurs; quels en sont les effets, quels recours doit avoir contre les autres coobligés celui qui a payé la dette commune et solidaire, et enfin quand cesse la solidarité.

720. La solidarité ne se présume point; il faut qu'elle soit expressément stipulée (1202). C'est un principe commun à la solidarité entre les créanciers (1197), et à la solidarité entre les débiteurs : nous en avons donné la raison.

Cette règle ne cesse que dans les cas où la solidarité a lieu de plein droit, en vertu d'une disposition de la loi (1) (1202). Ainsi, la solidarité ne peut être établie que par la loi ou par la convention, c'est-à-dire, par la volonté des parties manifestée d'une manière expresse, et non par des présomptions ou des conjectures, Elle peut l'être encore par la volonté du testateur, qui n'a pas moins de force que celle des contractans, lorsqu'il a *expressément* déclaré qu'il chargeait solidairement ses héritiers ou autres successeurs de la prestation d'un legs ou d'une dette (Pothier, n°. 269), car il peut mettre à la transmission de ses biens telles conditions qu'il lui plaît, pourvu qu'elles ne soient pas contraires aux lois.

Je pourrais également stipuler dans un contrat

---

(1) Faut-il appliquer cette règle aux affaires de commerce? Sur cette question, *voy.* le Cours de droit commercial de M. Pardessus, tom. 1, pag. 179.

que mes héritiers seront tenus solidairement de la dette que j'ai contractée (*Vid. suprà* n°. 419); et ce cas rentre dans celui de la solidarité établie par convention.

721. Mais si la solidarité doit être établie d'une manière expresse, il n'en faut pas conclure que les termes de *solidaire* ou *solidarité* soient nécessaires et *sacramentels*. Ils peuvent être suppléés par des équivalens ; il suffit que les expressions dont on s'est servi expriment sans équivoque la volonté des contractans ou du testateur. Ainsi, lorsqu'il est dit que les débiteurs seront obligés *l'un pour l'autre, un seul pour le tout, chacun pour le tout*, ils sont solidaires, quoiqu'on n'ait pas employé ce mot. *Voy.* le nouveau Denisart, v°. *Caution*, pag. 321, n°. 9; Poullain de Belair, sur l'art. 430 de la Coutume de Bretagne, n°. 7.

Ainsi, lorsqu'il est dit que les débiteurs se sont obligés *conjointement*, cette expression équivaut à celle de *solidairement*, comme il a été jugé par un arrêt du 6 août 1622, rapporté par Bouguier, lettre O, n°. 3, et rendu sur son rapport.

Ainsi, lorsque le testateur a chargé ses deux héritiers d'un legs sous une disjonctive ; par exemple, s'il a dit, je veux que mon fils Paul ou mon fils Pierre donne 1000 fr. à Jacques, les deux fils sont débiteurs solidaires du legs, et Jacques peut s'adresser à celui qu'il voudra pour lui demander la somme entière ; car cette façon de s'exprimer indique clairement et sans équivoque que le testateur a voulu que chacun de ses fils pût être contraint à payer seul la somme de 1000 fr., sauf son recours vers son frère (1)

722. L'obligation peut être solidaire, quoique l'un des débiteurs soit obligé différemment de l'autre au paiement de la même chose; par exemple, si l'un n'est obligé que conditionnellement, tandis que l'engagement de l'autre est pur et simple, ou si l'un a pris un terme qui n'est point accordé à l'autre, ou s'ils se sont obligés à payer en différens lieux (1201). Loi 7, ff *de duobus reis*, 45, 2; loi 9, § *ult.*, *ibid.* Car l'obligation n'en est pas moins une par rapport à la chose qui en est l'objet ou la matière; mais elle renferme autant de liens qu'il y a de personnes qui l'ont contractée, et ces personnes étant différentes, les liens qui les obligent sont autant de liens différens, qui peuvent par conséquent avoir des qualités différentes. Pothier, n°. 263.

723. Pour établir une solidarité parfaite entre les débiteurs, il faut qu'ils se soient obligés à la même chose, dans le même temps et par le même acte. Loi 12, ff *de duobus reis*, 45, 2, *et ibid.*; Voët, *n°.* 1.

Si les uns s'obligeaient solidairement demain à la chose que les autres promirent hier aussi solidairement, il n'y aurait entre les premiers et les seconds qu'une solidarité imparfaite.

De là, il semble qu'on doit conclure que l'enga

(1) Dumoulin, contre l'opinion de Bartole, pense qu'il n'y a dans ce cas qu'une solidarité imparfaite. Pothier, n°. 269, pense avec raison que l'opinion de Bartole est préférable. *Vid. suprà*, n°. 70

gement de celui qui, le lendemain d'une obligation contractée solidairement entre plusieurs personnes, accède à cette obligation sans leur ordre, en qualité de caution solidaire, n'établit point entre eux et lui une solidarité parfaite, et que les poursuites qui seraient faites contre lui, n'interromptraient pas la prescription à l'égard des premiers, qui n'ont contracté aucune obligation envers lui.

Cependant l'art. 2021 du Code porte que l'engagement de celui qui s'est, en qualité de caution, obligé solidairement *avec le débiteur*, se règle par les principes établis pour les dettes solidaires; mais remarquez que cet article ne parle que de la caution qui s'est obligée solidairement *avec le débiteur*, c'est-à-dire dans le même acte, dans le même temps, et non de celui qui depuis s'engage comme caution solidaire sans l'ordre des principaux obligés. Le créancier peut sans doute exiger de lui la totalité de sa créance; mais les poursuites faites contre lui n'interromptraient pas la prescription contre les premiers.

724. La solidarité est en plusieurs cas établie de plein droit par la disposition de la loi.

L'énumération que nous pourrions faire de ces cas serait presque nécessairement incomplète; nous préférons donc renvoyer aux différentes matières où la solidarité a lieu de plein droit.

725. Les effets de la solidarité entre les créanciers sont:

1°. Que chacun d'eux a le droit de demander

le paiement du total de la créance ; et si le titre est authentique, de contraindre le débiteur par voie d'exécution parée, à lui payer la totalité (1197) ;

2°. Que le paiement fait à l'un des créanciers libère le débiteur envers les autres, encore que le bénéfice de l'obligation soit divisible entre les divers créanciers (1197 ;) car, quoiqu'il y ait plusieurs créanciers, il n'y a qu'une seule dette que doit éteindre le paiement fait à l'un d'eux ;

3°. Tout acte qui interrompt la prescription à l'égard de l'un des créanciers solidaires, profite aux autres créanciers (1199). *Loi ult. cod. de duob. reis*, 8, 40 ;

4°. Qu'il est au choix du débiteur de payer à l'un ou à l'autre des créanciers solidaires, tant qu'il n'a pas été prévenu par la poursuite de l'un d'eux (1198). *Loi* 16. *ff de duobus reis*, 45, 2.

726. Dans le droit romain, si l'un des créanciers solidaires faisait la remise de sa dette au débiteur, il le libérait envers les autres, si ceux-ci n'avaient point encore fait de poursuites. Loi 2. ff *ibid.*

Mais, suivant le Code, la remise qui n'est faite que par l'un des créanciers solidaires, ne libère le débiteur que pour la part de ce créancier (1198).

727. Dans le droit romain, le créancier solidaire qui avait exigé et reçu la totalité de la créance, n'était point obligé d'en faire part aux autres créanciers, à moins qu'il n'y eût société entre eux. Voët, *in tit. de duob. reis*, n°. 7, 45, 2. Cette décision doit être suivie dans les cas dont

nous avons parlé *suprà*. Si, par exemple, j'avais promis de donner 1000 fr. à Paul ou à Pierre; si encore un testateur avait laissé au choix de son héritier de donner une somme à Paul ou à Pierre, en ces deux cas, celui qui aurait reçu la somme en entier n'en devrait rien donner à l'autre. Pothier, n.° 259 (1).

Mais lorsque plusieurs individus stipulent dans un contrat, en qualité de créanciers solidaires, ils sont censés stipuler chacun pour son intérêt particulier. Le droit conféré à chacun d'eux de recevoir et d'exiger la totalité de la créance, est une sorte de mandat, en vertu duquel celui qui agit ou reçoit, est censé agir ou recevoir, tant pour lui que pour les autres (2). Chacun d'eux peut donc répéter la portion pour laquelle il y est fondé, et qui dépend de leurs conventions particulières. Si rien ne fait connaître quelle est la portion de chacun, toutes les parts sont censées égales.

728. Les effets de la solidarité entre les débiteurs doivent être considérés sous deux points de vue, dans l'intérêt des créanciers, et dans celui des débiteurs solidaires.

Les effets de solidarité dans l'intérêt des créanciers sont :

1°. Que le créancier d'une obligation contractée solidairement peut s'adresser à celui des débiteurs qu'il veut choisir, sans que celui-ci puisse lui

(1) Donc, dans ce cas, l'interruption de l'un d'entre eux n'interrompt pas en faveur de l'autre.

(2) Wolff, *Jus. nat.*, *pars* 3a., § 687.

opposer le bénéfice de division (1203); c'est-à-dire que si le créancier demande à l'un des débiteurs la totalité de la dette, celui-ci, en offrant sa part, ne peut le renvoyer vers les autres débiteurs, chacun pour sa part, quoiqu'ils soient tous solvables.

Les poursuites faites contre l'un des débiteurs n'empêchent même pas le créancier d'en exercer de pareilles contre les autres (1204). Après avoir commencé des poursuites contre l'un d'entre eux, il peut les abandonner pour en poursuivre un autre ou pour les suivre tous en même temps. Loi 8, *cod. de fidejuss.*, 8, 41; Pothier, n°. 271.

2°. Les poursuites faites contre l'un des débiteurs solidaires interrompent la prescription à l'égard de tous (1206). Il en est de même de la reconnaissance de la dette faite par l'un d'entre eux (*lex ult. cod. de duob. reis*, 40.), quand il y a solidarité parfaite.

729. La raison de ces dispositions, introduites par Justinien dans la loi citée, est, selon Pothier, n°. 272, et selon l'opinion des docteurs, que la chose due par le débiteur qui a reconnu la dette, ou contre qui le créancier a dirigé une action, est la même que la chose due par les autres débiteurs : c'est une seule et même dette.

Mais cette raison paraît faible et insuffisante, comme l'a fort bien remarqué Doneau, sur la loi citée, chap. 10, pag. 406, *ratio infirma per se*.

Il faut donc chercher une raison plus concluante. On la trouve dans la nature même de l'obligation solidaire, et cette raison nous paraît clairement indiquée dans la loi même, qui porte qu'il est équitable, *humanum*, que la reconnaissance ou l'interruption d'une dette créée par un seul et même contrat, *uno eodemque contractu*, oblige également tous les débiteurs à payer la dette, parce qu'elle procède de la même source. *Cum ex unâ stirpe unoque fonte, unus effluxit contractus, vel debiti causâ, ex eâdem actione apparuit.*

En effet, lorsque plusieurs débiteurs s'obligent solidairement par un seul et même contrat à une seule et même dette, ils se mettent par cela même en société pour ce qui concerne cette dette, ils se chargent mutuellement par un mandat tacite, mais réel, de payer les uns pour les autres, ou, comme porte la disposition finale de l'art. 1216, ils sont *cautions* les uns des autres. Celui des débiteurs qui paie seul pour tous les autres, agit donc tant pour lui que pour chacun de ceux dont il paie la part. S'il reconnaît seul la dette, il la reconnaît également, tant en son propre nom que dans celui de ses codébiteurs, en vertu de leur mandat tacite (1); enfin, en agissant contre un seul, le créancier agit contre le mandataire de tous, contre la caution de tous (2250) : l'interruption doit donc produire son effet contre tous. La disposition de la loi, lorsqu'elle pro-

---

(1) Mais si la prescription était acquise, la reconnaissance de l'un des codébiteurs ne nuirait pas aux autres. *Voy.* Duparc-Poullain, Principes du Droit, tome VI, pag. 401; et Dunod, pag. 110. La dette étant éteinte, il n'existe plus de mandat tacite entre les codébiteurs.

nonce la solidarité, opère le même effet que le contrat.

Il suit de là que la demande d'intérêts formée contre l'un des débiteurs solidaires, fait courir les intérêts à l'égard de tous (1207).

730. 3°. Par une suite de ces principes, si la chose due a péri par la faute ou pendant la demeure de l'un ou de plusieurs des débiteurs solidaires, les autres codébiteurs ne sont point libérés de l'obligation de payer le prix de la chose (1205).

Vainement diraient-ils que le débiteur d'un corps certain est libéré, et que son obligation est éteinte si la chose a péri sans sa faute, et avant qu'il fût en demeure (1302); la réponse est que si la chose n'a pas péri par leur faute, elle a péri par la faute de l'un des associés ou mandataires, dont le fait doit leur être imputé : *alterius factum alteri quoque nocet.* Loi 18, ff *de duob. reis*, 45. 1.

731. Mais comme la solidarité ne se présume point, et ne peut par conséquent s'étendre d'un cas à l'autre, les débiteurs solidaires qui n'étaient ni en faute, ni en demeure, ne sont point tenus des dommages et intérêts résultant de la perte de la chose, parce que si la faute de leur associé ou de leur mandataire n'a pu les dégager de leur obligation, elle n'a pu aussi l'étendre, ni l'augmenter, en les soumettant à des dommages et intérêts auxquels ils ne s'étaient point obligés. Le créancier peut donc seulement répéter les dommages et intérêts, tant contre les débiteurs par

la faute desquels la chose a péri, que contre ceux qui étaient en demeure (1205). Pothier, n°. 273.

Les dommages et intérêts ne peuvent être dus par les débiteurs solidaires qui ne sont point en faute, que dans le cas d'une stipulation expresse qui les y soumet. Pothier, n°. 273.

732. 4°. Le paiement fait par un seul des débiteurs libère les autres envers le créancier (1200). C'est une conséquence de ce que la dette solidaire n'est qu'une seule dette, que la dette d'une seule chose, qui ne peut conséquemment être payée deux fois.

Toute espèce de paiement de la part de l'un des débiteurs solidaires libère les autres codébiteurs. Par exemple, si l'un des débiteurs solidaires, poursuivi pour la totalité de la dette, a opposé la compensation d'une pareille somme qui lui était due par le créancier, ses codébiteurs sont libérés par cette compensation, comme par le paiement réel qu'il en aurait fait, parce que la dette est éteinte (1234).

Si le créancier avait auparavant obtenu un jugement de condamnation contre l'un des autres codébiteurs solidaires, ce jugement ne pourrait plus être mis à exécution depuis la compensation prononcée en faveur d'un autre codébiteur, comme l'a fort bien jugé un arrêt rendu par la Cour de Rouen, le 30 juin 1810 (Sirey, 1811, 2.e part., pag. 111), parce que la totalité de la dette est *éteinte* par cette compensation (1234).

733. Mais si le créancier s'adressait d'abord à

l'un des débiteurs solidaires auxquels il ne doit rien; celui-ci ne pourrait opposer la compensation de ce que le créancier doit à son codébiteur (1294).

Si ce n'est pour la part et portion de ce codébiteur; car, comme la compensation se fait de plein droit, par la seule force de la loi, même à l'insu des débiteurs (1290), cette portion de la dette se trouve irrévocablement éteinte de plein droit du moment où le créancier est devenu débiteur de l'un des codébiteurs solidaires. Cette portion éteinte ne peut donc être demandée une seconde fois. Pothier, n.° 274; Domat, 1re. part., liv. 3, tit. 3, sect. 1, n.° 8.

734. L'obligation contractée solidairement envers le créancier se divise de plein droit entre les débiteurs, qui n'en sont tenus entre eux que chacun pour sa part et portion (1213), et si rien n'indiquait quelle est la part et portion de chacun d'eux, les parts seraient censées égales.

Si l'affaire pour laquelle la dette a été contractée solidairement ne concernait que l'un des coobligés solidaires, celui-ci serait tenu de toute la dette envers les autres codébiteurs, qui ne seraient considérés par rapport à lui que comme ses cautions (1216); et s'il devenait insolvable, chacun des autres débiteurs, tenu solidairement envers le créancier, n'en serait tenu envers les autres que pour sa part virile. Pothier, nos. 282 et 445.

735. Le codébiteur d'une dette solidaire qui l'a payée en entier, ne peut répéter contre les autres que la portion de chacun d'eux (1214). Pothier,

n°s. 281 et 282. Il est pour cette répétition subrogé de plein droit dans tous les droits, actions, hypothèques et privilèges du créancier (1251, n°. 3) (1).

736. Si l'un des codébiteurs se trouve insolvable, la perte qu'occasionne son insolvabilité se répartit par contribution entre tous les autres codébiteurs solvables et celui qui a fait le paiement (1214).

Dans le cas où le créancier a renoncé à l'action solidaire envers l'un des débiteurs, si l'un ou plusieurs des autres codébiteurs deviennent insolvables, la portion des insolvables doit être contributoirement répartie entre tous les débiteurs, en comptant ceux qui ont été précédemment déchargés de la solidarité par le créancier (1215). *Vid. infrà*, n°. 739.

737. Le codébiteur solidaire, poursuivi par le créancier, peut opposer toutes les exceptions qui résultent de la nature de l'obligation, et toutes celles qui lui sont personnelles, ainsi que celles qui sont communes à tous les codébiteurs.

Il ne peut opposer les exceptions qui sont purement personnelles à quelques-uns des autres codébiteurs (1208).

Ainsi, par exemple, si l'un n'est obligé que conditionnellement, et les autres purement et sim-

---

(1) Cette subrogation, contraire au droit romain et à l'opinion de Pothier, n°. 280, est conforme à l'opinion de Dumoulin, qui a enfin prévalu. Elle est conforme aussi aux anciens usages de Bretagne. *Voy.* Duparc-Poullain, Principes du Droit, tom. v. pag. 347. Elle nous paraît conforme à la raison. *Voy.* tome VII, n°. 163, *in fine*, ce que nous avons dit sur les art. 1214 et 1251, n°. 3.

plement, s'il a pris un terme qui n'est point accordé aux autres (1201), ceux-ci ne pourront opposer au créancier que le terme où la condition n'est point arrivée.

Ainsi encore, les exceptions qui résultent de la minorité, de l'interdiction, du défaut d'autorisation du mari, sont personnelles et bornées à la personne des mineurs, des interdits, de la femme mariée, etc.

Au contraire, la nullité de l'obligation pour quelque vice radical, par exemple, si elle était contraire aux lois et aux bonnes mœurs, l'extinction de la dette en tout ou en partie, sont des exceptions communes à tous les codébiteurs.

La compensation de ce qui est dû à l'un d'eux est une exception commune à tous les autres, jusqu'à la concurrence de la part et portion dont le premier est tenu envers le créancier commun; car la compensation éteint la dette de plein droit. Quant à la compensation du surplus, c'est une exception personnelle au codébiteur devenu créancier (1294). *Vid. suprà*, n°. 732.

738. Le codébiteur poursuivi par l'action solidaire, peut y opposer toutes les exceptions qui proviendraient du fait du créancier. Par exemple, si celui-ci avait déchargé l'un des débiteurs de la solidarité, il ne pourrait plus exercer l'action solidaire contre l'autre. S'il y avait plusieurs débiteurs solidaires, le créancier qui n'aurait déchargé que l'un d'eux de la solidarité, conserverait son action solidaire contre les autres, sous la déduction de la part de celui qu'il en aurait déchargé (1210).

Ce dernier point était autrefois controversé : plusieurs auteurs pensaient que la remise même tacite de la solidarité faite à l'un des débiteurs opérait l'extinction de la solidarité au profit des autres : *pactum tacitum divisionis uni ex debitoribus in solidum obligatis factum, cæteris etiam absentibus et ignorantibus prodest.* Bartole, sur la loi 18, *cod. de pactis*, 2, 3.

Ils fondaient leur opinion sur cette loi, qui paraît en effet formelle. *Voy.* Basnage, sur la coutume de Normandie, art. 21, pag. 80; du Rousseaud de la Combe, v°. *Solidarité*, n°. 2, *in fin.*, et les auteurs qu'il cite.

Cette opinion, qui est peut-être la plus régulière, avait été d'abord adoptée par la commission et par le Conseil-d'état (*Voy.* Malcville, sur l'article 1210); mais sur les observations du Tribunat, on en revint à l'opinion de Pothier, de Duparc-Poullain, Principes du droit, tom. v, pag. 350; de Legrand, sur Troyes, art. 73, glos. 3, n°. 11, etc.

739. Mais si l'un ou plusieurs des débiteurs qui n'ont pas été déchargés de la solidarité, deviennent insolvables, leur portion doit être contributoirement répartie entre tous les débiteurs, « même » entre ceux précédemment déchargés de la soli- » darité par le créancier », dit l'art. 1215, qui s'éclaircit par un exemple.

Supposons que la dette solidaire soit de 4,800 fr., et le nombre des débiteurs de quatre. La dette se divise de plein droit entre eux; la part de chacun est de 1200 fr. Le créancier décharge l'un d'entre eux de la solidarité; il pourra exercer l'action solidaire contre les trois autres, pour les 3,600 fr. qui restent, après avoir déduit les 1200 fr. dus par le premier.

Mais si l'un des trois autres se trouve insolvable, sa portion devra être répartie par contribution entre les deux autres et celui qui a été déchargé de la solidarité, ce qui donne 400 fr. pour chacun. Le créancier ne pourra donc agir solidairement contre les deux solvables que pour la somme de 3,200 fr. : quant à la somme de 400 fr., qui devait être la contribution de celui qui a été déchargé de la solidarité, elle est à la perte du créancier, qui ne peut la réclamer ni vers ce dernier, duquel il ne pourrait l'exiger qu'en vertu de la solidarité dont il l'a déchargé, ni contre les autres codébiteurs solvables, à qui ne peut préjudicier la remise de la solidarité faite à l'un d'eux. Tel est le sens de l'art. 1215, dont la disposition finale, assez mal rédigée, doit être rectifiée par la doctrine de Pothier, n.° 275, *in fin.*, dont le Code a consacré l'opinion. *Voyez aussi* Duparc-Poullain, *ubi suprà.*

740. La remise de la solidarité peut être, soit en faveur de tous les débiteurs, lorsque le créancier consent que la dette soit divisée entre eux, soit en faveur seulement de l'un des débiteurs, qu'il décharge de la solidarité.

Cette décharge peut être expresse ou tacite; mais quoique les actes équivoques s'interprètent ordinairement contre le créancier, on ne présume pas facilement qu'il renonce à un aussi grand avantage que celui de la solidarité. Son intention doit être bien marquée. Il n'est pas censé remettre la solidarité au débiteur, lorsqu'il reçoit de lui une portion égale à la portion dont celui-ci est tenu dans la division entre les codébiteurs.

741. Mais si la quittance porte que c'est *pour sa part* (1211), il y a remise tacite de la solidarité; car alors le créancier le reconnaît débiteur *d'une part*. Or, celui qui est débiteur *d'une part* n'est pas débiteur *solidaire*, puisque la solidarité consiste essentiellement en ce que chacun des codébiteurs est débiteur de la totalité.

742. Mais si, en donnant au débiteur quittance *pour sa part*, le créancier réservait la solidarité ou ses droits en géneral, elle continuerait de subsister, parce qu'une réserve formelle l'emporte sur la conséquence assez subtile tirée des termes *pour sa part*. Cette expression doit alors être entendue, non de la part pour laquelle le débiteur est tenu envers le créancier, mais de celle pour laquelle il est tenu dans la division qui se fait entre les codébiteurs.

La réserve générale *des droits* du créancier, *tous droits réservés*, équivaut à la réserve expresse de la solidarité. Pothier, n°. 277.

743. Si le créancier avait, par un commandement ou par une citation en justice, limité sa demande à *la part* de l'un des codébiteurs, il pourrait la rectifier et demander la totalité, jusqu'au jugement qui condamnerait le débiteur à payer sa part, ou du moins jusqu'à ce que le le débiteur eût payé, en conséquence de la de-

mande, ou offert de payer sa part; car cette offre contient l'acceptation de la demande, et forme une convention tacite entre le débiteur et le créancier. Pothier, n°. 277.

744. Nous avons déjà vu qu'en déchargeant expressément ou tacitement un des codébiteurs de la solidarité, le créancier n'est pas censé en décharger les autres. De plus, en recevant divisément et sans réserve *la part* de l'un d'eux dans les arrérages d'une rente, ou dans les intérêts de la dette, le créancier est bien censé avoir renoncé à la solidarité pour le passé, c'est-à-dire, pour tout ce qui est échu; mais non pas pour l'avenir. Il peut exercer l'action solidaire pour les intérêts ou arrérages à écheoir, ainsi que pour le capital (1212).

745. Cependant, si le paiement divisé de la rente ou des intérêts de la dette, avait continué pendant dix ans *consécutifs*, le débiteur serait irrévocablement déchargé de la solidarité (1212). Pothier, n°. 279, et les auteurs qu'il cite, pensaient que la décharge de la solidarité pour l'avenir n'était acquise que dans le cas où le paiement divisé avait duré trente ans. Notre article n'exige que dix ans. Il faut même remarquer que dans ce cas la décharge de la solidarité ne s'étend pas seulement aux arrérages ou aux intérêts futurs, mais au capital même. Cette disposition paraît plus conséquente que l'opinion de Pothier et d'autres auteurs, qui pensaient que le paiement divisé pendant trente ans ne déchargeait que de la solidarité des arrérages, et non de celle du prin-

cipal. Il est difficile de concevoir que la solidarité du capital continue d'exister, quand la solidarité des arrérages ou des intérêts n'existe plus. Il faut encore remarquer que, pour opérer l'extinction de la solidarité, l'art. 1212 exige que le paiement soit divisé pendant dix années *consécutives*, c'est-à-dire, qui se suivent immédiatement les unes et les autres. Il faut donc régulièrement prouver la division du paiement par dix quittances de dix années consécutives (1). Si plusieurs années avaient été cumulées, de manière, par exemple, que les dix années eussent été payées à deux ou trois époques différentes, et que le débiteur représentât deux ou trois quittances seulement pour les dix années, la disposition du Code ne serait pas remplie.

C'est la multiplicité des paiemens divisés, et la diversité des temps où ils ont été faits, qui donnent de la force à la présomption. Le créancier qui, dans dix actes différens, répétés pendant dix années différentes et consécutives, a reçu divisément le paiement de sa rente, ou les intérêts de son ca-

(1) C'est ainsi que les auteurs exigent trois quittances des trois dernières années consécutives, pour admettre la présomption de libération des fermages ou loyers antérieurs, conformément à la loi 3, *Cod. de apoch. pal.* 10, 22..*Voy.* Pothier, du Contrat de louage, n°. 184; Menoch, *de Præsump.*, *lib.* 3, *præs.* 139, n°. 24.

Quid, s'il n'y avait que deux années cumulées dans une seule quittance réunie à huit autres quittances, l'extinction de la solidarité serait-elle opérée? Je crois que la question serait abandonnée à la prudence des juges. La disposition du Code n'est point assez précise pour être considérée comme une règle rigoureuse.

pital, ne peut raisonnablement alléguer qu'il n'a pas renoncé à la solidarité.

746. Lorsque l'un des débiteurs devient héritier unique du créancier, ou lorsque le créancier devient l'unique héritier de l'un des débiteurs, la confusion n'éteint la créance solidaire que pour la part et portion confuse du débiteur (1209, 1301). Pothier, n°. 276.

747. Mais les effets de la solidarité se modifient beaucoup par la mort de l'un des codébiteurs solidaires qui laisse plusieurs héritiers. Nous avons vu au titre des successions que les dettes du défunt se divisent de plein droit entre ses héritiers, de manière que chacun de ses héritiers n'en est tenu que pour sa part virile. Les dettes que le défunt avait contractées solidairement ne sont point exceptées de cette disposition. Le créancier peut à la vérité demander la dette entière aux héritiers du débiteur décédé, parce que celui-ci la devait en totalité. Par exemple, Primus et Secundus s'étaient obligés de payer solidairement 6,000 fr. à Titius. Primus meurt laissant trois enfans pour héritiers : Titius pourra leur demander à tous ensemble les 6,000 fr., mais il ne pourra demander que 2,000 fr. à chacun; et il sera par conséquent forcé de diviser sa demande.

L'interpellation faite à Secundus ou la reconnaissance de ce dernier, interrompt la prescription contre tous les enfans de Primus.

Mais l'interpellation faite à l'un de ses enfans, ou sa reconnaissance, n'interrompt pas la prescription à l'égard des autres enfans ses cohéritiers, quand même la créance serait hypohtécaire.

Et la prescription n'est interrompue à l'égard de Secundus que pour la part dont cet héritier était tenu, c'est-à-dire pour 2,000 fr.

La prescription n'est interrompue pour le tout à l'égard de Secundus, codébiteur solidaire de Primus, que dans le cas où l'interpellation est faite à tous les héritiers de Primus, débiteur décédé, ou la reconnaissance donnée par tous ses héritiers (2249).

748. Toutes les rentes foncières, de quelque nature qu'elles soient, furent déclarées rachetables en 1789 et 1790. L'art. 530 du Code civil assujettit également à la faculté perpétuelle de rachat les rentes qui pourront être créées à l'avenir. Le titre 2 de la loi du 20 août 1792, époque à laquelle les principes de justice n'étaient plus respectés, ordonna, pour faciliter ce rachat, que toute solidarité pour le paiement des rentes (1), de quelque nature qu'elles soient, était abolie sans indemnité même pour les arrérages échus ; qu'en conséquence chaque redevable serait libre de payer sa portion de rente, sans être contraint de payer celle de ses codébiteurs, et qu'il pourrait également racheter divisément sa portion contributive. Seulement les débiteurs étaient obligés de faire régler cette

(1) La Cour de cassation dans les considérans d'un arrêt du 18 mai 1818, Sirey, tom. XIX, page 101, dit qu'aucune loi postérieure n'a rendu la vie à cette solidarité.

portion contributive contradictoirement avec le créancier de la rente.

Il est évident que les dispositions de cette loi ne sont pas applicables aux rentes foncières ou autres qui auraient été créées depuis le 20 août 1792, avec stipulation de solidarité entre les cobiteurs. *Cela se sent assez de soi-même*, dit fort bien M. Merlin, nouveau Répertoire, v°. *Rente foncière*, § 2, article 2.

Cependant Denevers, dans une note ajoutée à un arrêt du 6 octobre 1812, 1re. partie du Recueil de 1813, pag. 101, prétend que la loi du 20 août 1792 n'est point abrogée, et que l'on pourrait soutenir que la stipulation de solidarité dans la prestation d'une rente serait sans effet, même sous l'empire du Code civil, *parce qu'il n'est aucune loi qui permette en termes exprès de stipuler que les débiteurs d'une rente seront tenus d'en payer solidairement les arrérages.*

Il est inutile de s'arrêter à réfuter cette doctrine, qui porte l'empreinte de la fausseté. Le Code civil, en permettant de stipuler la solidarité dans tous les contrats, n'en a point excepté les conventions relatives aux rentes foncières : il faudrait donc une loi expresse pour annuler les stipulations de solidarité dans la prestation des rentes foncières. Ces stipulations demeurent assujetties au droit commun. On peut donc stipuler la solidarité dans la prestation des rentes foncières, non-seulement par l'acte de création de la rente, mais par des conventions postérieures.

748 *bis*. La remise expresse ou tacite faite à

l'un des débiteurs solidaires, libère les autres, à moins que le créancier n'ait expressément réservé ses droits contre les derniers, 1284, 1285. *Voy.* tom. VII, Section de la remise de la dette.

SECTION V.

Des Obligations divisibles et indivisibles.

SOMMAIRE.

749. *Obscurité de la matière; source où les rédacteurs du Code ont puisé.*

749. Après les obligations solidaires, il est naturel de passer aux obligations divisibles et indivisibles, c'est-à-dire, aux obligations dont l'objet peut ou ne peut pas être divisé; car l'indivisibilité de l'objet d'une obligation entraîne une sorte de solidarité entre ceux qui ont contracté une dette indivisible.

Cette matière est l'effroi des commençans, et même des hommes déjà très-avancés dans l'étude. Tous se plaignent de l'obscurité de cette doctrine. Cependant notre compatriote Duaren (1) a fort bien observé que cette obscurité vient moins des choses dont elle traite que de la manière de les traiter et de les enseigner. Les questions qu'elle présente ne paraissent ni plus difficiles ni plus

---

(1) Sur la loi 2, § 1, ff *de V. O.*, pag. 1400, édit. de Lyon, 1581, *mihi autem si quid difficultatis inest, non tam in rebus ipsis..... quàm in tractandi docendique ratione, ac dexteritate quâdam esse videtur.*

subtiles que beaucoup d'autres; mais plusieurs de ces questions ont été diversement résolues dans les écrits des jurisconsultes dont les fragmens composent les Pandectes de Justinien; et les interprètes, au lieu de s'en tenir aux décisions les plus conformes à la raison, et d'abandonner les autres, prétendirent les concilier toutes. Il y a telles lois qu'ils ont conciliées de dix-sept manières différentes. Leurs écrits avaient fait de cette matière un véritable labyrinthe, que plusieurs docteurs regardaient comme inextricable. Dumoulin (1), regardé comme le prince des jurisconsultes français, entreprit de le débrouiller. A une érudition immense, surchargée de citations sans nombre, il joignit dans son travail toute la subtilité des métaphysiciens scholastiques; en sorte qu'au lieu de donner des règles claires, conformes au bon sens et à l'équité, comme il s'en était flatté, *in prim.*, n.° 2, il éleva sur cette matière la théorie la plus abstruse et la moins intelligible, au moyen de laquelle il prétendit concilier toutes les lois, ou du moins, pour emprunter une expression de Pothier, les asservir à ses décisions. Il en arriva que, malgré la célébrité de l'auteur et le mérite de l'ouvrage, il fut peu lu, encore moins entendu, même en France. Les jurisconsultes étrangers les plus prodigues en citations en ont fait peu ou point d'usage; plusieurs paraissent en avoir ignoré l'existence (2).

---

(1) Dans son ouvrage intitulé : *Extricatio labyrinthi dividui et individui.*

(2) Il n'est pas cité une seule fois par Ramos del Manzano, le

Cependant, comme cet ouvrage renferme une doctrine profonde et un grand nombre d'excellentes décisions, Pothier se donna, dit-on, la peine d'en faire, pour sa propre instruction, un abrégé dont il refondit un extrait dans son Traité des obligations; mais on regrette de ne pas trouver dans cet extrait sa clarté accoutumée. Il commence par des notions et des définitions tellement abstraites, qu'il est difficile de les concevoir nettement; l'esprit, rebuté par la sécheresse de ces premiers principes, dont l'utilité n'est pas même indiquée, suit avec peine le reste de la discussion, la parcourt sans l'avoir entendue, et il faut du courage pour y revenir.

Les rédacteurs du Code ont suivi Pothier pas à pas; ils n'ont fait que le copier, en resserrant son travail en peu d'articles, devenus par cela même moins intelligibles, et au lieu de se borner à tracer des règles claires, avec la dignité d'un législateur qui commande, ils ont commencé comme un docteur qui enseigne, par des définitions abstraites et peu exactes, d'autant plus difficiles à comprendre qu'elles ne sont appliquées à aucun exemple qui puisse les éclaircir; en sorte que l'esprit, placé dès l'entrée dans le vague et dans l'obscurité, ne peut concevoir que des idées confuses, qu'il ne saurait démêler sans des secours étrangers (1).

---

plus savant des jurisconsultes espagnols, ni par Fernandez de Retez, son disciple, qui ont fait sur la matière de savans traités, imprimés dans le *Trésor* de Méerman, et qui ont coutume de tout citer, jusqu'aux auteurs les plus ignorés. Il n'est point également cité par Voët, par Vinnius, etc.

(1) On peut douter qu'un homme qui ne connaîtrait ni le traité

Nous tâcherons d'éviter cette confusion et de dissiper cette obscurité, en écartant d'abord les abstractions, qui ne peuvent être bien entendues qu'après l'examen des questions et des faits d'où on les a tirées.

---

§ Ier.

Des Effets de l'obligation divisible.

SOMMAIRE.

750. *Le but de cette doctrine est de savoir quand une dette peut être acquittée ou exigée par parties.*

751. *S'il y a originairement plusieurs créanciers ou plusieurs débiteurs, le droit ou l'obligation se divise entre eux par portions égales.*

752. *La dette ou la créance unique dans l'origine, se divise entre les héritiers du débiteur ou du créancier.*

753. Quid, *si le débiteur et le créancier ont l'un et l'autre laissé plusieurs héritiers.*

754. *Si la dette est de plusieurs corps déterminés, la division se fait* in partes singulorum.

755. *Il n'est pas nécessaire que la chose soit divisible en parties physiques et distinctes; il suffit qu'elle puisse l'être en parties intellectuelles.*

756. *Si la dette est de plusieurs choses indéterminées, la division se fait numériquement, quand le nombre cadre avec celui des débiteurs ou créanciers.*

---

de Pothier, ni celui de Dumoulin, pût parvenir à entendre les articles du Code sur les obligations divisibles et indivisibles. On ne craint pas du moins d'affirmer qu'il n'y parviendrait qu'avec beaucoup de peine et de travail, car il en faut déjà beaucoup pour les entendre, même avec le secours de Pothier et de Dumoulin.

757. *Elle se fait également numériquement dans les choses qui consistent en nombre, poids et mesure.*

758. *La division cesse-t-elle par la réunion de plusieurs portions sur une seule tête ? Distinction.*

759. *La division des dettes fait que l'un des héritiers n'est pas tenu aux parts des autres, même insolvables, quand même sa portion serait plus que suffisante pour payer toutes les dettes.*

760. *La division des obligations souffre exception, lorsque leur exécution ne peut être divisée sans inconvénient ou sans injustice. D'où viennent ces exceptions ?*

761. *La plus notable exception est le cas de la solidarité.*

762. *Autres exceptions référées dans l'art. 1221. L'obligation hypothécaire. L'hypothèque ne se divise point.*

763. *Sur quoi est fondée l'indivisibilité de l'hypothèque.*

764. *Elle peut cesser par la convention ; mais le créancier n'est pas facilement présumé y avoir renoncé.*

765. *S'il y a exception dans le cas de la dette alternative, lorsque le choix appartient au créancier.*

766. *On peut déroger de trois manières au principe de la division des obligations :*

767. 1°. *En stipulant que les héritiers seront tenus solidairement.*

768. 2°. *En stipulant que la dette ne pourra être, par eux, acquittée partiellement.*

769. *Ce qui n'empêche pas la dette de se diviser entre les héritiers du créancier.*

770. *Le débiteur peut stipuler qu'il pourra payer à un seul des héritiers.*

771. 3.° *On peut convenir que* tel *des héritiers sera seul chargé de* l'exécution *de l'obligation.*

772. *Ces exceptions n'étaient point admises par le droit romain, qui ne permettait pas de déroger par la convention au principe de la division des dettes entre les héritiers.*

773. *Dumoulin s'écarte du droit romain, et son opinion a été consacrée par le Code.*

750. Le but et l'utilité de toute cette doctrine de la divisibilité ou de l'indivisibilité des obligations, est de faire connaître et d'apprendre à distinguer quand les dettes peuvent être acquittées ou exigées par parties. Elle est donc sans application, lorsqu'il n'y a qu'un créancier et un débiteur uniques. La dette alors, quoique susceptible de division, doit être exécutée entre eux comme si elle était indivisible (1220); le débiteur ne peut forcer le créancier à recevoir en partie le paiement d'une dette même divisible (1244), ni

le créancier forcer le débiteur à la lui payer par parties. Dumoulin, *de dividuo et individuo*, 2e. part., n°s. 6 et 7.

751. Mais s'il y a plusieurs créanciers et plusieurs débiteurs d'une seule et même chose, ou seulement plusieurs créanciers ou plusieurs débiteurs, nous avons déjà dit n°. 710, et c'est une règle générale en jurisprudence, que quand plusieurs personnes stipulent ou promettent conjointement une seule et même chose dans un même contrat, le droit et l'obligation se divisent, dès le principe, par portions égales ou viriles; chacun des créanciers, s'ils sont deux, n'a droit qu'à la moitié de la chose promise, au tiers s'ils sont trois, etc., à moins que les portions n'aient été autrement réglées par la convention. De même chaque débiteur n'en doit que la moitié s'ils sont deux, le tiers, s'ils sont trois, etc. Chaque créancier ne peut donc demander que la portion qui lui appartient; chaque débiteur ne peut lui payer valablement que cette portion; chaque débiteur ne devant que sa portion virile, le créancier, s'il est seul, ne peut lui demander que cette portion, et s'ils sont plusieurs, sa partie dans cette portion.

752. Si le créancier et le débiteur uniques dans l'origine viennent à mourir laissant plusieurs héritiers, le droit du premier, l'obligation du second, se divisent entre leurs héritiers de plein droit et par la seule force de la loi (1); d'un droit

(1) C'est une règle très-ancienne, puisqu'elle remonte à la loi des

ou d'une dette unique dans l'origine, cette division légale forme autant de droits et de dettes qu'il y a d'héritiers. Chacun des héritiers du créancier ne peut demander que sa portion dans le droit de son auteur, ainsi divisé par le nombre des héritiers, comme chaque héritier du débiteur n'est obligé qu'à sa portion virile dans la dette de son auteur, désormais divisée par le nombre des héritiers.

753. Il en résulte que si le créancier et le débiteur ont l'un et l'autre laissé plusieurs héritiers, chacun des héritiers du premier ne pourra demander à chacun des héritiers du second que sa portion dans la dette de celui-ci. Supposons la dette de 8,000 fr. Le créancier et le débiteur meurent, laissant chacun quatre héritiers. La créance de chacun des héritiers du premier, la dette de chacun des héritiers du second est de 2,000 fr.; mais chacun des créanciers ne peut demander à chacun des débiteurs, et chacun des débiteurs ne peut payer à chacun des créanciers que le quart de sa dette, c'est-à-dire 500 fr., et non 2,000 fr., car cette dette se divise de plein droit entre les quatre héritiers du créancier primitif. Tel est l'effet de la division des droits et des obligations. Pothier, n°. 317.

Douze Tables, dont le texte, restitué par Jacques Godefroi, portait : *Nomina inter hæredes pro portionibus hæreditariis ercta cita sunto. Voy.* l'Histoire de la jurisprudence romaine, par Terrasson, page 130 ; et le Commentaire de Bouchaud sur la loi des Douze Tables. *Nomina*, les dettes et les créances, parce qu'on écrivait les *noms* des créanciers et du débiteur sur un livre.

754. **Lorsque la dette est de plusieurs corps certains et déterminés; par exemple, de tel arpent de terre, et de tel autre arpent, la division se fait *in partes singularum rerum*. Si le créancier meurt laissant deux héritiers, le débiteur ne doit pas l'un des arpens à l'un des héritiers, et l'autre au second; mais il doit à chacun des héritiers la moitié dans l'un et dans l'autre arpent, sauf à ces héritiers à les partager entre eux. Pothier, n°. 321.**

Il en serait de même si la dette consistait dans deux individus déterminés; par exemple, mon cheval Bayard et mon cheval Alfana. Le créancier laissant deux héritiers, je ne devrai pas Bayard à l'un et Alfana à l'autre, je devrai à chacun d'eux la moitié de chaque cheval (1).

755. **Car pour qu'une obligation soit divisible, il n'est pas nécessaire que la chose due puisse être divisée ou partagée naturellement et physiquement *in partes discrètas et separatas*, en parties distinctes et séparées; il suffit qu'elle puisse être divisée en parties intellectuelles, et que la valeur ou le produit en puisse être divisé. Or, on peut posséder un cheval par indivis, en être propriétaire pour une moitié, pour un quart, etc.; l'obligation dont l'objet consiste dans un cheval est donc une obligation divisible. Vinnius, *partit. jur.*, pag. 318**

(1) La raison en est que la valeur des deux chevaux peut être très-inégale. *Voy.* Ramos del Manzano. *Tract. de divid. et indiv. oblig.* cap. 5, n°. 5, page 160, tome VII; *Thesaur.* Mécrman. Fernandez de Retez, *ibid.*

et 319. Car une obligation est divisible quand son objet est susceptible d'une division, soit matérielle, soit intellectuelle (1217).

756. Si la dette consiste en deux choses indéterminées, de deux arpens de terre en général, de deux chevaux, de deux bœufs aussi en général, la division se fait numériquement (1), et non pas *in partes singularum rerum*, lorsque le nombre des choses dues cadre avec celui des créanciers ou des débiteurs; car quoique la valeur de deux chevaux, de deux arpens, etc., *in concreto*, soit rarement égale en tout point, et qu'en donnant le cheval à l'un des créanciers, un autre au second, l'un des deux chevaux soit d'un prix plus considérable que l'autre, cette inégalité ne provient pas de ce que la dette se divise par nombre, puisque deux chevaux, par abstraction, n'ont pas plus de valeur l'un que l'autre; l'inégalité ne vient que de la nature de l'obligation d'une espèce dans laquelle, comme le débiteur a le choix de l'individu, il peut donner à l'un une chose plus précieuse, à l'autre une moindre, sans que ce dernier puisse s'en plaindre, pourvu toutefois

(1) Loi 54, ff *de V. O.* C'est une dérogation à la subtilité du principe. *Sed fac quatuor boves, vel equos, in genero deberi, et quatuor hæredes debitoris, an unus possit unum offerre? Videtur quod non, quia hæres, pro quartâ parte indivisâ, debet quatuor partes quatuor equorum pro indiviso : ergo non offert quod debet.* C'est, dit Dumoulin, un sophisme à rejeter, *quia commoditas hominum, quorum gratiâ leges fiunt, utilitas et æquabilitas promiscui usûs subtilitati præfertur, quæ utilitate et æquitate destituta, vana est et rejicienda.* Il cite pour le prouver plusieurs textes du droit romain. Dumoulin, 2e. part., no. 41.

que l'objet donné soit ce qu'on appelle *loyal et marchand. Voy.* Ramos del Manzano, *ubi sup.*, pag. 160 et 161.

757. Dans toutes les choses qui consistent en nombre, poids et mesure, la division se fait également par nombre, parce qu'elle est plus commode tant au créancier qu'au débiteur. Loi 19, ff *de solut.*, 46, 3.

758. Mais la dette ou la créance une fois divisées, comme nous venons de le dire, continuent-elles de l'être lorsque les différentes portions se sont réunies sur une seule tête avant le paiement? Cette réunion fait-elle cesser la faculté de payer ou d'exiger la dette par parties? Il faut distinguer: si plusieurs personnes ont promis ou stipulé conjointement une seule et même chose sans solidarité, la division qui se fait entre elles dès le principe constitue plusieurs dettes aussi distinctes dans leur origine que si elles étaient contractées par des actes séparés. La réunion de ces différentes dettes ou créances sur la tête de l'un des débiteurs ou des créanciers, soit par succession ou autrement, n'en opère point la consolidation. Ce sont toujours des dettes ou créances différentes, séparées dans leur origine, et dont le paiement continue de pouvoir se faire séparément. Pothier, n°. 320.

Mais si la dette ou la créance, unique dans son principe, n'a été divisée que *ex post facto*, par accident, parce que le créancier ou le débiteur a laissé plusieurs héritiers, la mort de quelques-uns de ces héritiers avant le paiement, la réunion de la part des prédécédés sur la tête des autres ou d'un seul, font cesser l'effet de la division, parce que l'effet doit cesser avec sa cause. La réunion des parts divisées en opère la consolidation ; la dette redevient ce qu'elle était dans son origine, une dette unique qui ne peut être payée par parties (Pothier, n°. 318), à moins que la succession des prédécédés n'ait été acceptée sous bénéfice d'inventaire ; car alors il n'y aurait point de confusion.

La consolidation s'opère également si les portions de différens héritiers du créancier ou du débiteur se sont réunies par voie de cession ou autrement. Bien plus : si les héritiers du créancier se réunissaient pour donner à un seul mandataire une procuration de recevoir, le débiteur ne pourrait payer par parties, parce que la division ne s'était faite que dans l'intérêt de chacun de ces héritiers, qui sont toujours libres de renoncer à un droit introduit en leur faveur. Pothier, n°. 219; Dumoulin, 2e. part., nos. 24 et suivans.

759. L'effet de la division des dettes est non-seulement que chaque héritier du débiteur ne peut être poursuivi que pour la part dont il est héritier, mais encore qu'il n'est pas obligé pour le surplus, même en cas d'insolvabilité de ses cohéritiers, quand même sa portion serait plus que suffisante pour payer la totalité des dettes. Loi 2, Cod. *de hæreditariis action.*, 4, 16 ; Pothier, n°. 319; Dumoulin, 2e. part., nos. 63 et suiv.

Cette disposition est fondée en raison. L'héritier

est celui qui succède à tous les droits actifs et passifs, *in universum jus*, c'est-à-dire à toutes les dettes et obligations du défunt. Celui qui n'est héritier que pour une partie, n'y est donc tenu que pour cette partie. Le fait de ses cohéritiers devenus insolvables, ne le rend pas successeur pour la totalité aux droits et obligations du défunt; ce fait ne peut changer sa condition.

Il est vrai que suivant la maxime, qui s'oblige oblige le sien, les biens du défunt sont affectés en totalité au paiement de ses dettes; mais cette affectation, qui est l'ouvrage des lois civiles, a pu être et a été sagement modifiée par elles, pour empêcher que l'un des héritiers ne souffrît injustement de l'insolvabilité des autres. Le créancier doit s'imputer de n'avoir pas agi avant le partage et l'insolvabilité survenue. Si elle existait dès l'ouverture de la succession, comme dans le cas où l'un des héritiers aurait dissipé sa portion héréditaire, qui lui avait été donnée d'avance par le défunt, les créanciers pouvaient s'opposer au scellé, assister à l'inventaire, empêcher que le partage ne fût fait avant les dettes payées. *Voy.* tom. IV, pag. 541, n°. 535. S'ils ont négligé ces sûretés que la loi leur donnait, ils doivent se l'imputer; ils sont censés avoir suivi la foi de chaque héritier; ils ne peuvent plus, après le partage fait, inquiéter l'un des héritiers pour l'insolvabilité des autres (1), même antérieure au partage.

(1) A moins que cet héritier ne possède des biens hypothéqués aux dettes. *Voy. infrà*, n°. 762.

Pothier, n°. 310, pensait qu'il faut faire au principe que chaque héritier n'est tenu qu'à sa portion virile, même en cas d'insolvabilité des autres, une exception pour le cas où l'un des héritiers aurait dissipé d'avance sa portion héréditaire; et Dumoulin pensait qu'il en faut faire une autre pour le cas où le créancier réclame un prêt qui a causé la fortune du défunt; mais ces exceptions n'ont point été admises par le Code, et, en ne les admettant pas, il les a rejetées.

Les mêmes auteurs proposent, comme exception, le cas où c'est par le dol ou par le fait de l'un des héritiers que les créanciers n'ont pu se faire payer par les autres héritiers. Par exemple, s'il s'est fait passer pour seul héritier, ils pensent qu'en ce cas il doit payer la part des dettes incombant à ses cohéritiers. Cette décision est sans difficulté; mais ce n'est pas une exception au principe que chaque héritier n'est tenu qu'à sa portion virile des dettes. Dans le cas proposé, l'héritier n'est tenu au surplus qu'en vertu de la maxime générale, que tout fait quelconque de l'homme qui cause du dommage à autrui, oblige celui par la faute duquel il est arrivé à le réparer (1382).

Ce principe, que chaque héritier n'est tenu aux dettes que pour sa portion virile, même en cas d'insolvabilité des autres, exerce son empire suivant les mêmes auteurs, dans le for de la conscience, aussi bien que dans le for extérieur.

760. Le principe de la division des dettes et des

créances souffre exception quant au paiement, dans les cas où l'exécution de l'obligation, quoique divisible en elle-même, ne peut être divisée sans inconvénient ou sans injustice. Ces exceptions viennent, les unes de la loi, les autres de la nature même de la chose duc, les autres de la convention ou de la volonté expresse ou tacite des parties.

761. La plus notable de ces exceptions est le cas de la solidarité, qui vient de la convention ou de la loi. Nous en avons parlé dans la section précédente. Il nous reste à expliquer les autres exceptions dont parle l'art. 1221.

762. La première est le cas où la dette est hypothécaire.

On distingue deux choses dans une créance hypothécaire : la créance elle-même, et le droit d'hypothèque qui s'y trouve attaché. La créance peut subsister sans hypothèque, mais non pas l'hypothèque sans une créance.

La créance est un droit sur la personne, l'hypothèque un droit sur la chose. Le droit sur la personne se divise de plein droit entre les héritiers du créancier, aussi bien que la dette ou l'obligation personnelle entre les héritiers du débiteur.

Mais l'hypothèque ne se divise ni activement ni passivement. Le droit du créancier sur la chose hypothéquée ne se divise point entre ses héritiers ; il subsiste en entier sur tous les immeubles affectés, sur chacun et sur chaque portion de ses immeubles (1) (2114), au profit de chacun desdits héritiers, quoique la créance personnelle soit de plein droit divisée entre eux.

Et, de même, l'obligation ou l'affectation de tous, de chacun, de chaque portion des immeubles hypothéqués, subsiste entière contre chacun des héritiers du débiteur, quoique ses immeubles soient, ainsi que la dette, divisés de plein droit entre eux, par portions égales ou viriles.

Il en résulte que si deux immeubles d'égale valeur sont hypothéqués pour une même somme, cette affectation ne se partage point de manière que chaque héritage ne soit engagé que pour moitié de la somme, et cela quand même la valeur de chaque serait supérieure à la somme pour laquelle tous les deux sont hypothéqués; en sorte que si le débiteur paie la moitié de la dette, les deux immeubles n'en restent pas moins en totalité hypothéqués pour l'autre moitié.

Il en résulte encore, et c'est en ceci que consiste notre exception, que si un créancier hypo-

---

(1) *Hypotheca est tota in toto et in quâlibet parte.* Loi 6, Cod. *de distract. pign.*, 8, 28; Dumoulin, 2e. part., n°. 91. Il y a exception à l'égard des légataires, qui n'ont l'action hypothécaire contre chaque héritier que pour la portion virile de ce dernier, lors même que le testateur a hypothéqué ses biens par son testament. *In tantùm, et hypothecariâ unumquumque conveniri volumus, in quantùm personalis actio adversùs eum competit, et hypothecam esse non ipsius hœredis.... rerum, sed tantùmmodo earum quœ a testatore ad eum pervenerint.* Loi 1, *in fine.* Code *commun. de leg.*, 6, 43. Sur cette exception, il faut voir Dumoulin, 2e. part., n°. 90.

thécaire laisse plusieurs héritiers, et que l'un reçoive du débiteur la portion qui lui appartient dans la créance, tous les biens hypothéqués n'en restent pas moins affectés en entier aux portions des autres héritiers.

Il en résulte enfin que si le débiteur laisse plusieurs héritiers et plusieurs immeubles à partager entre eux, chaque immeuble n'en reste pas moins, après le partage, affecté à toute la dette. Ainsi, quoique l'héritier qui possède un immeuble de la succession ait payé sa portion de la dette, cet immeuble peut néanmoins être saisi pour les autres portions de la dette, sauf le recours de cet héritier contre les autres. Ainsi, quoique le créancier ne puisse demander à l'un des héritiers personnellement plus que sa portion virile de la dette, il peut agir contre lui *hypothécairement pour le tout*, dit l'article 873.

Quelques auteurs disent *solidairement*, mais avec moins d'exactitude ; car, en ce cas, il n'y a qu'une solidarité imparfaite. Si le créancier peut agir *pour le tout, in solidum*, contre celui des héritiers qui possède un immeuble hypothéqué, cette action ne produit point les autres effets de la solidarité que nous avons expliqués dans la section précédente. Par exemple, l'interpellation faite à cet héritier n'interrompt pas la prescription contre les autres, qui posséderaient une partie des immeubles hypothéqués (2249).

763. L'indivisibilité de l'hypothèque est établie sur les textes les plus exprès du droit romain et du droit français ; mais pourquoi l'hypothèque

n'étant qu'un simple accessoire à une obligation qui se divise de plein droit entre les héritiers, ne se divise-t-elle pas comme l'obligation principale, puisque les fonds hypothéqués sont divisibles? Parce que la loi ne l'a pas voulu. L'hypothèque est indivisible *de sa nature*, dit l'art. 2114. Rien de plus vrai, si on l'entend de la nature *légale* de l'hypothèque, du caractère que la loi lui a imprimé en la créant.

Mais dans la nature des choses, l'hypothèque est certainement divisible, puisqu'elle est attachée à des immeubles que la nature a rendus divisibles. Rien n'empêcherait donc que les fonds hypothéqués, partagés par moitié ou par tiers entre les héritiers du débiteur, ne restassent affectés qu'à la moitié ou au tiers de la dette dont le possesseur de ces fonds est tenu. Mais la loi en a autrement ordonné pour la plus grande sûreté du créancier.

764. Cette indivisibilité légale n'étant point fondée sur la nature des choses, mais sur une disposition de la loi établie en faveur du créancier, elle peut cesser par l'effet d'une convention expresse; car chacun peut renoncer au droit qui n'est établi qu'en sa faveur; mais le créancier n'est pas facilement présumé renoncer à un droit aussi précieux pour lui que l'indivisibilité de l'hypothèque. Il ne paraît donc pas que le créancier qui aurait reçu de l'un des débiteurs une portion de la dette, et qui lui aurait donné quittance *pour sa part*, fût censé avoir dégagé de l'hypothèque, pour le surplus de la dette, les immeubles recueillis par cet héritier.

765. Le principe de la division des obligations souffre encore exception, « lorsqu'il s'agit, dit » l'article 1221, de la dette alternative de choses » au choix du créancier, dont l'une est indivi» sible. »

Il faut remarquer que le Code exige deux conditions pour appliquer cette exception. La première, que l'une des choses qui font l'objet de la dette alternative soit indivisible; la seconde, que le choix appartienne au créancier.

La première rédaction proposée par la commission, dans le projet de Code imprimé, ne limitait point cette expression au seul cas où le choix des choses comprises dans l'alternative appartenait au créancier; elle portait qu'il y a exception, « lorsqu'il s'agit d'*une* dette alternative » de l'*une* de deux choses, dont l'*une* est indivisi» ble (1). »

Ces mots, *au choix du créancier*, furent ajoutés au projet discuté et adopté par le Conseil-d'État, tel qu'il est transcrit dans l'art. 1221. Quel est donc le sens de cette disposition vraiment obscure? Il nous est indiqué par M. Bigot, dans l'Exposé des motifs, édit. de Didot, tom. 5, pag. 47 : « S'il s'agit, dit-il, de la dette alterna» tive de choses au choix du créancier, et dont » l'une soit indivisible, les héritiers ne sauraient » réclamer une division qui serait contraire au » droit qu'a le créancier de choisir, ou au choix » qu'il aurait fait.

---

(1) Rédaction incorrecte. Il fallait dire : Lorsqu'il s'agit de la dette alternative de deux choses dont l'une est indivisible.

C'est-à-dire que si le créancier a le choix dans une dette alternative de deux choses dont l'une est indivisible, par exemple, d'une somme de 300 fr. *ou* d'une servitude de passage, les héritiers du débiteur ne peuvent, sous prétexte de la divisibilité de la somme de 300 fr., empêcher le créancier de choisir la servitude. Ce cas est si simple, sa résolution si peu douteuse, qu'il ne valait pas la peine d'en faire une disposition légale; d'autant que ce cas ne présente pas d'exception au principe de la division des obligations. La dette se divise si le créancier choisit les 300 fr.; elle reste indivisible s'il choisit la servitude: tout se réduit donc à dire que les héritiers du débiteur ne peuvent enlever au créancier le choix qui lui est déféré dans l'obligation alternative de deux choses, sous prétexte que l'une est divisible, et que l'autre ne l'est pas.

Résumé : le choix, à l'égard des obligations alternatives ou indéterminées, est indivisible dans la personne des héritiers, tant du créancier que du débiteur; ils doivent se réunir pour convenir du choix ou le tirer au sort, afin de ne pas donner ou demander partie d'une des choses et partie de l'autre.

Si l'obligation comprend, sous une alternative, des choses divisibles et des choses indivisibles, la divisibilité ou l'indivisibilité de la dette dépend du choix des héritiers du débiteur, ou de ceux du créancier, lorsque le choix lui est déféré; elle est divisible si le choix tombe sur une chose divisible; dans le cas contraire, elle est indivisible.

Mais les héritiers du débiteur ne peuvent priver le créancier du choix qui lui est déféré, sous prétexte que la dette devant se diviser entre eux, il ne peut choisir que la chose divisible.

766. Enfin, la volonté expresse ou tacite des parties peut déroger au principe de la division des obligations. Cette division n'est point un principe de droit public ; elle n'intéresse que les particuliers ; elle n'est établie qu'en faveur des héritiers du débiteur ou du créancier : on peut donc y déroger par le contrat ; car les conventions légalement formées tiennent lieu de loi, non seulement à ceux qui les ont faites, mais encore à leurs héritiers, quand elles ne contiennent rien de contraire à l'ordre public ni aux bonnes mœurs. On peut réduire à trois les manières de déroger par convention à la division des dettes entre les héritiers du débiteur.

767. 1°. On peut stipuler que ses héritiers seront tenus de la dette solidairement ou un seul pour le tout, sauf son recours contre ses cohéritiers. Ils n'ont point à s'en plaindre ; le débiteur pouvait grever sa succession de telle charge, de telle condition que bon lui semblait, pourvu qu'elle ne fût contraire ni aux lois ni aux bonnes mœurs. En acceptant sa succession, ils se soumettent volontairement aux obligations qu'il a contractées, et à les acquitter de la manière dont il est convenu qu'elles le seraient. C'est une condition de leur acceptation par laquelle ils s'obligent envers les créanciers comme s'ils avaient contracté avec eux. Nous avons expliqué les

effets de la solidarité dans la section précédente.

768. 2°. On peut stipuler que la dette ne pourra être acquittée partiellement par les héritiers du débiteur (1221, n°. 5.) Cette stipulation ne rend pas les héritiers solidaires, elle n'empêche pas que la dette ne se divise entre eux, et que chacun n'en soit tenu que pour sa part virile; mais il ne peut faire le paiement que de la chose entière, conjointement avec ses cohéritiers; de manière que l'offre qu'un d'eux ferait isolément de sa part serait insuffisante, et ne pourrait ni le libérer ni constituer le créancier en demeure de recevoir (Pothier, n°. 313, *in fin.*); et si tous les héritiers ne se réunissaient pas pour payer, le créancier pourrait agir contre un seul pour le tout, quoique celui-ci ne fût pas solidaire avec les autres; car on peut être tenu de payer le tout, sans être obligé solidairement, comme nous l'avons dit dans le cas de la dette hypothécaire, et comme nous le dirons bientôt dans le cas de la dette d'un corps certain, et de la dette d'une espèce.

769. Cette convention, que la dette ne pourra être payée partiellement, empêche que les héritiers du débiteur ne puissent payer séparément leurs portions viriles au créancier pendant qu'il vit; mais elle n'empêche pas la créance de se diviser entre les héritiers de ce dernier. Le débiteur ne peut donc, ainsi que ses héritiers, payer à chacun d'eux que sa part virile, et s'il payait le total à l'un d'eux, il ne serait pas libéré envers les autres.

Néanmoins, on peut convenir aussi que l'un

des héritiers du créancier pourra exiger le total. C'est un mandat donné à l'un des héritiers pour agir dans l'intérêt des autres, en ce qui concerne leur portion de la créance, et ce mandat n'étant qu'en leur faveur, peut être révoqué par chacun d'eux, sans en donner aucun motif, comme l'enseigne Dumoulin, part. 2, n°. 33. Il suffit à celui qui veut révoquer, de notifier au débiteur ou à ses héritiers, qu'il entend recevoir lui-même sa portion virile, et qu'il ne veut pas qu'elle soit payée à un autre.

770. Le débiteur peut aussi stipuler qu'il aura la faculté de payer à un seul des héritiers du créancier, dont la quittance vaudra comme si elle était donnée pour tous. Cet héritier est alors censé n'avoir d'autre pouvoir que de recevoir et de donner quittance, sans avoir le droit d'agir que pour sa portion virile. Il est dans le cas d'un étranger ajouté *solutionis causâ*; et ce mandat n'étant qu'en faveur du débiteur, ne peut être révoqué sans cause par les héritiers du créancier.

771. 3°. Enfin, le débiteur et le créancier peuvent convenir par le titre, que tel, désigné entre les héritiers, par exemple, le fils aîné du débiteur, sera seul chargé de l'*exécution* de l'obligation (1221).

« Si l'un des héritiers, dit M. Bigot-Préameneu, est chargé seul de l'*exécution*, soit par le *titre même* de l'obligation, soit par un *titre postérieur*; la volonté qu'a eue le débiteur de dispenser le créancier d'une division incommode, doit être remplie. » Exposé des motifs, tom. v, édit. de Didot, pag. 47.

772. Les trois précédentes exceptions au principe de la division des obligations n'étaient point admises dans le droit romain; il permettait au *testateur* de charger un seul de ses héritiers du fardeau de ses dettes, pourvu que la légitime de ce dernier demeurât intacte. Loi 20, § 5, ff *famil. ercisc.*, 10, 2; loi 69, § 2, ff *de leg.*, 2°. Mais il ne permettait pas au débiteur de convenir, en contractant avec le créancier, que tel de ses héritiers serait seul chargé de la dette. La loi 56, § 1, ff *de V. O.*, 45, 1, décide expressément que cette stipulation est inutile, que les autres héritiers n'en sont pas moins tenus de leurs parts viriles, et que l'héritier désigné ne sera tenu, comme les autres, que de sa portion héréditaire. La raison qu'en donnent les interprètes est que la dette ayant pris naissance dans la personne du défunt, elle se divise de plein droit entre ses héritiers, en vertu de la loi des Douze Tables. On en concluait que la convention d'obliger un des héritiers du débiteur au paiement de la dette, ou de donner au créancier le droit d'agir pour le tout contre un seul des héritiers du débiteur à son choix, était absolument inutile. Voët, n°. 17, in tit. *de reb. cred.*, 12, 1. Doneau, sur la loi 56, § 1, ff *de V. O.* L'héritier était considéré comme un étranger relativement aux portions des autres héritiers : d'où suivait que la stipulation que l'un des héritiers du débiteur sera chargé de payer une portion de la dette plus forte que sa portion héréditaire, ne devait pas avoir plus de force qu'elle n'en eût eu contre une personne étrangère à la succession.

En un mot, la division des dettes entre les héritiers était considérée comme un principe tellement irréfragable, tellement au-dessus de la volonté des particuliers, que dans le cas même où le testateur avait chargé un seul de ses héritiers de la dette pour en décharger les autres, le créancier n'avait pas, suivant les principes des lois romaines, le droit d'agir contre cet héritier seul; il devait agir contre chacun des autres pour leur part et portion, sauf leur recours contre le premier; mais toutes ces subtilités du droit romain ont été rejetées (1).

773. Dumoulin, sans être arrêté par le texte de la loi 56, § 1, ff *de V. O.*, 45, 1, soutint, 2e. part. n°s. 30 et 31, qu'on peut valablement convenir qu'une dette ne pourra être acquittée partiellement par les héritiers du débiteur; et pour concilier sa décision avec la loi citée, il prétendit que la disposition de cette loi ne tombe que sur la substance même de l'obligation, au lieu que la convention que la dette ne pourra être divisée ou acquittée partiellement, ne concerne que la manière dont le paiement s'en fera par les héritiers du débiteur.

---

(1) Non-seulement en France, mais encore chez les nations voisines. Voët, n°. 27, *in tit.* ff *famil. ercisc.*, 12, 2, l'atteste pour la Hollande. *Quod tamen moribus nostris...., mutatum aiunt, creditoribus ex œquitate concedentes facultatem in solidum conveniendi illum, quem defunctus testamento*, VEL PACTO, *aut cohœredes conventione mutuâ, in solidum voluerunt gravatum.* Il ajoute que, dans le Mecklembourg, les héritiers sont tenus solidairement aux dettes.

Ils l'étaient en Bretagne, non par la loi, mais par un usage devenu constant. Le Code prussien établit cette solidarité avec des modifications très-sages, 1re. part., tit. 17, n°. 131.

Cette opinion, fondée sur l'équité, quoique peut-être contraire au texte de la loi citée (1), fut adoptée par Pothier, qui alla même plus loin, et posa en principe que l'un des héritiers du débiteur peut être tenu de la dette pour le total, soit par une *convention*, soit par le testament du défunt qui l'en aura chargé.

Le Code a passé sous silence le cas où le testateur a chargé un seul de ses héritiers, non seulement de l'*exécution* de l'obligation, mais du fardeau de toute la dette, sans recours contre ses cohéritiers, parce que ce cas n'est point une exception à la division des dettes; c'est un avantage fait aux autres héritiers.

Mais il a prononcé sur le cas qu'on pouvait regarder comme douteux, et il a résolu le doute en statuant formellement qu'il y a exception au principe de la division des dettes, lorsque l'un des héritiers est chargé seul *par le titre* (2) *de l'exé-*

---

(1) En voici le texte : *Te et Titium hœredem tuum decem daturum spondes? Titii persona supervacua comprehensa est. Sive enim solus hœres extiterit, in solidum tenebitur; sive pro parte, eodem modo quo cœteri cohœredes ejus obligabitur, et quamvis convenisse videatur, ne ab alio hœrede quum à Titio peteretur, tamen inutile pactum conventum cohœredibus ejus erit.*

(2) Ce texte est tellement précis qu'on peut être étonné de voir M. Delvincourt, dans les notes qu'il a faites sur son Cours de Code, tom. II, pag. 332, soutenir avec assurance que le débiteur et le créancier ne pourraient, par une stipulation particulière, convenir qu'un des héritiers *du debiteur sera seul chargé de l'exécution* de l'obligation. C'est aller directement contre le texte de la loi. Il pense que ce texte doit être entendu du cas où le titre de l'obligation est lui-même *un testament*; mais a-t-il fait attention que l'art. 1221 est placé au titre des obligations *conventionnelles?* Comment donc, et sur quel fondement peut-il en limiter la disposition au cas d'un

cution de l'obligation (1221, n°. 4). Il faut bien peser ces derniers termes, et remarquer que le Code consacre ici l'opinion de Dumoulin et de Pothier, en permettant seulement au débiteur de charger par le contrat un seul de ses héritiers de l'*exécution* de l'obligation, *sauf son recours contre ses cohéritiers* (1221, *in fin.*); mais par un reste de déférence pour le droit romain, il n'a point permis au débiteur de charger par le contrat un de ses héritiers de la totalité de la dette, sans recours contre les autres, comme le testateur peut le faire. *Voyez* ce que nous avons dit *suprà*, n°s. 416 et suiv.

774. Ce n'est pas seulement par une stipulation expresse que les contractans peuvent déroger au principe de la division des obligations entre leurs héritiers, ils peuvent y déroger même tacitement, et ils sont censés l'avoir fait « lorsqu'il » résulte, soit de la nature de l'engagement, soit » de la chose qui en fait l'objet, soit de la fin » qu'on s'est proposée dans le contrat, que l'*in-* » *tention des contractans* a été que la dette ne pût » s'acquitter partiellement. » (1221, n°. 5).

Ainsi, dans ces cas, quoique l'obligation soit divisible de sa nature, et même divisée de droit entre les héritiers du débiteur, le paiement ne peut par eux en être divisé; c'est en cela que consiste l'exception. L'obligation est alors indivisible

---

testament? Il se fonde sur la loi 56, § 1, ff *de V. O.*, dont la disposition était, comme nous l'avons vu, rejetée en France et dans presque toute l'Europe.

solutione, comme le disent Dumoulin et Pothier, quoique divisible de sa nature.

Le Code range sous trois classes les causes qui peuvent ou qui doivent faire présumer que l'intention des contractans a été que la dette ne peut s'acquitter partiellement. Cette présomption résulte,

1°. De la nature de l'engagement;

2°. De la chose qui en fait l'objet;

3°. De la fin qu'on s'est proposée dans le contrat. Commençons par la chose qui fait l'objet de l'engagement.

775. Lorsque l'objet de l'obligation est un corps certain, par exemple, tel cheval, tel navire, telle statue, tel tableau, etc., ou un corps incertain, mais néanmoins d'une espèce déterminée; par exemple, un cheval, un navire, une statue, un tableau, sans les désigner particulièrement (1), la dette n'en est pas moins divisible; car quoiqu'un cheval, un navire, etc., ne puissent, sans être détruits, être divisés en parties matérielles et séparées, ils peuvent l'être en parties intellectuelles. Je puis posséder par indivis le quart, le tiers, la moitié d'un cheval ou d'un navire. La propriété commune ne consiste pas en ce que chacun des maîtres est propriétaire de la totalité,

(1) C'est ce qu'on appelait, en droit romain, l'obligation d'un genre, *obligatio generis*, qu'on doit dans notre usage appeler l'obligation d'une *espèce*, puisque l'obligation doit, suivant l'art. 1129, être déterminée au moins quant à son espèce.

mais seulement d'une partie indivise et intellectuelle plutôt que corporelle (1).

On peut donc vendre, on peut donner, on peut devoir la moitié d'un navire, d'un cheval, etc. Les obligations d'un corps certain ou incertain peuvent donc se diviser et se divisent en effet de plein droit entre les héritiers du créancier et du débiteur, aussi bien que les obligations d'une somme d'argent ou d'espèces consistant en nombre, poids et mesures. La seule différence est que, dans ce dernier cas, la division peut se faire matériellement, en parties distinctes et séparées, au lieu que, dans le premier cas, la division ne peut se faire que d'une manière intellectuelle.

Cette différence essentielle, établie par la nature des choses, entraîne nécessairement dans le paiement une autre différence qui tient également à la nature des choses. Lorsque la chose qui fait l'objet de l'obligation est une somme d'argent, ou des espèces consistant en nombre, poids et mesures, chacun des héritiers du débiteur peut payer séparément sa portion sans inconvénient notable pour le créancier. Il en est autrement lorsque l'objet de l'obligation consiste en un corps individuel, déterminé seulement quant à son espèce; par exemple, un cheval, un navire, etc., ou même dans un corps individuellement déterminé, comme tel cheval, tel navire.

---

(1) *Servus communis sic omnium est, non quasi singulorum totus, sed partibus utique indivisis, ut intellectu magis partes habeant quam corpore.* Loi 5, ff. *de stip. serv.*, 45, 3; *Ulpianus ad Sabinum*, *lib.* 48.

Si le débiteur d'un cheval ou d'un navire, en général, meurt laissant quatre héritiers et plusieurs chevaux ou plusieurs navires, son obligation se divisant de plein droit entre ses héritiers, chacun ne doit réellement que le quart d'un cheval ou d'un navire. Cependant si chacun d'eux voulait payer séparément son quart de la dette, il ne pourrait le faire que de la manière indiquée dans les art. 1606 et 1699; c'est-à-dire, en transportant son quart dans tel cheval, ou dans tel navire à son choix, et non pas à celui du créancier; car le choix appartient au débiteur. Or, après qu'un héritier a choisi tel cheval, tel navire, pour en donner son quart au créancier, si les autres en choisissaient un autre, et en abandonnaient leurs parts au créancier, il en résulterait que celui-ci, au lieu d'avoir un cheval ou un navire, aurait un quart seulement dans un cheval ou dans un navire, et les trois quarts dans un autre, ce qui devient d'une absurdité telle que, dans le cas où le créancier aurait accepté la part séparée d'un des héritiers dans tel cheval ou dans tel navire, ce paiement, quoiqu'accepté, n'opérerait point la libération de l'héritier qui l'aurait fait; il ne deviendrait définitif et valable qu'après que les autres héritiers auraient abandonné leurs parts dans le même cheval ou dans le même navire. Loi 9, § 1, ff *de solut.*, 46, 3; loi 2, § 1, *in fin.*, ff *de V. O.*, 45, 1, *et ibi* Doneau; Pothier, n°. 526, tom. II.

La même absurdité ne peut à la vérité se rencontrer, si l'objet de l'obligation est un corps certain, un individu déterminé dans son espèce, tel cheval, tel navire; un des héritiers peut alors sans inconvénient transporter sa part indivise au créancier, puisque celui-ci peut contraindre les autres à lui abandonner aussi leur part, au moyen de quoi la dette se trouverait acquittée de la manière qu'elle doit l'être.

Néanmoins, ces paiemens partiels emporteraient de grands inconvéniens pour le créancier, multiplieraient les procès et ne rempliraient point le vœu des contractans. On ne saurait donc croire qu'ils aient voulu que les héritiers du débiteur pussent s'acquitter par des paiemens partiels et divisés, lorsque la dette est d'un corps qui ne peut réellement être divisé. En ce cas, il résulte de la chose qui fait l'objet de l'engagement, que l'intention des contractans n'a pas été que la dette pût s'acquitter partiellement. La loi autorise donc le créancier à poursuivre, *pour le tout, l'héritier qui possède la chose due*, et si c'est un corps incertain, quoique déterminé dans son espèce, à poursuivre chacun (1) des héritiers pour le tout (1221, n°. 5, *in fin.*)

Un seul des héritiers ne peut donc offrir sa

(1) *Voyez* Dumoulin, 2e. part., nos. 232 et suiv., 239. Il le prouve par plusieurs lois romaines et par l'opinion des docteurs, qui néanmoins distinguaient et n'admettaient l'action du créancier pour le tout que dans le cas où l'action de vendication concourait avec l'action personnelle en faveur du créancier, c'est-à-dire, lorsqu'il était propriétaire de la chose qu'il réclamait. Mais Dumoulin, n°. 237, rejette avec raison cette distinction, qui serait sans fondement dans les principes du Code, suivant lequel la propriété est transférée par le seul effet des obligations. (711, 1138, etc.)

part indivise, quand même il renoncerait à recevoir sa portion du prix de la chose, jusqu'à ce que ses cohéritiers aient abandonné leurs parts indivises. Quoique de pareilles offres purgent la demeure du débiteur, en constatant qu'il n'est point en retard d'accomplir son obligation, elles ne constituent point le créancier en demeure. Dumoulin, 2ᵉ. part. n°. 251 ; *vide tamen* n°. 40, et Pothier, n°. 316.

La créance d'un corps certain ou indéterminé dans son espèce, de tel cheval, de tel navire, d'un cheval, d'un navire, etc., se divise de plein droit entre les héritiers du créancier comme la dette entre ceux du débiteur. Ils peuvent donc demander chacun leur part, et ne peuvent même demander que *les parts dont ils sont saisis*, suivant l'art. 1220, auquel l'art. 1221 n'a point fait d'exception en ce qui concerne les héritiers du créancier ; mais l'un d'entre eux ne peut se faire délivrer le corps qui fait l'objet de la créance, quand même il en paierait le prix en entier, jusqu'à ce que ses cohéritiers soient réunis à lui, ou qu'il représente une procuration de leur part; car, suivant la disposition de l'art. 1239, « le paiement doit être fait au créancier ou à quelqu'un ayant pouvoir de lui, etc., » et cet article ne souffre point d'exception pour le cas où la créance est divisée entre les héritiers du créancier.

776. Ce que nous avons dit sur le paiement des corps certains ou indéterminés dans leur espèce, qui ne sont pas susceptibles d'être divisés matériellement en parties réelles et distinctes,

s'applique également à l'obligation de choses qui, quoique divisibles, ont été considérées par la convention comme formant un tout (1) qui ne peut être divisé sans un préjudice notable, soit pour le créancier, soit pour le débiteur. Dumoulin, n°. 251 ; Arg. loi 26, § 2, ff *de leg.*, 1. Il résulte alors de la nature de l'engagement que l'intention des contractans a été que la dette ne pût s'acquitter partiellement. Telle est la dette d'un attelage de quatre chevaux, *quadriga equorum.* Si celui qui a promis un pareil attelage laisse quatre héritiers, chacun d'eux ne pourra pas offrir séparément un cheval propre à être attelé ; ils doivent se réunir pour livrer ensemble un attelage de quatre chevaux ; car, quoiqu'une pareille obligation soit non-seulement divisible, mais encore divisée de plein droit entre les héritiers, le paiement n'en est pas divisible. Il en serait autrement si le défunt avait promis quatre chevaux de voiture, quatre chevaux propres à être attelés, et non pas un attelage de quatre chevaux : ses héritiers pourraient alors donner séparement chacun un cheval.

Il en est de même des cas semblables ; par exemple, de la dette d'une *couple* de bœufs, et non pas de deux bœufs : si le débiteur laissait deux héritiers, chacun d'eux ne pourrait pas donner séparément un bœuf ; ils doivent se réunir pour offrir la couple. Autrement ce serait

---

(1) *Tanquàm unum integrale conficientes.* Dumoulin, 2e. *part.*, n°. 41.

violer la substance même de l'obligation, ce ne serait pas payer ce qui est dû ; car en promettant sous le nom collectif d'un attelage de chevaux, d'une couple de bœufs, ce ne sont pas des corps séparés, mais un tout indivisible que l'on promet. Dumoulin, 2ᵉ. part. nᵒ. 41.

Réciproquement, l'un des quatre héritiers du créancier auquel il était dû un attelage de quatre chevaux, ne pourrait pas exiger du débiteur un seul cheval, en offrant de lui payer le quart du prix de l'attelage ; il devrait en payer la totalité ; sans quoi le vendeur pourrait retenir l'attelage entier pour gage du surplus de sa créance. Il pourrait même, malgré le paiement de la totalité du prix, refuser de livrer l'un des chevaux, jusqu'à ce que les autres héritiers ne fussent réunis à celui qui n'agit que pour sa part ; car, suivant la rigueur du droit, cet héritier n'a qu'un quart dans chaque cheval, et il ne peut avoir le choix sur les quatre, comme aussi ce n'est point au vendeur à faire entre les héritiers de l'acquéreur le partage de l'attelage.

777. L'obligation d'un attelage et autres obligations semblables, est tellement indivisible dans son exécution ou dans le paiement, que si l'un des animaux était atteint d'un vice rédhibitoire, l'acquéreur pourrait faire rescinder la vente entière, si la division de l'attelage lui causait un préjudice notable. (Lois 34 et 35, ff *ædilitio edicto*, 21, 1 ; *et ibi* Brunnemann ; Voët, *eod.*, nᵒ. 4 (1) ;

---

(1) Comment doit être dirigée l'action rédhibitoire, lorsqu'il y a

Domat, liv. 1, tit. 2, sect. 2, n°. 16; Pothier, du Contrat de vente, n°s. 226 et 227); comme aussi le vendeur pourrait exiger qu'on lui rendît les quatre chevaux, et non pas seulement le cheval malade.

778. Il résulte encore de la nature de l'engagement que l'intention tacite des contractans a été que la dette ne pût s'acquitter partiellement, lorsque des immeubles ont été considérés dans le contrat comme formant un corps d'héritages destinés à rester unis.

Par exemple, si j'ai acheté ou pris à ferme une métairie, même susceptible d'être divisée sans détérioration, un des héritiers du vendeur ou du locateur ne sera point admis à m'offrir sa part indivise, ou même celle qu'il a reçue en partage, pour s'acquitter envers moi de son obligation, si ses cohéritiers ne se réunissent pas à lui pour m'offrir leurs parts en même temps. Je puis le poursuivre pour le tout, sauf son recours contre ses cohéritiers. Pothier, n°. 315; art. 1221, *in fin.* Le paiement partiel me causerait un préjudice notable; je n'ai acheté ou pris la métairie à ferme que pour l'avoir ou pour en jouir en totalité, et je n'en aurais acheté ni pris à ferme une partie seulement.

Dans le cas converse, l'un des héritiers de l'acquéreur peut payer séparément sa portion du

---

plusieurs acquéreurs ou plusieurs vendeurs, ou plusieurs héritiers du vendeur ou de l'acquéreur? *Voy.* Voët, *ibid.*, n°. 7; Pothier, du Contrat de vente, n°s. 223 et 224.

prix au vendeur ; mais il ne peut le contraindre à lui livrer une partie de l'héritage en lui payant une partie du prix : le vendeur peut retenir en gage toute la chose vendue, jusqu'à ce que le prix soit entièrement payé. Dumoulin, 2ᵉ. part., nᵒˢ. 205 et 249 ; loi 13, § 8, ff *de act. empt.*, 19, 1, loi 78, § 2, ff *de contrah. empt.*, 18, 1 ; loi 31, ff *ædilit. edict.*, 21, 1.

L'un des héritiers de l'acquéreur ne pourrait même contraindre le vendeur à lui livrer la métairie entière en lui payant la totalité du prix ; car il ne peut livrer à chacun des héritiers de l'acquéreur que la part dont chacun est saisi. Ceci est applicable aux héritiers du locataire.

Si l'acquéreur était évincé d'une partie de la métairie, et que cette partie fût de telle conséquence relativement au tout, qu'il n'eût point acheté sans la partie dont il a été évincé, il peut faire résilier la vente entière (1636).

Un tuteur vend une métairie qu'il possédait en commun avec son mineur. Celui-ci, parvenu à sa majorité, fait rescinder le contrat pour la moitié qui lui appartient dans les biens ; l'acquéreur peut demander, contre le tuteur ou contre ses héritiers, que la vente soit résolue en totalité, parce qu'il n'eût pas acheté une moitié de la métairie. Loi 47, § 1, ff *de Min.*, 4, 4.

Trois copropriétaires vendent la métairie commune à un premier acquéreur, sous la condition résolutoire, en cas d'offres plus fortes dans un temps fixé. Deux revendent à un second acquéreur, sous la même condition ; le troisième ne consent point à cette revente, et le délai de la première vente est expiré. La métairie appartiendra en entier au premier acquéreur, si la vente a été faite pour un prix unique, sans distinguer le prix de la part appartenant à chacun des co-vendeurs. Au contraire, si elle a été faite pour des prix distincts et séparés, tant pour la part de tel, tant pour celle de tel, il y a eu plusieurs ventes, et le premier acquéreur aura un tiers de la métairie, le second acquéreur les deux tiers. Loi 11, § 1; lois 12 et 13, ff *de in diem addict.*, 18, 2; *junge* loi 36 ff *de ædilit. edict.*, 21, 1.

Enfin si, ne devant qu'une somme de 1,000 fr., et croyant en devoir 2,000, je donne en paiement un fonds valant 2,000 fr., je puis le répéter en entier, après l'erreur découverte, pour rester débiteur des 1,000 fr.; car quoique le paiement ou le don d'une chose immobilière au lieu d'argent, opère la libération et l'extinction de la dette, si la chose a été donnée par erreur sur la quotité de la somme due, il ne se fait point de confusion d'une partie de la chose avec la dette, par la raison que personne ne peut être forcé d'entrer en communauté de biens, *nemo compellitur ad communionem.* Je n'aurais pas voulu diviser mon fonds pour vous en donner la moitié en paiement; mais le créancier à qui le fonds entier a été donné par erreur sur la quotité de la dette, peut le retenir en gage jusqu'au paiement de la somme qui lui est due. Loi 26, § 4, ff *de condict. indeb.*, 12, 6; *junge* loi 46, ff *de solut.*, 46, 2.

Le motif de toutes ces décisions est que des

fonds, quoique divisibles, ne doivent pas être divisés dans l'exécution ni dans la rescision de l'obligation, lorsqu'ils ont été considérés dans le contrat comme formant un seul corps, un tout unique destiné à demeurer entier, et qu'on ne peut diviser sans préjudice notable, soit pour l'un, soit pour l'autre des contractans.

779. Il résulte encore de la nature de l'engagement que la dette ne peut s'acquitter partiellement, lorsqu'une grande raison d'équité exige que le paiement n'en soit pas divisé. Ulpien en donne pour exemple, dans la loi 3, ff *de alien. leg.* 34; 1 (*voy.* Dumoulin, 2°. part., n°. 238), une pension alimentaire, *causâ alimentorum.* S'il y a plusieurs legs alimentaires (il en serait de même si la pension alimentaire était créée par un contrat), il dit que les juges ont coutume de diviser ces legs entre les héritiers, de manière que chacun d'eux soit chargé de la prestation entière de l'une des pensions alimentaires, *ne à singulis hæredibus minutatìm alimenta petentes distringantur.* Cette division est ordonnée par le juge comme si le père l'avait faite lui-même: on présume que telle était sa volonté.

S'il n'y a qu'une pension alimentaire, les juges avaient coutume d'en charger un des héritiers. Ce pouvoir, donné aux juges par des rescrits de l'empereur Antonin, est fondé sur un motif d'équité évidente. Le Code civil n'a point donné ce pouvoir aux juges d'une manière expresse; mais il l'a implicitement abandonné à leur prudence. Sur cette question comme sur beaucoup d'autres relatives à l'indivisibilité du paiement des obligations divisibles, il leur a laissé une grande latitude de pouvoir, puisque c'est à eux seuls qu'il laisse à décider quand il résulte de la nature de l'engagement, de la fin que le testateur ou les contractans se sont proposée, que la dette ne peut être acquittée partiellement. C'est une question de volonté ou d'interprétation : de quelque manière qu'ils la décident, leur jugement ne peut être entrepris par la voie de la cassation. C'est donc l'équité qui doit être leur règle, en décidant ces questions; ils ne doivent écouter ni la dureté excessive du créancier, ni les prétextes frivoles du débiteur : l'on doit appliquer ici ce que dit Ulpien à une autre occasion, *igitur hæc à judice erunt dispicienda, ut neque delicatus debitor, neque onerosus creditor audiatur.* Loi 25, ff *de pign. act.*, 13, 7.

780. La fin que les contractans se sont proposée peut encore faire présumer que leur intention n'a pas été que la dette, même d'une somme d'argent, pût être payée partiellement. Pothier, n°. 315, en donne pour exemple le cas où vous vous êtes obligé de me payer une somme de 3,000 fr. pour me tirer de prison, ou pour payer un créancier qui a saisi mon bien. Si la destination de cette somme est déclarée dans l'acte, un de vos héritiers ne sera point admis à m'offrir sa part virile, qui ne pourrait me procurer ni la liberté ni la main-levée de mes biens saisis. Je puis le poursuivre pour le tout, sauf son recours contre ses cohéritiers.

Cependant, comme on ne doit pas, sans nécessité ou sans une grande raison d'équité, porter atteinte au principe de la division des dettes, Dumoulin, 2e. partie, n°. 40, d'où cet exemple est tiré, pense que si l'un des héritiers, avant d'être poursuivi pour le tout, offrait sa part de la somme, et que le créancier retenu en prison pût la conserver sans frais et avec sûreté, il ne pourrait la refuser, sauf à lui d'agir pour le surplus contre l'un des autres héritiers, ou contre tous. Cette décision est parfaitement juste et dans l'esprit du Code.

781. Dans tous les cas que nous venons d'indiquer, où il y a exception quant au paiement à la division des obligations, le créancier peut poursuivre l'un des débiteurs ou l'un des héritiers du débiteur *pour le tout*. L'art. 1221 le décide expressément. Il ne faut donc plus s'arrêter à la doctrine de Pothier, qui rangeait ces exceptions en deux classes. La première comprenait les exceptions en vertu desquelles le créancier était autorisé à poursuivre l'un des débiteurs *pour le tout*; la seconde classe comprenait celles dans lesquelles la dette ne pouvait à la vérité être acquittée partiellement, mais où néanmoins un des débiteurs ne pouvait être poursuivi pour le total. *Voy.* n°. 316.

Cette doctrine, trop subtile et peu exacte, a été rejetée par le Code, qui porte en termes exprès que dans tous les cas d'exception énumérés dans l'article 1221, le créancier a le droit d'agir contre un seul des héritiers *pour le tout*; mais il ne dit pas *solidairement*, car il n'y a point dans tous ces cas de véritable solidarité, comme nous l'avons déjà observé, n°. 762. La demande faite par le créancier à l'un des débiteurs *pour le tout*, n'interromprait pas la prescription contre les autres (2249) (1).

Nous ne nous sommes jusqu'à présent occupés que de la division de l'obligation primitive entre les héritiers du débiteur; nous examinerons dans la section suivante ce qui concerne la division des obligations secondaires, c'est-à-dire des dommages et intérêts, soit conventionnels, soit judiciaires.

---

§ II.

De l'Obligation indivisible.

SOMMAIRE.

782. *L'auteur n'a pu comprendre ce qu'on entend par* indivisibilité absolue. *Il doit compte des efforts qu'il a faits pour y parvenir.*

783. *Trois espèces d'indivisibilités, celle qu'on nomme* absolue, individuum contractu, *celle qu'on appelle d'*obligation, individuum obligatione, *et l'indivisibilité de paiement,* individuum solutione, *dont on a parlé dans le paragraphe précédent.*

---

(1) Ainsi, si celui auquel le créancier s'est adressé est devenu insolvable, il ne pourra plus recourir contre les autres, si le temps de la prescription est écoulé. Mais l'héritier condamné pour le tout a son recours contre les autres, parce que la prescription contre la garantie entre cohéritiers ne court que du jour du trouble.

784. *Définition de l'indivisibilité absolue suivant le Code. Pothier en donne pour seul exemple les servitudes prédiales.*

785. *Dumoulin soutient que plusieurs servitudes prédiales sont divisibles de leur nature, à tous égards.*

786. *Il regarde comme indivisible de sa nature la servitude de passage*, quia impossibile est per partes ire, pro parte non ire.

787. *Mais il soutient qu'elle est divisible si elle est limitée* ad certum finem dividuum, *comme pour enlever la moisson.*

788. *Cependant, en ce cas, comme dans les autres, l'action de passer est indivisible.*

789. *Dumoulin enseigne que la servitude de passage se divise avec le fonds dominant; que le propriétaire du quart est propriétaire du quart de la servitude, qui n'est indivisible que par une pure subtilité*, mero jure.

790. *Il enseigne encore que le débiteur peut n'en être pas tenu* in solidum.

791. *Enfin, il enseigne que le débiteur peut s'en acquitter par parties, et qu'elle peut être acquise par parties. Donc cette servitude est susceptible de parties intellectuelles; donc il est presque impossible d'entendre la définition et la nature de l'indivisibilité absolue.*

792. *Définition de l'indivisibilité d'*obligation *suivant le Code. L'auteur ne peut apercevoir de différence entre cette définition et celle de l'indivisibilité de* paiement.

793. *Ce que Pothier et Dumoulin entendent par l'indivisibilité* d'obligation, individuum contractu. *Ils donnent pour exemple l'obligation de faire quelque ouvrage, une maison, un bateau, etc.; mais cette obligation se résout en dommages et intérêts divisibles, et de plus le louage d'ouvrage se dissout par la mort de l'entrepreneur, suivant le Code.*

794. *Autre exemple, l'obligation de livrer un fonds pour une fin déterminée*, ad certum finem, *comme pour y établir un pressoir. Cette indivisibilité rentre encore dans l'indivisibilité de paiement. On ne peut concevoir que l'obligation de livrer une pièce de terre* ad certum finem, *soit plus indi-*

visible que celle de la livrer sine fine certo. *Cette différence n'a été imaginée par Dumoulin que pour concilier les lois romaines, que les interprètes concilient de dix-sept manières différentes; ce qu'il appelle par cette raison l'Hydre de Lerne.*

795. *Inutilité de son opinion sous l'empire du Code.*

796. *La doctrine des indivisibilités* absolue *et d'*obligation, contractu, *est aujourd'hui inutile dans la pratique, preuve par les exemples auxquels on l'applique.*

797. *Suivant l'art.* 2249, *l'interpellation faite à l'un des héritiers, ou sa reconnaissance, interrompt la prescription à l'égard de tous, si l'obligation est* indivisible. *Incertitudes que peut occasionner l'application de cet article.*

798. *Vœu pour la réformation du Code.*

782. Un des plus savans jurisconsultes de la Hollande, Gérard-Noodt, après avoir lu tout ce qu'on avait écrit sur le titre du Digeste *de condictione triticariâ*, et fait d'inutiles efforts pour l'entendre, avoue avec une louable candeur qu'il n'a pu y parvenir. Il ajoute que n'ayant pas coutume d'enseigner ce qu'il n'entend point, il s'abstient de toute explication. Je suis contraint d'avouer que je n'ai pu parvenir jusqu'à présent à concevoir une idée claire et précise des obligations indivisibles et de leur nature; mais je dois compte au public et à mes élèves du travail que j'ai fait pour entendre cette matière.

783. Pothier, n°. 291 et suiv., distingue, d'après Dumoulin, trois espèces d'indivisibilités; 1°. celle qui est absolue, que Dumoulin appelle *individuum contractu*, lorsqu'une chose est par sa nature non susceptible de parties, tellement

qu'elle ne pourrait pas être stipulée ou promise pour partie; il en donne pour exemple les droits de servitude réelle, comme un droit de passage. Il est impossible, dit-il, de concevoir des parties dans un droit de passage, et par conséquent on ne pourrait pas stipuler ni promettre ces sortes de choses pour partie.

La seconde indivisibilité, appelée par Dumoulin *individuum obligatione*, est, dit Pothier, lorsque l'obligation comprend certaines choses qui, quoiqu'elles eussent pu absolument être stipulées ou promises pour partie, sont néanmoins, dans la manière dont les contractans les ont considérées, quelque chose d'indivisible, et qui par conséquent ne peut être dû par parties. Il en donne pour exemple l'obligation de construire une maison ou un bateau.

Enfin, la troisième espèce d'indivisibilité est appelée indivisibilité de paiement, *individuum solutione*. C'est, dit Pothier, celle qui ne concerne que le paiement de l'obligation, et non l'obligation même, lorsque la chose due est par elle-même divisible et susceptible de parties, et peut être due pour partie, soit aux différens héritiers du créancier, soit par les différens héritiers du débiteur, mais ne peut être payée par parties.

784. Cette espèce d'indivisibilité suppose que l'obligation est divisible de sa nature, comme l'enseigne Dumoulin, 2e. partie, nos. 241 et suiv. Le Code le suppose également, et c'est dans le § 1, consacré aux obligations divisibles, qu'il place les obligations appelées par Pothier et Du-

moulin indivisibles *solutione*. Il les y place comme des exceptions au principe de la division des obligations divisibles, et c'est aussi dans ce paragraphe que nous en avons traité. Nous n'avons donc à nous occuper ici que des deux premières indivisibilités.

Commençons par l'indivisibilité absolue, *individuum contractu*. L'obligation est indivisible, dit l'art. 1217, lorsqu'elle a pour objet une chose qui, dans sa livraison, ou un fait qui, dans l'exécution, n'est pas susceptible de division, soit matérielle, soit intellectuelle (1). Pothier dit aussi, n°. 288, que les choses indivisibles sont celles qui ne sont susceptibles ni de parties réelles ni de parties intellectuelles, telles, ajoute-t-il, que la plupart des droits de servitudes *prédiales, quæ pro parte acquiri non possunt*. Ces servitudes sont le seul exemple qu'il cite des choses absolument indivisibles ou indivisibles *contractu*. Voyons donc d'abord si la plupart des servitudes prédiales sont en effet indivisibles, et si réellement elles ne peuvent s'acquérir par parties.

785. Dumoulin, le guide de Pothier, pose en principe, 3e. part., n°. 290, 1°. que certaines

(1) Nous avons vu ci-dessus, n°. 755, ce qu'on entend par une division intellectuelle. Les choses animées ou inanimées, qui ne peuvent être divisées matériellement sans être détruites, peuvent être divisées intellectuellement, car on peut les posséder par indivis. Un cheval, un navire, peuvent appartenir à deux ou plusieurs personnes; chacune d'elles peut vendre, donner, etc., la moitié, le tiers qui lui appartient.

servitudes prédiales sont divisibles de leur nature; *quasdam servitutes prædiales esse per se dividuas;*

2°. Que les servitudes prédiales, même indivisibles de leur nature, sont divisibles par accident, si l'effet est divisible : *etiam servitutes prædiales per se individuas, tamen dividuari ex accidenti, videlicet si referuntur et ordinuntur ad finem et effectum dividuum.*

Il prouve sa première proposition, n°. 291 et 355, par l'exemple des cinq servitudes prédiales, de puisage, de pacage, d'abreuver les bestiaux, de cuire la chaux et de tirer du sable, *aquæ haustus, pecoris ad aquam appulsus, jus pascendi, calcis coquendæ, arenæ fodiendæ*, § 2, *inst. de servit. præd.* Il soutient que ces servitudes, et *autres semblables*, sont à tous égards et de leur nature divisibles. *Fremant omnes licet, quia non intellexerunt, nec per somnium quidem cogitarunt, dico illas quinque et similes, sive rusticas, sive urbanas servitutes, esse naturaliter et effectu, et omni respectu, putà contractu, obligatione, dividuas, non minus quàm reditus pecuniarii omni respectu dividui sunt.* On peut voir les raisons qu'en donne l'auteur; elles s'appliquent aux droits de vue, de gouttières, etc.

786. Quelles sont donc les servitudes indivisibles de leur nature, d'une indivisibilité absolue, *individuæ contractu?* Dumoulin, n°. 360, cite principalement la servitude de passage, qui ne peut, dit-il, être exercé en partie. Il le prouve par le sophisme

ordinaire qu'il est impossible de diviser l'action de passer, *impossibile est quem per partes ire, et pro parte non ire.*

Ce raisonnement ne peut-il pas s'appliquer également à la servitude de puisage, que Dumoulin soutient divisible de sa nature? L'action de puiser n'est pas plus divisible que l'action de passer. Il est vrai que l'eau qu'on puise est divisible, et comme on ne prend rien sur le fonds servant quand on y passe, l'objet de la servitude ne paraît pas divisible à Dumoulin, si elle n'a d'autre but que le simple passage, *si non ordinetur ad alium finem quàm meri transitûs; ad jus vel opus loci dominantis, individua est et manet*, n°. 362.

787. Mais il ajoute que si l'objet de la servitude est divisible, par exemple, si le passage est accordé pour enlever le produit de la moisson, les grains, le foin, etc., alors la servitude, d'indivisible qu'elle était de sa nature, devient divisible par accident, par l'objet divisible qu'on s'est proposé en l'établissant, parce que les fruits de la moisson sont divisibles, et qu'on peut n'accorder le passage que pour une moitié, et le refuser pour l'autre moitié : *quandò hæc individua servitus limitata est ad certum finem, et effectum dividuum, putà ad evehendum messes, vindemias, etc., hæc servitus viæ; seu transitûs, de se individua dividuatur ex accidenti, videlicet ex fine dividuo, principaliter intento et ordinato*, n°. 363.

788. Mais dans ce cas, comme dans tous les autres, l'action de passer ne peut être divisée, *impossibile est pro parte ire;* seulement les actes de pas-

sage sont moins fréquens, l'exercice en est plus rare. Comment donc concevoir que l'indivisibilité de l'action de passer rende la servitude indivisible, quand elle n'a pas un but limité, *ad certum finem*, et ne la rende pas indivisible quand le but en est limité ? Toute servitude d'ailleurs n'a-t-elle pas un but, un objet plus ou moins étendu, plus ou moins limité ? Je puis avoir droit de passer à pied, à cheval, en voiture, de passer pour aller puiser de l'eau chez mon voisin, pour me rendre à la ville, à l'église, au marché, etc. ; pourquoi, dans ces cas, la servitude ne sera-t-elle pas divisible, comme lorsqu'elle a pour objet mes foins ou ma vendange ?

789. Dumoulin enseigne, 3e. part., no. 86, que les servitudes se divisent avec le fonds dominant, et que le propriétaire du quart peut se dire propriétaire du quart de la servitude due à ce fonds : *unà cum prædio divisionem recipiunt (servitutes), dominus enim quartæ partis fundi dominantis potest se dicere dominum quartæ partis servitutis ei debitæ; quamvis* MERO JURE *sit dominus in solidum dictæ servitutis, ob individuitatem, tamen respectu effectûs et emolumenti non censetur dominus, nisi in tantà parte quantam habet in fundo, et sic quantumvis necessario individuæ, tamen respectu commodi et oneris divisionem et contributionem pro partibus recipiunt..., non solùm activè, sed passivè.*

790. Ce n'est donc, suivant Dumoulin, que par une pure subtilité, *mero jure*, que la servitude est indivisible. Elle est tellement divisible, au moins en parties intellectuelles, que, suivant sa doc-

trine, n°. 81, le débiteur peut n'en être pas tenu *in solidum*, mais seulement jusqu'à une quantité certaine ou incertaine, *usque ad certam quantitatem vel incertam;* en sorte qu'une servitude léguée est susceptible de réduction. Si sa valeur excède la portion disponible des biens du donateur, on peut la limiter et réduire à un passage à pied le droit de passage légué sans limitation, le passage à pied étant d'une valeur moindre qu'un passage à cheval ou avec des voitures.

791. Enfin, suivant la doctrine du même auteur, l'obligation d'une servitude de passage peut s'acquitter par parties. Par exemple, un des héritiers de celui qui a contracté l'obligation de la donner peut s'acquitter, en déclarant consentir que celui à qui la servitude est promise passe sur le fonds indivis qui la doit. Par cette déclaration, il s'acquitte en ce qui le concerne, dit Dumoulin, ibid, n°. 95, *satisfacit obligationi quoad se;* il ne peut plus être constitué en demeure. Dumoulin invoque sur ce point l'autorité de Celse, dans la loi 11, ff de *servit. præd. rustic.*, 8, 3, qui dit positivement qu'un droit de passage peut être cédé séparément sur un fonds indivis, *per fundum qui plurium est jus mihi esse eundi, agendi potest separatìm cedi. Ergo, subtili ratione non aliter meum fiet jus, quàm si omnes cedant, et novissimâ demùm cessione superiores omnes confirmabuntur. Benigniùs tamen dicetur, et antequam novissimus cesserit, eos qui anteà cesserunt uti jure ceso non posse.*

Si le droit de passage peut être cédé par parties, *separatìm*, si l'un des héritiers peut s'acquitter en cédant sa partie, s'il est visible, lorsque son objet est divisible, divisible par l'avantage qu'on en peut retirer, par le préjudice qu'il cause; enfin, s'il est divisible dans son exercice, par le temps, le lieu, le nombre des actes, comment concevoir qu'il n'est pas susceptible de parties intellectuelles? comment connaître quand une servitude est divisible ou indivisible? comment expliquer, comment appliquer la disposition de l'art. 1217, qui dit que l'obligation est indivisible lorsqu'elle a pour objet ou une chose qui, dans sa livraison, ou un fait qui, dans l'exécution, n'est pas susceptible de division, soit matérielle, soit intellectuelle?

Je conçois parfaitement que les droits de servitude se divisent avec le fonds dominant; que le propriétaire du quart de ce fonds est propriétaire du quart de la servitude, comme l'enseigne Dumoulin. A quoi donc s'applique l'indivisibilité? Au droit pris par abstraction? Il n'existe point par abstraction, il ne peut exister qu'avec les fonds auxquels il est attaché, dont il est inséparable. Dumoulin lui-même (1) répète souvent, et avec raison, que les idées abstraites ne sont rien de réel : il ne faut donc pas s'attacher à ces idées abstraites pour en déduire des conséquences subtiles, et donner ensuite ces prétendus principes aux juges pour règles de leurs arrêts, aux citoyens pour règles de leur conduite.

---

(1) *In rubricam de V. O.*, n°. 92, pag. 17; *Extr. labyr.*, *de divid. et individ*, *part.* 2, *n°*. 95, pag. 129, *et alibi passim.*

La clarté, la simplicité, sont le caractère des bonnes lois. Il serait facile, mais il serait trop long de prouver que cette doctrine de l'indivisibilité absolue et de l'indivisibilité d'obligation, imaginée pour concilier des textes obscurs, ou qui s'accordent mal, n'est point la doctrine des jurisconsultes romains, dont les décisions sont toujours fondées sur la droite raison et sur le simple bon sens. Nous verrons bientôt, en examinant les effets que donne le Code aux obligations indivisibles, le peu d'utilité, pour ne pas dire l'inutilité absolue de cette doctrine subtile de l'indivisibilité.

792. Après avoir examiné l'indivisibilité que Pothier appelle absolue, et Dumoulin *individuum contractu*, je passe à l'indivisibilité qu'ils appellent d'obligation, *individuum obligatione*. L'art. 1218 la définit ainsi : « L'obligation est indivisible, quoi- » que la chose ou le fait qui en est l'objet soit divi- » sible par sa nature, si le rapport sous lequel elle » est considérée dans l'obligation *ne la rend pas* » *susceptible d'exécution partielle.* »

Peut-être est-ce la faute de mon intelligence, mais j'avoue de bonne foi que je ne puis apercevoir aucune différence entre cette indivisibilité d'obligation et celle qui résulte des obligations divisibles, *individuum solutione*, dont le paiement ne peut être divisé, dit l'art. 1221, n°. 5, « lors- » qu'il résulte, soit de la nature de l'engagement, » soit de la chose qui en fait l'objet, soit de la fin » qu'on s'est proposée dans le contrat, que l'in-

» tention des contractans a été *que la dette ne pût* » *s'acquitter partiellement.* »

Est-il possible d'apercevoir quelque différence entre une obligation que *le rapport sous lequel elle a été considérée* ne rend pas susceptible *d'exécution partielle*, et une obligation exceptée du principe de la division, parce qu'il résulte, soit *de la nature de l'engagement*, soit *de la nature de la chose* qui en fait l'objet; soit *de la fin qu'on s'est proposée*; que l'intention des contractans a été *que la dette ne pût s'acquitter partiellement?*

793. Cependant les rédacteurs du Code n'ont pas voulu définir le même genre d'obligation dans ces deux définitions placées dans deux sections différentes. Il n'est pas douteux que dans la première ils ont entendu parler de l'indivisibilité que Pothier et Dumoulin appellent d'*obligation*. Voyons donc ce que ces auteurs entendent par l'indivisibilité d'obligation. Les seuls exemples qu'ils citent de cette indivisibilité sont l'obligation de construire une maison, un bateau, et en général de faire quelque ouvrage (Pothier, nos. 92 et 97). Il cite la loi 80, § 1, ff *ad leg. falcid.*, 35, 2, qui dit que si le testateur a chargé ses héritiers de construire un édifice public dans une ville, ce legs est indivisible, parce que l'obligation n'est accomplie qu'après l'édifice achevé. Le jurisconsulte Caius en conclut que les héritiers sont obligés solidairement, *singuli in solidum tenentur.*

Pothier cite encore la loi 85, *de V. O.*, qui distingue quatre manières d'exécuter les obligations. Il y en a dans lesquelles on peut recevoir de chaque héritier une partie séparée de la chose qui en fait l'objet, comme une somme d'argent, dont on peut demander et payer une partie. Il y en a d'autres dont on ne peut demander l'exécution qu'en totalité, et qui ne peuvent être exécutées séparément; par exemple, un ouvrage que le testateur a ordonné de faire. Chacun des héritiers est tenu au tout, *in solidum, quia operis effectus in partes scindi non potest.* En effet, en construisant le quart, la moitié d'une maison, on ne remplirait pas le vœu du testateur, dont l'intention n'a pas été que chaque héritier pût construire une partie de la maison. On en conclut que le légataire peut demander la construction de la maison entière à chaque héritier : ce qui ne peut s'entendre que du cas où les héritiers voudraient eux-mêmes construire la maison; car s'ils ne le veulent, ou ne le peuvent pas, comme l'obligation se réduit alors à des dommages et intérêts, ou à une juste estimation de l'ouvrage, elle se divise entre les héritiers, qui ne doivent payer que chacun leur part, comme l'enseigne Papinien. Loi 72, ff *de V. O.*, 45, 1. *Stipulationes non dividuntur earum rerum quæ divisionem non recipiunt...... Idem puto, et si quis faciendum aliquid stipulatus sit, ut putà.... fossam fodiri, vel insulam fabricari, vel operas, vel aliquid simile, horum enim divisio corrumpit stipulationem. Celsus tamen refert Tuberonem existimasse ubi quid fieri stipulanur, sive non fuerit factum, pecuniam dari oportere, ideòque etiam in hoc genere dividi stipulationem : secundum quem Celsus ait posse dici justâ æstimatione facti dandam esse petitionem.*

Cette division se fait également entre les héritiers de celui qui avait contracté une obligation de cette nature, ainsi que l'enseigne Pothier lui-même, n°. 333, où il observe que chacun des héritiers appelé comme débiteur de toute la construction de l'édifice, a droit de requérir la mise en cause de tous ses cohéritiers, qui, faute à eux de remplir l'obligation, seront condamnés aux dommages et intérêts, *chacun seulement pour sa part héréditaire;* ce qui est conforme au principe que toute obligation de faire se réduit en dommages et intérêts. Pourquoi donc tant d'efforts d'esprit et tant de subtilités pour prouver qu'une obligation de cette nature est indivisible dans la demande, puisqu'en définitive elle se divise dans le paiement? Ajoutez à cela que, par l'art. 1795, tous les louages d'ouvrages sont dissous par la mort de l'ouvrier ou de l'entrepreneur. *Vid. suprà*, n°s. 408 et suiv.

794. Pothier, n°. 292, *vers. fin.*, donne encore pour exemple d'une indivisibilité d'obligation, celle de vous fournir une place pour y établir un pressoir. Il prétend que *cette fin* rend l'obligation indivisible, à la différence de l'obligation de vous livrer un fonds sans exprimer l'usage auquel vous le destinez. Cette dernière obligation est divisible suivant lui; mais l'art. 1220 du Code, n°. 5, met au rang des obligations indivisibles seulement

dans le paiement, celles dans lesquelles il résulte *de la fin qu'on s'est proposée* dans le contrat, que l'intention des contractans a été que la dette ne pût s'acquitter partiellement. Nous voilà donc encore incertains de savoir s'il faut appliquer à l'obligation de fournir une place, *ad finem certum*, l'art. 1220, n°. 5, ou l'art. 1218, suivant la doctrine de Pothier. Dans la vérité, on ne voit, quant à l'indivisibilité de l'obligation de livrer une pièce de terre, aucune différence entre le cas où l'usage qu'en veut faire l'acquéreur est exprimé dans la convention, *certum finem*, et celui où cet usage n'est point exprimé. La différence entre ces deux cas n'a été imaginée par Dumoulin que pour concilier les lois romaines, dont les unes donnent comme indivisible, d'autres comme divisible, l'obligation de livrer un fonds : c'est ce que Dumoulin appelle l'hydre de Lerne, parce que les interprètes avaient donné dix-sept opinions différentes sur ce point. Il en donne une dix-huitième, qui consiste à distinguer entre l'obligation de livrer un fonds simplement, *simpliciter*, sans indiquer l'usage qu'on en veut faire, et l'obligation de le livrer, *ad certum usum finemque principaliter consideratum in contrahendo.* Cette fin, selon lui, rend l'obligation indivisible. Pothier, n°. 295, adopte son opinion.

795. Mais il est évident qu'elle ne peut être suivie sous l'empire du Code ; car si le fonds à livrer est déterminé, la propriété en est transférée au créancier par le seul effet de l'obligation (711).

C'est alors la dette d'un corps certain qu'il peut réclamer contre le possesseur, sauf le recours de ce dernier contre les autres débiteurs (1221).

Si le fonds à livrer n'est pas déterminé, si c'est, par exemple, un arpent en général, c'est l'obligation d'un corps incertain, dont le choix appartient aux débiteurs. Il est alors nécessaire de les appeler tous, afin que l'un ne donne pas une portion dans un arpent, le second, une portion dans un autre, etc., comme nous l'avons dit dans le paragraphe précédent. *Voy.* aussi Pothier, n°. 526, tom. II.

796. Après avoir vu combien il est pénible de se faire des idées nettes de l'indivisibilité absolue et de l'indivisibilité d'obligation; combien il est difficile, pour ne rien dire de plus, de ne pas confondre cette indivisibilité avec celle que les auteurs appellent indivisibilité de paiement, si l'on cherche quelle est dans la pratique l'utilité de cette doctrine abstruse, on la trouve ou presque nulle ou absolument nulle. Il suffit, pour s'en assurer, d'examiner les différens cas auxquels Pothier en fait l'application à l'égard des héritiers du débiteur.

Il distingue avec Dumoulin trois cas : celui où la dette est de nature à ne pouvoir être acquittée que par un seul des héritiers; celui où elle peut l'être par tous conjointement. Il donne pour exemple du premier cas la dette d'une servitude de passage ou de vue, promise par le défunt, sur l'un de ses héritages échu en partage à l'un de ses héritiers. Cet héritier seul peut acquitter la dette, parce que, dit Pothier, *une servitude ne peut être établie que par le propriétaire de l'héritage* : il eût peut-être été plus exact de dire, parce que c'est l'héritage et non la personne qui doit la servitude, *res non persona debet.* Cet héritier sera seul condamné à la prestation du droit de servitude, et il pourra, ajoute Pothier, être contraint à l'imposer par une sentence qui ordonnera que, faute par lui de le faire, la sentence vaudra pour titre de constitution de la servitude, sauf son recours contre ses cohéritiers, s'il n'a pas été chargé de cette dette. . . .

Cet exemple ne peut plus convenir aux principes du Code. Autrefois le titre constitutif de la servitude ne produisait qu'une action personnelle, si la tradition n'avait pas suivi, comme nous l'avons observé, tom. IV, n°. 60, pag. 57. Celui à qui le défunt avait accordé un droit de servitude, mais qui n'en avait pas été mis en possession, était donc obligé de venir par voie d'action contre les héritiers ; mais aujourd'hui que la propriété est transférée par le seul effet des conventions, la convention d'accorder une servitude en transfère la propriété au concessionnaire ; il n'a plus besoin de venir par voie d'action contre les héritiers de celui qui l'a concédée ; il peut s'en mettre en possession sans les appeler, passer sur le fonds servant, s'il s'agit d'un droit de passage, ouvrir des fenêtres, s'il s'agit d'un droit de vue ; et si les héritiers où l'un d'eux s'y opposait, il ferait rejeter leur opposition. Si le concessionnaire, avant d'être troublé dans l'exercice de la servitude, agissait contre les héritiers du concédant, pour les faire condamner à imposer la servitude, les héritiers appelés, en déclarant qu'ils n'ont jamais eu l'intention de la lui contester, parce qu'il en est propriétaire, le feraient condamner aux frais de la demande. Ainsi le premier exemple auquel Pothier applique le principe de l'indivisibilité ne peut plus se présenter sous l'empire du Code.

Il donne, n°. 333, deux exemples du cas où la dette indivisible peut être acquittée par chacun des héritiers du débiteur. Le premier exemple est celui où le défunt s'est engagé de me procurer une servitude sur le fonds d'un tiers. Observons d'abord combien ce cas est rare. On n'en trouverait pas un seul exemple dans ces volumineux recueils d'arrêts, où l'on rencontre les espèces les plus singulières. Cependant il n'est pas impossible que cela se présente. Supposons donc que je vous aie vendu une servitude sur le fonds de mon voisin, qui refuse de l'accorder après ma mort. Vous pouvez, selon Pothier, agir contre un seul de mes héritiers, et lui demander en totalité le droit de servitude que j'ai promis de vous procurer, parce que la dette est indivisible; mais il peut appeler ses cohéritiers, et faute à eux de procurer la servitude, ils seront condamnés aux dommages et intérêts, mais seulement chacun pour sa part héréditaire, parce que l'obligation des dommages et intérêts est divisible. Ainsi l'obligation qui résulte d'une convention aussi rare que la concession d'une servitude sur le fonds d'autrui, cette obligation, donnée comme un exemple de l'application des principes sur l'indivisibilité, se divise définitivement entre les héritiers comme les obligations ordinaires. Pourquoi donc recourir à cette doctrine abstruse de l'indivisibilité pour résoudre une question aussi simple? Et notre Duaren n'avait-il pas raison quand il disait que les difficultés dont cette doctrine est hérissée, viennent moins des choses que de la manière de les enseigner?

Pour appliquer les principes du Code au cas où j'ai vendu une servitude sur le fonds d'autrui, si l'acquéreur savait que le fonds ne m'appartenait pas, la vente est nulle, il n'a pas de dommages et intérêts à prétendre (1599).

S'il l'ignorait, il peut, selon les circonstances, prétendre des dommages et intérêts qui seront payables par mes héritiers, chacun pour sa part héréditaire (1).

Le second exemple donné par Pothier est l'obligation de vous construire une maison.

Cette obligation est indivisible suivant l'auteur; vous pouvez demander que chacun des héritiers de l'entrepreneur soit condamné à faire l'édifice entier; mais dans ce cas encore, si l'héritier ap-

---

(1) *Secùs*, s'il y avait une peine stipulée. Pothier, n°. 334, *in fine*.

pelé met ses cohéritiers en cause, il ne pourra être condamné aux dommages et intérêts que pour sa part héréditaire : ajoutez que, dans les principes du Code, le contrat est dissous par la mort de l'entrepreneur, sans dommages et intérêts (1795).

Enfin, Pothier, n°. 334, donne pour exemple du troisième cas, auquel s'appliquent les principes de l'indivisibilité, celui où je me suis obligé par transaction de vous donner un droit de passage sur l'endroit de mon fonds que je vous indiquerai. Si je meurs avant de l'avoir fait, l'obligation est indivisible et ne peut, selon Pothier, s'acquitter que par tous les héritiers conjointement, pendant que le fonds servant est indivis. Il devient donc nécessaire de les appeler tous ; cependant ceux d'entre eux qui consentent d'exécuter l'obligation ne doivent pas être condamnés aux dommages et intérêts, mais seulement celui ou ceux qui refusent. Il est donc vrai que chacun des héritiers peut s'acquitter séparément de l'obligation, comme nous l'avons déjà observé ci-dessus.

Dans les principes du Code, la propriété du droit de servitude étant transférée par la concession que j'en ai faite, le concessionnaire ne doit s'adresser à mes héritiers que pour leur faire désigner le lieu du passage que je me suis réservé d'indiquer, et alors il doit les appeler tous, pendant que le fonds servant reste indivis ; car la désignation du lieu où le passage doit s'exercer appartient à tous ; tous doivent se réunir comme ils se réunissent pour faire un choix dans le cas d'une obligation alternative.

Qu'est-il encore besoin pour cela de recourir à la doctrine subtile de l'indivisibilité ? L'application n'en est pas plus utile relativement aux héritiers du créancier, comme on peut s'en assurer en lisant ce qu'en dit Pothier, n°. 326.

797. Enfin, un dernier effet de l'indivisibilité est que l'interpellation faite à l'un des héritiers qui succèdent à une obligation indivisible, ou sa reconnaissance, interrompt la prescription à l'égard de ses cohéritiers. En cela l'obligation indivisible diffère de l'obligation solidaire. « L'interpellation faite à l'un des héritiers d'un débiteur » solidaire, ou bien sa reconnaissance, n'interrompt pas la prescription à l'égard des autres » cohéritiers, *si l'obligation n'est indivisible* » (2249). »

Il ne paraît pas douteux que les rédacteurs de cet article n'ont entendu appliquer sa disposition qu'aux deux genres d'indivisibilité appelés par Dumoulin *individuum contractu, individuum obligatione*, auxquels s'appliquent les définitions données dans les art. 1217 et 1218, et non pas aux obligations que les mêmes auteurs appellent indivisibles *solutione ;* obligations qu'ils reconnaissent divisibles de leur nature, et que l'art 1221 met dans la classe des obligations divisibles, mais qui ne sont pas susceptibles d'être acquittées partiellement.

Mais on peut néanmoins se méprendre sur

l'application de l'art. 2249, d'autant plus facilement qu'il est bien difficile, pour ne rien dire de plus, de distinguer l'indivisibilité d'obligation de l'indivisibilité de paiement, comme nous l'avons prouvé ci-dessus, et que d'ailleurs les docteurs ne sont point d'accord sur ce point.

798. La précipitation avec laquelle les habiles rédacteurs du Code furent contraints de travailler, ne leur permit pas de porter leur ouvrage au point de perfection auquel ils pouvaient atteindre. Ils le sentirent mieux que personne, et dès le moment où le Code fut promulgué, ils furent les premiers à proclamer la nécessité d'une révision future. L'heureuse révolution qui vient de s'opérer hâtera sans doute l'époque de cette révision ; alors, il faut l'espérer, cette doctrine abstruse de l'indivisibilité sera bannie de nos lois, comme une théorie tout au moins inutile dans la pratique ; et en conservant le principe si ancien de la division des obligations, on se bornera à indiquer clairement les cas d'exception.

SECTION VI.

Des Obligations ou clauses pénales.

SOMMAIRE.

799. *La clause pénale a pour but d'assurer l'exécution d'une première obligation.*

800. *Il existe alors deux obligations, une primitive et pure et simple, l'autre secondaire et conditionnelle.*

801. *Le débiteur ne peut, en payant la peine, se dégager de l'obligation primitive; mais le créancier doit choisir entre l'une et l'autre.*

802. *A moins que la peine ne soit stipulée pour le retard, ou qu'il ne soit dit qu'elle sera encourue* rato manente pacto.

803. *Comparaison de l'obligation pénale avec l'obligation alternative.*

804. *Et avec l'obligation conditionnelle. Dans ce dernier cas, l'obligation commence par la condition,* incipit à conditione. *Leur différence rendue sensible par un exemple.*

805. *Effets de cette différence importans dans la pratique.* 1.° *La peine n'est pas encourue, si le débiteur a eu des excuses. Il ne peut être excusé de n'avoir pas accompli la condition même potestative.*

806. 2°. *Si l'obligation primitive est sans terme, et l'obligation pénale à terme, le créancier peut exiger de suite l'exécution de l'obligation primitive. Dans l'obligation conditionnelle, il ne peut jamais agir avant l'évènement de la condition même potestative.*

807. *Balancement des avantages et des désavantages propres à l'obligation conditionnelle pénale, et à l'obligation avec clause pénale. Moyen d'en réunir les avantages.*

808. *La clause pénale peut avoir deux objets; l'un de fixer les dommages et intérêts résultans de l'inexécution de l'obligation primitive; l'autre de donner à une convention le lien civil qui lui manquait.*

809. *La peine stipulée pour dommages et intérêts ne peut être modifiée par le juge, si ce n'est dans l'obligation de donner une somme: la peine alors ne peut excéder l'intérêt légitime.*

810. *Dans le droit romain, le juge pouvait augmenter la peine stipulée pour dommages et intérêts, et non la diminuer.*

811. *La jurisprudence française au contraire permettait de modérer la peine et non de l'augmenter.*

812. *Injustice de cette jurisprudence, faiblesse des raisons données pour la justifier. Elle est rejetée au Conseil-d'état et par le Code.*

813. *De la peine qui a pour objet de donner un lien civil à la convention. Trois espèces de conventions, les unes protégées par*

la loi, les autres réprouvées, les troisièmes non réprouvées, mais laissées sans action et abandonnées à la probité des parties.

814. *On donne un lien civil à ces dernières, au moyen de la stipulation pénale. Exemples.*

815. *La clause pénale, ajoutée à une promesse impossible, prohibée ou contraire aux bonnes mœurs, est nulle, et pourquoi.*

816. *Elle est encore nulle, lorsque la convention primitive est radicalement nulle par défaut de consentement, violence ou dol.*

817. *Un fait indifférent, mais non défendu, peut être la condition d'une obligation. Ainsi la stipulation pénale est valide toutes les fois que l'exécution de la promesse primitive n'a rien d'impossible, de contraire aux lois ou aux bonnes mœurs.*

818. *De la stipulation pénale ajoutée à une transaction.*

819. *La peine doit-elle être payée avant d'attaquer la transaction? Examen préalable de la question, relativement aux compromis ou arbitrages.*

820. *Origine des arbitres à Rome. Ils étaient nommés par le préteur, et avaient un caractère public.*

821. *Ceux que nommaient les particuliers n'en avaient point. Leur sentence n'était qu'une consultation. On lui donnait la force obligatoire en stipulant réciproquement une peine contre celui qui refuserait de s'y tenir: de là le mot de* compromis.

822. *On rendait obligatoires les sentences des arbitres, quoique le compromis ne fût pas revêtu de la stipulation.*

823. *Mais chaque partie pouvait l'improuver dans les dix jours, sauf à l'autre à exiger la peine* stipulée.

824. *Autrefois en France, chaque partie pouvait appeler de la sentence arbitrale, sans payer préalablement la peine promise.*

825. *L'Édit de 1560 donna aux sentences arbitrales la même force qu'aux jugemens, et défendit d'en recevoir l'appel*

avant de payer préalablement la peine, et sans espérance de la recouvrer, même en cas de réformation de la sentence.

826. *Cette loi ne fut point observée d'une manière uniforme.*

827. *Dans la législation actuelle, le compromis est un contrat d'une nature particulière. Sa comparaison avec la transaction.*

828. *Les lois nouvelles ne décident point si la peine stipulée doit être payée avant d'appeler d'un jugement arbitral; mais elles n'ont point abrogé l'Édit de 1560.*

829. *La peine ajoutée aux transactions est encourue du moment où le débiteur refuse de l'exécuter. Il doit payer la peine avant d'être reçu à attaquer la transaction.*

830. *Le créancier peut demander la peine et l'exécution de la transaction.*

831. *Il ne restitue point la peine, quand même la transaction serait rescindée.*

832. *A moins que ce ne fût pour un vice qui en opérerait la nullité radicale.*

833. *Le paiement de la peine n'est pas suspendu lorsque la transaction est attaquée comme nulle.*

834. *Quand la peine est encourue.*

835. *Le désistement de la demande formée au mépris de la stipulation pénale n'empêche point la peine d'être encourue, à moins que la contravention ne fût qu'apparente et non réelle.*

836. *Les offres partielles de la dette primitive ne peuvent soustraire à la peine stipulée.*

837. *Néanmoins, si le créancier les reçoit sans réserve, la peine peut être réduite (1231.)*

838. *Elle peut encore être réduite si l'entrepreneur a commencé et non achevé l'ouvrage au jour fixé.*

839. *On peut stipuler que le juge n'aura pas le droit de réduire la peine.*

840. *La peine se divise entre les héritiers de celui qui l'a encourue.*

841. *Il en est de même si tous les héritiers de l'un des contractans contreviennent à la clause pénale.*

842. *Si un seul y contrevient, il encourt seul la peine, et pour sa part virile.*

843. *Exception, si la clause pénale a eu pour objet d'empêcher le paiement partiel. Le contrevenant peut alors être poursuivi pour la totalité, et les autres chacun pour leur part, sauf leur recours. Exemple.*

844. *Cas particulier où ils n'ont point de recours.*

845. Quid, *si l'obligation primitive contractée avec clause pénale est indivisible.*

846. *La peine ajoutée à un contrat ne peut être stipulée qu'au profit des contractans, et non au profit d'un tiers.*

799. La clause pénale, comme l'indique le mot, est celle qui impose à une personne la nécessité de payer une somme ou autre chose, pour la punir de n'avoir pas exécuté une première obligation, ou d'avoir tardé de l'exécuter. L'objet de la clause pénale est donc toujours d'assurer l'exécution d'une première obligation. Elle suppose nécessairement deux promesses et deux stipulations. Par exemple, je vous promets d'abattre un bois qui vous nuit, et si je ne l'abats pas dans six mois, je promets de vous donner 600 fr.

800. On aperçoit dans cette formule deux promesses distinctes, et par conséquent deux obligations : 1°. celle d'abattre le bois; 2°. celle de payer 600 fr; celle-là primitive et pure et simple, celle-ci secondaire et conditionnelle.

L'obligation primitive est irrévocable et actuelle; l'exigibilité en est seulement retardée jusqu'au terme lorsqu'il y en a un. Elle serait exigible de suite et sans delai, si l'on n'y avait pas mis un terme. L'obligation secondaire est purement éventuelle, son existence dépend de l'événement de la condition. Elle sera parfaite, elle deviendra actuelle, si l'événement de la condition arrive, si je n'abats pas le bois avant six mois, ou si je suis constitué en demeure de l'abattre, dans le cas où il n'y aurait point de terme fixé par la convention. L'obligation secondaire n'aura jamais existé si l'événement de la condition n'arrive pas.

801. Mais l'existence de l'obligation, devenue actuelle et parfaite par l'événement de la condition, n'anéantit point l'obligation primitive : elles subsistent toutes les deux; car l'objet de la stipulation d'une peine n'est pas d'éteindre, de résoudre l'obligation primitive ; c'est au contraire d'en assurer l'accomplissement. Ainsi, on ne peut présumer que l'intention des parties contractantes ait été de fondre l'obligation principale dans la stipulation de la peine. Le débiteur ne peut donc pas, en payant la peine, se dégager de l'obligation primitive (1), qui continue de subsister.

Néanmoins, quoique les deux obligations subsistent ensemble après l'évènement de la condition qui donne naissance à l'obligation secondaire, le créancier ne peut régulièrement exiger l'accomplissement des deux; il ne peut exiger à-la-fois la peine stipulée et l'exécution de l'obligation

---

(1) Loi 122, § 2, ff *de V. O.*, 45, 1.

primitive; il faut qu'il choisisse entre l'une et l'autre (1229). Lois 41 et 42, ff *pro socio*, 17, 2; loi 28, ff *de act. empt.*, 19, 1.

802. A moins que la peine n'ait été stipulée pour réparation des dommages et intérêts que doit souffrir le créancier, non de l'inexécution absolue de l'obligation, mais du simple retard dans son accomplissement, ou qu'il n'ait été convenu par le contrat qu'en cas d'infraction à ses engagemens de la part de l'obligé, la peine sera encourue et exigible sans préjudice de l'obligation primitive, *rato manente pacto* (1), comme dit la loi 16, ff *de transactionibus*, 2, 15.

803. Il est facile de voir, par ce qu'on vient de dire, que les obligations avec clause pénale participent en quelques points de la nature des obligations alternatives et de la nature des obligations conditionnelles; mais elles en diffèrent en beaucoup d'autres points. Le rapprochement de leurs similitudes et de leurs différences peut répandre beaucoup de jour sur cette matière.

L'obligation alternative est toujours une; il n'y a pas deux obligations, mais une seule, qui a deux ou plusieurs objets, ou pour parler plus exactement, dont l'objet est indéterminé entre deux ou plusieurs choses, dont le choix appartient régulièrement au débiteur, s'il n'a pas été déféré au créancier par la convention.

---

(1) *Voyez* Hotman, *Quæst. illust.*, cap. 10; Fernandez de Retez, Tract. *de stipulatione pænali*; dans le Trésor de Méerman, tom. VII, pag. 413 et suiv.

L'obligation avec clause pénale renferme dès le principe deux obligations, une primitive et actuelle, l'autre secondaire et éventuelle. Avant l'événement, le débiteur peut prévenir l'existence de la seconde obligation, ou la faire évanouir, en satisfaisant à la première; mais après l'événement, il existe deux obligations parfaites, deux obligations principales (1), dont chacune a un objet déterminé, mais différent. Le créancier peut quelquefois exiger l'accomplissement de l'une et de l'autre; mais régulièrement il ne le peut, et alors le choix entre les deux lui appartient nécessairement : ce qui rapproche l'obligation avec clause pénale de l'obligation alternative, lorsque le choix est déféré au créancier. Ce qui l'en distingue est que si le choix était déféré au débiteur par la convention, la nature de l'obligation serait changée; ce ne serait plus une obligation avec clause pénale.

804. L'obligation avec clause pénale se rapproche encore de la nature de l'obligation conditionnelle, en ce que l'obligation secondaire que produit la clause pénale est toujours conditionnelle; mais ce qui les distingue est que la clause pénale est toujours et nécessairement précédée d'une obligation primitive, à la suite de laquelle elle est placée comme un lien de plus, ou comme un lien qui manquait à une obligation existante

(1) Vinnius, sur le § 18, Instit. *de inut. stip.*, n°. 1; Fernandez de Retez, *ubi sup.*, *princip.* 1.

avant l'obligation secondaire, et qui subsiste par elle-même, indépendamment de la seconde.

En un mot, dans les obligations avec clause pénale, il y a une obligation primitive, existante avant l'événement de la condition, indépendamment de la condition.

Dans l'obligation conditionnelle, il n'existe point d'obligation avant l'événement de la condition; elle ne commence, elle ne prend naissance que par cet événement, *incipit à conditione.*

C'est ce qu'il faut bien remarquer, et rendre sensible par un exemple; car c'est ici une des plus grandes difficultés de la matière. Je vous promets d'abattre un bois qui vous gêne, et si je ne l'abats pas dans six mois, je vous donnerai 600 fr. Il y a là évidemment, comme nous l'avons déjà remarqué, deux obligations distinctes, la première pure et simple, l'autre conditionnelle.

Au contraire, lorsqu'il est dit: Si je n'abats pas tel bois qui vous gêne, je vous donnerai 600 fr., il n'y a qu'une seule obligation, celle de donner 600 fr.; mais cette obligation est subordonnée à la condition potestative de ne pas abattre le bois. Elle ne prendra naissance que par l'événement de la condition, *incipiet à conditione.* Avant l'événement, il n'y a que l'espérance d'une obligation, *spes est debitum iri.* Je ne me suis point obligé d'abattre le bois, mais seulement de vous donner 600 fr., si je ne l'abats point; ainsi vous ne pouvez me contraindre à l'abattre. Cet abatis n'est point compris dans l'obligation que j'ai contractée de vous donner 600 fr., *non est in stipulatione;* ce n'est qu'une condition que j'y ai mise, afin de me réserver la faculté de m'en dégager en abattant le bois. Cet abatis est donc *in exsolutione, in facultate solutionis*, et non pas *in obligatione*, pour employer le langage des jurisconsultes.

Si ita stipulatus sim, si fundum non dederis, centum dare spondes? Sola centum in stipulatione sunt, in exsolutione fundus. Loi 44, § 5, ff *de oblig. et act.*, 44, 7.

Sed si navem fieri stipulatus sim, et si non feceris centum, videndum est utrum duæ stipulationes sint pura, et conditionalis....... quo magis verum est. § 6, ibid. (1).

Cùm servus communis Titii et Mævii stipulatur in hunc modum, decem calendis Titio dare spondes? Si decem calendis Titio non dederis, tunc Mævio viginti dare spondes? Duæ stipulationes esse videntur. Loi 1, § 1, ff *de stip. serv.*, 45, 3.

805. Il y a donc une différence très-sensible et très-réelle entre le cas de l'obligation avec clause pénale, où il y a toujours deux promesses et deux obligations, et celui de l'obligation conditionnelle, où il n'y en a qu'une seule, et cette différence produit des effets importans et remarquables dans la pratique.

1°. Lorsqu'il y a deux obligations, l'une pri-

---

(1) *Voy.* aussi Cujas, sur la loi 115, ff *de V. O*, dans les Questions de Papinien, *lib.* 2, *opp. posth.*, *tom.* 1, *col.* 60 *et seq.*

mitive, mais pure et simple, l'autre conditionnelle, mais pénale et secondaire, la peine n'est point encourue par le seul événement de la condition, si le débiteur a été empêché par une excuse légitime. Par exemple, vous avez promis de me construire une maison habitable au 24 juin (1), et en cas qu'elle ne soit pas prête à cette époque, de me donner 1,000 fr., *rato manente pacto*. La maison ne se trouve pas prête au terme fixé. La peine n'est pas encourue par l'événement de la condition, si vous avez été empêché de l'accomplir par des motifs légitimes : par exemple, par force majeure, maladie, etc. ; car la stipulation d'une peine n'avait pour objet que de punir votre négligence, de vous forcer à être ponctuel dans l'accomplissement de votre obligation, par la considération de la peine stipulée. On ne peut donc pas vous punir si vous n'êtes pas en faute ; vous devez être excusé.

Mais cette question d'excuse est presque toujours un procès difficile et douteux, que je puis prévenir en faisant de la construction de la maison, à l'époque du 24 juin, une condition absolue, à défaut de laquelle vous me paierez 1,000 fr., sans pouvoir être reçu à alléguer aucune excuse. En cela nulle injustice, puisque je peux stipuler, et que vous pouvez promettre la somme de 1,000 fr., dans le cas d'un événe-

(1) *Quid*, s'il était dit : Je vous construirai une maison habitable au 1er. juin, ou je vous donnerai 1,000 francs ? Ce serait une obligation alternative.

ment purement casuel, qui n'est point en votre pouvoir.

Si donc, au lieu de deux obligations, je ne vous en ai imposé qu'une seule, mais conditionnelle; par exemple, si j'ai stipulé que vous me donneriez 1,000 fr., si vous ne me construisez pas une maison habitable au 24 juin fixe, alors vous ne pouvez alléguer d'excuse; la peine est encourue *in omni casu*, soit que vous ayez été empêché de tenir la maison prête, soit qu'il y ait eu faute et négligence de votre part. Vous ne pouvez vous plaindre que votre excuse ne soit pas écoutée; car vous pouviez vous obliger de me donner 1,000 francs sous une condition casuelle.

Si vous ne vous êtes obligé que sous une condition potestative, votre condition n'en doit pas être meilleure. C'était à vous de prévoir les obstacles, et de prendre les mesures nécessaires pour les prévenir ou les faire cesser. Vous avez pris ces obstacles sur votre compte comme un événement purement casuel.

Ainsi, première différence entre le cas où l'obligation primitive est suivie d'une clause pénale, et celui où il n'existe qu'une seule obligation conditionnelle et pénale. Au premier cas, la peine n'est pas encourue, si le débiteur a eu des excuses légitimes pour ne pas accomplir l'obligation primitive, qui était la condition de l'obligation secondaire; au second cas, le débiteur ne peut être excusé, quoiqu'il ait été empêché d'accomplir la condition potestative dans le temps fixé. *Vid. sup.*, n°. 610.

806. Seconde différence : si l'obligation primitive est sans terme, le créancier peut en demander l'accomplissement de suite. Par exemple, je vous ai promis d'abattre un bois qui fait geler vos vignes, et si je ne l'abats pas, de vous donner 600 fr. Si vous ne faites pas de suite abattre le bois, je puis, sans plus attendre, vous traduire en justice pour vous y faire condamner, et pour être, en cas d'inexécution, autorisé à le faire abattre moi-même à vos depens (1144).

Si l'obligation primitive est sans terme, et l'obligation secondaire et pénale avec terme; par exemple, lorsque j'ai promis d'abattre le bois qui vous gêne, et si je ne l'abats pas dans deux ans, de vous payer 600 fr., vous ne pouvez pas à la vérité exiger la peine de 600 fr. avant l'expiration des deux ans; car je ne m'y suis soumis que dans le cas où je négligerais pendant deux ans d'abattre le bois; mais comme je n'ai point mis de terme à l'obligation primitive d'abattre le bois, elle est pure et simple, elle est exigible de suite et sans délai. Si donc vous voulez renoncer à la peine de 600 fr., qui ne peut être encourue qu'à l'expiration des deux années, vous pouvez agir de suite pour me faire condamner à abattre le bois, ou vous faire autoriser à l'abattre à mes dépens; car le créancier, au lieu de demander la peine stipulée contre le débiteur qui est en demeure, peut poursuivre l'exécution de l'obligation principale (1228).

Vainement je prétendrais qu'il m'est accordé un délai de deux ans pour abattre le bois. Vous me répondriez, avec raison, que ce délai ne m'est accordé que pour me dispenser de payer la peine stipulée avant l'expiration des deux ans, et non pour me dispenser pendant deux ans d'abattre le bois; car ce n'est qu'à l'obligation secondaire que le terme a été apposé, et non à l'obligation primitive, qui est indépendante de la secondaire (1227).

Au contraire, dans le cas où il n'existe qu'une seule obligation, mais conditionnelle, l'obligation commence par la condition, le créancier est forcé d'attendre l'événement. Il ne peut agir contre le débiteur pour le contraindre à l'accomplissement de la condition potestative, ni même pour lui faire fixer un délai dans lequel il sera tenu de l'accomplir, faute de quoi la peine sera encourue. Par exemple, je me suis obligé de vous payer 600 fr., si je ne fais pas abattre un bois qui vous gêne; faute d'avoir fixé un terme dans lequel je serai obligé de vous payer la somme si le bois n'est pas abattu, vous serez contraint d'attendre qu'il me plaise de l'abattre, sans pouvoir m'y forcer, sans pouvoir me fixer un délai pour l'abattre; et s'il me plaît d'attendre toute ma vie à me déterminer, ce ne sera qu'à ma mort que vous pourrez demander les 600 fr. à mes héritiers (1).

Si j'avais promis de vous payer 600 fr. dans le cas où je n'abattrais pas le bois dans deux ans,

(1) *Voy.* ce que nous avons dit aux nos. 622 et suiv., où nous avons exposé les opinions différentes de Proculus et de Sabinus, telles qu'elles sont rapportées par Papinien, dans la loi 115, § 2, ff *de V. O.*, 45, 1.

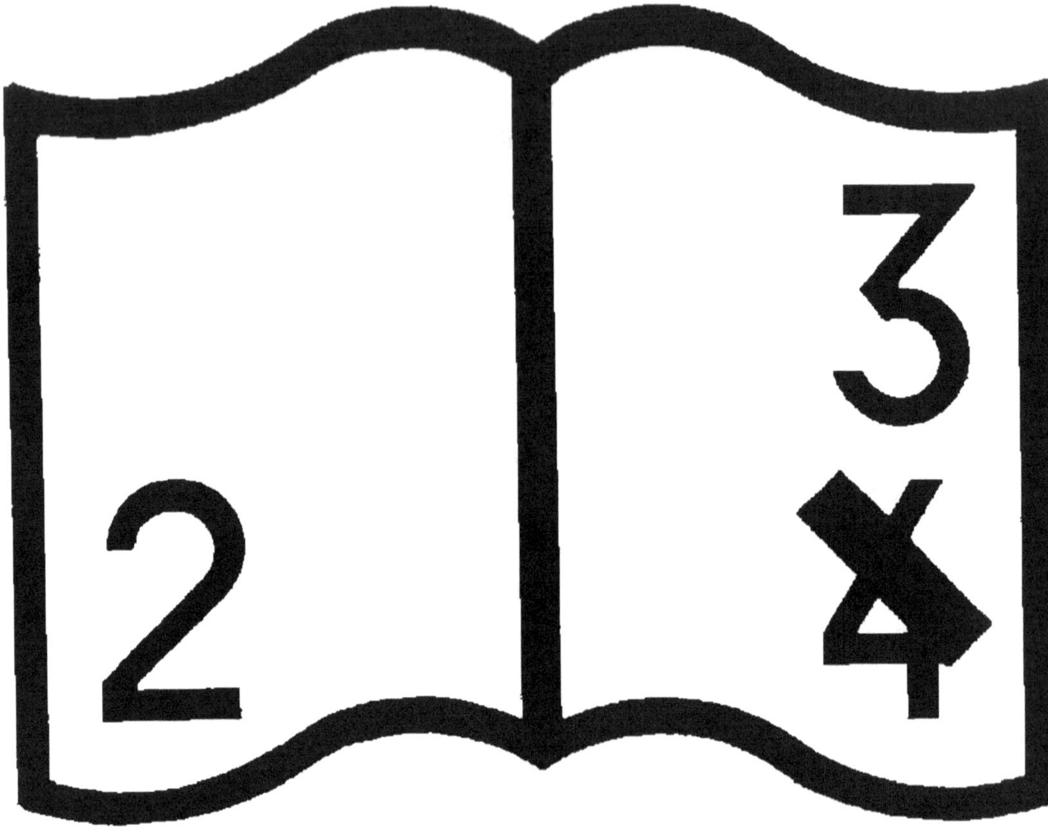

Pagination incorrecte — date incorrecte

NF Z 43-120-12

809. Mais leur quotité est toujours incertaine, et la question de savoir s'il en est dû est souvent douteuse. La demande des dommages et intérêts occasionne presque toujours des procès difficiles et dispendieux; les juges n'en accordent que difficilement et presque toujours de très-faibles. C'est pour prévenir ces embarras, pour fixer ces incertitudes, que les jurisconsultes conseillent prudemment de stipuler une peine (*optimum erit pœnam subjicere ne quantitas... sit in incerto* § 7, *inst. de V. O.*, 3, 16, *et ibi* Vinnius; car « lorsque » la convention porte que celui qui manquera de » l'exécuter paiera une certaine somme, à titre » de dommages et intérêts, il ne peut être alloué à » l'autre partie une somme plus forte ni moindre » (1152). »

Il faut excepter les obligations qui se bornent au paiement d'une certaine somme, à l'égard desquelles la peine stipulée pour le retard dans l'exécution ne peut jamais excéder le taux des intérêts fixés (1) par la loi (1153), comme nous l'avons dit *suprà*, n°. 266, pag. 301.

Ainsi le juge peut et doit toujours, sur la demande de l'autre partie, modérer la peine stipulée et la ré-

---

(1) En Angleterre, il est d'usage, en empruntant de l'argent, de donner un billet d'une valeur double de la somme empruntée; par exemple, de 10,000 fr. pour 5,000, et d'ajouter pour condition que le billet sera nul et de nul effet, si le débiteur ou ses ayant cause paient 5,000 fr. au terme fixé; et autrefois la somme entière était due faute de paiement à l'échéance. Mais insensiblement les Cours d'équité, et ensuite un statut de la reine Anne, ont introduit l'usage de réduire la peine au taux de l'intérêt légitime. *Voyez* Blackstone, tom. II, chap. 20, pag. 340 et 341, édition in-8°., Londres, 1783.

duire au taux de l'intérêt légitime. Loi 13, § 26, ff *de act. empt.*, 19, 1.

Hors ce cas, la peine stipulée ou la somme convenue ne peut être modifiée par le juge que dans le cas où l'obligation principale a été exécutée en partie (1231). Fernandez de Retez, *ubi suprà*, n°. 604.

810. Dans le droit romain, s'il se trouvait que la peine stipulée était inférieure au préjudice que causait au créancier l'inexécution ou le retard dans l'exécution de l'obligation, il pouvait demander le surplus, *id quod pluris interfuerit.* Loi 28, ff *de empt.*, 19, 1, *et ibi* Brunnemann ; Pothier, n°. 342.

Mais les juges ne pouvaient diminuer la peine stipulée, sous prétexte qu'elle surpassait l'indemnité due au créancier : « *Pœnam enim cùm stipulatur quis, non illud inspicitur quod intersit ejus, sed quæ sit quantitas in conditione stipulationis.* » § 18, *Inst. de inut. stip.*, 3, 20 ; *ibi.* Vinnius ; Voët, in tit. *de V. O.*, n°. 12, *in fin.*, 45, 1.

811. L'ancienne jurisprudence française ne permettait pas aux juges d'allouer au créancier une somme plus forte que la peine stipulée, quoique le préjudice qu'il souffrait fût plus grand ; mais elle leur permettait de modérer cette peine en faveur du débiteur, si elle excédait évidemment le dommage effectif.

Ce pouvoir de modérer la peine n'était fondé sur aucune loi, mais sur des opinions d'auteurs. *Voyez* Pothier, n°. 345.

La même jurisprudence s'était établie dans la

vous seriez obligé d'attendre l'expiration de ce délai, sans pouvoir agir auparavant.

807. De la comparaison que nous venons de faire entre l'obligation simplement pénale et conditionnelle, et l'obligation suivie d'une clause pénale, que le Code appelle obligation avec clause pénale, il résulte que chacune de ces deux espèces d'obligations a des avantages et des inconvéniens qui lui sont propres.

Dans le cas de la première, la peine stipulée est exigible aussitôt après l'événement de la condition: elle est encourue de plein droit sans que le débiteur puisse alléguer aucune excuse; mais aussi le créancier ne peut demander rien autre chose que la peine; il ne peut exiger l'accomplissement de la chose ou du fait, qui étaient l'objet qu'il se proposait principalement d'obtenir.

Dans le cas de l'obligation suivie de clause pénale, lorsque l'obligation primitive n'a point de terme, le créancier peut agir de suite, sans attendre l'événement de la condition qui doit donner naissance à l'obligation secondaire. Après cet événement, il a le choix, et peut demander ou la peine ou l'exécution de l'obligation primitive; il peut même, si la convention le porte, exiger l'une et l'autre; mais il est exposé à des difficultés et à des procès sur les excuses proposées par le débiteur, qui ne sont souvent que des prétextes.

Pour procurer au créancier une entière assurance, il faut réunir les avantages des deux espèces d'obligations dont nous venons de parler, en ajoutant à l'obligation suivie de clause pénale, que la peine stipulée sera encourue de plein droit par la seule expiration du terme, sans qu'il soit besoin d'acte, et sans que le débiteur puisse alléguer aucune excuse, le tout en outre de l'obligation primitive, et sans y déroger.

808. Pour achever de développer la nature des obligations avec clause pénale, il faut remarquer qu'on peut se proposer deux choses en stipulant une peine; l'une de fixer la quotité des dommages et intérêts qui sont dus au créancier à raison de l'inexécution ou du retardement dans l'exécution d'une obligation.

L'autre de donner à une convention le lien civil qui lui manquait, et faute duquel elle ne pouvait produire d'action; de contraindre l'autre partie à l'exécuter par la crainte d'encourir la peine stipulée. C'est la sanction d'une obligation dont le créancier ne pouvait poursuivre l'exécution en justice, ou que le débiteur pouvait violer impunément.

Nous examinerons les clauses pénales sous ces deux points de vue.

Toute obligation de faire ou de ne pas faire se résout en dommages et intérêts en cas d'inexécution de la part du débiteur (1142), et quant aux obligations de donner, quoique le créancier puisse rigoureusement contraindre le débiteur à les exécuter, le retard dans leur exécution peut causer et cause le plus souvent au créancier un préjudice plus ou moins considérable, dont le débiteur est tenu de l'indemniser en lui payant les dommages et intérêts.

809. Mais leur quotité est toujours incertaine, et la question de savoir s'il en est dû est souvent douteuse. La demande des dommages et intérêts occasionne presque toujours des procès difficiles et dispendieux; les juges n'en accordent que difficilement et presque toujours de très-faibles. C'est pour prévenir ces embarras, pour fixer ces incertitudes, que les jurisconsultes conseillent prudemment de stipuler une peine (*optimum erit pœnam subjicere ne quantitas... sit in incerto* § 7, *inst. de V. O.*, 3, 16, *et ibi* Vinnius; car « lorsque » la convention porte que celui qui manquera de » l'exécuter paiera une certaine somme, à titre » de dommages et intérêts, il ne peut être alloué à » l'autre partie une somme plus forte ni moindre » (1152). »

Il faut excepter les obligations qui se bornent au paiement d'une certaine somme, à l'égard desquelles la peine stipulée pour le retard dans l'exécution ne peut jamais excéder le taux des intérêts fixés (1) par la loi (1153), comme nous l'avons dit *suprà*, n°. 266, pag. 301.

Ainsi le juge peut et doit toujours, sur la demande de l'autre partie, modérer la peine stipulée et la ré-

---

(1) En Angleterre, il est d'usage, en empruntant de l'argent, de donner un billet d'une valeur double de la somme empruntée; par exemple, de 10,000 fr. pour 5,000, et d'ajouter pour condition que le billet sera nul et de nul effet, si le débiteur ou ses ayant cause paient 5,000 fr. au terme fixé; et autrefois la somme entière était due faute de paiement à l'échéance. Mais insensiblement les Cours d'équité, et ensuite un statut de la reine Anne, ont introduit l'usage de réduire la peine au taux de l'intérêt légitime. *Voyez* Blackstone, tom. II, chap. 20, pag. 340 et 341, édition in-8°., Londres, 1783.

duire au taux de l'intérêt légitime. Loi 13, § 26, ff *de act. empt.*, 19, 1.

Hors ce cas, la peine stipulée ou la somme convenue ne peut être modifiée par le juge que dans le cas où l'obligation principale a été exécutée en partie (1231). Fernandez de Retez, *ubi suprà*, n°. 604.

810. Dans le droit romain, s'il se trouvait que la peine stipulée était inférieure au préjudice que causait au créancier l'inexécution ou le retard dans l'exécution de l'obligation, il pouvait demander le surplus, *id quod pluris interfuerit.* Loi 28, ff *de empt.*, 19, 1, *et ibi* Brunnemann; Pothier, n°. 342.

Mais les juges ne pouvaient diminuer la peine stipulée, sous prétexte qu'elle surpassait l'indemnité due au créancier : « *Pœnam enim cùm stipulatur quis, non illud inspicitur quod intersit ejus, sed quæ sit quantitas in conditione stipulationis.* » § 18, *Inst. de inut. stip.*, 3, 20; *ibi.* Vinnius; Voët, in tit. *de V. O.*, n°. 12, *in fin.*, 45, 1.

811. L'ancienne jurisprudence française ne permettait pas aux juges d'allouer au créancier une somme plus forte que la peine stipulée, quoique le préjudice qu'il souffrait fût plus grand; mais elle leur permettait de modérer cette peine en faveur du débiteur, si elle excédait évidemment le dommage effectif.

Ce pouvoir de modérer la peine n'était fondé sur aucune loi, mais sur des opinions d'auteurs. *Voyez* Pothier, n°. 345.

La même jurisprudence s'était établie dans la

Hollande et dans le Brabant, comme le rapporte Voët, in tit. *de V. O.*, n°. 13, qui s'exprime de manière à faire croire qu'il ne l'approuvait pas (1).

812. C'était une étrange jurisprudence que celle qui, sous prétexte d'équité, permettait aux juges de déroger à la convention, comme s'il n'était pas permis aux contractans de stipuler une peine plus forte que l'obligation primitive, tandis qu'ils peuvent stipuler une somme sous la condition d'un événement casuel qui ne leur cause aucun préjudice. Dumoulin, dont la grande autorité contribua surtout à introduire en France cette jurisprudence, qui permettait aux juges de modérer la peine stipulée, lorsqu'elle paraissait excessive, fondait ce principe sur la loi unique, Cod. *de sentent. quæ pro eo quod interest proferuntur*, 7, 47, qui ne veut pas que les dommages et intérêts puissent excéder le double de la valeur de la chose qui fait l'objet de l'obligation primitive. Or, disait Dumoulin, la nature de la peine est de tenir lieu des dommages et intérêts : donc elle doit être réduite au

(1) Le Code prussien, 1.re part., tit. v, des Contrats, n°. 301, porte que si l'amende ou la peine surpassait le double des dommages et intérêts réellement dus, le juge doit la modérer au double de cet intérêt.

Cette disposition est d'une application difficile dans la pratique car, pour l'exécuter, il faut commencer par apprécier les dommages et intérêts; ce que les juges ne peuvent faire. Il faut donc nommer d'abord des experts pour estimer le dommage, et c'est en comparant leur estimation à la peine, qu'on verra si elle excède le double. Quelle involution de procès!

double en cas d'excès. Sans examiner si cette conséquence est bien juste (elle ne l'est pas relativement à la peine stipulée pour l'exécution d'une obligation inutile), il suffit de dire que le texte cité n'a plus force de loi, et qu'il ne l'a même jamais eue en France, dans les pays de coutumes. Aussi Pothier, n°. 345, donne une autre raison du principe établi par Dumoulin. Lorsqu'un débiteur, dit-il, se soumet à une peine excessive en cas d'inexécution de son engagement, il y a lieu de croire qu'il ne l'a fait que dans la fausse confiance qu'il n'y manquerait pas, de sorte qu'il croyait ne s'obliger à rien, en se soumettant à la peine. Son consentement est donc censé avoir été fondé sur l'erreur.

Si l'erreur qui ne consiste que dans la fausse confiance du débiteur suffisait pour faire annuler un contrat par défaut de consentement, il y aurait bien peu de conventions qui ne fussent pas attaquées, et les transactions sociales rentreraient dans le désordre. Le raisonnement de Pothier prouverait donc beaucoup trop. Il s'ensuivrait non seulement que la peine excessive doit être modérée, mais encore la peine qui n'excéderait pas la valeur de l'obligation primitive, et surtout la peine stipulée, dans les cas où le créancier n'éprouve aucun préjudice de l'inexécution de l'obligation primitive ; et cependant Pothier convient que la peine est due en ce cas, parce qu'elle est stipulée pour éviter la discussion du fait de savoir si le créancier a souffert effectivement, et à combien monte ce qu'il a souffert. Rien n'est donc moins satisfaisant que les raisons données pour justifier le principe que les juges doivent être autorisés à modérer les peines conventionnelles, lorsqu'ils les trouvent excessives. Il faut des considérations bien puissantes, des considérations d'ordre public, pour permettre aux juges de s'écarter de la loi du contrat, et de modifier la volonté des parties. *Optima lex quæ minimum relinquit arbitrio judicis, optimus judex qui minimum sibi.* Bacon, *aphor.* 8, *de justit. univ.*

La commission chargée de la rédaction du projet de Code avait proposé de conserver l'ancienne jurisprudence, qui fut rejetée au Conseil-d'État et avec raison, par le motif que les contractans sont les appréciateurs les plus sûrs du dommage qui peut résulter de l'inexécution de leur engagement, et qu'ainsi quand les parties ont elles-mêmes fixé le taux des dommages et intérêts, leur prévoyance ne doit pas demeurer sans effet, leur convention doit être respectée. *Voyez* le Procès-verbal des Conférences, tom. 7, pages 252 et 253, séance du 11 brumaire an XII. Si la disposition qui défend au juge de modérer la peine conventionnelle peut, en des cas assez rares, entraîner quelques inconvéniens particuliers, ils sont plus que compensés par le grand avantage de prévenir une foule de procès, par la stabilité qu'elle donne aux conventions et aux transactions sociales, presque toujours attaquées par l'esprit de litige et de mauvaise foi, quand on laisse aux plaideurs l'espoir d'arracher à la faiblesse ou à la pitié des juges une décision contraire à la loi du contrat.

813. Aucune loi en France ne permettait aux juges de modérer les peines conventionnelles ; c'était un droit qu'ils s'étaient arrogé, et qui avait passé en usage. Il y avait même des lois particulières à certains objets qui interdisaient ce droit, comme nous l'allons voir en examinant les cas où la clause pénale a pour objet de suppléer au lien civil ou à la force obligatoire, dont manquait la promesse à laquelle la peine est ajoutée.

En considérant l'effet de la loi civile sur les conventions, on peut en distinguer de trois espèces ; les unes qu'elle protège entièrement, en autorisant le recours à l'autorité publique pour les faire exécuter.

D'autres qu'elle réprouve, soit comme contraires aux lois ou aux bonnes mœurs, soit à raison du défaut de capacité dans les parties contractantes, soit à raison des vices qui peuvent les faire annuler ou rescinder.

Enfin, il y a d'autres conventions que la loi ne réprouve pas, mais pour le maintien desquelles elle n'accorde pas d'action ou de recours à l'autorité publique. Tels étaient chez les Romains les pactes nus, dont nous avons parlé n°. 16 ; telles étaient et telles sont encore chez nous les conventions faites au profit d'un tiers qui n'est point partie au contrat, les conventions inutiles, dont l'objet ne peut être utile ni préjudiciable à l'autre partie, et dont, faute d'un intérêt appréciable en deniers, on ne peut demander l'exécution en justice.

Les clauses pénales ajoutées aux conventions de la première espèce ne peuvent avoir pour objet que de fixer l'incertitude sur la question de savoir s'il était dû des dommages et intérêts, et sur leur quotité. Elles sont, comme le dit l'art. 1229, la compensation des dommages et intérêts que le créancier souffre de l'inexécution de l'obligation principale. Il ne peut demander en même temps le principal et la peine, à moins qu'elle n'ait été stipulée pour le simple retard, ou, comme nous l'avons dit *suprà*, n°. 802, qu'elle n'ait eté stipulée en outre de l'exécution de l'obligation principale, *rato manente pacto.*

On ajouterait vainement une peine à l'inexécution des conventions de la seconde espèce; la nullité de l'obligation principale entraîne celle de la clause pénale (1227). Nous en donnerons la raison tout-à-l'heure.

814. Quant aux conventions de la troisième espèce, c'est pour suppléer au lien civil ou à la force obligatoire qui leur manque, qu'ont été surtout inventées les clauses pénales. La loi ne permet point aux citoyens de s'imposer mutuellement des chaînes inutiles, sans autre motif qu'un vain caprice. Les obligations n'ont été introduites dans la société que pour procurer à chacun les moyens d'acquérir ce qui peut lui être d'une utilité réelle et appréciable en argent: *ad hoc inventæ sunt obligationes, ut unusquisque acquirat quod suâ interest.* Loi 38, § 17, ff *de V. O.*, 45, 1, §. 19, *Inst. de inut. stip.* C'est par une conséquence de ces principes que je ne puis

valablement stipuler au profit d'un tiers (1121); car le tiers qui n'était point partie au contrat ne peut acquérir aucun droit par une convention qu'il n'a point acceptée; et d'un autre côté, je n'ai pas d'intérêt réel à l'exécution d'une promesse qui ne peut ni me donner aucun profit, ni me causer aucun dommage par son inexécution. Je ne serai donc point écouté si j'ai recours aux tribunaux pour la faire exécuter.

Il en sera de même si vous m'avez promis de faire ou de ne pas faire toute autre chose, d'ailleurs licite et honnête, mais à laquelle je n'ai pas un intérêt réel; par exemple, si vous m'avez promis de quitter la ville de Rennes, et de n'y point paraître pendant six mois, je ne pourrai vous traduire devant les tribunaux pour avoir manqué à votre promesse; car votre retour à Rennes avant le terme fixé ne m'a causé aucun dommage dans ma fortune, et toute obligation de faire ou de ne pas faire se résout en dommages et intérêts, en cas d'inexécution de la part du débiteur (1142).

Cependant je puis avoir dans les deux cas posés, un intérêt moral très-grand à l'exécution de la promesse. La charité me donne le plus vif intérêt à procurer du bien à mon prochain comme à moi-même, *beneficio affici hominis interest*, dit Papinien (loi 7, ff *de serv. export.*, 18, 7) et je puis avoir un intérêt très-pressant à écarter pour quelque temps une personne de telle ou telle ville, ou à la faire demeurer dans telle ou telle autre, soit, par exemple, pour prévenir les suites fatales d'un faux point d'honneur, soit pour éteindre une passion naissante, qui contrarierait les convenances et les vues de la famille, etc., etc.

En ces cas et en beaucoup d'autres, je ne puis atteindre le but que je me propose, de forcer celui qui m'a fait la promesse à la tenir, qu'en acquérant le droit de le traduire en justice; or, je ne puis l'acquérir qu'en me ménageant un intérêt direct et pécuniaire à l'exécution ou à l'inexécution de cette promesse : les lois m'en indiquent le moyen, en me conseillant de stipuler une somme convenue que sera contraint de me payer, comme une peine, celui qui a fait la promesse, s'il ne l'accomplit pas. *Pœnam stipulari conveniet, ut si ita factum non sit, ut comprehensum est, committetur stipulatio, etiam ei cujus nihil interest; pœnam enim cùm stipulatur quis, non illud inspicitur quod intersit, sed quæ sit quantitas, quæque conditio stipulationis.* Loi 38, § 17, ff *de V. O.*, 45, 1.

Vous me promettez d'accompagner mon ami dans un voyage qu'il va faire à Rome, et si vous ne l'accompagnez pas, vous promettez de me payer 10,000 francs.

Je ne puis vous contraindre à partir; mais votre départ est une condition potestative, à défaut de laquelle je pourrai vous contraindre à me payer les 10,000 fr. compris dans la promesse secondaire. Cette clause pénale est donc véritablement la sanction de la promesse primitive dont je puis provoquer l'exécution; c'est une voie indirecte de vous contraindre à l'exécuter par la crainte d'encourir la peine stipulée. Cette stipulation ne donne point à la promesse primitive la force obligatoire qui lui manque ; mais elle y supplée d'une manière efficace, puisque vous ne pouvez vous dispenser d'aller à Rome sans être contraint de me payer 10,000 fr.

Vous ne pouvez m'alléguer que je suis sans intérêt à ce que vous alliez à Rome ; que votre refus d'y aller ne me cause aucun préjudice ; car en me promettant 10,000 fr. sous cette seule condition, si vous n'alliez pas à Rome, vous n'avez pas ajouté pour condition secondaire, si j'avais intérêt à ce voyage. L'obligation conditionnelle de me payer 10,000 fr., si vous n'alliez pas à Rome avec Caius, est une obligation principale qui n'est point, comme dans le cas de l'article 1229, la compensation des dommages et intérêts que souffre le créancier de l'inexécution de l'obligation primitive, puisque l'obligation primitive n'est pas valide. Ainsi la somme m'est due par le seul événement de la condition, à moins que vous n'ayez une excuse suffisante pour ne l'avoir pas accomplie. Par exemple, si vous en avez été empêché par maladie ou autre force majeure. Voy. *suprà*, nº. 805.

815. Mais comme toute condition d'une chose impossible, contraire aux bonnes mœurs ou prohibée par la loi, rend nulle la convention qui en dépend (1172), la clause pénale ajoutée à une promesse impossible, contraire aux bonnes mœurs ou prohibée par la loi, est nulle, puisque c'est l'exécution de cette promesse qui est la condition

de la clause pénale. Ainsi, par exemple, je promets de vous donner mon cheval mort peu de temps auparavant, je promets de divorcer, de ne point faire de testament, de vous payer l'intérêt de l'argent que vous m'avez prêté à dix ou douze pour cent, etc., et si je manque à faire ces choses, je promets de vous donner 1,000 fr. Cette clause pénale est nulle, parce qu'elle est faite sous une condition impossible ou réprouvée par les lois ou les bonnes mœurs.

816. La clause pénale est encore nulle lorsque la convention primitive, sous la condition de laquelle la peine a été stipulée, est infectée d'un vice qui en opère la nullité radicale, tel que le défaut de consentement, la violence, le dol, parce qu'une pareille convention étant nulle et réprouvée par la loi, la stipulation d'une peine promise sous la condition de l'observer, est infectée du même vice.

817. Telle est la véritable raison (1) du principe consacré par l'art. 1227 du Code, qui porte que la nullité de l'obligation principale entraîne

(1) Pothier en donne une autre; il dit qu'il est de la nature des choses accessoires de ne pouvoir subsister sans la chose principale. Loi 129, § 1, et loi 178, ff *de R. J.* Il pense que si la clause pénale ajoutée à une promesse non pas nulle, mais inutile, telle que la promesse du fait d'autrui, est néanmoins valide, c'est une exception à la maxime que l'accessoire suit le principal, *accessorium naturam sequi congruit principalis.* Reg. 43, *de R. J.*, *in sexto.* La fausseté de cette opinion a été démontrée par Vinnius, *in* § 18, Inst. *de inut. stip.*; par Doneau, sur la loi 69, ff *de V. O.*, et sur la loi 38, § 17, *eod.*; par Fernandez de Retez, dans son Traité *de Stipulat. pœnali*, *princip.* 1 et 3, *consec.* 1; et nous avons suivi leur doctrine, qui nous a paru la seule vraie.

celle de la clause pénale. Ce n'est donc point par exception à ce principe que la clause pénale est valide, lorsqu'elle est ajoutée à une promesse qui n'est pas réprouvée par les lois, mais dont l'exécution ne peut être demandée aux tribunaux, parce qu'elle n'est utile ni préjudiciable au demandeur, telle que la promesse en faveur d'un tiers, la promesse du fait d'autrui, etc. C'est parce qu'il n'est pas défendu de prendre pour condition d'une promesse ou d'une obligation un fait même entièrement indifférent, un fait qu'il n'est pas en notre pouvoir de faire arriver ou d'empêcher, et dont l'événement n'intéresse en rien les contractans. La promesse d'un tel fait est inutile et non pas nulle; elle n'est pas réprouvée par la loi: seulement la loi n'autorise pas à poursuivre en justice l'exécution d'une telle promesse, pour ne pas fatiguer les tribunaux et la société par des réclamations inutiles; mais elle ne défend pas de faire de l'exécution de ces promesses la condition d'une stipulation pénale; elle le conseille au contraire: *optimum erit pœnam subjicere* (*Inst.*, §. 7, *de V. O.*, et §. 18, *de inut. stip.*), et elle commande aux juges de faire exécuter littéralement cette stipulation, sans pouvoir la modifier qu'en un seul cas, celui où l'obligation primitive a été exécutée en partie (1231).

Pour connaître si une stipulation pénale est valide, il ne faut donc pas chercher si le stipulant peut avoir intérêt à faire exécuter la promesse primitive dont l'inexécution forme la condition par l'événement de laquelle la peine sera encourue, il faut examiner si cette promesse est dans l'un des cas prévus par l'article 1172; c'est-à-dire, si l'objet en est impossible, contraire aux bonnes mœurs ou prohibé par les lois. N'est-elle infectée d'aucun de ces vices? la clause pénale est valide, quoique la loi n'accorde aucune action pour faire exécuter la promesse primitive, qui pourrait être impunément violée, sans la peine qui lui sert de sanction.

818. Nous en trouvons un exemple dans l'article 2047, qui porte qu'on peut ajouter à une transaction la stipulation d'une peine contre celui qui manquera de l'exécuter. Les lois favorisent les transactions, parce qu'il importe à la paix de la société de prévenir et de terminer les procès. Cependant la promesse de ne point revenir contre une transaction, quoique cette promesse ne soit pas prohibée par la loi, et qu'elle soit même vue favorablement par le législateur, n'est point obligatoire. Elle manque de lien civil, puisqu'on peut impunément y contrevenir, en attaquant la transaction, si l'on a, ou si l'on prétend avoir des motifs légitimes pour la faire rescinder. Or, l'expérience prouve que l'aveugle intérêt et la mauvaise foi croient toujours en avoir, et que les transactions deviennent trop souvent la source de nouveaux procès, pires que les premiers. C'est pour prévenir ces nouveaux procès que le Code permet de stipuler une peine contre celui qui manquera d'exécuter la transaction. Cette peine a le double objet de détourner d'attaquer la transaction celui qui croirait avoir à s'en plaindre, et d'indemniser

l'autre partie des embarras et des frais que lui cause la nouvelle instance dans laquelle l'entraîne son adversaire.

819. Mais la peine doit-elle être payée par celui qui attaque la transaction avant que sa demande soit reçue? Si elle doit être payée, sera-t-elle rendue, en cas que la transaction soit réformée? Si elle n'a pas été payée avant l'introduction de l'instance, le jugement qui rejette la demande doit-il de plus condamner au paiement de la peine?

Avant de résoudre ces questions, relativement aux transactions, nous les examinerons relativement aux compromis et aux arbitrages, pour lesquels il existe une loi spéciale.

820. L'origine des arbitres venait, à Rome, de l'usage où étaient les préteurs de donner aux plaideurs des juges pris dans une liste de citoyens comparables à nos listes de jurés. Le préteur choisissait sur cette liste une ou plusieurs personnes, pour juger la plupart des procès qu'on portait devant lui; ces juges, qu'on appelait *pedanei*, *judices pedanei*, parce qu'ils n'avaient point de tribunal, devaient être agréés par les deux parties. La mission que leur donnait le préteur leur conférait un caractère public; leur jugement avait l'autorité de la chose jugée, comme s'il eût été rendu par un magistrat. Ces juges étaient en certains cas appelés *arbitri* (1).

821. Les particuliers pouvaient aussi, sans re-

(1) *Voyez* les Antiquités d'Heineccius, lib. 4, tit. 6, n°. 39, et tit. 17, n°. 2.

courir au préteur, se nommer des arbitres, c'est-à-dire, des hommes au jugement desquels ils convenaient de soumettre les contestations qui s'élevaient, ou qui étaient sur le point de s'élever entre eux; mais ces arbitres n'ayant ni autorité ni caractère public, leur sentence n'était qu'une consultation. Pour lui donner la force qui lui manquait, il fallait convenir d'une peine qu'encourrait celui qui refusait de se soumettre à cette sentence, *ut metu ejus à placitis non recedatur*, dit la loi 1, Cod. *de receptis arbitris*, 2, 56, et comme cette peine était réciproquement promise par chacune des parties, l'acte où elle était convenue, et où les arbitres étaient nommés, s'appelait compromis, *compromissum*.

Si le compromis était revêtu de la formalité de la stipulation, celui en faveur de qui les arbitres prononçaient avait l'action *ex stipulatu*, pour contraindre à son choix l'autre partie, soit à se conformer à la sentence arbitrale, soit à payer la peine promise. *Vid.* Boehmer, *Jus ecclesiasticum protestantium*, *lib.* 1, *tit.* 43, n°. 12.

822. Si le compromis n'était pas revêtu de la formalité de la stipulation, le jugement des arbitres ne pouvait produire aucune action, mais il produisait en faveur du défendeur l'exception *pacti conventi*, accordée par le préteur aux simples pactes ou pactes nus. Justinien, dérogeant à la rigueur de l'ancien droit, accorda une action pour faire exécuter les sentences arbitrales, lorsque les deux parties les avaient expressément approuvées, en les souscrivant depuis qu'elles avaient

été rendues, ou tacitement, en laissant passer dix jours sans déclarer qu'elles ne les approuvaient pas.

823. Mais si dans les dix jours l'une des parties manifestait son improbation ou son refus d'acquiescer, la sentence demeurait sans effet. Il n'en résultait ni action pour le demandeur, ni exception pour le défendeur; la partie gagnante n'avait d'autre ressource que de se faire payer la peine, s'il en avait été promis une par *stipulation*. *Voy.* Merlin, Questions de droit, 3e. édit., v[o]. *Peine compromissoire.*

824. Quoique, dans nos mœurs, les simples conventions aient la même force que les stipulations, il paraît qu'anciennement les sentences arbitrales y avaient moins de force que dans le dernier état de la jurisprudence romaine : quoiqu'il y eût une peine convenue dans le compromis, celui qui croyait avoir à se plaindre de la sentence arbitrale pouvait recourir ou en appeler au juge ordinaire, même sans payer préalablement la peine promise. Ce n'était que dans le cas où la sentence était confirmée par le juge ordinaire, que l'on n'était pas reçu à se rendre appelant, *sinon en payant préalablement la peine proposée en arbitrage; sauf toutefois à icelle recouvrer, s'il est dit en fin de cause.* C'est ce que porte l'art. 34 de l'Ordonnance de 1510. Cet article fut répété par François Ier, dans l'Ordonnance du mois de novembre 1535, chap. 16, art. 30.

825. L'expérience fit bientôt connaître que le but de ces Ordonnances était manqué; qu'elles

alongeaient les procès au lieu de les abréger, en ce qu'au lieu d'une appellation elles en avaient établi deux. Pour obvier à ces inconvéniens, une Ordonnance spéciale, donnée au mois d'août 1560, par le roi François II, autorisa et confirma les jugemens donnés sur les compromis des parties, lors même qu'elles n'y avaient point ajouté de peine. Elle voulut que ces jugemens eussent la même force et vertu que les sentences données par les juges ordinaires, et que nul n'en fût reçu appelant sans les avoir préalablement exécutées, tant en principal et dépens qu'en la peine, *sans espérance d'icelle peine recouvrer*, encore que la sentence arbitrale fût réformée en tout ou en partie. L'appel devait être relevé dans les Cours souveraines, à moins qu'il ne s'agît de choses dont les juges présidiaux pouvaient connaître en dernier ressort. Il n'y eut donc plus que deux degrés de jurisdiction, les arbitres et les juges d'appel. Les sentences arbitrales ne différèrent plus des jugemens rendus par les tribunaux qu'en un seul point. Elles n'emportaient point l'exécution parée, parce que les arbitres n'ayant point de caractère public, ne pouvaient au nom du roi commander à la force publique de tenir la main à leur exécution. Cette prérogative n'était conférée aux sentences arbitrales que de deux manières : par l'homologation qu'en faisaient les tribunaux, c'est-à-dire, par un jugement qui en ordonnait l'exécution (1), ou par un acquiescement passé devant no-

(1) Mais les juges devaient homologuer sans entrer en connaissance de cause. *Voy*. M. Bignon, dans l'arrêt du 4 janvier 1630, rapporté par

taires, parce qu'un pareil acquiescement donnait à la sentence arbitrale le caractère d'une transaction notariée.

826. Malgré cette sage ordonnance de 1560, la jurisprudence ne fut point uniforme sur les peines stipulées dans les compromis; les juges s'arrogeaient toujours le pouvoir de les modifier, et souvent celui de joindre au fond la demande que l'appelant fût tenu de payer la peine avant d'être écouté sur l'appel. Le parlement d'Aix n'admettait point de stipulation de peine dans les compromis, et s'il y en avait une consignée, il en ordonnait la restitution. *Voyez* le nouveau Denisart, v°. *Compromis*, § 2, n°. 6.

Cependant la loi du 24 août 1790, qui s'occupa beaucoup des arbitrages, et qui les considéra, ainsi que l'avait fait l'ordonnance de 1560, comme le moyen le plus raisonnable de terminer les contestations, ne songea point à fixer les incertitudes sur l'effet de la peine stipulée dans les compromis; elle déclara valables ceux même qui ne fixent aucun délai dans lequel les arbitres doivent

---

Bardet, tom. 1, liv. 3, chap. 80, cité par Lacombe, v.° *Compromis*, n°. 18.

La loi du 24 août 1790, tit. 1, art 5, veut que les sentences arbitrales soient rendues exécutoires par une simple ordonnance du président du tribunal de district, qui sera tenu de la donner en marge ou au bas de l'expédition qui lui sera présentée.

L'art. 1020 du Code de procédure veut que le jugement arbitral soit rendu exécutoire par une ordonnance du président du tribunal de première instance dans le ressort duquel il a été rendu. A cet effet, la minute du jugement sera déposée dans les trois jours, par l'un des arbitres, au greffe du tribunal.

prononcer, et même ceux dont le délai est expiré, néanmoins jusqu'à ce qu'une des parties ait fait signifier aux arbitres qu'elle ne veut plus tenir à l'arbitrage. Tit. 1, art. 13.

Le Code de procédure civile a corroboré et modifié cette disposition, en ordonnant, article 1007, que le compromis sera valable encore qu'il ne fixe pas de délai; mais qu'en ce cas la mission des arbitres ne durera que trois mois, du jour du compromis. L'art. 1008 ajoute que pendant le délai de l'arbitrage, les arbitres ne pourront être révoqués que du consentement unanime des parties (1).

827. Il résulte bien de ces deux lois que le compromis est un contrat d'une nature particulière, qui a ses règles et un nom qui lui sont propres, qui a de l'affinité avec la transaction, laquelle est aussi dans notre législation un contrat particulier. Par le compromis, on se donne des juges; par la transaction, on devient son propre juge; par le compromis, on se soumet à la décision d'autrui; par la transaction, on s'impose la loi à soi-même; dans le compromis, on promet de s'en rapporter à ce qui sera décidé par la sentence arbitrale; la transaction est un arrêt contre lequel il n'est pas possible de revenir.

828. Dans l'un et l'autre de ces contrats, on peut, et même il est d'usage de stipuler une

---

(1) En Bretagne, le compromis était révocable par une seule des parties, lors même qu'elles avaient renoncé à la révocation. *Voyez* Duparc-Poullain, Principes du droit, tom. VIII, pag. 435, n°. 9, et pag. 437, n.° 11.

peine contre celui qui l'attaquerait et qui manquerait de l'exécuter; mais ni la loi du 24 août 1790, ni le Code de procédure n'ont déterminé l'effet de la peine stipulée dans le compromis, ni décidé, comme l'ordonnance de 1560, si cette peine doit être payée avant d'être reçu à plaider sur l'appel, et sans espoir de la recouvrer, en cas que la sentence arbitrale soit réformée. Le Code civil garde le même silence sur la peine stipulée dans la transaction. L'art. 2047 porte qu'on peut ajouter à une transaction la stipulation d'une peine contre celui qui manquera de l'exécuter; mais cette peine est-elle encourue par le seul fait de celui qui attaque la transaction? doit-elle être payée avant qu'il soit reçu à l'attaquer? doit-elle être rendue, dans le cas où le demandeur en rescision obtient gain de cause?

Ces questions sont résolues relativement aux compromis, par l'ordonnance de 1560, qui ne paraît avoir perdu sa force de loi par aucune abrogation, soit expresse, soit tacite. La loi du 30 ventose an XII, sur la réunion des lois civiles en un seul corps, sous le titre de Code civil des Français, porte à la vérité que, du jour où ces lois seront exécutoires, les ordonnances, coutumes, etc., cesseront d'avoir force de loi, dans les matières qui sont l'objet des lois composant le Code civil; mais ce Code ne contient aucune disposition relative aux compromis. Le Code de procédure, qui en contient plusieurs, porte, art. 1041, que toutes les lois, coutumes, usages et réglemens *relatifs à la procédure civile*, sont abrogés; mais les questions relatives à l'effet des peines stipulées dans un compromis, et sur lesquelles ce Code garde le plus profond silence, ne sont pas des questions de procédure. Il nous semble donc que l'ordonnance de 1560 doit encore aujourd'hui être considérée comme une loi en vigueur, d'autant mieux que ses dispositions n'ont rien qui ne soit d'accord avec l'esprit et les dispositions des nouvelles lois. L'art. 1010 du Code de procédure permet aux parties, lors ou depuis le compromis, de renoncer à l'appel. Elles peuvent donc à plus forte raison stipuler que l'appel ne pourra être reçu qu'après le paiement préalable de la peine convenue. Cette peine n'est qu'un dédommagement accordé à la partie gagnante, des embarras et des frais que va lui causer la nouvelle instance dans laquelle l'entraîne son adversaire.

Il n'est même pas nécessaire de stipuler expressément que l'appel ne pourra être reçu qu'après le paiement de la peine, ou que la peine sera payée avant d'être écouté sur l'appel. Il suffit qu'il ait été stipulé une peine en cas d'appel, pour qu'elle soit exigible avant que l'appelant puisse suivre son appel, et pour qu'il ne puisse se la faire restituer, même dans le cas où la sentence serait réformée.

829. Faisons maintenant aux transactions l'application de ces principes. Nous avons déjà observé qu'elles sont plus favorables que les compromis et les arbitrages. La loi leur donne l'autorité de la chose jugée en dernier ressort (2052);

elle permet expressément de stipuler une peine contre celui qui manquera de l'exécuter (2047). L'infraction de la transaction, ou le refus de l'exécuter, est la seule condition dont les contractans font dépendre la naissance de l'obligation secondaire contenue dans la clause pénale : cette condition est donc accomplie, et par conséquent la peine encourue et exigible du moment où la transaction est enfreinte, ou le débiteur constitué en demeure de l'exécuter (1230). Le juge qui se permettrait de joindre au fond la demande de la peine, ou d'en retarder la condamnation jusqu'au jugement à rendre au fond, contreviendrait à la loi du contrat; il préjugerait que l'obligation de payer la peine ne dépend pas de la seule condition qu'y ont mise les contractans, c'est-à-dire de l'infraction de la transaction, ou du refus de l'exécuter, mais encore de l'issue du jugement à rendre sur le fond, soit en faveur de celui qui a enfreint la transaction, soit contre lui.

830. Mais après avoir exigé le paiement de la peine, le défendeur peut-il demander l'exécution de la transaction, ou tirer de cet acte une exception contre la demande de son adversaire? Ne serait-ce point contrevenir au principe consacré par l'article 1229, qui ne veut pas qu'on puisse demander en même temps le principal et la peine? Nous ne le pensons pas. Il y a, comme nous l'avons déjà dit, deux exceptions à cette disposition ; l'une, lorsque la peine est stipulée pour le simple retard ; l'autre, lorsqu'elle est stipulée

indépendamment de l'obligation primitive, et sans préjudicier à son exécution, *rato manente pacto*, comme dit la loi 16, ff *de transact.*, 2, 15.

Ainsi nulle difficulté, lorsqu'il résulte de la convention que la peine stipulée est encourue par le seul fait de l'infraction de la transaction, par le seul refus de l'exécuter, qu'aucune des parties ne sera reçue à l'attaquer avant de payer la peine convenue ; en un mot, qu'elle est due sans préjudice de l'exécution de la transaction.

Mais de plus cette convention nous paraît implicitement contenue dans la clause pénale ajoutée à la transaction. La peine est stipulée, non pas comme une compensation des dommages et intérêts qui pourraient résulter de l'inexécution absolue de la transaction, mais comme une indemnité des embarras, des frais et des inquiétudes que cause à l'autre partie la nécessité de soutenir un procès qu'on avait voulu prévenir. C'est donc ainsi que doivent être interprétées les clauses pénales ajoutées à une transaction, lorsque les termes de la convention n'y résistent pas. *Voy.* au surplus ce que nous disons *infrà*, n°. 835.

831. Des principes que nous venons d'établir, il suit que la peine est irrévocablement encourue par le seul fait de celui qui a manqué d'exécuter la transaction, et qu'elle n'est pas restituable dans le cas où la transaction serait, sur ses poursuites, rescindée même en totalité ; car la peine n'est pas stipulée contre celui qui succombera en attaquant la transaction, mais contre celui qui l'attaquera,

et qui fera essuyer à l'autre le désagrément du procès qu'on voulait éviter et prévenir.

832. Il y a exception à ce principe, dans le cas où la transaction serait rescindée pour un vice qui en opérait la nullité radicale. Nous en avons dit le motif *suprà*, n.° 816.

833. Mais lorsque la transaction est attaquée comme nulle, l'exécution de la clause pénale ou le paiement doit-il être suspendu? Nous ne le pensons pas. Ce n'est qu'en cas de plainte en faux que les tribunaux peuvent, suivant la gravité des circonstances, suspendre provisoirement l'exécution des actes, d'après l'art. 19 de la loi du 25 ventôse an XI, sur le notariat. Dans les autres cas, la provision est due aux actes; l'exécution provisoire sera ordonnée, s'il y a titre authentique ou promesse reconnue, dit l'art. 135 du Code de procédure, conforme en ce point aux anciennes ordonnances (1).

834. Il nous reste à examiner quand la peine est encourue, « soit que l'obligation primitive » contienne, soit qu'elle ne contienne pas un » terme dans lequel elle doive être accomplie : la » peine n'est encourue que lorsque celui qui s'est » obligé, soit à livrer, soit à prendre, soit à faire, » est en demeure (1230). » Pour savoir quand le débiteur est en demeure, il faut recourir à la section des dommages et intérêts, *suprà*, n°. 274.

---

(1) *Voy.* l'Ordonnance de 1667, tit. 17, art. 15, les art. 13 et 14 de la Déclaration de Henri II, du mois de juin 1559, dans le Recueil de Néron, tom. 1, pag. 363, et les autres Ordonnances citées en note.

Dans le droit romain, la peine était encourue par la seule échéance du terme, suivant la maxime *dies interpellat pro homine*. Le Code exige que le débiteur soit, par une interpellation, mis en demeure d'accomplir l'obligation primitive, à moins que le contrat ne porte que la peine sera encourue par la seule échéance du terme, sans qu'il soit besoin d'acte.

La peine est encore encourue sans qu'il soit besoin d'interpellation, lorsque l'obligation primitive est de nature à ne pouvoir être accomplie que dans un certain temps que le débiteur a laissé passer (1146).

Il en est de même lorsque la clause pénale est ajoutée à l'obligation de ne pas faire : celui qui y contrevient doit la peine par le seul fait de la contravention (1145), quand même cette contravention n'aurait pas eu de suites ; car lorsqu'une fois la condition s'est accomplie, son effet est irrévocablement produit, quand même les suites de son accomplissement viendraient à cesser : c'est le sens de la maxime *conditio semel impleta non resumitur*. *Vid. suprà*, n°. 642.

Nous avons fait une transaction, un partage ; nous y avons ajouté une clause pénale par laquelle nous avons promis de ne point revenir contre, sous peine de payer une somme convenue. Vous avez formé une demande en rescision ; elle a été rejetée : la peine n'en est pas moins encourue. Loi 122, § 6, ff *de V. O.*, 45, 1. Car la condition de l'obligation pénale n'était pas si vous faites rescinder l'acte, mais seulement si vous revenez contre, si vous l'attaquez, quelle que soit l'issue de l'attaque.

835. Ce principe a toujours été suivi avec une telle exactitude, que l'ancienne jurisprudence déclarait la peine encourue; non seulement lorsque la demande formée au mépris de la stipulation pénale avait été rejetée, mais encore lorsque celui qui l'avait formée s'en était désisté (1).

Cependant si la contravention qui n'a point eu de suites était plutôt apparente que réelle, la peine ne serait point encourue. J'ai stipulé, par exemple, que vous ne loueriez à aucun ouvrier se servant de marteau, votre maison, qui est voisine de la mienne. Le bail que vous en auriez consenti à un serrurier ne donnerait point ouverture à la peine s'il n'avait pas été exécuté, si l'ouvrier n'était point venu habiter la maison (Pothier, n°. 348); car en stipulant une peine, si vous affermiez votre maison à un serrurier, je n'ai eu d'autre intention que celle de me préserver du bruit des marteaux, et non de vous empêcher de souscrire une convention qui ne m'a procuré aucune gêne, et qui m'est parfaitement étrangère. Quand j'ai stipulé une peine sous la condition si vous affermiez votre maison à un ouvrier se servant de marteau, c'était-à-dire, si vous mettez dans votre maison un ouvrier qui

(1) Guenois, dans sa Conférence des Ordonnances, en cite plusieurs arrêts, et Robert, *rerum judicatarum*, lib. 3, cap. 8, rapporte un arrêt prononcé en robes rouges, en 1582, par lequel la partie ayant renoncé à son appel, fut néanmoins condamnée à la peine. *Voyez* Leprêtre, 2 cent, chap. 79, pag. 551.

m'incommode par le bruit des marteaux. La condition ne peut raisonnablement être entendue d'une autre manière ; car on doit, dans les conventions, rechercher quelle a été la commune intention des parties contractantes, plutôt que de s'arrêter au sens littéral des termes (1156). Il n'y a donc point eu de contravention réelle à la stipulation, lorsque vous avez passé un bail demeuré sans exécution. Il en serait de même si vous affermiez à un serrurier, dont l'atelier ne serait point établi dans votre maison, louée seulement pour y faire le commerce de quincaillerie.

Appliquant ceci à ce que nous avons dit sur le désistement d'un appel relevé au mépris d'une clause pénale, ajoutée à un compromis, il nous paraît que si le désistement était donné avant qu'il y eût eu aucunes procédures faites sur l'appel, la peine ne devrait pas être encourue. Les arrêts qui l'ont déclarée encourue sont tous rendus dans des espèces où l'on avait procédé sur l'appel, et où le désistement n'avait été donné que dans le cours de la procédure.

836. Comme le débiteur ne peut forcer le créancier à recevoir en partie le paiement d'une dette même divisible (1244), les offres partielles qu'il voudrait faire ne pourraient le soustraire même en partie à la peine stipulée, si ses offres étaient refusées.

837. Mais si le créancier les recevait volontairement, et sans réserver ses droits, la peine qui serait encourue pourrait être réduite en proportion du paiement fait. Pothier, n°. 350, en donne

pour exemple (1) l'espèce suivante: En me vendant une métairie, vous vous êtes obligé de me fournir deux paires de bœufs, et de me payer 500 fr. si vous manquez à les fournir. Vous ne pourrez pas me contraindre à recevoir une paire de bœufs; mais si je la reçois volontairement, et que vous manquiez à me fournir l'autre, le juge pourra réduire la peine à moitié; car l'art. 1231 donne au juge la faculté de modifier la peine, lorsque l'obligation principale a été exécutée en partie.

838. Cet article est encore applicable au cas de la peine stipulée contre un architecte ou entrepreneur, qui n'a point achevé l'ouvrage au jour fixé par la clause pénale.

839. Mais il faut remarquer que cette réduction de la peine, lorsque l'obligation primitive a été exécutée en partie, n'est pas de droit; c'est une faculté abandonnée à la prudence du juge, qui peut, suivant les circonstances, ordonner ou rejeter la réduction. Elle ne devrait pas être prononcée, par exemple, si la peine était stipulée pour le cas où l'entrepreneur se serait obligé de tenir la maison prête à être habitée à telle époque; car il est évident alors que la volonté des parties a été non pas seulement que la maison fût fort avancée, mais achevée et habitable à telle époque.

Or, la réduction de la peine n'étant relative qu'à l'intérêt privé des contractans, ils peuvent déroger à la disposition qui permet au juge de

(1) *Voyez* d'autres exemples dans les numéros suivans.

modifier la peine, et stipuler qu'elle ne pourra l'être, quand même l'obligation primitive aurait été exécutée en partie. Le juge ne pourrait alors prononcer la réduction sans violer la loi du contrat.

840. La peine encourue par celui qui meurt sans l'avoir payée, se divise de plein droit entre ses héritiers, comme toute autre dette, en sorte que chacun d'eux n'en est tenu que pour sa part héréditaire.

841. Si après la mort de celui qui s'est obligé sous une clause pénale, tous ses héritiers y contreviennent, la peine encourue se divise également entre eux. Chacun n'en est tenu que pour sa portion virile; car il n'existe pas de loi qui prononce en ce cas la solidarité contre eux.

842. Si un seul d'entre eux contrevient à la clause pénale, la peine n'est encourue que par lui seul, et pour la part seulement dont il est tenu dans l'obligation primitive, sans qu'il y ait d'action contre ceux qui l'ont exécutée, lorsque cette obligation est divisible (1233). Loi 4, § 1, ff *de V. O.*, 45, 1. Vous vous êtes engagé envers moi, sous peine de 300 fr., à acquiescer au jugement d'un arbitre qui vous a condamné de me payer la rente de trois mesures de blé. Un de vos trois héritiers se porte appelant du jugement; il encourt seul la peine convenue, et pour le tiers seulement dont il est tenu. Pothier, n°. 359.

843. Cette règle reçoit exception, lorsque la clause pénale ayant été ajoutée dans l'intention que le paiement ne pût se faire partiellement, un

cohéritier a empêché l'exécution de l'obligation pour la totalité. En ce cas, la peine entière peut être exigée contre lui, et contre les autres cohéritiers pour leur portion seulement, sauf leur recours (1233).

Un seul des héritiers (1) n'éviterait pas d'encourir la peine en faisant une offre partielle de ce qu'il doit pour sa part héréditaire dans la dette primitive.

Il n'est même pas besoin qu'il soit formellement énoncé que la clause a pour objet d'empêcher que le paiement soit fait par parties; il suffit que la dette soit d'un corps certain, ou qu'il résulte, soit de la nature de l'obligation primitive, soit de la fin qu'on s'est proposée dans le contrat, que l'intention des contractans a été que la dette ne pût s'acquitter partiellement. Argum., art. 1221. *Voyez* ci-dessus, n°s. 768 et suiv. Dans tous ces cas, la contravention d'un seul des héritiers donne ouverture à la peine pour le total, et chacun d'eux est obligé de la payer jusqu'à concurrence de sa portion, sauf son recours contre ceux qui sont en faute. Pothier, n°. 359, donne pour exemple l'espèce suivante, tirée de la loi 85, § 6, ff *de V. O.*, 45, 1. Vous vous êtes obligé de me livrer le fonds Cornélien à la fin de septembre, et si vous manquez de me livrer à cette époque, de me payer 600 fr. pour peine du retard. Vous mourez avant le terme fixé, laissant plusieurs

(1) C'est ainsi que les auteurs concilient des textes qui paraissent contraires au § 1 de la loi 4, ff *de V. O.*; *voy.* Pothier, n°. 359.

héritiers. L'un d'eux refuse de livrer le fonds et attaque le contrat; les autres offrent de livrer leurs parts et autorisent le créancier à en prendre possession; mais comme il ne peut être obligé de recevoir par parties le fonds qu'il n'a entendu acquérir que pour le total, les offres des autres héritiers et leur autorisation n'empêchent point la peine d'être encourue contre eux pour leurs parts héréditaires, sauf leurs recours contre l'héritier en faute.

844. Il y a même des cas où la peine encourue par le fait d'un seul des héritiers ne donne pas aux autres un recours contre lui. Par exemple, un usufruitier renouvelle par anticipation le bail des biens soumis à l'usufruit, et s'oblige de payer au fermier une peine de 1200 fr., en cas de trouble ou d'éviction. Il meurt laissant plusieurs héritiers, l'un desquels avait la nue propriété des biens affermés par anticipation. Celui-ci fait prononcer la nullité du bail, et il expulse le fermier. La peine est encourue contre tous les héritiers, chacun pour sa part héréditaire, sans aucun recours contre celui qui a expulsé le fermier, parce qu'il n'a commis aucune faute en usant de son droit. *Dolo non facit qui jure suo utitur.* Pothier, n°. 363. Il n'est tenu qu'à payer sa part héréditaire de la peine.

845. « Lorsque l'obligation primitive contrac» tée avec une clause pénale est d'une chose indi» visible, la peine est encourue par la contraven» tion d'un seul des héritiers du débiteur, et elle » peut être demandée, soit en totalité contre celui

» qui a fait la contravention, soit contre chacun » des cohéritiers pour leurs part et portion, et hy» pothécairement pour le tout, sauf leurs recours » contre celui qui a fait encourir la peine (1232). »

La difficulté est de connaître quand la chose est indivisible. *Voy.* ce que nous avons dit *suprà*, nos. 782 et suiv.

Pothier, n°. 355, dont cet article est tiré, donne pour exemple l'espèce suivante : Si quelqu'un s'est obligé envers moi de me laisser passer sur son héritage contigu à la maison que j'occupe, tant que j'occuperai cette maison, à peine de 10 francs de dommages et intérêts en cas d'empêchement, si quelqu'un des héritiers de mon débiteur me bouche le passage, quoique sans la participation, et contre le gré de ses cohéritiers, la peine entière des 10 francs sera encourue, et elle le sera contre chacun des héritiers, pour leur part héréditaire. Les héritiers sont en ceci différens des débiteurs solidaires, qui sont débiteurs de la peine pour le total, lorsqu'elle est encourue par l'un d'eux, comme ils le sont du principal.

846. Avant de terminer, il est bon d'observer que la peine ajoutée à un contrat ne peut être stipulée qu'au profit des contractans et non au profit d'un tiers, même au profit du fisc, d'un hôpital ou de tout autre établissement public. *Voyez* la loi 42, ff *de receptis qui arbitrium recep.*, 4, 8, et Cujas sur cette loi; Merlin, Questions de Droit, v°. *Peine compromissoire*, § 1, n°. 5.

La règle qu'on ne peut stipuler au profit d'un tiers s'applique à l'obligation pénale aussi bien qu'à l'obligation primitive. C'est la règle générale, sauf les exceptions qui peuvent résulter de la disposition de l'article 1121, qui porte qu'on peut stipuler au profit d'un tiers, lorsque telle est la condition d'une stipulation que l'on fait pour soi-même ou d'une donation que l'on fait à un autre.

FIN DU SIXIÈME VOLUME.

TABLE
DES TITRES ET CHAPITRES.

SUITE DU LIVRE TROISIÈME.

Des différentes manières dont on acquiert la propriété.

TITRE III.

Des contrats et obligations conventionnelles.

CHAPITRE PREMIER.

FIN DE LA TABLE DES TITRES ET CHAPITRES DU 6e. VOLUME.

www.ingramcontent.com/pod-product-compliance
Lightning Source LLC
LaVergne TN
LVHW020957300926
849160LV00007B/176